刘尚书（秉璋）奏议校证

杜宏春 ◎ 校证

LIUSHANGSHU BINGZHANG
ZOUYI JIAOZHENG

人民出版社

责任编辑：詹　夺
装帧设计：姚　菲

图书在版编目（CIP）数据

刘尚书（秉璋）奏议校证 ／ 杜宏春校证 . -- 北京 ：
人民出版社，2025. 6. -- ISBN 978 - 7 - 01 - 027135 - 4

Ⅰ. K249.065

中国国家版本馆 CIP 数据核字第 2025UM5241 号

刘尚书(秉璋)奏议校证
LIUSHANGSHU（BINGZHANG）ZOUYI JIAOZHENG

杜宏春　校证

人民出版社 出版发行
（100706　北京市东城区隆福寺街 99 号）

北京建宏印刷有限公司印刷　新华书店经销

2025 年 6 月第 1 版　2025 年 6 月北京第 1 次印刷
开本：710 毫米×1000 毫米 1/16　印张：31
字数：539 千字

ISBN 978 - 7 - 01 - 027135 - 4　定价：189.00 元

邮购地址 100706　北京市东城区隆福寺街 99 号
人民东方图书销售中心　电话 (010)65250042　65289539

国家社科基金后期资助项目
出版说明

后期资助项目是国家社科基金设立的一类重要项目,旨在鼓励广大社科研究者潜心治学,支持基础研究多出优秀成果。它是经过严格评审,从接近完成的科研成果中遴选立项的。为扩大后期资助项目的影响,更好地推动学术发展,促进成果转化,全国哲学社会科学工作办公室按照"统一设计、统一标识、统一版式、形成系列"的总体要求,组织出版国家社科基金后期资助项目成果。

全国哲学社会科学工作办公室

目　录

前　言

本书为首次对淮军重要人物四川总督刘秉璋所著《刘尚书（秉璋）奏议》①的标点、校勘、注释与补证，名之曰《刘尚书（秉璋）奏议校证》。

刘秉璋（1826—1905），字仲良，安徽庐江人。咸丰元年（1851），中顺天府乡试举人。后入钦差大臣张荩军幕，驻徽州，谋划军务，以功叙知县。咸丰十年（1860），中进士，选翰林院庶吉士。同治元年（1862），散馆授编修。同年，从时任江苏巡抚李鸿章赴上海，"治军筹饷""与讲求束伍之法，选将练兵"，参与淮军创建与训练事宜。先后与刘铭传、潘鼎新等部淮军进攻福山。后自领一军，转战江苏、浙江、山东、河南等地。同治四年（1865），升翰林院侍讲学士，随曾国藩镇压捻军。五年（1866），任江苏按察使。六年（1867），转任山西布政使，仍统军"剿捻"，提出"蹙贼海隅"之策，并俘东捻军首领赖文光。八年（1869），丁父忧。十一年（1872）服阕，任江西布政使。光绪元年（1875），擢江西巡抚，注重与民休息。四年（1878），因母老归养，后丁母忧。八年（1882）服阕，任浙江巡抚。在中法战争中坚守镇海，击退入侵的法军军舰，确保了浙江防线稳固。十二年（1886），擢四川总督，积极应对英国对四川的渗透，持平办理教案，维护了四川大局稳定。二十年（1894），遭弹劾开缺回籍。三十一年（1905）病逝。宣统二年（1910），追谥"文庄"。

晚清是半殖民地半封建社会的形成期。西方资本主义的触手逐步深入中国腹地，我国传统农村自然经济开始解体，各种社会矛盾日趋尖锐，古老中国面临着前所未有的巨大危机。在这一历史进程中，改革与保守思潮激烈碰撞，中华民族开启了曲折艰难的探索历程。伴随着不断变幻的历史风云，各种政治势力先后登上历史舞台。以李鸿章为首的淮系集团在与太平天国和捻军作战中崭露头角，逐步走向晚清政局核心。刘秉璋与李鸿章关系深厚，为淮系集团的核心人物，活跃政坛三十余年，历任浙江巡抚、四川总督等职，在晚清政治进程中发挥了举足轻重的作用。

刘秉璋为淮军重要将领，与淮军主帅李鸿章为淮系集团高层仅有的两位进士。他不仅具有突出的军事与政治才能，而且深受传统文化熏陶与影

---

① 清制总督照例加"督察院右都御史兵部尚书衔"，是以其书名为《刘尚书（秉璋）奏议》。

响,是晚清士大夫阶层中投笔从戎,探索救亡图存之路的代表性人物,值得进行深入细致的研究。

一

　　徽州文化底蕴深厚,桐城方苞、刘大櫆、姚鼐等桐城派古文大家延续着书香与文脉。周书昌称:"天下之文章,其在桐城乎!"①对徽州一带文风兴盛给予了很高的评价。庐江刘氏本居江西,刘氏远祖三公"以彭城支派于元末由婺源迁庐江"②,与迁至桐城之祖为兄弟。在桐城者分居陈家洲、孔城,清代桐城派古文大家刘大櫆即为其后人。在庐江者分居砖桥及三河镇,至洪武十三年(1380)入庐江籍。道光六年(1826),刘秉璋就出生在庐江三河镇一个耕读传家的文化家庭。

　　刘氏"世居合肥三河镇,祖父以上皆俊雄"③。刘秉璋曾祖刘光祖为县学生,"补博士弟子员,以儒兼商,为人豪迈,有雄直气。一门之内,率能守其家风,多磊落光明之概"④。祖父刘大德为太学生,本生祖刘大彩。父刘世家,字经畲,太学生。刘世家品行方正,"生而沉毅,喜怒不形,言语不苟,卓然以先民为程";注重亲情,躬行礼法,"事亲孝竭情尽,慎生养葬,祭无失礼,宗族称之","治家有道,内外严整,闺门之地肃如也。"同时"好读书,敬礼贤士。延师教子,务知大者、远者"⑤。刘世家非常关心刘秉璋的学业与成长,"义方之训无不备。所延者皆名师,所与同学者皆端人正士之子弟。"⑥刘秉璋少而颖异,至性天成,"甫六岁,祖父(刘大德)卧病恶器,每过其寝室,辄脱履以袜着地而行"。父刘世家"见而责之"。刘秉璋对曰:"恐惊吾祖也。"刘大德闻之,"以手击额曰:'恨天不假吾以年,亲见此子成立也。'"刘秉璋幼年时家境贫寒,刘母胡太夫人躬操井臼,刘秉璋"每日必早起,执箕帚洒扫房闼,以分胡太夫人之劳,盖其天性仁孝有如此者"。刘秉璋"少承廷训,长德师资",读书刻苦,"发愤勤苦不辍,常至夜半"。读书注

①　陈康祺:《郎潜纪闻二笔》卷10,光绪十年(1884)刻本。
②　《庐江刘氏宗谱·刘氏宗谱序》卷首,同治十年(1871)元和堂六次续修本。
③　沈云龙主编,刘秉璋著,朱孔彰编次:《刘尚书(秉璋)奏议　附清芬录·诰封荣禄大夫刘公传》,文海出版社1973年版,第855页。
④　《庐江刘氏宗谱·经畲公逸事》卷49,宣统三年(1911)元和堂七次续修本。
⑤　沈云龙主编,刘秉璋著,朱孔彰编次:《刘尚书(秉璋)奏议　附清芬录·诰封荣禄大夫刘公传》,文海出版社1973年版,第855页。
⑥　《庐江刘氏宗谱·诰授光禄大夫诰授振威将军太子少保兵部尚书兼都察院右都御史四川总督先考仲良府君行状》卷49,宣统三年(1911)元和堂七次续修本。以下简称《宫保公行状》。

重实用，"惟务其大者、远者，不屑于章句""潜心于古今治乱兴衰之理，而默考其原，以求为经世之用。"①早年，刘秉璋问学于同邑潘璞，和潘璞之子潘鼎新同学。

道光二十五年（1845）冬，刘秉璋年二十，与同邑潘鼎新"徒步游京师"，"所过山川形势，关梁险阻，政治之得失，风俗之同异，皆心识之。"刘秉璋此行颇为劳苦，"行李萧索，几不得入宾馆"。恰好遇到李鸿章之父李文安，遂得以入馆安身。至京后，刘秉璋往见李文安，请教学问，并"出所作以示人，咸相惊异，翕然有能文之名。"②李文安在京师管理庐州会馆，遂安置刘秉璋、潘鼎新在会馆读书，曾私下询问会馆长班："新来之刘少爷、潘少爷长出门乎？"长班答曰："两位用功读书，足不出户。会馆中人虽多，从未见有此。"李文安闻言大喜，对刘秉璋、潘鼎新"自是优加爱礼"，③遂以命世之才相待。孙铭恩、吕贤基等人也颇认可刘秉璋之才干。孙铭恩称："学至于此，应童子之试而犹不售，难乎其为庐州府学秀才矣。"吕贤基亦称："刘、潘两生他日显贵，为吾乡后起之秀。"道光二十七年（1847），李鸿章考中进士，授翰林院庶吉士。李文安谓刘秉璋："吾儿新贵，可取资焉"，④主动邀请刘秉璋就李鸿章是正文字。此后，"每月出题课试诗文各九篇，为之批改，至李鸿章出京时止，十年于兹矣。世俗称之为及门受业，非如他人仅以保举为师生也。"⑤在李文安、李鸿章父子悉心指授下，刘秉璋遂在京应考。道光二十九年（1849），刘秉璋与潘鼎新"冒顺天大兴籍，应己酉北闱乡试"⑥，未能考中。至咸丰元年（1851），刘秉璋纳粟入国子监读书，考中举人，迈出了科举仕宦的重要一步。

咸丰五年（1855），张芾赴皖南，办理徽州、池州防剿善后事宜。刘秉璋经孙观之荐，"以举人从钦差大臣张芾军于皖南，常资赞画"⑦，张芾"有国士之目"⑧。刘秉璋感其知遇，"尝为兼人之事，口不言劳，文毅（张芾）亦深知之。"⑨当时"皖营兵单饷绌，为文毅谋划无不效，徽郡屡濒于危而不破者，

---

①　《庐江刘氏宗谱·宫保公行状》卷49，宣统三年（1911）元和堂七次续修本。
②　《庐江刘氏宗谱·宫保公行状》卷49，宣统三年（1911）元和堂七次续修本。
③　刘声木撰，刘笃龄点校：《苌楚斋三笔》卷6，中华书局1998年版，第593页。
④　刘体智撰，刘笃龄点校：《异辞录》，中华书局1988年版，第3页。
⑤　《李文忠尺牍序》，载刘声木藏手稿卷首。
⑥　刘体智撰，刘笃龄点校：《异辞录》，中华书局1988年版，第4页。
⑦　沈云龙主编，刘秉璋著，朱孔彰编次：《刘尚书（秉璋）奏议　附清芬录·国史馆列传》，文海出版社1973年版，第879页。
⑧　刘声木撰，刘笃龄点校：《苌楚斋四笔》卷1，中华书局1998年版，第703页。
⑨　刘声木撰，刘笃龄点校：《苌楚斋四笔》卷1，中华书局1998年版，第703页。

公之谋也"①。咸丰六年（1856），"以劳叙知县。公知兵之名自此始。"②咸丰九年（1859），张芾因次年为恩科会试，特命刘秉璋"入都会试，兼办户部徽营报销"③，"期以大用于世"④。咸丰十年（1860），刘秉璋中二甲八名，赐进士出身，选庶吉士，授编修。此时"皖中寇乱饥馑，举家避地乡邑"⑤。刘秉璋"自徽防大营入都，张文毅公厚资助之，故返庐江时尚有余金，藏膝下斜幅中。公以道路多艰，策蹇与一仆南，旋访得家人居处，相见惊喜。家人言乏食奈何。公曰勿忧。吾斜幅中尚有余金也。其艰苦耐劳类如此。"⑥

刘秉璋不仅得到张芾的推重，也得到湘军统帅曾国藩的高度认可。咸丰十一年（1861），刘秉璋赴安庆，因张芾部徽营报销事入见曾国藩。曾国藩"大为夸许，书于《求阙斋日记钞》，云'刘仲良庶常秉璋，庐江人，李少荃之门生。气象峥嵘，志意沉着，美才也'云云。次日，文忠往见。文正迎谓之曰：'昨日始得见皖北人才。'文忠亟问此语为何人而发。文正曰：'即尔之门生刘某也。'"⑦刘秉璋之出众才干由此可见一斑。

二

同治元年（1862），李鸿章创建淮军，为中国近代史上的一件大事，同时也是刘秉璋人生的重要转折点。刘秉璋从新进进士、儒雅文士转而投入与太平军、捻军的战斗中，得到了极大的淬炼，为此后担当方面大员奠定了坚实基础。

太平军转战数千里，安徽尤为必经之地，"人咸筑圩练兵自卫"。张树声、张树珊、刘铭传等人多修筑圩寨。太平军经过，"悉众入堡，以死坚守"。太平军攻之不克，退兵转战之时，则在后"追杀，每获辎重、俘殿兵，以论功邀赏，有名于时"⑧。咸丰十年（1860），太平军先后攻克苏州、常州等地，

---

① 沈云龙主编，刘秉璋著，朱孔彰编次：《刘尚书（秉璋）奏议　附清芬录·刘尚书别传》，文海出版社1973年版，第829页。
② 沈云龙主编，刘秉璋著，朱孔彰编次：《刘尚书（秉璋）奏议　附清芬录·刘尚书别传》，文海出版社1973年版，第829页。
③ 刘声木撰，刘笃龄点校：《苌楚斋四笔》卷1，中华书局1998年版，第703页。
④ 刘体智撰，刘笃龄点校：《异辞录》，中华书局1988年版，第11页。
⑤ 沈云龙主编，刘秉璋著，朱孔彰编次：《刘尚书（秉璋）奏议　附清芬录·刘尚书别传》，文海出版社1973年版，第837页。
⑥ 沈云龙主编，刘秉璋著，朱孔彰编次：《刘尚书（秉璋）奏议　附清芬录·刘尚书别传》，文海出版社1973年版，第837页。
⑦ 刘声木撰，刘笃龄点校：《苌楚斋四笔》卷1，中华书局1998年版，第703页。
⑧ 刘体智撰，刘笃龄点校：《异辞录》，中华书局1988年版，第27页。

"东南全局瓦解"①,李鸿章咸丰十一年四月致曾国藩函称:"张生(张树声)血性忠义,历年办团带勇,现居庐、六交界,结乡民筑数十寨以自卫,(合)肥、舒(城)贼不敢近,可谓疾风劲草矣"②,认为其才智可用。咸丰十一年(1861)十月,上海官绅厉学潮、江苏举人钱鼎铭乘抵安庆,谒见曾国藩,呈递沪绅公启私函,请派兵援助。曾国藩举荐李鸿章"才大心细,劲气内敛,堪膺封疆重寄。拟酌拨数千人,驶赴下游,以资援剿"③。并与李鸿章在安徽舒城、庐州一带招募淮勇,刘铭传、周盛波、张树声等先后来归。至同治元年(1862)正月在安庆立营。是年六月二十五日,李鸿章上《奏调刘秉璋来营片》:"查有翰林院编修刘秉璋,沉毅明决,器识闳远,能耐艰苦。臣与为道义交十有余年,深知其结实可靠。该员去冬由安庆经过,督臣曾国藩一见,大加器许,谓为皖北人才。臣今春统军来苏,曾国藩允为奏调臣营,学练军事,昨又函催臣自行奏请。该员与臣所带淮勇各营官多相浃洽,可否请旨饬赴臣军,酌量委任。"④七月初九日奉上谕:"翰林院编修刘秉璋着准其留于李鸿章军营,酌量委用。"⑤同年秋,刘秉璋至上海淮军营中。是时"创立淮军,粮饷未足,器械未齐,军服朴陋。淮勇自田间来,或为人所轻笑。"刘秉璋诫军士称:"视吾等能战,谁敢侮之!"⑥因此与李鸿章"运筹决策,选将练兵,以勤苦耐劳为尚,以朴实勇敢为先,其后淮军继湘军立功数省,先公实与创始之劳。"⑦在淮军初创的艰难岁月中发挥了重要作用。

自同治元年(1862)起,淮军先后在虹桥、北新泾、青浦等地与太平军作战。刘秉璋到沪后,随即投入与太平军的战斗中。同治二年(1863),刘秉璋与常胜军及淮军刘铭传部、潘鼎新部援常熟,攻福山。戈登所带常胜军"剽悍不驯,未易抚驭"。刘秉璋"调和其间,是以常胜军常有功,遂克福山"⑧。三月,刘秉璋进军太仓,与程学启部会师。刘秉璋"亲冒矢石,不避艰险,连战连捷",程学启"遂得进攻苏州无后顾"⑨。李鸿章知刘秉璋"可大用,使别募一军,进图浙西"⑩。吴长庆统率的淮军庆字营和淮军到上海

①　顾廷龙、戴逸主编:《李鸿章全集》第29册,安徽教育出版社2008年版,第28页。
②　顾廷龙、戴逸主编:《李鸿章全集》第29册,安徽教育出版社2008年版,第47页。
③　《曾文正公大事记》,上海文益书局,民国三十七年(1948)铅印本,第26页。
④　顾廷龙、戴逸主编:《李鸿章全集》第1册,安徽教育出版社2008年版,第47页。
⑤　顾廷龙、戴逸主编:《李鸿章全集》第1册,安徽教育出版社2008年版,第48页。
⑥　《庐江刘氏宗谱·宫保公行状》卷49,宣统三年(1911)元和堂七次续修本。
⑦　《庐江刘氏宗谱·宫保公行状》卷49,宣统三年(1911)元和堂七次续修本。
⑧　《庐江刘氏宗谱·宫保公行状》卷49,宣统三年(1911)元和堂七次续修本。
⑨　《庐江刘氏宗谱·宫保公行状》卷49,宣统三年(1911)元和堂七次续修本。
⑩　《庐江刘氏宗谱·宫保公行状》卷49,宣统三年(1911)元和堂七次续修本。

后改编的苏军王占魁、况文榜等部都归刘秉璋统率，凡七营，称仲军①。七月，刘秉璋与潘鼎新进攻枫泾、嘉善。"嘉善东曰枫泾，其北曰西塘，两镇皆水陆冲要，贼以悍党数万，筑石为垒，设守甚严。（刘）秉璋率六千人，以吴长庆、况文榜、王占魁等为将，逼贼垒而营。贼悉众来扑，败之，乘势攻拔枫泾。"②至七月十八日，刘秉璋等"督各营由枫泾拔队进扎西塘之东"③。此次战斗中，"枫泾、西塘两镇为松江入嘉兴要隘，贼所死踞力争，从前屡次图功，未能得手"。淮军各部"越境苦战，旬日之间攻坚夺隘，连克垒卡二十余座，擒斩甚众"，而"尤为出力之翰林院编修刘秉璋，躬冒矢石，智勇兼裕"④，在克敌制胜方面发挥了重要作用。八月十二日上谕："其越境苦战、攻夺要隘尤为出力之翰林院编修刘秉璋，着以侍讲遇缺提奏。"⑤十月，刘秉璋自枫泾带队进攻张泾汇。张泾汇"当嘉善东，滨江冲要地也。秉璋策取嘉善，当先下张泾汇。于是约太湖师船，水陆夹攻，军士凫濠直进。方相持间，嘉善援贼大至，秉璋凭河督战，腿受枪伤，不稍却，遂克张泾汇。擒斩及溺水死者不可胜计"⑥。十二月二十六日，嘉善太平军守军献城投降，十二月二十八日，刘秉璋与程学启、杨鼎勋等率众入城。同治三年（1864）正月二十四日，刘秉璋与程学启攻破嘉兴"东北门外坚垒多座。二十五日，刘秉璋、潘鼎新又督军攻踏东南角盐仓桥贼垒三座。二十七日，东门湖南垒贼遁回城中。其流沙寺石垒之贼，亦杀其伪目李得胜乞降。程学启等会督诸军直抵城根，昼夜开炮轰打"⑦。二月十八日，刘秉璋与程学启约定："晨取要隘，日午攻城。文庄先得要隘，按兵未动。至日昳，忠烈军始进郭城。寇惮其炮火之猛，悉力拒战。文庄乘虚而进，前锋黄桂荣相视城砖微迤之处，斜步直上，诸军继之，后至者梯而登，乃皆入。"⑧刘秉璋率军自东门攻入后，"焚贼火药库，火光烛天，贼惊溃。诸军乘之，遂克嘉兴"⑨。三月二十九日，

①　同治七年，刘秉璋告假回籍就医，所部仲军"由部将吴长庆接统，此后撤销仲军番号，改称庆军"。
②　沈云龙主编，刘秉璋著，朱孔彰编次：《刘尚书（秉璋）奏议　附清芬录·国史馆列传》，文海出版社1973年版，第880页。
③　顾廷龙、戴逸主编：《李鸿章全集》第1册，安徽教育出版社2008年版，第333页。
④　顾廷龙、戴逸主编：《李鸿章全集》第1册，安徽教育出版社2008年版，第335页。
⑤　顾廷龙、戴逸主编：《李鸿章全集》第1册，安徽教育出版社2008年版，第335页。
⑥　沈云龙主编，刘秉璋著，朱孔彰编次：《刘尚书（秉璋）奏议　附清芬录·国史馆列传》，文海出版社1973年版，第881页。
⑦　顾廷龙、戴逸主编：《李鸿章全集》第1册，安徽教育出版社2008年版，第447页。
⑧　刘体智撰，刘笃龄点校：《异辞录》，中华书局1988年版，第37页。
⑨　沈云龙主编，刘秉璋著，朱孔彰编次：《刘尚书（秉璋）奏议　附清芬录·刘尚书别传》，文海出版社1973年版，第830页。

刘秉璋奉上谕,补授翰林院侍讲。六月,天京陷落后,洪天贵福逃往湖州,经黄文金护送往广德。刘秉璋与潘鼎新、李朝斌等节节进兵,于七月二十九日与潘鼎新等合力攻克湖州。八月初六日,刘秉璋奉上谕,获振勇巴图鲁名号。十月二十一日,刘秉璋奉旨补授右春坊右庶子,十二月十八日转补左春坊左庶子。同治四年(1865)二月初八日,刘秉璋奉旨补授翰林院侍讲学士。数年之间,刘秉璋“先由编修迁侍讲,至是累迁至侍讲学士。当时以词臣从事戎行,李文忠(李鸿章)外,公一人而已”。① 在淮军诸将中颇为特出。

同治四年正月,曾国藩奏请裁撤湘军,而以淮军剿捻。三月,曾国藩欲调刘秉璋一军移守金陵雨花台、江东桥等处。因李鸿章不允而未果。四月二十四日,僧格林沁战殁于曹南。二十九日,曾国藩任剿捻钦差大臣。同治五年(1866)正月十八日,刘秉璋奉上谕,赴曾国藩军营襄办军务。三月初九日上书谢恩:“臣皖江下士,吴会从戎,追随上将之后尘,获睹中兴之盛烈。闻命之下,弥切战兢。窃以捻贼虽属幺末,颇形猖獗中原,实关大局,亟盼澄清。臣庸愚何所裨助,惟有随同督臣曾国藩,严申军纪,迅赴戎机。联诸将为同心,驱偏师而犄角,以冀仰答高厚。”②刘秉璋“创扼河而守之策,圈贼于一隅,使不得逞。其后贼扑渡河,先公复创反守运河之策,贼骑益无所用,势遂日蹙,诸军因得以成功”③。四月,授刘秉璋“江苏按察使,仍统军驻徐州,”④未及履任。是月,曾国藩命刘秉璋与杨鼎勋进剿任柱、赖文光。八月,捻军攻破开封卫河堤,八月二十日由河南考城进入山东。曾国藩防河战略失败,旋请交卸钦差大臣,仍回两江总督任,由李鸿章接办剿捻事务。

刘秉璋率军转战罗山、安陆、罗田、英山、太湖等地,“剿捻虽与曾、李二公运筹帷幄,主阃外之权,然实身在行间,不辞劳苦”⑤。“数年间与贼驰逐于邹、鲁、皖、豫、淮、徐、湘、楚间,大小凡数十战”⑥。同治六年(1867)二月,刘秉璋补授山西布政使,仍未赴任。四月十一日,淮军杨鼎勋部在孝感县小河溪遭捻军伏击,刘秉璋竭力救援,得以不败。五月,刘秉璋移军周口。时

---

① 沈云龙主编,刘秉璋著,朱孔彰编次:《刘尚书(秉璋)奏议　附清芬录·原任四川总督刘公碑铭》,文海出版社1973年版,第920页。
② 中国第一历史档案馆藏:《军机录副》,档案编号:03-4726-049。
③ 《庐江刘氏宗谱·宫保公行状》卷49,宣统三年(1911)元和堂七次续修本。
④ 沈云龙主编,刘秉璋著,朱孔彰编次:《刘尚书(秉璋)奏议　附清芬录·国史馆列传》,文海出版社1973年版,第882页。
⑤ 《庐江刘氏宗谱·宫保公行状》卷49,宣统三年(1911)元和堂七次续修本。
⑥ 沈云龙主编,刘秉璋著,朱孔彰编次:《刘尚书(秉璋)奏议　附清芬录·原任四川总督刘公碑铭》,文海出版社1973年版,第921页。

捻军已进入山东。李鸿章"自归德移驻济宁,始议扼运,蹙贼海隅,檄秉璋随赴济宁,布置运防"①。刘秉璋"率所部屯运西,合东、皖、豫三省兵,并力蹙贼,贼窜地渐狭"②。七月二十日,赖文光在胶莱河北段入海处沙滩进入西岸潍县、昌乐,疾驰南走。刘秉璋率军由台庄渡河赴桃源,会浙军防守清江。捻军沿运河南下,直扑清淮,刘秉璋"督部将者贵、叶志超、杨岐珍马队三营追及之于淮城之张桥,贼大溃,降其老贼数千人,沿途追击至扬州之东北湾。"③赖文光"窜高、宝(高邮、宝应)水乡,遇华字营统将吴毓兰(字香畹,原属吴毓芬华字营),生俘以献"④。十二月十六日,赖文光被杀于扬州,山东、江苏、安徽、河南、湖北五省一律肃清。

同治七年(1868)正月初八日,西捻军张宗禹自河南进入直隶,抵保定,京畿震动。正月初十日,命李鸿章驰赴直隶,进剿西捻。此前刘秉璋以父年高多病,且伤疾复发,屡请解兵权,李鸿章曾与刘秉璋"约'俟军务之毕'。及赖汶光就获,再请。文忠不许,且百端譬解曰:'古人捧檄而喜,岂有亲在而可以高蹈耶! 军务以来,候补藩臬无简缺者,今以学士任方面,上下嘱望之殷,而可恝然视之乎!'文庄奋然曰:'公谓我于区区一藩司之职,万余人之众,而患失之乎?'文忠不可留,乃作调侃词曰:'儒者读书,贵能下人。吾辈文人,临战非武夫比。'"⑤所部仲军裁遣四营,其余马步十一营(马队三营,步队八营)由部将吴长庆接统,此后撤销仲军"番号",改称庆军。不久,吴长庆统军北上,参加镇压西捻军作战。刘秉璋则从此离开淮军。此间,刘秉璋购得无为州徐姓屋居住。此宅"旧有楼一所,悬'远混天碧'四字榜额,为本地乱前书家李旦旭所书,字体仿米芾,颇有雄杰气概,遂仍之,因以'远碧'名楼,为藏书所。"⑥刘秉璋藏书五万卷,并编《远碧楼书目》十卷,后归第四子刘体智,沿用旧称,并加扩充,"藏书二十余万卷,以明以前本为多,宋椠元钞者亦略备,重编为《远碧楼书目》三十二卷"⑦。民国二十九年(1940),刘体智请长乐郑振铎重加编订,选宋元刊本、钞校本及明刊本为

① 沈云龙主编,刘秉璋著,朱孔彰编次:《刘尚书(秉璋)奏议　附清芬录·国史馆列传》,文海出版社1973年版,第883页。
② 沈云龙主编,刘秉璋著,朱孔彰编次:《刘尚书(秉璋)奏议　附清芬录·国史馆列传》,文海出版社1973年版,第883页。
③ 《庐江刘氏宗谱·宫保公行状》卷49,宣统三年(1911)元和堂七次续修本。
④ 沈云龙主编,刘秉璋著,朱孔彰编次:《刘尚书(秉璋)奏议　附清芬录·国史馆列传》,文海出版社1973年版,第884页。
⑤ 刘体智撰,刘笃龄点校:《异辞录》,中华书局1988年版,第53页。
⑥ 刘声木撰,刘笃龄点校:《苌楚斋随笔》卷2,中华书局1998年版,第26页。
⑦ 刘声木撰,刘笃龄点校:《苌楚斋四笔》卷3,中华书局1998年版,第774页。

主,编成《远碧楼善本书目》五卷①。

三

　　同治十一年(1872)二月初四日,曾国藩卒于南京,赠太傅,谥文正。刘秉璋赠挽联:"天上大星沉,气壮山河,身骑箕尾;人间纷雨泣,功在社稷,泽被生民"。是年,刘秉璋服阕,奉旨入觐,授江西布政使,"清厘军兴以来二十余年鏐辖库款,盘查各属交代数百起,廉能甚著"②。同治十三年(1874),刘秉璋署理江西巡抚。光绪元年(1875)八月初二日,刘秉璋补授江西巡抚。同年九月,赴京陛见。在江西巡抚任内,刘秉璋认真办理政务,治绩颇著。

　　刘秉璋认为江西"自发逆荡平之后,因土匪根株未尽,游勇出没靡常",因此"酌留水陆防军,择要布置,缉捕巡防,并不时策励各属督率绅耆,一体编查保甲""江西拿办会匪,本未敢稍涉疏虞"。③对于军营保举各武职亦及时收标候补。刘秉璋于光绪二年(1876)二月初九日上《江西候补武职收标章程现无流弊疏》:"诚以该员等效命戎行,频年征战,出入生死而得一官。若事平遣撤,置散投闲,情殊可悯,是以准其投标候补,上则为国储备将材,下则振作行间士气"④。刘秉璋从军多年,深知防务重要。在担任江西巡抚后,从实核查,着力查勘江西营务、江防及炮台。光绪二年(1876),刘秉璋"自京回江,道出湖口,亲往各台查勘,实皆扼要得宜"⑤。此外,刘秉璋还与刘坤一商议,"于九江府岳师门外及塔基下各筑炮台一座,与郡城相犄角;又于湖口县城外之武曲港及对岸之梅家洲各筑炮台一座,两岸对峙,以扼由江入湖要隘。"⑥刘秉璋严督工程质量,"遂购机器于上海,打桩皆用巨木。填筑之土,特派两营弁勇,寸寸夯碨;台上所用木料铁板,悉系购自外洋。台顶及四面俱以三合土加功筑成,其坚结过于砖石。炮门作八字形,炮位转移极灵,炮线正出、斜出,可以兼击上下游来船。炮台之外复砌石岸,以

　　① 郑振铎:《郑振铎书话》,北京出版社1996年版,第220页。
　　② 《庐江刘氏宗谱·宫保公行状》卷49,宣统三年(1911)元和堂七次续修本。
　　③ 沈云龙主编,刘秉璋著,朱孔彰编次:《刘尚书(秉璋)奏议　附清芬录·奏江西候补武职收标章程现无流弊疏》,文海出版社1973年版,第29页。
　　④ 沈云龙主编,刘秉璋著,朱孔彰编次:《刘尚书(秉璋)奏议　附清芬录·奏江西候补武职收标章程现无流弊疏》,文海出版社1973年版,第29页。
　　⑤ 中国第一历史档案馆藏:《军机录副》,档案编号:03-0382-029。
　　⑥ 中国第一历史档案馆藏:《军机录副》,档案编号:03-0382-029。

卫台基"①,对于加强江西防务,发挥了重要作用。

刘秉璋关注百姓疾苦,光绪二年八月,江西大雨。刘秉璋奏称:"宁都、兴国二州县,本年六月间雨水过多,溪河泛滥,田庐均被淹没,居民多有淹毙。又南丰等县,因六月间晴少雨多,河水又复泛涨,小民荡析离居。"②在得到朝廷允准后,刘秉璋"免抽米谷厘金,俾裕民食"③,帮百姓渡过难关。对于吸食鸦片的恶习,刘秉璋深恶痛绝,他于光绪三年(1877)六月二十二日上《筹禁鸦片烟疏》:"臣犹忆为儿童时,乡里吸食者,百家之中仅一二人。迄今四五十年来,传染日众,习为故常,濒海地方几于家喻户晓,下至舆皂、乞丐,往往有瘾。此时筹议禁止,必须分别次序,扼要以图,庶几令出惟行,事有把握。蚩蚩之氓,固宜宽以岁月,以期默化潜移。"④在同日所上《密陈禁鸦片烟片》中,他又提出:"欲禁种罂粟,必先禁吸鸦片;欲禁吸鸦片,必俟洋土断绝,然后名正言顺示天下以大戮,天下士庶共知朝廷令在必行,亦可靡然向风,而无敢犯。若审时度势,尚有未能,则与其多设科条仍鲜实济,不若殚心悉力,阴图自强之策,而姑以优游教化,期收效于将来。"⑤此亦是从卫护民生的角度考虑。

刘秉璋鉴于地方官员办理案件,往往日久难结,在光绪三年八月初三日所上《奏设立候审公所疏》中称:"向来京控、上控之案,行提人证到省,皆归南昌府发审谳局审理,一切原、被词证发南昌、新建二县,分别保押,虽经谆饬承审各员依限速结,尚不致日久无故稽延。然情节重大者一案人证动辄多人,即使行文酌量摘提,问官依限讯结,而往返需时,已滋拖累。设遇原、被狡执,人证不齐,则累月经年,羁留候质,夏则厉疫堪虞,冬则饥寒交迫,牵累无辜,情实可悯。"因此奏请在省垣设立候审公所,"凡提省发审案证,一经解到,先由南昌府督同谳局委员查阅案中大概,分别重轻,除情重应行派差管押、情轻自愿取保外,其并非身犯罪戾,因人指证牵连,或虽系被告,情有可矜,与应保而人地生疏者,均交候审公所暂时收管,仍不准擅自出入,以杜勾串。每名日给米一升、盐菜钱十文。有亲属顾送者,仍听其便。遇有疾病,由委员随时验明,延医调治,夏给席、扇,冬给姜、炭,随时稽查照料;并严定限期,督率承审各员遇案速结,应释人证,责令驻所委员立时开释,以杜需索、留难诸弊。"对于整顿吏治陋规颇有助益。此外,在整顿吸食鸦片陋习

①　中国第一历史档案馆藏:《军机录副》,档案编号:03-0382-029。
②　《清德宗实录》卷39,光绪二年八月下,中华书局1987年版,第561页。
③　《清德宗实录》卷41,光绪二年十月,中华书局1987年版,第580页。
④　中国第一历史档案馆藏:《军机录副》,档案编号:03-7402-006。
⑤　中国第一历史档案馆藏:《军机录副》,档案编号:03-7402-007。

中,刘秉璋也坚决从各级官员开刀。他认为:"禁止鸦片烟应自官吏始,盖守令、教职、将弁,士民、卒伍之表率也;督抚、提镇、司道,属吏之楷模也。厚荷国恩,拔擢于众人之中,置诸百姓之上,不能自正其身,安望其化民察吏、整顿戎行?"因此奏请"予限三年戒烟,在士民尚觉其促,在官吏转嫌过宽,拟请文武官员吸食鸦片烟者,勒限一年戒除,逾限不戒,立即参劾,永不叙用。"①均为澄清江西吏治的有力举措。

刘秉璋在光绪元年就任江西巡抚后,其母胡氏随在任所。刘母"血气愈衰,目疾愈剧,视物不见,起动饮食,刻须扶持,衰迈思乡,不愿羁留异地"。光绪二年二月,刘秉璋送母回籍。时刘母已八十四岁高龄,"去日苦多,景迫桑榆,为人子者,情难恝置。况两目复膺痼疾,左右未敢远离。前此迎养任所,尚可藉慰乌私。兹则垂暮之年,势难复出。臣若径自赴任,不免分心内顾,更恐贻误公事,负疚非轻"②,遂禀请开缺,回籍终养。四月十九日上谕称:"刘秉璋奏恳请开缺终养一折,刘秉璋之母胡氏,年逾八旬,兼患目疾,侍奉需人。览其所奏,情词恳切,原应俯如所请,以遂孝思。惟江西地方紧要,刘秉璋向来实心任事,于吏治民风颇能整顿,朝廷倚重方殷,且该抚尚有兄弟二人可资奉养,正当及时图报,用副委任,着毋庸开缺。"③光绪四年七月初三日,刘秉璋再次上折,请开缺养亲。是时刘秉璋兄刘赟"年逾六十,竟于今春一病不起",弟刘秉钧"前在军营感受风湿,留滞筋络,迄今语言蹇涩,步履未能如常"。刘母"今年八十六岁,久患目疾,视物不见。况当垂暮之秋,又遇臣兄之变,悲思交集,衰惫益增"。刘秉璋"既痛手足之摧,亦切庭闱之恋。盖臣弟病已多年,急切断难痊复,而臣母年登大耋,动息俱待扶持,五夜彷徨,万分焦灼"。而江西巡抚"事繁责重,如臣驽钝,陨越时虞。况以内顾之私纷其志念,设有贻误,臣一身获咎不足惜,实于地方大有关碍"④,再次恳请开缺归养。七月二十二日,上谕允准刘秉璋开缺养亲。归家之后,刘秉璋"问安侍膳之余,无日不以温经读史为业。当时中兴诸将帅之归田者,类皆以亭台池沼大兴土木,抑或寄情丝竹以自娱,公独于诗书之外无他好"⑤,尽显淡泊书生本色。

①　中国第一历史档案馆藏:《军机录副》,档案编号:03-7402-006。
②　中国第一历史档案馆藏:《军机录副》,档案编号:03-5107-062。
③　《清德宗实录》卷30,光绪二年四月下,中华书局1987年版,第438页。
④　中国第一历史档案馆藏:《军机录副》,档案编号:03-5130-075。
⑤　沈云龙主编,刘秉璋著,朱孔彰编次《刘尚书(秉璋)奏议　附清芬录·文庄公逸事》,文海出版社1973年版,第933页。

四

刘秉璋自光绪四年开江西巡抚缺，归家养母后，旋于翌年丁母忧。至光绪八年服阕，家居凡四年。在补授浙江巡抚后，刘秉璋坚决承担浙江海防重任，在中法战争中重创法军舰队，战后积极增强浙江军备，有力维护了国家利益。

光绪五年（1879），刘秉璋母胡太夫人五世同堂，获赐御书匾额。光绪六年（1880），诏命刘秉璋赴京陛见，有"时事艰难，该前抚（刘秉璋）向来办事认真，着即行启程，毋稍拘泥"之谕。刘秉璋"以胡太夫人年迈多病，不能远离，疏辞曰：'自维愚直，何补时艰，倘以宠利为心，借口宏济，弃九旬之病母，窃一己之荣名，天下安用有是子，即朝廷亦何贵有是臣？'疏入，闻者传诵"①，旋丁母忧。是年，新疆南北肃清，左宗棠以刘秉璋"在江西任内筹办甘饷，请叙旧劳。奉旨赏刘秉璋头品顶戴"②。至光绪八年，刘秉璋服阕，"入都陛见"③。后赴天津，"寓文忠（李鸿章）行辕，闻傅相（李鸿章）疏荐，旋见而言谢。文忠笑曰：'内意将简东抚（山东巡抚），以法越生衅，浙省海疆事急，陈儁丞（陈士杰）求调，因移儁丞于东，而以浙江借重使君。'"④显示出朝廷对刘秉璋治军御敌才能的充分肯定。

光绪八年十二月二十一日，刘秉璋补授浙江巡抚。刘秉璋上《谢授浙江巡抚疏》："浙江为滨海要区，最为繁庶，所有安民、察吏、理财、练兵诸大端均关紧要，如臣梼昧，惧弗克胜，惟有殚竭愚诚，实心实力，妥筹办理"⑤。光绪九年（1883）正月十二日，刘秉璋入京陛见。二月十二日，行抵浙江省城，接印任事。到任之后，刘秉璋奏请暂缓开设北新关，暂停抽收关口各税，收抚台州匪首黄金满，奏请暂缓办理派办上用及赏用各色龙袍、褂、蟒袍并各项绸缎、纱绫等共二万三千五十五件四。刘秉璋积极处理慈溪县民侵湖成田之案，认为慈溪县杜、白二湖所关居民侵湖成田，"年远认为己业，自明迄今，盗争抢割，讼无已时"。当地员绅等"逐加勘丈，议以近山远水之二百亩归抵未领田价之户，再留三百亩为近地贫民养生之计，岁入租息，藉以修

① 《庐江刘氏宗谱·宫保公行状》卷49，宣统三年（1911）元和堂七次续修本。
② 《庐江刘氏宗谱·宫保公行状》卷49，宣统三年（1911）元和堂七次续修本。
③ 《庐江刘氏宗谱·宫保公行状》卷49，宣统三年（1911）元和堂七次续修本。
④ 刘体智撰，刘笃龄点校：《异辞录》，中华书局1988年版，第84页。
⑤ 沈云龙主编，刘秉璋著，朱孔彰编次：《刘尚书（秉璋）奏议 附清芬录·谢授浙江巡抚疏》，文海出版社1973年版，第120页。

筑塘堤,足资潴蓄。其余五百八十二亩,一律钉界封禁。事属从权,尚非经久之谋。惟斯时毁之不能,听之不可,则舍禁种之外殊无别法。而欲全行禁止,则又恐无业穷民终启临渊之羡。是留三百亩为两全之策"。刘秉璋因此"饬该府县会同各绅将封禁田亩划界钉石,严禁私种,并将留田收支事宜妥议定章,出示晓谕,仍随时查禁,务绝争端"①。同年七月,浙江"先后两次风潮异常旺大,为数十年来未有之奇灾,致将海宁、海盐、平湖等处石土塘工间段被冲,坍决灌口,情形万分危险"。刘秉璋闻报后,命"各该管厅县会督绅弁,筹垫经费,抢险堵筑,暂资抵御;并由塘工总局分委干员驰往逐细履勘,择要必不可缓之工,先行确切估办"②,尽快兴工修理。

　　光绪九年八月,法国兵轮驶入宁波港内测量水线,并登山眺望。刘秉璋"檄饬成邦干募贞字楚勇二营,又挑定标练军一营,帮同定海镇布守定海。记名提督杨岐珍现驻台州,檄饬添募亲兵右营,俟台防布置妥贴,即调该提督带所部三四营驻守镇海,并于温州镇标挑选练军一营,训练巡防,听候调遣。所有沿海炮台,择要修整,配制药弹,以备不虞。"③光绪十年(1884)正月初九日,刘秉璋带印出省,巡阅海口。七月初六日,中国对法宣战。七月二十四日,刘秉璋奏调总兵马朝选赴浙江加强防务。八月初九日,刘秉璋因总理衙门奏请,"饬委干员前往沿海各口周历查勘,按照原咨逐条登复,绘图四十五幅,详细填注,装成九册,并凡例十条,于本年闰五月间咨送查阅在案。惟卷帙太多,不便呈进,兹奉谕旨,遵经饬局另绘简明地图,并将各口驻守之带兵官粘签注明,敬谨封固,恭呈御览。"④同时,刘秉璋"绸缪防务,不遗余力。沿海两岸修筑长墙,绵亘殆二三十里,山冈显露之处则设立疑营,使不知吾兵之所在。又购买桩木,用机器排钉海口。买海船三四十艘,满装石块,排沉桩缝之内,其外沉放水雷百余。滨海最要之处,亦埋地雷,防其登岸"⑤,为加强浙江防务,做了大量工作。

　　光绪十年,中法战争形势趋紧,刘秉璋积极部署浙江海防,"以记名提督杨岐珍领抚标亲兵驻招宝山,以记名总兵马朝选领淮勇二千五百人防镇海北岸。以记名总兵钱玉兴领衢标、处标练兵千人暨淮勇二千五百人,分扼宁波至梅墟,及育王岭、下潭等隘,并备策应。守备吴杰领威远、靖远、镇远

①　中国第一历史档案馆藏:《军机录副》,档案编号:03-6714-018。
②　台北故宫博物院藏:《军机及宫中档》,文献编号:124628。
③　沈云龙主编,刘秉璋著,朱孔彰编次:《刘尚书(秉璋)奏议　附清芬录·奏添募勇营布置情形片》,文海出版社1973年版,第165—166页。
④　台北故宫博物院藏:《军机及宫中档》,文献编号:129658。
⑤　《庐江刘氏宗谱·宫保公行状》卷49,宣统三年(1911)元和堂七次续修本。

三炮台炮兵。元凯、超武两轮船驻海口,而红单师船五、六往来巡弋"①。在战事发生后,刘秉璋"使宁绍台道薛福成综理营务,尽护诸军。延长宁波至镇海电线与省垣相通,俾号令迅捷。饬(杨)岐珍、(钱)玉兴布置海口南北营垒,修筑堤卡,以联声势。命宁波府宗源瀚督钉桩木于海口,载石沉船于中,留口门二十丈,平时可通商船,有事则封塞。排桩之外沉放水雷,岸上布地雷。"②此外,刘秉璋"先照会外邦领事,转告教士迁徙,以清内地间谍。复饬(薛)福成遣人至沪暗阻敌船引水及法船四船驶入蛟门"③,严阵以待,为抗击法军做了充足准备。

　　光绪十一年(1885)正月十五日,"法舰放小轮入虎蹲山北,测水道。我台开炮击之几中,乃遁。未几,四大战舰(纽回利、答纳克、巴复尔、德利永芳号)合攻招宝山炮台,吴杰亲自开炮,中其鹢首,(杨)岐珍亦至炮台同励士兵,弹中敌舰尾。法舰败退,泊金塘山下"④。正月十七日,法军"复来犯,(杨)岐珍督吴杰迎击,一中烟筒,再中船桅。法舰创甚,遁去。遂不敢近窥炮台。时有法兵船送一兵头之柩,葬于马祖澳,云为将军迷禄,再攻镇海伤毙者。自中外海通以来,中国海防能御敌者,以是役为有名"⑤。

　　刘秉璋于光绪十一年正月二十四日上《法船突犯镇海口岸官军奋力击退疏》,记述此战之本末甚悉:"正月十四日戌刻,探知法船四艘排泊镇海口外七里屿洋面,经提臣欧阳利见与记名提督杨岐珍商派各营官带队,扼要驻扎,严为戒备。同知杜冠英驻守招宝山炮台,守备吴杰照料两岸炮台,并派队环伏隧道,以备击剿。各要口密安地雷。南琛、南瑞、开济、超武、元凯五轮船暨红单师船匀泊桩内,并令必计弹可及敌,始行攻击,不准空放,免耗子药;一面电致记名总兵钱玉兴自梅墟出队策应,并将载石五船凿沉塞口。布置已定。十五日巳刻,法以一小轮船冲波探信,经招宝山炮台击退,旋有一大黑舰携三船随后。我军兵轮、炮台竭力轰击,洞穿当先黑舰,敌兵落海者不少。炮台、兵轮连环放炮,敌势不支,陡放黑烟,海天弥漫,不能辨认。我军注定黑烟,痛击不辍。黑船败北,三船随之,退泊金塘山边。该处水深,离乾门甚近,防其登陆。是夜戌刻,果有小船二只将次拢岸,为达后营逻卒击退。十六日辰刻,被伤之黑船向外洋开去,三船仍泊原处。是晚,敌以二鱼雷船暗袭,为炮台、兵轮击退。十七日巳刻,换一黑船如前来犯,将出游山,

---

①　刘体智:《续历代纪事年表》卷10,《辟园史学四种》民国石印本。
②　刘体智:《续历代纪事年表》卷10,《辟园史学四种》民国石印本。
③　刘体智:《续历代纪事年表》卷10,《辟园史学四种》民国石印本。
④　刘体智:《续历代纪事年表》卷10,《辟园史学四种》民国石印本。
⑤　刘体智:《续历代纪事年表》卷10,《辟园史学四种》民国石印本。

即被我炮台、兵轮击穿烟筒，倒轮而退。兵轮又击中其后艄，复以一白舰替泊游山，倚山为障，受伤敌船傍晚他去。是夜亥刻，潜来小船二只，为伏兵排枪击退。十九日夜间，有法舢板二只，傍山蚁附而登，经健左旗排枪轰击，船翻人毙。连日交绥，击穿敌大黑舰二艘，坏其船身、烟筒，叠次击退探船鱼雷，法兵死伤不计。我军阵亡炮兵二名、勇丁一名，受伤二名，弹毙长夫一名。威远炮台门楣铁板被弹碰飞一块，尚无大损。"①

刘秉璋亲自指挥镇海之战，"战最烈者为吴杰，守威远、靖远、镇远三座炮台，当炮火之冲。功最巨者为钱玉兴，潜伏清泉岭，置过山炮，击毁法船。总其成者为杨西园（杨岐珍）。皆文庄亲庆军旧部也"②。《宫保公行状》亦称："先公（刘秉璋）命钱玉兴选敢死士潜伏南岸清泉岭下突击之，敌船连受五炮，伤人颇多，旋即遁去。闽浙总督杨公昌濬接探员禀报，有法船运到兵头之柩，葬于马祖澳，送葬者数百人，据云即将军迷禄，在镇海伤亡者也。法大将孤拔闻亦于是役亡。"③刘秉璋久经行伍，战前积极防备，战中激励士卒，调度有方，最终击退法军，获得大胜。

刘秉璋在中法战争中坚决抗击来犯法军，取得浙江保卫战的胜利。他在浙江巡抚任上注重整治财政，开源节流，同时积极设立机器厂，增修炮台，购买大炮，增强实力。光绪十一年五月二十四日，刘秉璋上《议复开源节流疏》："窃维理财之道，诚如部议不外开源、节流二事。而两者相较，开源难于节流，盖多方之搜剔，益上或致损下，不如随事节省，权由我操。"刘秉璋"起家寒素，于款项出纳素所慎重"，在就任浙江巡抚后不久，即遭遇中法战争，遂"添营购械，用项大增。而岁入之款只有此数，源无可开，流且益甚，司、局各库又以历年困于协拨，早经罗掘罄尽，无米为炊，难安寝馈"。刘秉璋既注重节流，"凡有可缓用款，无不量为裁剪，于节流之事委已不遗余力"。同时注重开源，"值此时艰孔亟，亦不得不为得寸得尺之计，藉资补苴，故不敢专避嫌怨，亦不敢轻事诛求。"④他高度重视设立机器厂，在光绪十一年二月二十一日上《浙省设立机器厂疏》："浙省各营多用洋枪，所需铜帽及后门枪子等件购自外洋，往往有需时日，应当添购机器，自行制造，庶几源源接济。"他委派"候补知府王恩咸暨江西候补知县徐春荣赴沪购办，并一切配用炉锅等项全具，俾资制造"，"定购德国化铜拉铜及造林明敦马地呢、毛瑟、哈乞客司、哜啫士得各种后膛枪子、锅炉、机器全副，又造前膛枪铜

---

①　台北"中研院"近代史研究所藏：《外交档案》，馆藏号：01-24-020-02-015。
②　刘体智撰，刘笃龄点校：《异辞录》，中华书局1988年版，第97页。
③　《庐江刘氏宗谱·宫保公行状》卷49，宣统三年（1911）元和堂七次续修本。
④　中国第一历史档案馆藏：《军机录副》，档案编号：03-6687-023。

帽机器全副"。同时"派委候补知府钟大钧、候补同知庄济泰等悉心咨度，并从德国绘取机器厂图仿办，就于省城军装局后面空地，添购民地二十五亩零，先行雇工平治基址，建筑外围墙，一面将应需各项工料分别估计，购运回省建造。"①刘秉璋高度重视沿海炮台建设，抗法战争更加凸显增强沿海防务的重要性。他于光绪十一年五月二十四日上《请于浙省口门添筑坚台增购大炮片》，分析了浙江海防的严峻形势："浙江所辖洋面南北千余里，实为往来要冲，口门林立，如定海之孤悬海中，乍浦之逼近省垣，镇海、温州之通商口岸。而镇海尤关紧要，平时毫无整备，临事必致掣肘。前次虽略为布置，限于经费，未能实力讲求，台未十分坚固，炮小力难致远，必须精益求精，再为扩充，俾得有备无患。本年正月镇海之役，相持且两月之久，未为所乘，实系仰仗天威，将士用命，非果台坚器利足以制人也。事后思之，弥深悚惕。"因为炮台大炮射程有限，"当时敌船停泊外口，因无致远大炮，任其逍遥游弋，无可为计"。其中"镇海炮台，有须加筑、改筑者，后膛二百磅炮位只有一尊，余皆较小，万不能洞穿铁甲。定海炮台尚不及镇海远甚，而乍浦、温州炮台又不及定海，必须添三四百磅以上长弹钢炮二三十尊，建筑坚台，以资固守"②。光绪十二年五月三十日，刘秉璋上《镇海口添建炮台增设炮位疏》："查镇海南北两岸大小炮台共十余处，洋、土各炮共七十余尊，布置尚称周密。然炮力皆难及远，惟招宝山威远炮台内安设德国博洪厂后膛螺丝钢炮一尊，弹重二百四十磅，弹路远及八里，可以洞穿铁甲。其次则仅有英国瓦瓦斯前膛钢炮一尊，弹重八十磅，以御铁甲，力已嫌小。"刘秉璋在上年海口解严之后，筹办镇海善后，拟在招宝山下安远炮台旁石矶及对面小金鸡山石矶"安置二十一生的克鹿卜钢炮各一尊。其炮洞须开前后炮门，以便攻前击后。"并改建招宝山威远炮台，"于下层靠北山脚添置二十一生的克鹿卜钢炮两尊"；增建镇远炮台，在该台东北半里之笠山顶"筑一坚实阃整之大炮台，以二十四生的克鹿卜钢炮两尊，二十一生的克鹿卜钢炮一尊安置其上"③，有效增强了浙江沿海海防力量。

五

光绪十二年四月二十一日，四川总督丁宝桢病逝。五月初七日，刘秉璋

---

① 中国第一历史档案馆藏：《军机录副》，档案编号：03-9408-047。
② 沈云龙主编，刘秉璋著，朱孔彰编次：《刘尚书（秉璋）奏议　附清芬录·奏请于浙省口门添筑坚台增购大炮片》，文海出版社1973年版，第287—289页。
③ 中国第一历史档案馆藏：《军机录副》，档案编号：03-9391-055。

补授四川总督。由"超武"舰①送至汉口。十月初一日,刘秉璋行抵四川省城,接印任事。

光绪十二年六月,重庆教案发生,英美教会在重庆城外强行修建教堂,民愤沸腾,约期反教,焚烧美国教堂和英美洋房,教民组织武装杀伤民众三十余人。刘秉璋就任四川总督后,调查原案卷宗,认为教民罗元义等在此次教案中罪责重大:"渝民初次打毁洋房教堂,虽因鹅项颈等处有碍方向,实由罗元义积怨所酿而成。"刘秉璋认为:"斯时罗元义若不雇众械斗,杀伤多命,渝民亦不至益加忿恨,集团四出打教。是洋房教堂之被毁,百姓之被杀,教民房屋之被拆,皆罗元义恃符逞横之所致。拟以械斗为首之例,尚觉情浮于法。"此外涉案之石汇"随同民团在乡滋事,乃以营勇弹压之故,辄敢伤毙杨什长一名。纵火烧房,不服弹压,实属匪徒,罪应从重"。因此,他按律将"兹两犯各拟斩枭,所以示持平也。"②在办理过程中,始终尊重此教案本身的是非曲直。

光绪十六年(1890)六月,四川发生大足教案。法国传教士第三次修建大足县龙水镇教堂,煤工余栋臣率众捣毁教堂。至光绪十八年(1892)正月,四川大足教案议结,办匪四名,恤银五万。刘秉璋于光绪十八年九月十八日上《剿办大足教案逸匪疏》:"大足教案迭兴,皆由民教不和,匪徒藉打教为名,哄诱绅团与之联为一气,故从前办理殊多牵碍。自前署川东道张华奎剀切出示晓谕,绅团不使庇匪,现任黎庶昌亦力主此议。现署大足县准补资阳县桂天培到任以来,联络绅团,官民一气,故此次匪首纠众打教抢劫,绅团无一助逆者,平日驾驭极为得法。"③在办理涉外教案中,始终态度持平,有力维护了四川百姓利益。

在刘秉璋就任四川总督之前,"藏番"已经与英国在独脊岭(大吉岭)办理通商事宜。光绪十二年十月十四日,刘秉璋与驻藏大臣文硕上《会同筹议胪款复陈疏》。刘秉璋认为"川藏相距虽远,固须联为一气,犹之台湾之资福建、甘肃之顾新疆,事同一体,畛域难分",充分认识到两地的特殊密切关系。刘秉璋分析西藏面临形势:"惟英人性成阴鸷,其专意通商之说,目下虽难觉可信,将来有无叵测诡谲,臣等不敢预必。且俄人之窥藏,亦复匪一朝夕,将来边务设有变迁",作为四川总督,"亦必力任仔肩,断不敢稍

<hr />

① "超武"舰为福州船政局制造第二号铁胁船。光绪四年五月下水,驻防浙江。
② 沈云龙主编,刘秉璋著,朱孔彰编次:《刘尚书(秉璋)奏议　附清芬录·奏教民罗元义匪徒石汇各拟斩枭片》,文海出版社1973年版,第459页。
③ 中国第一历史档案馆藏:《军机录副》,档案编号:03-5515-023。

存漠视"①。光绪十三年(1887)正月,"藏番"在哲孟雄境内隆土设卡,与英兵作战失利,西藏形势日形紧张。刘秉璋十分重视增强四川防务的重要性,认为:"川省毗连藏卫,外接番夷,内多伏莽,非有得力提镇整顿营武、筹备边防,不足以资控制。"遂于是年正月初六日奏请"即饬狼山镇总兵杨岐珍来川,归臣委遣,实于边防、营务大有裨益"②。十四年(1888)四月,"藏番"与印兵开战,刘秉璋认为:"川藏唇齿相依,防范不可不预。"但是"招募勇丁必须训练两三月,方可派遣。且由省赴巴、里二塘,亦须一两月,方能抵防"。他分析西藏形势,认为"若印兵必欲入藏,则英人狡焉思逞,防不胜防"。一旦形势紧张,则"惟有查照前督臣丁宝桢奏咨原议,先行募勇三千名,训练出关,驻扎巴塘、里塘,以固疆圉"③,加强西藏防务。此外,刘秉璋亦颇注重持平办理西藏事务。瞻对"番部"自同治初年归藏管辖后,至光绪十五年(1889)聚众叛藏。刘秉璋接藏民"陈诉藏官种种贪虐,不愿隶藏之意,尚无悖谬之词,其派兵守隘亦在瞻境,并未扰及邻界。迭据粮员胡治安及藏中委员王延龄等先后来禀,均请勿先用兵。复准驻藏大臣来咨,亦称会同臣等派员,先行开导以期就范。"刘秉璋认为"此次瞻番祇因藏官贪虐起衅,别无异志,似未便遽示兵威,致绝其向化之路。"④他从事件本身的是非曲直入手,持平办理瞻对叛藏事件,有效避免了事态恶化。

刘秉璋到任后,留心考察四川政务,于光绪十二年十月二十五日上《川省应行整顿各情形疏》,着眼于四川吏治积弊,提出整顿改进措施,具有较强的针对性。在署州县之缺方面,刘秉璋认为"川省委署人员太多,又不遵照部章办理,另立章程,按名递署。其实缺调署更逾一成之数,办理实属纷歧",因此命"将州县委署章程遵照吏部奏定颁发之式,三班轮递酌委,仍限十日内将调署人员逐加考核,择其实在人地相需酌留十员,以符部定一成之数"。在整顿川省勇营积习方面,积极整顿营务,"务使各营精壮足额,训练纯熟,以冀通省勇营转移风气"。在躬行节俭,保障民生方面,刘秉璋认为"小民穷蹙,尤当加意体恤,惟有严饬各属牧令不准浮收勒折,一面明查暗访,如有不肖州县敢于朘削小民脂膏者,立予参劾,决不姑容;仍由臣督率僚属,躬行节俭,力挽奢华之习,庶几以俭助廉,俾穷困蒸黎得以渐臻苏息"。

① 沈云龙主编,刘秉璋著,朱孔彰编次:《刘尚书(秉璋)奏议　附清芬录·奏会同筹议庐款复陈疏》,文海出版社 1973 年版,第 439—448 页。
② 中国第一历史档案馆藏:《朱批原件》,档案编号:04-01-17-0159-056。
③ 沈云龙主编,刘秉璋著,朱孔彰编次:《刘尚书(秉璋)奏议　附清芬录·预筹边防片》,文海出版社 1973 年版,第 523—524 页。
④ 沈云龙主编,刘秉璋著,朱孔彰编次:《刘尚书(秉璋)奏议　附清芬录·奏瞻对番民叛藏现在派员出示开导疏》,文海出版社 1973 年版,第 568 页。

在治理川省盗风方面，"檄饬藩、臬两司仿照前人保甲之法，撰拟简明章程，通饬各属谕令绅耆认真举办，富者出资，贫者出力，不得虚应故事"。在经征州县经收正、杂各款方面，刘秉璋认为："关系库储，交卸后必须扫数解清"，并"檄藩司督饬交代局，凡未清交代，限一个月扫数解清，如有逾延，即分别奏参、撤任、停委，以示惩儆而重库款"①。

刘秉璋注重纾缓民力，尽力减轻四川百姓负担。四川原有江防、海防加收川盐厘金，刘秉璋认为：此项"盐厘太重，济楚之引骤形短绌，若不及时停止，不独川省益行窘迫，更恐贻误滇、黔饷需"。而且此"厘以江防海防为名，今江海撤防，犹然加厘不止，既无以取信于商人，而此后引滞煎停，商灶交困，于饷款、民生大有窒碍"②，因此奏请停止江防、海防加收川盐厘金。刘秉璋着力裁减总督署办公经费。他于光绪十二年十二月十四日上《奏明督署公费片》称："查督署公用，实属不敷。先年裁革陋规，议给津贴各署之时，未定督署公费数目，而前督臣岁提银数亦未奏明。现在司道等请以二万两为率，自系仿照原数具详立案，免致将来漫无限制。"对此二万两之办公经费额度，刘秉璋"向来用度撙节，不敢妄费"，认为仍然过高，因此"批饬盐局再减四千两，岁以一万六千两为限"③。刘秉璋暂停川省机器局制造洋枪，以节省开支。他实地检验川省机器局制造洋枪，认为前四川总督丁宝桢于光绪三年到任后，"揆度时宜，创立机器局，选雇工匠，仿照外洋办法，制造枪炮、药弹、铜帽、洋火药等件"，因"其立志务在自强，是以仿用西法，不用西人，局中所用司事、工匠皆中国之人，不雇洋匠，以致铸造各项究未得其真诀"，所铸之枪"枪筒大小不能划一，后门枪弹多有走火，又或不能合腔""若以御敌，必致误事"。刘秉璋经过试验，认为："局中铸枪工料，其用费已昂于外洋买价，如果所铸各枪精良合用，犹可不惜小费以图自强。无如所铸之枪，臣逐加考验，其子路之及远与准头之取中，比较外洋所购，实已远逊。以更贵之价铸无用之枪，殊不合算。"因此"饬局将各项洋枪暂停铸造，裁减局中司事、工匠"，以所省经费"购备外洋枪弹，庶饷不虚靡，器皆利用"。刘秉璋并称："前督臣丁宝桢去年派员赴上海添购机器，现已陆续解运到川，将来机器安置停妥，饬令该局专铸铜帽后门枪弹、炮弹及赴造洋火药，较有把握"④，可见，刘秉璋虽暂停由川省机器局制造洋枪，但仍对川省机器局制造枪弹采取积极态度。

---

① 中国第一历史档案馆藏：《军机录副》，档案编号：03-5215-063。
② 中国第一历史档案馆藏：《军机录副》，档案编号：03-6461-055。
③ 中国第一历史档案馆藏：《军机录副》，档案编号：03-6615-121。
④ 中国第一历史档案馆藏：《朱批原件》，档案编号：04-01-01-0959-065。

　　光绪十五年，英国意图打开轮船进入四川的通道。刘秉璋认为英国商业势力进入四川，对四川商民不利，且轮船对中国木船及百姓生命威胁巨大，因此极力反对川江通行轮船。十五年二月廿九日，刘秉璋致电总署："川江万难行轮，官、商情愿吃亏，勉凑十二万买其船、栈，明定立德赚银不少，实属万分周旋，姑求十年无事。惟有抱定船、货全赔，分日行走两条，与之辩议。彼欲议免碰章程，无非牵混其词，为破碎不赔之地。无如川民看定，万难免碰，官虽欲姑且含糊，怎奈百姓不肯含糊，此为天理人情，非法令所能禁。"①八月初二日，刘秉璋又致电总署："彼持条约，川省何能阻止，惟必须碰即全赔，冀或可稍安人心。若狡强牵混，志在碰而不赔，必致滋事。"②光绪十六年三月，中英签订《烟台条约续增专条》，规定重庆作为商埠向英国开放，与各通商口岸无异，"英商自宜昌至重庆，往来运货，或雇用货船，或自备华式之船，均听其便"，重庆于次年三月正式开放。刘秉璋虽未能改变重庆开埠的现实，但在四川总督任内，坚持维护民船航行权益，挽回部分航行权，捍卫了民间航运业的利益。光绪十九年（1893），刘秉璋查扣怡和洋行私运火柴。是年二月十四日，刘秉璋致电总署："接川东黎道（黎庶昌）电称，渝城聚昌自来火公司整理有绪，不料怡和洋行近从上海贩到洋火数十箱，经聚昌查获扣留，一箱不准发卖。查此项自来火本非英国贩来之货，实系二三坏人意在破我公司。拟托人调停，买回交聚昌出售。查洋火事小，该洋商等听人簸弄，逐事把持，有损中国自主之权甚大，势难允准。"③有力维护民族工业权益。

　　光绪十九年十月上谕："有人奏，四川吏治蠹蚀污浊，请饬查办。据称四川总督刘秉璋信用候选道徐春荣、署提督钱玉兴二人，招摇纳贿。又所属州县设立私卡，痍毙民人；防营弁勇，暗通会匪，劫案叠出，列款纠参等语。着谭继洵驰驿前往四川，确切查办，据实具奏。"④光绪二十年二月初三日，刘秉璋上《沥陈川省近事微臣苦衷疏》："自臣奉命督川以来，本地好事劣绅时有以开矿之说相耸动。臣既察近时各省所办矿务成效卒鲜，又见川省众所指称矿产多在番夷境内。且自兵燹后，腹地伏莽未净，会匪、啯匪时虞窃发。前督臣丁宝桢于光绪九、十两年间试办矿务，不独无利可取，且几乎外酿边衅，内炽匪氛，旋即停止。臣署均历历有案可稽。故有来陈矿务者，臣均力为斥驳，该绅等以臣不遂所愿，将谋煽惑言路，请旨饬办，迫臣以必行。

①　顾廷龙、戴逸主编：《李鸿章全集》第22册，安徽教育出版社2008年版，第458页。
②　顾廷龙、戴逸主编：《李鸿章全集》第22册，安徽教育出版社2008年版，第521页。
③　顾廷龙、戴逸主编：《李鸿章全集》第23册，安徽教育出版社2008年版，第344页。
④　《清德宗实录》卷329，光绪十九年十月，中华书局1987年版，第225页。

未几,果有御史吴光奎奏请开矿,奉谕旨饬臣切实查覆。臣身膺疆寄,受恩深重,不敢稍存瞻顾,仍据实剀切上陈,已蒙宸衷独断,作为罢论。臣感激涕零,为全川士民庆幸。乃若辈竟敢入都造言腾谤,颠倒黑白,近果复有湖北巡抚谭继洵奉旨来川查办,已于本年正月初四日到省。"①二月奉上谕:"刘秉璋奏川省近事沥陈苦衷一折。封疆大吏于地方应办事件,果能公正无私,何虑言官弹劾?既经被人参奏,特派大员前往查办,自应静候查覆,其曲直是非,难逃朝廷洞鉴。何得于未经覆奏之先,率行具折剖辩,殊属非是。刘秉璋着传旨申饬,折单发还。"②嗣后,清廷对刘秉璋进行多次申斥。二月上谕:"内阁前因御史钟德祥奏四川吏治蠹蚀污浊,列款纠参。当谕令谭继洵前往查办。兹据查明覆奏。候选道徐春荣,经刘秉璋调赴四川,久居权要,颇事招摇,贪庸卑鄙,不恤人言,着革职永不叙用。署四川提督重庆镇总兵钱玉兴,虽无通贿确据,惟统军最多,毫无整顿,兵骄盗肆,贻误地方。直隶试用道叶毓荣,迹近贪缘,不知自重,均着交部严加议处。富顺县知县陈锡鬯,习气太深,钻营最巧。遂宁县知县黄允钦,年老聋聩,信任亲丁。阆中县知县费秉寅苛虐病民,声名最劣,均着行革职。四川总督刘秉璋措施失当,任用非人,致招物议,着交部议处。"③三月初三日上谕:"四川总督刘秉璋经部照溺职例,议以革职,着加恩改为革职留任。朕念该督宣力有年,平日办事尚属认真,是以特从宽宥。嗣后务当振刷精神,于川省吏治、营伍实力整顿,不得稍涉懈弛,以副委任。"④

自光绪十六年起,刘秉璋因身体多病,先后四次奏请开缺。二十年十月十二日,刘秉璋第五次吁请开缺,终获允准。十月廿二日,"命四川总督刘秉璋开缺来京,另候简用。调闽浙总督谭钟麟为四川总督。"⑤二十一年(1895)闰五月十四日,刘秉璋上《交卸督篆回籍就医疏》:"窃臣年力衰颓,自知不堪任重,近年来叠将便血、怔忡、健忘、跛履诸病状具折沥陈在案。去年十月奉旨开缺,感悚交并,当即专折谢恩,并请以藩司护理督篆,钦奉朱批:着俟谭钟麟到任后再行交卸。钦此。钦遵。现在新简四川总督臣鹿传霖业已自陕来川,臣当将关防等件委员赍送,即于闰年五月十四日交卸督篆。而一切病情增剧,未见痊可,因即束装,由水程东下,顺道回籍就医。"⑥

---

① 台北故宫博物院藏:《军机及宫中档》,文献编号:130670。
② 《清德宗实录》卷335,光绪二十年二月下,中华书局1987年版,第299页。
③ 《清德宗实录》卷335,光绪二十年二月下,中华书局1987年版,第301页。
④ 《清德宗实录》卷336,光绪二十年三月上,中华书局1987年版,第311页。
⑤ 《清德宗实录》卷352,光绪二十年十月下,中华书局1987年版,第553页。
⑥ 中国第一历史档案馆藏:《朱批原件》,档案编号:04-01-12-0567-076。

在刘秉璋交卸四川总督篆务之际,四川多地发生教案。光绪二十一年五月上谕:"四川省城被毁教堂医馆甚多,案情较重,教士藉此要挟,固所不免。而各国使臣在京催办,难以延宕。总署于教堂被毁轻重情形无从悬揣,势难在京商议,仍着刘秉璋派员迅速妥商办理,不得存五日京兆之见,稍涉诿卸。"① 闰五月,军机大臣等电寄刘秉璋:"鹿传霖甫经到任,于历办此案情形尚未深悉,仍着刘秉璋会同办理,切实踏勘,和衷议结,持平妥办,毋得偏徇一面,致生他衅。刘秉璋业经交卸,着俟此案议结后再行启程。"② 刘秉璋在办理教案过程中,未能满足列强婪索,列强驻华各使遂向朝廷施加压力。七月十六日,龚照瑗致电总署:"沙(英国外务部官员)将来函交阅,云中国如不予刘督(刘秉璋)相当之罪明发,即派兵船到华海口报复。瑗(龚照瑗)云川案未结,即明与刘(秉璋)处分,我朝有大为难,且与川案不利。"③ 在列强挟持下,清政府遂颁上谕:"各国设立教堂,迭经谕令各省督抚,严饬地方官加意保护,以期民教相安。本年五月间,四川省城匪徒滋事,打毁东校场教堂,省外各处旋又屡出教案,皆由地方官平日不知劝谕,百姓致酿事端,迨闹事后又不赶紧惩办。该督刘秉璋督率无方,厥咎甚重,据御史吴光奎奏参,省城滋事之始,刘秉璋坚置不理,并未派兵弹压,无业游民愈聚愈多,以致省外教案层见叠出,该督任意废弛,有负委任,着即革职,永不叙用。"④ 刘体智称:"先文庄(刘秉璋)督川八载,遇教案两次。未履任前,有重庆教案,教绅罗元义纠众械斗,致伤人命。文庄至,枭元义以徇,法使争之,不许,而乱立止。大足教案,薄给以资,令移教堂以去,民教均服。"甲午之冬,解任受代,新督两易其人,未及至蜀而事发。是时民仇教甚,不数日中,蜀境教堂几毁其半。适当中日战役之后,公使、教士气焰甚盛,朝旨罢川督职以谢。观于《中东战纪本末》所载路透电,言英法两使,皆自言功而不知其故。其后闻于李文忠公曰:军败于外,祸发于中,是予之过也夫。惟英使日至总署,噪于恭、庆两邸前,请斸川督职。恭邸曰:"任如何,必不许。是日,恭邸以他故先去,而庆邸诺焉。"⑤ 此足见此次教案对刘秉璋仕途影响的深层原因。

刘秉璋罢官后,回安徽庐州老家生活。"家居十年,幅巾萧散,曳杖里

① 《清德宗实录》卷368,光绪二十一年五月下,中华书局1987年版,第811—812页。
② 《清德宗实录》卷369,光绪二十一年闰五月,中华书局1987年版,第830页。
③ 刘体智撰,刘笃龄点校:《异辞录》,中华书局1988年版,第140页。
④ 沈云龙主编,刘秉璋著,朱孔彰编次:《刘尚书(秉璋)奏议 附清芬录·国史馆列传》,文海出版社1973年版,第887页。
⑤ 刘体智撰,刘笃龄点校:《异辞录》,中华书局1988年版,第140页。

门,世不知为达官贵人。以壮年驰驱戎马,困于簿书,至老手不释卷,有卫武公耄年好学之风。"①尤其喜好藏书,在藏书楼远碧楼中读书竟日。刘秉璋"家风俭约,待物必丰,倡为义举,所施与甚重,不独治军时有余资以散将士,凡故旧宾僚莫不知其缓急而为之谋,一言相许,历久弗忘。故至今谈公轶事者往往歔欷流涕。"②刘秉璋"形貌雄毅,精神过人"③。归里之后,"志气犹复不颓,又善自调养,偶感疾辄去粥饭,既愈犹清斋数日,如是者十年不见老态。人以先公言论丰采,咸谓寿算未可量也。"④刘秉璋颇重养生,"尝自言,一生从未食饭二盅,晚年所食更少,几于食无兼味。"⑤"偶感疾,辄去粥饭,既愈,仍清斋数日。然精神强固,步履如少年时人。"⑥"虽年至八十,目犹能视细字,耳能听微声,齿能嚼坚物,且从未脱一齿,声如洪钟"⑦,"尤善论事,少壮经历之故,纤悉不忘,述之竟日不倦。"⑧光绪三十一年四月十八日,刘秉璋八十生辰,"犹宴饮如常"⑨。至是年"秋初忽患脾泄之症,后变为痢疾。医云,年高八旬,气血两亏,实为危险,百药无效,延至七月二十三日卯时而长逝矣。"⑩两江总督周公馥、安徽巡抚诚公勋疏以上闻,奉上谕:"周馥等奏勋臣在籍病故,胪陈功绩,恳请赐恤一折。前四川总督刘秉璋学问优长,老成练达,由翰林随同前大学士曾国藩、李鸿章剿平发捻各匪,迭克名城,战功卓著,擢任两司,荐陟封圻,任事勇直,持躬廉介。嗣因案革职。兹据周馥胪陈战功事迹,宿将凋零,殊深恍惜。前四川总督刘秉璋着加恩开复革职处分,照总督例赐恤,任内一切处分悉予开复,应得恤典,该衙门察例具奏,并将生平功绩宣付国史馆立传,以示笃念勋臣之至意。"⑪清廷给予了刘秉璋身后之哀荣,是对刘秉璋人品和功绩的充分肯定。

①　沈云龙主编,刘秉璋著,朱孔彰编次:《刘尚书(秉璋)奏议　附清芬录·咸丰以来中兴将帅别传续编刘尚书别传》,文海出版社 1973 年版,第 913 页。

②　沈云龙主编,刘秉璋著,朱孔彰编次:《刘尚书(秉璋)奏议　附清芬录·咸丰以来中兴将帅别传续编刘尚书别传》,文海出版社 1973 年版,第 913—914 页。

③　《庐江刘氏宗谱·宫保公行状》卷49,宣统三年(1911)元和堂七次续修本。

④　《庐江刘氏宗谱·宫保公行状》卷49,宣统三年(1911)元和堂七次续修本。

⑤　刘声木撰,刘笃龄点校:《苌楚斋五笔》卷2,中华书局1998年版,第931页。

⑥　刘声木撰,刘笃龄点校:《苌楚斋五笔》卷2,中华书局1998年版,第931页。

⑦　刘声木撰,刘笃龄点校:《苌楚斋五笔》卷2,中华书局1998年版,第931页。

⑧　《庐江刘氏宗谱·宫保公行状》卷49,宣统三年(1911)元和堂七次续修本。

⑨　沈云龙主编,刘秉璋著,朱孔彰编次:《刘尚书(秉璋)奏议　附清芬录·原任四川总督刘公碑铭》,文海出版社 1973 年版,第 925 页。

⑩　《庐江刘氏宗谱·宫保公行状》卷49,宣统三年(1911)元和堂七次续修本。

⑪　《庐江刘氏宗谱·宫保公行状》卷49,宣统三年(1911)元和堂七次续修本。

六

　　刘秉璋喜好读书，"公自少好学，老而不倦"①。晚年家居十余年，"自云少时研求举业，未遑他顾。中年困于戎马簿书之间，于古人之书，无所纂述，心窃愧焉。故年已八十，手不释卷"②，著述颇丰。刘秉璋著述，除历年所上奏稿选编八卷，刊印传世外，"遗稿高至数尺"③，仅有手稿。迨"宣统辛亥国事之变，更弃之惟恐不速，去之必欲其尽，以致先文庄公生平遗稿只字无存"④。今据存世刘秉璋著述及相关文献记述，梳理刘秉璋著述情况。

　　《刘尚书奏议》八卷（存）。刘秉璋之子刘声木（按：即刘体信）《苌楚斋》称：刘秉璋"撰有《奏稿》八卷"⑤。又称："惟《奏议》选刊八卷。"⑥

　　此本有书牌"光绪戊申刊于江宁"，为光绪三十四年（1908）刻本。此本封面下题"长洲朱孔彰署检"。此本半叶十一行，行二十五字。卷首为目录下题（每卷目录下题）"长洲朱孔彰编次"，可知此书之编选由朱孔彰主持。朱孔彰（1842—1919），江苏吴县人，原名孔阳，字仲武，改字仲我，晚自署圣和老人，朱骏声子。光绪八年举人，少入曾国藩军营幕府，留营读书。后襄校江南官书局。能传父业，精经学、小学，熟于咸同时军事情况。宣统时掌教安庆存古学堂，著有《说文粹》《中兴将帅别传》等。朱孔彰曾作《刘尚书别传》，收入所撰《中兴将帅别传》中。朱孔彰并称，将《刘尚书别传》附刊于所编《刘尚书奏议》中，"俾读尚书奏议者知公生平勋绩昭著，得考见本末云"⑦。此本除收录《刘秉璋奏议》八卷外，附录朱孔彰作《刘尚书别传》。沈云龙主编《近代中国史料丛刊》第22辑收入《刘尚书（秉璋）奏议　附清芬录》（文海出版社1973年版）。所附《清芬录》为刘秉璋之子刘声木所纂，本单行，沈云龙将此书附于《刘尚书（秉璋）奏议》之后。

　　《刘文庄公奏议》八卷（存）。此本线装八册，民国铅印本。此本半叶十二行，行三十字。封面题"刘文庄公奏议"。卷首为目录，目录下题"长洲朱孔彰编次"。次为正文，凡遇"天恩""圣鉴"等均提行顶格，尚依奏折体例。

---

① 刘声木撰，刘笃龄点校：《苌楚斋三笔》卷5，中华书局1998年版，第566页。
② 《庐江刘氏宗谱·宫保公行状》卷49，宣统三年（1911）元和堂七次续修本。
③ 刘声木撰，刘笃龄点校：《苌楚斋三笔》卷5，中华书局1998年版，第566页。
④ 刘声木撰，刘笃龄点校：《苌楚斋三笔》卷5，中华书局1998年版，第566页。
⑤ 刘声木撰，刘笃龄点校：《苌楚斋三笔》卷5，中华书局1998年版，第566页。
⑥ 刘声木撰，刘笃龄点校：《苌楚斋三笔》卷5，中华书局1998年版，第566页。
⑦ 沈云龙主编，刘秉璋著，朱孔彰编次：《刘尚书（秉璋）奏议　附清芬录·刘尚书别传》，文海出版社1973年版，第840页。

卷末附录《刘文庄公别传》，下题"长洲朱孔彰撰"。今对校上述两本，除行款有别外，内容完全一致。《刘文庄公奏议》当据《刘尚书奏议》翻刻。

《静轩笔记》十九卷（存）。今检《静轩笔记》前有目录凡一百二十卷，列秦汉经史子集各部之书，正文十九卷。此本为民国石印本，卷一下题"刘文庄公遗书"。各条内容多为阅读古籍时之笔记。卷首有刘声木《序》，记述刘秉璋此书编纂之本末："先公每日读书，凡有所见及所经之事，悉录于日记。书有一见再见，而三四见者，读非一次，录亦非一时也。记自从军之岁起，至捐馆舍之前数日止，无一日之间断，积数百巨册，曾命诸子各就所见，编纂成帙。最初口受传指，成一类书，曰'澹园琐录'。当时科举未废，殆为场屋之用，体例为最简。其他各往往捃摭，以著专书，不啻六七种。然各安其意，或作或辍，迄未竣事。不幸原稿失于金陵，惟向之所分辑者尚在篋中，以为犹有副稿存也。及经整理，则脱略讹乱，适自足以发笑而自点耳，言之良愧。既念佚者不可复存，若并此子遗而不令流传于后，则不孝诸孤之责亦百喙无以自解矣。兹以朽迈之年，积疴不得遂瘳，勉为从事，每成一册，即先付印，不容稍缓，冀免一分之散逸，藉轻一分之罪戾而已。间参己意或陋辞联其间，则以原文无从斠正故也。记初名'强恕斋日记'。至蜀，改为'习静轩日记'，用署中地名也。归田之后，以园中有小屋，署额曰'静坐常思己过'，家人皆呼曰'静轩'。今取以名书，以示不忘其本焉尔。"①据刘声木此《序》，《静轩笔记》为"每成一册，即先付印"。故书前之一百二十卷目录仅为整理及刊刻计划，而仅完成至卷十九。刘声木此《序》称此书初名"强恕斋日记"，其所著《苌楚斋三笔》卷五称刘秉璋有"《强恕斋日记》十六卷"②，是否即为此《静轩笔记》，尚待考证。

《远碧楼书目》（佚）。刘秉璋在安徽老家建有藏书楼远碧楼。刘体信称："先文庄公当日藏书四五万卷，编有《远碧楼书目》十卷。""先文庄公服官数十年，遗产极薄，兄弟析产时，不得已，以书籍字画等亦按人分受。晦弟（按：即刘体智）得书。"

除上述三种外，刘声木记述刘秉璋著述称："先文庄公亦自少好学，老而不倦，撰有《奏稿》八卷、《强恕斋文集》二卷、《诗集》六卷、《方舆辑要》廿卷、《政典》十卷、《礼典》十卷、《读书笔录》十二卷、《汉书古字考》一卷、《喻言》二卷、《澹园小品》一卷、《古文钞》十六卷、《古诗钞》四卷、《今体诗钞》四卷、《唐人绝句》一卷、《强恕斋日记》十六卷、《尺牍》八卷、《批牍》二卷、

---

①　刘秉璋：《静轩笔记》卷首，民国石印本。
②　刘声木撰，刘笃龄点校：《苌楚斋三笔》卷5，中华书局1998年版，第566页。

《朋僚函稿》廿卷、《外部函稿》十卷、《三省电稿汇存》十卷、《锦鳞集》十卷、《前集》廿卷、《后集》四卷,都廿四种,共壹百玖拾余卷。遗稿高至数尺,惟《奏议》选刊八卷。刊板及遗稿四笈,某甲攘为己有。"①刘声木"竭力搜罗,仅购得《奏议》八卷刊本,复编辑《强恕斋文集》二卷、《诗集》一卷、《澹园尺牍》四卷,拟编为《刘文庄公遗书》,惟尚须商酌,一时未能即付排印"②。据此,可知刘秉璋劫余著述情况。

<h1 style="text-align:center">七</h1>

　　刘秉璋历年所上奏稿数量庞大,经朱孔彰选编为《刘尚书奏议》八卷,正文凡202篇,内容涉及政治、经济、军事、外交、民族、民生、地方治安等一系列重大问题。全书真实地记录了刘秉璋任江西、浙江巡抚、四川总督期间在稳定海疆、察吏安民、发展生产、兴办实业、奖励农桑、捐资助赈、关注民生、完善边备、废除旧制、抵御外侮等方面所做的贡献和取得的成就,充分显示了清王朝与地方官吏对边疆地区的治理情况,其内容涉及广泛,史料丰富。由于这些档案庋藏于各地馆所,查考麻烦,伤财费时,苦心劳力,实属非易,故研究者望而却步,是以迄今为止海内外尚未发现有关刘秉璋文献点校、考辨等方面系统的研究成果梓行。

　　本项目以《刘尚书(秉璋)奏议》为底本,以各地馆藏档案为校本,采用对校、理校、补证及考辨之法,对其文献进行整理与研究,并对相关人物、专业术语、重大事件等进行注释与补证;对重要人物之履历,则通过宫中档案及史志材料重新编写,纠正了一般史书、词典诸多舛误;并运用档案、史志等文献进行校勘、注释和补证,使内容更加翔实精当,以期提高古籍整理与研究的质量。

　　本项目属于基础研究,以历史学、文献学理论与实践,采用对校、理校、补证及考辨之法对文本进行整理和研究。即以中国第一历史档案馆藏《朱批奏折》《军机处录副奏折》和台北故宫博物院藏《军机及宫中档》及台北"中研院"档案馆藏《总理各国事务衙门档案》为校本,并查照《上谕档》和《清实录》,采用对校、理校、补证及考辨之法,对原文进行标点、校勘与补证。

　　一、刘秉璋文献的整理与研究有助于晚清海疆制度的研究。其文献真

---

① 刘声木撰,刘笃龄点校:《苌楚斋三笔》卷5,中华书局1998年版,第566页。
② 刘声木撰,刘笃龄点校:《苌楚斋三笔》卷5,中华书局1998年版,第566页。

实地体现了晚清朝廷的内外政策和在边疆、民族问题上的方针,是研究晚清外交、民族政策,尤其是有关边疆民族治理、民族关系等重大问题不可或缺的重要文献。

二、刘秉璋文献的整理与研究能为晚清江西、浙江、四川等地区的社会制度及社会阶层的变动及近代以来边陲的自然环境变迁的研究提供第一手史料,在促进中国近代史、边疆史及民族政策等方面的研究亦具有重要的史料价值和学术意义。

总之,本项目为首次对刘秉璋文献进行全面搜集、整理与研究,采用宫中档还原奏稿的原始面貌,使文献具有权威性,并运用档案、史志等文献进行梳理和补证,力争资料翔实,体例严谨,为中国近代史、中国边疆史研究提供一部内容可靠而又完备的研究文本。

凡　例

一、底本与校本。本文以刊本《刘尚书（秉璋）奏议》①为底本，以中国第一历史档案馆藏《军机录副》、台北故宫博物院藏《军机处折件》以及刊本《光绪朝朱批原件》②《宫中档光绪朝奏折》③为校本，并查照《上谕档》《清实录》等典籍，采用对校、理校、补证及考辨之法，逐件逐字对照，相互校勘。

二、标点。本书一律采用新式标点。

三、校勘。以校本校底本，采用校勘、补证及考辨之法，逐字校勘，并于页脚出校。

四、补证。对折件所涉之事件或文献，查找出处，并补录，以资参考；重要人物予以注释，相关文献全文照录，以保证文献的准确与完整。

五、本文按时间先后编序，并于标题后附清帝纪年并公历日期，俾资查照。

六、为方便查考起见，文献出处一般只注明馆藏档案编号。

七、按照时间顺序，调整了刊本各卷中奏议的顺序，以便于读者使用。

八、史料中所称农民起义军为"匪""贼"等，在校证时未加引号。

九、本文引用缩略语如下：

1. 中国第一历史档案馆藏《朱批奏折》《朱批奏片》与《录副奏折》《录副奏片》统一简称为《朱批原件》与《军机录副》，正文部分一律简称"原件"与"录副"。

2. 台北故宫博物院藏《宫中档光绪朝奏折》《军机处折件》《清单》等，统一简称为《军机及宫中档》。

3. 台北"中研院"近代史研究所藏《总理各国事务衙门档案》《外务部档案》，统一简称为《外交档案》。

① 沈云龙主编，朱孔彰编：《刘尚书（秉璋）奏议》，文海出版社 1966 年版。
② 中国第一历史档案馆编：《光绪朝朱批奏折》，中华书局 1996 年版。
③ 台北故宫博物院编：《宫中档光绪朝奏折》，东亚制本所，1973–1975 年。

卷一

谢授左春坊左庶子疏

同治四年正月二十一日（1865年2月16日）

新授左春坊左庶子臣刘秉璋跪[1]奏，为恭谢天恩，仰陈圣鉴事。

窃臣叠准江苏抚臣咨开：准吏部咨：同治三年十月二十一日奉旨：刘秉璋补授右春坊右庶子。钦此。又同治三年十二月十八日奉旨：刘秉璋转补左春坊左庶子。钦此。先后恭录咨会到，臣当在行营两次望阙叩头谢恩讫。

伏念臣未习韬钤，暂从军旅。当南服櫜弓之日，幸与观成；望西清珥笔之班，敢邀顾问。荷恩施之逾格，遽侍从之浟跻，涓壤莫酬，冰渊自惕。乃复迭承纶綍，累转坊阶。春华未茂，愧名实之难符；年例不拘，比疑丞之兼历。宠叨鹤籥，惧凛鹓梁。臣惟有鳌戴知屦，驽庸益奋，冀通方以致用，勤训练以治军。说礼乐，敦诗书，敢遂忘乎诵习？执干戈，卫社稷，仍勉效乎驰驱！以期仰答高厚生成于万一。

所有微臣感激下忱，理合缮折附抚臣驿递，恭谢天恩，伏乞皇太后、皇上圣鉴。谨奏。正月二十一日[2]。

同治四年正月三十日，议政王、军机大臣奉旨：知道了。钦此。[3]

【案】此奏原件查无下落，录副现藏于中国第一历史档案馆①，兹据校正。再，此折具奏日期刊本仅署"同治四年"，月日未确，兹据校补。

1.【新授左春坊左庶子臣刘秉璋跪】刊本无此前衔，兹据校补。

2.【正月二十一日】刊本无具奏日期，兹据校补。

3.【同治四年正月三十日，议政王、军机大臣奉旨：知道了。钦此。】此奉旨日期与内容，据录副校补。

---

① 中国第一历史档案馆藏：《军机录副》，档案编号：03-4613-075。

谢补授翰林院侍讲学士疏

同治四年四月初四日（1865 年 4 月 28 日）

新授翰林院侍讲学士臣刘秉璋跪[1]奏，为恭谢天恩，仰祈圣鉴事。

窃臣接准江苏抚臣咨开：准吏部咨：同治四年二月初八日奉旨：刘秉璋补授翰林院侍讲学士。钦此。恭录咨会到臣。当在东坝行营望阙叩头谢恩讫。

伏念臣淮南下士，江左从军，久旷侍从之班，愧乏涓埃之效。铜龙待漏，望九重万里之匪遥；汗马无功，比一岁五迁而已速。宠荣迭被，惶悚正深。兹复仰荷恩纶，晋跻讲学，光依莲炬，分辉组练三千；路接柳营，忝附瀛洲十八。闻命之下，夙夜战兢。臣惟有随同抚臣整饬澡防，讲求韬略，凛八砖之虚度，咫步毋违；运百甓而弥勤，分阴必惜！以期仰答高厚生成于万一。

所有微臣感激下忱，理合缮折附抚臣驿递，恭谢天恩。伏乞皇太后、皇上圣鉴。谨奏。四月初四日[2]。

同治四年四月十二日，军机大臣奉旨：知道了。钦此。[3]

【案】此奏原件查无下落，录副现藏于中国第一历史档案馆①，兹据校正。再，此折具奏日期刊本仅署"同治四年"，月日未确，兹据校补。

　　1.【新授翰林院侍讲学士臣刘秉璋跪】刊本无此前衔，兹据校补。

　　2.【四月初四日】刊本无具奏日期，兹据校补。

　　3.【同治四年四月十二日，军机大臣奉旨：知道了。钦此。】此奉旨日期与内容，据录副校补。

襄办军务谢恩疏

同治五年三月初九日（1866 年 4 月 23 日）

翰林院侍讲学士臣刘秉璋跪[1]奏，为恭谢天恩事[2]。

窃臣承准署两江督臣李鸿章咨会：同治五年正月十八日奉上谕：刘秉璋

---

　　①　中国第一历史档案馆藏：《军机录副》，档案编号：03-4615-046。

统带淮军素称得力,着李鸿章即饬令该学士迅赴曾国藩①军营,襄办军务等因。钦此。当即恭设香案,望阙叩头谢恩讫。

伏念臣皖江下士,吴会从戎,追随上将之后尘,获睹中兴之盛烈,恩荣叠被,报称毫无。乃以淮勇之素称得力,值豫疆之尚有游氛,遂荷纶音,俾襄军务。闻命之下,弥切战兢。

窃以捻贼虽属么缫,颇形猖獗。中原实关大局,亟盼澄清。在诸葛之广益集思,不乏超群之选;矧萧何之发踪指示,即同画一之规。如臣庸愚,何所裨助,惟有随同督臣曾国藩,严申军纪,迅赴戎机,联诸将为同心,驱偏师而犄角,敢希李愬赞裴相以成功,庶比廉颇用赵人而效命,以冀仰答高厚生成于万一。

所有微臣感悚下忱,谨附署督臣奏报之便,恭折叩谢天恩,伏乞皇太后、皇上圣鉴。谨奏。三月初九日[3]。

同治五年三月十五日,军机大臣奉旨:知道了。钦此。[4]

【案】此奏原件查无下落,录副现藏于中国第一历史档案馆②,兹据校正。

1.【翰林院侍讲学士臣刘秉璋跪】刊本无此前衔,兹据校补。

2.【为恭谢天恩事】刊本作"为恭谢天恩,仰祈圣鉴事"。兹据录副校正。

3.【三月初九日】刊本此处无具奏日期,兹据校补。

4.【同治五年三月十五日,军机大臣奉旨:知道了。钦此。】此奉旨日期与内容,据录副校补。

谢授山西布政使疏
同治六年三月二十日(1867年4月24日)

新授山西布政使臣刘秉璋跪[1]奏,为恭谢天恩,仰祈圣鉴事。

---

① 曾国藩(1811—1872),初名子城、子成、子诚,字居武,又字伯涵,号涤生,湖南长沙府湘乡县人。道光十四年(1834),中举人。十八年(1838),中式进士,改庶吉士。历官翰林院侍讲、内阁学士、礼部右侍郎,署湖北巡抚、两江总督、协办大学士。同治三年(1864),晋太子太保,封一等毅勇侯。六年(1867),拜大学士,转体仁阁大学士。七年(1868),授武英殿大学士,补授直隶总督。九年(1870),调补两江总督兼办理南洋通商事务大臣。十一年(1872),薨于位。赠太傅,谥文正。著有《曾文正公全集》等行世。

② 中国第一历史档案馆藏:《军机录副》,档案编号:03-4726-049。

窃臣于湖北蕲水营次接奉钦差大臣湖广督臣李鸿章①行知：同治六年二月十四日，内阁奉上谕：刘秉璋着补授山西布政使。该藩司现在军营，未到任以前，着胡大任②署理。钦此。当在行营恭设香案，望阙叩头谢恩。

伏念臣皖江下士，幸列词垣，自同治元年奉旨调往江苏军营，六载从征，偏师分领，戎机谬赞，愧方略之未谙；臬事滥陈，策驰驱而寡效。乃荷师中之锡命，俾膺山右之剧区。恩重报轻，震惊凤夜。

窃查藩司有表率地方之责，晋省实屏蔽畿辅之冲，岩疆况接夫关中，斥候正严于境上。臣戎行久厕，吏治多疏，虽存经营江汉之心，莫副表里山河之寄，惟有迅图馘丑，益励枕戈，修我太原，待作州兵而增卫；挞彼荆楚，载歌殷武以中兴！庶稍答高厚鸿施²于万一。

所有微臣感悚下忱，谨缮折附湖广督臣奏报，叩谢天恩，伏乞皇太后、皇上圣鉴。谨奏。三月二十日²。

同治六年四月初十日，军机大臣奉旨：知道了。钦此。³

【案】此奏原件查无下落，录副现藏于中国第一历史档案馆③，兹据校正。再，此折具奏日期，刊本仅署"同治六年四月"，未确。兹据录副校正。

1.【新授山西布政使臣刘秉璋跪】刊本无此前衔，兹据校补。

2.【三月二十日】刊本此处无具奏日期，兹据校补。

3.【同治六年四月初十日，军机大臣奉旨：知道了。钦此。】此奉旨日期与内容，据录副校补。

---

① 李鸿章(1823—1901)，字少荃，安徽合肥人，优贡生。道光二十四年(1844)，中举人。二十七年(1847)，中式进士，改庶吉士。历官福建延建邵道、江苏巡抚署两江总督、湖广总督，拜协办大学士、直隶总督、武英殿大学士、文华殿大学士。光绪二十一年(1895)，代表清政府与日订《马关条约》。二十五年(1899)，调商务大臣，署两广总督。二十六年(1900)，充议和全权大臣。二十七年(1901)，充政务处督办大臣。同年，卒于任。赠太傅，晋封一等侯，谥文忠。著有《李文忠公全集》等行世。

② 胡大任(1804—1891)，字莲舫，湖北监利人，廪生。道光十四年(1834)，中举人。十八年(1838)，中式进士，签分礼部主事。二十七年(1847)，丁内艰，回籍守制。二十九年(1849)，丁外艰。咸丰二年(1852)，服阕，赴部供职。三年(1853)，奉命回籍办理团练。同年，补礼部主客司主事。五年(1855)，保员外郎，赏戴花翎。六年(1856)，补祠祭司员外郎，七年(1857)，加四品衔。十年(1860)，赴部引见。同年，告病回籍。同治二年(1863)，保四品京堂。五年(1866)，补授内阁侍读。六年(1867)，署理山西布政使。同年，补河南按察使，赴广东办理厘务。七年(1868)，擢山西布政使。光绪十七年(1891)，卒。

③ 中国第一历史档案馆藏：《军机录副》，档案编号：03-4727-035。

到江西布政使任谢恩疏

同治十一年九月初八日（1872年10月9日）

江西布政使臣刘秉璋跪[1]奏，为恭报微臣到任日期，叩谢天恩，仰祈圣鉴事。

窃臣于七月初二日请训后，遵即束装起程，取道山东、江南、安徽等省，于八月二十八日行抵江西省城，于九月初二日准署江西布政使臣李文敏①将印信、文卷移交前来。

臣当即恭设香案，望阙叩头祗领任事讫。伏念臣皖北下士，叨遇恩知，夙忝窃于词垣，历赞襄夫戎幄。告归梓里，适清蛇豕之氛；引对枫宸，复策驽骀之效。自天简擢，伏地悚惶。

查江西素号名区，藩司责兼庶政，用人理财之道，须慎权衡；安民查吏之方，尤资擘画。如臣梼昧，惧弗克胜。惟有勉竭愚忱，倍加兢惕，于地方一切事宜随同抚臣刘坤一②，实力实心，认真整饬，不敢稍涉因循，以期仰副高厚鸿慈于万一。

---

① 李文敏（1822—1890），字少绅，号捷峰，陕西西乡县人。道光二十六年（1846），中举。咸丰元年（1851），充乐城书院山长。二年（1852），中式进士，签分礼部祀祭司兼仪制司行走。七年（1857），赴奉天督办皇陵工程，保升主事。同治元年（1862），补授主客司主事。二年（1863），升祠祭司员外郎。三年（1864），京察一等，升祠祭司郎中。四年（1865），充文会试正提调官。同年，保道员，赏戴花翎。五年（1866），补授安徽凤阳府知府。七年（1868），调补天津府知府。十年（1871），迁广东按察使，调江西按察使。光绪元年（1875），升授江西布政使。同年，护理江西巡抚。四年（1878），擢江西巡抚兼署江西提督。八年（1882），被参以原品休致。十一年（1885），诏授两江总督，以年老辞归。十六年（1890），卒于籍。

② 刘坤一（1830—1902），字岘庄，湖南省新宁县人，廪生。咸丰五年（1855），叙功以教谕即选，旋丁父艰。六年（1856），加同知衔。七年（1857），升道衔。十年（1860），晋盐运使衔，同年，再升按察使衔。十一年（1861），补广东按察使，加布政使衔，赏硕勇巴图鲁名号。同治元年（1862），补授广西布政使。四年（1865），擢江西巡抚。五年（1866），加头品顶戴。六年（1867），监临文闱乡试，充武闱乡试主考。九年（1870），充文闱乡试监临、武闱乡试主考。十二年（1873），任文闱乡试监临、武闱乡试主考。十三年（1874），授两江总督，兼署办理通商事务大臣。光绪元年（1875），调补两广总督。同年，充江南武闱乡试主考。二年（1876），兼理粤海关监督。五年（1879），兼署广东巡抚。是年，充广东武闱乡试监临主考。同年，调两江总督，兼办理通商事务大臣。十二年（1886），丁继母忧。十六年（1890），权两江总督，兼办理通商事务南洋大臣。十七年（1891），任江南武闱乡试监临。十九年（1893），任江南武闱乡试主试。二十年（1894），拜钦差大臣，兼署江宁京口将军，赏双眼花翎。二十三年（1897），充江南武闱乡试主试。二十六年（1900），加太子少保。二十七年（1901），晋太子太保。二十八年（1902），卒于任。追封一等男，赠太傅，谥忠诚。著述有《两淮盐法志》《奏议公牍》《补过斋文集》《补过斋诗集》《刘坤一遗集》《刘忠诚公奏疏》，修《安徽通志》《江西通志》等行世。

再,沿途经过地方均臻安静,年岁中稔,堪以仰纾宸廑。所有微臣感激下忱并到任日期,谨缮折叩谢天恩,伏乞皇太后、皇上圣鉴。谨奏。九月初八日²。

同治十一年十月二十日,军机大臣奉旨:知道了。钦此。³

【案】此奏原件查无下落,录副现藏于中国第一历史档案馆①,兹据校正。

1.【江西布政使臣刘秉璋跪】刊本无此前衔,兹据校补。

2.【九月初八日】刊本此处无具奏日期,兹据校补。

3.【同治十一年十月二十日,军机大臣奉旨:知道了。钦此。】此奉旨日期与内容,据录副校补。

谢加一级纪录三次恩疏
同治十三年二月十六日(1874年4月2日)

江西布政使臣刘秉璋跪¹奏,为恭谢天恩,仰祈圣鉴事。

窃臣接奉抚臣刘坤一行知:准吏部文开:云南全省肃清,请将各省筹解饷银、军火各督抚、藩司奖励,经吏部具题,于同治十二年十一月十六日奉旨:刘秉璋着加一级、纪录三次等因。钦此。当即恭设香案,望阙叩头谢恩讫。

伏念臣词垣供职,戎马从军,偶效微劳,叠蒙懋赏。到任以后,自维无补涓埃,乃以滇省肃清,赏加级纪。闻自天之宠命,殊伏地以增惭。惟有益矢慎勤,无间终始,随时禀商抚臣,酌量盈虚,勉筹接济,俾士马得收饱腾之效,边徼永无烽燧之虞,藉以仰达高厚鸿慈于万一。

所有微臣感激下忱,谨缮折恭谢天恩。伏乞皇上圣鉴。谨奏。二月十六日²。

同治十三年三月十五日,军机大臣奉旨:知道了。钦此。³

【案】此奏原件查无下落,录副现藏于台北故宫博物院②,兹据校正。

1.【江西布政使臣刘秉璋跪】刊本无此前衔,兹据校补。

---

① 中国第一历史档案馆藏:《军机录副》,档案编号:03-4660-123。
② 台北故宫博物院藏:《军机及宫中档》,文献编号:114318。

2.【二月十六日】刊本此处无具奏日期,兹据校补。

3.【同治十三年三月十五日,军机大臣奉旨:知道了。钦此。】此奉旨日期与内容,据录副校补。

谢授江西巡抚疏

光绪元年八月二十五日(1875年9月24日)

新授江西巡抚臣刘秉璋跪[1]奏,为叩谢天恩,仰祈圣鉴事。

窃臣于八月二十四日接准吏部咨:光绪元年八月初二日奉上谕:刘秉璋着补授江西巡抚。钦此。臣当即恭设香案,望阙叩头谢恩。

伏念臣皖北庸才,词垣供职,从军各省,洊升江西藩司,在任两年,惭无寸效。上年十二月,奉旨署理江西巡抚,时过半岁,未报涓埃。兹复渥被温纶,真除疆寄。荷鸿慈之曲逮,非梦想所敢期。臣自顾何人,叠邀殊遇?闻命之下,感悚倍增。

查江右幅员辽阔,巡抚责重事繁,抚辑军民,筹备饷项,在在均关紧要。况斋匪之根株未尽,防范不容稍疏。九江为通商马头,控驭尤贵得当。且现值整顿营伍,经画江防,胥为当今要务,梼昧如臣,深惧勿克胜任,惟有仰恳圣慈俯准臣恭诣阙廷,跪聆恩训,俾得有所遵循,藉以稍酬高厚生成于万一。如蒙俞允,请将江西巡抚篆务即委藩司李文敏暂行护理。

所有微臣感激依恋下忱,理合恭折叩谢天恩,伏乞皇太后、皇上圣鉴。谨奏。八月二十五日[2]。

光绪元年九月二十九日,军机大臣奉旨:另有旨。钦此。[3]

【案】此奏原件查无下落,录副现藏于中国第一历史档案馆①,兹据校正。

1.【新授江西巡抚臣刘秉璋跪】刊本无此前衔,兹据校补。

2.【八月二十五日】刊本此处无具奏日期,兹据校补。

3.【光绪元年九月二十九日,军机大臣奉旨:另有旨。钦此。】此奉旨日期与内容,据录副及《随手档》②校补。

【案】此奏旋于是年九月二十九日得旨允行,《上谕档》载曰:

---

① 中国第一历史档案馆藏:《军机录副》,档案编号:03-5100-092。
② 中国第一历史档案馆藏:《军机处随手登记档》,档案编号:03-0214-3-1201-261。

光绪元年九月二十九日,内阁奉上谕:刘秉璋、李文敏奏,恳请
陛见各一折。刘秉璋着即来京陛见,江西巡抚着李文敏护理。李
文敏俟刘秉璋回任后,再行来京陛见。钦此。①

奏江西候补武职收标章程现无流弊疏
光绪二年二月初九日(1876年3月4日)

江西巡抚臣刘秉璋跪[1]奏,为江西拿办会匪历系严惩,其候补武职收标
章程现无流弊,遵旨复陈,仰祈圣鉴事。

窃臣承准军机大臣字寄:光绪元年十二月二十日奉上谕:前据刘坤一奏,
哥老会匪蔓延湘、鄂、浙、闽、云、贵、川、陕、安徽、江西各省,而江苏为尤多。该
匪半系前在军营将弁,其中迫于饥寒者不少,请饬宽为收标,给予半俸,以示
体恤,当经谕令沈葆桢等办理。兹据李瀚章②奏称,匪徒设立会名,全在大吏督
饬地方官,设法严办,有犯必惩。至虑其为匪,遂谋所以赡恤之,不特度支难继,
甚且良莠不分,请饬毋庸另立章程等语。着刘秉璋体察情形,悉心妥议,奏明办
理等因。钦此。当经转行钦遵去后。兹据布政使李文敏、署按察使周溯贤③、督

---

① 《光绪宣统两朝上谕档》第1册(光绪元年),广西师范大学出版社1996年版,第267页。
② 李瀚章(1821—1899),初名章锐,字小泉、筱泉、敏斿、筱荃,安徽合肥人,李鸿章之长兄,
拔贡生。咸丰元年(1851),署湖南永定县知县。二年(1852),署益阳县知县,加六
品衔。三年(1853),署善化县知县,总理粮台。五年(1855),保直隶州知州,赏戴花
翎。六年(1856),办理团防捐务。八年(1858),综理粮台,保湖南道员。十年
(1860),会办江西厘税。同年,补江西吉南赣宁道,兼襄办江西团练。同治元年
(1862),授广东督粮道。二年(1863),升广东按察使。三年(1864),迁广东布政
使。四年(1865),擢湖南巡抚。六年(1867),调江苏巡抚,转浙江巡抚,赏头品顶
戴。八年(1869),署湖广总督。九年(1870),擢湖广总督。十三年(1874),兼署湖
北巡抚。光绪元年(1875),调补四川总督,未赴任。二年(1876),留任湖广总督,三
年(1877),兼署湖北巡抚。八年(1882),丁母忧,回籍守制。十四年(1888),补漕
运总督。十五年(1889),调补两广总督。十六年(1890),兼署广东巡抚。二十年
(1894),加太子少保,旋以病归。二十五年(1899),卒于籍。谥勤恪。有《合肥李勤
恪公政书》《李勤恪公奏议》等传世。
③ 周溯贤(1817—?),字葭浦,室名稼初堂,广西桂平县(今广西壮族自治区桂平市)人,增
生。道光二十六年(1846),中式举人。咸丰七年(1857),以办团功选安徽英山知县,改江
西东乡县知县。八年(1858),加同知衔。十一年(1861),署理江西丰城县知县。同治元
年(1862),补授江西贵溪县知县。二年(1863),升江西义宁州知州。三年(1864),迁江西
吉安府知府,保道员。同年,丁母忧,回籍守制。七年(1868),署江西督粮道。光绪元年
(1875),署理江西按察使。六年(1880),再署江西督粮道,加盐运使衔。十年(1884),署
理江西按察使,有《稼初堂杂著》存世。

粮道李衢亨①、署盐法道王嵩龄②查议,会详请奏前来。

臣查匪徒拜会结盟,谋为不轨,诚宜严拿。在江西武职收标于部章之外,复加详细考核,除旧部将弁素所深知外,其他省军营人员,应由统兵大臣及各省督抚咨送;业已遣散回籍者,应取具族邻甘结,地方官加具印结详送。所保官阶系他省立功保举者,并须咨查相符,再加考验,实系年壮技娴,始准收标效力。收标之后,如有不安本分,仍即随时参办,不稍姑容。以此稽察綦严,应无匪类混迹营伍之患。刘坤一原奏,其意欲使宽为收标,免致流为会匪,非谓已为会匪亦准收标。李瀚章原奏意在惩奸,谓顽梗不化之徒必应严办,非代谋衣食所能革面洗心。两意各有指归,遂至议论未能符合。重处断不容姑息养奸,致贻后患。

江西省自发逆荡平之后,因土匪根株未尽,游勇出没靡常,酌留水陆防军,择要布置,缉捕巡防,并不时策励各属督率绅耆,一体编查保甲,勿稍懈忽,是以偶有斋匪、会匪潜聚谋逆,立即破获,提讯明确,即行正法,均经随时奏报在案。是江西拿办会匪本未敢稍涉疏虞。至于军营保举武职收标候补,部定章程,诚以该员等效命戎行,频年征战,出入生死而得一官。若事平遣撤,置散投闲,情殊可悯,是以准其投标候补,上则为国储备将材,下则振作行间士气,非苟为赡恤。而各省情形,臣未敢悬揣,惟悉心体察,江西现办收标章程尚无流弊。

理合恭折复陈,伏乞皇太后、皇上圣鉴,训示,谨奏。光绪二年二月初九日²。

光绪二年三月初二日,军机大臣奉旨:知道了。钦此。³

---

① 李衢亨(1829—?),顺天府通州(今北京市)人,廪贡生。咸丰二年(1852),中式举人,由国子监助教拣发云南知州。五年(1855),捐升员外郎,签分户部。六年(1856),到户部学习。七年(1857),因在户部捐铜局出力,保员外郎。十年(1860),因团防出力,经大学士贾桢等保加四品衔。同治元年(1862),传补总理衙门章京。三年(1864),保升郎中。四年(1865),中式进士。六年(1867),补授湖广司郎中。七年(1868),保升道员,加三品衔。九年(1870),京察一等,以道府用。十一年(1872),保专以道员用,加按察使衔。十二年(1873),户部京察一等。十三年(1874),补授江西督粮道。
② 王嵩龄(1821—1886),字蓉江,号鹤樵,河南光州直隶州(今河南省信阳市)人。咸丰四年(1854),保从九品归即选。六年(1856),赏加六品顶戴。七年(1857),保府经历县丞,戴蓝翎。九年(1859),保升以知县,加五品衔。十一年(1861),迁同知,换花翎。同治元年(1862),保安徽知府。三年(1864),保升道员。七年(1868),丁父忧,回籍守制。九年(1870),改掣江西道员。光绪元年(1875),署理江西盐法道。二年(1876),升江西盐法道。四年(1878),调署江西督粮道。五年(1879),补授江西盐法道。同年,署广饶九南道监督九江关税务。六年(1880),加按察使衔。七年(1881),署理江西按察使。九年(1883),升授江西按察使。十年(1884),署理江西布政使。十一年(1885),擢江苏布政使。同年,调补四川布政使。十二年(1886),卒于任。

【案】此奏原件、录副均查无下落，待考。

1.【江西巡抚臣刘秉璋跪】刊本无此前衔，兹据前后文推补。

2.【光绪二年二月初九日】刊本此处无具奏日期，兹据推补。

3.【光绪二年三月初二日，军机大臣奉旨：知道了。钦此。】此奉旨日期与内容，据《随手档》①校补。

颁到钦定方略谢恩疏

光绪二年四月十七日（1876年5月10日）

江西巡抚臣刘秉璋跪[1]奏，为恭谢天恩，仰祈圣鉴事。

本月十六日，由军机处将《钦定剿平粤匪方略》《钦定剿平捻匪方略》各一部颁发到臣，当即敬谨祗领讫。伏思粤、捻各匪，妖氛豕突，逆焰鸱张。我文宗显皇帝特简元戎，用伸天讨。迨穆宗毅皇帝冲龄出治，慈训钦承，宸算上禀乎两宫，大勋特彰乎九伐。军声丕振，寇乱胥平。貔虎扬威，慰彼云霓之望；鲸鲵灭迹，销为日月之光。

臣自愧庸愚，未谙韬略。忆昔枕戈待旦，曾经戎幄之身亲；咸钦昃食求才，仰赖庙谟之指授。兹际恩施下逮，宠锡同邀。从此宝笈常辉，仰七百卷经武整军之盛；窃幸金瓯永巩，垂亿万年定功保大之规。

所有微臣感激下忱，谨缮折叩谢天恩，伏乞皇太后、皇上圣鉴。谨奏。光绪二年四月十七日[2]。

【案】此奏原件、录副均查无下落，待考。

1.【江西巡抚臣刘秉璋跪】刊本无此前衔，兹据前后折推补。

2.【光绪二年四月十七日】刊本此处无具奏日期，兹据推补。

奏请终养疏

光绪二年四月十八日（1876年5月11日）

江西巡抚臣刘秉璋跪[1]奏，为臣母年逾八旬，兼患目疾，侍奉需人，吁恳天恩开缺终养，恭折奏祈圣鉴事。

窃臣母胡氏素患目疾，臣前在江西布政使任内即经迎养来江，办公之暇，藉得随时侍奉。上年秋间，蒙恩补授江西巡抚。臣自维樗昧，惧弗克胜，

---

① 中国第一历史档案馆藏：《军机处随手登记档》，档案编号：03-0217-1-1202-059。

奏请陛见,藉申瞻恋之忱。本年二月,交卸抚篆,料理行装。臣母因近来血气愈衰,目疾愈剧,视物不见,起动、饮食,刻须扶持,衰迈思乡,不愿羁留异地,臣当于奏报起程折内陈请给假半月,便道送母回籍。抵里之后,随即星驰北上,趋赴阙廷,仰蒙召对,跪聆恩训,感悚交并。

伏念臣皖江下士,樗栎庸材,猥荷特达之知,遽膺封圻之寄,纵使捐糜顶踵,犹不足以上报高深,何敢顾恋私亲,辄思退闲田里?无如臣母今年八十有四,去日苦多,景迫桑榆,为人子者,情难恝置。况两目复膺痼疾,左右未敢远离。前此迎养任所,尚可藉慰乌私。兹则垂暮之年,势难复出。臣若径自赴任,不免分心内顾,更恐贻误公事,负疚非轻。辗转筹虑[2],事处两难,寸衷焦灼,不得不沥陈于圣主之前。

钦维圣朝以孝治天下,官员亲年八十以上,例准呈请终养。臣年甫五十,将来报国之日尚长,惟有仰恳天恩准臣开缺回籍终养,出自逾格鸿慈。所遗江西巡抚员缺,请旨月行简放,以重地方,臣无任战栗屏营之至。

谨缮折具奏,伏乞皇太后、皇上圣鉴,训示。谨奏。光绪二年四月十八日[3]。

光绪二年四月十九日,随旨交。[4]

【案】此奏原件查无下落,录副现藏于中国第一历史档案馆①,兹据校正。

1.【江西巡抚臣刘秉璋跪】刊本无此前衔,兹据校补。

2.【辗转筹虑】刊本作"辗转筹思",兹据校正。

3.【光绪二年四月十八日】刊本此处无具奏日期,兹据校补。

4.【光绪二年四月十九日,随旨交。】此日期与内容,据《随手档》②校补。

【案】此奏即于当日得旨,未予允行。《上谕档》载曰:

光绪二年四月十八日,内阁奉上谕:刘秉璋奏,恳请开缺终养一折。刘秉璋之母胡氏年逾八旬,兼患目疾,侍奉需人。览其所奏,情词恳切,原应俯知所请,以遂孝思。惟江西地方紧要,刘秉璋向来实心任事,于吏治、民风颇能整顿,朝廷倚畀方殷。且该抚尚有兄弟二人可资奉养,正当及时图报,用副委任,刘秉璋着毋庸开

---

① 中国第一历史档案馆藏:《军机录副》,档案编号:03-5107-062。

② 中国第一历史档案馆藏:《军机处随手登记档》,档案编号:03-0217-2-1202-105。

缺。钦此。①

谢奉旨毋庸开缺疏

光绪二年四月十九日（1876 年 5 月 12 日）

江西巡抚臣刘秉璋跪[1]奏，为恭谢天恩，仰祈圣鉴事。

本月十八日，内阁奉上谕：刘秉璋奏，恳请开缺终养一折。刘秉璋之母胡氏年逾八旬，兼患目疾，侍奉需人。览其所奏，情词恳切，原应俯如所请，以遂孝思。惟江西地方紧要，刘秉璋向来实心任事，于吏治、民风颇能整顿，朝廷倚畀方殷。且该抚尚有兄弟二人可资奉养，正当及时图报，用副委任，刘秉璋着毋庸开缺。钦此。

窃臣自愧庸愚，渥邀知遇，荷隆施之叠沛，思报称以方殷。祇以臣母年逾八旬，衰迈思乡，不忍远离左右，陈请开缺，乃蒙圣慈曲逮，温谕勉留，自顾何人，邀兹殊宠？

伏思臣忝膺疆寄，于地方应办事宜，虽勉思整顿，而才庸识浅，无补涓埃，猥承天语之褒嘉，倍切下忱之悚惕。臣惟有恪遵圣训，及时图报，膺艰巨而益怀兢业，深感激而勉效驰驱。欣江省共戴鸿慈，合巷祝衢歌而颂祷；愿慈亲永绵鹤算，乐尧天舜日之舒长。

所有微臣感悚下情，谨缮折叩谢天恩，伏乞皇太后、皇上圣鉴。谨奏。光绪二年四月十九日[2]。

【案】此奏原件、录副均查无下落，待考。
1.【江西巡抚臣刘秉璋跪】刊本无此前衔，兹据前后折推补。
2.【光绪二年四月十九日】刊本此处无具奏日期，兹据推补。

奏报回任接印日期疏

光绪二年六月初三日（1876 年 7 月 22 日）

江西巡抚臣刘秉璋跪[1]奏，为恭报微臣回任接印日期，叩谢天恩，仰祈圣鉴事。

窃臣前因蒙恩擢授疆寄，趋赴阙廷，恭请圣训，叠蒙召见，诲勉再三。举

① 《光绪宣统两朝上谕档》第 1 册（光绪元年），广西师范大学出版社 1996 年版，第 267 页。又《清德宗实录》卷 30，光绪二年四月下，中华书局 1987 年版，第 438 页。

凡吏治、营伍、理财、用人诸要务,莫不指示周详,俾得遵循有自。跪聆之下,感悚交并。复以地方紧要,毋庸开缺终养,仰荷温纶奖勖,教孝作忠,又因平定发、捻方略告成,一体颁赏,叨异数之频仍,感沦肌髓;念艰巨之责任,报鲜涓埃。陛辞后,随即束装出京,行抵江西省城,于六月初二日准护抚臣李文敏将巡抚关防、王命旗牌等项委员赍送前来。

臣恭设香案,望阙叩头祗领任事。臣惟有恪遵恩诲,悉心讲求政治,力戒因循,整饬戎行,冀除积习。库款慎于出纳,尤须中外兼权;举劾持以公平,不敢瞻徇情面。昕夕兢惕,初终不渝,以期仰酬高厚生成于万一。

所有微臣接印任事日期并感激下忱,谨缮折叩谢天恩,伏乞皇太后、皇上圣鉴。谨奏。六月初三日[2]。

光绪二年六月二十一日,军机大臣奉旨:知道了。钦此。[3]

【案】此奏原件查无下落,录副现藏于中国第一历史档案馆①,兹据校正。

1.【江西巡抚臣刘秉璋跪】刊本无此前衔,兹据校补。

2.【六月初三日】刊本此处无具奏日期,兹据校补。

3.【光绪二年六月二十一日,军机大臣奉旨:知道了。钦此。】此奉旨日期与内容,据录副校补。

奉颁穆宗御制诗文全集谢恩疏
光绪二年七月二十八日(1876 年 9 月 15 日)

江西巡抚臣刘秉璋跪[1]奏,为恭谢天恩,仰祈圣鉴事。

窃臣赍折差弁于光绪二年七月十五日自京回江,捧到[2]颁赏《穆宗毅皇帝御制诗文全集》。臣当即恭设香案,叩头祗领讫。

钦维穆宗毅皇帝稽古垂谟,观文成化,值万几之余暇,综六籍之英华,赋于篇章,著为论序。证今鉴古,阐扬括经史之微;奋武揆文,歌咏纪明良之盛。我皇上丕承鸿业,缵绪前光,特辑册府之秘函,用示臣工之模范。臣任叨疆寄,识陋管窥。荷宸翰之宠颁,成宪垂于万世;仰奎章之广被,同文遍于九州。盥露披吟,瞻云舞蹈。

所有微臣荣感下忱,谨缮折叩谢天恩,伏乞皇太后、皇上圣鉴。谨奏。七月二十八日[3]。

---

① 中国第一历史档案馆藏:《军机录副》,档案编号:03-5110-086。

光绪二年八月二十二日，军机大臣奉旨：知道了。钦此。[4]

　　【案】此奏原件查无下落，录副现藏于中国第一历史档案馆①，兹据校正。

　　1.【江西巡抚臣刘秉璋跪】刊本无此前衔，兹据校补。

　　2.【捧到】刊本作"奉到"。

　　3.【七月二十八日】刊本此处无具奏日期，兹据校补。

　　4.【光绪二年八月二十二日，军机大臣奉旨：知道了。钦此。】此奉旨日期与内容，据录副校补。

奏复查九龙山地界片
光绪二年十二月十二日（1877 年 1 月 25 日）

　　再，臣承准军机大臣字寄：光绪二年八月二十三日奉上谕：刘秉璋奏，江西都昌等县均有邪术，剪取人发、鸡毛，拿获匪徒方普志等讯明，均学习邪术、符咒等语。匪徒传习邪术，蔓延数省，摇惑人心，亟应上紧查拿，豫遏乱萌。着刘秉璋督饬所属，严查保甲，实力搜拿，毋任奸宄混迹。前据裕禄②奏称九龙山在漳州府，吴元炳③又奏九龙山在广东地方，究竟九龙山及九华山在何县地界，着刘秉璋查明具奏等因。钦此。

---

① 中国第一历史档案馆藏：《军机录副》，档案编号：03-5112-083。

② 裕禄（1844—1900），字寿山，喜塔腊氏，满洲正白旗人，监生。咸丰七年（1857），充刑部笔帖式。同治元年（1862），补刑部主事，转清档房堂主事。二年（1863），升刑部员外郎。三年（1864），授刑部郎中。六年（1867），放直隶热河兵备道。七年（1868），刂补安徽按察使。同年，署安徽布政使。十一年（1872），迁安徽布政使，署理安徽巡抚。十三年（1874），擢安徽巡抚。光绪十年（1884），署两江总督。十一年（1885），署湖广总督、湖北巡抚。十三年（1887），调补湖广总督。同年，兼署两江总督、办理通商事务大臣。十五年（1889），调盛京将军。二十一年（1895），补授福州将军。二十二年（1896），充船政大臣。二十三年（1897），调补四川总督。二十四年（1898），充军机大臣上行走，署镶蓝旗汉军都统。同年，授礼部尚书，充总理各国事务衙门上行走。是年，调补直隶总督，办理通商事务，兼北洋大臣。二十六年（1900），卒于官。

③ 吴元炳（1824—1886），字子建，河南省固始县人。咸丰十年（1860），中式进士，选翰林院庶吉士。同年，回籍办团，以功加五品衔。十一年（1861），晋四品衔。同治元年（1862），补翰林院检讨，仍留河南差委。二年（1863），授翰林院侍讲。六年（1867），充文渊阁校理。九年（1870），署理日讲起居注官，补汉日讲起居注官。同年，授翰林院侍讲学士。十年（1871），升翰林院纂修。同年，署湖南布政使。十一年（1872），升授湖南布政使。十二年（1873），擢湖北巡抚。十三年（1874），调补安徽巡抚。同年，补江苏巡抚。光绪四年（1878），署理两江总督、江苏学政。五年（1879），署两江总督兼通商事务大臣。十年（1884），查勘山东河工海防。同年，补授漕运总督。十二年（1886），卒于任。

　　查江西省各属,续又拿获匪犯朱烈官等多名讯明正法,业经臣附片奏报在案,一面严饬认真搜捕。旋据临川县知县汪以诚拿获匪犯许矮子(即徐矮子)一名,署广昌县知县郑钫拿获匪犯李连盛一名,先后禀报解省,批饬臬司发委南昌府知府蒋继洙①讯取确供,开折呈送。许矮子拜在逃之佛和尚(即僧祥有)为师,入金丹教,与闻逆谋传授剪辫符咒,放过纸人两个,剪得发辫二枝;李连盛拜在逃之僧人胡显明为师,入天水教,学习符咒,剪人发辫,得受百总伪职。又据吉南赣宁道许应鑅②、赣州府知府贺良桢③禀报:赣县知县崔国榜会同稽查保甲委员孔宪畴,拿获匪犯温得春一名,讯认拜从在逃之张丽神为师,学习邪术,剪取人发,同谋起事各等情前来。

　　臣查该犯等学习邪术,潜谋为逆,实属不法已极,未便稍事稽诛,随即檄饬臬司督同南昌府将该犯许矮子(即徐矮子)、李连盛,并批饬吉南赣宁道督同赣州府县将该犯温得春,均即绑赴市曹处斩,传首枭示,以昭炯戒,现在各属妖风已熄。

　　至九龙山,访查在福建境内,当饬界连闽省之上饶县知县沈镕经、南城县知县姚暹就近查探,并饬前任福建顺昌县知县现在江西候补县颜寿芝确

①　蒋继洙(1820—?),山东曲阜人,廪生。道光二十四年(1844),中举人。三十年(1850),中式进士,以主事签分工部营缮司行走。咸丰三年(1853),学习期满,留工部候补。八年(1858),保军机章京。九年(1859),传补军机章京。十一年(1861),保升员外郎。同治三年(1864),赏戴蓝翎,补虞衡司员外郎。五年(1866),充补总理各国事务衙门兼行。同年,补授都水司员外郎,奉旨以记名御史用。七年(1868),充会试同考官,加四品衔,赏戴花翎。同年,升知府。八年(1869),补授江西广信府知府。光绪二年(1876),调南昌府知府。四年(1878),升江西赣南道。五年(1879),管理赣关税务。修《广信府志》存世。
②　许应鑅(1820—1891),原名应麟,字昌言,号星台,广东番禺县人。道光二十三年(1843),中举人。二十四年(1844),以内阁中书选用。二十九年(1849),选工部额外主事。咸丰三年(1853),告假回籍。同年,中式进士,授工部主事,升郎中。九年(1859),保知府。同治二年(1863),署理江西临江府知府。四年(1865),加道衔。五年(1866),署广饶九南兵备道,兼管九江关税务。六年(1867),补授江西南昌府知府,署理抚州府知府。同年,授江西抚州府知府。七年(1868),署理饶州府知府。八年(1869),调署江西南昌府知府。十年(1871),补授南昌府知府,赏戴花翎。十一年(1872),署理广饶九南兵备道,兼管九江关税务。十二年(1873),保道员,加盐运使衔。十三年(1874),升授吉南赣宁道。光绪二年(1876),加二品衔。四年(1878),迁河南按察使,调补江苏按察使。同年,署理江苏布政使。十年(1884),擢浙江布政使。十二年(1886),护理浙江巡抚。十七年(1891),卒于任。著有《晋砖吟馆诗文集》《上虞县志序》,修《同治南昌府志》《光绪抚州府志》等存世。
③　贺良桢(1833—1889),湖北蒲圻县人,监生。咸丰八年(1858),中举人。同治元年(1862),补授国子监学正。同年,告假回籍,奏留军营差遣。三年(1864),报捐知府。五年(1866),赴京加捐三班分发指省江西,因军功赏戴花翎。同年,加捐道衔。六年(1867),赴部引见,以知府发往江西候补。十二年(1873),补授江西南康府知府。十三年(1874),调补赣州府知府。光绪四年(1878),调补南昌府知府。五年(1879),调署南昌府知府。九年(1883),调署吉安府知府。十三年(1887),升补长芦盐运使。十四年(1888),开缺回籍修墓。十五年(1889),升授贵州按察使。同年,卒于北京。

查。兹据先后禀复，九龙山在福建延平府属之顺昌县，界连建、延、汀、邵各属等语。

臣窃查匪徒招诱，往往假托虚名，所有前办各犯俱称匪首在九龙山，是否即系该山，抑假托九龙山之名转相煽惑，亦未可定。即如九华山地方，亦为供犯匪类窟宅，业经安徽抚臣钞录片奏咨会，查明系在池州府属青阳县境内，搜查实无匪徒混迹，即此可以类推。惟安徽抚臣原奏有潜山县所获之谭老二，据供九龙山在闽、浙、江西交界山中。臣查闽、浙、江西交界地面，只有铜塘山，并无九龙山。铜塘山从前本系封禁，山之西北面归江西上饶、广丰二县管辖，山之东南面归福建崇安、蒲城二县管辖。同治五年，前抚臣刘坤一进山履勘，在山棚民垦地糊口，安分营生，不知为匪。前闽浙督臣英桂①亦饬延建道督同府县查勘相符，会奏弛禁升科，仍令文武员弁分巡汛地，以杜匪类藏匿。臣现又札饬臬司派委候补知县童济林，会同上饶县知县沈镕经、署广丰县知县德海，周历该山，遍处稽查。各棚民悉系耕种樵采为生，人情驯谨，不但无藏垢纳污之事，并无¹庙宇僧道。该山距福建顺昌县之九龙山计程六百余里，遐不相涉。

除再督饬各属力行保甲，严拿在逃各匪犯，务期悉就歼除外，所有三次获犯究办并查明九龙山地界缘由，理合附片复陈，伏乞圣鉴，训示。谨奏。

光绪三年正月二十日，军机大臣奉旨：知道了。钦此。²

① 英桂（1798—1879），字香岩，满洲正蓝旗人。道光元年（1821），中满洲翻译举人。三年（1823），充会典馆覆校官。四年（1824），补军机章京。八年（1828），升内阁中书，充方略馆收掌官。十一年（1831），迁内阁侍读。十二年（1832），补国史馆提调官。十四年（1834），放山东青州府知府。十六年（1836），兼护登莱青道。十九年（1839），署莱州府同知。二十年（1840），补授莱州府同知。同年，署青州府知府。二十二年（1842），充礼部主事上行走。二十五年（1845），调补四川叙州府知府。二十六年（1846），升山东登莱青道。二十九年（1849），署理兖沂曹济道。咸丰二年（1852），迁山西按察使，署理山西布政使。同年，调补山东按察使。三年（1853），署山东布政使，总办兖州粮台。同年，擢河南巡抚。八年（1858），调补山西巡抚。同治二年（1863），授福州将军。五年（1866），兼署闽浙总督。七年（1868），补闽浙总督，兼理福州将军。八年（1869），再兼福建巡抚。十年（1871），授内大臣。十一年（1872），补镶红旗汉军都统，拜兵部尚书，兼管新营房、火药局、理藩院、雍和宫事务，充经筵讲官。十二年（1873），署正白旗汉军都统。十三年（1874），调吏部尚书，兼崇文门正监督、刑部尚书、总管内务府大臣、步军统领。同年，充复核朝审大臣，补正红旗满洲都统，兼管咸安宫、宁寿宫、沟渠河道事务大臣，管理本学事务，兼管造办处。光绪元年（1875），授协办大学士、实录馆总裁、管理三库大臣，管理文渊阁事务。二年（1876），授文渊阁领阁事，署正黄旗满洲都统。三年（1877），署镶白旗汉军都统，迁体仁阁大学士。同年，充翻译会试正考官，加太子少保。四年（1878），以病乞休。五年（1879），卒。赠太子太保，谥文勤。

【案】此奏原件查无下落,录副现藏于中国第一历史档案馆①,兹据校正。再,此片具奏日期,刊本署"光绪三年六月二十四日",而录副则署"光绪三年正月二十日",即以奉旨日期为之,均未确。兹据奉旨日期查《随手档·刘秉璋折》②,据同批折件《南昌等州县请缓征由》③之具奏时间,此片具奏日期当为"光绪二年十二月十二日",兹据校正。

　　1.【并无】刊本夺"无",兹据录副校补。

　　2.【光绪三年正月二十日,军机大臣奉旨:知道了。钦此。】此奉旨日期与内容,据录副校补。

奏复动拨常平仓谷价放给招商局济用片
光绪二年十二月十八日(1877 年 1 月 31 日)

再,臣承准军机大臣字寄:光绪二年十二月初五日奉上谕:沈葆桢④奏,美国旗昌公司愿并归招商局,议定各项价值,请饬拨款一折。旗昌公司轮船、栈房等项现经议定价值,概行并归招商局。惟需款甚巨,除各商集成银一百二十二万两外,不敷银一百万两,沈葆桢拟由该省藩司等筹银五十万两,并请饬浙江拨银二十万两,江西拨银二十万两,湖北拨银十万两,即着李瀚章、翁同爵⑤、

---

① 中国第一历史档案馆藏:《军机录副》,档案编号:03-7235-005。
② 中国第一历史档案馆藏:《军机处随手登记档》,档案编号:03-0219-1-1203-019。
③ 中国第一历史档案馆藏:《军机录副》,档案编号:03-9464-029。
④ 沈葆桢(1820—1879),初名振宗,字翰宇,号幼丹,福建侯官人。道光十九年(1839),中举人。二十七年(1847),中式进士,改庶吉士。三十年(1850),授翰林院编修。咸丰元年(1851),补武英殿纂修官。二年(1852),充顺天乡试同考官。四年(1854),补江南道监察御史。五年(1855),升掌贵州道监察御史。同年,放江西九江府知府。六年(1856),署江西广信府知府。七年(1857),迁江西广饶九南道。八年(1858),兼管粮台。九年(1859),加按察使衔。十年(1860),补江西吉南赣宁道。十一年(1861),擢江西巡抚。同治元年(1862),兼办广信粮台。三年(1864),封一等轻车都尉,晋头品顶戴。四年(1865),丁母忧,回籍终制,六年(1867),授福建船政大臣。九年(1870),丁父忧。十一年(1872),回福建船政大臣本任。十三年(1874),兼办各国通商事务。是年,巡视台湾。光绪元年(1875),调补两江总督,兼理通商事务大臣。五年(1879),卒于任。赠太子太保,谥文肃。著有《沈文肃公政书》等行世。
⑤ 翁同爵(1814—1877),字玉甫,号玉圃,江苏常熟县人。咸丰九年(1859),以父荫充兵部职方司主事。十年(1860),补授武选司员外郎,加知府衔。同治元年(1862),丁本生父忧,回籍守制。三年(1864),补马馆监督。同年,授湖南盐法常宝道,加盐运使衔。五年(1866),署湖南按察使。同年,署湖南布政使。六年(1867),迁四川按察使。七年(1868),晋陕西布政使。九年(1870),赏戴花翎。十年(1871),擢陕西巡抚。同年,丁母忧,回籍守制。十三年(1874),补授湖北巡抚。光绪元年(1875),兼署湖广总督。三年(1877),卒于任。著有《皇朝兵制考略》传世。

刘秉璋、杨昌濬①迅速照数拨解,毋稍延误。至所称官本息银不限定额,宜官商一体等语,均着照所议行等因。钦此。

臣查旗昌公司轮船、栈房等项并归招商局,既经定议,应付价银亦有定期,钦奉谕旨饬江西拨银二十万两,自应竭力筹办。第江省司、道库款岁入以丁漕、厘金为大宗,漕折尽数解交部库,历年未留丝毫,起运地丁除支放本省兵饷外,余亦悉数分解京、协各饷,尚虞不足。厘金为子口税单所侵占,收数远不如前,而部拨协饷转数倍于昔,罄其所有,犹不足以供支解,屡将应动厘金之解款改拨地丁,叠经奏报有案。是江西库款入少出多,拮据实情,久已仰邀圣明洞鉴,尚有何闲款堪以拨充招商局官本之需?然事关中外交涉,期不可误,又何敢不竭蹶以图?

臣与司道再四熟商,仅有各属常平仓谷价一款,先因办理防剿,动用仓谷,嗣于军需项下陆续提还价银,暂存司库,本应发给各属买谷还仓,祇缘司库解款浩繁,地丁、厘金每遇告罄之时,赖有此银暂行济急[1]。本款有银,随即归还,藉资周转。今奉拨招商局银二十万两,舍此别无可动之款,应请即于常平仓股价项下动拨银二十万两,先放银六万两,已据招商局员浙江候补道朱其昂领解回沪。余银十四万两,亦饬该局自行陆续来江请领,以副正月十七之期。

至于作何归款之处,招商局员初议则专言分年还本,南洋通商大臣沈葆桢则专言官商一体取息。江苏、浙江、湖北等省动何款项借给,能否历久存局长取息银,江省无由知之。况各省情形互异,势不能办理相同。江省现拨常平仓股价,乃地方储备攸关,通省民食、民命所系,必须分年归还本息,次第买谷归仓,以备荒歉。现今咨会沈葆桢转饬招商局,照议分作十年,每年归还本银二万两。其息银随本递减,第一年按二十万缴息,次年还过本银二万,即按十八万两缴息,以此类推,还毕而止。江省收回本银,即可买还军

---

① 杨昌濬(1827—1897),字石泉,湖南湘乡人,附生。咸丰二年(1852),从罗泽南练乡勇,会集湘潭,出《讨粤匪檄》,后随湘军进剿太平军。四年(1854),选训导。九年(1859),充教授。十年(1860),补知县,并赏戴花翎。同治元年(1862),保同知。同年,升浙江衢州府知府。二年(1863),授浙江粮储道。三年(1864),迁浙江盐运使,加按察使衔。同年,晋浙江按察使,署浙江布政使。五年(1866),升补浙江布政使。八年(1869),署浙江巡抚。九年(1870),擢浙江巡抚。光绪二年(1876),因杨乃武案革职。四年(1878),经左宗棠奏调赴陕甘,赏四品顶戴。五年(1879),署甘肃布政使,加二品顶戴。六年(1880)晋头品顶戴,护理陕甘总督。七年(1881),补授甘肃布政使,仍护理陕甘总督。九年(1883),迁漕运总督。十年(1884),帮办福建军务。同年,补授闽浙总督。十一年(1885),兼署福建巡抚。十四年(1888),调补陕甘总督。十五年(1889),监临乡试,嗣因回民暴动革职。二十年(1894),加太子太保衔。二十三年(1897),卒于籍。著有《平浙纪略》《平定关陇纪略》《学海堂课艺》《五好山房诗稿》等存世。

需动用之仓谷,所收息银亦可买还从前被贼焚劫之仓谷,盖焚劫谷石例得动用正项钱粮购买,兹以息买还,亦节省正项之一道,且与沈葆桢以息买谷之议相符,洵属一举两得之道。据布政使李文敏具详请奏前来。

除咨户部暨南、北洋通商大臣外,所有动拨常平仓谷价放给招商局济用,并拟令分年归还本息缘由,臣谨附片复奏,伏乞圣鉴。谨奏。

光绪三年正月二十一日,军机大臣奉旨:知道了。钦此。[2]

【案】此奏原件查无下落,录副现藏于中国第一历史档案馆①,兹据校正。再,此片具奏日期刊本仅署"光绪三年六月",而录副则以奉旨日期即"光绪三年正月二十一日"为之,均未确。据录副所署奉旨日期,查《随手档·刘秉璋折》②,然亦未署具报日期,而同批折件《司道府密考由》③则署"光绪二年十二月十八日"。据此,此片具奏时间应以"光绪二年十二月十八日"为是,兹据校正。

1.【暂行济急】刊本作"暂借济急"。

2.【光绪三年正月二十一日,军机大臣奉旨:知道了。钦此。】此奉旨日期与内容,据录副校补。

奏筹禁鸦片烟疏
光绪三年六月二十二日(1877 年 8 月 1 日)

江西巡抚臣刘秉璋跪[1]奏,为遵旨筹议禁止鸦片烟,宜首严官吏,以化士民,恭折复陈,仰祈圣鉴事。

窃臣承准军机大臣字寄:光绪三年四月初二日奉上谕:郭嵩焘④等奏,

① 中国第一历史档案馆藏:《军机录副》,档案编号:03-9438-006。
② 中国第一历史档案馆藏:《军机处随手登记档》,档案编号:03-0219-1-1203-020。
③ 中国第一历史档案馆藏:《军机录副》,档案编号:03-5118-056。
④ 郭嵩焘(1818—1891),字伯琛,号筠仙、云仙、玉池老人,湖南湘阴县人。道光十五年(1835),取秀才。十七年(1837),中举人。二十七年(1847),中式进士,改庶吉士。咸丰三年(1853),授翰林院编修。七年(1857),加道衔。八年(1858),充南书房行走。同治元年(1862),放苏松粮储道。二年(1863),升两淮盐运使,是年,署广东巡抚。光绪元年(1875),晋福建按察使。同年,充总理各国事务衙门行走,兼兵部左侍郎。二年(1876),署礼部左侍郎。同年,授出使英法两国大臣。三年(1877),迁兵部左侍郎。四年(1878),充出使法国钦差大臣。旋乞休归,主讲城南书院。十七年(1891),卒于籍。著有《礼记质疑》《大学中庸质疑》《周易释例》《毛诗余义》《订正朱子家礼》《湘阴县图志》《绥边征实》《读书记》《会合联吟集》《家谱》《官书》《郭侍郎奏疏》《玉池老人自叙》《史记札记》《养知书屋遗集》《使西纪程》等行世。

鸦片为害中国，拟请设法禁止一折[2]。官员、士子、兵丁等吸食鸦片烟，例禁綦严，近来视为具文，吸食日众，为害愈深。该侍郎等请以三年为期，设法禁止，着各该将军、府尹、直省督抚斟酌情形，妥筹具奏。原折均着钞给阅看等因。钦此。

仰见我皇上博访周咨、慎重法令之至意。臣查鸦片烟流毒中国，几遍天下，丁壮化为孱弱，财用费于无名。洋货入内地，如大呢、羽毛、哔叽洋布之类，为数虽多，究系有用之物，而洋商所购中国丝茶尚足相敌。惟鸦片一项为害最酷，每岁出洋之银无虑数千万，民穷财尽，职是之故，自应设法禁止，以培邦本。惟是华人吸食已非一朝，臣犹忆为儿童时，乡里吸食者，百家之中仅[3]一二人。迄今四五十年来，传染日众，习以为故常，濒海地方几于家喻户晓，下至舆皂、乞丐，往往有瘾。此时筹议禁止，必须分别次序，扼要以图，庶几令出惟行，事有把握。蚩蚩之氓，固宜宽以岁月，以期默化潜移。即郭嵩焘等所奏，应试士子五童互结，以鸦片烟为首禁，容隐者一并除名。诚恐犯者过多，三年之期未必遽能尽戒，宽之则政同儿戏，严之则事涉纷扰，更恐地方刁劣图讹阻考，不免滋生事端。

查定例，官员及兵丁吸食洋药，均干重典，立法极得窾要。臣愚以为禁止鸦片烟应自官吏始，盖守令、教职、将弁，士民、卒伍之表率也；督抚、提镇、司道，属吏之楷模也。厚荷国恩，拔擢于众人之中，置诸百姓之上，不能自正其身，安望其化民察吏、整顿戎行？即予参劾，要亦罪无可逃。予限三年戒烟，在士民尚觉其促，在官吏转嫌过宽，拟请文武官员吸食鸦片烟者，勒限一年戒除，逾限不戒，立即参劾，永不叙用。坚持斯令，历久不渝，有犯必惩，不稍宽假。行之既久，务使官员无一吸烟之人，俾士民知所观感。夫士束发受书，自少而壮，历试以求科名，将以致身通显，既知吸烟之害，一登仕籍，便[4]挂弹章，纵使毕世穷经，卒归废弃。稍知自爱者，不待董以严刑，应视鸦片如鸩毒。士为四民之首，农、工、商、贾知鸦片为士林所不齿，亦可转相劝戒，以保身家，渐磨之时日既深，癖嗜之浇风可熄。至于江西在营兵勇，向系严禁吸烟，有犯即行革逐。以后亦当实力稽察，该兵勇等晓然于一犯吸烟，出身无路，应亦不敢轻蹈覆辙。

其栽种罂粟，诚大有碍于民食，然有吸之者，斯有种之者，事实相因，吸烟之禁行，则种烟之弊窒。现在江省农田尚无舍禾黍而种罂粟之弊，臣仍严饬各属随时查禁，以杜效尤。倘有州县得受陋规，即当据实参办，不敢稍事姑容。

所有遵议筹禁鸦片烟，宜首严官吏以化士民缘由，理合恭折复奏，伏乞皇太后、皇上圣鉴，训示，施行。谨奏。光绪三年六月二十二日[5]。

光绪三年七月二十日,堂谕封存。[6]

【案】此折原件查无下落,录副现藏于中国第一历史档案馆①,兹据校正。

1.【江西巡抚臣刘秉璋跪】刊本无此前衔,兹据校补。

2.【案】光绪三年二月初八日,钦差大臣郭嵩焘等以鸦片危害中国具折奏请禁止曰:

钦差大臣署理礼部左侍郎臣郭嵩焘、副使三品衔候补五品京堂臣刘锡鸿跪奏,为鸦片烟为害中国,西洋设立公会,相劝劝止贩运,急由中国设法办理,恭折仰祈圣鉴事。

窃查西洋通市广东,已越千年,从无侵扰。明季利玛窦游历中国,历国朝汤若望、南怀仁继之。适我圣祖讲求天文、算学,得与燕游侍从。亲王及诸大臣亦时咨访所学,相待以宾友。及我高宗召见马格立特,准行西洋礼,至今西洋人士言之,犹相与敬叹。其人类皆多学好礼,于中国历无嫌怨。道光二十年议禁鸦片烟,遂至失和,展转相寻,以有今日。是西洋与中国构怨之源,实自鸦片烟始。推原祸端,创巨痛深,宜如何疾首蹙额,相为戒禁,以示无忘国耻之义。而就臣等耳目所及言之,自道光时定立鸦片烟罪名,设法严禁,官吏奉行不能如法,但藉以为差役讹诈之资,始终未惩办一人。所定罪名亦苦太重,遂至相与玩视。咸丰九年议开鸦片烟之禁,而于在官人员与应试士子及营兵仍不准其吸食,则但视为具文,无知有禁令者。因查鸦片烟之禁始自雍正时,其初但充药品,贩运内地,所恃政教修明,官吏称职,民间懔懔畏法,无敢吸食。至道光初,而其风始炽浸寻,由印度传至云南,而南土兴矣。展转传至四川,而有川土,又传至甘肃,而有西土,由是而至贵州,由是而至陕西、山西。一二十年来,废田而种罂粟,岁益浸广,而西洋贩运中国亦逐渐增多,足见开种日繁,即吸食者日众,势将尽中国之人皆至失其生理,槁项黄馘,奄奄仅存,无异残废。西洋人士知鸦片烟为害之烈与中国受害之深也,相与设为公会,广劝禁止栽种贩买。臣至伦敦,其地世爵夏弗斯伯里及议政院绅士马克斯求尔德及教士里格丹拿毕士等五十余人,相就论此,义形于色。其议政院阿什伯里遍游各国,所至风土人情,照相记之。而于中国,为男女僵卧吸食鸦片烟,以取笑乐。臣甚愧之。

窃以为禁止鸦片烟不在繁为禁令,在先养士大夫之廉耻,而其要尤在长官之稽查督察,使不能有所宽假。宜先示限三年,责成督抚分饬州县,多制戒烟方药,施散劝谕,以满三年为期,逾期不能戒者,官吏参革,生监、举人褫斥,长官不举发同罪。而凡文武应试士子,例具五童互结,宜以鸦片烟为首禁,容隐者一并除名。童生吸食鸦片烟,皆先停考。滥入场者,廪保坐黜。廪生吸食鸦片烟,皆先停止。保人滥保者,教官亦坐黜。至于三年期满,学校中不准复有吸食鸦片烟者,用以激励士民之心而作其气,亦在使知所耻而已。其川、滇、甘、陕各省栽种罂粟,则必以课吏为先。臣闻种罂粟一亩,所取视农田数倍,工力又复减省,州县因之添设陋规,私收鸦片土税,亦数倍于常赋。官民皆有所利,以至四处蔓延,积久而种罂粟者,男妇相率吸食,不能如印度所出烟土严禁其民吸食也。因之积成偷惰之性,饮食费用,虚耗日多,遂使田赋常供亦多不能输纳,卒致官民交困,而夺民食之需,以空仓廪之藏,广种罂粟,流毒无穷,岂复能有自存之理?

因查雍正年间谕饬广东禁止栽种甘蔗,谆谆以民食为忧。甘蔗制造糖食,日用所需,圣心犹隐虑之,何况鸦片烟为贻害国家之具。其产出印度,而南洋附近之暹罗、东洋之日本皆有厉禁,民间无吸食者。独中国贩运销行,每年课税至数千万,为英国入款一大宗。而其地士绅会议犹勤勤焉,谓烟土贻毒中国,引以为咎,倡言禁止。中国人民肆行吸食,略无悔悟,其势非严督抚处分以督率州县,不能望有转旋。伏乞皇上坚以持之,宽以期之,以三年之期,责成各省学政整顿学校,责成各省督抚整顿属官,而于栽种罂粟又须由督抚责成州县劝谕绅民,整顿所属地方,渐摩劝化。更需以二十年之期,尽民人而变革之,求实效而不为虚语,务力行而不责近功,其道无他,在疏通民气而已矣。

窃见西洋各国官民一心,急使远戍而不以为苦,烦征厚敛而不以为苛。所以然者,为无不通之情故也。中国民情常苦隔阂,利病好恶之私,州县能体及者鲜矣。累积而至督抚,则益旷远不相及。自古言善政者,必以勤恤民隐为先。仰窥列圣之成谟,严以察吏,宽以驭民,于民情尤加曲体。雍正时民间疾痛疴痒,曲折毕达,莫能壅隔,是以其时无不除之弊,无不行之政。臣以为禁止鸦片烟,当使教化转移之意多,防禁操切之术少,使天下臣民喻知此意,自有不敢不禁,不忍不禁者。存乎皇上一心之运用,中外人心无不响从。

臣等正月内接据粤绅唐德俊等禀呈,咨请总理衙门转奏。其后屡见英国士绅力陈鸦片烟之害,发于至诚,又复会集多人,陈述此义。又接粤绅桂文灿、温清溪等二禀,人心向善之机,想亦列圣在天之灵所默鉴,是以不敢不据实缕陈,并就臣等知识所及,略陈办法,以期实有裨益。无任悚息屏营之至,伏乞皇太后、皇上圣鉴,训示。谨奏。① 二月初八日。②

光绪三年四月初二日,军机大臣奉旨:另有旨。钦此。③

3.【仅】刊本误作"谨",兹据录副校正。

4.【便挂弹章】刊本夺"便",兹据校补。

5.【光绪三年六月二十二日】刊本误作"光绪三年六月十三日",兹据校正。

6.【光绪三年七月二十日,堂谕封存。】此奉旨日期与内容,据《随手档》④校补。

密陈禁鸦片烟片

光绪三年六月二十二日(1877 年 8 月 1 日)

再,英国以印度为外府。印度赋税以鸦片烟为大宗,每岁所得且数千万,彼何爱于我而肯禁种罂粟,蠲弃每年数千万金之税?试观通商以来,彼动借小事生争,要求无厌,凡损我利彼之事,较及锱铢,一旦盖然捐彼大利以惠中国,事之虚罔,不待智者而知。彼明知华人吸食太深,骤难禁革,薄海内外,皆咎彼国之不仁。乃因使臣之至,故作慷慨激昂之论,杂以诙嘲诋欺之词,藉自掩其流毒中国之罪,且将宣言于新闻馆报[1],谓彼欲禁之,中国不能自禁。其阴计狡险,真有令人发指心伤者。试诘以彼果禁种罂粟,何不禁贩鸦片?彼之鸦片果能不入中国,则中国吸烟之人乃可悬为厉禁。今洋土源源而来,彼惟恐销售不旺,乃欲中国禁人吸食[2],非惟势有不能,抑亦理有不顺。臣固知彼之鸦片断不肯不贩运中国也。

---

① 中国第一历史档案馆藏:《军机录副》,档案编号:03-7402-001;03-7402-003。又郭嵩焘撰;梁小进主编:《郭嵩焘全集 4》,岳麓书社 2018 年版,第 808—810 页。

② 此具奏日期据《军机处随手登记档》校补。

③ 此奉旨日期与内容,据《军机处随手登记档》(档案编号:03-0219-3-1203-189)校补。

④ 中国第一历史档案馆藏:《军机处随手登记档》,档案编号:03-0219-3-1203-189。

至川、滇等省间多垦种罂粟,议欲禁之,持论原为正大,而揆诸事势,尚有未能遽行者。夫吸烟之人身受其害,例拟绞候,犹未革除,况种烟之人身获其利,罪至枷杖而止,岂不视为具文?禁其名,难禁其实,徒为蠹吏刁衿讹索之具而已。又其甚者,华商不敢贩卖,必贿洋商以包庇而已。况洋土不禁而禁华土,是驱中国吸烟之人尽吸洋土,不独彼专其利,且洋土力厚毒深,断瘾更难。华土力薄毒浅,断瘾较易。两害相权,当取其轻者。今既骤难禁吾民之吸食,又必使其服厚毒而利归敌国,非计之得也。

臣愚以为欲禁种罂粟,必先禁吸鸦片;欲禁吸鸦片,必俟洋土断绝,然后名正言顺示天下以大戮,天下士庶共知朝廷令在必行,亦可靡然向风,而无敢犯。若审时度势,尚有未能,则与其多设科条仍鲜实济,不若殚心悉力,阴图自强之策,而姑[3]以优游教化,期收效于将来。

臣谨就梼昧之见,直抒愚忧,未敢隐情附和,临奏不胜激切屏营之至。谨附片密陈,伏乞圣鉴。谨奏。

光绪三年七月二十日,堂谕封存。[4]

【案】此奏原件查无下落,录副现藏于中国第一历史档案馆①,兹据校正。再,此具奏日期,刊本误作"光绪三年六月十三日",未确。查光绪三年七月二十日《随手档·刘秉璋折》②"刘秉璋折",据同批折件可断,此奏当为"光绪三年六月二十二日",兹据校正。

1.【新闻馆报】刊本误作"新开馆报",兹据校正。

2.【乃欲中国禁人吸食】刊本作"乃欲中国人不吸食",兹据校正。

3.【姑】刊本误作"始",兹据校正。

4.【光绪三年七月二十日,堂谕封存。】此奉旨日期与内容,据《随手档》校补。

奏刘于浔战绩疏
光绪三年六月二十四日(1877年8月3日)

江西巡抚臣刘秉璋跪[1]奏,为故员战绩最多,有功桑梓,请旨议恤,并附祀专祠,以资观感,恭折具奏,仰祈圣鉴事。

---

① 中国第一历史档案馆藏:《军机录副》,档案编号:03-7402-007。
② 中国第一历史档案馆藏:《军机处随手登记档》,档案编号:03-0219-3-1203-189。

窃查已故遇缺题奏[2]布政使前甘肃按察使刘于浔①,江西南昌县举人,大挑一等,补授江苏清河县知县,升补扬河厅通判,丁忧回籍。咸丰三年,粤逆围攻江西省城,前抚臣张芾②饬令该员团练乡勇,坚守南路,藉通接济,阅八十余日,贼被创溃遁,城围始解。五年二月,前抚臣陈启迈③派委该员统领江军水师,并兼统陆勇。是冬,石逆大股窜扰江境,连陷数郡。该员会同楚军,攻克樟树镇。六年,克复丰城、新淦县城。七年,克复临江府城。八年,再克新淦县暨抚州府城。九年,攻克景德镇及浮梁县城,江西肃清。十年,克复安徽建德县城,适发逆复犯江境,该员回军援解建昌府城围,扫荡金

---

① 刘于浔(1806—1876),字养素,一字杰宜,初名于淳,江西南昌县(今江西省南昌市)增广生。道光十四年(1834),中式举人。二十四年(1844),大挑一等,签挑河工。二十六年(1846),委里河厅属防守大汛事宜。同年,保沿河知县。二十八年(1848),补授江苏淮安府清河县知县,加同知衔。二十九年(1849),署理江苏扬州府河务通判。三十年(1850),加运同衔。咸丰元年(1851),丁忧归里。五年(1855),充湘军江西水师统领。同年,保升南河知府。六年(1856),保道员,赏戴花翎。七年(1857),加图撒泰巴图鲁勇号。同年,补授甘肃安肃道。八年(1858),加按察使衔。同年,晋布政使衔。十年(1860),帮办江西团练事宜。十一年(1861),保按察使。同年,升授甘肃按察使,经曾国藩奏留,仍驻军江西。同治元年(1862),办理江西本籍防务。二年(1863),丁父忧。三年(1864),保升布政使。七年(1868),因病告退。光绪三年(1877),卒于籍。赠内阁学士。纂有《南昌府志》《南昌县志》等存世。

② 张芾(1814—1862),字黼侯,又名小辅、小浦,号冰溪,又号筱浦,陕西泾阳县(今陕西省泾阳县),县学生。道光十五年(1835),中式进士,选庶吉士。十六年(1836),授翰林院编修。十八年(1838),充会试同考官。十九年(1839),充广东乡试正考官。二十年(1840),补詹事府右春坊右中允,充文渊阁校理。二十一年(1841),任会试同考官,补翰林院侍讲,署理日讲起居注官、教习庶吉士。同年,升翰林院侍读。二十二年(1842),充南书房行走,授詹事府右春坊右庶子。二十三年(1843),选汉日讲起居注官,补授詹事府少詹士。同年,充江西乡试正考官,简放安徽学政,调补江苏学政。二十四年(1844),授内阁学士兼礼部侍郎衔,二十五年(1845),升工部右侍郎兼管钱法堂事务。二十七年(1847),充教习庶吉士。二十八年(1848),补授吏部右侍郎,署理工部左侍郎兼管钱法堂事务、户部右侍郎兼管钱法堂事务。同年,充经筵讲官,调署户部左侍郎,管三库事务。二十九年(1849),授江西学政。咸丰二年(1852),调吏部左侍郎,转刑部左侍郎。同年,署理湖北巡抚、江西巡抚。四年(1854),因九江城陷革职。五年(1855),赏六品顶戴。六年(1856),晋五品顶戴。同年,丁母忧。八年(1858),赏花翎。九年(1859),授通政使司通政使,迁都察院左副都御史。同年,督办皖南军务。十年(1860),回籍守制。十一年(1861),督办陕西团练事宜。同治元年(1862),以卒于回乱。赠骑都尉兼云骑尉世职,谥文毅。有《张文毅奏稿》存世。

③ 陈启迈(1796—1862),字子皋,号竹伯,湖南武陵县(今湖南省常德市)人。道光十四年(1834),中举人。二十一年(1841),选内阁中书,授国史馆分校、国史馆协修。同年,中式进士,选庶吉士。二十四年(1844),授翰林院编修。二十五年(1845),补国史馆纂修。二十六年(1846),充国史馆提调。同年,授广东乡试副考官。二十九年(1849),补授广西左江道,升江西按察使。同年,迁直隶布政使。咸丰二年(1852),赏戴花翎。三年(1853),调补江苏布政使。四年(1854),擢江西巡抚。五年(1855),被参革职。晚年,充朗江书院讲席。同治元年(1862),卒于籍。主修《武陵县志》,著有《霜筠阁诗文钞》《归后斋日记》等行世。

溪等县。十一年,保守丰城,收复樟树镇,援解抚州城围。大小数十百战,擒斩逆匪,不可胜计,叠奉恩旨赏戴花翎,给予图萨大巴图鲁名号,补授甘肃安肃道,洊升甘肃按察使,加布政使衔,仍留办军务。同治二年,剿平陶家渡贼垒。三年四月,恃逆大股悍贼猛扑抚州府城。该员督率水陆各军,扼守文昌桥,力战三日,随方拒敌,昼夜无间,贼计穷而遁,抚郡危城克保,省城亦赖以安,钦奉特旨,着以布政使遇缺题奏³,仍交部从优议叙。七月,克复许湾贼垒,奉旨赏给三代一品封典。

该员征战年久,心力交瘁,并因军中积受潮湿,致患吐血及臂肢酸痛诸证。始以军务方殷,未敢言病。嗣发逆荡平而病犹未愈。七年,请开甘肃臬司之缺,旋并交卸江军统领,居乡养疴。然每遇地方要务,如水旱灾赈等事,仍力疾来省襄办,前抚臣与臣均深资臂助。光绪二年,江省大水,遍野哀鸿。其时刘于浔病势已深,因重以地方官相邀助理,勉强舆疾而来,协力筹办平粜、修堤等事。复自捐金、散谷以济穷黎,昕夕焦劳,病益增剧,遂于三年五月十三日因病身故。据在籍绅士四品卿衔前掌贵州道监察御史胡寿椿①等呈请具奏前来。

臣查该故员刘于浔,自江西军兴以来,即练勇防剿,时历十余年,屡克名城,频摧巨寇,战功卓著,地方赖以复安。迨军事告藏,举凡灾赈诸要务,犹能力疾匡助,洵属有功桑梓,乃竟以积劳身故,殊堪悯惜。合无仰恳天恩敕部将该故员遇缺题奏⁴布政使前甘肃按察使刘于浔照军营立功后积劳病故例从优议恤,并附祀张芾、江忠源②专祠,以酬毕生劳勚,俾资观感。

理合恭折具奏,伏乞皇太后、皇上圣鉴,训示。谨奏。六月二十四日⁵。

光绪三年七月二十三日⁶,军机大臣奉旨:着照所请,该部知道。钦此。

【案】此奏原件查无下落,录副现藏于中国第一历史档案馆③,兹据校正。

---

① 胡寿椿,生卒年未详,原名定仁,字大年,号砚生,江西南昌人。道光二十三年(1843),中举人。二十七年(1847),中式进士,改庶吉士,散馆授翰林院编修。咸丰十年(1860),授河南道监察御史。同治元年(1862),升掌贵州道监察御史,加四品卿衔。十年(1871),充豫章书院山长,撰有《八烈赠诗七卷》等行世。

② 江忠源(1812—1854),字常孺,号岷樵,湖南省新宁人。道光十七年(1837),中式举人。二十四年(1844),大挑二等,以知县候补。二十七年(1847),以知府用。二十九年(1849),署理浙江秀水县知县。咸丰元年(1851),保同知,换花翎。二年(1852),升知府。三年(1853),迁道员,加霍隆武巴图鲁勇号,升补湖北按察使。同年,加二品顶戴,调补安徽巡抚兼安徽提督。四年(1854),因战事失利,投古潭自杀。谥忠烈,追授总督,赠骑都尉兼云骑尉世职。有《江忠烈公遗集》传世。

③ 中国第一历史档案馆藏:《军机录副》,档案编号:03-5796-064。

1.【江西巡抚臣刘秉璋跪】刊本无此前衔,兹据校补。

2.【题奏】刊本、录副均作"提奏",当为手民之误,兹校改为"题奏"。

3.【题奏】同2。

4.【题奏】同2。

5.【六月二十四日】刊本此处无具奏日期,兹据录副校补。

6.【光绪三年七月二十三日】此奉旨日期据录副校补。

奏复奉传谕巡抚认真办事片

光绪三年六月二十四日(1877年8月3日)

再,前江西南昌府知府升任河南开归陈许道德馨①、新授江西吉安府知府钟珂,先后由京到江口,传两宫皇宫太后懿旨:现系垂帘听政,时务多艰,着传谕巡抚认真办事。钦此。等因。仰见我皇太后勤求治理,训诲谆殷,臣跪聆之下,感悚交集。

伏念江西境内近来虽称静谧,然民气尚未复元,游匪亦未净尽,培养民生,必先整顿吏治。臣与藩司不时稽察,属吏如有阘冗废弛者,即当据实参劾;振作有为者,量才任使,俾人知所趋向,不敢怠惰因循。

至于驱除匪类,全在激励戎行。臣现于九江、赣州两镇各调选锋兵丁,督饬将备,按日操练洋枪阵。其余驻扎各本汛弁兵,亦责令就近勤习弓马枪炮,力挽绿营游惰积习。所有留防水陆各勇,均经择要分布,严饬统带各员督率梭织巡防,仍随时汰弱募强,勿任虚靡饷项。

理财济饷,尤为当务之急,举凡催科抽厘,均经督饬妥办。本年司库应解京饷,业已委解全完,邻省协饷亦当尽力匀济。遇有洋务事件,审慎筹办,赶紧议结,免滋藉口。臣惟有不辞劳怨,事事实心经理,藉以上纾宵旰忧勤。

理合附片复奏,伏乞皇太后、皇上圣鉴。谨奏。

---

① 德馨(1836—?),字晓峰,镶红旗满洲生员。咸丰七年(1857),捐纳刑部笔帖式。十一年(1861),充定陵工程处监修。同治元年(1862),京察一等,奉旨以理事同知、通判用。二年(1863),升刑部主事,调补堂主事。同年,充秋审处总办。三年(1864),题升郎中,调掌广东司印钥,派充律例馆提调。同年,保知府,先换顶戴。四年(1865),迁刑部郎中。七年(1868),经神机营王大臣调往巡防处审办案件。同年,选授江西临江府知府,加道衔。十年(1871),调署吉安府知府。十二年(1873),署理饶州府知府。十三年(1874),补授南昌府知府。光绪二年(1876),升河南开归陈许道,加二品衔。四年(1878),升授江苏按察使。同年,补授河南按察使。五年(1879),迁浙江布政使。七年(1881),护理浙江巡抚。十年(1884),擢江西巡抚。二十四年(1898),加头品顶戴。

光绪三年七月二十三日，军机大臣奉旨：知道了。钦此。[1]

【案】此奏原件、录副均查无下落，待考。

1.【光绪三年七月二十三日，军机大臣奉旨：知道了。钦此。】
此奉旨日期与内容，据前折推补。

奏设立候审公所疏
光绪三年八月初三日（1877 年 9 月 9 日）

江西巡抚臣刘秉璋跪[1]奏，为遵旨设立候审公所，筹款举办，恭折复陈，仰祈圣鉴事。

窃照光绪二年十一月二十日接准刑部咨：议复贵州巡抚黎培敬①奏贵州省城捐廉设立军民待质公所章程一折[2]，请旨饬下各直省督抚各就地方，察看情形，可否仿照筹办，详细查明具奏等因。奉旨：依议。钦此。仰见圣主慎重庶狱、矜恤无辜至意。当即转行妥筹办理去后。兹据臬司任道镕②、藩司李文敏会详请奏前来。

臣查各属词讼[3]牵连人证在处难免，且恐有凌虐、需索之弊。现经严定月报章程，勒催赶办，分别功过，认真考核。省垣为首善之区，尤当督饬谳局设法清厘，加意体恤。向来京控、上控之案，行提人证到省，皆归南昌府发审谳局审理，一切原、被词证发南昌、新建二县，分别保押，虽经谆饬承审各员依限速结，尚不致日久无故稽延。然情节重大者一案人证动辄多人，即使行

---

① 黎培敬（1826—1882），字简堂，一字开周，湖南湘潭人。咸丰二年（1852），充实录馆誊录。三年（1853），考取镶黄旗官学教习。十年（1860），中式进士，选庶吉士。同治元年（1862），授翰林院编修，历充国史馆协修、纂修、武英殿协修。二年（1863），充实英殿纂修、实录馆协修。三年（1864），授贵州学政。六年（1867），署贵州布政使。七年（1868），实授贵州布政使。光绪元年（1875），擢贵州巡抚。五年（1879），因奏请解除前云贵总督贺长龄处分，降调四川按察使。六年（1880），授漕运总督。七年（1881），补江苏巡抚，旋因病返湘。八年（1882），卒于里。谥文肃。著有《黎培敬文集》行世。

② 任道镕（1823—1906），字砺甫，号筱沅、寄鸥，晚号寄翁，江苏宜兴县人。道光二十九年（1849）拔贡。咸丰四年（1854），补松江府奉贤县训导。九年（1859），升湖北当阳县知县。同治元年（1862），调补江夏县知县。二年（1863），迁直隶顺德府知府。五年（1866），加道衔。七年（1868），加盐运使衔。十年（1871），补保定府知府。十一年（1872），升河南开归陈许道。十二年（1873），晋布政使衔。光绪元年（1875），署河南按察使。同年，补授江西按察使。二年（1876），署江西布政使。四年（1878），补授浙江布政使。五年（1879），调补直隶布政使。七年（1881），擢山东巡抚。旋以保奖已革知府潘骏群被议，又以失察编修林国柱被劾，降道员，家居久之。二十二年（1896），补授河东河道总督。二十七年（1901），调补浙江巡抚。二十八年（1902），乞病归。三十二年（1906），卒于籍。

文酌量摘提,问官依限讯结,而往返需时,已滋拖累。设遇原、被狡执,人证不齐,则累月经年,羁留候质,夏则厉疫堪虞,冬则饥寒交迫,牵累无辜,情实可悯。

臣与藩、臬两司察度情形,应仿照黔省奏定章程,在省垣设一候审公所。现于臬司后墙购得房屋一所,约计可容七八十人,编列字号,派廉干委员驻所,督丁看管。凡提省发审案证,一经解到,先由南昌府督同谳局委员查阅案中大概,分别重轻,除情重应行派差管押、情轻自愿取保外,其并非身犯罪戾,因人指证牵连,或虽系被告,情有可矜,与应保而人地生疏者,均交候审公所暂时收管,仍不准擅自出入,以杜勾串。每名日给米一升、监菜钱十文。有亲属顾[4]送者,仍听其便。遇有疾病,由委员随时验明,延医调治,夏给席、扇,冬给姜、炭,随时稽查照料;并严定限期,督率承审各员遇案速结,应释人证,责令驻所委员立时开释,以杜需索、留难诸弊。驻所委员于正、佐两班中酌委两员,察其勤惰,示以劝惩。在所看丁,均择老成民人,给以工食,不准散差、革役充当,于待质平民实有裨益。至此项经费,皆由江省筹款办理,并不动用正项,应请免其造册报部核销。即委员贤否亦请由外酌记功过,随时奖撤。

所有设立候审公所,筹款举办缘由,理合恭折具奏,伏乞皇太、皇上圣鉴,训示。谨奏。八月初三日[5]。

光绪三年八月二十六日,军机大臣奉旨:知道了。钦此。[6]

【案】此折原件查无下落,录副现藏于中国第一历史档案馆①,兹据校正。

1.【江西巡抚臣刘秉璋跪】刊本无此前衔,兹据校补。

2.【案】光绪元年十二月十九日,贵州巡抚林肇元具奏捐设待质所并请饬各省一律举行一折曰:

头品顶戴贵州巡抚臣黎培敬跪奏,为贵州省城捐廉添设平民待质一所,由司详定章程,吁恩饬令各直省一律举行,以重民命而慎刑狱,恭折具奏,仰祈圣鉴事。

窃臣伏读光绪元年二月内上谕:御史王兆兰奏,刑部监毙人犯过多,请饬清厘一折等因。钦此。仰见我皇上法外施仁,于刑罚之中仍寓慈祥之隐。臣在藩司任内与前任臬司林肇元于整军治吏之余,兼思慎重刑狱,因查道光年间前两淮盐课大使汤用中为诸生时

---

① 中国第一历史档案馆藏:《军机录副》,档案编号:03-5091-022。

著有暂系平民受累最酷一议,其辞以国家慎重刑狱,律令昭著。惟暂系平民待质,其所以矜恤之者,未有明文。臬司为通省刑名总汇,凡案关疑难重大,不亲提省研鞫,既无以申冤屈而服人心。然一经提审,则一案之干连人证不能不与俱来,此辈或由牵涉,或被证指,或属尸亲,或系词证,皆非有罪之人,一经牵入,其在本州县已受胥役之追呼、里保之抑勒,不免破产倾家。迨至随同批解到省,远者千余里,近亦数百里,废时失业,皮骨仅存,一奉羁押公廨,即与囚犯无殊,既不能食力营生,又无人顾送衣食,所恃每日官捐之数十文,藉以度命。而此数十文尚听典守者之恣情扣克,任意凌虐。复则人多秽积,疫疠熏蒸,冬则严寒裂肤,冻馁交迫,此死亡相继,骈肩连首,所以冤苦难伸也。试以用中游迹所到言之,昔在浙省见仁、钱二县系囚报死者纷纷,初以为罪犯也,细询之,则皆外府解来之干连人证,约计一岁死者不下三四百人。及至皖省,每过怀宁县署,必见有横尸待验,或二或三,大约与浙上下。后过直隶保定,则刑狱尤繁,岁毙且五六百人,推之他省,大率类是。谁非赤子,乃令无罪而就死地者如此其众耶?

　　夫案内正犯昭雪尚可生还,惟此等拖毙之人旅殡孤魂,长填黑狱,冤孰甚焉?国家每岁大解不过数百起,朝审复核,至再至三,又皆经御笔勾到,然后行刑,何等矜慎?今以目睹情形合各直省计之,每岁拖毙者何止万人?是无罪而死,较伏罪死者数且十倍也,其何以慰圣主如伤之隐念乎?谨案罪囚入狱,例有衣粮,病则医药,死则殓埋,孕则停刑,法令昭然,仁至义尽。而此项牵连待质之人独听地方官劝办养活,事等具文,坐令饥困至死,无伤可验,无冤可鸣,或交属领回,就近埋瘗,从无控诉之事,亦无查核之人,无怪首府县及委审诸员皆习而忘之,而大吏更无从知觉矣。

　　此中积习相仍,其弊有四:一由于臬司提审不速结,一由于州县解犯不齐全,一由于经费向无正项支销,一由于经管向无责成处分。盖审断不速则积压必多,提解不齐则羁候必久,经费无出则克减剥削势所必然,责成不严则役卒欺凌莫可究诘,又何怪无辜拖毙反过于正犯哉!果能立法杜弊,凡臬司提案总不开列多名,无关紧要者先即摘释,案提到省,随即审结。其州县解犯不齐以致延候莫结者,严立参处章程,务令一案到省,人证俱到,审结既易,拖累差免,此清源之法也。至所需经费,宜从藩库拨款,方可经久。每日准支每名口食钱若干文,按季支销,严禁克减,委派仁明廉干之丞、

倅各一员专司其事。择地以为公所，凡待质之人不发首县，经发该
所，每月由委员造具清册，详载旧押、新收、开释、实存各人数，并疾
病取保医调，死亡验明棺殓，随时详报院司，年终核计瘐毙人数之
多寡，以定委员之功过，此救敝之法也。如此则各省每岁可减瘐毙
数百人，合天下计之不下万人，似于朝廷爱养生全，感召祥和，靳至
升平上治，不为无补。

所议各情，臣与林肇元阅其立论，意美法良，可以救待质之弊。
黔省命盗重案应质要证虽属无多，亦宜师而行之。惟念黔库空虚，
难提岁款，臣与司道府厅州县共捐廉银五千两，交贵阳府发商生
息，此外不敷仍由臣与各官随时捐补，择本城按司狱署内隙地，建
造房屋一所，业已落成，一切待质紧要人证日食并委员、水火夫等
薪工银两以及册报考核章程，悉如原议，由升任藩司林肇元会同新
任臬司余思枢详请自光绪二年正月起先行举办。

臣思天语殷殷，尚以矜恤民命为重，今参考汤用中原议，缕晰
详明，用副刍荛之献。黔省僻处一隅，虽经设法举办，尤望推广皇
仁，请旨通饬各直省督抚、府尹一体照章准予提款筹办，并恳饬部
议定功过章程，俾知惩劝。每届年终，分别奏咨，永远遵行，以重民
命而慎刑狱。

臣愚昧之见，是否有当？恭折具奏，伏乞皇太后、皇上圣鉴，训
示。谨奏。元年十二月十九日。

光绪二年二月二十一日，军机大臣奉旨：该部议奏。钦此。①

3.【词讼】刊本夺"词"，兹据录副校补。

4.【顾】刻本夺"顾"，兹据校补。

5.【八月初三日】此具奏日期刊本缺，兹据录副校补。

6.【光绪三年八月二十六日，军机大臣奉旨：知道了。钦此。】
此奉旨日期与内容，据录副校补。

奏已故知县政绩请旨宣付史馆疏
光绪三年十月二十九日（1877 年 12 月 3 日）

江西巡抚臣刘秉璋跪[1]奏，为已故知县政绩卓然，死事最烈，请旨宣付史
馆，编入循吏列传，并援案吁恳赐谥，以彰忠节，恭折仰祈圣鉴事。

---

① 中国第一历史档案馆藏：《军机录副》，档案编号：03-7232-016。

　　窃臣案据布政使李文敏详：据饶州府县转据鄱阳县进士吴冠庠等呈称：原任江西鄱阳县知县沈衍庆，安徽石埭县人，道光乙未科进士，补授江西泰和县知县，时多惠政；调补鄱阳，戢吏役，锄豪强，听讼敏决，积牍一清。鄱邑向有溺女之习，沈衍庆广育婴堂，择端士董之，保全婴命无算。夏施药饵，冬散棉衣，掩骼埋骴[2]，矜恤无告。举凡[3]便民之政，靡利弗兴，民感之次骨。

　　沈衍庆生平颇讲性理之学，拓芝阳书院，暇则进诸生而讲肄之，士风丕变。鄱滨巨湖，盗贼出没其间。沈衍庆增哨船，严督捕，屡获剧盗，置诸法，境内肃然。二十八、九两年大水，城乡民舍皆没，民蹲楼头、屋脊，若饥鸥。每风涛震荡，呼救之声四起。沈衍庆择高阜结棚为徙居焉。其不能徙者，作饼饵，棹小艇，亲散之。城中四门分设粥厂，日乘扁舟，往来疾风骇浪间，拊循督察，胥吏不能为奸。衣忘浣，食忘饱，始终不懈，前后存活数十万人，以治行称最。

　　咸丰元年，卓异引见回任，民如重获慈母，闾巷相庆。三年，粤逆犯江境。沈衍庆团结壮丁，豫为训练防备。五月，南昌围急，前抚臣张芾檄调援省，率众即行。会总兵马济美阵亡，贼势张甚。沈衍庆会合省防各军，力战，大破之，转败为胜，斩获甚夥。七月，侦知贼将东窜。沈衍庆恐贼乘虚袭鄱，请于张芾，间道驰归，为守御计。

　　先是沈衍庆援省，饶州守闻乐平令李仁元有御侮才，调摄鄱篆。李仁元，河南济源县人，弱冠成进士。咸丰二年，选授乐平县，居官勤职，以廉能称。乐平民风剽悍斗很（狠），以礼让化之，随在耳提面命，劝导谆诚，民多感悟，残杀之风渐息。时粤逆鸱张，李仁元义形于色，因募民之健者，得数百人，束以什伍，常有请缨杀贼之志。迨摄鄱篆，凡沈衍庆便民之政，悉踵而行之，时论以沈李并称。

　　其年七月，沈衍庆驰归，索印筹防。李仁元曰：贼旦夕且至，邻敌易令，以我为怯也。避难苟免，君子耻之，印不可得。沈衍庆争之甚力，仍靳不予。定议并力战守，乃予印。两人相倚，如左右手，擐甲厉兵，共商守备[4]。饶郡城垣被水冲塌，时复久雨湖涨，城内外水深数尺，无险可撄。审度地势，沈衍庆营于高门，李仁元扼守北门，为掎角势。经营一昼夜，而贼帆大至。我军燃巨炮，碎贼舰，毙贼数十。贼绕逼东门，沈衍庆迎击，杀贼十余人，手斩黄衣贼，枭其首。贼稍却，溯流至黄龙庙登陆分股，一由东门入，一由北门入。李仁元愤怒巷战，颇有斩获，卒以众寡不敌，为贼所困。然李仁元犹张空拳奋击，发指眦裂，勇气百倍。适一贼横冲而过，矛刺其背，刃出于胸，遂踣地，群贼脔割之，体无完肤，被害极惨。

　　沈衍庆方遏东门之贼，身已被创，闻失李仁元，仰天大恸，知事不可为，益发愤力战,死之。所部从难者三百余人,家丁梅高、熊升皆殉。时七月十四日也。逾旬日,贼退,获其尸,貌如生,衷衣遍钤鄱阳县印。贼旋陷乐平。李仁元之父李予埤,弟诚元、妹二姑及使女二人,皆骂贼被害。母陈氏、妻金氏、妾杨氏、妹大姑、四姑,仆妇李赵氏,各仰药、投井毙命。全家殉难,一门忠烈。业经前抚臣张芾奏奉谕旨优恤。沈衍庆赠道衔,李仁元赠知府衔,均入祀昭忠祠,予祭葬,给云骑尉世职,并于鄱阳、乐平两县各建专祠各在案。

窃维沈衍庆、李仁元政绩有古循吏风,死事有古烈士风,绅民等追念遗爱,不忍没其治行,呈乞奏请编入循吏传,并援照江西阵亡候选知府刘腾鹤、补用直隶州刘腾鸿予谥成案,吁恳赐谥等情前来。

臣查同治二年十一月二十四日奉上谕:祁寯藻①奏,弭盗安民,必资循吏,请分别表彰录用一折[5]。嗣后各省大吏务宜加意访查,其有政绩官声遗泽在人者,着奏明宣付史馆,编入循吏列传等因。钦此。今该故员沈衍庆作宰鄱阳,政治为通省之冠;故员李仁元先治乐平,继权鄱邑,政声与衍庆后先媲美,时人方以汉之召信臣、杜诗。迨贼犯饶郡,沈衍庆自省遄归,李仁元效死勿去,同心勠力,战没孤城,时人方以唐之张巡、许远。迹其生平治绩、节行,似不为过。至今父老言之,犹为泣数行下,洵属循良第一,忠义成双。合无仰恳天恩俯准宣付史馆,编入循吏列传,至于易名之典,出自殊恩,非臣下所敢擅拟。如蒙特旨予谥,褒良显忠,风厉天下,似于吏治、人心两有裨益。

臣谨会同两江督臣沈葆桢,恭折具奏,伏乞皇太后、皇上圣鉴,训示。谨奏。十月二十九日[6]。

光绪三年十二月初三日,军机大臣奉旨:另有旨[7]。钦此。[8]

---

① 祁寯藻(1793—1866),名叔颖,字淳甫、实甫、春圃,号春浦,晚号息翁、观斋,山西寿阳(今山西省寿阳县)人。嘉庆十二年(1807),考取秀才。十五年(1810),中式举人。十九年(1814),中式进士,选庶吉士。二十年(1815),丁父忧,回籍守制。二十四年(1819),授翰林院编修,补国史馆协修。道光元年(1821),充南书房行走。道光二年(1822),充会试同考官,广东乡试正考官。三年(1823),简放湖南学政。七年(1827),补文渊阁校理。八年(1828),授翰林院侍讲、日讲起居注官。九年(1829),补授詹事府右庶子。十二年(1832),升侍讲学士,署理国子监祭酒。同年,补通政使司副使。十三年(1833),授光禄寺卿。同年,补内阁学士兼礼部侍郎。十四年(1834),丁母忧。十六年(1836),补兵部右侍郎。同年,充武会试校射大臣。十七年(1837),补授户部右侍郎兼管钱法堂事务。同年,授江苏学政。十九年(1839),补吏部右侍郎。同年,迁都察院左都御史。二十一年(1841),授户部尚书,充军机大臣上行走。二十二年(1842),补授经筵讲官。二十九年(1849),授上书房总师傅。同年,拜协办大学士。三十年(1850),充实录馆总裁、文渊阁领阁事。咸丰元年(1851),管理工部事务,兼署管理户部事务。二年(1852),加太子太保。三年(1853),充进讲官。十一年(1861),补授礼部尚书。同治三年(1864),拜东阁大学士、弘德殿行走。五年(1866),卒于任。赠太保,谥文端。著有《马首农言》《馒飦亭集初集》《杂著》《勤学斋笔记》《皇朝谥法考》《说文解字系传》《皇朝藩部要略》《鸽亭集》等行世。

【案】此折原件查无下落,录副现藏于中国第一历史档案馆①,兹据校正。再,此折具奏日期,刊本仅署"光绪三年十月",未确。兹据校补。

1.【江西巡抚臣刘秉璋跪】刊本无此前衔,兹据校补。

2.【掩骼埋胔】刊本作"掩骨埋胔"。

3.【举凡】刊本夺"凡",兹据录副校补。

4.【乃予印。两人相倚,如左右手,摄甲厉兵,共商守备】此节文字刊本缺,兹据录副校补。

5.【案】同治二年十一月二十四日,礼部尚书祁寯藻具折奏请表彰循吏一折曰:

臣祁寯藻跪奏,为弭盗安民,必资循吏,急宜表彰激励,以振吏治而固人心,恭折仰祈圣鉴事。

窃臣伏读十月初五日上谕:左宗棠、徐宗干奏,故员政绩卓著,恳请宣付史馆一折。已故署福建按察使汀漳龙道桂超万前在直隶栾城等县任内洁己爱民,已故分发浙江知县徐台英前在湖南华容、耒阳等县舆情爱戴。该二员皆循声卓著,遗爱在民,着国史馆咨行直隶、湖南各督抚,详摭该故员等生前政绩,编入循吏列传,以资观感。钦此。仰见圣朝振兴吏治,表彰激励之至意。

臣闻国史馆循吏传自嘉庆间编辑后久未续纂,近年封疆大吏似此奏请者亦甚罕见。且自军兴以来,征兵筹饷,几视吏治为缓图,不知地方果得一贤有司,平日弭盗安良,化民成俗,实足以消患于未萌,其曲突徙薪之功不在敌忾捐躯者下。现在守城阵亡各员均蒙随时赐恤,或奉特旨宣付史馆,此等地方循吏,功在无形,誉传众口,若不及时表彰,致令湮没,何以昭激励而劝后来?应请旨饬各省大吏,加意访查政绩官声遗爱在民者奏明并咨史馆编入循吏列传,以资观感。

臣更有请者,窃见各直省州县供军需、办团练,不得不藉资民力,其假公济私、咻众敛怨者无论已。即一二洁清自好者亦不过黾勉办公,先其所急,设卡抽厘,方虑聚众滋事;练团筑堡,又虞负固抗粮。救过方且不遑,于民生疾苦、地方利弊势更不暇兼顾。苟非至诚之心兼济变之才,安能用民财力而民不怨畔?故至今日而言,

① 中国第一历史档案馆藏:《军机录副》,档案编号:03-5789-004。

循吏操术为至难,用心更极苦也。其已故者固应特予表扬,其现任者尤宜急加褒勉,俾得殚竭心力,以卫民生。应请敕下中外大臣,保举循吏,确核品行,胪列事迹,奏备简用。其有伏处之士,潜修力行,堪膺循吏之选者,如确有见闻,亦准一体保奏。现值大计之年,各省府厅州县卓异人员,请并饬各督抚将其政迹实据详细咨送吏部,于引见时开单进呈,以备量才擢用。

近来贼势日渐溃散,而民生已极凋敝,地方官如何招抚流亡,如何稽察奸宄,如何因时度势、消患未萌,其军营保举人员未必尽于守土相宜,而捐输分省各员又不免流品错杂,尚待甄别,非慎选牧令、简拔循良,何能与民相安,缓急可恃?臣愚窃谓今之急务,正本清源,舍此别无长策也。至保举流弊,须防请托徇庇。屡奉谕旨,滥保之例,凛然具在,苟有天良,亦孰敢不洗心涤虑,各举所知也。

臣为吏治、民生起见,缮折沥陈,是否有当?伏乞皇太后、皇上圣鉴,训示。谨奏。同治二年十一月二十四日。①

※呈已故人员堪入循吏列传者清单

谨将臣所闻见已故人员堪入循吏列传者开单,恭呈御览。

刘大绅,云南举人,乾隆间任山东新城县,调曹县,办理旱灾、河工,民情爱戴,钱粮料秸不催而集。曾因公遣戍两县民敛锾赎归,仍发往山东,补福山、朝城等县,保升同知,督捕登莱蝗蝻,查办沿河赈务,每去任,民必攀留,有送至邻省者。其教士以"朱子""小学"为本,成就甚多。

李文耕,云南进士,嘉庆间任山东邹平、冠县,清讼息争,除奸戢暴,尤尽心于教化。及守泰安、沂州,为属吏立课程,谓官不勤则事废,而民受其害。历官至按察使,察吏安民,见于山东、贵州文移者,诚意周悉,盖其平生以徙义、集义、精义为学,故能感人独深也。

刘煦,山西拔贡,任直隶大名府属州县,兼署知府,朴诚廉敏,有守有为,前后多年,除暴安良,民情极为爱戴。防剿教匪、捻匪,并带勇攻剿水套踞匪,均克成功。同治元年,特擢大顺广道,正值贼匪肆扰之际,三郡士民倚若长城,因积劳身故,奉旨照道员军营病故例议恤。

以上三员,可否敕下山东巡抚、直隶总督详查该故员政绩,胪

---

① 台北故宫博物院藏:《军机及宫中档》,文献编号:092802。

列具奏,并咨国史馆,以备编入循吏列传,伏候圣裁。①

【案】此奏旋于同日奉旨允准,《上谕档》载曰:

同治二年十一月二十四日,内阁奉上谕:祁寯藻奏,弭盗安民,必资循吏,请分别表彰、录用一折。原任同知刘大绅,于乾隆年间历任山东新城等县,捕蝗办赈,深得民心,教士以朱子、小学为本,成就甚多。原任按察使李文耕,由山东守令洊至臬司,除奸戢暴,尽心教化,察吏安民,诚意周悉。已故大顺广道刘煦,历任直隶守令,朴诚廉敏,有守有为,民情爱戴,上年贼匪肆扰三郡,士民倚若长城。以上三员均循声卓著,遗爱在民,着国史馆咨行直隶、山东各督抚,详摭该故员等生前政绩,编入循吏列传,以资观感。所保之直隶任县知县张光藻、献县知县陈崇砥、知县王兰广、山东知县蒋庆第、山西徐沟县知县程豫、汾阳县知县吴辉祖,着各该督抚给咨送部引见。至教习期满知县江南优贡端木埰、候选知县山西举人秦东来,据祁寯藻奏称,该二员品学兼优,着吏部查明在部投供之端木埰带领引见,并咨山西巡抚查明在籍之秦东来,饬令赴部,带领引见,候旨录用,单二件并发。

军兴以来,征兵筹饷,不能不藉资民力,非得贤有司拊循化导,不足联络众志,消患无形。且兵燹之后百姓颠沛流离,苏疾苦而起疮痍,舍循良守令又将奚属耶?嗣后各省大吏务宜加意访查,其有政绩官声、遗泽在人者,着查明宣付史馆,编入循吏列传。至现任各官内实系清静不扰、恂恂无华者,并着胪列事迹,据实保奏,听候简用。其伏处之士,潜修力行,堪膺循吏之选者,亦准一体保荐,以期政平讼理,吏治蒸蒸日上,有厚望焉。钦此。②

6.【十月二十九日】刊本无此具奏日期,兹据录副校补。

7.【另有旨】此句录副未署,兹据《随手档》③校补。

8.【光绪三年十二月初三日,军机大臣奉旨:另有旨,钦此。】此奉旨日期与内容,据录副校补。

【案】此奏于是年十二月初三日得旨,《上谕档》载曰:

光绪三年十二月初三日,内阁奉上谕:刘秉璋奏,已故知县政

① 台北故宫博物院藏:《军机及宫中档》,文献编号:092803。
② 《咸丰同治两朝上谕档》第13册(同治二年),广西师范大学出版社1998年版,第576—577页。
③ 中国第一历史档案馆藏:《军机处随手登记档》,档案编号:03-0219-4-1203-315。

绩卓著,死事最烈,请旨宣付史馆,并叨恩赐谥一折。已故江西鄱
阳县知县沈衍庆、署鄱阳县事乐平县知县李仁元,前于咸丰三年七
月,同在鄱阳县御贼阵亡,业经奉旨优恤、建祠。兹据奏称,该故员
等治行称最,遗爱在民,力守县城,死事惨烈,该县绅民呈请奏恳恩
施等语。着照所请,将该故员等事实宣付国史馆,编入循吏列传,
以彰忠荩而顺舆情。至应否予谥之处,着礼部议奏。钦此。①

复奏前甘肃按察使刘于浔仍请从优议恤片
光绪三年十一月二十八日(1878 年 1 月 1 日)

再,查已故遇缺题奏[1]布政使前甘肃按察使刘于浔,生平战绩最多,有功
桑梓,前经臣奏请照军营立功后积劳病故例从优议恤,并附祀张芾、江忠源
专祠一折,钦奉谕旨:着照所请,该部知道。钦此。兹准吏部咨:钞奏内开:
查该员刘于浔系业经离营之员,所请照军营立功后积劳病故例从优议恤之
处,核与奏定章程不符,应请更正。光绪三年九月二十六日奉旨:依议。钦
此。等因。臣查部臣以刘于浔系离营后病故,将议恤之案照章更正,自属遵
守定例办理。然如刘于浔之宣力年久,尽瘁忘躯,似未可拘以常格。

溯查江西省自咸丰三年发逆窜扰,战事孔棘,直至同治五年发逆全股荡
平,历时十有四年,刘于浔团练乡勇,统领水陆各营,无役不从,每战必力,克
复名城巨镇十一次,保守危城五次,频摧大敌,懋著功勋,直与本省军务相终
始。特以积劳过久,心力交瘁,致患吐血等症。迨交卸营务后,凡遇地方要
务,仍复力疾襄办。上年江西大水,四乡一片汪洋,城市可通舟楫,哀鸿遍
野,人心惶惶。刘于浔扶病来城,协同地方官赈贷安抚。继以督修圩堤,俾
灾黎糊口有资,不致流离失所,尤属异常出力。乃竟因此病势增剧,遂以不
起,官民交为痛惜,与寻常离营病故人员情事迥殊。

伏查原任安徽布政使吴坤修②离营之后,于同治十一年在任病故,亦在

① 《光绪宣统两朝上谕档》第 3 册(光绪三年),广西师范大学出版社 1996 年版,第 457 页。
又《清德宗实录》卷 63,光绪三年十二月上,中华书局 1987 年版,第 871—872 页。
② 吴坤修(1816—1872),字竹庄,号子厚,江西德化县(今江西省九江市)监生。道光二十七
年(1847),捐湖南补用从九品。三十年(1850),保府经历县丞。咸丰三年(1853),保升知
县。四年(1854),加同知衔。同年,保同知。六年(1856),升知府。七年(1857),迁道员,
统带彪字勇营。同年,补授广东南韶连道。九年(1859),督办江西抚州建昌宁都团练。十
年(1860),加盐运使衔。同治三年(1864),晋布政使衔。四年(1865),署理安徽徽宁池太
广道。同年,升补安徽按察使。五年(1866),署理安徽布政使。七年(1868),擢安徽布政
使。同年,署理安徽巡抚。十一年(1872),卒于任。赠内阁学士。著有《三耻斋诗集》《半
亩园丛书》等行世。

部定新章之后,经安徽抚臣具奏请恤,仰荷圣慈俯念前勋,破格准照军营立功后病故例从优议恤在案。刘于浔实与相同,应可援照办理。合无仰恳天恩俯准,敕部将该故员遇缺题奏布政使前甘肃按察使刘于浔仍照例从优议恤,并附祀张芾、江忠源专祠,以资激劝而励人心。

理合附片具陈,伏乞圣鉴,训示。谨奏。

光绪三年十二月二十五日,军机大臣奉旨:该部议奏。钦此。[2]

【案】此奏原件查无下落,录副现藏于中国第一历史档案馆①,兹据校正。再,此片具奏日期刊本仅署"光绪四年四月",而录副则以奉旨日期"光绪三年十二月二十五日"为之,均未确。据此查《随手档·刘秉璋折》②,然亦未署具报日期。据同批折件推断,此片具奏时间应以"光绪三年十一月二十八日"为是,兹据校正。

1.【题奏】刊本误作"提奏",兹据校正。

2.【光绪三年十二月二十五日,军机大臣奉旨:该部议奏。钦此。】此奉旨日期与内容,据录副校补。

奏谢恩赏福字疏

光绪四年正月二十八日(1878年3月1日)

江西巡抚臣刘秉璋跪[1]奏,为恭谢天恩,仰祈圣鉴事。

窃臣赍折差弁于光绪三年十二月二十九日捧到恩赏福字一幅,谨即恭设香案,望阙叩头祗领。钦维皇太后康强锡羡,我皇上保佑延洪。瑞辑履端,敛箕畴而向五;祥开泰运,备华祝以称三。届芳韶而泽洽寰区,普天同庆;颁藻翰而辉腾奎壁,倬汉为章。

臣忝领封圻,渥邀异数,仰瞻御墨,弥切心丹。喜函夏之乂安,允符归极;睹登春之熙洽,莫罄敷言。

所有微臣感激荣幸下忱,谨缮折叩谢天恩,伏乞皇太后、皇上圣鉴。谨奏。正月二十八日[2]。

光绪四年二月二十三日,军机大臣奉旨:知道了。钦此。[3]

---

①　中国第一历史档案馆藏:《军机录副》,档案编号:03-5789-081。

②　中国第一历史档案馆藏:《军机处随手登记档》,档案编号:03-0219-4-1203-337。

【案】此折原件查无下落,录副现藏于中国第一历史档案馆①,兹据校正。

1.【江西巡抚臣刘秉璋跪】刊本无此前衔,兹据校补。

2.【正月二十八日】刊本无此具奏日期,兹据录副校补。

3.【光绪四年二月二十三日,军机大臣奉旨:知道了。钦此。】此奉旨日期与内容,据录副校补。

奏九江湖口所筑炮台扼要疏

光绪四年四月初六日(1878年5月7日)

江西巡抚臣刘秉璋跪¹奏,为江西九江湖口所筑炮台地方扼要,坚固无弊,遵旨据实复陈,仰祈圣鉴事。

窃臣承准军机大臣字寄:光绪四年三月初十日奉上谕:有人奏,江南、江西所筑炮台多未合宜,监工皆候补人员,并无历练出色之才等语②。沿江修筑炮台,不惜动用帑金,为未雨绸缪之计。该督抚等自应相度地方形势,扼要兴工,期于巩固适用,何得草率从事,漫不关心?若如所奏情形,择地不能周密,基址未臻牢固,所筑炮门窄狭,施放不灵,炮位亦不全备,种种弊端,所在皆有;又不慎选得力可靠之人监视工作,率以候补无能之员滥竽充数,虚靡饷需,如此布置,安望其²有备而无患耶?若竟徒托空言,无裨实用,必将该督抚从重治罪。着沈葆桢、吴元炳、刘秉璋即行据实复奏,不准稍有粉饰。将此各谕令知之。钦此。等因。

臣跪读之下,莫名惶悚。伏查同治十三年间,因下游办理海防、江防事宜,江西九江府实居长江适中之地,而湖口县为水路入境要冲,不可不一体筹防,即经前抚臣刘坤一奏明于九江湖口建筑炮台,一面札饬广饶九南道沈保靖③查勘沿江一带形势,绘图呈送,并委员驰往江宁、镇江、江阴及吴淞等处,察看炮台做法,择其善者而从之。嗣刘坤一于赴浔巡阅营伍之便,亲历

---

① 中国第一历史档案馆藏:《军机录副》,档案编号:03-5127-110。

② 此奏查无下落,待考。

③ 沈保靖(1828—1903),又名沈葆靖,字仲维、品莲,号怡云,江苏江阴县(今江苏省江阴市)人。咸丰八年(1858),中式举人。同治初,以候补知府督办上海机器局。同治九年(1870),以道员留于湖北补用。同年,总理天津机器局事务,加按察使衔。十一年(1872),补授江西广饶九南道。十二年(1873),迁九江关监督。光绪四年(1878),署理江西按察使。五年(1879),补授江西按察使。七年(1881),升补福建布政使。十一年(1885),因案被劾,降三级调用。十二年(1886),调直隶总督李鸿章差遣。十五年(1889),办天津机器厂,筑津浦铁路,建铸币局,保道员简放。十七年(1891),以年衰退回。十九年(1893),卒于里。著有《读孟集说》《韩非子录要》《怡云堂内外编》《戊子集》等行世。

江滨,详细体察。回省后,复与臣前在藩司任内细加商榷,拟定于九江府岳师门外及塔基下各筑炮台一座,与郡城相犄角;又于湖口县城外之武曲港及³对岸之梅家洲各筑炮台一座,两岸对峙,以扼由江入湖要隘。建此四台,据长江之腰膂,固省北之藩篱,并可与上下游各省联络声势。嗣刘坤一调署两江总督,臣接署抚篆,适前兵部右侍郎臣彭玉麟①巡阅长江水师,行抵九江。臣复函商彭玉麟就近再加体察,期于妥善。光绪二年,臣自京回江,道出湖口,亲往各台查勘,实皆扼要得宜。此建筑炮台审慎择地之实情也。

至选派监工委员,因此次修筑炮台系仿照西法办理,为自来未有之工程,全杖承办之员廉明干练,方能事收实效。经刘坤一与臣再四斟酌,以广饶九南道沈保靖办事勤能,精细老练,即委该道督办炮台工程。其派委驻局监工各员亦皆极一时之选,不但贺宏勋一员早已补授萍乡县知县,即候补知府王延长亦系曾经署理首郡繁区,最为稳练可靠。此外之候补知县朱宽成、即用知县吴云涛,均属守洁才明,实心任事。朱宽成旋补武宁县,吴云涛旋补崇仁县。又试用通判李岳年熟悉工程,补用知县钱宝昌谙练洋务,在局监修,矢勤矢慎,始终罔懈。此委办炮台各员详慎拣择半系实缺并无滥竽充数之实情也。

其炮台做法,前次察看下游各处,以吴淞口炮台为最,炮门亦复宽大,是以一切仿照办理。加以因地制宜,变通尽利,遂购机器于上海,打桩皆用巨木。填筑之土,特派两营弁勇,寸寸夯碶;台上所用木料铁板,悉系购自外洋。台顶及四面俱以三合土加功筑成,其坚结过于砖石。炮门作八字形,炮位转移极灵,炮线正出、斜出,可以兼击上下游来船。炮台之外复砌石岸,以卫台基。计自上年八月工竣之后,九月下旬起至本年三月中旬,阴雨连绵,半年之久,各炮台完固如初。其为工坚料实,已可概见。此炮台及基址修筑坚固、炮门宽大之实情也。

至于炮位一项,原定每台安设大炮五位,四台共二十位,亦经刘坤一奏明,饬沈保靖函商上海机器局,令洋商如数购运到浔,业已分别安设妥协。其炸弹、火药与夫炮上应用器具,均经购备齐全。现招募老练炮手,教习驻

---

① 彭玉麟(1816—1890),又名玉麐,字雪琴、雪岑,号退省散人,湖南省衡阳县人,县学附生。道光末年,充协标书识。咸丰四年(1854),保以同知选用,戴蓝翎,同年,保知府,换花翎,加同知衔。五年(1855),保道员,同年,补浙江金华府知府。六年(1856),升广东惠潮嘉道。七年(1857),加按察使衔。八年(1858),晋布政使衔。十一年(1861),迁广东按察使。同年,擢安徽巡抚。同治元年(1862),补兵部右侍郎。三年(1864),封一等轻车都尉,加太子少保衔。四年(1865),兼署漕运总督。十一年(1872),充宫门弹压大臣,赏紫禁城骑马。光绪七年(1881),署两江总督,兼署通商大臣。九年(1883),擢兵部尚书。十二年(1886),捐建船山书院。十四年(1888),巡阅长江水师,旋开缺回籍。十六年(1890)卒于籍。赠太子太保,谥刚直。著有《彭刚直公奏稿》《彭刚直公诗集》等行世。

台弁勇,轮流演放,以期精熟有准,并饬军火局略仿西法,添铸实心炮弹,精制火药,俾资操练。其购自西洋之炸弹及石子式火药,分存浔郡及省城两处,以备缓急。此炮位、药弹均已购备齐全之实情也。

伏念筹办江防,事关重大,臣与前抚臣刘坤一均属受恩深重,具有天良,所有江西九江湖口修筑炮台,择地固属相度再三,用人尤为悉心精选,工程坚固,炮械齐全,原为未雨绸缪,不敢稍有草率。

理合据实恭折复奏,伏乞皇太后、皇上圣鉴,训示。谨奏。光绪四年四月初六日[4]。

光绪四年四月二十四日,原折归籤。[5]

【案】此折原件查无下落,录副现藏于中国第一历史档案馆①,兹据校正。

1.【江西巡抚臣刘秉璋跪】刊本无此前衔,兹据校补。

2.【其】刊本夺“其”,兹据校补。

3.【及】刊本误作“又”,兹据录副校正。

4.【光绪四年四月初六日】刊本无此具奏日期,兹据录副校补。

5.【光绪四年四月二十四日,原折归籤。】此奉旨日期与内容,据《随手档》②校补。

奏江西省通志修成校订竣事疏
光绪四年七月初三日(1878 年 8 月 1 日)

江西巡抚臣刘秉璋跪[1]奏,为江西省通志现已修成稿本,勒限校订竣事,恭折仰祈圣鉴事。

窃江西省通志修自雍正年间,迄今一百四十余年,庶务损益,无可稽考,经前抚臣刘坤一商之在省官绅于同治八年设局续修,缮折奏明以司道董理局务,延请在籍绅士三品京堂衔翰林院编修刘绎③等纂修;并因两司公事繁

① 中国第一历史档案馆藏:《军机录副》,档案编号:03-0382-029。
② 中国第一历史档案馆藏:《军机处随手登记档》,档案编号:03-0220-2-1204-111。
③ 刘绎(1798—1880),字瞻岩、詹岩,江西永丰人,少以文闻名乡里。道光五年(1825),拔贡。六年(1826),充宜黄县教谕,十一年(1831),中举。十五年(1835),中式一甲一名进士(状元),任翰林院修撰。十七年(1837)充南书房行走。同年,简放山东学政。二十年(1840),赴京供职,仍入职南书房。二十一年(1841),回籍养亲,主讲鹭洲书院及青原书院。咸丰十年(1860),加三品京堂衔,充督办江西团练大臣。十一年(1861),丁母忧。光绪六年(1880),卒于籍。著有《存吾春斋文抄》《诗抄》《崇正黜邪论》等。

重,不能专心志局,复委道员驻局提调,前委各员陆续缘事离江,光绪三年经臣派委候补道周溯贤接办,现将通志修成稿本。所有体例悉仿照前广西抚臣谢启昆①所修《广西通志》,一律纂辑。第卷帙繁多,不免尚有遗漏、重复与夫次序倒置、字句讹误之处,亟须逐细订正。

臣查此次续修通志,采访百四十年之事迹,历十稔之辛勤,巡抚已经两任,规模始具,纂修原请三人,乃前大理寺卿李联琇②、道衔前掌京畿道监察御史帅方蔚③先后物故,现只刘绎一人鉴定全志,刘绎亦景迫桑榆,所有志稿应行增删、更正处所,不得再延时日,应责成该提调督率在局官绅,勒限两三个月内,悉心考校,庶垂成之功,不致悬搁。一俟赶办告竣,即当恭缮正本,敬呈御览。

所有《江西通志》现已修成稿本,勒限校订竣事缘由,臣谨会同两江督臣沈葆桢,恭折具奏,伏乞皇太后、皇上圣鉴。谨奏。七月初三日²。

光绪四年七月二十二日,军机大臣奉旨:知道了。钦此。³

【案】此奏原件查无下落,录副现藏于中国第一历史档案馆④,兹据校正。再,此奏具文日期刊本署"光绪四年四月初三日",录

---

①　谢启昆(1737—1802),字良璧,号苏潭、蕴山,江西南康县(江西赣州南康市)人。乾隆二十五年(1760),中举。二十六年(1761)中式进士,改庶吉士。三十一年(1766),授翰林院编修。三十五年(1770),充河南乡试正考官。三十六年(1771),授会试同考官。同年,充教习庶吉士,署理日讲起居注官。三十七年(1772),补授江苏镇江府知府。三十九年(1774),调补扬州府知府。四十五年(1780),调署安徽宁国府知府。五十五年(1790),迁江南河库道。五十九年(1794),升浙江按察使。六十年(1795),升授山西布政使。嘉庆元年(1796),调补浙江布政使。四年(1799),护理浙江巡抚。同年,擢广西巡抚。七年(1802),卒于任。著有《西魏书》《补经义考》《史籍考》《南河成案》《粤西金石志》《树经堂集》《咏史诗》《馆阁诗赋》《粤西金石略》,修《广西通志》等。

②　李联琇(1820—1878),名秀莹,字小湖,又字季莹,江西临川县(江西省抚州市)人。国子监生。道光二十年(1840),中举。二十四年(1844),考补觉罗学正黄旗教习。二十五年(1845),中式进士,选庶吉士。二十七年(1847),授翰林院编修。咸丰二年(1852),充实录馆纂修官。同年,授翰林院侍讲学士。三年(1853),署国子监祭酒,充会试同考官,迁翰林院侍读学士、日讲起居注官。同年,授福建学政。四年(1854),补授大理寺卿。五年(1855),调补江苏学政。八年(1858),以病致仕。同治四年(1865),主讲江宁钟山书院。九年(1870),充江西续修通志总局纂修。光绪四年(1878),卒于籍。著有《好云楼初集》《好云楼二集》《师山诗存》《采风扎记》《治忘日录》,纂修《宣宗成皇帝实录》等。

③　帅方蔚(1790—1872),字子文,又字叔起,号石邨,江西奉新人。道光六年(1826),中式一甲第三名进士(探花),授翰林院编修。八年(1828),充山东乡试副考官。十三年(1833),授湖广道监察御史、掌云南道监察御史。十六年(1846),补授巡视南城监察御史,嗣补掌京畿道监察御史。咸丰初年,以病辞归,在籍办团,赏加道衔。同治九年(1870),主持纂修《江西通志》《奉新县志》。十一年(1872),卒于家。著有《帅太守稿》《咫闻轩随笔》《词垣日记》《略识字编》《左海交游录》《咫闻轩诗稿》等存世。

④　中国第一历史档案馆藏:《军机录副》,档案编号:03-7171-025。

副署"光绪四年七月初三日",兹据录副校正。

1.【江西巡抚臣刘秉璋跪】刊本无此前衔,兹据校补。

2.【七月初三日】刊本无此具奏日期,在据录副补。

3.【光绪四年七月初三日,军机大臣奉旨:知道了。钦此。】此奉旨日期与内容,据录副校补。

奏乞终养疏

光绪四年七月初三日(1878年8月1日)

江西巡抚臣刘秉璋跪[1]奏,为臣母年力益衰,需人服事,吁恳天恩俯准开缺终养,恭折仰祈圣鉴事。

窃臣于光绪二年四月间赴京陛见之后,因臣母胡氏年逾八十,专折奏请开缺终养,仰蒙温纶奖勖,未允所请。臣自维菲材,特荷殊眷,敢不强抑乌鸟之私,力图犬马之效?黾勉任事,三岁于兹。乃自上年以来,时接家信,臣母体气益衰,屡患感冒、气痛诸证,虽云旋即痊愈,而臣悚惶忧惧,不免寝馈俱忘。然尚幸有兄弟两人在家奉养,藉可强自宽怀。讵意臣兄刘赟年逾六十,竟于今春一病不起;臣弟刘秉钧前在军营感受风湿,留滞筋络,迄今语言謇蹇涩,步履未能如常。臣母今年八十六岁,久患目疾,视物不见,况当垂暮之秋,又遇臣兄之变,悲思交集,衰惫益增。臣既痛手足之摧,亦切庭闱之恋,盖臣弟病已多年,急切断难痊复,而臣母年登大耋,动息俱待扶持,午夜彷徨,万分焦灼。

窃思巡抚事繁责重,如臣驽钝,陨越时虞。况以内顾之私纷其志念,设有贻误,臣一身获咎不足惜,实于地方大有关碍,合无仰恳天恩俯念臣母耄年衰病,奉侍乏人,准臣开缺回籍终养,从此晨餐夕膳,无非圣主豢养之恩;夏清冬温,亦本朝廷教孝之意。臣年甫五十三岁,来日方长,幸此时曲被矜全,在异日犹堪图报。所有江西巡抚员缺,应请旨迅赐简放,以重职守。

理合恭折具奏,伏乞皇太后、皇上圣鉴,毋任感悚屏营之至。谨奏。七月初三日[2]。

光绪四年七月二十二日,军机大臣奉旨:另有旨。钦此。[3]

【案】此奏原件查无下落,录副现藏于中国第一历史档案馆①,兹据校正。

---

① 中国第一历史档案馆藏:《军机录副》,档案编号:03-5130-075。

1.【江西巡抚臣刘秉璋跪】刊本无此前衔,兹据校补。

2.【七月初三日】刊本无此具奏日期,兹据录副校补。

3.【光绪四年七月二十二日,军机大臣奉旨:另有旨。钦此。】此奉旨日期与内容,据录副与《随手档》①校补。

【案】此奏即于次日得旨允行。《上谕档》载曰:

光绪四年七月二十三日,内阁奉上谕:江西巡抚着李文敏补授,彭祖贤着补授江西布政使。钦此。②

前甘肃按察使刘于浔病故三次请从优议恤疏
光绪四年八月二十一日（1878 年 9 月 17 日）

江西巡抚臣刘秉璋跪[1]奏,为故员宣力年久,积劳病故,仍恳恩施议恤,并附祀专祠,恭折仰祈圣鉴事。

窃查已故遇缺题奏[2]布政使前甘肃按察使刘于浔,生平战绩最多,有功桑梓,前经臣奏请照军营立功后积劳病故例从优议恤,并附祀张芾、江忠源专祠,钦奉谕旨:着照所请,该部知道。钦此。嗣经吏部奏驳,以刘于浔系业经离营之员,核与定章不符,应请更正,又经臣以刘于浔尽瘁忘躯,未可拘以常格,复请援照原任安徽布政使吴坤修离营之后在任病故奏准议恤成案办理,复经吏部议驳,以吴坤修议恤之案虽在奏定新章以后,系奉特旨加恩,所请援照办理之处,应毋庸议各等因在案。

伏查此案叠经部驳,本不敢再事烦渎。第念刘于浔毕生效命疆场,病甚始卸营务。旋值光绪二年非常大水,该故员力疾相助办赈,乃灾黎方庆再生,而刘于浔竟以积劳长逝,其劳固属堪嘉,其心尤为可悯。若竟拘以成章,不获仰邀旷典,似无以慰死者之心而作生者之气。况查前署九江镇总兵原任南昌城守协副将普承忠,亦系离营后在署任病故,现经督臣沈葆桢奏请照军营立功后病故例议恤,已邀恩旨允准;并恭阅邸钞,前山西布政使张瀛③

① 中国第一历史档案馆藏:《军机处随手登记档》,档案编号:03-0220-3-1204-191。
② 《光绪宣统两朝上谕档》第4册（光绪四年）,广西师范大学出版社1996年版,第217页。
③ 张瀛(1824—1878),字十州,陕西省蒲城县人,道光二十九年(1849),中举人。三十年(1850),中式进士,以主簿用,签分刑部学习,期满奏留候补。咸丰八年(1858),补刑部陕西司主事。同年,升直隶司员外郎。九年(1859),升奉天司郎中,充秋审初提调,保记名御史。十年(1860),回籍修墓。同治元年(1862),补山东司郎中。二年(1863),补授山东道监察御史,帮办外城团防事务。三年(1864),掌福建道监察御史。同年,充顺天乡试同考官。四年(1865),署工科掌印给事中。同年,补授河南汝宁府知府。五年(1866),调补开封府知府。十一年(1872),迁河南开归陈许道。同年,升授广东按察使,加布政使衔。光绪元年(1875),擢山西布政使。二年(1876),到任。同年十一月,因病开缺回籍就医。四年(1878),卒于任。

帮办陕西赈务,积劳殁于差次;前浙江遇缺题奏道朱其昂承办晋、豫等省赈米,积殁于天津差次,经陕西、直隶督抚臣先后奏沐天恩议恤。该故员刘于浔于以上三员劳积实兼而有之,未便独令向隅,可否仰恳逾格恩施,仍准照例从优议恤,出自高厚鸿慈。至该故员附祀专祠一节,尚未接准礼部咨议,并请敕下礼部核议,复江遵办。

臣为表扬忠荩起见,理合恭折具奏,伏乞皇太后、皇上圣鉴,训示。谨奏。八月二十一日[3]。

光绪四年十月初五日[4],军机大臣奉旨:刘于浔着仍照军营立功后积劳病故例从优议恤,并准其附祀张芾、江忠源专祠。该部知道。钦此。

【案】此奏原件查无下落,录副现藏于中国第一历史档案馆①,兹据校正。再,此片具奏日期刊本仅署"光绪四年八月",未确;而录副署"光绪四年八月二十一日",确。兹据校正。

1.【江西巡抚臣刘秉璋跪】刊本无此前衔,兹据校补。

2.【题奏】刊本误作"提奏",兹据校正。

3.【八月二十一日】刊本无此具奏日期,兹据录副校补。

4.【光绪四年十月初五日】此奉旨日期据录副校补。

奏交卸江西抚篆疏
光绪四年八月二十九日(1878 年 9 月 25 日)

江西巡抚臣刘秉璋跪[1]奏,为恭报微臣交卸抚篆,回籍养亲,叩谢天恩,仰祈圣鉴事。

窃臣于八月二十九日接准吏部咨:光绪四年七月二十三日奉上谕:江西巡抚着李文敏补授等因。钦此。又恭阅邸钞,光绪四年七月二十二日奉上谕:江西巡抚刘秉璋奏,恳请开缺养亲一折。刘秉璋着准其开缺。钦此。仰蒙我皇上锡类推仁,俾微臣乌私得遂。跪读恩旨,钦感难名。

臣当于九月初一日将江西巡抚关防同王命旗牌、书籍、文卷等项,委员送交新任抚臣李文敏接收任事,臣即于是日交卸。任内一切经手事件均已料理清楚,即日束装起程,遄行回籍,慰慈母门闾之望,皆圣主覆帱之仁。

除将交卸日期另行恭疏题报外,所有微臣感激下忱,理合恭折叩谢天恩,伏乞皇太后、皇上圣鉴。谨奏。八月二十九日[2]。

---

① 中国第一历史档案馆藏:《军机录副》,档案编号:03-5796-064。

光绪四年十月初六日,军机大臣奉旨:知道了。钦此。[3]

【案】此奏原件查无下落,录副现藏于中国第一历史档案馆①,兹据校正。

1.【江西巡抚臣刘秉璋跪】刊本无此前衔,兹据校补。

2.【八月二十九日】刊本无此具奏日期,兹据录副校补。

3.【光绪四年十月初六日,军机大臣奉旨:知道了。钦此。】此奉旨日期与内容,据录副校补。

---

① 中国第一历史档案馆藏:《军机录副》,档案编号:03-5131-094。

卷二

谢授浙江巡抚疏

光绪八年十二月二十二日（1883年1月30日）

头品顶戴浙江巡抚臣刘秉璋跪[1]奏，为叩谢天恩，恭折仰祈圣鉴事。

本月二十一日，内阁奉上谕：浙江巡抚着刘秉璋补授。钦此。窃臣猥以轻材，渥承恩遇，初备员于词馆，旋效力于戎行，洊任疆圻，曾无报称。本月趋赴宫门，仰蒙召见，跪聆圣训，钦感莫名。兹乃渥荷温纶，抚视浙省，自天闻命，倍切悚惶。

伏念浙江为滨海要区，最为繁庶，所有安民、察吏、理财、练兵诸大端均关紧要，如臣梼昧，惧弗克胜，惟有殚竭愚诚，实心实力，妥筹办理，以期仰答高厚鸿慈于万一。

所有微臣感激下忱，敬缮折叩谢天恩，伏乞皇太后、皇上圣鉴。谨奏。光绪八年十二月二十二日。[2]

【案】此奏原件、录副均查无下落，待考。

1.【头品顶戴浙江巡抚臣刘秉璋跪】刊本无此前衔，兹据前后折推补。

2.【光绪八年十二月二十二日】刊本无此具奏日期，兹据刊本补。

奏报抵浙抚任疏

光绪九年二月十六日（1883年3月24日）

头品顶戴浙江巡抚臣刘秉璋跪[1]奏，为恭报微臣抵浙接印日期，叩谢天恩，仰祈圣鉴事。

窃臣蒙恩补授浙江巡抚，于本年正月十二日陛辞，仰荷训谕周详，莫名感戴。兹于二月十二日行抵浙省，十六日准护抚臣德馨委员赍送浙江巡抚关防一颗、两浙盐政印信一颗并王命旗牌、文卷各件前来。臣谨设香案，望阙叩头谢恩,祗领任事。

伏念两浙为东南都会,地属海疆,政务殷繁,措施匪易。矧经兵燹,时势变迁,昔称财赋之区,今则颇形凋敝,抚绥安集,治理维艰。至于海防、洋务、筹饷、练兵,尤在在胥关紧要。臣忝膺疆寄,惧弗克胜,惟有勉竭驽骀,不辞劳怨,将应办各事分别轻重,次第举行,固不敢操切图功,亦不敢因循误事,期于国计、民生两有裨益,藉以仰答高深于万一。

所有微臣接印任事日期,谨具折[2]叩谢天恩,伏乞皇太后、皇上圣鉴。谨奏。二月十六日[3]。

光绪九年三月初五日,军机大臣奉旨:知道了。钦此。[4]

【案】此奏原件查无下落,录副现藏于中国第一历史档案馆①,兹据校正。

1.【头品顶戴浙江巡抚臣刘秉璋跪】刊本无此前衔,兹据录副校补。

2.【具折】刊本作"缮折"。

3.【二月十六日】刊本无此具奏日期,兹据录副校补。

4.【光绪九年三月初五日,军机大臣奉旨:知道了。钦此。】此奉旨日期与内容,据录副校补。

奏调崔国榜片
光绪九年二月二十四日(1893年4月1日)

再,浙省台州地方民情犷悍,素多盗匪,而又山海交错,缉捕颇难得力。即如金满一匪,穷蹙游魂,而此拿彼窜,出没无常,专恃兵力,搜剿急切,转难弋获。臣愚窃谓必须严办保甲以清盗源,密购眼线以利掩捕,尤须循良敏干出色之员,督率各县,联络营汛、绅民,庶可徐收实效,不致徒托空谈。

查有江西南昌府同知崔国榜②,笃实精干,体用兼资,循声卓著,叠经前

① 中国第一历史档案馆藏:《军机录副》,档案编号:03-5177-020。
② 崔国榜(1839—?),安徽太平县人。咸丰九年(1859),以附生中举,同年,投效楚军,以功历保蓝翎知县、同知、加运同衔。同治七年(1868),中式进士,以知县即用,报捐指省,分发江西,俟补缺后以同知补用。同年,补授赣县知县。光绪四年(1878),捐换花翎。六年(1880),题补南昌府同知。九年(1883),调赴浙省台州委用。十年(1884),补授江西建昌府知府。十一年(1885),调补赣州府知府。十三年(1887),补授南昌府知府。十六年(1890),兼理吉南赣宁道。十七年(1891),保道员。十八年(1892),补授广西右江道,兼统右江水师右营防勇。十九年(1893),请假回籍修墓。修《赣县志》《兴国县志》等存世。

任两江总督刘坤一、沈葆桢及臣在江西巡抚任内保荐有案。若能调赴浙江交臣委用，属以台防，可收指臂之助。惟请调隔省实缺人员与例未符，可否出自特恩，伏候圣裁。

臣为地方起见，理合附片密陈，伏乞圣鉴，训示。谨奏。

光绪九年三月初九日，军机大臣奉旨：另有旨。钦此。[1]

【案】此奏原件查无下落，录副现藏于中国第一历史档案馆①，兹据校正。

1.【光绪九年三月初九日，军机大臣奉旨：另有旨。钦此。】此奉旨日期与内容，据《随手档》②校补。

【案】此奏旋于是年三月初九日得旨允行，《上谕档》载曰：

光绪九年三月初九日，内阁奉上谕：刘秉璋奏，请调员差委等语。江西南昌府同知崔国榜，着潘蔚饬令该员迅赴浙江，交刘秉璋差遣委用，该部知道。钦此。③

奏调杨岐珍疏

光绪九年二月二十六日（1893 年 4 月 3 日）

头品顶戴浙江巡抚臣刘秉璋跪[1]奏，为请旨饬调将领，以期得力，恭折仰祈圣鉴事。

窃查温、台土匪不靖，经前抚臣陈士杰④派令罗大春⑤统领温、台各营。

---

① 中国第一历史档案馆藏：《军机录副》，档案编号：03-5176-076。
② 中国第一历史档案馆藏：《军机处随手登记档》，档案编号：03-0238-1-1209-064。
③ 《光绪宣统两朝上谕档》第 9 册（光绪九年），广西师范大学出版社 1996 年版，第 93 页。
④ 陈士杰（1825—1893），字隽丞，湖南桂阳州（今湖南桂阳县）人。咸丰元年（1851），以拔贡取小京官。同年，丁父忧，归籍治丧。三年（1853），入曾国藩幕，赞襄军务。五年（1855），以军功升员外郎，赏戴花翎。九年（1859），以军功擢知府，晋道员。同治元年（1862），补授江苏按察使。四年（1865），加布政使衔。十年（1871），补山东按察使。十三年（1874），补山东按察使，升福建布政使。光绪元年（1875），以巡抚文格案牵连褫职。五年（1879），署理福建按察使。六年（1880），补授山西布政使。七年（1881），擢浙江巡抚，调江西巡抚。八年（1882），调补山东巡抚。十二年（1886），以病免职。十九年（1893），卒于衡州。
⑤ 罗大春（1832—1891），贵州施秉县人，行伍出身。咸丰三年（1853），充外委。五年（1855），补把总。六年（1856），加守备衔。七年（1857），补贵州安顺城守营守备。八年（1858），升四川川北镇右营都司。九年（1859），迁广西提标后营游击。十一年（1861），授湖南抚标中军参将。同治元年（1862），加冲勇巴图鲁勇号。五年（1866），署福建漳州镇总兵，兼署福建陆路提督。同年，调补福建台湾镇总兵，转补福建福宁镇总兵。六年（1867）加提督衔。十一年（1872），署福建水师提督。十二年（1873），实授斯缺。光绪四年（1878），调湖南提督。五年（1879），以擅添练兵革职。十六年（1890），补福建建宁镇总兵。十七年（1891），病卒于任。

去冬，罗大春患病离营，又分檄温处道暂管温州一营，台州府暂管台州三营，均经前抚臣奏报在案。臣到浙体察情形，该道府各有地方公事，案牍纷繁，势难专心营务，自应另行派员接统，以专责成。

查温、台毗连各属，山深林密，又复处处滨海，土匪金满窜伏其间，差役缉捕，则纠众抗拒；官兵搜剿，则潜踪远扬，地方奸民为之耳目，其或托金满之名肆行抢劫，必得廉正善战又复和易近人之将领，勤操苦练，整肃营规，与地方官绅、百姓联络一气，庶可购线捕拿，敉靖地方。在浙将领未必乏人，其勇干得力之员，均已派有差事，此外未能深悉。

兹查有记名提督杨岐珍①，操守清洁，朴勇耐劳，随臣攻剿粤、捻各匪，转战数省，现在直隶统领马队三营，以之调办台防，可资得力。臣出京时，面商北洋大臣李鸿章、署直隶总督臣张树声②，均以为然，应请饬下现兼署北洋大臣张树声转饬该提督迅速束装来浙。臣一面檄饬该提督召募亲兵一营，配以精利枪械，俾资督率而利剿捕。

是否有当？伏乞皇太后、皇上圣鉴，训示。谨奏。二月二十六日²。

光绪九年三月初九日，军机大臣奉旨：另有旨。钦此。³

【案】此奏原件查无下落，录副现藏于中国第一历史档案馆③，兹据校正。

1.【头品顶戴浙江巡抚臣刘秉璋跪】刊本无此前衔，兹据录副

---

① 杨岐珍（1836—1903），安徽省寿州（今安徽省淮南市）人，武童。咸丰三年（1853），佐理寿州团练。四年（1854），投效军营，留防江苏。六年（1856），以功奖八品功牌。八年（1858），补把总。十一年（1861），加都司衔，赏戴花翎。同治元年（1862），保守备，升都司。二年（1863），充先锋官。三年（1864），迁游击，加参将衔。五年（1866），保总兵，襄办军务。六年（1867），加赏凌阿巴图鲁勇号。七年（1868），调赴直隶，论功以提督记名简放。十一年（1872），袭云骑尉世职。光绪元年（1875），经李鸿章调赴直隶，分防保定等处。九年（1883），调赴浙江，统领温台各营，降台州海盗黄金满。十一年（1885），补授江南狼山镇总兵，加头品顶戴。十三年（1887），补授浙江定海镇总兵，调补浙江海门镇总兵。十八年（1892），擢福建水师提督。二十年（1894），加尚书衔。二十九年（1903），病卒于任。

② 张树声（1824—1884），字振轩，安徽合肥人，廪生，卓勇巴图鲁。咸丰三年（1853），在籍办团。同治元年（1862），随李鸿章入沪，与刘铭传分领淮军。三年（1864），统六营驻镇江。四年（1865），署江苏徐海道。同年，升直隶按察使。八年（1869），署直隶布政使。同年，调山西按察使。九年（1870），迁山西布政使。同年，护理山西巡抚。十年（1871），擢漕运总督。十一年（1872），署理江苏巡抚。同年，署理两江总督兼办理通商事务大臣。十二年（1873），补授江苏巡抚。光绪五年（1879），调补贵州巡抚，转广西巡抚。同年，补授两广总督。八年（1882），署理直隶总督，加太子少保衔。九年（1883），署北洋通商大臣。十年（1884），卒于广州。谥靖达。著有《张靖达公奏议》《庐阳三贤集》等行世。

③ 中国第一历史档案馆藏：《军机录副》，档案编号：03-5824-011。

校补。

2.【二月二十六日】刊本无此具奏日期，兹据录副校补。

3.【光绪九年三月初九日，军机大臣奉旨：另有旨。钦此。】此奉旨日期与内容，据《随手档》①校补。

【案】此奏旋于是年三月初九日得旨允行，《上谕档》载曰：

光绪九年三月初九日，内阁奉上谕：刘秉璋奏，请旨饬调将领一折。记名提督杨岐珍，着张树声饬令该员迅赴浙江，交刘秉璋差遣委用，该部知道。钦此。②

奏体察商情地势南北新关碍难开设疏

光绪九年三月二十日（1883年4月26日）

头品顶戴浙江巡抚臣刘秉璋跪[1]奏，为体察商情、地势，南北新关碍难开设，据实沥陈，恭折仰祈圣鉴事。

窃上年户部奏催龙江西新浒墅南北新关一律开征一案，经前抚臣陈士杰查明实在为难情形奏请照案停止[2]，钦奉谕旨：户部知道。钦此。钦遵在案。本年二月又准户部咨开，行令查照前次议复两江总督左宗棠③等奏龙江等关尚难开征之案，妥筹开关，以复旧制[3]等因，行文前来。

臣等恭查同治三年十月，今大学士前闽浙总督臣左宗棠奏请将北新关暂缓开设，按月酌拨厘捐以抵关税一折[4]，钦奉上谕：所奏切中地方利弊，浙省蹂躏已深，正宜休养生息，以培元气。若任令关胥、巡役人等擅作威福，肆意诛求，于国课毫无裨益，而闾阎苦累甚深，殊非体恤商贾之道。着恒延④将北新关暂缓开设，关口各税一概暂停抽收，毋得任听关书等怂恿，别生枝节，并着照左宗棠所拟，于浙江各属厘捐项下按月划拨钱一万串，为采办一

① 中国第一历史档案馆藏：《军机处随手登记档》，档案编号：03-0238-1-1209-064。

② 《光绪宣统两朝上谕档》第9册（光绪九年），广西师范大学出版社1996年版，第93页。

③ 左宗棠（1812—1885），字季高，又字季皋，一字朴存，号湘上农人，湖南省湘阴县人。道光十二年（1832），中式举人。咸丰元年（1851），入湘抚张亮基、骆秉章幕。咸丰六年（1856），补兵部郎中。十一年（1861），升太常寺卿。同治元年（1862），擢浙江巡抚，二年（1863），授闽浙总督。三年（1864），加太子少保，封一等恪靖伯。五年（1866），创办福州马尾船厂、求是堂艺局。同年，创兰州制造局。六年（1867），补授陕甘总督、钦差大臣，督办新疆军务。七年（1868），晋太子太保。九年（1870），赏骑都尉。十二年（1873），拜协办大学士。十三年（1874），授东阁大学士。光绪元年（1875），拜钦差大臣陕甘总督，督办新疆军务。七年（1881），入直军机，改授两江总督。十年（1884），授军机大臣、钦差大臣，督办闽海军务。十一年（1885），卒于福州。追赠太傅，谥文襄。著有《左文襄公全集》行世。

④ 恒延，生卒年不详，满洲人。同治三年（1864），时任杭州织造。

切工料之需;另拨银一千两,津贴织造司库、库使等办公及该衙门书吏、匠役纸张、饭食各项费用。余着照所请办理。俟军需一律告竣,厘捐停止,再行循照旧章办理。该部知道。钦此。钦遵在案。

迄今将及二十年,商民相安无异,而于停止厘捐再行设关一层,则四民无不周知。目下军务虽难平,防勇未撤,协饷未减,厘捐为饷源所系,万难停止。若再开关征税,商民必多藉口,纵不敢抗完关税,而求减厘金是在意中,允之则饷需立绌,拂之则设法偷漏。此商情之难以厘税并征者也。

又如[5]部文谓安徽凤阳、芜湖两关厘税并征,未闻窒碍一节。查安徽开关征税,厘卡如何归并,厘捐有无短绌,臣等未能深知。即以地势而论,各有不同。凤阳、芜湖两关,一在长江适中之地,一设淮河扼要之区,汉港无多,稽察较易。若杭州省城地居腹里,而又河港甚多,四通八达,最易绕越。该关分口旧址三十余处,皆现设厘捐分卡之地,倘让出要隘[6],俾便设关,则其余各卡全成虚设。近年洋单盛行,厘捐日形减色。若关卡并立,商人成本愈重,必致多方趋避,百密不敌一疏,徒损于厘,无益于税。此地势之难以关卡并行者也。

窃维设关征税,国家经制有常,苟可设法试办,何敢一再繁渎置之缓图?无如商情、地势今昔不同,不得不舍旧维新,顾全成局。即如闽海、浙海两关,以常税征不足额,在于新关洋税项下按年拨补,此其明证。杭州设关以后,税钞无征,无从拨补,若内地客商尽由海口行运,厘指大绌,奉拨京、协各饷势将无着,再四思维,实难厘税并征。据布政使德馨会同厘捐总局司道具详前来。

惟有仰乞天恩俯念民艰饷缺,准将南北新关暂缓开设,钦遵同治三年十月所奉谕旨,俟厘捐停止,再行循照旧章办理,以裕饷源而恤商民。

谨会同闽浙总督臣何璟①、杭州织造兼管南北新关臣广英②,合词恭折

---

① 何璟(1818—1888),字伯玉,号小宋,广东香山县人。道光二十三年(1843),由监生中举。二十七年(1847),中式进士,选庶吉士。三十年(1850),授翰林院编修。咸丰二年(1852),充顺天乡试同考官。七年(1857),补江南道监察御史。八年(1858),授巡城御史。九年(1859),升户科给事中。十年(1860),授工科掌印给事中。十一年(1861),简安徽庐凤道。同治二年(1863),署理安徽按察使。三年(1864),加布政使衔。同年,补安徽按察使,兼署安徽布政使。四年(1865),调补湖北布政使。六年(1867),护理湖北巡抚。八年(1869),调山西布政使。九年(1870),擢福建巡抚,补授山西巡抚。十年(1871),调补江苏巡抚。十一年(1872),署理两江总督,兼署办理通商事务大臣。光绪二年(1876),补授闽浙总督。同年,兼署福州将军。五年(1879),兼署福建巡抚。十年(1884),革职归里。十四年(1888),卒于籍。有《春秋大义录》《通鉴大战录》《奏议》《事余轩诗》等行世。
② 广英,生卒年未详,汉军正黄旗监生。咸丰五年(1855),捐宁寿宫员外郎。八年(1858),充造办处员外郎。同治十一年(1872),署理造办处总管郎中。十二年(1873),升造办处总管郎中。光绪五年(1879),补授淮安关监督。七年(1881),调补杭州织造。十二年(1886),补授江南织造。十五年(1889),调补粤海关监督。

沥陈,伏乞皇太后、皇上圣鉴,训示。再,此折系臣秉璋主稿,合并陈明。谨奏。三月二十日[7]。

光绪九年四月初十日,军机大臣奉旨:着照所请,该部知道。钦此。[8]

【案】此奏原件查无下落,录副现藏于中国第一历史档案馆①,兹据校正。再,刊本具奏日期署"光绪九年十月十六日",未确。兹据录副校正。

1.【头品顶戴浙江巡抚臣刘秉璋跪】刊本无此前衔,兹据录副校补。

2.【案】光绪八年十二月二十一日,浙江巡抚陈士杰奏报南北新关仍难征税情形曰:

浙江巡抚臣陈士杰跪奏,为南北新关察看现在情形仍难征税,请旨俯准照案停止,展缓开办,以恤商民,恭折仰祈圣鉴事。

窃准户部咨:具奏龙江、西新等关停征日久,请饬恪遵旧制,一律开征一折,奉旨:依议。钦此。咨行到浙。即经饬据藩司德馨会同厘捐总局司道详称:伏查浙省南北新关历经部催一律开办,均经各前抚臣将实难开设及开关窒碍情形先后奏奉谕旨准予从缓在案。兹准部咨,催令南北新关一律开征,以复旧制,但使免厘征税之法可行,或厘税可以并征,则复关征税亦无过虑。无如来年地丁征不足额,专赖厘金凑济,而京协各饷,边防、海防经费以及奏办各项活计、本省防勇口粮,亦无不取给于此。现在照常收厘,犹虑入不敷出,若议裁停,势必诸多贻误。此时洋单盛行,厘金已形短绌,若于厘金之外试办开关,税额能否足数,尚难臆断。即使如商民厘税并纳,必将以成本太重为词,纷纷求免求减。将准其减免,则掣动全局,厘金之短收,无待再计;将概行驳斥,必致避重就轻,洋单愈盛,奸商把持,弊不可问,其厘金项下奉拨京、协各饷无法筹解等情,详请核办前来。

臣等复加确核,委系实情。细绎户部原奏,系为帑项支绌,多征一分课,即多裕一分度支起见。厘税并举,本期于厘金之外有所补苴,而时势所在,既不敢因甫议开关遽存推诿,尤不敢谓开关之后厘金仍可照收,体查情形,实无把握。考核至再,委实难以开征,惟有仰恳天恩俯准仍行照案停止,展缓开

① 中国第一历史档案馆藏:《军机录副》,档案编号:03-6348-051。

办,以恤商民。

是否有当?谨会同闽浙总督臣何璟、杭州织造兼管南北新关臣广英,合词恭折具陈,伏乞皇太后、皇上圣鉴,训示。再,此折系臣士杰主稿,合并陈明。谨奏。十二月二十一日。

光绪九年正月初三日,军机大臣奉旨:户部知道。钦此。①

3.【案】光绪八年十月十七日,两江总督左宗棠会同江苏巡抚王荣光奏报龙江、西新、浒墅等关尚难开征仍请展缓缘由曰:

太子太保大学士两江总督二等恪靖侯加一等轻车都尉臣左宗棠、头品顶戴江苏巡抚臣卫荣光跪奏,为龙江、西新、浒墅各关尚难开征,仍请展缓,恭折仰祈圣鉴事。

窃准户部咨:龙江各关停征日久,请饬各该督抚、监督等恪遵旧制,一律开征等因,光绪八年五月十七日奉旨:依议。钦此。抄录原奏知照前来。伏查关税为国家财赋正宗,抽厘祇一时权宜之计,如旧制力能规复,何致相随延宕,上烦宸厪?而部臣节次奏催,除沈葆桢两奏外,尚有前督臣马新贻、李宗羲、刘坤一各奏案,皆以江省军饷全赖厘金为大宗,厘捐未能裁撤,关税势难并征,一切窒碍情形先后沥陈宸聪。诚以两利相权取其重,虽未能遽复关税,中外款项大半取资厘捐,于度支固有赢无绌也。现在西陲军务虽平,而指拨京、协各饷并未稍减,一切全赖厘金支应,犹且入不敷出。关税额征无几,若一旦裁厘复关,各处饷源立竭。若厘税并设,则商因何堪?江苏出入款项繁重异常,一弛一张,动关全局,与安徽殊难一例相视。臣等参酌时势,通盘筹议,实未敢冒昧奉行,合无仰恳天恩俯准仍缓开关,俟将来军饷大减,用款稍松,再行酌复旧制。

谨会同江宁织造臣文琳、苏州织造臣立山,合词恭折具陈,伏乞皇太后、皇上圣鉴,训示。谨奏。十月十七日。

光绪八年十一月初一日,军机大臣奉旨:户部议奏。钦此。②

【案】光绪九年七月十六日,两江总督左宗棠又会同江苏巡抚卫荣光奏报龙江等关尚难开征缘由曰:

太子太保大学士两江总督二等恪靖侯加一等轻车都尉臣左宗棠、头品顶戴江苏巡抚臣卫荣光跪奏,为关税尚难开征,拟请仍从

---

① 中国第一历史档案馆藏:《军机录副》,档案编号:03-6348-001。
② 中国第一历史档案馆藏:《军机录副》,档案编号:03-6347-055。

缓办,以期有裨饷需,恭折沥陈,仰祈圣鉴事。

窃准户部咨,议复臣等会奏龙江等关展缓开征一折,实难照准等因,奉旨:依议。钦此。查龙江、西新、浒墅各关停征已及二十余年,以致一切饷项大半取资厘金。而近来物价昂贵,商力艰难,责令抽厘,本非所愿,即返之臣等与民休息之隐亦非所安。部臣迭次奏催,意在规复旧制,苟可设法试办,则既已开关,符部臣之议,即期以免厘慰商贾之心。臣等何肯固避美名,自取诟病?惟疆吏责在筹饷,通盘筹画,若为顾全饷项计,目下实有万难开关之势,敬为我皇太后、皇上陈之。

缘江宁之龙江、西新两关从前地段,即系现在金陵厘局所属之大胜关下关分局毗连处所。金陵所设厘卡悉在沿江一带,以大胜关为首卡,收数较巨,为月供饷项所倚赖,若厘税并征,商力实有未逮;若开关裁厘,饷项将何所资?至苏省之浒墅关设于腹里,大宗货物皆从上海出吴淞口径达镇江,且内河船只多由太湖绕越,并不行走浒关,与安徽之芜湖关设在临江上下必由之路不同。而江苏省奉拨京、协各饷仍未见少,现值江海防务吃紧之时,饷项一切尤属异常繁重,目下全赖厘金支应,犹且入不敷出,关税额征无几,厘金指拨甚巨,夫人而知之。自洋票盛行,奸商借洋商为护符,厘金已大费整顿,所赖食毛践土,各发天良,体国家不得已之心,勉为输纳。若开关以后仍复抽收厘金,必至求免纷纷,将以何辞相谢?既无以词执嗤嗤者之口,适足以启其铤而走险之心。若竟遽议裁厘,饷项将于何出?取民之道,用其一,缓其二;生财之道,取其重而舍其轻。前督臣及臣等非不知权宜之事难常,率由之名可慕,而踌蹰却顾,迄今未敢举行,此中为难情形,想蒙圣明洞鉴。部臣严绳其误饷之咎,应令善择筹饷之方,臣等若勉强奉行,置全局于不顾,驯至饥卒叫呼,百为废隳,斯时即重治臣等以贻误饷需之罪,其如噬脐无及何?臣等往返函商,并与藩司等再四熟筹,惟有吁恳天恩恤商情而维时局,允准从缓复旧,仍俟将来京外拨款稍松,再由臣等体察情形,奏请开办,似于国计民生尚有裨益。

所有查明关税尚难开征,仍请缓办缘由,谨会同江宁织造臣文琳、苏州织造臣立山,合词恭折具陈,伏乞皇太后、皇上圣鉴,训示。谨奏。七月十六日。

光绪九年八月初四日,军机大臣奉旨:着照所请,户部知道。

钦此。①

4.【案】同治三年十月二十六日,闽浙总督左宗棠具折奏请将北新关暂缓开设,按月由厘捐酌拨以抵关税,曰:

督办军务闽浙总督臣左宗棠跪奏,为浙省地方新复,请将北新关暂缓开设,按月由厘捐酌拨,以抵关税,恭折仰祈圣鉴事。

窃照杭州北新关向设武林门外,其水旱城门及附城水陆要口均设税卡,每年额征正余税银十七万二千六百余两,铜银、水脚银一万五千三百余两。本年二月省垣克复,前织造鹤昶奏明俟三个月后再设关试办。嗣于七月十一日启关,迄今已逾三月,征数寥寥,而厘税亦形减色。推究其故,因向来关书、巡役视为利薮,藉端习索,任意抽收,商民久已视为畏途。兹当公私罄竭之余,遽行设关,书役故态复萌,以致商贾裹足不前,咨怨更甚。迭据各商呈控,以厘捐与关税虽同为商所应纳,然输于厘局者无留难诈索之烦,输于关口者有守候掯勒之害,胪列十款,备陈苦况。臣知其情状非诬,咨商织造恒延,拟以厘金划抵现收关税,会奏暂停关口征收,以顺舆情。恒延以事非定制,未免为关吏所持,不敢径决。

臣维杭州省垣向称繁富,自经兵燹,凋敝不堪,至今市肆萧条,未能复业。即设法招徕,犹难期遽复旧观。若令竭泽而渔,各怀疑畏,不但百货翔贵,商贾无利可图,即此孑遗之民生事艰难,必致益形窘蹙,此固事理之不容坐视者也。然使关税能如前畅旺,下有所损而上果有所益,臣亦何敢擅议更张?乃自八、九两月正当关期畅旺之时,而该关口极力搜罗,所得税项每月不过三千数百两而止。即照此数率算,一年所获亦不过四五万两,而亏欠正余各款常在十万以外。是暂时复设关口下有所损而上并无所益,亦何乐而为此乎?

臣与在省司道从长集议,谨拟于浙江各属厘捐项下按月划拨钱一万串,解交织造,为采办一切工料之需;另拨银一千两,津贴织造司库、库使等办公及该衙门书吏、匠役纸张、饭食各项用费。其向解部、科饭食,即于每月拨解钱一万串内由织造酌量解给。计每年厘局共拨解钱十二万串,市价约合银九万两。又津贴银一万二千两,以抵关税,较该关现征银数已加倍蓰,于该关公私均为有益。嗣后如饷需稍裕,厘捐有余,尚可量为加拨,以补正额。统俟军需

---

① 中国第一历史档案馆藏:《军机录副》,档案编号:03-6349-055。

一律告竣,厘捐停止,再复旧制办理,庶关厘不致并举,商民得以稍纾,亦用其一缓其二之义也。如蒙俞允,即请饬下杭州织造,速将关口各税一概暂停,毋听关书恣愿,别生枝节,庶关税得归有着,而杭州商民永戴皇仁于无极矣。

谨会同护抚臣蒋益澧,恭折具奏,伏乞皇太后、皇上圣鉴,训示施行。谨奏。同治三年十月二十六日。

同治三年十二月初二日,议政王、军机大臣奉旨:另有旨。钦此。①

【案】此奏旋于是年十二月初二日得旨允行,《上谕档》载曰:

同治三年十二月初二日,内阁奉上谕:左宗棠奏,请将北新关暂缓开设,按月由厘捐酌拨,以抵关税一折。据称浙省叠遭兵燹,凋敝不堪,市肆萧条,小民未能复业,即设法招徕,疮痍犹难遽复。若再竭泽而渔,不但百货翔贵,商贾糊口无资,即此孑遗之民生计益形窘蹙;北新关试办已逾三月,征数寥寥,因关书、巡役等向来视为利薮,一经设关,故态复萌,藉端习索,以致商民视为畏途,裹足不前,请将关税暂停,以顺舆情等语。所奏切中地方利弊。浙省蹂躏已深,正宜休养生息,以培元气,若任令关书、巡役人等擅作威福,肆意诛求,于国课毫无裨益,而闾阎苦累甚深,殊非体恤商贾之道。着恒延将北新关暂缓开设,关口各税一概暂停抽收,毋得任听关书等恣愿,别生枝节。并着照左宗棠所拟,于浙江各属厘捐项下按月划拨钱一万串,解交织造,为采办一切工料之需;另拨银一千两,津贴织造司库、库使等办公及该衙门书吏、巡役纸张、饭食各项用费。余着照所议办理。俟军需一律告竣,厘捐停止,再行循照旧章办理。该部知道。钦此。②

5.【又如】刊本误作"又加",兹据录副校正。

6.【要隘】刊本作"要区"。

7.【三月二十日】刊本无此具奏日期,兹据录副校补。

8.【光绪九年四月初十日,军机大臣奉旨:着照所请,该部知道。钦此。】此奉旨日期与内容,据录副校补。

① 中国第一历史档案馆藏:《朱批原件》,档案编号:04-01-35-0385-037;又《军机录副》,档案编号:03-4872-005。
② 《咸丰同治两朝上谕档》第 14 册(同治三年),广西师范大学出版社 1998 年版,第 412—413 页。

奏查明二月海塘沙水情形疏

光绪九年三月二十日(1883 年 4 月 26 日)

头品顶戴浙江巡抚臣刘秉璋跪[1]奏,为查明本年二月分海塘沙水情形,恭折仰祈圣鉴事。

窃照浙省仁和、海宁二州县海塘沙水情形,向系按月绘图具奏。兹据布政使德馨、署杭嘉湖道梁恭辰①会禀称:二月朔望,两汛时届仲春,潮势渐旺,查勘得东塘尖山护坝并西塘、范公塘沙涂及南岸各山之外新旧涨沙志桩丈尺,逐细查量,均无升刷,与上月相同。惟东塘念、尖两汛海中阴沙较与上月加增宽长,又念汛贴塘现在涨有浮沙等情,禀报前来。

臣复查无异,谨缮单绘图,恭折具奏,伏乞皇太后、皇上圣鉴。谨奏。三月二十日[2]。

光绪九年十月初十日,军机大臣奉旨:工部知道,单并发。钦此。[3]

呈光绪九年二月海塘沙水情形查量丈尺清单

谨将光绪九年二月分海塘沙水情形查量丈尺,缮具清单,恭呈御览。

计开:

尖山石坝涨沙丈尺:

一、护坝竹篓底层、中层各二百个,尚有涨沙拥护。惟上层竹篓二百个护沙被潮刷去,现在显露坝身,尚无妨碍,与上月相同。

一、东南面旧沙宽九丈,外接旧涨阴沙,宽二十余丈,斜长五十余丈,与上月相同。

一、西北面旧沙宽二百十余丈,与上月相同。

南岸:

一、长山外观现在新涨水沙宽约一千余丈,潮来漫盖,潮退显露,与上月相同。

一、西口门外旧沙宽一千一百余丈,志桩十一根,外接涨水沙宽一千七

---

① 梁恭辰(1815—?),福建长乐县人,监生。道光十七年(1837),中式举人,报捐知府。二十七年(1847),署浙江温州府知府。咸丰二年(1852),署绍兴府知府。同年,以捐助军饷保升道员。八年(1858),赏戴花翎。九年(1859),因公以道员补用。十年(1860),补授浙江宁绍台道。同治元年(1862),因案革职。三年(1864),开复原官。五年(1866),注销"永不叙用"字样。七年(1868),进京陛见,以道员发往浙江补用。光绪元年(1875),署温处道。四年(1878),署浙江杭嘉湖道。

百余丈,外新涨水沙宽约六百余丈,潮退显露,外接涨阴沙宽约五百余丈,潮退未露水面,与上月相同。

一、河庄山外旧沙宽七百余丈,志桩七根,外接涨水沙宽一千八百余丈,外新涨水沙宽三百五十余丈,潮退微露;又接涨阴沙宽约三百余丈,潮退未露水面,与上月相同。⁴

一、岩峰山外旧沙宽八百余丈,志桩八根,外接涨水沙宽一千四百余丈,外新涨水沙宽三百五十余丈,潮退微露;外又接涨阴沙宽约三百余丈,潮退未露水面,与上月相同。

一、蜀山外旧沙宽一百四十余丈,志桩一根,外接涨水沙宽一千四百余丈,潮退显露;外又接涨阴沙宽一百余丈,潮退未露水面,与上月相同。

一、党山河埠外涨新涨水沙宽四千余丈,潮水不能漫盖;外又接涨水沙宽二千八百余丈,潮来漫盖,潮退显露。现在外面涨有阴沙,潮退未露水面,与上月相同。

北岸:

一、范公塘迤西自西积字号西十四丈起至乌龙庙西映字号六丈止,塘外新涨水沙现长九百八十余丈,宽自东徂西二百余丈起至一千余丈不等,与上月相同。

一、范公塘迤东自西积字号东六丈起至西贞字号二十丈止,塘外新涨水沙现长一千二百余丈,宽自东徂西一二丈起至三百余丈不等,潮来漫盖,潮退显露,与上月相同。

一、念、尖两汛境内现在海中新涨阴沙离塘三百丈至六百丈不等,自八堡起迤东至十三堡止,东西计长三千余丈,宽自三四十丈至二百余丈不等,潮来漫盖,潮退微露,较与上月增长三百余丈,加宽一百余丈。

一、念汛贴塘现在涨有浮沙,自九堡起迤东至十一堡东侧止,东西约长一千一百余丈,宽自一二十丈起至三百余丈不等,潮来漫盖,潮退显露。该浮沙忽涨忽坍,变迁不一。合并陈明。

军机大臣奉旨:览。钦此。⁵

【案】此奏原件查无下落,录副①、清单②均藏于中国第一历史档案馆,兹据校正。再,刊本具奏日期署"光绪九年三月初八日",未确。兹据录副校正。

---

① 中国第一历史档案馆藏:《军机录副》,档案编号:03-9629-079。
② 中国第一历史档案馆藏:《清单》,档案编号:03-9629-080。

1.【头品顶戴浙江巡抚臣刘秉璋跪】刊本无此前衔,兹据录副校补。

2.【三月二十日】刊本无此具奏日期,兹据录副校补。

3.【光绪九年四月初十日,军机大臣奉旨:工部知道,单并发。钦此。】此奉旨日期与内容,据录副校补。

4.【一、河庄山外旧沙宽七百余丈,志桩七根,外接涨水沙宽一千八百余丈,外新涨水沙宽三百五十余丈,潮退微露;又接涨阴沙宽约三百余丈,潮退未露水面,与上月相同。】此节文字刊本缺署,兹据《清单》校补。

5.【军机大臣奉旨:览。钦此。】此奉旨内容据《清单》校补。

查明大岚山并未开挖铁矿片

光绪九年四月十七日(1883年5月23日)

再,臣于本年三月十九日承准军机大臣字寄:钦奉上谕:给事中楼誉普奏,浙江大岚山本名大兰,界连宁、绍、台三府,向为盗匪出没之所,近有劣员宋葆华勾结土棍周阿荣,捏造士民公信,禀请于大岚一带开办矿场,自称督办,并有总办、帮办等名目,聚众设局,情势汹汹,请饬查禁等语。现在台州土匪、伏莽未靖,若以开办矿务聚集数千无赖之徒,设或乘机勾引,实为地方之害,著刘秉璋确切查明,严行禁止。如已开工动众,亦即设法妥为遣散,毋任滋事。至所奏劣员宋葆华朦捐官职暨勾结土棍任意妄为各节,如果属实,即行奏参惩办。原折着钞给阅看。将此谕令知之。钦此。遵旨寄信前来。

承准此,案查本年正月间,据办理顺德府铜矿局员前直隶候补知府宋宝华禀称:绍属上、余两邑连界有大岚山一座,素来出铁,向系私挖,是拟商诸同人集资开办,以自然之利化私为官。该员现办直隶铜矿局务,势难兼顾,拟邀五品衔世袭云骑尉周汉章,仿照各处矿章,官督商办,按数抽厘,抄录绅耆原函,禀请察阅等情,经前护抚臣德馨札饬该府县前诣查勘,能否开办,有无窒碍,禀复察夺。臣抵任后,接据绍兴府知府霍顺武①禀称:遵即转饬余

---

① 霍顺武(?—1897),字子蕃,一字紫帆,又字子和,号湟生,又号南禅,满洲正黄旗,二品荫生。咸丰六年(1856),奉旨以侍卫用。八年(1858),考取侍卫处笔帖式。同治四年(1865),办理神机营操务,加六品顶戴。五年(1866),选补户部笔帖式。七年(1868),保升主事,加五品衔。同年,承袭轻车都尉世职。九年(1870),保员外郎。十一年(1872),补授四川司补员郎。光绪六年(1880),补授浙江绍兴府知府。嗣调补四川夔州府知府。十九年(1893),再补绍兴府知府。二十三年(1897),卒于任。

姚县知县高桐、上虞县知县唐煦春会同往勘，土人引至上虞之王岙，土名沙山，不生草木，并无坟墓、人烟。据称贫民于远近溪涧淘沙，卖与外来客民烧铁。旋勘至余、上交界之五姑岭，万山丛杂，鸟道分歧，远人皆名大岚山，亦有指中间小山为大岚者，究之皆无可考。铁沙之来由水冲出，产于何县，亦未周知，第闻此沙镕化，铁质甚佳。现在董事仅拟设局收沙，并不开挖，于地方尚无窒碍等情。

正在核办间，谕旨查禁，当经转行钦遵停止在案。伏查大岚山地方辽阔，人烟稀少，铁沙之来既莫知其底蕴，则开挖更无把握，自应停办，以免衅端。惟既有贫民淘沙售卖，亦应设法稽查，以清其源，已饬地方官前往确查户口，编立保甲，驱逐游民，以杜后患。至该员宋宝华所禀，系据就地绅耆公函，地方官亦均深悉，似非捏造，虽曾具禀，尚未开办，现经确切访查，并无聚众情事；朦捐、勾结，均无确据，应请免予置议。

谨将查明大岚山并未开挖铁矿及设法稽查缘由，附片复陈，伏乞皇太后、皇上圣鉴，训示。谨奏。

光绪九年四月二十七日，军机大臣奉旨：知道了。钦此。[1]

【案】此奏原件查无下落，录副①现藏于中国第一历史档案馆，兹据校正。

1.【光绪九年四月二十七日，军机大臣奉旨：知道了。钦此。】此奉旨日期与内容，据录副校补。

奏勘明慈溪县侵占湖田疏
光绪九年五月初十日（1883年6月14日）

头品顶戴浙江巡抚臣刘秉璋跪[1]奏，为勘明慈溪县侵占湖田，分别酌拟办理，恭折复陈，仰祈圣鉴事。

案照承准军机大臣字寄：光绪八年七月十七日奉上谕：都察院奏，内阁即补侍读陈景墀等遣抱，以湖田有碍水利，请照案禁种等词，赴该衙门呈诉。据称浙江慈溪县北乡五都地方有农田十余万亩，全赖杜、白二湖蓄水灌溉。同治九年，经巡抚杨昌濬将占湖民田给价平毁，去年有监生叶礼谦名方圻创

① 中国第一历史档案馆藏：《军机录副》，档案编号：03-9426-061。

种桑麻,知府宗源瀚[①]有开禁种桑之谕,乡愚藉端种稻,诚恐水利日坏,受害无穷等语[2]。该处湖田前经杨昌濬奏明禁种,何以复议开禁?所呈各节是否属实?如果有碍水利,应仍行禁止,着陈士杰确切查明,据实具奏。原呈抄给阅看。将此谕令知之。钦此。当经调任抚臣陈士杰札司遴委干员前往查勘实在情形,博采舆论,妥议禀复。嗣因就地绅民意有未洽,辗转勘办,未得遽行定议,即经批饬妥速办理在案。

　　兹据布政使德馨详:转据委员候补知府虞庆澜禀称:遵往该处督同慈溪县知县邹文沅,邀集绅士记名军机章京内阁中书陈邦瑞等同赴该湖,勘丈钉界。当据该绅等具禀,丈得杜湖占田九百六十四亩零,白洋湖占田一百二十四亩零,统计二湖共占田一千八十八亩零,较同治九年原案丈余田二百六亩零。因此项湖田本系侵占亩分较大,致有盈余,此时平毁,苦无经费,碍难举办。若一律封禁,又恐日久生懈,仍行盗种生事。今拟将丈余田二百六亩零归还业户,即以抵从前未领之田价;并沿山一带距湖滨较远之田,酌留三百亩,开种禾稻,年收租息,作为筑塘、修堤等用。其余五百八十二亩,仍请一律封禁,以湖内之生息,济湖内之公用,即所以保十万八千余亩民田之水利。且近湖贫民得以承认开垦,不致萌盗种之心,五都农民不致贻为口实,奸民亦无从抢割。而所留田亩离湖较远,兼有禁田中隔,无虞侵占,将来逐年修理,堤塘完固,湖水满蓄,民田足资灌溉,于水利实有裨益。此五都众绅公议从权之办法也。将来如能筹款复湖,再将封禁田亩平毁后,所留之田一律开平,更为尽善。如再有奸民敢于五百八十二亩内妄行盗种及留种田内肆行抢割者,应请严行究治等情,绘具图说,由司核明,详情具奏前来。

　　臣查慈溪县杜、白二湖为北乡五都水利所关,居民侵湖成田,年远认为己业。自明迄今,盗争抢割,讼无已时,屡经议削议禁,久亦懈弛。同治年间甚至酿成命案,经前抚臣杨昌濬委员勘明杜、白二湖有碍水利田八百八十余亩,奏明拟由五都业户捐给田价,一律铲毁,以卫民田,果能照办,法诚称善。无如田至八百余亩之多,高岸为谷,工巨费繁,十余年来,界址既未分清,田

① 宗源瀚(1834—1897),字湘文,江苏上元县(今江苏省南京市)人,监生。咸丰二年(1852),议叙通判,捐同知。同年,投效江南军营。十一年(1861),办理江北粮台,充扬镇粮台委员。同治元年(1862),加知府衔。二年(1863),赏戴花翎。三年(1864),保同知,升知府,迁道员。四年(1865),署理浙江衢州府知府。九年(1870),署理浙江湖州府知府。十二年(1873),署理嘉兴府知府。同年,调署严州府知府。光绪四年(1878),补授宁波府知府。八年(1882),会办宁波海防局。九年(1883),加二品衔。十一年(1885),丁忧,留办浙江防务。十四年(1888),以道员留浙补用。十五年(1889),办理浙江筹赈总局事务。旋署浙江杭嘉湖道。二十年(1894),署理浙江温处道。二十三年(1897),因病开缺。同年,卒于籍。著有《颐情馆金石跋》《国朝严州诗录》《辨志文会初集》《颐情馆诗钞》《颐情馆闻过集》《广蚕桑说辑补》《国朝右文掌录》《富教初桄录》,修《同治湖洲府志》《湖州府志》等传世。

价亦有未给,原办绅董举人沈书贤又已物故,铲削之举,有名无实。而近湖贫民又不免见利思迁,仍行私种,而抢割随之。上年宁波知府宗源瀚因控案累累,会商绅士叶方圻等,欲期杜绝讼源,遂有种桑之议。嗣以众论未孚,事未举办,令该员绅等逐加勘丈,议以近山远水之二百亩归抵未领田价之户,再留三百亩为近地贫民养生之计,岁入租息,藉以修筑塘堤,足资潴蓄。其余五百八十二亩,一律钉界封禁。事属从权,尚非经久之谋。惟斯时毁之不能,听之不可,则舍禁种之外殊无别法。而欲全行禁止,则又恐无业穷民终启临渊之羡。是留三百亩为两全之策,事尚可行,屡经前抚臣饬委会商绅士,询谋佥同,应请准予照办,一俟该处筹有款项,再行次第平毁,以垂久远。

除咨都察院查照,并饬该府县会同各绅将封禁田亩划界钉石,严禁私种,并将留田收支事宜妥议定章,出示晓谕,仍随时查禁,务绝争端外,谨将慈溪县杜、白二湖侵占田亩勘明办理缘由,恭折具奏,伏乞皇太后、皇上圣鉴,谨奏。五月初十日[3]

光绪九年六月初七日,军机大臣奉旨:知道了。钦此。[4]

【案】此奏原件查无下落,录副现藏于中国第一历史档案馆①,兹据校正。再,刊本具奏日期署"光绪九年四月二十七日",未确。兹据录副校正。

1.【头品顶戴浙江巡抚臣刘秉璋跪】刊本无此前衔,兹据录副校补。

2.【案】光绪八年七月十七日,都察院左都御史臣乌拉喜崇阿等奏报陈景墀等呈请禁种湖田缘由,曰:

都察院左都御史臣乌拉喜崇阿等跪奏,为奏闻请旨事。

据浙江京官内阁即补侍读陈景墀等联名遣抱呈,家人褚顺以湖田有碍水利,仍请照案禁种等词,赴臣衙门呈诉。臣等公同讯问,据褚顺供:系顺天宛平县人,家主陈景墀等写呈遣递,求阅便悉。查原呈内称:缘浙江宁波府慈溪县北乡五都地方有农田十余万亩,全赖杜、白二湖蓄水灌溉。同治年间,叶个塘占湖害民,藩、臬两司委员查明有碍水利、田亩,断令量给产价,一律平毁,详请前巡抚杨昌濬核明,于同治九年四月间奏准立案。不意去年突有监生叶礼谦名方圻创种桑麻。知府宗源瀚有开禁种桑之谕,乡愚闻知,藉端种稻,若不严禁,将见水利日坏,势必至抢割酿命,受害无穷。为此取具同乡京官印结,呈请代奏等语。

① 中国第一历史档案馆藏:《军机录副》,档案编号:03-6714-018。

臣等查该职员陈景墆等呈称慈溪五都农田全赖湖水灌溉,前因侵湖成田,争讼不休,经前抚臣杨昌濬奏准立案。嗣监生叶礼谦名方圻创种桑麻,知府宗源瀚不查照前次断案严禁,乡愚因藉端种稻,事关水利农田,如果属实,亟应禁止,以息讼端而安民业。既据取具同乡京官印结,呈请代奏前来。

臣等不敢壅于上闻,谨抄录原呈,恭呈御览,伏乞圣鉴,训示。谨奏。光绪八年七月十七日。经筵讲官都察院左都御史臣乌拉喜崇阿、左都御史臣毕道远(差)、左副都御史臣崇勋(差)、左副都御史臣文晖、左副都御史臣陈兰彬、左副都御史臣曾纪泽(差)、署左副都御史臣张家骧。①

【案】同日,陈景墆等为请禁种湖田事呈都察院文,曰:

具呈:内阁即补侍读陈景墆、吏部主事叶庆增、内阁即补侍读洪九章、户部主事桂恩祺、刑部主事刘一桂、工部主事胡树培、光禄寺署正胡希贤、觉罗官学教习王锡璋、咸安宫教习王迪中、蓝翎侍卫吴峻等遣抱呈,家人褚顺为湖田有碍水利,仍请照案禁种,以杜衅端而安民生,谨胪叙情形,公恳代奏事。

窃照浙江宁波府慈溪县北乡五都地方有农田十余万亩,面山滨海,不通江河,全赖杜、白二湖蓄水灌溉。是湖三面抵山,一面抵塘,山水相连,并无寸土。自明以来,近湖居民侵占成田,水源顿失。叠次告官毁削,争讼不休。同治年间,叶个塘占湖害民,肇衅酿命,五都绅耆沈杞等七十余人互控府县。后叶个塘之子叶鸣鹿京控解省,绅耆沈晙等赴省投讯,经浙江藩、臬两司委杭州府陈鲁审明,衅由侵湖成田,必得削田复湖,讼源可绝,将委员勘明杜湖有碍水利田八百二十余亩、白湖有碍水利田六十余亩断令量给产价,一律平毁。其钱由五都共沾水利民田按亩捐给,湖田粮赋查清,亦归五都按年捐完,并声明此后如再侵占,从重治罪。两造遵断具结,详请前浙江巡抚臣杨昌濬核明,于同治九年四月初三日奏准立案;委员会同慈溪县贺瑗勘定界址,出示禁种在案。五都绅耆设局捐钱,买田复湖,恪遵公办。除数百年之积弊,保千余顷之田禾,从此讼累永除,民安生业,今已十有余年矣。不意去年突有监生叶礼谦名方圻创种桑麻,臬司以私垦禁田访拿未获,又敢串笙多人,朦蔽官长,即经陈邦瑞等详叙种桑利害,先后在巡抚及藩、臬两司衙

① 台北故宫博物院藏:《军机及宫中档》,文献编号:124438。

门呈请禁种,批府查办。讵宁波府知府宗源瀚惑于谗言,不惟不查照前次断案严禁,反以毁田种桑何碍水利,大张晓谕,一面详请开种。巡抚批示改种桑麻于附近农田有无损益?土性是否相宜?民间果否乐从?饬令确切详审等因。该府宗守又不遵批详察地理、人情,仍执开种桑麻之见,拂其意则谓之抗违。

伏思买田复湖,禁民开种,原为蓄水杜衅起见。今若栽种桑麻,水仍不能蓄,衅仍不能杜,则与昔日之侵湖种稻何异?况湖田地势培养蚕桑大为不宜,断难著有成效。查同治年间削田复湖断案,正本清源,相安十余年,一旦轻议更张,弛昔年之禁令,启后日之争端,尤非民心所愿。现自有本府开禁种桑之谕,乡愚闻之,因藉端种稻已有一百余十亩之多,若不亟行严禁,将见水利日坏,五都十万余亩民田不敷灌溉,势必至抢割酿命,受害无穷。

职等籍隶慈溪,熟悉利害,以事关水利农田,实有难安缄默者,为此黏抄原奏,胪叙情形,联名公叩,俯赐据情代奏,请旨饬下浙江巡抚申明前案,将原勘有碍水利湖田一律削平,无论桑麻、禾稻等,概不准违断开种;檄令府县勒石,永远禁止。如有私垦之人,立拿究办,以杜衅端而安民生。职等幸甚,万民幸甚。①

3.【五月初十日】刊本无此具奏日期,兹据录副校补。

4.【光绪九年六月初七日,军机大臣奉旨:知道了。钦此。】此奉旨日期与内容,据录副校补。

奏查办台州土匪情形疏

光绪九年六月初十日(1883年7月13日)

头品顶戴浙江巡抚臣刘秉璋跪¹奏,为陈明查办台州土匪情形及无虞勾结缘由,先行据实复奏,仰祈圣鉴事。

窃臣于本年六月初二日承准军机大臣字寄:光绪九年五月二十日奉上谕:国子监祭酒刘廷枚奏,浙江匪首黄金满迄未就擒,近时湖北、江苏等省会匪、盐枭、散勇、客民纷纷构衅,深虑暗相勾结,请饬该督抚设计密拿等语②。浙匪金满滋扰地方,迭谕该巡抚缉拿,迄今尚未弋获。现在沿江一带匪徒潜谋滋事,迭经破案,而余匪伏匿,恐尚不少,倘与金满暗相勾结,更恐蔓延为

---

① 台北故宫博物院藏:《军机及宫中档》,文献编号:124439。
② 此奏查无下落,待考。

患，着何璟、刘秉璋迅即设计密拿，务将该匪首擒获惩办，以净根株。将此各谕令知之。钦此。遵旨寄信前来等因。承准此，窃臣于正月间陛辞请训，仰蒙圣谕周详，刻不敢忘。

莅浙以来，细心察访，查得台州一带民贫俗悍，好勇斗狠，偶有睚眦微嫌，动辄互相烧杀，一经犯案，负罪潜匿，穷无所归，则结党讹索，乘机抢劫，甚至抗官拒捕，酿成巨案。军兴以后，此风尤甚。十数年来，查拿惩办，不可胜计，此灭彼兴，几无了期，实系习染已深，急切未能转移也。惟类皆本地附近棍徒，因事相争，铤而走险，与他省会匪、斋匪暗中勾结、预谋作乱者情节不同。臣到任后，严饬地方文武实力编查保甲，分饬在防各军设法缉拿首要各犯，尽法惩办，并查照从前办法，如有悔罪投诚者，察其真伪，予以自新之路，翦其羽翼，以孤其势。嗣据各营陆续申报，越军中营格毙著名土匪窍头老二一名，达字前营伤毙著名匪徒三名，拿获三名。三月初间，有项君根、蔡吉求等率众四十余人，赴达字前营提督刘玉田处呈缴器械，真心投诚，即经批准留营效力。据报项君根于四月中旬阵斩匪首青根五一名。四月初，又有潘连树、汪士雨、陈阿倌等，赴越军中营举人王右人处投诚，亦即照准。据报叠次击毙匪犯王大三、阮恩七、王友兴等三名。数月以来，尚无匪徒出没抢劫之案，地方较前安静。

历据探报，金满党羽渐少，势已穷蹙，窜匿深山，伏而不动。迨官军按迹掩捕，则又潜逃无踪，迄今尚未就擒。所获各犯，讯明俱系本地土著，并无外省之人。该郡僻处海隅，不通大道，似无勾结之患。前调记名提督杨岐珍新募亲兵一营现甫成军，已饬酌带前往会督在防各军认真缉捕，密拿首要各犯，分别惩治，并准设法招安，期于绥靖地方，以安民生而纾宸廑。

谨将查办台州土匪情形及无虞勾结缘由，先行据实复奏，伏乞皇太后、皇上圣鉴，训示，谨奏。六月初十日[2]。

光绪九年六月二十一日，军机大臣奉旨：另有旨。钦此。[3]

【案】此奏原件、录副均查无下落，兹据前后折件及《清实录》《上谕档》《随手档》等校正。

1.【头品顶戴浙江巡抚臣刘秉璋跪】刊本无此前衔，兹据前后折件校补。

2.【六月初十日】刊本无此具奏日期，兹据本件校补。

3.【光绪九年六月二十一日，军机大臣奉旨：另有旨。钦此。】此奉旨日期与内容，据《随手档》①校补。

————————

①　中国第一历史档案馆藏：《军机处随手登记档》，档案编号：03-0238-2-1209-161。

【案】此奏于是年六月二十一日得旨，《上谕档》载曰：

军机大臣字寄：浙江巡抚刘：光绪九年六月二十一日奉上谕：
刘秉璋奏，查办台州土匪情形，匪首金满投诚，现筹办理各折片。
台州一带时有匪首抢劫滋事，现经该抚分别办理，匪党项君根等数
十人均准其投诚，仍着督饬防军及该地方官，认真缉拿首要各犯，
分别惩治。其余匪党，酌量招抚，并将保甲事宜实力整饬，以靖闾
阎。已抚各匪，务当加意防范，随时察看，倘有不法情事，即行从严
惩办。……将此由四百里谕令知之。钦此。遵旨寄信前来。①

奏台州匪首悔罪投诚办理情形片

光绪九年六月初十日（1883 年 7 月 13 日）

再，臣正缮折间，又于六月初九日承准军机大臣字寄：光绪九年五月二
十九日奉上谕：有人奏，近闻台匪金满乞抚，经台州绅民公具保状，该抚已准
令投诚，并拟安插抚标，征其党众等语②。所奏各节有无其事？着刘秉璋即
行奏闻等因。钦此。¹

窃查台匪金满本一土民，始由地方官办理不善，愈激愈变，遂至披猖，此
拿彼窜，迁延数载。台州素多土匪，自金满拒捕后，土匪之抢劫者，辄以金满
为名，莫可究诘。藩司德馨于护巡抚任内密饬管带越军中营举人王右人，相
机妥办，剿抚兼施。臣到任后，檄饬府县办理保甲，以清盗源；搜捕匪犯，以
孤其势。数月以来，金满渐形穷蹙²，遂萌畏罪悔过之心，即有天台县廪生谢
梦兰建议招抚，叩求兵部尚书彭玉麟转向臣言。臣当传见谢梦兰，谕以如果
真心悔罪，自当仰乞天恩，贷其一死。若犹首鼠两端，仍当缉拿惩办。谢梦
兰去后，尚未回复。旋于四月二十八日，据管带越军中营举人王右人赍到署
台州府知府郭式昌③转据该举人禀称：匪首金满、金守龙等呈称，自知罪大

---

① 《光绪宣统两朝上谕档》第 9 册（光绪九年），广西师范大学出版社 1996 年版，第 212 页。
　又《清德宗实录》卷 165，光绪九年六月下，中华书局 1987 年版，第 317—318 页。

② 此奏查无下落，待考。

③ 郭式昌（1830—1905），字谷斋，福建侯官人，初由廪贡生报捐训导，捐升同知，分发浙江。
　咸丰八年（1858），因在延平办理防剿出力，经前署闽浙总督庆瑞保奏，以知府留于浙江补
　用。九年（1859），中式本省乡试举人。同治四年（1865），充浙江候补知府。十三年
　（1874），署理湖州府知府。光绪九年（1883），管带楚勇二营。十四年（1888），署理杭州府
　知府。十六年（1890），署理金华府知府。十八年（1892），署理台州府知府。十九年
　（1893），以办理海运出力送部引见。二十四年（1898），保升道员。二十六年（1900），署理
　金衢严道篆务。二十八年（1902），以剿匪出力加头品顶戴。三十年（1904），署浙江按察
　使。著有《说云楼诗草》，纂修《台州府志》《湖州府志》等。

恶极,法不能宽,情愿悔过自新,投效越军,戴罪立功,以赎前愆,并挽绅士项义贵、林荣等遵具保状,恳求转详等情。臣当即传见该举人王右人,面授机宜,斟酌妥办,并批准酌留百人,即归越中营充勇,余俱遣散归农。王右人回台后,尚未切实禀复,仅于本月初间函致前署台州府陈乃瀚,嘱其代禀,此事已有成说等语。其作何点验安置,尚未禀报,适记名提督杨岐珍募勇成军,臣饬其酌带队伍,星驰赴台,谆嘱密加体察,会同该举人王右人妥慎办理,不可稍涉大意,致误事机。以上系匪首金满悔罪投诚办理之实在情形也。

因事未就绪,未敢遽达天听。伏查金满滋扰地方,罪无可逭,自应拿获惩办,以伸法纪。惟既经该处绅士代为禀求,而兵部尚书彭玉麟亦谓当宽其既往,看其将来,是以臣批准投诚,期于地方靖靖,以便腾出营勇,别资调遣。

除俟此事果否就绪另行据实奏闻外,钦奉前因,谨将匪首悔罪投诚办理情形,据实先行复奏,伏乞圣鉴,训示,谨奏。

光绪九年六月二十一日,军机大臣奉旨:另有旨。钦此。[3]

【案】此奏原件、录副均查无下落,兹据前后折件及《清实录》《上谕档》《随手档》等校正。

1.【案】此上谕尚有节略之处,兹据补足,俾资完整。《上谕档》载曰:

军机大臣字寄:光绪九年五月二十九日奉上谕:有人奏,近闻台匪金满乞抚,经台州绅民公具保状,该抚已准令投诚,并拟安插抚标,征其党众等语。所奏各节有无其事? 着刘秉璋即行奏闻。金满系积年巨匪,滋扰温、台等处地方,日久稽诛,罪大恶极,断不容任其漏网,着该抚仍遵迭次谕旨,督饬在事员弁设法迅速拿获,并搜捕匪党,以靖地方。将此由五百里谕令知之。钦此。遵旨寄信前来。①

2.【渐形穷蹙】刊本疑夺"形",兹据文义校补。

3.【光绪九年六月二十一日,军机大臣奉旨:另有旨。钦此。】此奉旨日期与内容,据《随手档》②校补。

【案】此奏于是年六月二十一日得旨,《上谕档》载曰:

军机大臣字寄:浙江巡抚刘:光绪九年六月二十一日奉上谕:刘秉璋奏,查办台州土匪情形,匪首金满投诚,现筹办理各折

① 《光绪宣统两朝上谕档》第9册(光绪九年),广西师范大学出版社1996年版,第188页。又《清德宗实录》卷163,光绪九年五月,中华书局1987年版,第303页。
② 中国第一历史档案馆藏:《军机处随手登记档》,档案编号:03-0238-2-1209-161。

片。……至匪首金满滋扰多年,迭次戕劫戕官,罪大恶极,若遽准投诚,无以肃法纪而昭炯戒。既据奏称该匪势渐穷蹙,自应赶紧弋获,即着刘秉璋懔遵迭次谕旨,密饬所属员弁,迅速严拿务获,以绝乱萌,不准再任远扬,亦不得轻率收抚。将此由四百里谕令知之。钦此。遵旨寄信前来。①

奏匪首投诚办理就绪疏

光绪九年七月初一日(1883年8月3日)

闽浙总督臣何璟、头品顶戴浙江巡抚臣刘秉璋跪¹奏,为匪首悔罪投诚,办理就绪,吁恳天恩法外施仁,以靖地方,恭折驰陈,仰祈圣鉴事。

窃臣秉璋²五月二十九日钦奉上谕:有人奏,台匪金满乞抚,经台州绅民公具保状,该抚已准令投诚等语。所奏各节有无其事?着即行奏闻等因。钦此。当将办理情形附片奏明在案。旋于六月十二日接据署台州府郭式昌禀称:据管带越军中营举人王右人禀,金满、金守龙悔过自新,情愿报效,立功赎罪。该举人于六月初二日前往点名,察其悔悟情切,当经逐一点验,册造百名作为越军新中哨,以金满为正哨弁,金守龙为副哨弁,以资督率,该首民等感泣图报,立功自赎等情,经臣秉璋批饬该府会同统领温、台各军记名提督杨岐珍亲往点验后,编成一哨,归入越军中营,交举人王右人约束操练,恪守营规,立功自效,以赎前愆。并据³举人王右人禀同前由。六月十二日,该署府郭式昌前往点名。金满率同诸人沿途跪接,感激涕零,自愿力图报效。察其所留百名,皆年力强壮,堪以录用。并据提督杨岐珍转据王右人禀称,是月十七日,金满派人拿获要匪程老二一名,送官究办,是其立功自赎,具有天良等语,又经批饬台州府将该犯程老二讯供惩办在案。以上系办理收抚、分别安置之实在情形也。

臣等伏查为治之道,总以安辑地方、俯顺舆情为最要。金满一犯,稔恶多年,罪无可逭。而人系土著,民患切肤,该郡绅民情关桑梓,以其悔罪有心因势利导,挽出廪生谢梦兰来省,先赴兵部尚书彭玉麟行馆叩谒直陈,允其转向臣秉璋商酌办理。以彭玉麟之威信素著,闻其一言许可,不但谢梦兰深以为荣,即台郡土民莫不欢欣鼓舞。而金满投诚之说通省皆知,且已上达宸聪,臣秉璋亦以彭玉麟老于军事,成竹在胸,此举无非为绥靖地方起见,濒行

① 《光绪宣统两朝上谕档》第9册(光绪九年),广西师范大学出版社1996年版,第212页。又《清德宗实录》卷165,光绪九年六月下,中华书局1987年版,第317—318页。

函中并有未可失信之语,是以不揣冒昧,仰体皇上好生之德,开其一线,用示法外之仁。经举人王右人、前山东临邑县知县贺璠、武生戴荣、哨官陶锦华、江西候补知县徐春荣往返开导,察其真情,始准率众来营,及时自效。所带之人仅止一百名,业已点验入册,归入越军中营,加以训练,俾就范围,亦无他虞。以后附近地方再有抢劫之案,即责成金满随时缉捕,以期得力。现在事已就绪,合无仰恳天恩网开一面,俯准金满留营效力,以顺舆情而安地方,实为幸甚。臣等受恩深重,断不敢苟且目前,自当随时留心察看,以弥后患。

所有匪首悔罪投诚办理已有就绪缘由,谨合词恭折具奏,伏乞皇太后、皇上圣鉴,训示。再,此折系臣秉璋主稿,合并陈明。谨奏。七月初一日⁴。

光绪九年七月十二日,军机大臣奉旨:另有旨。钦此。⁵

【案】此折原件查无下落,录副现藏于中国第一历史档案馆①,兹据校正。再,此奏具文时间刊本仅署"光绪九年七月",未确。而录副因文字脱落仅以奉旨日期为之,亦未确。兹据奉旨日期查光绪九年七月十二日《随手档·何璟、刘秉璋折》②,署有"七月初二日,浙江省城发"等字样,又同批折件刊本具文日期为"光绪九年七月初一日"。据此,此折具文日期当以"光绪九年七月初二日"为宜。兹据校正。

1.【闽浙总督臣何璟、头品顶戴浙江巡抚臣刘秉璋跪】刊本无此前衔,兹据录副补。

2.【秉璋】刊本夺"秉璋",兹据校补。

3.【并据】刊本作"遂据"。

4.【七月初二日】刊本无此具奏日期,兹据录副校补。

5.【光绪九年七月十二日,军机大臣奉旨:另有旨。钦此。】此奉旨日期与内容,据录副及《随手档》校补。

【案】此奏于是年七月十三日得旨,《上谕档》载曰:

光绪九年七月十三日,内阁奉上谕:前因浙江台州土匪金满纠党滋事,迭经严谕该督抚派兵剿办,兹据何璟、刘秉璋奏,该匪悔过自新,情愿立功赎罪,由台州绅民禀请彭玉麟转商刘秉璋具奏乞恩,恳准留营效力等语。金满稔恶有年,种种不法,核其罪状,实属死有余辜,本应立正典刑,以伸国法。惟朝廷除残去恶,无非为绥

① 中国第一历史档案馆藏:《军机录副》,档案编号:03-6018-043。
② 中国第一历史档案馆藏:《军机处随手登记档》,档案编号:03-0239-1-1209-180。

靖地方、安辑良民起见,既据奏称真心悔悟,率众来营,并拿获要犯,送官究办,以抒其畏罪自赎之诚。而该郡士民又为沥情恩请,尚可网开一面,以示法外之仁。金满着从宽免死,准其留营效力;金守龙及余众百人,均着照所议,一并留营,责令戴罪自效。该督抚务当随时严加约束,如再有不法情事,定当从重惩办,并惟彭玉麟、何璟、刘秉璋及该绅士等是问。钦此。①

奏匪首投诚事已定局片

光绪九年七月初二日(1883 年 8 月 3 日)

臣刘秉璋跪[1]奏:再,正缮折间,承准军机大臣字寄:六月二十一日,钦奉上谕:刘秉璋奏,查办台州土匪情形,匪首金满投诚,现筹办理各折片等因。钦此。遵旨寄信前来。承准此,伏查金满投诚一事,其始肇于台州绅士,继经彭玉麟许以自新,金满闻而感动,悔罪投诚,该处绅士举人王右人等据情转禀。

臣细加体察,若剿抚两歧,转致事无归宿。况已有成议,固不便使台绅失信于金满,更不便使彭玉麟失信于台绅,是以遽行照准。现在事已定局,惟有沥恳天恩逾格,准如所请办理,以靖闾阎。臣不胜悚栗待命之至。

谨附片陈明,伏乞圣鉴,训示,谨奏。

光绪九年七月十二日,军机大臣奉旨:另有旨。钦此。[2]

【案】此折原件查无下落,录副现藏于中国第一历史档案馆②,兹据校正。

1.【臣刘秉璋跪】刊本无此前衔,兹据录副校补。

2.【光绪九年七月十二日,军机大臣奉旨:另有旨。钦此。】此奉旨日期与内容,据录副及《随手档》③校补。

【案】此奏亦于是年七月十三日得旨,内容同主折《奏匪首投诚办理就绪疏》。

---

① 《光绪宣统两朝上谕档》第 9 册(光绪九年),广西师范大学出版社 1996 年版,第 238 页。又《清德宗实录》卷 166,光绪九年七月上,中华书局 1987 年版,第 332 页。

② 中国第一历史档案馆藏:《军机录副》,档案编号:03-6018-043。

③ 中国第一历史档案馆藏:《军机处随手登记档》,档案编号:03-0239-1-1209-180。

奏奉派织务料工银数过巨请暂从缓办疏

光绪九年七月二十四日(1883年8月25日)

头品顶戴浙江巡抚臣刘秉璋跪[1]奏,为奉派织务料工银数巨,现值库藏告匮,委无可筹,可否乞恩暂从缓办,或请饬部于外省指拨协济,以资织办,恭折仰祈圣鉴事。

窃据藩司德馨详称:准杭州织造咨会:奉文派办上用及赏用各色龙袍、褂、蟒袍并各项绸缎、纱绫等共二万三千五十五件匹,为数既多,工繁期迫,画样、尺寸尚未颁发到杭,工料细数一时未能详核,惟[2]照成案约计,必须先行筹拨银一百万两,俾得预先购料开工,咨令无论何款,迅速筹拨等因。

伏查浙省上年被水成灾,民情拮据。本年入春以后,雨多晴少,蚕丝大歉。所有地丁、丝捐、厘金收数短少、库藏竭蹶情形,业经详奉具奏在案。目下本省春季绿营兵饷尚未能一律放给,防勇口粮积欠尤巨。此外奉拨京、协各饷,添拨山东河工等款,以及筹备海防诸务,应解未解、应给未给之款,不一而足。即如织务工料,上年奉派诰敕命应找解银四万四千余两,黄色绢应解银一万二千两,四川改派缎绸应解二万六千两,以上共银八万二千余两,节准织造咨催,尚在无款可解。此次奉传活计,估需银至一百万两之巨,苟可设法筹解,曷敢稍遗余力?无如司、局各库同一奇绌万分,现与各司道再四筹商,委难措此巨款,可否乞恩暂从缓办,或请饬部将前项料工银一百万两于外省指拨协济,以资织办等情,详请具奏前来。

臣复加查核[3],委系实在情形。臣与藩司受恩深重,何敢以上用要需稍存膜视?惟是浙省经费艰窘,久邀洞鉴,百万巨款,委实难筹,可否仰恳天恩准予从缓抑或饬部由外省指拨协济之处,伏候圣裁。

理合恭折陈请,伏乞皇太后、皇上圣鉴,训示。谨奏。七月二十四日[4]。

光绪九年八月初八日,堂谕封存。[5]

光绪九年九月三十日,军机大臣奉旨:所有传办之件已经核减,由造办处传知矣。钦此。[6]

【案】此奏原件查无下落,录副现藏于中国第一历史档案馆①,兹据校正。再,此奏具文时间刊本仅署"光绪九年七月",未确。而录副因文字脱落仅以奉旨日期为之,亦未确。兹据奉旨日期查

---

① 中国第一历史档案馆藏:《军机录副》,档案编号:03-7118-028。

光绪九年八月初八日《随手档·刘秉璋折》①,署有"报四百里,七月二十四日发"等字样,又同批折件刊本具文日期为"光绪九年七月二十四日"。据此,此折具文日期当以"光绪九年七月二十四日"为宜。兹据校正。

1.【头品顶戴浙江巡抚臣刘秉璋跪】刊本无此前衔,兹据录副校补。

2.【惟】刊本作"准",兹据录副校正。

3.【复加查核】刊本夺"加",兹据校补。

4.【七月二十四日】刊本无此具奏日期,兹据《随手档》及同批折件校补。

5.【光绪九年八月初八日,堂谕封存。】此日期与内容,据《随手档》校补。

6.【光绪九年九月三十日,军机大臣奉旨:所有传办之件已经核减,由造办处传知矣。钦此。】此奉旨日期与内容,据录副校补。

奏添募勇营布置情形片

光绪九年八月十六日(1893 年 9 月 16 日)

再,臣前准军机大臣字寄:光绪九年五月十六日奉上谕:着将沿海防务实力筹办,认真布置,不可虚应故事等因。钦此[1]。钦遵在案。

伏查浙江海防千里,口岸纷歧,以宁波为最要。镇海为宁波口门,而定海孤悬海外,又为镇海外护。升任抚臣谭钟麟②于六年筹办海防,派现补台州府成邦干带贞字五营驻守定海,其于宁波、镇海亦以十营分布。又因营勇不敷,仍各济以练兵。自海疆撤防,裁遣勇丁,定海仅留练兵一营,宁波、镇

---

① 中国第一历史档案馆藏:《军机处随手登记档》,档案编号:03-0239-1-1209-204。

② 谭钟麟(1822—1905),字文卿、云觐,原名二监,湖南省茶陵州举人。咸丰六年(1856),中式进士,改庶吉士。九年(1859),授翰林院编修。十年(1860),充会试同考官。同治元年(1862),充湖北乡试副考官。二年(1863),补江南道监察御史。五年(1866),放杭州府知府。六年(1867),加道衔。同年,署杭嘉湖道。七年(1868),升河南按察使。八年(1869),丁母忧,回籍终制。十年(1871),迁陕西布政使。十二年(1873),护理陕西巡抚。光绪元年(1875),擢陕西巡抚,晋头品顶戴。五年(1879),调补浙江巡抚。七年(1881),补授陕甘总督。十四年(1888),告病辞职。十七年(1891),补吏部左侍郎,兼署户部左侍郎,管理三库事务。十八年(1892),署理工部尚书。同年,补授闽浙总督,兼福建船政大臣。二十年(1894),加太子少保,兼署福州将军。同年,调补四川总督。二十一年(1895),补授两广总督,兼署广州将军。二十五年(1899),兼署广东巡抚,旋以病归。三十一年(1905),卒于长沙。谥文勤。有《谭文勤公奏稿》等行世。

海只有达字四营、练兵二营，过于空虚，未免示人以弱，现仍檄饬成邦干募贞字楚勇二营，又挑定标练军一营，帮同定海镇布守定海。记名提督杨岐珍现驻台州，檄饬添募亲兵右营，俟台防布置妥贴，即调该提督带所部三四营助守镇海，并于温州镇标挑选练军一营，训练巡防，听候调遣。所有沿海炮台，择要修整，配制药弹，以备不虞。

至各项军火器械，购自外洋，动需时日，已饬防军支应局委员赴沪购办机器，觅雇工匠，悉心讲求，苟可自制者，仿造试演，以资应用。但浙省频年灾歉，厘金减色，库局空虚，实难措手。臣惟有尽心竭力，相机度势，妥为筹办，固不能为所欲为，亦不敢稍存大意，以副圣主绥靖海疆至意。

谨将添募勇营及分布情形，遵照新章，附片陈明，伏乞圣鉴，敕部查照。谨奏。

光绪九年九月初一日，军机大臣奉旨：览奏，已悉。现在法越事尚未定，海防必应豫为筹办，以备不虞。宁波、镇海等处为浙省要口，空虚可虑，该抚务当妥筹布置，毋稍大意。钦此。[2]

【案】此奏原件、录副均查无下落，兹据《清实录》《随手档》校证。

1.【案】此谕旨节略较多，兹据《清实录》校补：

军机大臣字寄：光绪九年五月十六日奉上谕：法越构兵一事，久未定局。法人近为刘永福所败，其蓄谋报复，自在意中。法使脱利古与李鸿章会晤，以中国是否助越为言，意在挑衅，甚为叵测，亟应先事筹防，以杜狡谋。着李鸿章、左宗棠、彭玉麟、何璟、曾国荃、张兆栋、刘秉璋、裕宽将沿海防务实力筹办，认真布置，不可虚应故事，徒令外人轻视。李鸿章着仍遵前旨，即回北洋大臣署任，筹备一切。脱利古现在上海作何动静，李鸿章如定期北来，须知照该使，如有面议之事，俟其到津，再行商办，以示羁縻勿绝之意。将此由六百里各密谕知之。钦此。遵旨寄信前来。[1]

2.【光绪九年九月初一日，军机大臣奉旨：览奏，已悉。……毋稍大意。钦此。】此奉旨日期与内容，据《随手档》[2]校补。

① 《清德宗实录》卷163，光绪九年五月，中华书局1987年版，第294页。
② 中国第一历史档案馆藏：《军机处随手登记档》，档案编号：03-0239-1-1209-227。

奏金满近日操练安静片

光绪九年八月十九日（1893 年 9 月 19 日）

再,臣承准军机大臣字寄:光绪九年七月十八日奉上谕:翰林院侍读盛昱①奏,金满已准投诚一折②。着责成何璟、刘秉璋严加约束,随时查察等因。钦此。遵旨寄信前来[1]。

臣仰荷天恩高厚,跪读之下,感悚莫名。惟查金满不过一漏网土匪,却无谋为不轨之大志。论者比之苗沛霖③,未免高视,金满拟不于伦,惟人系土著,地居山海,东拿西窜,捕获难以克期。臣因兵部尚书彭玉麟倡允收抚,而嘉庆年间收降海盗之案不一而足,是以照准,冀藉以早纾宸厪,自仍当随时留心查察,督饬该统领营官化导约束,务消其疑畏之心,纳之绳墨之内。自收抚以来,时据台防统领杨岐珍、署台州府郭式昌禀报,金满近日随同营官巡缉操练,甚为安静。而上海申报馆最喜新奇可诧之说,不论虚实,刊入新闻报单。在彼不过希图财利,多卖报张,而远道闻之,即据以为实,变乱黑白,大为世道人心之害。近日,该报并谓金满复叛,携去军器多件,必系仇怨之口函告,该馆遂以登报,诚恐传入京都,误劳圣厪,用敢据实陈明。

除督饬地方文武遵旨随时查察、严加约束外,谨会同闽浙总督臣何璟,附片复陈,伏乞圣鉴,谨奏。

光绪九年九月初一日,军机大臣奉旨:知道了。钦此。[3]

【案】此奏原件查无下落,录副现藏于中国第一历史档案馆④,

---

① 盛昱(1850—1900),别称宗室盛昱,字伯兮,又字伯希、伯熙、伯羲,满洲镶白旗人,荫生。同治九年(1870),中式宗室乡试第一名举人,嗣充玉牒馆誊录。光绪三年(1877),中式宗室会试第一名进士,选庶吉士。六年(1880),授翰林院编修。七年(1881),补詹事府右中允,充翰林院侍讲。同年,补授文渊阁校理。九年(1883),升翰林院侍读,授武英殿纂修、武英殿协修、国史馆协修。同年,补授日讲起居注官。十年(1884),补詹事府左庶子。同年,擢国子监祭酒。十二年(1886),充东陵随员官。十四年(1888),充山东乡试正考官。二十五年(1900),卒于任。著有《八旗文经》《意园文略》《雪屐寻碑录》《郁华阁金文》《郁华阁集》《郁阙特勤碑释文》《郁意园文略》《蒙古世系表》《郁华阁遗集》《郁阙特勤碑释文》《郁康熙几暇格物编》等行世。

② 此折查无下落,待考。

③ 苗沛霖(1798—1863),字雨三,安徽凤台人,秀才,原为塾师。咸丰六年(1856),在籍办团,割据称雄。七年(1857),投胜保,后随袁甲三剿捻,保道员。十年(1860),逐清军去皖。十一年(1861),投太平军。同治元年(1862),阴降清,捕陈玉成,旋再反清。二年(1863),兵败被杀。

④ 中国第一历史档案馆藏:《军机录副》,档案编号:03-6018-055。

兹据校正。

1.【案】此谕旨节略较多,兹据《上谕档》《清实录》校补:

军机大臣字寄:闽浙总督何、浙江巡抚刘:光绪九年七月十八日奉上谕:翰林院侍读盛昱奏,金满已准投诚,请查照嘉庆年间宁陕叛兵成案办理一折。金满扰害有年,本属罪不容诛。前据何璟等奏,该匪悔罪投诚,由台州绅士禀请具奏乞恩,当降旨从宽免死,准其留营效力。兹据该侍读奏称,金满狼子野心,岂能安静? 不出两年,必将为变等语。着责成何璟、刘秉璋严加约束,随时查察,如再有不法情事,即行就地正法。倘漫不经心,姑息养痈,复滋事端,恐该督抚不能当此重咎也。原折着抄给阅看。将此各谕令知之。钦此。遵旨寄信前来。①

2.【光绪九年九月初一日,军机大臣奉旨:知道了。钦此。】此奉旨日期与内容,据录副校补。

奏浙江按察使刘盛藻生平战绩疏
光绪九年十月十九日(1883 年 11 月 18 日)

头品顶戴浙江巡抚臣刘秉璋跪[1]奏,为已故臬司从戎有年,战功卓著,吁恳天恩从优赐恤,并将战功事迹宜付国史馆立传,以彰忠荩,恭折具奏,仰祈圣鉴事。

窃浙江按察使刘盛藻②因病出缺,经臣另折奏报。伏查该司从军十余年,驰驱六七省,其功绩昭人耳目。臣籍与同郡,军兴同袍,所知尤为真确,谨为我皇太后、皇上陈之。

刘盛藻系安徽合肥县人,于同治元年由俊秀投效淮军前任直隶提督刘铭传铭字营内,随同臣鸿章带勇剿贼,转战江苏、浙江、安徽、河南、湖北、山东、陕西诸省,所至有功,先后擒斩悍贼,克复郡县,不可胜计,历保以按察使

① 《光绪宣统两朝上谕档》第 9 册(光绪九年),广西师范大学出版社 1996 年版,第 241—242 页。又《清德宗实录》卷 167,光绪九年七月下,中华书局 1987 年版,第 337 页。

② 刘盛藻(1828—1883),字子务,安徽合肥人。同治元年(1862),由俊秀投效提督刘铭传军营,随江苏巡抚李鸿章转战江苏、浙江、安徽、河南、湖北、山东、陕西等省,以功保从九品,以县丞遇缺即选,赏戴蓝翎。二年(1863),保知县,加知州衔。同年,保同知,升知府衔,加恒勇巴图鲁勇号,换花翎。三年(1864),保道员,晋按察使衔。五年(1866),加布政使衔。七年(1868),换法克精阿巴图鲁勇号,以按察使遇缺题奏。十一年(1872),赴陕接统铭军。十二年(1873),丁父忧,回籍葬亲。十三年(1874),回营。光绪元年(1875),回籍终制。五年(1879),补授直隶大顺广道。九年(1883),署理直隶按察使,调补浙江按察使。同年,卒于任。

遇缺题奏,并加布政使衔。该司忠朴廉明,条理缜密,治军整武,威惠兼施,为军中不可多得之材,淮军铭营中尤以刘盛藻为最得力,经前大学士曾国藩及臣鸿章先后奏保有案[2]。同治十一年,奉旨赴陕接统铭军[3]。十二年,闻讣丁父忧,恳请回籍守制,经前陕西抚臣邵亨豫①奏奉上谕:现在甘肃军务未竣,着将陕防事宜照常办理等因。钦此[4]。维时甘肃回逆猖獗,陇上战事方殷,该司统率铭、武各军,扼扎乾州,固关中之门户,为前敌之声援;一面歼除沿路匪党,疏通西征饷道,俾前敌诸军得以专心攻剿。

迨甘省肃清后,于光绪元年交卸营务,回籍终制。五年,奉旨引见,补授直隶大顺广道。在任三载,所辖东明县之黄河屡出险工,该司驻工抢护,甚至躬操畚梮,履险蹈危。复于治河之道精心擘划,必求足以经久而后止。如专设厅汛,改勇为兵,一切定章皆出自该司之创议,迄今长年有守,缓急无虞。此又有功于地方者也。

本年六月,奉旨补授浙江按察使,陛辞出都,于九月初三日到任。臣素悉该司器识宏远,施措裕如,方幸共事一方,藉资臂助,乃以积劳已久,精血耗尽,竟至甫遭风疾,遽尔不起,年未六十,未竟厥施,良可悲已。

窃维军兴以来,凡有冲锋临阵、劳勚最著之臣,于立功后积劳病故者,均蒙恩准优恤。今该司委系立功在前,积劳病故,合无仰恳天恩俯准敕部将已故布政使衔浙江按察使刘盛藻照军营立功后病故例从优议恤,并准将战功事迹宣付史馆立传,以彰崇报而慰幽魂,可否之处,出自鸿慈逾格。

谨会同大学士署[5]直隶总督臣李鸿章,恭折陈请,伏乞皇太后、皇上圣鉴,训示,谨奏。十月十九日[6]。

光绪九年十一月初一日,军机大臣奉旨:着照所请,该衙门知道。钦此。[7]

---

① 邵亨豫(1818—1883),字子立,一字汴生,江苏常熟人,寄籍顺天府宛平县。道光十九年(1839),中顺天乡试副榜。二十四年(1844),中举人。三十年(1850),中式进士,改庶吉士。咸丰二年(1852),授翰林院编修。四年(1854),充实录馆纂修。同年,补国史馆协修。八年(1858),充河南乡试正考官。同年,简授安徽学政。同治二年(1863),授国子监祭酒、实录馆纂修官。三年(1864),补日讲起居注官。四年(1865),补翰林院侍讲、侍读、右春坊右庶子。七年(1868),迁内阁学士兼礼部右侍郎衔。十年(1871),擢礼部右侍郎,兼吏部右侍郎、仓场侍郎。十一年(1872),补授陕西巡抚。同年,乞病开缺。光绪三年(1877),补授湖北巡抚。四年(1878),调补湖南巡抚。五年(1879)补礼部左侍郎。六年(1880),充会试复试阅卷大臣、庶吉士散馆阅卷大臣。同年,调吏部左侍郎。七年(1881),兼署户部右侍郎兼管钱法堂事务。是年,充考试大臣。九年(1883),卒于官。著有《愿学堂诗存》《雪泥鸿爪》等行世。

【案】此奏原件查无下落，录副现藏于中国第一历史档案馆①，兹据校正。再，此折具文日期，刊本作"光绪九年十月十七日"，而录副则署"光绪九年十月十九日"。查《随手档》②及同批折件可断，其具奏日期当以"光绪九年十月十九日"为是。兹据校正。

1.【头品顶戴浙江巡抚臣刘秉璋跪】刊本无此前衔，兹据录副校补。

2.【案】同治八年九月初一日，直隶总督曾国藩片奏刘盛藻可任提督缘由，曰：

再，臣于四月十九日接奉寄谕：李鸿章奏，提督刘铭传患病未痊，恳请开缺，已明降谕旨准其开缺调理矣。惟该提督所部各营前经曾国藩奏明作为畿辅护卫之师，现在刘铭传既经开缺，刘盛藻接统，是否胜任，或须另派妥员接管，并应否遣留之处，着曾国藩悉心察度，随时奏明办理。李鸿章原折着抄给阅看，将此谕令知之。钦此。

臣查保升按察使刘盛藻向在提臣刘铭传大营分统左军，唐殿魁分统右军，均称得力。唐殿魁殉难以后，刘盛藻每照料全军事务。上年刘铭传回籍养伤，刘盛藻代统其众，将士翕服。本年正月，臣奏明以铭军护卫畿辅，旋经檄调分兵来省。该员派营务处赵宗道管带八营，移驻保定。五月间，闻枭匪将起，又檄调滕学义管带三营移驻临清，而刘盛藻老营仍驻张秋，三处均归该员统辖，迄今已阅数月。察看该员勤廉精细，能识大体，尚可胜任。其军分扎各属，于直隶、山东百姓亦甚相安。现在西陲未靖，昨接山西抚臣李宗羲来函，于旧设沿河防兵外已再募新勇，添设八营，用防陇匪窜越。而河道绵长，瞬交冬令，将结冰桥，晋省河防尚未知可恃与否。直隶与山西毗连，此时铭军自未便遽撤，仍应责成刘盛藻统领，以资熟手，毋须另行派员接管。

理合附片复陈，伏乞皇太后、皇上圣鉴，训示。谨奏。

同治八年九月初一日，军机大臣奉旨：知道了。钦此。③

【案】光绪五年九月初二日，直隶总督李鸿章奏请刘盛藻来津

①　中国第一历史档案馆藏：《军机录副》，档案编号：03-5539-062。
②　中国第一历史档案馆藏：《军机处随手登记档》，档案编号：03-0239-2-1209-287。
③　中国第一历史档案馆藏：《军机录副》，档案编号：03-4741-146。

委用，曰：

再，臣驻津筹办北洋防务，在在需人助理，查有遇缺题奏按察使刘盛藻，统领铭军转战南北十数年，剿平发、捻各逆，立功最多，同治十一年经臣奏派赴陕接统铭营，实力整顿，缮固边防，和辑兵民，其才足以当一面，著有明效。嗣因调防徐、济，军务稍松，该臬司吁恩回籍补行终制，又经臣于光绪元年四月间奏蒙俞允，现计该臬司早经服阕，当此时事多艰，需才孔亟，如刘盛藻之治军严整，操行朴实，兵事历练既久，吏治亦甚讲求，洵为文武兼资、不可多得之才，合无仰恳敕下安徽抚臣转饬该臬司迅速兼程来津，由臣酌量委用，实于整备海防及地方政务有所裨助。

理合附片具陈，伏乞圣鉴，训示。谨奏。九月初二日。

光绪五年九月初四日，军机大臣奉旨：另有旨。钦此。①

【案】此奏旋于是年九月初四日得旨允行，《上谕档》载曰：

光绪五年九月初四日，内阁奉上谕：李鸿章奏，请调员差委等语。遇缺题奏按察使刘盛藻，现在安徽本籍，着安徽巡抚饬令该员来京，由吏部带领引见，俟引见后再行前赴天津，交李鸿章差遣委用，该部知道。钦此。②

3.【案】同治十一年八月初九日，署陕抚邵亨豫请饬刘盛藻来陕接统铭军，曰：

再，臣于本月初四日承准军机大臣密寄：同治十一年七月二十八日奉上谕：前因武毅右营勇丁溃散等因。钦此。仰见圣虑周详，轸念西陲，无微不至之至意。臣伏查铭字一军战功久著，祗因统帅不能浃洽，以至人心乖睽。但得威望素著，向为该军所敬服者，一转移间，即可消患未萌。

查该军练自江淮，惮于远涉，又当此驾驭未能妥协，度陇之计，因有所难。但若于人心未定之际遽议遣散，或恐变故滋生，难以预料。臣前闻候补道刘盛藻忠勇诚恕，卓著战功，久为铭军悦服，现在安徽原籍。臣到陕未久，乾州一带即有谣传刘盛藻来接统之信，足征军士之心、爱戴之诚，有如饥渴。臣近访查得实，以臣愚昧之见，可否仰乞天恩俯念军心不固，大局攸关，特旨饬令刘盛藻来陕接统铭军，或密饬直隶督臣李鸿章转饬该道迅即入陕。臣料铭军

①　中国第一历史档案馆藏：《军机录副》，档案编号：03-5802-077。
②　中国第一历史档案馆藏：《光绪宣统两朝上谕档》第5册（光绪五年），广西师范大学出版社1996年版，第280页。

知刘盛藻接统之信,欢忭鼓舞,不至于滋生事端。一俟人心巩固,或图进取,或谋撤回,士卒一心,罔不如志。即宁夏将军穆图善来陕,整顿此军,得兹指臂之助,亦可易于蒇事。

臣渥荷天恩,暂摄疆寄,目睹该军情形,急须统帅得人,不敢不冒昧吁恳,附片直陈,伏乞圣鉴,训示。谨奏。

同治十一年八月十七日,军机大臣奉旨:另有旨。钦此。①

【案】此奏于八月十七日得旨允行,《清实录》载曰:

谕军机大臣等:邵亨豫奏,请饬刘盛藻赴陕接统铭军等语。铭军素称劲旅,前因曹克忠与该军未能联络,谕令李鸿章悉心筹划,撤回安插,业经李鸿章奏请饬在籍臬司刘盛藻赴直筹议,当谕令英翰传知该臬司兼程赴津,听候李鸿章面授机宜,迅行赴陕接统。项据该抚所奏,是刘盛藻久为铭军悦服,兵将自必相孚。惟该臬司尚当前赴天津,到陕有需时日,邵亨豫仍当随时筹划,妥为布置,一俟刘盛藻到后,筹商一切,奏明办理。穆图善现已起程,赴乾、邠一带驻扎,前已谕知该将军毋庸留调铭军,以一事权。所有一切机宜,即着邵亨豫与李鸿章咨商妥办。将此由四百里密谕知之。②

4.【案】同治十二年闰六月十八日,陕抚邵亨豫奏请刘盛藻夺情视事缘由,曰:

陕西巡抚臣邵亨豫跪奏,为统兵大员在营闻讣丁忧,恳饬夺情视事事。

窃查布政使衔遇缺题奏按察使刘盛藻,自去年十一月奉命来陕接统铭军,训练士卒,认真整顿,俾铭军二十余营复成劲旅,遂为关中屹然重镇。兹据该臬司禀称:接到家信,悉亲父大全于本年五月二十七日在原籍病故,乞将驻防各军暂交该臬司堂弟提督刘盛休代为统带,恳准星夜回籍终制前来。

臣惟铭军屡平巨寇,最为得力之师,经该臬司统率半年,已复旧规。现在肃州一带战事方殷,陕境防务亦难松懈,将领更易之间大有关系。前接直隶督臣李鸿章来函,亦云铭军万众,非该臬司资望才力,难资督率。乃该臬司血性笃诚,坚请回籍,经臣再三函劝,责以大义,并派员前往慰藉,令其抑情节性,移孝作忠,一俟陇上军

————————

① 中国第一历史档案馆藏:《军机录副》,档案编号:03-4777-049。
② 《穆宗毅皇帝实录(七)》卷339,同治十一年八月下,第468页。

务肃清,陕防安谧,臣当为奏请乞假回籍,再补终制。

查该臬司亲父刘大全持身以义,教子以忠,前于该臬司赴陕叩辞时,谕以身受二品封典,未报涓埃,防务吃紧之时,正臣子宣劳之日,殷殷诰诫,勿负天恩。不意未及一年,遽遭大故。该臬司恩思罔极,亦属人子至情,可否仰祈恩施赏给刘大全一品封典,以示矜恤,出自逾格鸿慈。

所有臬司刘盛藻闻讣丁忧缘由,理合缮折由驿驰奏,伏乞皇上圣鉴。谨奏。同治十二年闰六月十八日。

同治十二年闰六月二十七日,奉朱批:另有旨。钦此。①

5.【署】刊本夺"署",兹据校补。

6.【十月十九日】刊本无此具奏日期,兹据校补。

7.【光绪九年十一月初一日,军机大臣奉旨:着照所请,该衙门知道。钦此。】此奉旨日期与内容,据录副校补。

奏刑部侍郎许庚身捐产赡族疏

光绪九年十月初六日(1893 年 11 月 5 日)

头品顶戴浙江巡抚臣刘秉璋跪[1]奏,为大员捐产赡族,援案恳恩赏给匾额,以示嘉奖,恭折仰祈圣鉴事。

窃据布政使德馨详:转据绅士现任刑部右侍郎许庚身[2]呈称:世居杭州省城横河桥,支脉繁衍。胞伯原任广西宝州知州许乃来、原任江苏海州直隶

---

① 中国第一历史档案馆藏:《朱批原件》,档案编号:04-01-16-0198-130;又《军机录副》,档案编号:03-4666-078。

② 许庚身(1825—1893),名星叔,字吉珊,浙江省仁和县(今浙江省杭州市)人。咸丰二年(1852),中举人。五年(1855),充内阁中书。七年(1857),加侍读衔。九年(1859),充军机章京额外行走。十年(1860),署理军机章京。同治元年(1862),中式进士。同年,补内阁侍读。二年(1863),充方略馆纂修。三年(1864),授方略馆提调,充福建乡试副考官。同年,升刑部郎中。四年(1865),任会试同考官。五年(1866),补授鸿胪寺少卿。八年(1869),补方略馆帮提调兼总纂。同年,授军机章京。十年(1871),迁内阁侍读学士。十二年(1873),升补光禄寺卿,充贵州乡试正考官。同年,简放江西学政。光绪四年(1878),授太常寺卿。五年(1879),署理礼部左侍郎。同年,补授大理寺卿。七年(1881),署理左副都御史。同年,补礼部右侍郎,兼署户部右侍郎兼管钱法堂事务。八年(1882),授江南乡试正考官。同年,补刑部右侍郎。十年(1884),在军机大臣学习行走,充总理各国事务衙门行走。同年,授军机大臣。十一年(1885),署兵部尚书。十三年(1887),补授吏部左侍郎。十四年(1888),授方略管总裁。同年,充顺天乡试副考官。十五年(1889),署理吏部尚书。十六年(1890),授会典馆总裁。十九年(1893),卒于任。赠太子少保,谥恭慎。

州知州许乃大、原任太常寺卿许乃济①,故父原任甘肃敦煌县知县许乃谷,胞叔原任吏部尚书许乃普②、原任江苏巡抚许乃钊③、原任山东掖县知县许乃恩等,在日曾拟仿照宋贤范仲淹遗法,置立义田,赡养宗族,有志未逮。现在族中丁口益增,生计日绌,庚身倡率族人仰承先志,陆续置买仁和、钱塘两邑民田二千亩有奇作为义田,另置房屋一所作为义庄。所收租息除完纳丁漕、岁时祭祀外,凡族中贫苦孤寡、婚嫁、丧葬以及子弟读书、应试一切费用,酌立规条,以时资助。公举庄正、庄副,妥善经理等情,造具田亩、规条清册,由府县加具印结,详司核明请奏前来。

伏查现任刑部右侍郎许庚身克承先志,率族捐置田产,值银一万七千余两,睦族敦宗,事堪风世,例得仰邀旌赏。惟系二品大员,与寻常士民捐资赡族者不

① 许乃济(1777—1839),字叔舟,又字作舟,号青士,浙江省仁和县(今浙江省杭州市)人。嘉庆十四年(1809),中式进士,选庶吉士,散馆授编修。二十五年(1820),补山东道监察御史。道光三年(1823),升兵科给事中。五年(1825),放广东肇罗道。七年(1827),补授广东督粮道。九年(1829),调补高廉道。十一年(1831),派护暹逻国贡使。十二年(1832),署理两广盐运使。同年,兼理广东按察使司。十三年(1833),兼署广东按察使。同年,补授光禄寺少卿。十四年(1834),署理广东学政。十八年(1838),以倡弛禁鸦片降职。十九年(1839),卒。著有《许太常奏稿》《二许集》《求己斋诗集》等行世。

② 许乃普(1787—1866)字滇生,一字季鸿,又字经畲;号养园,又号观奕道人,浙江省仁和县(今浙江省杭州市)人。嘉庆十九年(1814),拔贡,充刑部七品小京官。二十五年(1820),中式进士,授翰林院编修。同年,补军机章京。道光二年(1822),授河南乡试副考官。三年(1823),充南书房行走。同年,任会试同考官。四年(1824),补司经局洗马。五年(1825),补翰林院侍讲,授湖北乡试正考官。同年,放贵州学政。九年(1829),升翰林院侍读。十一年(1831),授山东乡试正考官。十二年(1832),充顺天乡试同考官。十三年(1833),升侍讲学士。同年,授江西学政。十六年(1836),补詹事府少詹事。十七年(1837),迁詹事府詹事。十八年(1838),补授内阁学士兼礼部侍郎衔,署理兵部右侍郎。同年,调补刑部右侍郎。十九年(1839),署理经筵讲官。同年,补授吏部左侍郎,署理户部左侍郎兼管钱法堂事务。二十年(1840),补授户部左侍郎兼管三库事务。二十一年(1841),擢兵部尚书。二十四年(1844),署理工部尚书。同年,充顺天乡试副考官。二十五年(1845),调补太常寺卿。同年,充会试副考官。二十七年(1847),调补光禄寺卿。咸丰二年(1852),署工部右侍郎。同年,授山东乡试正考官。三年(1853),署理刑部右侍郎。同年,补授工部尚书,调补刑部尚书。四年(1854),授实录馆总裁。同年,补授都察院左都御史。九年(1859),补授吏部尚书。十年(1860),加太子太保衔。旋因病乞退。同治五年(1866),卒。谥文恪。著《许文恪书目》《堪喜斋集》等行世。

③ 许乃钊(1799—1878),字信臣,号贞恒,又号讯岑、讯臣,晚号邃翁,浙江钱塘县(浙江杭州市)人。道光十五年(1835),中式进士,改庶吉士。十六年(1836),授翰林院编修。十九年(1839),充江西乡试副考官。二十年(1840),授河南学政,嗣补翰林院侍读。二十六年(1846),任顺天乡试同考官。二十八年(1848),补授日讲起居注官。二十九年(1849),授广东学政。咸丰二年(1852),补国子监祭酒。同年,升内阁学士兼礼部侍郎衔。三年(1853),署理江苏巡抚。四年(1854),擢江苏巡抚。同年,剿办小刀会,以劳师无功革职。七年(1857),以三品顶戴帮办江南军务。八年(1858),补授光禄寺卿。十年(1860),以太平军破江南大营革职。光绪四年(1878),卒于籍。著有《武备辑要》《续武备辑要》《荒政辑要》《安澜纪要》《回澜纪要》《乡守辑要合抄》等存世。

同。查有前任顺天府府尹彭祖贤①捐田赡族，经礼部援照侍郎张祥河②成案，奏奉上谕，赏给匾额，钦遵在案。今许庚身情事相同，可否仰恳圣恩援照府尹彭祖贤、侍郎张祥河成案赏赐御书匾额以示嘉奖之处，出自鸿慈，臣等未敢擅便。

除册结咨部外，谨会同闽浙总督臣何璟、浙江学政臣祁世长③，恭折陈

---

① 彭祖贤（1819—1885），字芍亭，又字商者，江苏长洲县（今江苏苏州）人。咸丰元年（1851），以荫生签分户部候补主事，旋充实录馆校对官、详校官、满校对官，后随大将军和硕惠亲王襄理文案。五年（1855），中式举人，加五品顶戴。六年（1856），保员外郎。七年（1857），补户部山西司员外郎。九年（1859），迁户部云南司郎中。十一年（1861），以五品京堂在任候补。同治元年（1862），交军机处记名以道府用，旋补鸿胪寺少卿、转通政司参议。同年，丁父忧。四年（1865），以四品京堂候补。六年（1867），擢太仆寺少卿。八年（1869），开缺回籍葬亲。十一年（1872），回任太仆寺少卿。十二年（1873），署光禄寺卿，升顺天府府尹。同年，充乡试监临武闱。十三年（1874），丁继母忧。光绪三年（1777），补授顺天府府尹。四年（1878），调补江西布政使。六年（1880），擢湖北巡抚。八年（1882），署湖广总督。十年（1884），加头品顶戴。十一年（1885），卒于任，有《彭氏三先生集》《长洲彭氏家集》等行世。

② 张祥河（1785—1862），原名公璠，字元卿，一字诗龄，又字诗舫；号诗道人，又号鹤在。江苏省松江府娄县（今上海市松江区）县学廪膳生。嘉庆十二年（1807），中举。二十五年（1820），拔贡。同年，中式进士。道光元年（1821），充实录馆详校官。四年（1824），补军机章京，升内阁中书。七年（1827），充户部山西司行走。同年，补户部云南司主事。八年（1828），充福建乡试副考官。九年（1829），补方略馆协修，迁方略馆纂修官。十年（1830），调补广东司员外郎兼云南司行走。同年，升云南司郎中。十一年（1831），授顺天乡试同考官。补授山东督粮道。十七年（1837），升授河南按察使。同年，丁父忧，回籍终制。二十年（1840），补河南按察使。二十一年（1841），署理河南布政使。二十四年（1844），补授广西布政使。二十五年（1845），丁母忧，回籍守制。二十八年（1848），补授甘肃布政使。同年，擢陕西巡抚。咸丰四年（1854），调补内阁学士兼礼部侍郎衔。同年，调补吏部右侍郎，转吏部左侍郎。五年（1855），授顺天学政。六年（1856），署刑部左侍郎，兼管顺天府尹事务。同年，充会试朝考阅卷官。八年（1858），兼署顺天府尹。同年，授都察院左都御史。九年（1859），调补工部尚书，兼管顺天府尹事务。十年（1860），加太子太保衔。十一年（1861），兼管火药局事务。同治元年（1862），卒于任。谥温和。著有《粤西笔述》《关陇舆中偶忆》《小重山房初集》《小重山房集》《小重山房赋》《小重山房词》《小重山房诗续录》《诗龄诗录》《诗龄诗外录》《诗龄词录》《试帖》《墨林今话》《粤西笔述关陇舆中偶忆编》《续骖鸾录》《四铜鼓斋记》《张国相传》等，编有《四铜鼓斋论画集》《会典简明录》等，辑有《秦汉玉印十方》等存世。

③ 祁世长（1825—1892），字子禾，号敏斋，山西寿阳（今山西省寿阳县）人。咸丰十年（1860），中式进士，选庶吉士。同治元年（1862），授翰林院编修。二年（1863），补功臣馆纂修、实录馆协修。三年（1864），充湖南乡试副考官。同年，补武英殿纂修。九年（1870），授翰林院侍读、日讲起居注官。十年（1871），补右春坊右庶子，转左庶子。同年，升翰林院侍讲学士。十一年（1872），简授安徽学政。十三年（1874），授内阁学士，兼礼部侍郎衔。光绪二年（1876），充江南乡试监临。三年（1877），署理刑部左侍郎。四年（1878），署理兵部左侍郎。同年，署吏部右侍郎，授顺天学政。五年（1879），补授礼部左侍郎。六年（1880），署理兵部左侍郎、礼部右侍郎、刑部右侍郎。七年（1881），补授吏部右侍郎。九年（1883），授浙江学政。同年，调补吏部右侍郎。十年（1884），擢都察院左都御史、经筵讲官。十一年（1885），署工部尚书。同年，充武乡试正考官。十二年（1886），充会试副考官。十三年（1887），署礼部尚书。十四年（1888），署兵部尚书。十六年（1890），补授工部尚书，兼管顺天府府尹事务。十八年（1892），卒于任。谥文恪。有《思复堂集》《翰林书法要决》《祁文瑞公年谱》等行世。

请,伏乞皇太后,皇上圣鉴,训示。谨奏。十月初六日[2]。

光绪九年十月二十七日,军机大臣奉旨:该部议奏。钦此。[3]

【案】此奏原件查无下落,录副现藏于中国第一历史档案馆①,兹据校正。再,此折具文时间刊本作"光绪九年九月二十六日",而录副则署为"光绪九年十月初六日"。两相比较,应以录副为是,兹据校正。

1.【头品顶戴浙江巡抚臣刘秉璋跪】刊本无此前衔,兹据录副校补。

2.【十月初六日】此具奏日期据录副校补。

3.【光绪九年十月二十七日,军机大臣奉旨:该部议奏。钦此。】此奉旨日期与内容,据录副校补。

奏勘明海宁海盐平湖境内石土塘工疏
光绪九年十二月二十日(1884年1月17日)

头品顶戴浙江巡抚臣刘秉璋跪[1]奏,为勘明海宁、海盐、平湖等州县境内风潮冲损石土塘工,择要应修丈尺,估需工料、银数,恭折仰祈圣鉴事。

窃照本年七月先后两次风潮异常旺大,为数十年来未有之奇灾,致将海宁、海盐、平湖等处石土塘工间段被冲,坍决灌口,情形万分危险,当经各该管厅县会督绅弁,筹垫经费,抢险堵筑,暂资抵御;并由塘工总局分委干员驰往逐细履勘,择其必不可缓之工,先行确切估办;并经臣奏奉谕旨:此次浙省沿海州县猝遇风潮,漫决塘堤、田庐,受伤情形甚重,所有冲塌塘工,着即迅速筹款修筑,以资保卫等因。钦此。钦遵在案。

兹据督办塘工总局司道会详称:查海宁州大小山圩及头、二圩塘堤,本系民筑工程,自经兵燹,民力未逮,修不以时;又自塔山石坝修复以来,回浪涌激,该圩适当其冲,近因南岸涨沙挺出,北岸愈受其敌,复经本年两次风潮先后冲激,坍损愈甚。居民[2]自被灾以来,益形困苦,无力兴修,若非及时动拨正款、择要修筑,不足以资保卫,应请将大山圩坍卸紧要石塘二百十二丈四尺,塘脚砌用条石四层,上镶块石,外钉桩木,以期巩固;并将统圩塘面加填面土一尺,自一段至十三段塘后添筑土堰一道,其余各段损卸石塘一百七十七丈九尺,暨小山圩坍损石塘一百七十五丈,东西两山脚接筑石塘十五

---

① 中国第一历史档案馆藏:《军机录副》,档案编号:03-5539-058。

丈,及头、二圩坍卸石塘二百四十七丈,土堤七百三十三丈,应请一并添石修
筑,撙节确估,共需工料银一万一百余两。

至海盐塘工,自道光年间即有坍卸,从前随时修补,尚无妨碍。迨至军
兴,饷需浩繁,库款支绌,一切要工均多停待,年复一年,日侵月削,以致石塘
间段坍缺。同治六年间经原任闽浙总督吴棠①、浙江巡抚马新贻②于复奏
会勘海塘各工分别筹款次第办理折内陈明盐、平两汛泼损塘工,随时酌量修
复,以固全塘³。嗣经先后四次择要办竣绕城等处石塘、坦水各工,均经奏报
在案。此外未办石塘尚有二千余丈,多系泼损坍塌,歪斜散裂,间有数段整
齐,亦系孤悬独立,每当潮汐,旧塘基址悉浸水中,其所以碱水不致内灌、田
庐桑麻得以无恙者,全赖塘后土备塘以资抵御。讵意本年秋汛,风潮异常汹
猛,期间段原存旧塘复又增坍,并将土备塘冲决数处,虽经官绅抢堵完固,未
受重灾,而沿海居民不无惊恐。议者佥云:亟宜建复石塘,以期一劳永逸。
第沿海风浪靡常⁴,建复石塘,工多费巨,筹款购料,非数年不能集事。以数
年成功之石塘,欲期堵御目前之风浪,诚恐缓不济急。今察看情形,应请先
将绕城虞字号起至体字号止泼损浮土以及后馘⁵土塘等工四百二十一丈五
尺一律填筑平整。其土备塘顶冲处自靡字号起至积字号止,共工长八百七
十八丈,应请一律加高塘身,帮宽塘面,并将最险作、圣等号旧坍石塘缺口打
桩编竹,以为土堤外护,一并估计,共需工料银一万三千五百余两。

其平湖境内乍浦以东原建独山石塘五百余丈,内岁字号石塘二十丈全

① 吴棠(1813—1876),字仲宣,号棣华,安徽盱眙县(今安徽省滁州市明光)人。道光十五年
(1835),中式举人,后屡赴会试,均不售。二十四年(1844),大挑一等,以知县用,分南河。
二十九年(1849),补江苏桃源县知县。咸丰元年(1851),调补清河县知县。二年(1852),
署邳州知州。四年(1854),丁内艰,回籍守制。同年,署清河县知县,升直隶州同知,并赏
戴花翎。六年(1856),丁外艰。七年(1857),保知府留江苏补用。同年,再保道员。十年
(1860),署徐州道。同年,升补江南淮徐道,帮办军务。十一年(1861),加按察使衔。同
年,迁江宁布政使,署理漕运总督。同治二年(1863),擢漕运总督。三年(1864),兼署江
苏巡抚。四年(1865),兼署两江总督。同年,简授两广总督,未赴任。五年(1866),补授
闽浙总督。六年(1867),调补四川总督。十年(1871),兼署成都将军。光绪二年(1876),
以病疏请开缺回籍。同年,卒于籍。谥勤惠。著有《望三益斋存稿》《望三益斋诗文钞》,
修《福建通志》等行世。
② 马新贻(1821—1870),字谷山,号燕门,又号铁舫,山东菏泽县人。道光二十六年(1846)
中举人。二十七年(1847)中式进士。咸丰元年(1851),选安徽建平县知县。五年
(1855),署安徽合肥县知县。六年(1856),升补安徽安庆府知府。七年(1857),调安徽庐
州府知府,并加道衔。同年,署安徽庐凤颍道。八年(1858),署安徽按察使。九年
(1859),丁忧回籍。十一年(1861),保道员。同治元年(1862),加按察使衔。同年,署安
徽布政使。二年(1863),补授安徽按察使。同年,迁安徽布政使。三年(1864),擢浙江巡
抚。六年(1867),授闽浙总督。七年(1868),调补两江总督,兼办通商事务大臣。九年
(1870),遇刺身亡。谥端愍。赠太子太保、骑都尉兼云骑尉世职。

行坍卸至底,应请建筑十八层鱼鳞石塘。冬、藏、成三字号泼卸石塘四十八丈,应请加添新石,补砌完整。天字号迤东石土交接处旧筑柴工十八丈早经坍卸,应请改筑土塘,外用条石帮护,以期巩固。并将天字等号以及乍浦之各字号泼损附土五百余丈一律加高,挑添⁶平整,照案确估,共需工料银一万五千三百余两。此外各该处尚有泼损石塘、坦水、附土等工,情形较轻,只须于前工内匀拨办理,不另开销,以节经费。至所估各工将来兴办后,或有随时酌量增减之处,统俟工竣汇报。据杭州府知府吴世荣等分别勘明,择要估请修办,禀由该局司道复加查核,所有海宁、海盐、平湖等处应修石、土各工,均系刻不可缓,择要估办。所需工料经费三共计银三万九千余两,分别勾稽,均尚核实无浮,应请照估,于塘工经费项下筹拨办理。至海盐境内应修石塘,容俟筹有巨款,再行确勘估办等情,会详请奏前来。

　　臣复查无异,除分饬委员会同各该厅州县领项购料,督饬夫匠赶紧修筑,工竣分别详候委验造销外,合将勘明海宁、海盐、平湖等州县境内风潮冲损石土塘工择要应修丈尺估需工料银数缘由,恭折具奏,伏乞皇太后、皇上圣鉴,谨奏。九年十二月二十日⁷。

　　光绪十年正月初三日,军机大臣奉旨:该部知道。钦此。⁸

　　【案】此奏原件查无下落,录副现藏于台北故宫博物院①,兹据校正。再,此折具文时间刊本仅作“光绪九年十一月”,未确。而录副则署为“光绪九年十二月二十日”,确。兹据校正。

　　1.【头品顶戴浙江巡抚臣刘秉璋跪】刊本无此前衔,兹据录副校补。

　　2.【居民】刊本夺“居”,兹据校补。

　　3.此事可参阅同治六年正月二十五日闽浙总督臣吴棠会衔浙江巡抚马新贻奏报会勘浙江海塘要工筹款分别办理情形一折。②

　　4.【靡常】刊本作“异常”,兹据校正。

　　5.【戗】刊本作“创”,兹据校正。

　　6.【挑添】刊本作“挑填”,兹据校正。

　　7.【九年十二月二十日】刊本无此具奏日期,兹据录副校补。

　　8.【光绪十年正月初三日,军机大臣奉旨:该部知道。钦此。】此奉旨日期与内容,据录副补。

　　① 台北故宫博物院藏:《军机及宫中档》,文献编号:124628。
　　② 中国第一历史档案馆藏:《军机录副》,档案编号:03-9577-001。

奏带印出省巡阅海口疏

光绪九年十二月二十九日（1884年1月26日）

头品顶戴浙江巡抚臣刘秉璋跪[1]奏，为恭报微臣带印出省，巡阅海口，察看布置，恭折奏报，仰祈圣鉴事。

窃浙省沿海千余里，口岸纷歧。乍浦为省垣门户，镇海乃宁波口门。定海则孤悬海外，又为宁、镇外护，最关紧要。臣遵奉谕旨，度地制宜，已将沿海炮台逐渐修整添筑，安设炮位，购办军火，添募勇营，并饬沿海各属实力办团，编查渔船保甲，以资绥靖。惟浙省库款异常支绌，当此海防紧要，措置殊为不易，臣惟督饬镇将、司道，竭尽愚忱，尽力筹办。现在事机渐紧，应即亲往察看，乘此封篆期内署中公事稍减，拟于正月初九轻舟减从，带印出省，由乍浦出口，乘坐轮船，历定海、镇海、宁波一带，履看形势，稽查营伍；并会商提臣欧阳利见①督同各将领，熟筹布置。所有巡抚、盐政衙门日行事件，循例饬委藩司代拆代印，遇有紧要公事，仍包封行次，由臣亲自核办。

谨将微臣带印出省巡阅海口缘由，恭折具奏，伏乞皇太后、皇上圣鉴。谨奏。光绪九年十二月二十九日[2]。

光绪十年正月二十一日，军机大臣奉旨：知道了。钦此。[3]

【案】此奏原件、录副均查无下落，兹据《随手档》《清实录》校正。

1.【头品顶戴浙江巡抚臣刘秉璋跪】刊本无此前衔，兹据前后折件校补。

2.【光绪九年十二月二十九日】此具奏日期据刊本补。

3.【光绪十年正月二十一日，军机大臣奉旨：知道了。钦此。】此奉旨日期与内容，据《随手档》②校补。

---

① 欧阳利见（1825—1895），字赓堂、学钟，号健飞，湖南祁阳人。咸丰四年（1854），以俊秀投效曾国藩湘军水师。五年（1855），以功拔补外委，戴蓝翎。旋保千总，加守备衔。九年（1859），保升都司，换花翎。十年（1860），保游击。同治元年（1862），晋参将，加副将衔。二年（1863），补狼山镇右营游击，加强勇巴图鲁名号。同年，保副将，迁总兵。三年（1864），授江南淮扬镇总兵。同年，保记名提督。九年（1870），换奇车伯巴图鲁勇号。光绪四年（1878），署理江南淮扬镇总兵。六年（1880），调江南福山镇总兵。七年（1881），擢浙江提督。十五年（1889），因病去职。二十一年（1895），经两江总督刘坤一奏调赴援奉天，病卒于途。著有《金鸡谈荟》15卷行世。

② 中国第一历史档案馆藏：《军机处随手登记档》，档案编号：03-0242-1-1210-017。

奏察看浙省沿海形势分别布置疏

光绪十年正月二十一日(1884年2月28日)

头品顶戴浙江巡抚臣刘秉璋跪[1]奏,为察看浙省沿海形势分别布置情形,恳恩饬拨得力兵轮,以辅陆师而重防务,恭折仰祈圣鉴事。

窃臣前准军机大臣密寄:钦奉上谕:浙省饷绌兵单,沿海各口备御空虚,系属实在情形,着李鸿章与刘秉璋商选得力将领前赴浙省,以资臂助,应如何添募数营带往及筹拨军饷之处,着奏明请旨。该抚务将镇海、定海等处防务妥为布置,毋庸疏虞等因。钦此[2]。跪读之下,感悚难名。

旋接李鸿章电复,得力将领急切,无人可派。臣仰沐圣恩,畀以封疆重任,责无旁贷,敢不凛遵谕旨妥为筹办?因于正月初九日带印出省,先至乍浦,查得该处原有总兵吴建昭楚军一营,现饬候选道姚有志添募亲兵新中一营,均交姚有志统带,驻守乍浦;并饬分统水师象协副将余宏亮,如遇乍防有警,即带所部水师三营并巡盐水师一营,共计舢板九十只,前赴乍浦、澉浦一带,与姚有志及乍浦副将卢成金会商布置,以免疏虞。

旋即展轮至定海,察看得该厅孤悬海外,扼南、北洋要冲,不独为浙江门户,防务最为吃重。据提臣欧阳利见原议,必得陆师万人、大兵轮七八号,乃能扼守。即从俭布置,至少亦须得多之数。臣亲履其地,踏勘形势,均非虚言。惟浙饷奇绌,现有各营已难供支,势在不能多募,不得不力求节省。

查光绪六年定海办防,经升任抚臣谭钟麟檄饬正任台州府成邦干募贞字楚勇五营,事定全撤。上年复办防务,臣以该员熟悉情形,饬募贞中、前、左三营,并挑定标练兵二营。现在察看情形,陆勇太单,已饬添募贞字右、后二营,仍交成邦干统领,帮同定海镇郭定猷①分布陆路隘口。惟该厅四面皆海,随处可以登岸,水师尤关紧要,营船无多,万不足恃,非有得力兵轮多号,则战守毫无把握,惟有吁恳天恩饬下南洋大臣及闽省船政大臣,分拨坚利兵轮船或蛟子船四号,驻泊定海,以资守御。如蒙俞允,各船原有额支之饷,并恳恩施饬由原省接济,以免缺乏。

---

① 郭定猷(1831—1885),广东番禺县人,道光二十九年(1849),投效军营,充勇目,历保守备,赏戴花翎。咸丰六年(1856),保升游击。八年(1858),保参将,加副将衔。十年(1860),保总兵,加骠勇巴图鲁勇号。同治二年(1863),晋提督衔。三年(1864),借补乍浦协副将。四年(1865),署金门镇总兵。六年(1867),署金门协副将。七年(1868),署福建海坛镇总兵。八年(1869),署理福建福宁镇总兵。十一年(1872),署浙江海门镇总兵。十二年(1873),补授浙江定海镇总兵。光绪十一年(1885),病卒于任。

臣于定海查勘事毕即至镇海,与提臣欧阳利见面商议定,以提臣原部达字四营、提标练兵两营由提臣统率驻守南岸,记名提督杨岐珍率新募亲兵四营分守北岸,而以记名总兵江西抚标右营游击钱玉兴新募亲兵小队二营填扎宁府城,为镇海后路策应,统归提臣商酌调度,以一事权。开印在即,旋由宁波、绍兴内河回省。至温、台二府亦属海疆,而形势较松,亦已酌添勇队,拨给军火,分饬该镇、道、府督率地方官,力行保甲,妥为筹防,以备不虞。

除将公回日期及添办军械、募勇数目遵照新章另行具奏外,谨将察看沿海形势,分别布置,请拨轮船缘由,恭折驰陈,伏乞皇太后、皇上圣鉴,训示。谨奏。光绪十年正月二十一日[3]。

光绪十年二月初四日,军机大臣奉旨:另有旨。钦此。[4]

【案】此奏原件、录副均查无下落,兹据《随手档》《清实录》校正。

1.【头品顶戴浙江巡抚臣刘秉璋跪】刊本无此前衔,兹据前后折件校补。

2.【案】此谕旨节略较多,《清实录》载曰:

乙丑①,谕军机大臣等:前据刘秉璋奏,请调吴长庆酌带勇营赴浙,当以直隶海防、朝鲜镇抚均关紧要,谕令另筹妥员统带兵勇。兹据该抚奏,仍恳饬调吴长庆赴浙帮办防务各折片。浙省饷绌兵单,沿海各口备御空虚,系属实在情形。惟吴长庆现率所部驻扎朝鲜,关系甚重,势难远调赴浙,着李鸿章与刘秉璋悉心会商,另选得力将领与该抚气谊素孚者前赴浙省,以资臂助。应如何添募数营带往及筹拨军饷之处,着奏明请旨。法有侵犯舟山等处之谣,虚实虽未可知,必需严密设备。该抚务将镇海定海等处防务妥为布置,毋稍疏虞。杨岳斌更名已久,该抚片内所称杨载福,殊属疏忽,着传旨申饬。将此由五百里各密谕知之。②

3.【光绪十年正月二十一日】此具奏日期据刊本补。

4.【光绪十年二月初四日,军机大臣奉旨:另有旨。钦此。】此奉旨日期与内容,据《随手档》③校补。

【案】此奏于是年二月初四日得旨,《清实录》载曰:

谕军机大臣等:刘秉璋奏,察看沿海形势,分别布置,请拨轮船

① 即光绪九年十二月十九日。
② 《清德宗实录》卷176,光绪九年十二月下,中华书局1987年版,第453页。
③ 中国第一历史档案馆藏:《军机处随手登记档》,档案编号:03-0242-1-1210-030。

一折。浙江定海地方防务紧要，急需得力兵轮，以资备御，着左宗棠、何璟、张兆栋、何如璋酌量分拨坚利兵轮船或蚊子船四号，前赴定海驻泊。各该船原有额饷仍由原省接济，俾免缺乏。所有浙省现在分布各营，即着刘秉璋督饬认真操练，毋稍疏懈。其余各事宜仍着妥筹办理，以备不虞。将此由四百里各谕令知之。①

奏杜绝州县隐匿钱粮疏
光绪十年二月初五日（1884 年 3 月 2 日）

头品顶戴浙江巡抚臣刘秉璋跪[1]奏，为杜绝州县隐匿钱粮，明定章程，通饬遵办，请旨饬部核明立案，以垂久远，恭折仰祈圣鉴事。

窃查各项钱粮均为国家维正之供，经征之员例应实征实解，不容丝毫欺隐。矧值度支告匮，尤应设法整顿。乃臣访闻浙省州县征收钱粮，往往有征多解少、存留属库之弊。及至交代之际，前后任通同隐匿，辄以滥款列抵，辗转递交，无所底止。一旦仰蒙恩旨蠲免钱粮，则概归民欠请豁，年分既远，无可究诘。是贪劣之员既已朦混于前，复得幸免于后。揆诸事理，实为可恨，亟应设法严防，以杜其弊。

查滥款流摊，已于前数年经藩司通饬禁革有案，此后固宜重申禁令，杜绝弊端。臣现拟章程六条，责成该管道府就近如法稽查，实力奉行，务使州县实在征数毫无隐混，尽征尽解，以杜积习而裕国课。苟能得人而理，当有效可观。

现在春征伊迩，除将章程札发藩司、粮道严饬各属一体遵办外，谨将所拟章程缮具清单，恭呈御览，伏乞皇太后、皇上圣鉴，敕部核明，立案施行，谨奏。二月初五日[2]。

光绪十年二月二十四日，军机大臣奉旨：户部知道。单并发。钦此。[3]

谨将杜绝州县隐匿钱粮章程六条，缮具清单，恭呈御览。
计开：
一、稽查前任征收数目也。凡各厅州县接印后，限十日内将前任征收某某年正、耗钱粮若干，已解若干，未解存县若干，有无溢征垫解，开具简明清单，通送查核。
一、稽查现任征收数目也。凡各厅州县经征钱粮，先将开征日期大张晓

---

① 《清德宗实录》卷178，光绪十年二月，中华书局 1987 年版，第 4778 页。

谕,通报查考,无论向分上、下两忙及春征、夏征、秋征者,悉循旧章,一俟停征,亦即大张晓谕,限十日内将征过某某年正、耗若干,已解若干,存县若干,有无溢征垫解,开具简明清单,通送查考,一面将日征流水红簿赍送该管知府核复。直隶厅送本管道查核,法亦如之。

一、责成上司稽查征收数目也。查各州县实征红簿向系盖用府印,近已视为具文。今拟由府设立循环印簿二本,先期由府谕传各属库总书至府,面谕将逐日征收新旧钱粮各若干分别登记,遇有解款,一律登注,按月送府更换。每逢停征截数后,令该库书带同前簿,即由该管知府将州县送到日征流水红簿逐细核算,与该州县所报年分银数是否相符,具结通送查考。如有征多报少以及挪新掩旧等项情弊,立即禀请查究,不准容隐。如无情弊,算明后即将各件发还,不准书吏留难需索。直隶厅送本管道查核,法亦如之。

一、奏销后稽查征收数目也。各属民欠钱粮固所不免,而各州县狃于私便,偶遇水旱不时,无不大张其词,禀请勘办。迨荒歉分数既定之后,则无论征收多寡,除报名熟田之外,即有溢征之数,俱不报出,留存县库,私相接受,或以滥款作抵,或竟互相分肥。同系国课,同属民脂,岂容如此含混? 必应严密稽查,涓滴归公,以昭核实。今酌定每遇奏销之后,责成该管知府吊齐日征流水红簿,核明该州县经征各年钱粮实有若干,征解存留数目是否相符,通报查考。如有溢征应缓之款,即行提出,照例作为急公花户预完,一体入册奏报,不准留存县中,以杜侵挪。该管知府通同徇隐,并干参处。直隶厅由本管道查核,法亦如之。

一、吊查串根以杜流弊也。嗣后州县交替之际,应饬将新旧钱粮民欠未裁之串连根申送该管知府查核与红簿已征、未征之数是否相符。其无连根串票送核者皆系已征,应全数列入交代。如查有前后任通融情弊,一并揭参。该管知府性耽安逸,查核粗疏,察出一并参处,勿稍宽贷。直隶厅由本管道查核,法亦如之。

一、豁免案内稽查民欠也。查州县捏已征为民欠,无非希冀国家庆典有蒙恩豁免之一日,便可概行销结,应即立定详细章程,以杜朦混。嗣后如遇豁免之案,一经奉文,即由藩司会同粮道,设局清查。各州县将未离根串票封固解局,核对无讹,乃作民欠豁免。其无连根串票解局者,均属已征在官。如查与交代册内所报经收钱粮数目不符,即系侵吞入己,除将该州县通同舞弊之前后任从严参追外,仍将扶饰之道府一并参处。如一年内州县不能完缴,即责成原查交案之该管道府全数赔缴,缴不足数,一并参追。直隶厅由本管道查办,法亦如之。

军机大臣奉旨:览。钦此。[4]

【案】此奏原件查无下落，录副①、清单②现藏于台北故宫博物院，兹据校正。再，此折具文时间刊本作"光绪十年二月初一日"，未确。而录副则署为"光绪十年二月初五日"，确。兹据校正。

1.【头品顶戴浙江巡抚臣刘秉璋跪】刊本无此前衔，兹据录副校补。

2.【二月初五日】刊本无此具奏日期，兹据录副校补。

3.【光绪十年二月二十四日，军机大臣奉旨：户部知道，单并发。钦此。】此奉旨日期与内容，据录副校补。

4.【军机大臣奉旨：览。钦此。】此批旨据《清单》校补。

奏谢赏福字疏

光绪十年三月十八日（1884 年 4 月 13 日）

头品顶戴浙江巡抚臣刘秉璋跪[1]奏，为恭谢天恩事。

光绪十年正月二十一日差弁回浙，赍奉御赏福字一方到臣。谨即恭设香案，望阙叩头祗领讫。

钦惟皇上德协乾符，政孚泰运。万年有道，恩纶宣日月之光；六合同春，宸翰焕星云之瑞。幸际岁躔更始，渥蒙天贶遥颁。炳文治于尧章，四海普同文之化；沛德音于羲画，九畴符好德之征。高厚无疆，感惶靡极。臣圻封忝任，涓效未酬，远处西泠，荷龙光之锡宠；仰瞻北阙，谨虎拜以输诚。

所有微臣感激欣幸下忱，理合缮折恭谢天恩，伏乞皇上圣鉴。谨奏。三月十八日[2]。

光绪十年四月十二日。军机大臣奉旨：知道了。钦此。[3]

【案】此奏原件查无下落，录副现藏于台北故宫博物院③，兹据校正。

1.【头品顶戴浙江巡抚臣刘秉璋跪】刊本无此前衔，兹据录副校补。

2.【三月十八日】刊本无此具奏日期，兹据录副校补。

---

① 台北故宫博物院藏：《军机及宫中档》，文献编号：125499。
② 台北故宫博物院藏：《军机及宫中档》，文献编号：125499。
③ 台北故宫博物院藏：《军机及宫中档》，文献编号：126323。

3.【光绪十年四月十二日,军机大臣奉旨:知道了。钦此。】此奉旨日期与内容,据录副校补。

奏浙江按察使刘盛藻战功卓著在任病故请仍准从优议恤疏

光绪十年四月二十七日(1884年5月21日)

头品顶戴浙江巡抚臣刘秉璋跪[1]奏,为已故臬司从戎有年,战功卓著,在任病故,援案恳恩仍准从优议恤,恭折仰祈圣鉴事。

窃布政使衔浙江按察使刘盛藻生平战绩卓著,积劳病故,经臣等奏请饬部将故员照军营立功后病故例从优议恤,并将战功事迹宣付史馆立传,奉旨:着照所请,该衙门知道。钦此。钦遵在案。

兹准吏部咨称:奏定章程内开:军营人员离营后病故,不得奏请恤典。嗣后病故请恤人员奉旨允准,查系业经离营人员,仍应奏请更正等语。今该臬司刘盛藻系在任病故、早经[2]离营之员,核与议恤章程不符,所请议恤之处,应毋庸议,于光绪九年十二月十三日具奏,奉旨:依议。钦此。抄奏行文到浙。

臣等伏查已故布政使衔浙江按察使刘盛藻,先在军营宣力有年,战功卓著,今于臬司任内身故,虽非故在军营,究系殁于王事,与离营后家居年久、因病身故之员稍有区别。溯查臣秉璋前在江西巡抚任内,为已故甘肃按察使刘于浔奏请议恤,经吏部以该员离营在籍病故照章议驳,复经续陈劳绩,恳请照例从优议恤,蒙恩允准由部仍照军营立功后病故从优议恤在案。仰见圣主追念前劳,恩施逾格,钦感实深。今刘盛藻前在军营劳绩既与刘于浔情事相同,而其积劳已久,力疾治事,以致在任病故,其情尤为可悯,相应援案吁恳天恩,仍准将已故布政使衔浙江按察使刘盛藻照军营立功后病故例,从优议恤,以彰忠荩,出自鸿慈逾格。

除将该故员战功事迹造册咨送国史馆查照外,谨会同大学士署直隶总督臣李鸿章,沥情陈请,伏乞皇太后、皇上圣鉴,训示。谨奏。四月二十七日[3]。

光绪十年五月十九日,军机大臣奉旨:该部议奏。钦此。[4]

【案】此奏原件查无下落,录副现藏于台北故宫博物院①,兹据

---

① 台北故宫博物院藏:《军机及宫中档》,文献编号:127085。

校正。再,此折具文时间刊本作"光绪十年四月初四日",未确。而录副则署为"光绪十年四月二十七日",确。兹据校正。

　　1.【头品顶戴浙江巡抚臣刘秉璋跪】刊本无此前衔,兹据录副校补。

　　2.【早经】刊本夺"经",兹据校补。

　　3.【四月二十七日】刊本无此具奏日期,兹据录副校补。

　　4.【光绪十年五月十九日,军机大臣奉旨:该部议奏。钦此。】此奉旨日期与内容,据录副校补。

谢御赏平安丹疏
光绪十年六月十五日(1884年8月5日)

　　头品顶戴浙江巡抚臣刘秉璋跪[1]奏,为恭谢天恩,仰祈圣鉴事。

　　窃于本年六月初九日承准军机大臣字寄:光绪十年闰五月二十八日奉上谕:朕奉慈禧端佑康颐昭豫庄诚皇太后懿旨:现交炎暑,各省防军荷戈从役,厪念殊殷,前经分赏江南等省各营御制平安丹,着再赏给浙江海口防营十五匣,交刘秉璋传旨分赏。钦此。务当仰体慈恩,加意拊循,俾各知感奋,以壮戎行等因。钦此。遵旨寄信前来。并奉到平安丹十五匣。臣当即恭设香案,望阙叩头谢恩祗领,按照沿海营数均匀颁发,檄行将领宣布皇仁。

　　伏念越圻构衅,海圉筹防,朝廷义以兴师,将士勇于赴敌,固已九重寅感,天降休征,万众欢呼,人忘溽暑矣。乃复徽音降自慈帏,灵丹颁于御府。宸衷恺恻,同周王荫暍之深仁;士气奋扬,迈越国投醪之小惠。

　　所有微臣暨所部将士感激下忱,理合恭折叩谢天恩,伏乞皇太后、皇上圣鉴。谨奏。六月十五日[2]。

　　光绪十年六月二十四日,军机大臣奉旨:知道了。钦此。[3]

　　【案】此奏原件查无下落,录副现藏于台北故宫博物院①,兹据校正。再,此折具文时间刊本作"光绪十年六月十二日",而录副署为"光绪十年六月十五日"。兹据录副校正。

　　1.【头品顶戴浙江巡抚臣刘秉璋跪】刊本无此前衔,兹据录副校补。

　　2.【六月十五日】刊本无此具奏日期,兹据录副校补。

---

①　台北故宫博物院藏:《军机及宫中档》,文献编号:128396。

3.【光绪十年六月二十四日,军机大臣奉旨:知道了。钦此。】

此奉旨日期与内容,据录副校补。

奏在籍藩司捐产赡族疏

光绪十年六月十二日(1884年8月2日)

头品顶戴浙江巡抚臣刘秉璋跪[1]奏,为在籍藩司捐产赡族,恳恩饬部核议给奖,以昭激劝,恭折仰祈圣鉴事。

窃据布政使德馨详:据平湖县转据绅士二品顶戴前任湖北布政使王大经①呈称:世居平湖县城内,祖父一品封职树德,生前隐居乐善,生子五人,胞伯二品封职念曾、志祖、惠宗,胞叔仁亲,与故父一品封职思高,克敦孝友,曾慕宋贤范仲淹置田赡族遗风,刻苦经营,置田五十六亩零,作为公产。大经仰承先志,兴建宗祠,陆续增置民田一千余亩,连前五十六亩零,每岁合收租米一千一百石有奇。现复购定义庄,共用银一万二千五百八十余两。所收租息除完纳地漕、岁时祭祀外,凡族中贫苦孤寡,婚嫁、丧葬以及子弟读书、应试一切费用,著明条款,随时资助,以崇一本而恤同宗等情,造具义庄条规、田亩字号清册,由县详司请奏前来。

伏查前任湖北布政使王大经克承先志,陆续捐置田产共银一万二千余两,实为谊笃宗亲,敦厚可风,例得仰恩旌赏。惟系二品大员,与寻常士民捐资赡族者不同,可否仰恳圣恩俯准援照刑部侍郎许庚身捐产赡族成案,饬部核议给奖,以昭激劝之处,出自鸿慈。

除册、结咨部外,理合会同闽浙总督臣何璟、浙江学政臣刘廷枚,恭折具奏,伏乞皇太后、皇上圣鉴,训示。谨奏。六月十八日。

光绪十年七月初二日,军机大臣奉旨:吏部议奏。钦此。

---

① 王大经(1811—1885),字晓莲,又字小莲,号柳衣,浙江平湖(今浙江省平湖市)人,优贡生。道光二十三年(1843),中式举人。二十四年(1844),考取宗学教习。二十七年(1847),挑取誊录,因国使馆书成议叙,以知县选用。咸丰三年(1853),拣发安徽。五年(1855),以克复庐州出力,保同知。六年(1856),以克复庐江、无为等处出力,保知府。七年(1857),以守庐州城出力,保道员,留皖补用。同治元年(1862),经苏抚李鸿章奏调江苏军营差遣。二年(1863),以军功加盐运使衔。三年(1864),经李鸿章奏改江苏补用。四年(1865),署理江苏按察使,赏戴花翎。五年(1866),署理江苏布政使。同年,补授江安粮道。六年(1867),交卸藩篆,到江安粮道任。七年(1868),因海运出力,加二品顶戴。八年(1869),以押运漕粮三次,经吏部带领引见,回粮道任。十二年(1873),补授湖北按察使。光绪元年(1875),署理湖北布政使。二年(1876),回按察使本任。四年(1878),补授湖北布政使。十一年(1885),卒。著有《丁漕指掌》《哀生阁初集》等行世。

【案】此奏原件查无下落,录副现藏于台北故宫博物院①,兹据校正。

1.【头品顶戴浙江巡抚臣刘秉璋跪】刊本无此前衔,兹据录副校补。

2.【六月十二日】刊本无此具奏日期,兹据录副校补。

3.【光绪十年七月初二日,军机大臣奉旨:吏部议奏。钦此。】此奉旨日期与内容,据录副校补。

奏调总兵马朝选片
光绪十年七月二十四日(1884 年 9 月 13 日)

再,防务之急,势若燃眉;添募勇丁,刻不容缓。惟筹饷固已万分为难,而管带尤在得人,盖新募之勇必须实力训练,方克有济。在浙将领素称得力者,均已派管勇队,分驻要隘,现拟添招数营,派扎澉浦,管带须人,查有微臣旧部记名总兵马朝选,臣前在江西巡抚任内调往带勇一营,昨已咨商江西抚臣潘霨②发给两月口粮,饬令该总兵带营来浙,尚未接到回文。目前浙省需才孔亟[1],与江西地居腹内情形不同。臣素稔江西抚标候补镇、副、参、游数十人,似断不乏管带一营之才,合无仰恳天恩饬下江西抚臣速令马朝选星夜带勇附轮由沪来浙,倘其营不能抽调,即令该总兵星夜束装前来,听候差委。

理合附片陈请,伏乞圣鉴,训示,谨奏。

光绪十年八月初五日,军机大臣奉旨:另有旨。钦此。[2]

【案】此奏原件查无下落,录副现藏于台北故宫博物院③,兹据校正。

1.【孔亟】刊本作"孔急",兹据录副校改。

---

① 台北故宫博物院藏:《军机及宫中档》,文献编号:128546。
② 潘霨(1816—1894),字蔚如,号韡园,江苏吴县人。咸丰二年(1852),由监生捐纳顺天西路司狱。五年(1855),补天津县知县。十年(1860),升昌平州知州。十一年(1861),晋天津府知府。同治元年(1862),迁山东登莱青道兼东海关监督。三年(1864),加盐运使衔。六年(1867),晋按察使衔。七年(1868),补授浙江盐运使,加布政使衔。同年,调补山东盐运使兼署山东按察使。八年(1869),升补福建按察使。九年(1870),补授福建布政使。光绪三年(1877),调补湖北布政使。四年(1878),擢湖北巡抚。八年(1882),调补江西巡抚。十一年(1885),署理贵州巡抚。十二年(1886),补授贵州巡抚。十七年(1891),离职回乡。二十年(1894),卒于籍。著有《东瀛随笔》,刊刻《韡园医学六种》《洗冤录详义》等行世。
③ 台北故宫博物院藏:《军机及宫中档》,文献编号:129298。

2.【光绪十年八月初五日，军机大臣奉旨：另有旨。钦此。】此奉旨日期与内容，据录副校及《随手档》①校补。

奏防务吃紧请免解京协各饷疏
光绪十年七月二十五日（1884 年 9 月 14 日）

头品顶戴浙江巡抚臣刘秉璋跪¹奏，为防务吃紧，军饷不继，情势急迫，请旨免解京、协各饷，以救燃眉，恭折仰祈圣鉴事。

窃照浙省历年困于协拨，出入不敷，全赖地方无事，丁厘旺收，勉为敷衍。自去年办防以来，陆续募勇，从俭布置。近日抚议决裂，闽疆开仗，不得不竭蹷添营，风鹤频传，民情惶惑，完纳钱粮，观望不前，所尤甚者，市廛寥寂，货滞商稀，厘金大绌，比旺收之年仅乃及半，而所添陆勇三倍于前，军火器械又复称是。当此事机万紧，接济断难迟缓，财穷势迫，设措无由，不得不先其所急，以济目前。

因思本年地丁、厘金、盐课奉拨京饷，内除厘金入不敷出，奉拨十万两、丝毫未能报解外，其地丁项下银三十万两，内除已解部库银五万两，又划解云南京饷银五万两、广西京饷银四万两，共解银十四万两外，尚未解银十六万两。其盐课、盐厘项下银二十二万两，内除已解部库银六万两，现又划解福建备赏京饷银五万两外，尚未解银一十一万两。统计浙省厘金、地丁、盐课三项共有未解京饷银三十七万两，拟请全数暂从缓解，以供海防急迫之用。此外奉拨边防经费、各省协饷以及应拨之款，并请准予从缓筹解。如得防务早定，丁厘旺收，所有京饷仍当尽力起解，不敢藉延。据布政使德馨会同各司道具详请奏前来。

臣查法人现虽止扰闽疆，如不得志，难保不滋扰别口。浙省饷缺兵单，以视直隶、江南、广东、福建防营之多，瞠乎后矣。各将领吁求添勇，一日之间，函牍数至，势不能不勉力召募，即不能不筹备军饷。库储如洗，丁厘骤绌，所有奉拨各省协饷，固属无款可措。即藩、运两库及厘金项下奉拨京饷，通盘核算，亦不能如常扫解。前奉谕旨，令于地丁、厘金京饷内划解云南、广西协饷，事本处于万难。惟思朝廷垂念边疆，又系应解京饷，不敢不勉筹分解。现在钦奉懿旨令于应解京饷内划解福建备赏银五万两，款关特赏军士之需，又不敢不竭力图维，如数拨解。而浙省防务孔急，需饷浩繁，薪粮、军火之资既须宽筹接济，年例应放之款亦皆万不能省。各库所入不外地丁、

① 中国第一历史档案馆藏：《军机处随手登记档》，档案编号：03-0243-1-1210-231。

厘金、盐课三项,本年收数大减,出款倍增,实属无从措手,所有司、局各库未解本年京饷银三十七万两,应请暂从缓解,留济军需。此外各省协饷,亦请准予停解。合无仰恳天恩俯念浙省饷绌兵单,情势急迫,特旨允准,并恳敕部知照此后遇有应协之项,免于再拨,以舒喘息。臣不胜屏营待命之至。

除咨部查照外,理合恭折沥情陈请,伏乞皇太后、皇上圣鉴,训示。谨奏。七月二十五日[2]。

光绪十年八月初五日,军机大臣奉旨:户部议奏。钦此[3]。

【案】此奏原件查无下落,录副现藏于台北故宫博物院①,兹据校正。

1.【头品顶戴浙江巡抚臣刘秉璋跪】刊本无此前衔,兹据录副校补。

2.【七月二十五日】刊本无此具奏日期,兹据录副校补。

3.【光绪十年八月初五日,军机大臣奉旨:户部议奏。钦此。】此奉旨日期与内容,据录副校补。

奏查明宁波口并无法船及乍浦添募勇丁疏
光绪十年七月二十五日(1884年9月13日)

头品顶戴浙江巡抚臣刘秉璋跪[1]奏,为查明宁波口并无法船驶入,并乍浦添募勇丁清查渔船情形,恭折复陈,仰祈圣鉴事。

窃于本年七月二十三日接准署北洋大臣李鸿章转准总理各国事务衙门电开:二十二日奉旨:有人奏,闻有外国船六七艘,驶至宁波江北岸,着刘秉璋饬属确查系何国船只,如系法船,即行攻击。又据称乍浦应酌添数营,并将该处渔船编查约束,副都统应驻乍浦。着该抚酌度妥办。钦此等因,转电到浙,当将宁波并无法船,实系民间讹传,现在地方安静,先行电复李鸿章转达总理衙门代奏,以纾宸廑。

伏查乍浦地方前遭兵燹,受害较深,驻防满营全行毁失,肃清后陆续补充,现共官兵五十余员名。前以修复营制经费浩繁,兵数无几,是以奏明暂驻省城,归入杭满营差操。今若令该副都统前往驻扎,既无存身之所,又无

---

① 台北故宫博物院藏:《军机及宫中档》,文献编号:129299。

可用之兵,于事无济,昨已面商杭州将军臣古尼音布①、兼署乍浦副都统臣恭寿②,意见相同,似可毋庸移驻。

浙省海疆千里,港汊纷歧,饷绌兵单,不能不察度通省形势之轻重与利害之缓急,以定驻营之多寡。乍浦滨海百余里内,处处可以泊船,可以登岸,绝无险隘可扼,若沿海驻兵,虽数十营亦难周到,安得有此饷力?所幸轮船须泊洋面,无港口直通内地,比镇海、定海防务稍轻。臣因饷需竭蹶,不敢铺张请帑,是以从俭布置,原派勇丁两营合之乍浦标兵,分别驻守。刻因军事日棘,又添两营,聊壮声势。自乍至省,有海塘一道可以直达省垣,乍浦有警,则省城亦震,已先于乍浦之西澉浦海口驻扎一营,以扼入省之路。惟兵力太单,仍须再添三四营扼扎,外为乍浦声援,内顾省垣门户。盖澉浦有备,则浙西大势较为稳固。

至沿海渔船依为家业者固多,而匪徒之混迹亦所不免。去年冬间,海防渐紧,经臣叠饬沿海之宁波、台州、温州、定海各属认真编查,并由省委员会同选派团董,实力举行,已据筹议章程,次第禀复。惟沿海渔船非内河小舟可比,夏秋渔汛初登,数千艘衔尾出洋,到处采捕,汛毕则到处为家,弃船登陆,别谋生理,即无住址可按,亦无踪迹可寻,期于守望相助,事有所难。乍浦地方曾于光绪六年经升任抚臣谭钟麟饬据嘉兴府委员会同乍防同知及平湖县查明本地渔船仅有十只,向系由县按年给照出洋采捕,辰出酉归,开具花名禀报有案。海盐沙滩纡浅,内无海船停泊,钦奉前因,自应懔遵办理。

除严札乍浦同知及平湖县确实编查以杜外来匪踪外,所有查明宁波口并无法船驶入及乍浦添募勇丁清查渔船情形,理合恭折复陈,伏乞皇太后、皇上圣鉴,训示,谨奏。七月二十五日²。

光绪十年八月初五日,军机大臣奉旨:览奏,已悉。所有添募勇丁、清查

---

① 古尼音布(? —1889),字子心,费莫氏,满洲正蓝旗人。咸丰二年(1852),以记名领催选奉天省城骁骑校。三年(1853),升永陵防御。四年(1854),迁正蓝旗佐领。十年(1860),补宁远佐领。同治四年(1865),授杭州正白旗协领,五年(1866),赏戴花翎。六年(1867),调补锦州协领,护理锦州副都统。七年(1868),署锦州副都统。九年(1870),充奉天查边委员。十年(1871),加副都统衔。光绪二年(1876),署吉林将军。七年(1881),擢杭州将军。八年(1882),兼署杭州副都统。十一年(1885),署福州将军。十五年(1889),卒于任。

② 恭寿(1834—1898),字问松,佟佳氏,满洲正白旗人。咸丰间充印务笔帖式。十年(1860),补骁骑校。同治七年(1868),升印务章京。十年(1871),迁副参领。光绪元年(1875),补授参领。三年(1877),补印务参领。八年(1882),升授杭州副都统。十年(1884),署理乍浦副都统。十一年(1885),署杭州将军。十四年(1888),护理杭州将军。十六年(1890),署理乍浦副都统。十七年(1891),擢西安将军。同年,调补成都将军。二十年(1894),兼署成都副都统。二十三年(1897),兼署四川总督。二十四年(1898),卒于任。

渔船各事,着该抚妥为办理,并将该省防务严密布置,扼要驻扎,期于战守足恃。钦此。[3]

【案】此奏原件查无下落,录副现藏于台北故宫博物院①,兹据校正。

1.【头品顶戴浙江巡抚臣刘秉璋跪】刊本无此前衔,兹据录副校补。

2.【七月二十五日】刊本无此具奏日期,兹据录副校补。

3.【光绪十年八月初五日,军机大臣奉旨:览奏,已悉。……钦此。】此奉旨日期与内容,据录副校补。

奏呈沿海口岸地图疏
光绪十年八月十三日(1884年10月1日)

头品顶戴浙江巡抚臣刘秉璋跪[1]奏,为谨绘沿海口岸形势地图,粘签分注,恭呈御览,仰祈圣鉴事。

窃于本年七月初六日准北洋大臣李鸿章转准总理各国事务衙门电:七月初四日奉旨:天津海防布置,前已据李鸿章详奏,尚未将图说进呈。其余沿海各口星罗棋布,口岸甚多,各防营四处分扎,各专责成。着该督抚将各口地形绘图贴说,即将某营现扎某口、兵勇若干、何人管带、有无炮台,分别详细注写。其有一地数名者,均须注明,以备考证。钦此。钦遵转电[2]前来。

伏查浙省沿海地图,前准总理各国事务衙门行文饬取,当即饬委干员前往沿海各口周历查勘,按照原咨逐条登复,绘图四十五幅,详细填注,装成九册,并凡例十条,于本年闰五月间咨送查阅在案。惟卷帙太多,不便呈进,兹奉谕旨,遵经饬局另绘简明地图,并将各口驻守之带兵官粘签注明,敬谨封固,恭呈御览。

理合缮折具奏,伏乞皇太后、皇上圣鉴。谨奏。八月十三日[3]。

光绪十年八月二十三日,军机大臣奉旨:知道了,图留览。钦此。[4]

【案】此奏原件查无下落,录副现藏于台北故宫博物院②,兹据校正。再,此折具文时间刊本作“光绪十年八月初九日”,而录副

---

① 台北故宫博物院藏:《军机及宫中档》,文献编号:129297。
② 台北故宫博物院藏:《军机及宫中档》,文献编号:129658。

署为"光绪十年八月十三日"。兹据录副校正。

　　1.【头品顶戴浙江巡抚臣刘秉璋跪】刊本无此前衔,兹据录副校补。

　　2.【转电】刊本夺"电",兹据校补。

　　3.【八月十三日】刊本无此具奏日期,兹据录副校补。

　　4.【光绪十年八月二十三日,军机大臣奉旨:知道了,图留览。

钦此。】此奉旨日期与内容,据录副校补。

奏浙省来岁新漕恐难起运本色疏
光绪十年八月十三日(1884年10月1日)

　　头品顶戴浙江巡抚臣刘秉璋跪[1]奏,为浙省来岁新漕恐难起运本色,沥情吁恳天恩饬部核议,变通章程,以免贻误,恭折仰祈圣鉴事。

　　窃臣承准军机大臣字寄:光绪十年七月二十二日奉上谕:兴廉①、游百川②奏,来岁新漕,请饬提前赶办一折[2]。据称旧例验收漕米,统限五月内全完。苏省奏定径运章程,头批漕船于二月望前进口,江、浙两省粮道准于二月中旬抵津开兑等语。漕粮为天庚正供,关系紧要。沙船远涉重洋,动逾数月,历年以来俱用招商局轮船分运。现在办理防务,时局不同,若非豫为绸缪,深虑临时迟误,着曾国荃③、

---

① 兴廉(1798—?),马佳氏,满洲镶黄旗汉军。初充玉牒馆清书誊录,以功保知县。道光二十三年(1843),选授福建省光泽县知县。二十七年(1847),署理漳平县知县。二十八年(1848),补授侯官县知县。咸丰二年(1852),中式举人。八年(1858),补授鹿仔港理番同知。后补詹事府少詹事。光绪四年(1878),补授詹事府詹事。五年(1879),升翰林院内阁学士。同年,擢工部右侍郎。嗣补授镶白旗蒙古副都统。九年(1883),补授工部左侍郎。十年(1884),调补仓场侍郎。二十四年(1898),补授库伦办事大臣。

② 游百川(1822—1895),字汇东,号梅溪,山东滨州人。同治元年(1862),中式进士,选庶吉士。二年(1863),授翰林院编修。六年(1867),补福建道监察御史,巡视西城。十二年(1873),升刑科给事中。光绪五年(1879),补授湖南衡永郴桂道。六年(1880),升补四川按察使。七年(1881),擢顺天府府尹。八年(1882),调补仓场侍郎。十七年(1891),以仓廒火灾革职。晚年主持泺源书院、东昌府书院。二十一年(1895),卒于籍。

③ 曾国荃(1824—1890),字沅甫,号叔纯,又名子植,湖南湘乡县人,曾国藩之弟。道光二十七年(1847),取生员。咸丰二年(1852),举优贡。六年(1856),加同知衔。七年(1857),丁父忧。八年(1858),升知府,加道员衔,赏戴花翎。十一年(1861),保按察使,加布政使衔并伟勇巴图鲁勇号。同年,赏头品顶戴,赐黄马褂。同治元年(1862),补浙江按察使。同年,迁江苏布政使。二年(1863),擢浙江巡抚。三年(1864),加太子少保,封一等威毅伯,赐双眼花翎。五年(1866),调补湖北巡抚。光绪元年(1875),授河东河道总督。二年(1876),调山西巡抚。七年(1881),拜陕甘总督。八年(1882),补授两广总督。十年(1884),署礼部尚书。同年,调两江总督,兼办理通商事务大臣。十五年(1889),晋太子太保。十六年(1890),卒于官。赠太傅,谥忠襄。著有《曾忠襄公批牍》《曾忠襄公奏议》《曾文正公大事记》《宗圣志》《曾子家语》《抚鄂批札》《山西通志》《曾忠襄公抚鄂公牍》《鸣原堂论文》等行世。

卫荣光①，刘秉璋督藩司、粮道，将漕运事宜提前赶办，应如何相度机宜，雇船应用，务须先事熟筹，期臻妥速。将此各谕令知之。钦此。遵旨寄信前来。

承准此，当即转饬藩司、粮道赶紧筹议去后，急切未据详复。臣夙夜思维，漕粮赶办，犹是力所能为。惟所用船只向系招商局与沙宁船分成装运，自二月开兑出洋，即使五月底一律进口，在洋计有三四个月之久，敌情叵测，轮船日行千里，沙宁船万无保全之策。至招商局轮船，闻已售于旗昌洋行，若雇该行之船，即与洋船无异，日后流弊姑勿计议，即就目前济急之法，亦须与该洋行议立合同，无论有无战事，不许作局外之论，克期进口，并保兵险，庶办理稍有把握。现已派员赴沪与洋行商酌，尚不知能否就绪。

而臣尤有虑者，洋人素性嗜利，保险居奇，不问可知。况目前即或³允立合同，万一临时接有彼国公文，令其守局外之例，不准代为装运，该洋行有词可措，我则无可如何。闻江苏向征折色，由州县买米交兑，即至冬腊月间定议，犹不为迟。浙省向收本色，每年于九月间出示晓谕，十月初间开仓，一经开仓，势必全收本色。既收本色，势必陆续运沪，设该洋行临时不肯装运，不独栈租糜费，亦且红朽堪虞，尔时不得不改图变价。年来米已甚贱，加之江浙漕米百余万石，一时求售，非惟例价不敷，更恐折耗过半。再四思维，惟有沥恳天恩饬部迅速核议，如海运别无万全之策，似可暂行变通，将浙江本届冬漕照时价征收折色，以折收之价加之将及一两之运脚，每石合银二两之谐，搭放官俸、兵米，似与本色不甚悬殊。

至河运一节，更属难言。查向来江安粮道运漕仅十万石左右，需船约四五百只。臣于同治十一年、光绪二年两次进京，取道运河，目所亲见，非惟运河搁浅，张秋待汛，种种为难，即封此四五百号船，逐年相因，犹且大费周折。若骤加江、浙十余倍之漕，需船至五六千号，即封尽江、浙两省之船，亦万不敷用，而运道阻滞，更不待言。此议只可渐筹于他年，目前实无良策。

臣为慎重漕务起见，不敢缄默不言，事关重要，为期甚迫，不得已冒昧渎陈，伏乞皇太后、皇上圣鉴，饬部迅速核议施行。谨奏。八月十三日⁴。

光绪十年八月二十三日，军机大臣奉旨：户部速议具奏。钦此。⁵

---

① 卫荣光（1826—1890），字静澜，河南新乡人。咸丰二年（1852），中式进士。同治元年（1862），补翰林院侍讲。二年（1863），选侍讲学士。同年，授济东泰武临道，署山东盐运使、按察使。四年（1865），山东巡抚阎敬铭委其督办河防。六年（1867），卸盐运使职，仍兼按察使。同年，丁父忧。十二年（1873），授江安粮道。同年，署按察使。光绪元年（1875），迁安徽按察使，调补浙江布政使。同年，丁母忧。三年（1877），擢山西巡抚。十二年（1886），补授浙江巡抚，调山西巡抚。嗣因病乞休。光绪十六年（1890），卒于籍。

【案】此奏原件查无下落,录副现藏于台北故宫博物院①,兹据校正。再,此折具文时间刊本作"光绪十年八月十二日",而录副署为"光绪十年八月十三日"。兹据录副校正。

1.【头品顶戴浙江巡抚臣刘秉璋跪】刊本无此前衔,兹据录副校补。

2.【案】光绪十年七月二十日,仓场侍郎兴廉等奏请江浙新漕提前赶办缘由,曰:

臣兴廉、臣游百川跪奏,为江浙等省应行起运来岁新漕,请饬提前赶办,及早运通交纳,以重运务,恭折仰祈圣鉴事。

窃查旧例验收漕粮,统限五月内全完。盖以六月入伏以后,大雨时行,漕粮露积船、岸,恐多损失。本年江浙二省海运漕粮提前赶办,运通较早,得于五月内验收全完,较之往届,实为迅速。臣等前为郑重仓储,曾经奏请饬令江、广等省征运本色,以顾京仓。各该督抚想皆力筹渐复漕额,来岁各省新漕仍应及早开兑、开行,庶免到通迟滞。

伏查苏省奏定径运章程,头批漕船于二月望前即可进口,江、浙两省粮道准于二月中旬抵津开兑,各该粮道自当恪遵奏案,妥为办理。且沙船远涉重洋,动逾数月,现值海疆办理防务,若非及早开运,万一稍有阻滞,关系匪轻。相应请旨密饬江、浙等省各督抚相度机宜,督同藩司、粮道严饬所属,将嗣后漕运一切事宜恪遵奏限,提前赶办。

臣等为慎重运务起见,理合恭折具奏,伏乞皇太后、皇上圣鉴。谨奏。光绪十年七月二十日。②

【案】此奏于当日得旨允行,《上谕档》载曰:

军机大臣字寄:两江总督一等威毅伯曾、江苏巡抚卫、浙江巡抚刘:光绪十年七月二十日奉上谕:兴廉、游百川奏,来岁新漕请饬提前赶办一折。据称旧例验收漕粮,统限五月内全完。苏省奏定径运章程,头批漕船于二月望前进口,江、浙两省粮道准于二月中旬抵津开兑等语。漕粮为天庾正供,关系紧要。沙船远涉重洋,动逾数月,历年以来,俱用招商局轮船分运。现在办理防务,时局不同,若非预为绸缪,深虑临时迟误,着曾国荃、卫荣光、刘秉璋督同

① 台北故宫博物院藏:《军机及宫中档》,文献编号:129659。
② 台北故宫博物院藏:《军机及宫中档》,文献编号:128904。

藩司粮道,将漕运事宜提前赶办,应如何相度机宜,雇船应用,务须先事熟筹,期臻妥速。将此各谕令知之。钦此。遵旨寄信前来。①

【案】同日,仓场侍郎兴廉等又片奏请饬江浙督抚试办河运缘由,曰:

再,江浙、漕白粮米,先年办理海运,全赖沙、宁各船承载。嗣于同治十二年因沙、宁各船歇业居多,始议酌分招商局轮船装运。近年沙、宁等船运米约在六成,轮船运米约在四成,转输迅速,原不可轻议更章。惟臣等近闻沙、宁等船较前更形缺乏,兼之远涉重洋,风涛之险,不免意外之虞。因思江安河运近年尚称顺利,米色亦无潮湿,来岁新漕可否饬下江、浙各督抚酌量情势,援同治十一年苏省试办河运成案,分拨漕米若干石,雇觅殷实民船,仿照江安兼办河运,以期渐复旧制,出自圣裁。

谨附片具陈,伏乞圣鉴。谨奏。②

【案】此奏亦于同日得旨允行,《上谕档》载曰:

交户部。本日军机大臣面奉谕旨:仓场衙门奏,来岁新漕请援照同治十一年苏省试办河运成案,雇觅殷实民船,兼办河运等语。着户部议奏。钦此。相应传知贵部钦遵办理可也。此交计粘抄片一件。七月二十日。③

3.【即或】刊本作"即令",兹据录副校正。

4.【八月十三日】刊本无此具奏日期,兹据录副校补。

5.【光绪十年八月二十三日,军机大臣奉旨:户部速议具奏。钦此。】此奉旨日期与内容,据录副校补。

奏按察使刘盛藻身故吁恳特恩优恤疏
光绪十年八月十四日(1884 年 10 月 2 日)

大学士署直隶总督臣李鸿章、头品顶戴浙江巡抚臣刘秉璋跪[1]奏,为故员战功卓著,实系积劳身故,吁恳特恩准予优恤,恭折仰祈圣鉴事。

窃臣等前将布政使衔浙江按察使刘盛藻在任病故详叙战功事实,请旨

---

① 《光绪宣统两朝上谕档》第 10 册(光绪十年),广西师范大学出版社 1996 年版,第 224 页。又《清德宗实录》卷 190,光绪十年七月下,中华书局 1987 年版,第 674 页。
② 台北故宫博物院藏:《军机及宫中档》,文献编号:128905。
③ 《光绪宣统两朝上谕档》第 10 册(光绪十年),广西师范大学出版社 1996 年版,第 224 页。又《清德宗实录》卷 190,光绪十年七月下,中华书局 1987 年版,第 674 页。

饬部将该故员照军营立功后病故例从优议恤,并将战功事迹宣付史馆立传,奉旨:着照所请,该衙门知道。钦此。旋经吏部以该臬司系在任病故、早经离营之员,核与议恤章程不符等因具奏,奉旨:依议。钦此。复经臣等援照已故甘肃按察使刘于浔离营病故奉准议恤之案,奏恳恩施,奉旨该部议奏,钦此。钦遵各在案。

兹准吏部咨称:甘肃按察使刘于浔,前据刘秉璋奏请援照原任安徽布政使吴坤修离营后在任病故议恤成案奏请议恤,当以吴坤修议恤之案系奉特旨之件,所请援照办理,应毋庸议。旋据该抚奏请逾格恩施,仍准照例议恤。奉旨:刘于浔着仍照军营立功后积劳病故例从优议恤,该部知道。钦此。查刘于浔系钦奉特旨从优议恤,是以钦遵办理。所有此次该抚奏请将刘盛藻援案办理议恤之处,应毋庸议,于光绪十年闰五月二十七日具奏,奉旨:依议。钦此。抄奏咨会前来。自应遵照,何敢再行冒渎?

惟念该故员自同治初年投效淮军,转战于江、浙、皖、豫、鄂、东诸省,所至有功,而陕西之役尤关重大。在营十年,征途万里,临阵则身先士卒,治军则威惠兼施,用能叠克名城,肤功迅奏,而积劳致病之由亦基于此。光绪六年,蒙恩简授直隶大顺广道,在任三年,精心擘划,事求利济。迨奉浙臬之命,莅任未及一月,遽以精力耗尽,猝病身亡,是其鞠躬尽瘁之忱,已可概见。乃天下不假年,未竟其用,深为之惜。迹其当日战功劳苦,较之吴坤修、刘于浔有过之无不及也。臣等溯维往事,义难缄默。况当此海疆多事,尤宜追叙旧勋,以资激劝。合无仰恳天恩逾格,特旨俯允准将已故布政使衔浙江按察使刘盛藻照军营立功后病故例从优议恤,以彰忠荩而慰幽魂,臣等不胜悚惶待命之至。

谨合词恭折陈请,伏乞皇太后、皇上圣鉴,训示。再,此折系臣秉璋主稿,合并陈明。谨奏。八月十四日[2]。

光绪十年九月二十一日,军机大臣奉旨:刘盛藻着加恩准其照军营立功后病故例,从优议恤。该部知道。钦此。[3]

【案】此奏原件查无下落,录副现藏于中国第一历史档案馆①,兹据校正。再,此折具文时间刊本作"光绪十年八月初七日",而此折录副及《李鸿章全集》②均署为"光绪十年八月十四日"。据此,当以后者为是。兹据录副校正。

———————————

① 中国第一历史档案馆藏:《军机录副》,档案编号:03-5829-040。
② 顾廷龙、戴逸主编:《李鸿章全集·奏议十》,安徽教育出版社2008年版,第562—563页。

1.【头品顶戴浙江巡抚臣刘秉璋跪】刊本无此前衔,兹据录副校补。

2.【八月十四日】刊本无此具奏日期,兹据录副校补。

3.【光绪十年九月二十一日,军机大臣奉旨:刘盛藻着加恩准其照军营立功后病故例,从优议恤。该部知道。钦此。】此奉旨日期与内容,据录副校补。

奏嘉兴绅士请建吴提督专祠疏
光绪十年九月二十五日(1884 年 11 月 12 日)

头品顶戴浙江巡抚臣刘秉璋跪¹奏,为功德昭著,遗爱在民,吁恳天恩,准予立功地方建立专祠,以彰崇报,恭折仰祈圣鉴事。

窃据嘉兴府阖属绅士、翰林院编修金寿松等呈称:已故广东提督吴长庆①前经直隶总督李鸿章奏恳恩施²,钦奉上谕:广东水师提督吴长庆,准其于立功地方建立专祠等因。钦此³。伏查已故提督吴长庆智勇兼资,精忠百战,其丰功伟绩著在浙省之嘉兴府,虽奏牍中已详言之,而绅等追念功烈犹彰彰在人耳目间,有不能已于言者。方其入浙也,浙省各郡贼势甚张,于同治二年冬随带庆字营由松江之洙泾进兵,规取浙西,攻克嘉兴府属之枫泾西塘。嘉兴为杭垣屏蔽,而嘉善适当嘉兴之冲,督率各营,两次力攻嘉善城外之张泾汇贼垒。提督身先士卒,拔桩逾壕,夺获贼垒三座,受伤士卒五六百人。嘉善之贼知势已不支,输款投诚,而乍浦、海盐、平湖之贼皆不战而投于苏军,海宁之贼亦不战而投于浙军。同治三年间,自东路进攻嘉兴城东之红津桥贼垒,率将士逾壕,扒墙而入,臂受枪伤,直抵城根,约期会攻,肉薄登城,遂将嘉兴府城收复,于是石门之贼不数日而降。其时浙军正攻杭州,贼知嘉兴全复,已在大围之中,遂亦全股不战而逸。此浙西军务一大关键,而实赖提督之战功卓然,有以致此。绅等生长是邦,见闻较确,追报之心,怦怦难已,呈恳奏请于浙省嘉兴府立功地方建立专祠等情,具呈前来。

---

① 吴长庆(1829—1884),字筱轩,号小轩,安徽庐江县人。咸丰五年(1855),袭云骑尉世职发标学习。六年(1856),办理庐州团练。七年(1857),戴蓝翎。八年(1858),保守备。同年,办理合肥东乡团练。九年(1859),统带舒、合练勇。十年(1860),加都司衔,换花翎。同治元年(1862),管带淮军驻扎上海。同年,保游击。二年(1863),保副将,加力勇巴图鲁勇号。三年(1864),保总兵。七年(1868),充亲兵马步统领,换瑚敦巴图鲁名号。光绪元年(1875),补授直隶正定镇总兵。六年(1880),帮办山东全省军务。同年,擢浙江提督,调补广东水师提督。八年(1882),统带淮军出兵朝鲜。同年,封三等轻车都尉世职。十年(1884),病卒于任。谥武壮。

臣查已故广东提督吴长庆原带庆字营,于同治元年随今大学士直隶总督臣李鸿章自皖至沪,及臣以编修奉旨赴沪苏,经与李鸿章在江苏巡抚任内照会募勇剿贼,并将吴长庆庆字两营拨归臣部,由松江进兵,规取浙西。该故员身先士卒,所至有功,而克复嘉兴府城,厥功尤伟,李鸿章请恤原折言之甚详,已蒙洞鉴。今该绅等具呈前来,出于至诚,合无吁恳天恩俯准将已故广东提督吴长庆在于浙江嘉兴府立功地方建立专祠,列入祀典,春秋官为致祭,以抒舆悃而彰崇报。

理合恭折具奏,伏乞皇太后、皇上圣鉴,训示,谨奏。九月二十五日[4]。

光绪十年十月十九日,军机大臣奉旨:另有旨。钦此。[5]

【案】此奏原件查无下落,录副现藏于中国第一历史档案馆①,兹据校正。再,此折具文时间刊本作"光绪十年九月十五日",而录副则署为"光绪十年九月二十五日"。据此,当以后者为是。兹据录副校正。

1.【头品顶戴浙江巡抚臣刘秉璋跪】刊本无此前衔,兹据录副校补。

2.【案】光绪十年六月初二日,大学士署直隶总督李鸿章奏请为吴长庆请恤缘由:

前大学士署直隶总督臣李鸿章跪奏,为统兵大员积劳在营病故,谨胪陈事迹,请旨优恤,恭折仰祈圣鉴事。

窃广东水师提督吴长庆前于奉天金州防次患病,经臣迭次奏蒙赏假,在营调理。兹接该提督咨称:日来病势增剧,自分此身万无生理。伏念长庆束发从戎,受恩至渥,图报未能,一死诚不足惜。第当此时局多艰,遽填沟壑,虽在重泉,赍志无已,所有恭谢天恩遗折、片各一件,咨请代为奏递。并据庆军营官黄仕林等禀报,吴长庆于闰五月二十一日辰刻出缺等情。

臣查吴长庆籍隶安徽庐江县,其父吴廷香由优贡就选教职,在籍办团,以义声倡率乡里。粤匪陷庐江,廷香死之。吴长庆痛父殉难,誓与发逆不共戴天,纠合乡团,屡助官军攻剿。同治元年,臣督师赴沪,稔知吴长庆忠勇迈伦,令募带庆字三营,相从东下,协同各军克复柘林、南汇、金山、奉贤等城;旋移师入浙,进攻嘉善、嘉兴、乍浦、平望、湖州、长兴等处,皆克之。其尤啧啧人口者嘉兴之役,

---

吴长庆带队径薄城下,贼以枪炮连环轰击,弹如雨集,肘骨皆穿,犹复裹创血战,奋不顾身,用能立拔坚城,以疏通由苏达浙之路。迨臣督师剿捻,吴长庆复统步队八营、马队三营随同北渡,转战于山东、江苏、直隶、河南境内,无敌不摧。东、西捻股荡平,累保记名提督,并蒙赏给瑚敦巴图鲁勇号,赏穿黄马褂。嗣以江淮一带戎备空虚,复调该军南驻徐州,旋移扎江宁,于下关、浦口、乌龙山、江阴等处创筑炮台,挑浚河道,水利、江防,百废具举。历任两江督臣马新贻、李宗羲、沈葆桢、刘坤一皆倚之如长城。光绪六年海防戒严,吴长庆奉帮办山东军务之命,复自江南亲率六营移驻登州。数年之间,迭承恩命,由直隶正定镇总兵洊擢浙江提督,调补广东水师提督。八年六月朝鲜内乱,毁及日本使馆。日人以兵船驶入仁川。维时该国内外交讧,群情汹汹,宗社安危之机,间不容发。吴长庆拔队渡辽,疾驰赴援,数日间获致乱首,人心始定。旋奉俞旨褒嘉,赏三等轻车都尉。该提督感激恩施,留驻镇抚,约束严明。朝鲜银贱钱荒,百物昂贵,将弁士卒艰苦万状,毫无怨言。盖不私货财,故缓急能以相谅;不避艰险,故患难乐于相从。其所以致此于部曲者,良非偶然。而该提督劳身焦思,亦遂寝成锢疾矣。平日训练余闲,惟以经史自娱,澹泊寡营,雅歌不辍,儗之儒将,庶几无愧。

今春奏令撤带三营内渡,筹办金州海防,朝鲜君民感颂遗爱不置。方今时事多艰,将材难得,如吴长庆者可为干城腹心之选,报国丹忱,赍恨入地,悼痛曷任。当此鼓鼙思将之时,定有帱盖推恩之举。合无仰恳天恩敕部照提督军营病故例从优议恤,并将战功事迹宣付史馆立传,以彰忠荩。至于建祠、予谥诸旷典,出自逾格仁慈,非臣下所敢擅请。而该提督勋绩卓越,实非寻常将领可比,今以死勤事,未便湮没,不以上闻。

除将遗折各件据咨转奏外,所有吴长庆在营积劳病故、吁请优恤缘由,理应恭折具陈,伏乞皇太后、皇上圣鉴,训示。再,吴长庆长子附生吴保德、次子文童吴保初均年已及岁,合并声明。谨奏。六月初二日。

　　　光绪十年六月初五日,军机大臣奉旨:另有旨。钦此。①

　　3.【案】光绪十年六月初五日,清廷颁布为吴长庆赐恤谕旨曰:

---

①　台北故宫博物院藏:《军机及宫中档》,文献编号:128058;又顾廷龙、戴逸主编:《李鸿章全集·奏议十》,安徽教育出版社 2008 年版,第 497—498 页。

光绪十年六月初五日,内阁奉上谕:李鸿章奏,统兵大员积劳在营病故,胪陈事积,请旨优恤一折。广东水师提督吴长庆,前因痛父殉难,矢志剿贼,随同李鸿章转战江苏、浙江、山东、直隶、河南等省,叠克名城;嘉兴之役,战绩尤多。该军驻扎江南,办理水利、江防,百废俱举。光绪八年,率营驰赴朝鲜,戡定乱民,劳勚卓著。前因在防患病,叠经赏假调理,兹闻溘世,轸惜殊深!着照提督军营病故例从优议叙,任内一切处分悉予开复;应得恤典,该衙门察例具奏。该提督战功事迹,着宣付国史馆立传,加恩予谥,并准于立功地方建立专祠。伊子吴保初着赏给主事,俟服阕后,分部学习行走,用示眷念勋臣至意。钦此。①

4.【九月二十五日】刊本无此具奏日期,兹据录副校补。

5.【光绪十年十月十九日,军机大臣奉旨:另有旨。钦此。】此奉旨日期与内容,据录副及《随手档》②校补。

【案】此奏旋于是年十月十九日得旨允行,《上谕档》载曰:

光绪十年十月十九日,内阁奉上谕:刘秉璋奏,已故提督遗爱在民,请于立功地方建立专祠一折。已故广东提督吴长庆,前于同治年间带勇剿贼,所至有功;克复浙江嘉兴府城,厥功尤伟。着照所请,准其于浙江嘉兴府立功地方建立专祠。余着照所议办理,该部知道。钦此。③

【案】光绪十七年十月二十八日,山东巡抚福润请于登州府城捐建吴长庆专祠,曰:

山东巡抚奴才福润跪奏,为已故提督遗爱在民,吁恳天恩俯准在于登州府城捐建专祠,以顺舆情,恭折仰祈圣鉴事。

窃据登州府蓬莱县绅士王树人等联名呈称:原任广东水师提督吴长庆,安徽庐江县人,因痛父殉难,矢志剿贼,由皖率师转战江苏、浙江、山东、直隶、河南等省,叠克名城,功绩卓著,于光绪十年五月间在奉天金州防次积劳病故,经大学士直隶总督臣李鸿章胪陈事迹,请旨优恤,钦奉上谕:准于立功地方建立专祠。仰见圣朝优待勤劳,莫名钦感。溯查光绪五六年间,东省边警孔亟,登州府属地临海岛,军旅戒严。该故提督奉命帮办山东海防,即自江南亲

① 中国第一历史档案馆藏:《军机录副》,档案编号:03-5830-098。

② 中国第一历史档案馆藏:《军机处随手登记档》,档案编号:03-0243-2-1210-302。

③ 《光绪宣统两朝上谕档》第10册(光绪十年),广西师范大学出版社1996年版,第350—351页。

率所部，移驻登州府城，首以安辑民心为务，设防置戍，次第举行，保卫拊循，无微不至。部下将弁、士卒率皆奉公守法，半粟寸丝，与民无犯；盗贼闻风远遁，间阎几有夜不闭户之乐。其平时训练余闲，尤喜培植人材，整顿书院。每与士人晋接，必殷殷以敦品励学相勖，旌能奖善，惟恐不及，巾卷之士，乐与观摩，几不知其为武帅也。他如遇城厢矢慎，水旱偏灾，则出资以赈给之；道路失修，桥梁倾坏，则捐金以缮复之。御灾捍患，救难恤贫，其有利于民生者，实指不胜屈，以故移营赴朝鲜时，阖郡士民不期而会送者数千人。迄今遗爱在民，讴思弗替，咸愿公同集资建祠，以申报飨。应请转详奏恳恩施，准于登州府城捐建专祠，列入祀典，春秋由地方官致祭等情，呈经蓬莱县知县胡炜由府详经奴才前在藩司任内核明具详，前抚臣张曜未及具奏，留交前来。

　　奴才伏查原任广东水师提督吴长庆，由皖率师转战数省，无不所向有功。前在登郡帮办海防，亦最得民心。且同治六年随李鸿章剿办捻逆赖汶洸，鏖贼于登、莱之间，战绩甚伟。登州府本为该故提督立功之地，今该绅士等历久追念遗爱，呈请集资建祠，实系出于至诚，相应吁恳天恩俯准在于山东登州府城捐建专祠，列入祀典，春秋由地方官致祭，以顺舆情，出自鸿慈逾格。

　　理合恭折具陈，伏乞皇上圣鉴，训示。谨奏。光绪十七年十月二十八日。

　　(朱批)：着照所请，礼部知道。①

　　【案】光绪二十三年十二月初二日，两江总督刘坤一奏请将吴长庆专祠列入祀典，曰：

　　再，已故广东水师提督吴长庆前于光绪十年在金州防次病故，经前直隶督臣李鸿章奏奉上谕：吴长庆转战江苏、浙江等省，迭克名城。该军驻扎江南，办理水利、江防，百废俱举，着照提督军营病故例从优赐恤，并准于立功地方建立专祠等因，转行钦遵在案。兹据江浦、六合、滁州、来安、全椒各属绅民吴炳纯等以该故提督吴长庆驻防江南，功德在民，于江浦县浦口镇地方自行捐建祠宇，以申报飨等情，禀经该地方官转详藩司，由司核明，详请具奏前来。

　　合无仰恳天恩俯准将已故广东水师提督吴长庆江浦县浦口镇

---

① 中国第一历史档案馆藏：《朱批原件》，档案编号：04-01-14-0087-132。

专祠,敕部列入祀典,由地方官春秋致祭,以彰劳勚,出自鸿慈。除
咨部查照外,谨附片具陈,伏乞圣鉴,训示。谨奏。

　　光绪二十三年十二月十九日,奉朱批:着照所请,该部知道。
钦此。①

────────────

①　中国第一历史档案馆藏:《军机录副》,档案编号:03-5921-096。

卷三

奏法船突犯镇海口岸官军奋力击退疏
光绪十一年正月二十四日（1895 年 3 月 19 日）

头品顶戴浙江巡抚臣刘秉璋跪[1]奏，为法船突犯镇海口岸，我军奋力击退详细情形，恭折仰祈圣鉴事。

窃腊底正初，法船游弋浙江洋面及正月十五日突犯镇口、击退大略情形，均经电呈总理衙门代奏[2]，仰蒙圣鉴。兹准浙江提臣欧阳利见来函，并据前敌将领连日轰击情形禀报前来。

据称正月十四日戌刻，探知法船四艘排泊镇海口外七里屿洋面，经提臣欧阳利见与记名提督杨岐珍商派各营官带队，扼要驻扎，严为戒备。同知杜冠英驻守招宝山炮台，守备吴杰照料两岸炮台，并派对环伏隧道，以备击剿。各要口密安地雷。南琛、南瑞、开济、超武、元凯五轮船暨红单师船均泊桩内，并令必计弹可及敌，始行轰击，不准空放，免耗子药；一面电致记名总兵钱玉兴自梅墟出队策应，并将载石五船凿沉塞口。布置已定。

十五日巳刻，法以一小轮船冲波探信，经招宝山炮台击退，旋有一大黑舰携三船随后。我军兵轮、炮台竭力轰击，洞穿当先黑舰，敌兵落海者不少。炮台、兵轮连环放炮，敌势不支，陡放黑烟，海天弥漫，不能辨认。我军注定黑烟，痛击不辍。黑船败北，三船随之，退泊金塘山边。该处水深，离乾门甚近，防其登陆。是夜戌刻，果有小船二只将次拢岸，为达后营逻卒击退。

十六日辰刻，被伤之黑船向外洋开去，三船仍泊原处。是晚，敌以二鱼雷船暗袭，为炮台、兵轮击退。十七日巳刻，换一黑船如前来犯，将出游山，即被我炮台、兵轮击穿烟筒，倒轮而退。兵轮又击中其后艄，复以一白舰替泊游山，倚山为障，受伤敌船傍晚他去。是夜亥刻，潜来小船二只，为伏兵排枪击退。十九日夜间，有法舢板二只，傍山蚁附而登，经健左旗排枪轰击，船翻人毙。

连日交绥，击穿敌大黑舰二艘，坏其船身、烟筒，叠次击退探船鱼雷，法兵死伤不计。我军阵亡炮兵二名、勇丁一名，受伤二名，弹毙长夫一名。威远炮台门楣铁板被弹碰飞[3]一块，尚无大损。交绥之际，弹子如雨，横飞广远,仰仗天威,未伤多人。镇海城内弹塌民房数间,亦未伤人。以上系十五日以后叠次击退法船获胜之情形也。

二十以后,并无战事,探得仍有大兵轮二艘停泊金塘山,时有往来之船,当是接济煤、粮。并有小轮舢板,在于小港海汊窥探测量,以致讹言四起,人心惶惶。报复之谣虽不可尽信,亦属意计中事。臣等惟有凛遵谕旨,就现有兵力,严饬戒备,昼夜提防,敌至则奋力轰击,平时则勤发哨探,以备不虞。

臣于接得捷音后,当即电饬宁波厘局提洋二千元,解交前敌,核实赏犒,以资鼓励。臣查海上交锋,虽久在军营,未经目睹。此次镇海初次见仗,各将领督率弁勇,从容御敌,均属奋勇可嘉。除伤亡勇夫随时照章赏恤外,所有击退敌船之同知杜冠英、副将费金绶、守备吴杰、受伤之炮目军功周茂训,相应请旨准予存记,汇案请奖,以昭激劝。

谨将法船突犯镇海口岸,我军奋力击退缘由,会同闽浙总督臣杨昌濬、浙江提督臣欧阳利见,恭折具陈,伏乞皇太后,皇上圣鉴。谨奏。正月二十四日[4]。

光绪十一年二月初四日,军机大臣奉旨:另有旨。钦此。[5]

【案】此奏原件、录副均查无下落,抄件存于台北"中研院"① 及《清季外交史料》②,兹据互校。

1.【头品顶戴浙江巡抚臣刘秉璋跪】刊本无此前衔,兹据前后折件校补。

2.【案】光绪十一年正月十五日申时,浙抚刘秉璋为法船去而复回致电总署曰:

法船巳于初五南去。顷据镇海报,今早有四法船南回来泊,于口外之游山一字横排,离口约十里,似南寻三轮不过又折回北来者也,已饬合营戒备。璋。咸申。③

【案】同日亥时,刘抚又致电总署曰:

酉刻发电后,亥接镇电:法船自游山进虎蹲开炮,我军还炮,击中一船腰、一头榄。法船退泊游山。是日,彼此开炮数百出,伤我勇目二人、勇丁三人,炮台无恙。看法情形,必有大战,望速调曹德

① 台北"中研院"近史所藏:《外交档案》,馆藏号:01-24-020-02-015。
② 王彦威、王亮辑编;李育民、刘利民、李传斌、伍成泉点校整理:《清季外交史料》,湖南师范大学出版社2015年版,第1107—1108页。
③ 中国第一历史档案馆藏:《电报档》,档案编号:2-2-12-011-0098。

庆六营。乞代奏。璋。咸亥。①

3.【碰飞】刊本作"碰非",误。兹据文义校正。

4.【正月二十四日】刊本无此具奏日期,兹据刊本补。

5.【光绪十一年二月初四日,军机大臣奉旨:另有旨。钦此。】此奉旨日期与内容,据《随手档》②校补。

【案】此奏旋于是年二月初四日得旨,《清实录》载曰:

甲戌,谕内阁:刘秉璋奏,镇海口岸获胜情形一折。正月十五至十九日,敌船屡扑浙江镇海口岸,经提督欧阳利见督率水陆营勇及轮船管带各员合力轰击,将敌舰迭次击坏败退。尚属奋勇可嘉,着刘秉璋仍饬在事各将领严密防守,毋稍松懈。此次尤为出力之同知杜冠英、副将费金绶、守备吴杰、受伤之军功周茂训,均着存记汇案请奖。③

谢赏福字疏

光绪十一年二月初八日(1885 年 3 月 24 日)

头品顶戴浙江巡抚臣刘秉璋跪[1]奏,为恭谢天恩事。

光绪十一年正月二十四日,差弁回浙,赍奉御赏福字一方到臣。谨即恭设香案,望阙叩头祇领讫。钦惟皇上学富日跻,圣高天纵。祥开羲画,功兼作述以弥隆;治焕尧文,德并勖华而益盛。幸际岁躔更始,渥蒙奎藻遥颁。敬捧璇题,钦承玉检。图书叶瑞,巩万年有道之基,云汉为章,普四海同文之化。自天赐福,率土倾忱。

臣忝任圻封,未酬涓效,冰渊自惕,雨露均沾,惟期宸翰所临,兆年丰而人寿;共仰恩光远被,谨拜手以扬言。

所有微臣感激欣幸下忱,理合缮折恭谢天恩,伏乞皇上圣鉴。谨奏。光绪十一年二月初八日[2]。

光绪十一年三月初七日,军机大臣奉旨:知道了。钦此。[3]

【案】此奏原件查无下落,录副现藏于中国第一历史档案馆④,兹据校正。再,此折具文时间刊本作"光绪十一年正月二十七

---

①　中国第一历史档案馆藏:《电报档》,档案编号:2-2-12-011-0098。

②　中国第一历史档案馆藏:《军机处随手登记档》,档案编号:03-0246-1-1211-033,校补。

③　《清德宗实录》卷 203,光绪十一年二月上,中华书局 1987 年版,第 881—882 页。

④　中国第一历史档案馆藏:《军机录副》,档案编号:03-5194-023。

日",而录副署为"光绪十一年二月初八日"。兹据录副校正。

1.【头品顶戴浙江巡抚臣刘秉璋跪】刊本无此前衔,兹据录副校补。

2.【光绪十一年二月初八日】刊本无此具奏日期,兹据录副校补。

3.【光绪十一年三月初七日,军机大臣奉旨:知道了。钦此。】此奉旨日期与内容,据录副校补。

奏保提督杨岐珍片

光绪十一年二月初九日(1885 年 3 月 25 日)

再记名提督杨岐珍原任在直隶统领马队,朴勇善战,督臣李鸿章深为器许。臣因浙省台匪方炽,海防又关紧要,以杨岐珍本系昔年旧部,遂于到任后奏调来浙,办理台州剿抚各事,动中机宜。既而海防渐紧,檄调所部驻守镇海北岸,布置严密。本年正月十五、十七之战,该提督亲在招宝山炮台督战尤为出力,可否仰恳天恩逾格,交军械处另行存记,遇有提督、总兵缺出,开列在前,请旨简放,以昭激劝。

臣为鼓励人材起见,冒昧渎陈,是否有当?伏乞圣鉴,训示。谨奏。

光绪十一年三月初七日,军机大臣奉旨:杨岐珍着交军机处存记,遇有提督、总兵缺出,开列在前,请旨简放。钦此。[1]

【案】此奏原件、录副均查无下落,兹据《随手档》《清实录》等校正。

1.【光绪十一年三月初七日,军机大臣奉旨:杨岐珍着交军机处存记,遇有提督、总兵缺出,开列在前,请旨简放。钦此。】此奉旨日期与内容,据《随手档》①校补。

奏镇海军情片

光绪十一年二月初九日(1885 年 3 月 25 日)

再,小港炮台在金鸡山南数里。去年冬间,提臣欧阳利见与记名提督杨岐珍细加察看,虑其地势孤悬,将台中精利大炮移于金鸡小港中间之乌龙

---

① 中国第一历史档案馆藏:《军机处随手登记档》,档案编号:03-0246-1-1211-065。

冈,另筑明暗炮台各一座,炮门向小港,防其由彼登岸;另移土炮数尊于小港台中,安设地雷,藉为诱敌之计。

法船惩于正月十五、十七之战,不向镇海口门停泊,乃移泊于游山外金鸡、招宝、乌龙冈炮所不及之地,紧对小港,连日攻击。电饬台中弁勇坚守勿动,我炮所不及,不许轻发。廿七、八,法以炮攻击小港台。廿七,中三炮,台无大损,人亦无伤。廿八以后,并未中。三月初一、初四,又各开十数炮。初五黎明,总兵钱玉兴带小后膛炮八尊,伏青泉岭下,出敌不意,击中五炮。据报弹落法船舱面,毙敌多名。敌以巨炮还击,均落水田,我师未伤一人。初六,敌乘雾向青泉岭开炮多出,我师还炮击之。初七至初九,尚有五法船泊游山外及金塘山边。

除仍饬各营镇静严防外,谨将近日镇海军情附片陈明,伏乞圣鉴。谨奏。

【案】此奏原件、录副均查无下落,待考。

奏浙省设立机器厂疏

光绪十一年三月二十七日(1885 年 5 月 11 日)

头品顶戴浙江巡抚臣刘秉璋跪[1]奏,为浙省设立机器厂,购办料物及另购水雷、电线,并建造厂屋,购买民地等款,拨给经费银两,遵照新章,恭折开单奏报,仰祈圣鉴事。

窃查浙省各营多用洋枪,所需铜帽及后门枪子等件购自外洋,往往有需时日,应当添购机器,自行制造,庶几源源接济,前经派委候补知府王恩咸暨江西候补知县徐春荣赴沪购办,并一切配用炉锅等项全具,俾资制造。嗣据委员王恩咸等禀复:定购德国化铜拉铜及造林明敦马地呢、毛瑟、哈乞客司、吩啫士得各种后膛枪子、锅炉、机器全副,又造前膛枪铜帽机器全副,共议给价脚等项规平银三万九千六百余两。惟装运来华水脚等款,应俟全数运齐,方可查照洋单,分别截清找给,另再造报请销。又购水雷、电线等规平银二千九百十三两。又设机器,必须添建厂屋,并经派委候补知府钟大钧、候补同知庄济泰等悉心咨度,并从德国绘取机器厂图仿办,就于省城军装局后面空地,添购民地二十五亩零,先行雇工平治基址,建筑外围墙,一面将应需各项工料分别估计,购运回省建造去后。

嗣据该委员钟大钧等禀称:遵饬分赴沪、禾等处定购中外各项木植、砖瓦、灰石及中外诸杂料,陆续搬运来工,督率员弁、司事,暨雇德国洋匠、通事人等,按照图式,昕夕讲求,计应建总厂一所、分厂二所,大小厂屋二十五间、大烟筒一座,余为客厅、办事公所及洋匠寓楼,匠首、艺徒下处并储材栈房、工役下处各一区。又造气楼走廊,排钉桩木,开设水井,砌筑阴沟,头绪纷繁,一时尚难蒇事。除以后工作增多,续添房屋不计外,现综核各项工程,樽节估计,约需工料银二万三千七百余两。又购买民田地价银六百七十余两,雇洋匠来华水脚等银四百十六两零,分别给款兴办,仍俟工竣,另行造报,由防军支应报销局司道核明,该委员等领办。工料等项银数自光绪九年八月开办起,截至十年十一月底止,均与所报相符,开折详情奏咨立案,仍俟该委员等运回齐全赶造,工竣另再查开各项价脚以及工料细数清册,核实造报等情前来。

臣复查无异,除将送到清折咨部外,谨缮清单[2],恭折具奏,伏乞皇太后、皇上圣鉴,敕部查核施行。谨奏。三月二十七日[3]。

光绪十一年四月初七日,军机大臣奉旨:该部知道,单并发。钦此。[4]

【案】此奏原件查无下落,录副藏于中国第一历史档案馆①,兹据校正。再,此折具文时间刊本作"光绪十一年二月二十一日",而录副署为"光绪十一年三月二十七日"。兹据录副校正。

1.【头品顶戴浙江巡抚臣刘秉璋跪】刊本无此前衔,兹据录副校补。

2.【清单】同日,刘抚随折附呈浙省添设机器购买物料等款清单:

谨将浙省添设机器、制造洋式军火等项,委员购办物料并建造厂屋、购买民地等款,先后拨给各项价脚、工料银两起止年月数目,缮具清单,恭呈御览。

计开:

一、军装制造局候补知府王恩咸等定购德园化铜、拉铜及造林明敦、马地呢、毛瑟、哈乞客司、呒啫士得各种后膛枪子锅炉、机器全副,又造前膛枪铜帽机器全副,自光绪九年八月起截至十年十月底止,共发价脚规平银三万九千六百余两。

一、军装制造局候补知府王恩咸等购七头水雷电线一英里半,价值、险脚等规平银二千九百十三两。

一、机器局委员候补知府钟大钧等建造机器厂屋工料,自光绪

① 中国第一历史档案馆藏:《军机录副》,档案编号:03-9408-047。

十年闰五月起截至十一月底止,先后共给库平银二万三千七百余两。又购置民地价银六百七十余两,又机器、洋匠来华水脚银四百一十六两六钱九分。

以上共给规平银四万二千五百十三两零,折库平银三万八千九百两零;又库平银二万四千七百八十余两,二共库平银六万三千六百八十余两。

军机大臣奉旨:览。钦此。①

3.【三月二十七日】刊本无此具奏日期,兹据录副校补。

4.【光绪十一年四月初七日,军机大臣奉旨:该部知道,单并发。钦此。】此奉旨日期与内容,据录副校补。

奏浙省筹办法事海防第七次添募营勇疏
光绪十一年三月二十七日(1885年5月11日)

头品顶戴浙江巡抚臣刘秉璋跪¹奏,为浙省筹办法事海防第七次添募营勇,加挑炮兵,雇募船夫,加给薪粮经费等项,恭折具奏,仰祈圣鉴事。

窃照浙省筹办法事海防,陆续添募营勇,加挑练军、炮兵等项,均经遵照新章先后六次具奏、咨部在案。嗣因法船突犯镇海口岸迭被我军击退,其乍浦、澉浦一带为浙西最要门户,密迩镇海,舍坚乘隙,是乃军家之常,不得不为未雨绸缪之计。因乍、澉绵亘数十里,均属逼近大洋,无险可恃,原有防营又已抽调一营赴援镇海,不特不敷布置,而且彼此相距稍远,声气难以联络,因又派委已革记名总兵万重暄办理乍、澉两防营务处,给予薪水,俾有事即由该员会商在防各营将领,可以随时抽调,彼此策应,并檄委万重暄招募寅字一营,即归该员管带。又派委补用守备窦以连、姚振邦招募寅字左右二旗,即归二员管带。又饬令楚军中营记名总兵刘洋胜添募弁勇一哨,作为新中哨,仍归该员管带。又宁镇海防营务处候补同知杜冠英原有亲兵八名,不敷遣用,添募亲兵十六名,连前共计二十四名。又镇海北栏江等处炮台,于镇海营派拨弁兵一百三十四员名,分扎防御,加给薪水、津贴。又以法船在洋游弋,海上消息难通,饬营务处候补同知杜冠英就镇海雇募小舟二只,并选雇有胆气、识水性之人操驾,令其不时分投出洋侦探,月给租资、口粮。又以定海孤悬四面海中,设立阻轮三扎渔网,有船往来,必须指使趋避,并恐不

---

① 中国第一历史档案馆藏:《清单》,档案编号:03-9408-048。

肖渔船因碍驾驶，私行毁坏，由署定海镇总兵贝锦泉①会同统领贞字各营正任台州府知府成邦干，雇募巡船四只，分段看守，以期妥慎，亦月给租资、口粮。又以法船犯镇，镇口业已堵塞，定防文报、军火均改由穿山港绕渡，派署提标左营游击罗麟祥督雇夫船驰□²，给发船夫口粮。其绕运军火一项，须视时势之缓急，应用夫船之多寡，委实难以预定。又宁绍台道薛福成②访闻法人在沪以重资购觅熟悉浙洋之引水英人郝尔、德人贝伦，因知熟悉浙洋而有执照者仅四人，其二已经去秋雇定，月给薪资；其余即此二人，当经薛福成电请江海关道邵友濂③设法禁阻。嗣经该道派员劝止，许酬银二千四十两，以杜隐患。据防军支应局司道遵照新章，详请奏咨立案，以便将来造补等情前来。

臣复查无异，除咨部查照外，理合恭折具陈，伏乞皇太后、皇上圣鉴，饬部查照施行。谨奏。三月二十七日³。

光绪十一年四月初七日，军机大臣奉旨：该部知道。钦此。⁴

---

①　贝锦泉(1832—?)，浙江镇海县人，军工出身。初以功经左宗棠奏保福建水师都司。同治七年(1868)，经闽浙总督英桂保游击。嗣调赴天津，剿办捻军出力，经三口通商大臣崇厚保奏，加副将衔，旋经英桂奏补台湾澎湖协标右营都司。九年(1870)，补授闽粤南澳镇标左营游击。光绪二年(1876)，补授福建海坛镇总兵。七年(1881)，调补海门镇总兵。十年(1884)，署理浙江定海镇总兵。同年，丁母忧，回籍守制。十二年(1886)，病卒于任。

②　薛福成(1838—1894)，字叔耘、庸盦，号庸庵、庸荠，江苏无锡人。同治六年(1867)，取副贡生，参曾国藩戎幕，积劳至直隶州知州，加知府衔。光绪三年(1877)，丁母忧，回籍终制。八年(1882)，保直隶候补道员。次年，改河南候补道员。十年(1884)，补浙江宁绍台道。翌年，晋布政使衔。十四年(1888)，升湖南按察使。十五年(1889)，授出使英法义比四国大臣，赏二品顶戴、改三品京堂官。十六年(1890)，擢光禄寺卿。次年，转太常寺卿、大理寺卿。十八年(1892)，授都察院左副都御史。二十年(1894)，卒于沪。著有《庸庵文编》《庸庵文编续编》《庸庵文编外编》《海外文编》《出使奏疏》《天一阁见在书目》《庸庵全集》《庸庵随笔》《庸庵笔记》《出使公牍》《幕府古文书牍》《东西洋地志》《出使英法义比日记》《浙东筹防录》《筹洋刍议》等行世。

③　邵友濂(1841—1901)，名维埏，字筱春、小村，一字攸枝，浙江余姚人。先以监生遵例捐官，签分工部。同治元年(1862)，以本部员外郎尽先补用。四年(1865)，中式乙丑补行辛酉、壬戌两科乡试举人。五年(1866)，会试不售。十年(1871)，选工部虞衡司员外郎。十三年(1874)，充总理各国衙门汉章京。光绪元年(1875)，出使俄罗斯。四年(1878)，以道员充头等参赞，随崇厚赴俄谈判伊犁归还，并襄办通商事务。五年(1879)，署理俄罗斯钦差大臣。八年(1882)，补授江苏苏松太道。九年(1883)，中法战争，襄办台湾防务。十年(1884)，中法约成，以功劳卓著赏一品封典。十二年(1886)，补授河南按察使，旋因病开缺。十三年(1887)，迁台湾首任布政使。十五年(1889)因感受湿热，请假内渡就医，旋擢湖南巡抚，兼署湖南提督，以忧免。十七年(1891)，母忧服阕，补授台湾巡抚，以礼未终，准由沈应奎护理，旋莅任。二十年(1894)，调署湖南巡抚，与张荫桓同为钦差大臣，出使日本乞和，和谈决裂回国，署湖南巡抚，嗣因病开缺，二十一年(1895)，俄皇尼古拉斯二世加冕，为副使往贺。次年归国，后因病回籍调理。二十七年(1901年)，卒于里。有主纂《余姚县志》行世。

【案】此奏原件、录副均查无下落，兹据《随手档》《清实录》等校正。再，此折具文时间刊本仅作"光绪十一年三月"，未确。查《随手档·刘秉璋折》①，则署有"报四百里、三月二十七日发"等字样。据此，此折具奏时间当以"光绪十一年三月二十七日"为宜。兹据校正。

1.【头品顶戴浙江巡抚臣刘秉璋跪】刊本无此前衔，兹据前后折件校补。

2.【驰□】刊本疑夺一字，或"往"或"援"，待考。

3.【三月二十七日】刊本无此具奏日期，兹据《随手档》校补。

4.【光绪十一年四月初七日，军机大臣奉旨：该部知道。钦此。】此奉旨日期与内容，据《随手档》校补。

奏查明镇海口获胜出力各员酌拟奖叙疏
光绪十一年五月二十二日（1885 年 7 月 4 日）

头品顶戴浙江巡抚臣刘秉璋跪[1]奏，为遵旨查明镇海口岸对仗获胜，先将在事尤为出力各员酌拟奖叙，吁恳恩施，恭折仰祈圣鉴事。

窃于本年三月十三日接奉总理衙门电开：本日奉上谕，前据刘秉璋奏，镇海口岸获胜，恳请奖励，当令将同知杜冠英等存记，着刘秉璋、欧阳利见查明在事出力各员，迅速择优奏请奖叙，候旨施恩，钦此。钦遵到臣，当即咨饬各营赶速开送去后。兹经提臣欧阳利见及各统领开送前来。

伏查浙省办理海防将及两年，经费支绌，竭蹶万分，原有防军过于单薄，臣竭力图维，一面赶购炮械，仿制水雷；一面檄调旧部将领陆续来浙，募勇成军。乃粗有就绪，即值马江开仗，警报叠闻，浙洋瞬息可到，海防倍形吃重。沉船钉桩，经营数月，门户始固。迨十二月间，敌船突入浙境，往来游弋。正月十五以后，叠次猛攻镇海炮台，均经击退。仰仗天威，将士用命，勇气百倍，幸催强敌。而相持至两月之久，自统领以致弁勇，无不枕戈露宿，彻夜提防，迹其危险艰苦之壮，实为从来军营所未有。兹蒙圣恩饬令保奖在事出力各员，感悚无地。

所有尤为出力之记名提督世袭云骑尉杨岐珍，拟请赏穿黄马褂。记名总兵励勇巴图鲁钱玉兴，拟请以提督记名简放，并赏换清字勇号。记名提督伍金洪，拟请赏给巴图鲁名号，并给予三代一品封典。补用提督扬勇巴图鲁刘玉田，拟请赏给头品顶戴，并赏换清字勇号。记名总兵晋勇巴图鲁何元启，拟请以提督记名简放，并赏换清字勇号。总兵衔补用副将劲勇巴图鲁唐秉钧，拟请以总兵记名简放，并赏换清字勇号。

两江尽先参将张国林，拟请免补参将，以副将仍留两江前先补用，并赏给勇号。浙江补用副将陈胜文，拟请赏给勇号，并给予三代一品封典。镇海营参将郑鸿章，拟请免补副将，以总兵记名简放。副将用尽先参将费金组，拟请免补副将，以总兵记名简放，并赏给勇号。

补用都司周启胜，拟请免补都司，以游击尽先补用，并赏加副将衔。都司衔邓璁保，拟请免补都司，以游击尽先补用，并赏戴花翎。

尽先补用副将贝珊泉，拟请遇有水师总兵缺出记名简放，并赏给勇号。已保参将提标候补都司郑碧山，拟请免补游击、参将，以副将仍留原标尽先补用，并赏给勇号。

候补守备已保都司吴杰，拟请免补都司、游击，以参将留浙尽先补用，并赏给勇号，加副将衔。尽先副将提标左营游击陈旭，拟请记名遇有水师总兵缺出，尽先简放，并赏给勇号。五品军功周茂训，拟请以守备尽先补用，并赏戴花翎。

两江补用副将王立堂，拟请以总兵记名简放，并赏给勇号。留浙补用副将倪祥福，拟请以总兵记名简放。候补参将已保副将段生福，拟请免补副将，以总兵记名简放。记名总兵黄锦文，拟请赏给勇号。

补用都司刘怀珍，拟请免补都司，以游击尽先补用，并赏加副将衔。处标中营游击雷芸桂，拟请以参将尽先补用，并赏加副将衔。衢标中营游击侯桂林，拟请以参将尽先补用，并赏加副将衔。

记名总兵鼓勇巴图鲁何乘鳌，拟请以提督记名，遇缺题奏简放，并赏换清字勇号。两江补用副将龚锦标，拟请以总兵记名，遇缺题奏简放，并赏加提督衔。游击衔补用都司已保游击王鳌，拟请免补都司、游击，以参将尽先补用，并赏加副将衔。记名总兵蔡邦清，拟请以总兵记名，遇缺题奏尽先简放，并赏给勇号。

蓝翎千总蔡锦章，拟请免补守备，以都司尽先补用，并赏给勇号。江西补用副将周士盛，拟请以总兵记名，遇缺题奏尽先简放，并赏给从一品封典。

宁绍台道薛福成，拟请赏加布政使衔，并给予军功随带加二级。试用同知杜冠英，拟请免补本班，以知府留浙，遇缺即补，并赏戴花翎，加三品衔。运同衔江西候补知县徐春荣，拟请免补本班，以直隶州仍留原省补用，并赏加三品衔。六品顶戴孝廉方正试用训导李树声，拟请免选本班，以知县留浙补用，并赏加五品衔。

以上各员,合无仰恳天恩逾格,特旨俯准先行给奖,以示鼓励。其余出力员弁人数较多,容再开单续请恩施。

至定海孤悬海外,乍浦无险可扼,皆去镇海最近,敌船久泊浙洋,即温、台沿海各防营无不日夜戒备,颇著辛劳。此外,购办军械、转输粮饷各项委员辛勤两年,每当防务紧急,羽檄交驰,昼夜不息,亦未便没其微劳,可否由臣择其尤为出力之员汇同镇海出力各员另行保奖之处,出自圣裁。

谨将镇海对仗获胜在事尤为出力各员先行酌拟奖叙缘由,会同闽浙总督臣杨昌濬,浙江提督臣欧阳利见,合词恭折具奏,伏乞皇太后、皇上圣鉴,训示。再,正月间奏报镇口获胜折内,副将费金组误作"费金绥",应请更正。此折系臣秉璋主稿,合并陈明。谨奏。五月二十二日[2]。

光绪十一年六月初五日,堂谕封存,初八缮旨后归匦。[3]

【案】此奏原件、录副均查无下落,待考。

1.【头品顶戴浙江巡抚臣刘秉璋跪】刊本无此前衔,兹前后折件补。

2.【五月二十二日】刊本无此具奏日期,兹据刊本补。

3.【光绪十一年六月初五日,堂谕封存,初八缮旨后归匦。】此奉旨日期与内容,据《随手档》①校补。

【案】此奏旋于是年六月初八日得旨,《清实录》载曰:

(乙亥)又谕:刘秉璋奏,遵保镇海接仗尤为出力人员,恳恩奖励一折。浙江镇海炮台,上年十二月及本年正月迭被敌船攻扑,均经在事各员弁奋勇击退,尚属著有微劳。浙江提督欧阳利见亲驻前敌,督率有方,着赏给头品顶戴。至所请各员奖叙,未免过优,特量加核减,酌予恩施。其余出力各员弁,着该抚详细查核,据实保奖,不准稍涉冒滥。②

奏援军请酌量保奖片
光绪十一年五月二十二日(1885年7月4日)

再,上年南洋派出援闽官轮五号,行至浙洋,为敌船所阻。驭远、澄庆二号遇敌追迫,收入石浦内港,众寡不敌,非尽战之不力。其南琛、南瑞、开济

① 中国第一历史档案馆藏:《军机处随手登记档》,档案编号:03-0246-2-1211-151。
② 《清德宗实录》卷209,光绪十一年六月上,中华书局1987年版,第955—956页。

三号驶入镇海口内,与防军联络固守,炮中敌船。统领吴安康督率提防两月有余,颇著辛劳,功不可泯。又福建派出援浙五营,跋涉远来,于款局未定之先驰至前敌,分段驻扎,协力防守,现拟雇轮由海道送回闽省,亦属劳勚可嘉。合无仰恳天恩敕下南洋大臣两江总督臣曾国荃、闽浙督臣杨昌濬查明,酌量保奖,以昭激劝。

理合附片陈请,伏乞圣鉴,训示,谨奏。

光绪十一年六月初五日,堂谕封存,初八缮旨后归箍。[1]

【案】此奏原件、录副均查无下落,待考。兹据《随手档》《清实录》校补。

1.【光绪十一年六月初五日,堂谕封存,初八缮旨后归箍。】此奉旨日期与内容,据《随手档》①校补。

【案】此奏亦于是年六月初八日得旨,《清实录》载曰:

(乙亥)又谕:刘秉璋奏,遵保镇海接仗尤为出力各员一折。本日已明降谕旨,酌给奖励。至定海、乍、澉、温、台等处各防营并未遇敌接仗,购办军械、转输粮饷各员仅系接济本省,与远道转运不同,所请汇案保奖之处,均毋庸议。南洋援闽之南琛等三船,在镇海口内联络固守,尚有微劳,除吴安康毋庸列保外,其余实在出力员弁,着刘秉璋咨行曾国荃,核实奏奖,毋稍冒滥。福建援浙五营到防未久,并无战事,毋庸给奖,并着咨明杨昌濬遵照。将此由四百里谕令知之。②

奏议复开源节流疏

光绪十一年五月二十四日(1885 年 7 月 6 日)

头品顶戴浙江巡抚臣刘秉璋跪[1]奏,为议复开源节流各条,分别办理,汇开清单,恭折仰祈圣鉴事。

窃案准户部咨:会议等筹饷一折、单一分[2],于光绪十年十二月初八日具奏。初十日,钦奉慈禧端佑康颐昭豫庄诚皇太后懿旨:依议。钦此。恭录谕旨,刷印原奏,飞咨钦遵办理等因,行文到浙,即经分别转行遵照,并将原奏、清单饬司照刊成本,移行文武各衙门一体遵办去后。兹据司、道、关、局查明

---

① 中国第一历史档案馆藏:《军机处随手登记档》,档案编号:03-0246-2-1211-151。
② 《清德宗实录》卷209,光绪十一年六月上,中华书局1987年版,第956—957页。

议复,由藩司汇开清折,具详请奏前来。

窃维理财之道,诚如部议不外开源、节流二事。而两者相较,开源难于节流,盖多方之搜剔,益上或致损下,不如随事节省,权由我操。臣起家寒素,于款项出纳素所慎重。自蒙圣恩简放到浙,即值海防事起,添营购械,用项大增。而岁入之款只有此数,源无可开,流且益甚,司、局各库又以历年困于协拨,早经罗掘罄尽,无米为炊,难安寝馈,当将入不敷出情形迭次沥陈圣鉴;一面督同司道再四筹商,凡有可缓用款,无不量为裁剪,于节流之事委已不遗余力。至开源一层,值此时艰孔亟,亦不得不为得寸得尺之计,藉资补苴,故不敢专避嫌怨,亦不敢轻事诛求。

兹查该司道等所议遵办各条,尚于民生无碍,而铢积寸累,于国计不无裨益。两月以来,次第开办,尚无捍格梗阻之处。其未能遵办各条均已切实声明,应请毋庸置议。

除分饬认真筹办,期于实济外,谨将[3]议复开源节流各条,缮具清单,恭折具奏,伏乞皇太后、皇上圣鉴。谨奏[4]。五月二十四日[5]。

光绪十一年六月初五日,军机大臣奉旨:户部知道,单并发。钦此。[6]

谨将各司、局、关、道议复开源节流各条,汇开清单,恭呈御览。

谨开:

开源项下:

一、领票行盐,酌令捐输。

一、整顿碟务。

以上二条,据运司议复:两浙产私之地多,而贩私之徒众。近年来极力整顿,收、缉、敌三者并行,销数虽稍起色,商力已形困乏,现经再三劝谕,于各商纲引、肩住各地,分别商情之难易,地情之畅滞,或按引加赠卖价,或按引由商报捐,均于捆运之时核实收解。其由商捐之款,准照海防捐输请奖。至加增卖价,出自食户,不准请奖。又各属酱坊向章于开设时按缸报捐,归入盐厘项下造销。现复令其按缸加捐,情甚困苦,亦请准照海防捐输请奖,以期踊跃。此项酱缸加捐只收一次,此后不复再捐。其余厘盐,各地现亦令其酌量加抽,另款报拨。所收商捐及酱捐银两,由司解交海防捐输局,收款核奖。其加价银两,收存运库,听候拨用。约计加价、商捐、酱捐,年可收银十余万两。至肩住各地加厘能收若干,尚难计数,总当认真整顿,以裕饷需。

一、就出茶处所征收茶课。此条据厘捐总局议复:浙省茶厘,有在出茶处所设卡抽收者,有由经过各卡抽收者,系属因地制宜,每净茶一百斤为一引,每引[7]箱茶收厘银一两,篓茶、袋茶收厘银六钱,茶梗、茶末收厘银二钱。

外省茶业过浙,有捐票者,每引收厘银二钱。无捐票者,仍照浙章抽收,每引带收杭关税银三分四厘,均归厘捐册内造报。又杭引课银一钱由各卡收解司库,作办解黄茶及请领茶引等项之用,抽收一次之后无论经过何处厘卡,概免重抽,并无一切杂费,惟责成各卡认真查验,盖戳放行[8]。办法正与部文相合。茶系笨重之物,逐卡查验,尚无走漏。近数年来,茶引出洋,商人每多折本,若必令领照倍收,诚恐商力不逮,于公无益[9]。且浙省现因需饷浩繁,业经劝令各茶商量力捐输,按照海防事例,报捐助饷。其厘捐章程,应请照旧办理。至出口洋税每引征银二两五钱,向系按照条约办理,无可加增。

一、推广洋药捐输。此条据厘捐总局议复:洋药进口,浙省向于抵关纳税之后随即收捐,计每箱除洋土行提给协查费银六两外,实收大土捐银三十四两、小土捐银三十一两七钱。每包实贴印花,分销内地,不再收捐。今奉饬令华商捐银,请领行票,每票十斤,每斤抽银二钱。惟洋药一离口岸,散漫难稽,诚如部议,似不若量为变通,即于洋药进口时一律加捐,无庸另给行票。其坐票一项,业已通行饬查,无论土栈、土店、洋药、土药,均令按户捐银二十四两,由局刊给坐票。如不请坐票,不准私开。至加收[10]厘金一节,先接闽省来咨,嗣奉总理衙门会同户部议奏,令各省通商口岸查照闽省章程,每百斤除洋税三十两照旧办理外,统令完纳厘金银八十六两,自应遵照普加,现已开办。惟苏、浙毗连,必须一律加抽,方免畸轻畸重,以杜趋避。闻淞沪捐款现议绅董包认若干箱,倘若暗减箱数,则八十六两名是而实非,前已叠询沪局,迄未复到。

一、推广沙田牙帖捐输。此条据藩司议详:浙省沿海、沿江沙涂田地,如有堪以垦种者,均经地方官随时查勘报司,分别详请奏咨升科纳赋。此本贴近滨江、滨海穷民报垦,而沙土又坍涨靡常,与他省之富绅豪民踞为沃产者不同,难以劝令捐输。所有部议仿照广东办法之处,应请毋庸置议。其牙帖捐输一节,现经厘捐总局议复:浙省前于同治三年遵奉部章由局劝办,分别繁盛、偏僻,定为三则,繁盛上行捐银四百八十两,中行二百四十两,下行一百二十两,偏僻者减半收捐。给帖[11]开张,每帖一张,随收帖本银一钱,解部交纳。迄今二十年,时事变迁,自可逐加清理。现由[12]局委员分赴各府属,确切遍查,参酌旧章,变通办理。凡未经领有部帖者,概令照则捐请。其领有部帖而已满十五年者,一律捐换,酌定执有旧帖捐换新帖,照向章银数减四成交纳。倘系原人、原行、原地开设,照三分之一交纳。改业移埠者,均按则减二成交纳。其或本人物故,嫡亲兄弟子孙承充者,减半交纳,概不准以上作中、以中作下,一切陋归悉予裁革。至税则一项,仍照原定繁盛、偏僻银数征收,俾免纷更。惟前项奉颁部帖仅存九百余张,不敷填换,业已详请咨部颁发牙帖二千张，以资应用。

一、烟酒行店入资给帖。此条据厘捐总局议复：浙省烟酒店铺所在多有，零星贩售资本征末者居多，若照牙帖办法，饬令捐资领帖，深恐本小利微，无以为糊口之计，惟有按货加抽，仍属取之买户，于商本无甚关碍，现已查照货厘捐章，酌将烟酒两项捐数于应完正厘之外加成抽收，凡过卡旱烟、水烟、潮烟照加四成，绍酒、烧酒、土酒照加二成，均于厘票内加戳带收，专充海防饷项之用，一俟海防事竣，乃照旧章办理。

一、汇兑号商入资给帖。此条据厘捐总局议复：浙省富商甚少，自胡光墉①所开阜康、通裕两票号闭歇后，此外并无多家，以致公私汇款均形不便。现经通行确查，倘有此等商号，责令遵照部章捐银六百两，承领部帖，方准汇兑，仍免其逐年纳课，以示体恤。至于钱店偶尔兑换银钱，自难与票号并论。惟现当海防捐输未能踊跃之际，拟亦分别查明，或有资本较大者，酌令捐资，按照海防事例一体报捐，以期捐款畅旺。

一、划定各项减平、减成。此条据藩司议详：浙省藩库支放各款，凡有每两应扣六分减平者，均遵部章按年按款扣收，于二、八月内造册，将减平银两委员解部。其应扣减成者，亦均照章扣收，入于春、秋拨册内报部拨用。此外运、粮二库应扣六分减平银两，每年亦按二、八月两收批解藩库汇解，业将历年藩、运、粮各库所收减平、减成银两分别解部报拨。此系常例支销之款，向有定章，并无参差，应请照旧办理。其支发勇饷等项如何扣收减平、减成，现由防军支应局议复：浙省所放各营薪粮以及练军津贴并各局办事随营差遣文武委员月支盐粮、例马等款，概照例章分别按数放给，向不扣平。至各委员、制造、修理军装、器械，采办物料、硝磺，配造火药工价以及水陆各营制换旗衣、风篷、帐房等项杂款，每万两核扣一分平余银一百两。浙省自同治初年筹办军务以来，委员制造、采办一切杂项，每年动放自十数万两以至七八万两不等。其每年扣收平余之数，应请统归本省报销专案内查明确数开报，以昭核实；并由浙海、瓯海二关议复，浙海新关及瓯海新关支解各款，奉准照定足平支放，向不扣平、扣成。其浙海关常税项下，内有支应护关养廉、各口杂支经费应扣平银两，每两扣平六分，年共银一百八十一两零。又各口

---

① 胡光墉（1823—1885），字雪岩，绩溪县人，著名徽商。早年家境贫苦，经同乡引荐，赴杭州阜康钱庄学徒，颇受赏识，后受赠钱庄而成巨富。同治元年（1862），助左宗棠组建常捷军。五年（1866），赞襄左宗棠创福州船政局，并委办采运，借内外息银一千二百五十余万两。旋授江西候补道，于国内广设当铺、银号，富甲江南。十一年（1872），于杭州创办胡庆余堂，施药于民，声名大振。光绪八年（1882），创办上海蚕丝厂，经营失算，风声四播。十年（1884），因周转不灵破产，革职查抄，勒追治罪。十一年（1885），卒。

书丁、巡船工费等项,统年核减二成银一千七百七十二两零,停给养廉银二百四十两,皆按年提存,随同饭银分款解京,造册报销,均请仍照旧章办理。

一、严提交代征存未解银两,并严定交代限期。此条据藩司查得浙省道府厅州县各官交代,除道府交代案内查无应解司库银两外,其各厅州县交代算清后,前任如有短交之款,无不立行提解。其有延不清解之员,前经分别详经参革、查抄、讯追、监追,并将交代先行结报在案。计光绪十年以前到任者,并无未报算清交代。其欠款未清、册结未齐者亦不及十起,业已勒限本年五月内一律解清造送。如逾六月初旬不到,另再遵照部章,开单详办。至光绪十一年正月以后到任交代,已恪遵部章办理。

一、严催亏空应缴、应赔各款。此条据藩司查得浙省各州县交代案内亏欠银米,虽奉参追,而是侵是挪尚未议结,应饬催该管知府彻底确查议结,分别遵章办理。其关税应赔一节,现由浙海关移复:浙海关常税前于光绪九年分关期奏销,因被洋税侵占,短征银两,奉部议照闽海关成案,免赔七成,赔缴三成。又前道瑞璋应赔浙海关监督任内短收银五千一百十二两零,已移催赶解,此外各关、局并无应缴、应赔之款。

一、入官产业勒限变价解部。此条据藩司查明浙省现无入官产业应行变价之案。

一、酌提漕粮漕规、盐务盐规余款。此条除盐务余款已奉部议令各省将军、督抚酌度,如有似此经费可以移缓就急者,奏明办理等因,应归另案办理外,其漕粮漕规余款一节,现由粮道议复,粮库每年收存各款银两均已造入光绪十一年春拨册内详蒙咨部。计各册存库银一十六万一千六百八十四两五分三厘,内除奏明抵归运费银八万四千八百一十一两四钱一厘,实听拨银七万六千八百七十二两六钱五分二厘,内有扣存光绪六年分短征漕粮项下应解仓场衙门轻赍芦席银五百四十五两三钱三分七厘,又扣存各年缓征漕粮项下应解仓场衙门芦蓆银二百八十七两五钱八分七厘,应俟各该年漕粮带征起运时分别批解。此外并无扣存应解未解款项,亦无漕规余款等名目。

节流项下:

一、裁减厘局经费。此条据厘捐总局议复:厘局经费向奉部章不过一成,浙省历经遵办。上年奉部驳斥,令照皖省章程再行切实核减,业经逐一裁减,请自光绪十年起照收数八分造销,详咨有案。现在收数减色,造销之数即因之而少,如再删汰,诚恐所省者少,所失者多,尤于捐务有碍,应请即照详定章程,所有厘局经费总不逾八分之数,以免更议。

一、核减各关经费。此条由浙海、瓯海二关议复:浙海新关经费,除解给税务局辛俸等项外,奉部核准每年支销银三千八百八十两八钱。又设立分卡,稽征内地半税,添雇[13]书巡,修茸巡船等项,每年准添支不敷经费银二千八百两,扣足四结,期满造册详咨核销。核计同治初年新关征收华洋税钞不过三四十万两,嗣后逐渐旺收多至七十余万两,征数年增,需用亦巨,原定经费不敷,迭据关书禀请加给,以帑项未裕转请年额支销数目不及一成,皆系核实造报,无可再减。瓯海新关经费,除税务司辛俸等项不由瓯关解给外,所有委员薪水、关卡书吏饭、工暨修茸巡船各项一切经费,奉部核准每年支销银五千六百七十两九钱,扣足四结,期满造册详咨核销。此项开支数目,前因收不敷支,业经删减,现在无可再减,均请循旧办理。其各关征收华洋税钞,案奉部定每百两准销火耗银一两二钱;又汇解京饷、税饷等款赴京,每千两准支汇费银四十八两,每批支给委员路费银三百六十两,历经报部核销,并无既支火耗又支补平、补水及既支汇费又支水脚等款。

一、核定各省局员额数、银数。此条由防军支应局议复:浙省防军支应局暨军装、制造、机器等局督办、提调以及各委员在于支应经费项下支给薪水者,迄年以来,海防有事,添委更换,随时皆有,悉按例支盐粮、例马折给,统共五六十员不等,每年计请销银一万四五千两之则,皆系必不可裁,并无一定数额。即委员衔名时有更换,亦时有增减,邀免造报。此外尚有采访、刊书、牛痘、保甲各局委员薪水等项,均系动用善后捐款,不支正项。

一、随营文武分别裁汰及酌定额数、银数。此条由防军支应局议复:浙省驻防各营旗,除统领营官、哨官照章支给薪公、薪水外,其随营帮办文案以及差遣委员所需薪水均由营官公费内自行提给,并不另支,无从开报。

一、酌减内地各省防军口粮。此条由防军支应局议复:浙省现在办理海防,饷章循旧支给。上年奉部饬减,因为数无多,且当有事之际,请将各营薪粮暂缓核减以固军心详复,奏奉谕旨允准在案,应请从缓办理。

一、酌减内地防军长夫。此条由防军支应局议复:浙省从前驻防各营所用长夫一百二十名或一百二十八名不等,业经由局详明。自光绪十年分起,凡五百人一营者,只准长夫九十名,统领、统带坐营,公务较烦,加夫十名,共一百名。如遇征调、开差,仍照案加给长夫九十名,共一百八十名。若开差不及一营者,以此递减,核与现定部章尚属符合。

一、防军有营房者,不准再领帐棚折价。此条由防军支应局议复:浙省留防陆师各营应领单夹帐棚,向章一年更换一次,并有各营以帐房未能耐久,请给两届帐棚折价改建瓦屋,又有请领两季帐棚折价搭盖芦棚者,不敷之项由营自行筹补。已经领款盖造营房者,不准再领帐棚经费。如遇调剔、调防,方准再给帐棚。惟建造瓦屋各营,时被风雨侵损,必须随时修理。其请领两届折价建造瓦屋者,应扣足三年,再给一届经费;其请领两季折价搭盖芦棚者,应扣足半年,再给两季经费,藉资撙节而昭核实。

一、核定内地各省兵勇、饷数。此条据藩司议详:浙省绿营共三十八营,额设水陆兵三万七千五十九名,除杭属海防营额设兵六百五十四名驻扎海宁州、专雇塘工不与征调外,其余各营前于减兵增饷案内分别成数,裁去水陆额兵一万三千八百二十九名,实存兵二万二千五百七十六名,内马兵五百名,战兵八千五百名,守兵一万三千五百七十六名。旧额马兵月饷银二两、马干银一两,战兵月饷银一两五钱,守兵月饷银一两。减兵增饷案内,马兵月加饷银一两、马干银五钱,战兵月加饷银一两,守兵月加饷银五钱。是浙省绿营制兵前已裁减定案议增之饷,久已照加,每届估饷及题销册内均有实数可稽,应请由部查核。其勇饷数目,现由防军支应局议复:浙省现在防务未撤,沿海千有余里,勇营练军营数尚在不敷分布,前奉部饬将原存、续添水陆各营及练军、炮台等项驻扎处所,详细开具清单,送部备查,业经由局造册另详请咨在案。核计每月共需饷银一十五万四千余两,请俟海防事竣,再行分晰造报。

一、确估各项军饷,按年指拨一次。此条据藩司议详:浙省满、绿各营兵饷向系照例于年前按照实在弁兵应支饷数,造具估册,详请奏咨,听候部拨,仍于题销册内核实造报,应请照旧办理。其勇饷数目,现由防军支应局议复:浙省各勇营练军与绿营兵饷不同,盖绿营本有一定兵制,并无增减,所有次年一岁应需若干,可以年前冬季豫为确估。其勇营如无战事,仅只派防,尚可估计。现系随时裁添,委难预计,请俟海防事竣,再行分造估册,咨部核查。

一、停止不急工程。此条据藩司议详:浙省现因库储支绌,一应不急工程本已停办。现复移准防军支应局议复,浙省因饷需支绌,近年以来并无修造衙署动款之案,即偶有城垣、衙署、祠庙等工损坏急应修理者,均应随时撙节修补。所需经费无多,俱系动用善后捐款,不支正项。

一、各项欠发勒限清厘,各项豫支分别核办。此条据藩司议详:藩库年例支发各款,现系按款支给,只有本省各绿营公费一项,原为各营通年一切正、杂公用,乃近年各营需用火药、铅丸及修补一切军械,仍于防军支应局请领,故前项公费银两虽经听存,未经按年给清,已奉抚院批示暂行停止,毋庸补给,自当遵办。又浙省一岁收款用以供本省一岁之出款,本不至甚形短绌。其所以短绌而每年补支旧欠者,皆因京、协各饷奉拨过多,致入不敷出。即如本省满、绿各营兵饷,历年因地丁不敷支用,故乙年之春季兵饷不但无甲年之地丁可以开支,即乙年所收之地丁,除支销各款外,亦不敷乙年兵饷之用,须待丙年地丁提补足数,历于地丁题销册内造报声明有案。此因地丁限于收数,而兵饷不能不放,故致年年套搭,难以截清,应请俟地丁充裕,用剩有余,各归各年,截清办理。至司库预发之款,除《时宪书》工料外,现无别款。其军需项下由防军支应局议复,并无预支之款。所欠发者以勇饷为大宗,盖浙省原设湘、楚各营,自创立以来所有欠饷,及至遣撤之日,皆须扫数补发,是以开革给假哨弁勇丁皆由营官预垫欠饷。即撤换营官,而前任营官之欠项亦由后任营官借款垫发,由来已久,几如定例。且迩年以来,浙省防务紧迫,筹饷万分竭蹷,水陆各营又复陆续加增,所有欠发各新旧营饷项,或二三月、四五月不等。时有更撤以及调换,逐月亦有欠给补发,注兹挹彼,变动无常,并非年久积久之项,仍须陆续补清。新募之营,现亦不无蒂欠,将来遣撤,均须补给。其制造、采办等军火亦有欠发,或因货物未齐,或因经费支绌,暂时挪欠,均应随时补发。部议停旧支新一层,委难遵办。

一、另定各省起运存留。此条据藩司议详:浙省各属起运存留银两,皆有定数。其府县存留项下,如坐支祭祀香烛以及官役俸工等款内有应行减成支发者,均将减存银两解司。又应行提解司库之乡饮酒礼、岁贡、旗匾、祭祀余剩等款,亦均按年提解清楚,造入春秋季拨册内报部拨用。至各属额征司存留银两,亦系专款解司,按年全完,随同地丁造报题销,分别拨用。是浙省有报拨之款数目分明,并无留多用少、留解参差之弊。此皆核实循办,历年已久,若将存留之数更改,则起运之数亦须更改,将来奏销以及上下两忙与春秋季拨册案,无一不更,繁冗之间,转恐易滋舛错,应请循旧办理,毋庸更改,以符旧例。如遇因灾应行拨补,即照其实支应补之数,按款拨给在案。

军机大臣奉旨:览。钦此。[14]

【案】此奏原件查无下落,录副①及《清单》②均藏于中国第一历史档案馆,兹据校正。再,此折具文时间刊本作"光绪十一年五月十九日",而录副署为"光绪十一年五月二十四日"。兹据录副校正。

1.【头品顶戴浙江巡抚臣刘秉璋跪】刊本无此前衔,兹据录副校补。

2.可参阅光绪十年九月初二日翰林院侍读学士良贵条陈筹饷事宜缘由一折。③

3.【谨将】刊本夺"谨将",兹据校补。

---

① 中国第一历史档案馆藏:《军机录副》,档案编号:03-6687-023。
② 中国第一历史档案馆藏:《清单》,档案编号:03-6455-023。
③ 中国第一历史档案馆藏:《军机录副》,档案编号:03-6610-002。

4.【案】刊本在"圣鉴"与"谨奏"之间有"饬部查照施行"一句。

5.【五月二十四日】刊本无此具奏日期,兹据录副校补。

6.【光绪十一年六月初五日,军机大臣奉旨:户部知道,单并发。钦此。】此奉旨日期与内容,据录副校补。

7.【案】刊本夺"有由经过各卡抽收者,系属因地制宜,每净茶一百斤为一引,每引",兹据《清单》校补。

8.【杭引课银一钱由各卡收解司库,作办解黄茶及请领茶引等项之用,抽收一次之后无论经过何处厘卡,概免重抽,并无一切杂费,惟责成各卡认真查验,盖戳放行。】刊本作"杭引由经过各卡抽取者,系属因地制宜,每净茶一百斤为一引,每引抽收一次之后无论经过何处厘卡,概免重抽,并无一切杂费,惟责成各卡认真查验,盖戳放行"。

9.【若必令领照倍收,诚恐商力不逮,于公无益。】刊本作"若必课银一钱,由各卡收解司库,作办解黄茶及请领茶引等项之用,令领照倍收,诚恐商力不逮,于公无益"。

10.【加收】刊本误作"如收",兹据校正。

11.【给帖】刊本作"领贴",兹据《清单》校正。

12.【现由】刊本作"现在",兹据校正。

13.【添雇】刊本误作"添催",兹据校正。

14.【军机大臣奉旨:览。钦此。】此奉旨内容据《清单》校补。

奏请于浙省口门添筑坚台增购大炮片

光绪十一年五月二十四日(1885年7月6日)

再,浙江所辖洋面南北千余里,实为往来要冲,口门林立,如定海之孤悬海中,乍浦之逼近省垣,镇海、温州之通商口岸。而镇海尤关紧要,平时毫无整备,临事必致掣肘。前次虽略为布置,限于经费,未能实力讲求,台未十分坚固,炮小力难致远,必须精益求精,再为扩充,俾得有备无患。

本年正月镇海之役,相持且两月之久,未为所乘,实系仰仗天威,将士用命,非果台坚器利足以制人也。事后思之,弥深悚惕。当时敌船停泊外口,因无致远大炮,任其逍遥游弋,无可为计,前敌将领颇以为言。值此海氛已靖,必当从容筹办,宏此远图。查镇海炮台,有须加筑、改筑者,后膛二百磅炮位只有一尊,余皆较小,万不能洞穿铁甲。定海炮台尚不及镇海远甚,而乍浦、温州炮台又不及定海，必须添三四百磅以上长弹钢炮二三十尊，建筑坚台，以资固守，俟饷力稍纾，尚须渐次添购铁甲兵轮，庶防务稍有把握。兵可百年不用，不可一日不备。方今东西洋通商各国轮舶往来如织，万一寻衅生事，往往措手不及。各省自顾不暇，断难舍己芸人。

臣到浙省数月，即遇法越变生，奏请南洋、船政各派兵轮二只协守定海，虽奉恩允，迄无一船至者。后之视今，犹今之视昔。臣受恩深重，居官一日，当尽一日之心；忝抚此邦，即当为此邦长久之计。惟建台购炮，一切所费甚钜，必须筹定的实有着之款，按年提存，次第购办，庶归实济。

臣再四思维，查有洋药厘金一项，浙省每箱原抽四十两，以六两作为洋土行劳金，以三十四两归入厘金造报。现于五月初一日为始，照部议加抽四十六两，共成八十六两。此系新增之款，岁约可收三十万，拟请将原收之四十两照旧办理，仍归厘局收支造报。其新添之四十六两，按月提交浙海关，专款收存，随时拨给浙省海防善后之用，无论急需，不准擅动，以期集事。

理合附片陈请，伏乞圣鉴，饬部查照施行，谨奏。

光绪十一年六月初五日，军机大臣奉旨：户部知道。钦此。[1]

【案】此奏原件、录副均查无下落，兹据《随手档》校正。再，此折具文时间刊本作"光绪十一年五月十九日"。查光绪十一年六月初五日《随手档·刘秉璋》①，则署有"报五百里、五月二十四日发"等字样，随查同批折件，具奏日期亦然。据此，此奏片具文日期当以"光绪十一年五月二十四日"为宜。兹据校正。

1.【光绪十一年六月初五日，军机大臣奉旨：户部知道。钦此。】此奉旨日期与内容，据《随手档》校补。

奏台州府属哥老会匪攻城及时扑灭疏
光绪十一年六月十八日（1885年7月29日）

头品顶戴浙江巡抚臣刘秉璋跪[1]奏，为哥老会匪煽惑勾结，拥众攻城，逆迹显著，官军顿时击散，首要就擒，不致蔓延，现仍搜捕余党，以除伏莽，恭折仰祈圣鉴事。

窃臣于本年五月十八日将正月至四月台州拿办土匪名数情形附片具奏，乃于本月二十等日据署台州府知府陈璚、署台州协副将韩进文飞禀：访

---

①　中国第一历史档案馆藏：《军机处随手登记档》，档案编号：03-0246-2-1211-151。

闻有外来哥老会匪，勾结仙居土匪，到处煽惑，图谋不轨，约期起事，民心惶恐，请兵剿捕等情，经臣先调段生福一营由宁波拔队前往。乃谣言日甚，深虑猝不及防，又飞饬记名提督杨岐珍由镇海防次亲率数营，航海赴援去后。

节据台州府、营、县先后禀报，访闻会匪有五洋山三结堂名目，用白布填写号票，勾引愚民入会，每票敛钱六百八文；制造旗械，创立伪号诸色名目，约期五月十六日先攻仙居县城，十八日攻扑郡城，先派内应入城伏匪，妄图大举等情。五月初间，仙居县伍桂生缉获哥老会匪首郭中奇、朱幅得二名，临海县高英于台州府城内拿获伪目周晋臣、曹长更二名，均搜出伪票，供认纠合党羽，谋为不轨，潜伏台州、仙居两城内，届期内应。并据周晋臣供出湖南人成祥（即成大老），系属此案哥老会总头目等语，均即登时正法，以绝内奸。五月十五日，署台州协副将韩进文亲率练兵，驰赴仙居，沿途见有民间男妇奔逃迹，并闻匪徒明日攻城之语，飞速抵城，会商该知县伍桂生，密筹布置。十六日清晨，匪众二千余人由城南蜂拥而来。我军先已派定练军哨官刘福魁、顾海友出南门，亲兵前哨张运开出东门，右营守备沈镛出西门。该副将亲督哨弁蒋化鹏、赵凤麟等由小南门而出，分投迎击。该匪亦分股拒敌。各军勇往直前，奋力击剿，互相夹攻，匪势不支，纷纷败退，至酉刻收队。共计阵斩首级二十五颗，生擒二十六名，夺获五洋山大旗一面，旗帜、枪械多件。我军受重伤者五人，微伤者三人。讯据生贼供称：实在匪徒数百人，余皆纠合就地顽民，随同助势，许其入城搬取物件，是以各执棒枪，腰围口袋等语。当将讯认为匪之剃头三、项建苍先行正法。是日，台州府派队助剿，营官张正标中途擒获巨匪朱大满，验有巡风朱会票及洋枪刀械，供认回巢招匪不讳，当即正法。次日，探闻余匪败回鸳峰寺，仅存数十人，一面清查城中户口，搜获意图内应匪首王广东一名，解府审办；一面派队驰往鸳峰寺剿捕。该匪初犹抗拒，迨后队官军大至，狂奔上山。哨弁蒙业成等一拥而入，带同线民，搜获渠魁潘恭牛（即牛大王），本系临狱海劫狱案内漏网之犯，供认结会起事、谋为不轨并受伪职不讳，立予正法。张正标分队搜山，击毙多匪，拿获要匪王小住、应志中二名，供认谋逆不讳，亦即正法。又据记名提督杨岐珍禀报：五月二十五日到黄岩，即带队进山，取道绝壑深林之内，沿途搜捕，径至仙居。询之土人，金云此次会匪起事，乡里被骗入会者甚伙，现被官军击败，往往逃匿山谷。该提督传谕绅董，晓以顺逆，凡缴票自首者，免其治罪。一面会督各营，分投入山，兜拿余匪，查追伪票，以绝根株。并又擒获著匪卢永丙等七名，解府审办。兹据署台州府知府陈璚禀称：会匪首要总目成祥（即成大老）潜匿黄岩乡间，经该知县欧阳炬缉获到案，批饬严讯重办，以彰国法。现在各军均已到防，谣言渐息，民志已定等语。以上系台州府属哥老会匪勾结土匪，聚众攻城，登时击散，首要就擒，全股扑灭之实情也。

伏查台州府属素多土匪，剿捕虽极认真，根株总难尽绝，兵至则散而为民，兵远则聚而为匪，实因地瘠民贫，恶习已深，骤难革洗。此次哥老会匪稔知防营他调，乘间勾结，意图大举，公然拥众攻城，实属罪恶滔天。仰赖圣主洪福，文武各官谋勇兼资，先期访获首要，临时奋勇剿杀，得以全股扑灭，不致蔓延，实为地方之幸。

惟是人多土著，良莠不分，固不可姑息养奸，亦何能尽杀乃止？臣已饬令记名提督杨岐珍等督率各营，严密搜捕，凡曾经犯案及著名匪徒，罪在不赦，拿获到案，讯供惩办。其实系被胁附和、尚无烧杀重情者，量予宽宥。尤当与就地公正绅士联络商办，期无枉纵，并拟久驻防营，缉拿伏莽，慑以兵威，以冀潜移默化，迁莠为良；仍饬地方官严办保甲，以清其源。

所有台州地方府县文武各官仓卒应变，于外援兵未到之先全股扑灭，实属异常出力，自应量予奖励，以昭激劝，可否仰乞天恩俯准择其尤为出力者汇入海防案内从优给奖以资策励之处，候旨遵行。

谨将台州府属哥老会匪勾结滋事、登时扑灭缘由，会同闽浙总督臣杨昌濬，循例由驿具奏，伏乞皇太后、皇上圣鉴，训示。谨奏。光绪十一年六月十八日[2]。

光绪十一年七月初一日，军机大臣奉旨：另有旨。钦此。[3]

【案】此折原件、录副均查无下落，兹据《随手档》、《上谕档》等校正。

1.【头品顶戴浙江巡抚臣刘秉璋跪】刊本无此前衔，兹据前后折件校补。

2.【光绪十一年六月十八日】此具奏日期据刊本补。

3.【光绪十一年七月初一日，军机大臣奉旨：另有旨。钦此。】此奉旨日期与内容，据《随手档》①校补。

【案】此奏旋于是年七月初一日得旨允行，《上谕档》载曰：

光绪十一年七月初一日，内阁奉上谕：刘秉璋奏，会匪勾结滋事，登时扑灭一折。本年五月间，浙江台州府属有外来哥老会匪，勾结仙居土匪，谋为不轨，经刘秉璋督饬地方文武，并调派防营前往剿办，该匪胆敢拒敌，各军奋力攻击，先后擒获首要各匪，分别正法、审办，当将全股扑灭，办理尚为迅速。所有在事出力员弁，着准

① 中国第一历史档案馆藏：《军机处随手登记档》，档案编号：03-0247-1-1211-176。

其择尤酌保，毋许冒滥。余着照所议办理。钦此。①

奏请将永康县县丞金华协中军都司移驻八保山疏
光绪十一年八月初五（1885 年 9 月 13 日）

头品顶戴浙江巡抚臣刘秉璋跪¹奏，为请将永康县县丞改为永仙分防县丞，金华协中军都司改为巡防都司，均移驻八保山，以资抚驭而裨地方，恭折仰祈圣鉴事。

窃照永康县属之八保山绵亘数十里，离县治二百二十余里，与东阳、缙云、天台、仙居四县壤地毗连，犬牙相错。惟东南至仙居县治四十里为最近，该处民贫而悍，又为台匪出没之所，抢掠案件层见叠出。前据前任金华府知府张楷②会同委员候补通判秦度周勘度情形，禀请将永康县县丞与永康县里溪汛千总移驻该处，以资抚驭，经臣批司转饬妥筹禀办去后。

兹据现任金华府知府陈文騄③禀称：八保山延袤永康县四十七都，大小村庄六十余处，田产虽属永康，而地丁二百余两，仙居人完纳者三之二。山深林密，最易藏奸，移驻员弁，诚为急务。惟县丞官职既微，书差又寡，稽查奸宄，审理词讼，施之永康，则推诿必众；施之仙居，则呼应难灵。该县丞欲传一案、提一人，动须移请永康，再移仙居，往复周折，而人证、案犯早已远

---

① 《光绪宣统两朝上谕档》第 11 册（光绪十一年），广西师范大学出版社 1996 年版，第 151 页。又《清德宗实录》卷 211，光绪十一年七月上，中华书局 1987 年版，第 974 页。

② 张楷（1843—1904），字仲模，湖北省蕲水县（今湖北省浠水县）人。同治三年（1864），中举。十年（1871），中式进士，改庶吉士。十三年（1874），授翰林院编修。光绪元年（1875），充云南乡试正考官。二年（1876），任顺天乡试同考官。四年（1878），补詹事府右春坊右赞善，充文渊阁校理。五年（1879），补詹事府左春坊左赞善、右中允、左中允。六年（1880），充会试磨勘官。同年，迁翰林院侍讲。八年（1882），放浙江金华府知府。十年（1884），丁父忧，回籍守制。十二年（1886），补授山西汾州府知府。十九年（1893），调补山西太原府知府，以丁母忧未赴任。二十一年（1895），服满起复，补授山西太原府知府。二十二年（1896），调补河南开封府知府。二十四年（1898），赏戴花翎。二十八年（1902），保升道员。二十九年（1903），总理豫南铁路事宜。三十年（1904），卒于任。

③ 陈文騄（1840—1904），字仲英，号寿民，又号稿叟、南孙，晚号稿叟、南孙，直隶大兴县（今北京市）人。同治九年（1870），中举。十三年（1874），中式进士，选庶吉士，充武英殿协修官。光绪二年（1876），授翰林院编修。四年（1878），充国史馆协修官。六年（1880），授武英殿总纂官。八年（1882），充武英殿提调官、国史馆纂修官。同年，赏戴花翎。九年（1883），充教习庶吉士，加五品衔。十年（1884），补功臣馆纂修，保记名道府。同年，补授浙江金华府知府。十三年（1887），调补杭州府知府。十四年（1888），加盐运使衔。同年，丁母忧，回籍守制。十七年（1891），补授福建台湾府知府。二十年（1894），加二品衔。同年，署理台湾道兼按察使衔。二十一年（1895），补授安徽安庆府遗缺府知府，调补凤阳府知府。二十三年（1897），补太平府知府，嗣调庐州府知府。二十八年（1902），督办皖北牙厘总局。三十年（1904），卒于任。著有《养福斋集》等行世。

飏，于事无济，拟请将永康县县丞改为永仙分防县丞，移驻八保山桂川地方，宅中扼要，再画定两县都图。如永康之四十六七都，仙居之二十三各都地方，均责令宣讲圣谕，编查保甲，如有鼠雀之争，准其就近讯办。事理稍重，分别移送永、仙两县，分县官之劳，不得任县官之权，在永康居民遇有呼诉，免奔数百里之程。即仙居界内居民亦心有所慑，不致遽为逋薮，巧于避藏。如此则化其畛域，呼吸灵通。即两知县偶有交涉之案，小者使之审理，大者资其传提，庶于两县均有裨益。

至移设里溪汛千总一节，该千总责司巡江，似难偏废。稽查旧志，金华协标向有左右两营都司，右营都司于雍正八年间因永康与处、台两府毗连，距郡城一百余里，声援较远，奏请移驻永康，额设马、步、战、守兵一百五十名，后经裁撤，留兵八十名。同治十年浙省更定营制案内将该都司裁撤，改设守备，移驻郡城，仅留额兵三十九名，各汛占去二十三名，分八保山仅兵十六名，委实不敷巡缉。前府张楷商同金华协副将张金榜，添派金华存城兵二十名前往弹压，按月抽换，习以为常。然视同传舍，不能熟悉情形、通晓言语。且此兵并无行粮，由合营出资贴补，行者以为苦事，居者亦不甘心，不可以久。图久远者，莫如将金华存城之中军都司移驻其地，随带存城兵丁四十名，作为额设，以资防剿。该都司本系左营都司，改为中军都司，并无兵马钱粮之责，若令移驻八保山，作为巡防都司，即将永康汛千总、里溪汛千总及东阳县城汛把总、白峰汛外委、夹溪汛外委各弁兵均归节制，有事则调防协缉，无事则操练分巡，声威既壮，悍俗潜消，不独永康、东阳资其悍蔽，即缙云、天台、仙居诸县亦同视为干城。且营制兵额并非今日纷更，实复昔年故步，似无窒碍。声明与台州府知府陈璚、金华协副将张金榜往返函商，意见相同等情到臣。饬据署按察司丰绅泰、署布政使司孙翼谋核议无异，会详呈请奏咨前来。

臣查八保山地属永康，距城窎远，弹压抚绥，鞭长莫及；仙居相距虽近，势难越境代谋，系属实在情形。该处民俗不驯，近年匪徒啸聚，抢掠频仍，官兵巡缉，为日无多，兵至则散，兵归则聚，颇称难治，自宜量为变通，移官驻扎，以资安戢而消乱萌。该府、司等议请将永康县县丞改为永仙县丞，移驻八保山，分防两县地面，责令宣讲圣谕，严查保甲，如有雀鼠微争，准其就地讯办；并将金华协中军都司改为巡防都司，亦移驻该处，随时操练巡缉，洵属因地制宜，克垂永久，于理民、缉匪大有裨益。合无仰恳天恩俯允所请，俾资治理，以重地方。

除将分防建置一切事宜另行筹议办理，并抄折咨送吏、兵二部查核外，谨会同闽浙总督臣杨昌濬、提督臣欧阳利见，合词恭折具奏，伏乞皇太后、皇上圣鉴,敕部议复施行,谨奏。八月初五日[2]。

光绪十一年九月初十日,军机大臣奉旨:该部议奏。钦此。[3]

【案】此奏原件查无下落,录副现藏于中国第一历史档案馆①,兹据校正。再,此折具文时间刊本仅作"光绪十一年七月",未确。而录副则署为"光绪十一年八月初五日",当确。兹据校正。

1.【头品顶戴浙江巡抚臣刘秉璋跪】刊本无此前衔,兹据录副校补。

2.【八月初五日】刊本无此具奏日期,兹据录副校补。

3.【光绪十一年九月初十日,军机大臣奉旨:该部议奏。钦此。】此奉旨日期与内容,据录副校补。

遵旨删减保奖人员疏
光绪十一年八月初六日(1885 年 9 月 14 日)

头品顶戴浙江巡抚臣刘秉璋跪[1]奏,为查明镇海接仗获胜在事出力文武员绅,酌拟奖叙,吁恳恩施,恭折仰祈圣鉴事。

窃臣等前将镇海对仗获胜尤为出力各员分别酌拟奖励一折,承准军机大臣知会:奉旨留中。钦此。嗣恭阅邸抄,光绪十一年六月初九日,钦奉上谕:刘秉璋奏,遵保镇海接仗尤为出力人员恳恩奖励一折。浙江镇海炮台上年十二月及本年正月迭被敌船攻扑,均经在事各员弁奋勇击退,尚属著有微劳。浙江提督欧阳利见亲驻前敌,督率有方,著赏给头品顶戴。至所请各员奖叙,未免过优,特量加核减,酌予恩施。其余出力员弁,着该抚详细查核,据实保奖,不准稍涉冒滥等因。钦此。

伏查浙省办理海防将及年余,自马江开仗之后,各营戒备更严,盖敌船瞬息可到,与陆路之哨探整备者大不相同。各将士昼夜操防,无异日与对垒,不能片刻暇闲,则其劳苦情形迥异寻常,前已陈明,早邀洞鉴[2]。迨至镇海开仗,虽无肉薄鏖战之事,而敌炮坚利致远,御之无策,苟非人人有必死之心,未易催此强敌。仰蒙圣恩准予保奖,无不欢欣鼓舞,兹据各营开送前来。核其人数既多,所请亦优。臣秉璋懔遵谕旨,大加删减,所剩不过三分之一,谨缮清单[3],恭呈御览。合无仰恳天恩俯准给奖,以昭激劝。所有拟保千、把总以下武弁,照章开折,咨部核办,合并陈明。

① 中国第一历史档案馆藏:《军机录副》,档案编号:03-5835-084。

谨会同闽浙总督臣杨昌濬、浙江提督臣欧阳利见,恭折具奏,伏乞皇太后、皇上圣鉴,训示。谨奏。八月初六日[4]。

光绪十一年八月十七日,军机大臣奉旨:该部核议具奏,单并发。钦此。[5]

【案】此奏原件查无下落,录副现藏于中国第一历史档案馆①,兹据校正。再,此折具文时间刊本作"光绪十一年八月初一日",而录副则署为"光绪十一年八月初六日",当以录副为确,兹据校正。

1.【头品顶戴浙江巡抚臣刘秉璋跪】刊本无此前衔,兹据录副校补。

2.【前已陈明,早邀洞鉴】刊本作"前已陈奏,邀圣明洞鉴",兹据录副校改。

3.【案】同日,刘抚附呈镇海接仗获胜在事出力文武员绅酌奖清单:

谨将镇海接仗获胜在事出力文武员绅酌拟奖叙,缮具清单,恭呈御览。

提督衔记名总兵唐怡全,请俟补总兵后,以提督记名简放。

记名总兵阳双茂请赏给正一品封典。

补用副将周运信、费金绶、邓大有、宋兰桂、唐绍鸿、刘天兴、胡腾章等七员,均请俟补副将后,以总兵记名简放。

两江督标尽先参将张荣恩、罗福春等二员,请以副将仍留原标,无论水陆题推缺出尽先补用。

尽先参将喻子材、翁本裕等二员,请以副将留于浙江补用。

尽先参将欧有胜、唐生玉、张宜久、陶应科、赵孟琴,尽先游击张荣昌等六员,均请以副将尽先补用。

两江补用参将董瑛,请赏加副将衔。

两江督标尽先游击张唫、曾玉胜,浙江提标尽先游击周友胜,长江水师游击吴德荣等四员,均请以参将仍留原标尽先补用。

陕甘督标游击汪庆澜,尽先游击胡容光、周继发,补用参将黄汝霖等四员,均请以参将留于浙江尽先补用。

尽先游击罗朝宝、罗胜和、王书选、龚凤章、邓长寿、陶占贵,江

① 中国第一历史档案馆藏:《军机录副》,档案编号:03-5835-028。

海船赵师义、方大燧等九员,均请以参将尽先补用。

尽先游击左振田,请赏给两代二品封典。

直隶补用都司李锡瑞、两江补用都司刘汝宇、四川补用都司王兴扬、山西尽先都司朱松茂等四员,均请以游击仍留原省尽先补用。

尽先都司缪辅,请以游击留于安徽抚标尽先补用。

尽先都司唐有兴、黎文彬、张廷彪、唐得福、游志霆、戴承凤、刘从礼、王大昌、陈仁寿、徐胜荣、张鸣高、张忠信、冯亮基、涂宏佐、何廷杰、丁玉堂、黄裕庭、查立和、李信仁、刘百胜、孙振云、殷华启、董先华,准补平阳协都司杨凤成等二十四员,均请以游击分别留浙原标尽先补用。

两江督标尽先守备徐长年、浦同庆、朱宝忠、张变煌、黄瀛洲,闽浙督标尽先守备张信成,浙江提标守备刘贤斌、姚严修、马士兴、张羽翔、谢家桂,淮扬镇标守备盖占奎,直隶尽先守备杨怀庆、陈德昌等十四员,均请以都司各留原标尽先补用。

尽先守备欧阳利川、雷文刚、蒋明远、钟万宏、张启胜、戴光耀、张英、李春发、袁正祥、牛常胜、方起胜、黄永发、张连升、徐志忠、张运开、张得迎、汪品有、钱春榜、张得成、晋扬等二十员,均请以都司尽先补用。

镇海营中军守备沈步瀛,请以都司尽先补用。

尽先守备徐法洲,请以都司留浙尽先补用。

尽先守备杨振升,请以都司留于浙洋外海水师尽先补用。

尽先守备何立祥、方启才、杨稔芳等三员,均请以都司留于两江尽先补用。

守备屠用裕、张全义等二员,均请以都司留于闽浙尽先补用。

都司衔袁殿魁,请以都司尽先补用。

守备金加才、谢龙光等二员,均请俟补缺后以都司尽先补用。

都司衔留闽尽先补用守备陈林璋,请赏戴花翎。

漕标候补卫千总唐梯云,请免补本班,以卫守备仍留原标前先补用。

江苏抚标补用千总于光武,提标水师学习云骑尉赵榕,镇海营千总江长泰,漕标候补千总徐鉴,两江援补千总武举吴可宗,寿春镇标效力武举费定邦、费扶邦,安徽抚标千总石琢成等八员,均请以守备各留原标尽先补用。

蓝翎千总彭璧璋、鲁大鹏等二员,均请以守备留于两江尽先补用。

蓝翎尽先千总章玉坤、丁福田、周凤宝、余颖川、张有基、李定山,补用守备武举廖振鹏等七员,均请以守备留于浙江尽先补用。

尽先千总张炳文,请以守备留于浙江水师尽先补用。

尽先千总唐逢发、阳开泰、黄有庭、张长春、卢光举、周敬祺、沈廷华、孙锡卿、袁开益、周逢春、周白莲、李义顺、袁忠和、彭松善、周德麟、周大柏、李镇彪、陶金盛、高得胜、杨怀光、杨常泰、朱希仁、曾义胜、王炳珠、刘世恩、龚长康、周士谟、韩荣春、王文发、方端、曹怀甲、王文标、蔡凯臣、张光堂、程潮霖、徐世良、钱学成、姜永胜、杨云升等三十九员,均请以守备尽先补用。

前任宁波府知府宗源瀚、现署宁波府知府陈汝济、江苏试用同知费仲纶等三员,均请给予随带加二级。

兵部郎中郑受祺,请补缺候以知府不论双单月尽先选用。

浙江试用通判邹宝善,请归候补班尽先补用。

前署镇海县大挑知县江继曾,请以本班先补用。

现署镇海县候补知县廖安之、尽先补用知县王衡等二员,均请俟补缺后以同知补用。

浙江候补知县陈海仁,请俟补缺后以同知尽先补用。

难荫课满注册候选知县廖承先,请仍以知县本班不论双单月遇缺前先选用。

分发补用知县任环增,请以知县留浙补用。

提举衔知县用候补盐经历黎玉屏,请免补本班以知县仍留浙江补用。

盐大使衔杜绍沂,请以盐大使留于两浙补用。

两淮试用盐知事孙蔚、原广东试用盐知事潘鹤龄等二员,均请免补本班,以盐大使仍留原省补用。

盐大使衔附贡生华干年,请以盐大使不论双单月选用。

分发试用盐经历陈昀,请加盐提举衔。

候选布经历章钧,请免选本班,以知州不论双单月选用。

候选州同李圭,请免选本班,以知州留于浙江归候补班补用。

试用府经历张联翼、山东分先县丞张宝善、江苏试用县丞陈绍唐等三员,均请免补本班,以知县仍留原省补用。

候补府经历彭循尧,请免补本班,以知县仍留浙归候补班补用。

候选县丞郑国华，请免选本班，以知县不论双单月尽先选用。

候选县丞陈廷辅，请免选本班，以知县不论双单月选用。

浙江补用县丞朱承先，请俟补缺后以知县补用。

补用县丞周荣棠，请以县丞归候补班补用。

候选县丞胡冠英，请以本班留浙尽先前补用。

浙江试用县丞许之鼎，请归候补班尽先前补用。

试用府照磨陆开乾，请免补本班，以府经历归候补班补用。

州同衔附贡生华志青，请以府经历不论双单月选用。

县丞用分发遇缺即补县主簿张澄，请免补本班，以县丞留浙前先补用。

附生蒋日新、黄运清，江苏清河县文生李得寿，江苏长洲县增生陶同福，江苏宁县附生李成绮等五员，均请以县主簿留浙补用。

附生戴天培、江苏江宁县增生卢金章、从九品刘鸿文等三员，均请以县主簿留浙尽先补用。

候选从九品杨国玙，请免选本班，以县主簿不论双单月选用。

安徽寿州附生孙传鲁、监生钱恩忠等二员，均请以巡检留浙尽先补用。

文童孙廷楠、俊秀戴天祥等二员，均请以巡检留浙补用。

文童贺师桢，请以巡检留浙归候补班补用。

浙江试用从九杨际华，请以巡检归候补班前尽先补用。

附生何正邦、蒋炳燮，文童李文蔚等三员，均请以巡检尽先选用。

文童舒启祥，请以巡检不论双单月选用。

文童何树藩、崔燊荣、陈桢、鲍先明，安徽休宁县附生余庆邦等五员，均请以从九品留浙补用。

文童李树鸣，请以从九品分发补用。

从九品衔朱巽，请以从九品尽先选用。

俊秀王念慈、附生戴熏、从九品衔徐一善等三员，均请以从九品归部选用。

浙江试用府税课大使符璋，请归候补班补用。

附生程立，请以典史留浙补用。

试用典史陆应森，请以典史归候补班补用。

举人贺东澜，请以教谕归就职班尽先选用。

附贡生袁秉章,请以教谕不论双单月尽先前选用。

安徽试用训导陈棠礼,请以教谕归部选用。

江苏丹徒县廪生张念曾,请以训导不论双单月尽先选用。

廪生陈昌言,请以复设训导不论双单月尽先选用。

教习举人张阜成,请加五品衔。

军机大臣奉旨:览。钦此。①

4.【八月初六日】刊本无此具奏日期,兹据录副校补。

5.【光绪十一年八月十七日,军机大臣奉旨:该部核议具奏,单并发。钦此。】此奉旨日期与内容,据录副校补。

续保人员片

光绪十一年八月初六日(1885年9月14日)

臣刘秉璋跪奏[1]:再,臣承准军机大臣字寄:光绪十一年六月初八日奉上谕:刘秉璋奏,遵保镇海接仗尤为出力各员一折,本日已明降谕旨,酌给奖励。至定海、乍浦、温台等处各防营,并未遇敌接仗;购办军械、转输粮饷各员,仅系接济本省,与远道转输不同,所请汇案保奖之处,均毋庸议等因。钦此。遵旨寄信前来。

跪读之下,仰见圣谟宏远,钦感莫名。所有定、乍、温、台在事各营暨省城筹运粮、械人员,均已遵旨不复开列。惟将士艰苦情形,实有不敢壅于上闻者。

溯自马江开仗,密迩浙洋,而镇海、定海、宁波、乍浦皆为道光年间敌曾占据之地,民心不无惶惑,经臣激励将领督率弁勇,认真操防,昼夜罔懈。及至正月间镇口叠次获捷,军威克振。然敌船泊于金塘一带,与定海、乍浦相去咫尺,往来窥伺,殆无虚日。定、乍两防兵力皆单,将士枕戈抱燧,目不交睫者,数月于兹,虽未交锋接仗,而劳苦情形实无异于前敌。现在各营次第遣散,海防解严,回忆各将领势处艰危,誓师慷慨,其忠奋有足多者。查定海统兵之员,署定海镇总兵贝锦泉曾任海门镇实缺,长于水师,智勇兼备;正任台州府知府成邦干,久历戎行,才具开展。以上二员,同守孤岛,力保岩疆,可否仰恳天恩量予存记录用,以励人才。

其乍、澉两防统领已革提督衔记名总兵万重暄,前在[2]广西谅山观音桥打仗出力,奉旨准其留营录用;嗣因染瘴患病,给假回籍,医治痊愈,经臣檄

---

① 中国第一历史档案馆藏:《清单》,档案编号:03-5835-029。

调来浙,奏明在案。该革员韬略素优,战守可靠,当敌船游弋之时,督率巡防,不辞劳瘁。且年力正壮,朴实耐劳,置之闲散,未免可惜,可否仰乞恩施赏还提督原衔、仍留浙防遣用之处,伏候圣裁。

臣为激励将材起见,不揣冒昧,附片具陈,是否有当?伏乞圣鉴,训示,谨奏。

光绪十一年八月十七日,军机大臣奉旨:贝锦泉、成邦干均着交军机处存记,万重暄开复提督原衔,留于浙江差遣。钦此。[3]

【案】此奏原件查无下落,录副现藏于中国第一历史档案馆①,兹据校正。再,此折具文时间刊本作"光绪十一年七月二十五日",而录副以奉旨日期为之,未确。查光绪十一年八月十七日查《随手档·刘秉璋折》②,则署有"八月初六日、浙江省城发"等字样。据此,此奏当以"光绪十一年八月初六日"为宜,兹据校正。

1.【臣刘秉璋跪奏】刊本无此前衔,兹据录副校补。

2.【前在】刊本误作"前任",兹据校正。

3.【光绪十一年八月十七日,军机大臣奉旨:贝锦泉、成邦干均着交军机处存记,万重暄开复提督原衔,留于浙江差遣。钦此。】此奉旨日期与内容,据录副校补。

奏总兵杨岐珍暂缓赴任片
光绪十一年十月初六日(1885 年 11 月 12 日)

再,臣于本年九月二十六日接准两江总督臣曾国荃咨开:转准兵部咨:光绪十一年五月二十二日奉上谕:江南狼山镇总兵员缺,着杨岐珍补授。钦此。查杨岐珍,安徽武童,历保以提督记名简放。今补授总兵,应给与札付,令其任事。查杨岐珍现在浙省统带勇营,所有札付咨送转给祗领等因。准此,除将札付转给祗领外,伏查该员杨岐珍,蒙恩补授实缺,自应即赴新任,以重职守。

窃维臣于九年春间莅任之初,察知温、台两郡土匪充斥,营勇统率无人,奏蒙恩准饬令该员来浙,添募数营,赴台剿捕。旋值海防吃紧,调赴镇海,亲临大敌,卓著战功。乃海氛甫靖,土匪乘机蠢动,胆敢攻扑城池,因仍饬往督

---

① 中国第一历史档案馆藏:《军机录副》,档案编号:03-5835-030。

② 中国第一历史档案馆藏:《军机处随手登记档》,档案编号:03-0247-1-1211-221。

率剿办,均经奏明在案。数月以来,设法搜拿,擒斩颇多,地方渐就安谧,似难遽行更调,合无仰恳天恩俯准该总兵杨岐珍暂缓赴任,仍留浙省办理防剿事宜,以靖地方而资臂助。

理合附片陈请,伏乞圣鉴,训示。谨奏。

光绪十一年十一月初二日,军机大臣奉旨:着照所请,兵部知道。钦此。[1]

【案】此奏原件查无下落,录副现藏于中国第一历史档案馆①,兹据校正。再,此片具文时间刊本作"光绪十一年十月初五日",而录副以奉旨日期为之,未确。查光绪十一年十一月初二日查《随手档·刘秉璋折》②,据同批折件可断,此奏当以"光绪十一年十月初六日"为宜。兹据校正。

1.【光绪十一年十一月初二日,军机大臣奉旨:着照所请,兵部知道。钦此。】此奉旨日期与内容,据录副校补。

奏保记名提督钱玉兴疏

光绪十一年十一月初八日(1885年12月13日)

头品顶戴浙江巡抚臣刘秉璋跪[1]奏,为谨举所知,据实直陈,候旨录用,以励人才,恭折具奏,仰祈圣鉴事。

窃维安不忘危,聿昭古训。方今海氛静谧,四民咸思乐业,而臣接奉本年八月二十二日懿旨:迅将现有营勇切实核减,存留各营,按日训练,无事常如有事,庶几缓急可恃等因。钦此[2]。又于八月二十七日钦奉上谕:各省勇营糜费甚巨,已钦奉懿旨,令各将军、督抚汰弱留强,核实办理,着将如何归并之处先行切实陈明,不得稍涉含混。勇数既裁,营员自随之而减,如实有久经战阵之员,月给薪粮,作为额外留于该省差委。此亦储备将才之一策等因。钦此[3]。跪读之下,仰见我皇太后、皇上宵旰忧勤、规画久远之至意,钦佩莫名。

查浙省海防案内添募勇丁,现在次第裁撤,间有去旧存新,俾成劲旅。除裁勇节费各节汇核明确另行专案奏报外,溯自咸丰初年,粤逆创乱于东南,捻回纷乘于西北,扰攘二十余年,耗费何止数千万?用能一律肃清者,固

---

① 中国第一历史档案馆藏:《军机录副》,档案编号:03-5202-020。
② 中国第一历史档案馆藏:《军机处随手登记档》,档案编号:03-0247-1-1211-221。

叨朝廷威福,亦由将帅得人。盖军旅之事,非身在行间,亲冒锋镝,不能得其要领,徒读古书无益也。目前知兵大员已如晨星,勇猛将领亦渐稀少,亟宜及时录用,以备干城之选。

查有记名提督借补江西抚标右营游击钱玉兴,血性忠勇,朴诚善战,有古名将风。今正法船犯镇口,该员最为出力。二月初五黎明,自携后膛小炮,击中敌船,有谓孤拔于此受伤,实属胆识过人,前经奏明有案。又江西补用直隶州知州候补知县徐春荣,廉能精干,文武兼资,有古烈士风。臣前因办理海防,奏留在浙。三年以来,颇资臂助⁴。可否仰恳天恩俯准将钱玉兴一员交军机处存记,遇有提督、总兵缺出,开列在前,请旨简放;徐春荣一员分别存记,破格录用⁵,出自逾格鸿慈。

臣为遴选将材起见,是否有当? 理合恭折具陈,伏乞皇太后、皇上圣鉴,训示。谨奏。十一月初八日⁶。

光绪十一年十一月十八日,军机大臣奉旨:另有旨。钦此。⁷

【案】此奏原件查无下落,录副现藏于中国第一历史档案馆①,兹据校正。再,此折具文时间刊本作"光绪十一年十月二十五日",而录副署"光绪十一年十月初八日",两相比较,应以录副为是。兹据校正。

1.【头品顶戴浙江巡抚臣刘秉璋跪】刊本无此前衔,兹据录副校补。

2.【案】此谕旨多有节略,《上谕档》载曰:

军机大臣字寄:光绪十一年八月二十二日,钦奉慈禧端佑康颐昭豫庄诚皇太后懿旨:前据侍郎薛允升奏,请饬裁减勇营,将中外各旗营加饷训练一折,当经谕令军机大臣会同户部妥议,并令醇亲王奕譞一并与议。兹据会议具奏,据称核计各省现年兵饷,需银一千四五百万两。其养勇之费,每岁约需银三千四百余万两。加以京外旗兵,又需额饷一千余万两。岁入之款,约共应收银七八千万两。是竭天下十分之物力八分以养兵勇,断非经久之道。今欲酌加旗营饷需,即就在京各营应领饷项计之,现在支给银六百余万两,如议加复成数,约须增银三百万两,部库实难另筹,惟有将各省营勇裁减浮滥,每省每年各裁节银二三十万,分批解部,以供加饷练兵之用。其各省设立善后各局,名目繁多,重见复出,尤应大加

① 中国第一历史档案馆藏:《军机录副》,档案编号:03-5202-068。

裁并等语。各省召募勇丁,向多糜费。上年办理海防,又复纷纷添募。现当军事敉定,本应认真裁减,汰弱存强。各疆吏往往因伏莽未除,留为弹压防守之用,甚至统带营官藉词肥己,均所难免。八旗向称劲旅,亟宜加饷精练,果能裁无用之营勇为有益之要需,实属根本至计,着各直省将军、督抚破除成见,迅将各该省现有营勇切实核减,查照该部所指虚伍空额、老羸幼稚、杂费冗弁及无事长夫各节,逐一确查,认真裁汰,不得任听营哨各员弁饰词蒙混;并将存留各营按日训练,无事常如有事,庶几缓急可恃。其裁勇所节之饷,从光绪十二年起,每省每年可得若干,先行奏明,专款存储,分批解部备用,不准以斟酌情形、无可裁撤等词一奏塞责。至各省纷纷设立各局,如军需则既有善后总局,又有善后分局,报销、筹防、支应、制办军械、转运等局;地方事宜则有清查藩库、营田,招垦官荒、交代、清源、发审、候审、清讼、课吏、保甲、刊刻书籍、采访忠义等局。种种名目,滥支滥应,无非瞻徇情面,为位置闲员地步。各防营奏调咨调候补人员,开支公费,诸多冒滥,均堪痛恨,尤应一并大加裁汰,并着于本年十一月内定议,迅速复奏。当此时事艰难,饷需支绌,裕国必先理财,而耗财莫如冗滥,删一分浮费,即可多一分正用。各将军、督抚等务当通盘筹划,扫除积习,总以"核实"二字为主,毋稍观望推延。原折均着抄给阅看。至在京王公、文武百官俸银,久经减成给发,自应一律加增,以示体恤。统俟该将军、督抚等复奏到日,再行降旨。将此由五百里各谕令知之。钦此。遵旨寄信前来。①

　　3.【案】此谕旨亦多有节略,《上谕档》载曰:

　　军机大臣字寄:各直省将军、督抚:光绪十一年八月二十七日奉上谕:各省勇营糜费甚巨,已钦奉懿旨令各将军、督抚汰弱留强,核实办理。惟向来撤勇一事流弊滋多,不可不谋之于豫。且此次撤勇固贵节省饷项,移作要需,尤在整饬营规,练成劲旅。各省勇营虚伍,已成通病。其始勇丁遇有事故,从缓募补,将截旷银两中饱,久之竟有初招时已短数成者。统领派员点验,则移东补西,以掩一时耳目,冒销克扣,百弊丛生。此等情形朝廷早有所闻,姑不追咎既往,现当归并之始,必应严申禁令,倘如有虚伍之弊,即以军

————————

① 《光绪宣统两朝上谕档》第 11 册(光绪十一年),广西师范大学出版社 1996 年版,第 199 页。又《清德宗实录》卷 214,光绪十一年八月下,中华书局 1987 年版,第 1012—1013 页。

法从事,并将如何归并之处先行切实陈明,不得稍涉含混。勇数既裁,营员自随之而减,如有久经战阵之员,月给薪粮,作为额外,留于该省差委,仍酌予限制。此亦储备将才之一策,全在各统领激发天良,秉公遴选,设又藉此肥己,或安置私人,或浮开公费,一经查出,立于重惩。至遣撤勇丁,如竟任其所之,散而无稽,老弱流离可悯,骄悍生事堪虞,必须先事绸缪,详加规画。其无欠饷可领者,酌予川资,遴派妥员,分起分路管带回籍,庶于约束之中寓体恤之意。以上数端,该将军、督抚均当悉心体会,认真经理。此外如尚有未尽事宜,各抒所见,奏明请旨,并将新招之勇与旧有之勇,如何裁汰,如何整顿,实存现勇若干,节省饷银若干,明晰声叙。经此次训谕之后,其各痛戒瞻徇,破除积习,务使裁撤之营安静无事,存留之勇训练益精,方为不负委任。至各省绿营宜如何变计操演,或仿直隶练军章程,或照各该省原有抽练章程,一体举办,并着于撤勇时一并妥筹具奏。将此由五百里各谕令知之。钦此。遵旨寄信前来。①

4.【又江西补用直隶州知州候补知县徐春荣,廉能精干,文武兼资,有古烈士风。臣前因办理海防,奏留在浙。三年以来,颇资臂助。】此部分刊本缺,兹据录副校补。

5.【徐春荣一员分别存记,破格录用】此部分刊本缺,兹据录副校补。

6.【十一月初八日】刊本无此具奏日期,兹据录副补。

7.【光绪十一年十一月十八日,军机大臣奉旨:另有旨。钦此。】此奉旨日期与内容,据录副及《随手档》②校补。

保荐人员疏

光绪十一年十一月十一日(1885 年 12 月 16 日)

头品顶戴浙江巡抚臣刘秉璋跪[1]奏,为考核吏才、堪资任使各员,出具切实考语,据实保荐,恭折仰祈圣鉴事。

案于光绪九年二月间接准吏部咨开:光绪八年十一月二十八日,钦奉上

---

① 《光绪宣统两朝上谕档》第 11 册(光绪十一年),广西师范大学出版社 1996 年版,第 207—208 页。又《清德宗实录》卷 214,光绪十一年八月下,中华书局 1987 年版,第 1017—1018 页。

② 中国第一历史档案馆藏:《军机处随手登记档》,档案编号:03-0247-2-1211-310。

谕:为政之道,首在任用得人。际兹时事多艰,需才孔亟,允宜博访周咨,以备擢用。内而部院大臣,外而督抚大员,各有以人事君之义,平时见闻所及,如有器识闳远、才守兼优之员,素所深悉者,着各举所知,出具切实考语,秉公保荐,不得瞻徇情面及徒采虚声,滥登荐牍,用副朝廷延揽真才至意。钦此。钦遵在案。

维时,臣甫经履任,于浙省所属各员之贤否、才能俱未深悉,不敢率尔操觚。阅今两年有余,已将庸劣各员劾去二十余人,而欲其守洁才优者,甚难其选。所有司道以上各员皆系朝廷特简,其才久邀洞鉴,毋待渎陈。其余知府以下现任实缺、候补有差各员,臣于平时密加访察,认真考核,征以办事之勤奋,操守之廉洁,才堪造就者,敬为我皇太后、皇上陈之。

杭州府知府吴世荣,朴诚廉正,干练有为,发审通省疑难案件,讯结无遗。办理豁免,查出各属滥抵之款,设法提追,已完银十五万余两。兼管塘工局,每年所省不下数万两,不避劳怨,实心任事,为浙省最出色之员。又署台州府事候补知府陈璐,吏治精明,军务熟练。本年五月间,教匪攻扑仙居,县城、府治同时吃紧,而台防兵将已调赴宁波海口,台州兵力极单,事机甚为危迫。该府固守郡城,外援仙居,调度得宜,厥功甚伟。再恭阅邸抄,前已有人奏保,奉旨将该员送部引见,因未接准部文,台州一缺又难得替人,是以尚未给咨赴部。又候补知府傅斯怿,朴实老练,为守兼优,历任府县各缺,措置裕如,长于吏治,体用兼备。又试用知府时庆莱,才具敏干,志趣不凡,办理支应局务,尤能考核精详,丝毫不苟。又候补知府杜冠英,办理镇海营务,今春法船来犯,该员最为出力,精于筑台,能识炮械,才气开展,文武兼资,足备干城之选。又候补知县伍桂生,历署台州所属各缺,胆识俱优,缉捕勤能。本年五月间,哥老会勾结土匪攻扑仙居县城,该员内守外剿,卒保无虞,实有过人之才。以上六员,可否仰恳天恩俯准交军机处存记录用,以资策励,出自鸿慈。

谨恭折具奏,伏乞皇太后、皇上圣鉴。谨奏。十一月十一日[2]。

光绪十一年十二月十九日,军机大臣奉旨:另有旨。钦此。[3]

　　【案】此奏原件查无下落,录副现藏于中国第一历史档案馆①,兹据校正。再,此奏具文时间刊本作"光绪十一年十一月初六日",而录副署"光绪十一年十一月十一日",两相比较,应以录副为是。兹据校正。

----

① 中国第一历史档案馆藏:《军机录副》,档案编号:03-5203-086。

1.【头品顶戴浙江巡抚臣刘秉璋跪】刊本无此前衔,兹据录副校补。

2.【十一月十一日】刊本无此具奏日期,兹据录副补。

3.【光绪十一年十二月十九日,军机大臣奉旨:另有旨。钦此。】此奉旨日期与内容,据录副及《随手档》①校补。

恳恩开缺疏

光绪十一年十一月十一日(1885 年 12 月 16 日)

头品顶戴浙江巡抚臣刘秉璋跪[1]奏,为微臣患病未痊,精力难支,吁恳天恩俯准开缺回籍调理,恭折仰祈圣鉴事。

窃臣于八月间感患寒热,日久不愈,当经奏委藩司代办武闱,其病势情形早邀洞鉴[2]。乃迄今三月之久,勉力支撑,一切公牍判于床榻之间。属吏禀商公事,接见于卧房之内。未敢请一日之假,原以受恩深重,稍效犬马之劳,又素性硁硁,经管案件不肯假手于人,不意卧病至今,迄未痊可,精力不支,两腿无力,履步艰难。据医家云,气血两亏,一时难以复元[3],必得安心调理,或可就痊。

伏念臣年甫六十,敢云衰老?惟体气素不充实,中岁家遭离乱,奉亲奔走,倍历艰辛。嗣又效力行间,风霜劳顿,日侵月积,遂体亏益甚。因思巡抚责任綦重,浙江为烦要之区,不敢以病躯恋栈,致滋贻误,合无仰恳天恩俯准开缺回籍调理,一俟病痊,即当泥首宫门,求赏差使,万不敢稍耽安逸,自外生成。所有应办公事,未奉谕旨以前,臣仍与司道妥商,力疾办理,俾免积压。

谨将恳恩开缺缘由,恭折具奏,伏乞皇太后、皇上圣鉴,训示。谨奏。十一月十一日[4]。

光绪十一年十二月十九日,军机大臣奉旨:着赏假一月调理,毋庸开缺。钦此。[5]

【案】此奏原件查无下落,录副现藏于中国第一历史档案馆②,兹据校正。

1.【头品顶戴浙江巡抚臣刘秉璋跪】刊本无此前衔,兹据录副

---

① 中国第一历史档案馆藏:《军机处随手登记档》,档案编号:03-0247-2-1211-341。
② 中国第一历史档案馆藏:《军机录副》,档案编号:03-5203-087。

校补。

2.【其病势情形早邀洞鉴】刊本作"已邀洞鉴"，兹据校正。

3.【复元】刊本作"复原"，兹据录副校正。

4.【十一月十一日】刊本无此具奏日期，兹据录副补。

5.【光绪十一年十二月十九日，军机大臣奉旨：着赏假一月调理，毋庸开缺。钦此。】此奉旨日期与内容，据录副校补。

奏复裁勇节饷无可报解疏

光绪十一年十二月初九日（1886 年 1 月 13 日）

头品顶戴浙江巡抚臣刘秉璋跪[1]奏，为遵议酌提裁勇节饷，无可报解，恭折具奏，仰祈圣鉴事。

窃承准军机大臣字寄：光绪十一年八月二十二日，钦奉慈禧端佑康颐昭豫庄诚皇太后懿旨：户部等议奏，裁撤各省勇营，将中外旗营加饷训练[2]，着各将军、督抚迅将各该省现有勇营切实核减，认真裁汰，并将存留各营按日训练。其裁勇所节之饷，从光绪十二年起，每省每年可得若干，先行奏明，专款存储，分批解部备用等因。钦此。钦遵。即经转行去后。

伏查浙省勇营本无定额，向视防务之缓急，随时酌量添裁。即勇营所支饷项，亦无一定专款。历来所恃者，总以厘捐为大宗，设有不敷，间由藩库动支正、杂，凑济支放。历年裁剩水陆兵计三十营，本属不敷分布，旋因法事办理海防，陆续添募，至多之时计之，共陆勇三十四营十六旗、水勇十六营，月需饷项一十四万余两。嗣以军务敉定，陆续裁撤。截至现在止，尚存陆勇十九营八旗、水勇十六营，月需饷银约九万数千两。但前因海防吃紧，勇营陆续添募，厘捐不敷支放，节经奏明提拨藩、运、粮各库暨裁留浙海关南洋经费并海防捐输等款。此皆暂时拨济，均非常年额定款项。甚至光绪十年欠解京饷至三十万之多，无非设法腾挪。若以现在所裁之勇核计，节饷虽年约五十余万两，而仅有节省之名，并无存储之实。

查浙省温、台各属，民情强悍，动辄结党滋扰。浙西一带毗连太湖，匪徒出没无常，各路遣撤游勇、客民往来靡定，全藉留防水陆诸军分别巡防弹压，势不能再行裁撤。惟限于经费，仍拟随时察看，将现存陆勇酌量再裁二三营，以纾饷力。所需饷项均遵奏定章程，核实支发，并无浮滥。就目前情形而论，委无节省之饷可以解部。据藩司许应鑅会同防军支应局司道，详请奏咨前来。

除督饬存留各营认真训练，并将一切用项随时实力撙节，暨咨部查照外,理合恭折具陈,伏乞皇太后、皇上圣鉴,训示。谨奏。十二月初九日[3]。

光绪十一年十二月二十日,军机大臣奉旨:该部知道。钦此。[4]

【案】此奏原件查无下落,录副现藏于中国第一历史档案馆①,兹据校正。再,此奏具文时间刊本作"光绪十一年十二月初一日",而录副署"光绪十一年十二月初九日",两相比较,应以录副为是。兹据校正。

1.【头品顶戴浙江巡抚臣刘秉璋跪】刊本无此前衔,兹据录副校补。

2.参见光绪十一年八月二十二日和硕醇亲王奕譞等奏报遵旨会议侍郎薛允升奏裁勇加饷练兵一折。②

3.【十二月初九日】刊本无此具奏日期,兹据录副补。

4.【光绪十一年十二月二十日,军机大臣奉旨:该部知道。钦此。】此奉旨日期与内容,据录副校补。

遣撤沿海防营练军片

光绪十一年十二月初九日(1886年1月13日)

再,浙省自海防解严以来,缘饷需万分支绌,不得不将沿海防营、练军、炮兵等项次第遣撤,以节经费。所有裁撤宏字一营,薪粮给至本年六月底止。又亲兵小队正营炮夫六十名,小队副营炮夫七十二名,口粮给至七月初九日止。又楚军中营新中一哨,薪粮给至七月十五日止。又亲兵后、亲兵新、中,护军副贞字、前振字等五营,定防静安新勇、陆勇二军、海标练军新中、象石练军等二营,达字中营差官二十员,薪粮、津贴均给至七月底止。

又裁撤温标练军一旗,津贴给至八月十五日止。又贞字左一营、亲兵新后、亲兵小队左护军、右敏字、正温防亲兵等共五旗,处标练军副后一营,并亲兵小队副营,裁减一半,改为亲兵小队左旗。亲兵前营炮夫七十二名,楚军右营炮夫二十四名,宁郡真武宫炮台弁兵五十一员名,镇海招宝山等台亲勇九十六名,镇海金鸡山下天然、自然等台弁勇八十四员名,镇海北拦江等台弁兵一百三十四员名,定海土堤炮兵一百五名,乍浦保安城天后宫等台弁兵一百二十二员名,澉浦头围口炮台弁兵五十一员名,海门南北岸炮台兵丁

① 中国第一历史档案馆藏:《军机录副》,档案编号:03-5752-034。
② 中国第一历史档案馆藏:《军机录副》,档案编号:03-5752-012。

四十名,温郡茅竹岭、状元桥、东关龙湾等台兵丁五十名,瑞安江岸炮台弁兵五十一员名,薪粮、津贴均给至八月底止。

又裁撤楚军正前、贞字右二营、健字左右、敏字副、亲兵副中等四旗、衢标练军后营、温标练军营、乍浦协练军二百五十三员名,澉浦营练军五十一员名,定海土堤炮兵一百五员名,并亲兵小队右营,裁减一半,改为亲兵小队右旗,薪粮、津贴均给至九月底止。又贞字中、后二营、定标练军副左营、亲兵小队前营裁减一半,改为亲兵小队前旗,薪粮给至十月底止。又楚军正后一营,楚军左、右二旗,薪粮给至十一月底止。

又因间有籍隶楚、粤、皖、豫勇丁,程途较远,无力回籍,诚恐逗遛生事,并札饬营哨各官雇备轮船,分头押送回籍,酌量给予船价等项,均经分别办理在案。兹据防军支应局司道遵照新章,详请奏咨立案等情前来。

臣复核无异,除咨部查照外,理合附片具陈,伏乞圣鉴。谨奏。

光绪十一年十二月二十日,军机大臣奉旨:该部知道。钦此。[1]

【案】此奏原件查无下落,录副现藏于中国第一历史档案馆①,兹据校正。再,此奏具文时间刊本作"光绪十一年十二月初二日",而录副则以奉旨日期为之。查光绪十一年十二月二十日《随手档·刘秉璋折》②,据同批折件可断,此奏具文时间当以"光绪十一年十二月初九日"为宜。兹据校正。

1.【光绪十一年十二月二十日,军机大臣奉旨:该部知道。钦此。】此奉旨日期与内容,据录副校补。

奏剿灭台州土匪出力文武员绅酌拟奖励疏
光绪十一年十二月二十日（1886年1月24日）

头品顶戴浙江巡抚臣刘秉璋跪[1]奏,为查明台州府属匪徒滋事登时扑灭案内在事尤为出力文武员绅,酌拟奖励,缮单吁恳恩施,恭折仰祈圣鉴事。

窃查台州府署属前有外来会匪勾结仙居土匪,煽惑滋事,于本年五月十六日拥众攻城,经台协副将韩进文等会商该知县伍桂生等分投迎击,各军奋力剿杀,贼众披靡,纷纷败退,全股扑灭,经臣奏奉上谕:刘秉璋奏,会匪勾结滋事、登时扑灭一折。本年五月间,浙江台州府署属有外来哥老会匪勾结仙

---

① 中国第一历史档案馆藏:《军机录副》,档案编号:03-6099-036。
② 中国第一历史档案馆藏:《军机处随手登记档》,档案编号:03-0247-2-1211-342。

居县土匪谋为不轨,经刘秉璋督饬地方文武,并调派营前往剿办。该匪胆敢拒敌,各军奋力攻击,先后擒获首、要各匪,分别正法审办,当将全股扑灭,办理尚为迅速。所有在事出力员弁,准其择尤酌保,毋庸冒滥。余着照所议办理。钦此。仰见圣恩浩荡,微劳必录,钦感莫名,当经钦遵转行在案。

伏查此次台州府属哥老会匪勾结滋事,拥众攻城,适值防军调往海口,郡县空虚,若非该处文武同心勠力,奋勇击剿,登时扑灭,难保不扰害地方,多烦兵力。所有出力各员,实与军功劳绩无异。兹据各营开送保奖衔名前来。

臣复加查核,分别删减,并无冒滥。除出力稍次各员给予外奖,并拟保千、把以下武弁循案咨部注册外,谨将尤为出力文武各员绅酌拟奖励,缮具清单,恭呈御览,合无仰恳天恩俯准给奖,以昭激劝。

谨会同闽浙督臣杨昌濬,恭折具奏,伏乞皇太后、皇上圣鉴,训示。谨奏。光绪十一年十二月二十日。[2]

【案】此奏原件查无下落,稿本①藏于台北故宫博物院,兹据校正。再,此件刊本具奏日期仅署"光绪十一年十一月",未确。兹据稿本校正。

1.【头品顶戴浙江巡抚臣刘秉璋跪】刊本无此前衔,兹据前后折件校补。

2.【光绪十一年十二月二十日】刊本无具奏日期,兹据稿本校补。

① 台北故宫博物院藏:《奏议册》,文献编号:702002654-0-10。

卷四

奏查明厘局委员并无贪劣实迹疏

光绪十二年正月十二日(1886年2月15日)

头品顶戴浙江巡抚臣刘秉璋跪[1]奏,为查明厘局委员并无贪劣实迹,恳恩免其参办,恭折复陈,仰祈圣鉴事。

窃臣承准军机大臣字寄:光绪十一年九月十五日奉上谕:有人奏,浙江厘局委员藉捐苛索一折[2]。据称湖州府属委员通判刘舜年,在双林镇分局劝捐,额外苛求,不胜枚举,乡人裹足,民怨沸腾,并有微服出游、狎妓饮酒、勒派寿分、声名狼藉各情,请旨饬查等语。抽厘助饷,本不得已之举,委员等宜如何洁己奉公,以期商民信服。若如所奏各节,剥小民之脂膏,供劣员之挥霍,实堪痛恨。着刘秉璋按照参款,逐一详查,据实严参惩办,不准稍涉回护。原折着钞给阅看。将此谕令知之。钦此。① 当经恭录密札藩司、厘捐总局先将该局员刘舜年克日撤换,一面密委候补知府傅斯怿前往彻查去后。

兹据该委员禀称:驰往该处,改装易服,细加访查,并亲自赴局,吊齐劝捐各卷,按照所参各节,逐一详核。缘该委员刘舜年自接办该局后,查双林镇地方开张京货铺户大小十三家,其中兼售盛泽纺绸、濮院素绸、缎呢、羽毛绣货等件,从未设卡报捐。检查历年照根,亦无是项捐款,显然偷漏,遂即传集各铺,询其有无是项进货过卡捐照票据。该铺户均含混支吾,检呈不出。该委员以当此防务吃紧、军饷支绌之际,应完之厘金本宜捐输,况是项偷捐如数不少,现不深究,令其查照前三年进货数目,酌量补捐,再三开导。遂据潘恒记、吴恒记两家共补缴捐钱七十九千五百文,沈涌记补缴捐钱八千文,给票收执。其余小铺或售货无几,或开张不久,均免补缴。惟郑源记在该镇为多年老店,生意最大,销货最多,问其捐票,无可呈缴,又不肯补缴捐款。该委员谓其偷漏独多,抗违不遵,遂禀明府局,一面移知归安县吊取郑源记庄历年进货真实簿据,追其有无进验双林镇卡捐票。该铺东始央恳绅士蔡

---

① 《光绪宣统两朝上谕档》第11册(光绪十一年),广西师范大学出版社1996年版,第222页。

召成来局面称,该铺捐票无从检呈,请从宽免究,情愿补缴捐钱八百千文,掣给捐票二张,每张四百千文,其钱均经汇解总局;并经府局以该铺等惯于偷漏,稽查匪易,批饬劝令认捐。该业邀集同行公议,情愿认捐每年三百千,由同业具结。以上各节,均经该委员先后禀由府局转禀省局在案。此原参所称乡镇各绸店或捐钱数十千、或捐钱百余千、或捐钱至七八百千不等者,或即指此而言。又该镇包头店共有十二家,均兼卖裰绫。此二物均系该镇出产,包头生意较大,裰绫销售较少,两宗合计,通年约捐钱一千串或八九百千不等。棉绸店共三家,从前旺销之年,或捐钱八百千,近年捐项不过六百千上下。原折所称小本营生之绵线、丝绵各店亦每年共捐钱二百千一节。查该镇向不产丝绵,民间所用绵线甚微。再三查访,向无此项店铺,亦无此项捐款。所有该镇各捐均系按货照章抽厘,随时由行店商人掣领捐票,运货各路销售。传询各业店商,均称如无捐票,各处厘卡皆不能验放,焉有不领捐票之理?吊查捐票数目,一一核对,均与照根相符,则捐款之归公,委员不能侵蚀可知。至毛猪行,该镇仅止恒茂、永丰两家。传问该猪牙,据称客猪到卡,均验货照章完厘正捐之外,并无陋规。如局中向要陋规,今蒙查问,自当据实供明,乞请裁革,实无月出陋规洋八九十元之事,情愿具结等语。当取结附呈。查该镇各路航船共十七只。传询各船户,据称航船开往各处,如带有货物,均按货报捐,领有捐票收执,以备沿途查验。无票不能过卡,有货报捐,无货不捐,并非开行一次包捐钱二千数百文,厘卡亦无按月索规洋四五元之事,并各持有捐票呈验。其情似属可信。至丁役四处探望,见乡人买猪一头,索钱一二百文;卖菜一担,索钱二三十文等事。访查店铺居民,金称均无此事。至各绸业每年认捐钱三百千,其每店多寡数目均系该业同行按生意大小公派允洽,并非委员意为重轻,亦非有私贿者铺大捐小、无私贿者铺小捐大也。又原参该委员与司事等微服出游、狎妓饮酒、唤妓到局弹唱等事。明查暗访,实无确据。询诸店铺绅民,均称该委员如有此等事情,该处断不为之隐讳。其言并无此事,尚属可信。闻委员之父年七十余岁,上年五月自籍来局,六月间适值生日,雇觅戏班在局演戏一日,为其父庆祝,以博亲欢。本镇绅士间送烛、面,概未收受,实无勒派乡民寿分之事。连日博咨询访,均无异词等情。

批据藩司会同厘捐总局详加察核,据称刘舜年被参各款,如绸绉各店捐钱不出票,猪行索陋规,航船索月规,并乡人卖猪、卖菜亦多索钱。凡此数端,皆苛取于民者,果有其事,本乡之人衔怨必深,委员往查,自无不尽言其实。又加微服出游,狎妓饮酒,甚至唤妓到局弹唱通宵,则本地绅民必有闻见。事虽已往,口难尽缄。今傅斯怿所禀,询诸店铺绅民,金称均无其事,尚属可信。捐票亦经傅斯恽吊查，与票根相符，自无侵蚀之弊。其在局演戏，据称实系为其父祝寿，此乃人情之常，既无勒派寿分，亦未足深责。前奉札行饬查，业将该局员撤回更换。今据查明并无贪劣实迹，应请免其参办。至开源各条，早经晓谕遵办，乡民莫不周知，无虞别生枝节，详请复奏前来。

臣查厘捐委员固易滋弊，尤易招怨。即如浙省厘金，近来年年短收，较之同治初年，相去不下百万两。推原其故，虽因市面清淡，而奸商之偷漏其技愈工，承办之员因此较捐数新章严密，不得不认真稽核。乃近时之商贾类多富绅为之，相与抗衡，不服根查，甚至造为蜚语，任意腾谤。故厘局一差非择稍有才干者，不能任使也。

臣自到任后，深恐委员舞弊，随时设法密查，一有所闻，无不立时撤换，轻则记过停委，重则甄别严参，不稍姑容。其有事属子虚、无故遭谤者，亦不为浮议所摇，致滋屈抑。该委员刘舜年办理双林镇厘捐，严查偷漏，照章补捐，其间取怨商民，势所不免。现经臣密委候补知府傅斯恽按照原参各节，密访明查，尚无贪劣情事。其父寿辰在局演戏一日，乃人情之常，绅士间送烛、面，并未收受，亦无不合。该府傅斯恽素称廉正不阿，其言尚属可信，无虞徇隐。刘舜年先已撤差，现复丁忧回籍，应请免其置议。

除饬司局随时密查，如承办委员有需索舞弊情事，立即撤委严参外，谨将查明双林镇厘局委员并无贪劣情弊，恭折复陈，伏乞皇太后、皇上圣鉴。谨奏。二月十二日[3]。

光绪十二年三月初九日，军机大臣奉旨：知道了。钦此。[4]

【案】此奏原件查无下落，录副现藏于中国第一历史档案馆①，兹据校正。再，此折具文时间刊本仅作"光绪十二年正月"，未确。录副署为"光绪十二年二月十二日"，确。兹据校正。

1.【头品顶戴浙江巡抚臣刘秉璋跪】刊本无此前衔，兹据录副校补。

2.【案】光绪十一年九月十五日，掌山东道监察御史郑训承奏请确查候补通判刘舜年假公济私缘由，曰：

掌山东道监察御史臣郑训承跪奏，为厘局委员藉捐苛索，争及锥末，民不聊生，恭折具陈，仰祈圣鉴事。

窃户部所议开源节流各条，原因裕饷起见，不得已而为此举。然开源条中亦仅及富商大贾，并未令挨铺苛派，琐屑不遗，是筹饷

---

① 中国第一历史档案馆藏：《军机录副》，档案编号：03-7389-007。

之中仍寓恤商之意。乃臣闻浙省自奉部文后，捐局不肖委员借此为名，骚扰乡镇，虽部议所未及者，亦皆纷纷勒索，而意为重轻，漫无限制。有私贿者，铺大而捐小；无私贿者，铺小而捐大。由是揽权渔利，弊窦丛生，下耗民资，上仍无裨于国计，假公济私，利归中饱，实堪痛恨。

如臣所闻，湖州府属之委员候补通判刘舜年，在双林镇分局劝捐，自到局以来，额外苛求，不胜枚举。如绸绉一业，开源中并无此条也。今闻乡镇各绸店，或捐钱数十千，或捐钱百余千，或捐钱至七八百千不等。其余裱绫各店，每年共捐钱一千千矣。绵绸各店每年共捐钱八百千矣。即小本营生之棉线、丝绵各店，亦每年共捐钱二百千矣。局中有出票者，有不出票者，有出票之数目与票根之数目不符者，是以所收捐款归公者少，入私者多。他若毛猪各行，正捐之外，每月另索陋规洋八九十元之多。至于各路航船，其业甚微，其利甚薄，并非贩货商人也。而开船一次，亦索钱二千数百文，又按月另索月规洋四五元，犹恐搜括未周，复派丁役四处探望，见乡人卖猪一头，索钱一二百文；卖菜一挑，索钱二三十文，以致乡人裹足，民怨沸腾，私橐所肥，时与司事等微服出游，狎妓饮酒，甚至唤妓到局，弹唱通宵，共见共闻，声名狼藉。

今年六月间水灾正重之时，该员犹假为父庆祝之名，勒派民间寿分，且专人赴苏，雇著名戏班，于十四、十五等日在该局演唱两昼夜。如此剥民脂膏，供其挥霍，实为地方之蠹。况东南偏遭水厄，民间元气大伤，何堪遭此剥削？臣恐一镇如此，他镇亦所不免，应请旨饬下浙江巡抚秉公确查，立予参撤，庶几惩一儆百，去贪黩而靖闾阎，并请谕令该抚刊印开源新章，悬挂各厘局门首，共知条款昭彰，不致肆意苛勒，庶商民各安其业，而捐输涓滴归公矣。

臣为剔除弊端起见，既有所闻，不敢安于缄默。谨据实胪陈，伏乞皇太后、皇上圣鉴。谨奏。光绪十一年九月十五日。①

3.【二月十二日】刊本无此具奏日期，兹据录副校补。

4.【光绪十二年三月初九日，军机大臣奉旨：知道了。钦此。】此奉旨日期与内容，据录副校补。

---

① 中国第一历史档案馆藏：《军机录副》，档案编号：03-5200-056。

奏裁撤酌留水师艇钓各船数目疏

光绪十二年二月初八日（1886年3月13日）

头品顶戴浙江巡抚臣刘秉璋跪[1]奏，为查明浙省绿营额兵，请免再减，并裁撤、酌留水师艇、钓各船数目，恭折仰祈圣鉴事。

窃承准军机大臣字寄：光绪十一年九月初九日，钦奉慈禧端佑康颐昭豫庄诚皇太后懿旨：前据左宗棠议复海防善后事宜，请裁额兵，并减沿海水师艇船，给事中秦钟简①亦有请裁水师防勇之奏，经醇亲王、军机大臣、总理各国事务[2]王大臣会同李鸿章详筹奏称，各省额兵存营多寡不一，应就该省情形酌量裁减。上年新募之勇，除滇、粤边防酌留若干营外，余可全行裁撤，旧有各营可裁十分之一二，沿海旧设水师及红单艇船可裁等语。前有旨令该将军、督抚裁减兵勇，以节饷需。训谕谆谆，至为明切。此次复令王大臣等参酌众议，体察情形，期于必可施行，筹定办法。现在经理海防善后，需款甚巨，筹饷甚难，必须将糜费之款痛加删节。各该将军、督抚受国厚恩，务当仰体朝廷宵旰焦劳、绸缪未雨之意，凛遵迭次谕旨，破除成见，切实办理，一面将如何裁减及每年所节饷银若干详晰具奏。将此由五百里各谕令知之。钦此。遵旨寄信前来。

承准此，伏查浙省绿营兵丁从前定制本有三万余名，同治七年变通营制案内共裁减水陆额兵一万三千八百余名，仅存兵二万二千五百余名，分驻十一府属，巡缉守护，难议裁减，前于光绪九年十一月二十四日经前督臣何璟会折具奏，迄今为时未久，分布巡防，情形相似，应请免予议减，由臣行文各营，按照减兵增饷章程，严汰疲弱，挑选精壮，时常训练，定期合操，于进退步伐、击刺、阵势认真讲求，精益求精，期于实有成效，饷不虚糜。

其沿海水师各营额设战船，从前共有二百五十余号。兵燹之后，购造本不及半。前于光绪八年正月间准兵部行文，议复直隶总督臣李鸿章奏请酌裁金州营旅顺口水师战船，并请将沿海各省额设战船废置无用者，分别裁撤等因，即经转行藩司派委候补知府叶百川前往沿海水师各营，亲历查勘，分

---

① 秦钟简（1840—1889），字敬临，号舸南，广西灵川县（广西灵川壮族自治县）人，廪生。同治三年（1864），中举。七年（1868），中式进士，改庶吉士。十年（1871），授翰林院编修十一年（1872），补国史馆协修。十二年（1873），充顺天乡试同考官。光绪三年（1877），保记名御史。五年（1879），授贵州乡试正考官。六年（1880），升陕西道监察御史。七年（1881），任掌四川道监察御史。九年（1883），迁工科给事中。十年（1884），授刑科掌印给事中。同年，简放山东兖沂曹济道。十五年（1889），病卒于任。

别拟裁、拟存有案。现复体察情形,逐加复核,拟请裁撤师船一十七号,又停修旧艇三号;酌留师船五十二号,又改造添拨师船七号。凡岛屿丛杂,轮船素未往来;汉港浅滩,轮船难以直达之处,不得不酌留艇、钓各船,以为相辅巡缉之用。日后浙洋如奉添派兵轮驻泊,或现存营船不能得力,容再随时察看,酌量裁减,以节经费。由藩司许应鑅开折具详前来。

臣查浙省绿营兵额,前于减兵增饷案内裁汰三成之一,现只二万二千余名,分驻通省,已形单薄,实难再议裁减。水师兵船本未足额,现裁十七号,已及三成,尚有雇募红单艇船十一号,在洋巡缉,尚称得力,拟俟洋面靖谧,再行裁撤。此本不在额设之列,可以随时核办也。

谨将裁留水师船只缮具清单³,恭呈御览。谨会同闽浙总督臣杨昌濬,合词恭折具奏,伏乞皇太后、皇上圣鉴。谨奏。二月初八日⁴。

光绪十二年二月十八日,军机大臣奉旨:该衙门知道,单并发。钦此。⁵

【案】此奏原件查无下落,录副现藏于中国第一历史档案馆①,兹据校正。再,此奏具文时间刊本仅作"光绪十二年正月"未确。录副署"光绪十二年二月初八日",确。兹据录副校正。

1.【头品顶戴浙江巡抚臣刘秉璋跪】刊本无此前衔,兹据前后折件校补。

2.【事务】刊本误作"时务",兹校正。

3.【案】同日,刘抚呈浙省沿海水师各营原设艇钓各船应裁存数目清单:

谨将浙省沿海水师各营原设艇、钓各船,据委员亲历查勘洋面情形,拟请应裁、应存数目,缮具清单,恭呈御览。

计开:

提督镇标:存营胜字一、二两号广艇二只,捷字五、六两号钓船二只,共船四只。裁撤胜字号广艇二只,酌留捷字五、六两号钓船二只。

镇海营:存营捷字十三、四、五、六等号钓船四只,镇字快蟹哨船二只,共船六只。裁撤捷字十五、十六两号钓船二只,酌留捷字十三、十四两号钓船二只,酌留镇字快蟹哨船二只。

定海镇标:存营胜字十一、二、三等号铜底广艇三只,泰字一、二、三等号啰喳铜底广艇三只,捷字一、二、三、四等号钓船四只,共

① 中国第一历史档案馆藏:《军机录副》,档案编号:03-5753-006。

船十只。裁撤捷字三、四两号钓船二只,酌留胜字十一、二、三等号广艇三只,酌留泰字一、二、三等号啰喳铜底广艇三只,酌留捷字一、二两号钓船二只。

石浦营:存营胜字三、七、八等号广艇三只,捷字十九、二十两号钓船二只,共船五只。裁撤胜字三号广艇一只,酌留捷字十九、二十两号钓船二只。其胜字七、八两号广艇二只不堪修理,改造新字一、二、三、四等号钓船四只。

海门镇标:存营胜字四、九、十等号广艇三只,黄字一号至八号钓船八只,捷字十七、十八两号钓船二只,岩字一、二两号小龙艇二只,共船一十五只。裁撤胜字四、十两号广艇二只,岩字一号龙艇一只,黄字二、五两号钓船二只。酌留胜字九号广艇一只,黄字一、三、四、六、七、八等号钓船六只,捷字十七、十八两号钓船二只,岩字二号龙艇一只。

海门城守营:存营钓船一只,小龙艚船一只,共船二只。裁撤小龙艚船一只,酌留钓船一只,添拨缉护乌皮快船一只。

温州镇标:存营平字一、二两号搭艇二只,太字二、三两号龙艚船二只,永字一、二、三、四、五、六等号龙艚船六只,安字一、二两号龙艚船二只,共船一十二只。裁撤太字二、三两号龙艚船二只,酌留平字一、二两号搭艇二只,永字一号至六号龙艚船六只,安字一、二两号龙艚船二只。

瑞安协:存营平字三号搭艇一只,太字六、七两号龙艚船二只,永字七、八两号龙艚船二只,安字三号龙艚船一只,共船六只,照数存留配缉。

玉环营:存营平字四号搭艇一只,太字五号龙艚船一只,永字九、十两号龙艚船二只,红头建艇一只,安字四号龙艚船一只,共船六只。裁撤遭风损坏平字四号艇船一只,酌留太字五号龙艚船一只,永字九、十两号龙艚船二只,改造西洋艇船一只,安字四号龙艚船一只。

乍浦协:存营胜字五号广艇一只,捷字九、十两号钓船二只,快字一号钓船一只,共船四只。裁撤快字一号钓船一只,酌留钓船二只。其胜字五号广艇一只不堪修理,改造钓船二只。

澉浦营:存营捷字十一、十二两号钓船二只,共船二只,照数存留配缉。

以上统共裁撤师船一十七只,停修旧船三只,酌留师船五十二只,改造添拨师船七只。

　　军机大臣奉旨:览。钦此。①

　　4.【二月初八日】刊本无此具奏日期,兹据录副校补。

　　5.【光绪十二年二月十八日,军机大臣奉旨:该衙门知道,单并
发。钦此。】此奉旨日期与内容,据录副校补。

谢赏福字疏

光绪十二年二月十五日(1886 年 3 月 20 日)

头品顶戴浙江巡抚臣刘秉璋跪[1]奏,为恭谢天恩事。

　　光绪十二年正月二十八日,差弁回浙,赍奉御赏"福"字一方到臣。当
即恭设香案,望阙叩头祇领讫。钦维我皇上芝篆膺图,穗书著范。祥开羲
画,九畴符好德之征;大焕尧章,四表沐宠光之被。比幸兵销函夏,晋瞻[2]民
乐熙春,玉琯新调,璇题下逮。同文敷治,昭象纬于九霄;广运绥猷,颂龙纶
以五色。自天赐福,率土倾忱。

　　臣忝领圻封,未酬涓效,恒惕轻才任重,雨露深沾;复承奎藻增荣,星云
采耀。恩周两浙,用联子庶之欢心;颂上万年,谨合寅僚而拜手。

　　所有微臣感激欣幸下忱,理合缮折恭谢天恩,伏乞皇上圣鉴。谨奏。二
月十五日[3]。

　　光绪十二年三月初十日,军机大臣奉旨:知道了。钦此。[4]

　　【案】此奏原件查无下落,录副现藏于中国第一历史档案馆②,
兹据校正。再,此折具文时间刊本作"光绪十二年正月二十八
日",而录副则署为"光绪十二年二月十五日",当以录副为确,兹
据校正。

　　1.【头品顶戴浙江巡抚臣刘秉璋跪】刊本无此前衔,兹据录副
校补。

　　2.【晋瞻】刊本夺"晋瞻",在据录副补。

　　3.【二月十五日】刊本无此具奏日期,兹据录副校补。

　　4.【光绪十二年三月初十日,军机大臣奉旨:知道了。钦此。】
此奉旨日期与内容,据录副校补。

奏假期已满病未全愈疏

光绪十二年三月初二日（1886年4月5日）

　　头品顶戴浙江巡抚臣刘秉璋跪[1]奏,为假期已满,病未全愈,仍恳恩施俯准开缺回籍调理,以重职守,恭折仰祈圣鉴事。

　　窃臣于上年八月间文闱事竣,忽患寒热,纠缠数十日,饮食少进,体气大亏,日久未就痊可,当于十一月间具折陈请开缺。嗣于本年正月二十五日差弁回浙,钦奉谕旨:着赏假一月调理,毋庸开缺。钦此。闻命之下,感悚无地,当即上紧医治,以冀仰叨福庇,日就痊愈,以图报效。乃迄今假期已满,病虽渐退,而体气大亏,腿足软弱,勉强行走,步履未能复旧,拜跪更所不能。据医家云,年逾六旬,本原虚弱,急切药难奏效,非安心调理,未易复原。

　　伏念臣受恩深重,曷敢自惜微躯?惟责任重大,病已半年,僚属商量公事,均在卧室接见,抚心殊不自安。至朔望行香以及朝贺、祭祀大典,皆未躬亲行礼,尤深负疚。况披阅公牍,久则心烦自汗,健忘尤甚。如此情形,将来必致贻误,且难免恋栈之讥,再四思维,惟有仰恳圣恩俯准开缺回籍调理,一俟病体复原,即当泥首宫门,求赏差使,断不敢稍耽安逸,自外生成。目前浙省尚无重要之件,其日行公事仍照常力疾经理,以免迟误。

　　所有微臣病未全愈,仍恳恩施俯准开缺回籍调理缘由,理合恭折具奏,伏乞皇太后、皇上圣鉴,训示。谨奏。三月初二日[2]。

　　光绪十二年三月十七日,军机大臣奉旨:着再赏假一月调理,毋庸开缺。钦此。[3]

　　【案】此奏原件查无下落,录副现藏于中国第一历史档案馆①,兹据校正。再,此折具文时间刊本作"光绪十二年二月二十九日",而录副则署为"光绪十二年三月初二日",当以录副为确,兹据校正。

　　1.【头品顶戴浙江巡抚臣刘秉璋跪】刊本无此前衔,兹据录副校补。

　　2.【三月初二日】刊本无此具奏日期,兹据录副校补。

　　3.【光绪十二年三月十七日,军机大臣奉旨:着再赏假一月调理,毋庸开缺。钦此。】此奉旨日期与内容,据录副校补。

① 中国第一历史档案馆藏:《军机录副》,档案编号:03-5207-060。

奏查豁民欠分别勒追各州县亏款疏

光绪十二年三月初二日（1886年4月5日）

头品顶戴浙江巡抚臣刘秉璋跪[1]奏，为浙省查豁民欠，先追滥款，兼提存库，并分别勒追、减免各情，办理已有就绪，缮单恭折具奏，仰祈圣鉴事。

窃臣于上年四月间将浙省查豁民欠、先追滥款缘由奏奉谕旨：户部知道。钦此。嗣于[2]六月初八日钦奉上谕：御史熊景钊奏，豁民欠钱粮，请饬仿照浙省章程，核实办理一折[3]。上年八月降旨豁免民欠钱粮，原所以嘉惠闾阎，期于穷黎有裨，岂可任令不肖州县将征存未解银两混入民欠项下，以编氓之脂膏，饱贪吏之溪壑？殊非朝廷体恤民艰、实事求是之意。本年浙江巡抚刘秉璋查办民欠钱粮，于奉旨后勒提交代册籍钱粮串底，发局查核，办理尚属认真，着各直省督抚查照浙省清厘民欠章程，切实经理，总期实惠及民，不准丝毫朦混，倘有前项情弊，定惟该督抚是问。钦此①。钦遵。由部行文前来。

是浙省现办豁免一案已邀圣明洞鉴，虽谤讟烦兴，臣与藩司固所不顾，而提调局务杭州府知府吴世荣亦能破除情面，实心经理，怨如山积，毫不松劲，更为人所难能。

伏查此次钦奉恩旨豁免同治十一年至光绪五年未完民欠钱粮约计不下二百万两，均因历年灾歉缓征及各年尾欠积成此数。各州县间有续征之款，因有递缓之案，既不详报，亦不批解，每逢交代，虽列存库，仍以滥款列抵，前后任通同容隐，照例结报，以致上司衙门无凭查考。今按送到交代三印底册逐细核算，约计各属实有征存未解银五十七万三千余两，原案大抵因公挪移，或修理工程，或垫办要差，以款抵款，自谓无亏。此各州县挪动续征、带征存库钱粮辄以滥款列抵之原委也。除实在民欠钱粮恭逢恩诏，遵即张贴誊黄，均已一律停征，小民早沾圣泽，应俟剔清官亏数目，另案开单请豁外，所有滥抵之款，自应分别着追，以重库项。兹据督办局务布政使许应鑅详情具奏前来。

臣维度支出纳，务求实济，不尚虚文，若立法维严，参革查钞，率皆纸上空谈，徒滋案牍，于公家毫无裨补，是以参酌章程，量为变通，以期遵办易行。凡亏挪应追款项，除候补贫难各员取具切结，援例俟补官日坐扣廉俸归补

---

① 《光绪宣统两朝上谕档》第 11 册（光绪十一年），广西师范大学出版社 1996 年版，第 230 页。

外，其余有官人员及家属力能完缴者，分别着追。至各首县代垫公项，用皆实在，宜予体恤，拟请援照着赔例案，无论多寡，概令赔缴八成，减免二成。其外县应提滥款，数在五千两以上者，赔缴八成，减免二成；一万两以上者，无论首县、外县，均令赔缴七成，减免三成；外县不及五千两者，均照原数赔缴，不准减折。计自开办至今，已据陆续解到实银十八万四千余两，收存藩库，尚有扣抵认解银一万四千八百七十余两。此外欠缴数在一千两以下者，暂归外办勒限扫解，如延参追。欠数在一千两以上各员，自应分别参处，以昭公允。

相应请旨将欠缴一千两以上之松阳县知县范祖义摘去顶戴，勒限三个月完缴；二千两以上之前黄岩县知县冯健、前富阳县知县彭辉升、降调同知史致驯等三员暂行革职，勒限四个月完缴；五千两以上候补知县程洪、丁忧知县张宝琳先行革职，勒限半年完缴，逾限不完，再行严参查追。

现查所缴款内有全完及完足分数并扣廉划抵、具限认缴各员，均属尚知奋勉，应请宽其既往，免予置议。尚有改发省分、病故、参革回籍以及寄居他省者，共计三十七员，未完银十二万四百四十三两。臣分咨各省将军、都统、督抚转饬查明，委员将各欠员及故员家属押解来浙，核对欠数是否相符，以凭按限追缴。

又罢职身故力不能完共计五十八员，未完银十五万二千五百六十九两，亦由臣分咨各原籍再行密查，如家属尚有财产，或子孙出仕，力能完缴者，即行押解来浙限追。如实系家产尽绝，照例取具原籍地方官及邻族切结，咨送来浙，汇案奏请恩施，一律豁免，以广皇仁。

如此分别办理，似与库款较有实济，而仍不失朝廷宽大之政。惟有吁恳圣泽，准如所请办理，以昭核实。

除将详细员名、银数分项开具清单，咨送户部查核外，所有查豁民欠、追提滥款存库及分别减免缘由，理合缮具简明清单[4]，会同闽浙总督臣杨昌濬，恭折具奏，伏乞皇太后、皇上圣鉴，训示。

再，查此外尚有各厅州县各前任移交后任征存未解光绪五年以前正、杂等款存库银两，每因奏销解款紧急，民欠实有未完，不得不挪动库存垫解，以顾考成，名为官垫民欠，实则挪甲作乙，亦有寅支卯粮，当时皆以民欠作抵。今民欠奉旨豁免，不能再征，则款项虚悬，自应查明年分，严核征收红簿、解批，分别应豁、应赔，责成该管知府认真查办，归于另结。如亏挪滥抵情事，亦归另案参办。

至兵燹后垫解补行庚、壬、癸三科考试经费，历任辗转移交，列抵库款。此系因公垫用，无可着追。现在饬令各府查明数目，另案请豁，以清案牍。

惟此次查出亏挪滥抵各员欠数,牵前搭后,款目纷繁,如银数或有未符,应俟查豁民欠时咨部更正,合并陈明。谨奏。三月初二日[5]。

光绪十二年三月十一日,军机大臣奉旨:着照所请,该部知道,单并发。钦此。[6]

【案】此奏原件查无下落,录副现藏于中国第一历史档案馆①,兹据校正。再,此折具文时间刊本仅作"光绪十二年三月",未确。录副署为"光绪十二年三月初二日",确。兹据校正。

1.【头品顶戴浙江巡抚臣刘秉璋跪】刊本无此前衔,兹据录副校补。

2.【嗣于】刊本夺"于",兹据校补。

3.【案】光绪十一年六月初八日,御史熊景钊奏请仿照浙省章程豁免民欠钱粮,曰:

山东道监察御史臣熊景钊跪奏,为钦奉恩旨,豁免民欠,请饬各督抚仿照浙省章程,分别官欠、民欠,核实办理,恭折仰祈圣鉴事。

光绪十年八月初五日,内阁奉上谕:所有各省节年民欠正、耗钱粮,着各督抚将光绪五年以前实欠在民者详晰查明所属州县银数若干,开单具奏,候朕降旨全行豁免等因。钦此。仰见圣恩宽大,嘉惠闾阎之至意。臣恭绎谕旨,所谓实欠在民,则已完在官者,不准捏为民欠可知矣。

溯查同治年间奉旨豁免民欠以后,十余年来,各省间有水旱偏灾,或荒田未尽开垦,或流亡未尽复业,积欠在民,诚所难免。至若丁、漕并征省分,民力不逮,所欠尤多。夫此短征巨款,诚属有损库储。然果尽系实欠在民,则此次查办豁免,穷檐蔀屋,犹得普沾圣朝浩荡之恩。乃近年以来,贪猾不肖之州县往往征多报少,任意侵挪。迨新旧交代之时,辄将侵挪之数列款滥抵,并将征存未解混入民欠项下,希图豁免,朘编氓有限之脂膏,饱贪吏无穷之溪壑。欠粮之名归于民,免粮之实归于官,积习相沿,各省一辙。近见邸钞,浙江抚臣刘秉璋奏查办豁免民欠钱粮,先追滥款一折,洞悉此弊,于钦奉恩旨后,密委妥员赴各府州、县,勒提未及改换之交代等册到省,发局查核,不准将征存未解之钱粮混称民欠,办事甚属认真。

臣诚恐前项弊端各省皆所不免,拟请饬下各督抚仿照浙省清厘民欠章程,委员勒提各州县历任交代册籍及历年征收钱粮三连串底到省详核,倘有隐匿已完钱粮混入民欠、侵挪滥抵者,一经查出,除不准豁免,仍勒限提解部库外,并治以应得之罪,庶库储少一漏卮,而贪吏知所儆畏,小民即受实惠无穷矣。

愚昧之见,是否有当?伏乞皇太后、皇上圣鉴,训示施行。谨奏。光绪十一年六月初八日。①

4.【案】同日,刘抚随折呈查豁民欠案内清出挪缺滥抵库款各员清单:

谨将查豁民欠案内清出挪缺滥抵库款各员,分别已解、未解及扣抵减免数目,缮具简明清单,恭呈御览。

计开:

一、业已解清并解足成数及具限认缴共六十八员,原欠银一十九万八千七十四两,已解银一十五万三千四百八十七两七分,认解银一万二千七百五十三两七钱三分,扣廉划抵银二千一百二十四两,减成银二万九千七百九两二钱。

一、追提滥款延欠未缴分别参追共八员,原欠银六万九千二百七十七两,已解银一万六千五百五十七两,仍欠银四万九千七百二十两。

一、数在千两以下请暂归外办共十五员,原欠银二万三千一百七两,已解银一万三十一两四钱,仍欠银一万三千七十五两六钱。

一、离任已久、光景极贫、请俟补官日坐扣廉俸归补共八员,原欠银一万一十五两,已解银一千一十两三钱,仍欠银九千四两七钱。

一、改省病故、参革回籍、请提浙限追共三十七员,原欠银一十二万四百四十三两已解无,仍欠前数。

一、病故参革回籍、无力完缴共五十八员,原欠银一十五万二千五百六十九两已解无,仍欠前数。

以上共原欠银五十七万三千四百八十五两,已解银十八万四千八十五两七钱七分,认解银一万二千七百五十三两七钱三分,扣廉划抵银二千一百二十四两,减成银二万九千七百九两二钱,仍欠银三十四万四千八百一十二两三钱。

---

① 中国第一历史档案馆藏:《军机录副》,档案编号:03-6214-034。

军机大臣奉旨：览。钦此。①

5.【三月初二日】刊本无此具奏日期，兹据录副校补。

6.【光绪十二年三月十一日，军机大臣奉旨：着照所请，该部知道，单并发。钦此。】此奉旨日期与内容，据录副校补。

密陈办海军疏

光绪十二年三月初二日（1886年4月5日）

头品顶戴浙江巡抚臣刘秉璋跪¹奏，为事关大局，越俎陈言，恭折密陈，仰祈圣鉴事。

窃臣叠准部咨，筹办海军经费、旗兵加饷二事，此皆国家根本至计，远大规模。臣虽至愚极陋，何敢稍有异词？惟两事并重，当先重其尤重者；两事并急，当先急其尤急者。方今外洋环伺，迭起衅端，我所以隐忍议款者，以海军未立也。彼所以肆意要挟者，亦以我之海军未立也。圣谟宏远，创立海军衙门，筹备船械，操练兵轮。此至重至急之务，万不可再事迁延稍缓须臾者也。

至于八旗兵丁，皆我朝开创之初从龙旧旗。自减饷以来，不免拮据，议复原饷，固理势²所当然，臣梼昧，亦所钦仰。惟两大政同时并举，需饷太巨。天地生财，只有此数；府库进款，岁有常经。自咸丰初年用兵以后，外备强敌，内防伏莽，各省防勇万难全撤，虽益以厘金、洋税，仍若不足。臣忝抚浙江，已叠将支绌情形一再陈奏。各省情事虽不尽知，然屡准户部咨催协饷，开列清单。即如江苏、广东，素称丰裕，亦复欠数甚巨，其余各省大略相仿。今骤需巨款，势必纷纷欠解。部议处分虽严，然只能竭其所有，势不能强其所无。两事兼营，万难兼顾，不如略分先后，期于必成。可否饬下户部将各省协解饷款通盘筹计，不以历年派拨之数为定，而以各省实解之数为额，究竟每年能添解若干。如不能两事并举，只可先竭一二十年之力，岁提三四百万，专意海军，待海军就绪，库有储余，再议旗兵加饷，庶循序渐进，事有归宿。

溯查旗兵减饷三十年，固属异常困苦，亦已支持到今，臣非敢谓加饷之不重不急也。而以海军关系较之，则尤为至重至急，故为此万不得已之说，或亦一举两全之计。至国家亿万年丕基，当筹亿万年久长之策。八旗丁口众盛，数十百年后，蕃衍生息，其数更倍于今。即兵饷复额，万无给足之理，

---

① 中国第一历史档案馆藏：《清单》，档案编号：03-6220-059。

朝廷亦更无养育之法，其应如何安插疏通，拟请旨密饬亲信王大臣从长计议，徐图补救。是非臣之谫陋所能拟议毫末者也。

臣以蒲柳衰资，病逾半载，樗栎庸质，愧乏寸长，叨窃天恩，无可图报，一得之愚，痛念时艰，不忍缄默，越俎妄言，伏祈恩宥。

谨恭折密陈，伏乞皇太后、皇上圣鉴。谨奏。三月初二日[3]。

光绪十二年三月二十二日奉到旨：创立海军，自系务之急，而旗兵日久困苦，何以资操练而固根本？至欲另筹安插疏通，轻议更张，尤属非是。原折着即掷还。钦此。

光绪十二年三月十一日，军机大臣奉旨：创立海军……钦此。[4]

【案】此奏原件查无下落，录副现藏于中国第一历史档案馆①，兹据校正。再，此折具文时间刊本仅作"光绪十二年三月"，未确。录副署为"光绪十二年三月初二日"，确。兹据校正。

1.【头品顶戴浙江巡抚臣刘秉璋跪】刊本无此前衔，兹据录副校补。

2.【固理势所当然】刊本作"固理所当然"。兹据录副校正。

3.【三月初二日】刊本无此具奏日期，兹据录副校补。

4.【光绪十二年三月十一日，军机大臣奉旨：创立海军……钦此。】此奉旨日期与内容，据录副校补。

请旨饬部通盘筹计务令各省库储稍留有余片
光绪十二年三月初二日（1886年4月5日）

再者，古藏富于民，家给人足，而帑藏亦充。今即不能藏富于民，亦当稍稍藏富于各行省。若户部搜括太尽，竭泽而渔，各省藩、运、粮诸库扫地无余，设有水旱之灾，劝捐请帑，均非咄嗟可办，待其集有成数，而灾黎之流离饿殍不知凡几。

昔年山西大旱，虽叠蒙天恩颁发内帑，而百姓逃亡实已过半。前车未远，能不寒心？又况通商以来，外洋环伺，时起风波，万一海疆有事，各省库无储蓄，势必纷纷争借洋债，所借愈多，洋商居奇，利息转重，其所出之息无非取给于国帑。封疆之吏非能于库款之外别有丝毫弥补之法，剜肉医疮，势且日趋窘乏。此古所谓不终日之计也。拟请旨饬部通盘筹计，务令各省库储稍留有余,以备兵荒不时之需,天下幸甚。

理合附片沥陈,伏乞圣鉴,训示。谨奏。

光绪十二年三月十一日,军机大臣奉旨:户部知道。钦此。[1]

【案】此奏原件查无下落,录副现藏于中国第一历史档案馆①,兹据校正。再,此折具文时间刊本仅作"光绪十二年三月",未确。录副则以奉旨日期为之,亦未确。兹查光绪十二年三月初二日《随手档·谭钟麟折》②,则署有"报五百里、三月初二日发"等字样,查同批折件,亦如所载。据此,此奏具文日期当以"光绪十二年三月初二日"为宜。兹据校正。

1.【光绪十二年三月十一日,军机大臣奉旨:户部知道。钦此。】此奉旨日期与内容,据录副校补。

遵旨筹措专款解部备用疏
光绪十二年三月初二日(1886 年 4 月 5 日)

头品顶戴浙江巡抚臣刘秉璋跪[1]奏,为遵旨筹措专款,解部备用,恭折仰祈圣鉴事。

窃臣承准军机大臣字寄:光绪十二年二月十四日奉上谕:上年八月间,钦奉慈禧端佑康颐昭豫庄诚皇太后懿旨,通饬各直省将军、督抚裁勇节饷,专款解部备用,业据各该省陆续奏到,另款存储备拨,如奉天、江宁、江苏、江西、安徽、湖北、湖南、河南、山东、陕西各省筹银三十万及十余万不等,山西业已报解银二十万两,均能力顾大局。惟据刘秉璋奏,防勇先后裁撤,每年约省银五十余万两,仅有节省之名,并无存储之实等语。饷需支绌,各省大致相同,全在封疆大吏核实节用,力为筹措。刘秉璋于该省钱粮征收款项出入,尚能认真整顿,所有前项应行解部专款,自当设法筹解,何得以有名无实等词一奏塞责?该抚接奉此旨,着即迅速筹议,务于每年应解京、协各饷外另筹专款解部数目,速即拨解,一面先行奏闻,毋再延缓。将此由四百里谕令知之。钦此。遵旨寄信前来③。

窃臣前奏酌提裁勇节饷无可报解一折,实缘素性硁硁,甘居迂拙之名,

① 中国第一历史档案馆藏:《军机录副》,档案编号:03-6557-032。

② 中国第一历史档案馆藏:《军机处随手登记档》,档案编号:03-0250-1-1212-067。

③ 此谕旨见于《光绪宣统两朝上谕档》第 12 册(光绪十二年),广西师范大学出版社 1996 年版,第 73—74 页。

不敢蹈欺罔之咎，故不得不将实在情形上渎圣听。正深惶愧，乃蒙朝廷不即谴责，更加奖勖。臣何人斯，邀此恩遇？跪读之下，感激涕零。

伏查浙省欠解各处协饷至一千余万[2]，更何从得有赢余？想各省支绌情形，大略亦复相仿。臣既忝抚此邦，出入款目通盘筹计，若明知欠解于后，姑且认解于今，将认解之名居于当躬，欠解之咎贻诸后任，又或减他处协款移充认解京饷。此等弥缝之术，难逃洞鉴，臣何忍以乞归在迩，顿改迂直之素？惟既钦奉谕旨谆谆训示，敢不设法图维？窃查甘肃借用洋债，浙省奉派分年代还之款，明年可以还清，此后籍资周转，拟请先自本年为始，移作认解京饷，每年以十五万为额。虽现在代还甘借洋债岁需二十余万，原不止十五万之数，然厘金项下奉拨南、北洋经费改解海军衙门，为数太巨，实属无款可筹，业已另片陈明，亦须稍留此项之有余，俾得凑济海军经费之不足也。

所有筹措专款解部备用缘由，理合恭折复陈，伏乞皇太后、皇上圣鉴，敕部查照施行。谨奏。三月初二日[3]

光绪十二年三月十一日，军机大臣奉旨：户部知道。钦此。[4]

【案】此奏原件查无下落，录副现藏于中国第一历史档案馆①，兹据校正。

1.【头品顶戴浙江巡抚臣刘秉璋跪】刊本无此前衔，兹据录副校补。

2.【一千余万】刊本作"千余万"，疑夺"一"，兹据校补。

3.【三月初二日】刊本无此具奏日期，兹据录副校补。

4.【光绪十二年三月十一日，军机大臣奉旨：户部知道。钦此。】此奉旨日期与内容，据录副校补。

续保出力人员请仍照原保给奖疏
光绪十二年四月二十八日（1886年5月31日）

头品顶戴浙江巡抚臣刘秉璋跪[1]奏，为查明上年镇海接仗获胜续保在事出力文武员绅，请仍照原保给奖，以昭激劝，恭折仰祈圣鉴事。

窃臣准吏部咨开：议奏续保镇海接仗获胜出力人员，应分晰劳绩，再行核办一折，于光绪十一年十一月初三日具奏，奉旨：依议。钦此。粘钞原奏

① 中国第一历史档案馆藏：《军机录副》，档案编号：03-6616-053。

行文前来。

伏查前准军机大臣字寄：光绪十一年六月初八日奉上谕：刘秉璋奏，遵保镇海接仗尤为出力各员一折。本日已明降谕旨，酌给奖励。至定海乍、澉、温、台等处各防营并未遇敌接仗，购办军械、转输粮饷各员仅系接济本省，与远道转运不同，所请汇案保奖之处，均毋庸议等因。钦此。又于光绪十一年六月初九日钦奉上谕：刘秉璋奏，遵保镇海接仗尤为出力人员，恳恩奖励一折。浙江镇海炮台上年十二月及本年正月迭被敌船攻扑，均经在事各员弁奋勇击退，尚属著有微劳。浙江提督欧阳利见亲驻前敌，督率有方，着赏给头品顶戴。至所请各员奖叙，未免过优，特量加核减，酌予恩施。其余出力员弁，着该抚详细查核，据实保奖，不准稍涉冒滥等因。钦此。当经懔遵谕旨将定海乍、澉、温、台各营暨购办军械、转输粮饷各员一概删除，不复开列，并将镇防出力稍次之员大加删减，曾于此案原奏及上年附陈署定海镇贝锦泉等劳苦情形请存记录用片内分别陈明，早邀洞鉴。所有此次续保文武员绅，均系镇海开仗时亲临前敌，不避艰危，敌炮横飞，毫无遮蔽，舍性命于呼吸之间，乃能众志成城，克摧强敌。核其劳绩，较之陆营封垒，实有过之。况所保各员并未过优，仍与寻常劳绩无异。而海上交绥，前所未有，若再强分等差，恐寒将士之心，合无仰恳天恩俯准仍照原保清单，分别给奖，以昭激劝。

除咨部查照外，谨会同闽浙总督臣杨昌濬、浙江提督臣欧阳利见，恭折复奏，伏乞皇太后、皇上圣鉴，训示。谨奏。四月二十八日[2]。

光绪十二年五月初九日，军机大臣奉旨：着照原保清单，分别给奖，该部知道。钦此。[3]

　　【案】此奏原件查无下落，录副现藏于中国第一历史档案馆①，兹据校正。再，此折具文时间刊本仅作"光绪十二年四月"，未确。录副署为"光绪十二年四月二十八日"，确。兹据校正。

　　1.【头品顶戴浙江巡抚臣刘秉璋跪】刊本无此前衔，兹据录副校补。

　　2.【四月二十八日】刊本无此具奏日期，兹据录副校补。

　　3.【光绪十二年五月初九日，军机大臣奉旨：着照原保清单分别给奖。该部知道。钦此。】此奉旨日期与内容，据录副校补。

①　中国第一历史档案馆藏：《军机录副》，档案编号：03-5841-021。

奏劝办海防捐输出力绅士请量予奖叙片
光绪十二年四月二十八日（1886 年 5 月 31 日）

　　再，上年二月接准户部咨：开办海防事例，暂准各省收捐实官常例，以裕饷项等因，经臣将变通办理设法劝捐情形奏奉谕旨：户部知道。钦此。钦遵在案。盖因从前筹饷事例开设多年，各省收捐辗转折扣，按之例银不及二三成，名器之滥，实为已甚。此次开捐系照例定银数八成上兑，难期踊跃，而浙省防务吃紧，需饷尤急，不得已照会公正绅士，分投劝谕，以资集腋，仍照例给予官职，按次汇咨户部，填颁执照，以资信守。其劝捐出力之绅士，并许事竣量予奖励在案。

　　现计自开办起至上年十二月止，除自行赍银赴局上兑不计外，宁波、绍兴二府由绅士劝捐银三十余万两，实为饷需大宗。当镇海封口、丁厘无收、待饷孔迫之际，全赖此款陆续接济，以固军心，为功不浅，而绅士捐户于风鹤频惊之候，犹能劝输巨款，实属深明大义。方今海防大定，宜奖前劳，臣既许之在前，未便食言于后，合无仰恳天恩俯准将四品封职张善仿[1]、在籍知府江镜清、四品衔户部主事童㧑尊等三员赏加三品衔；即选知府徐树兰，请俟选缺后以道员补用；福建补用县丞宗能达，请俟补缺后以知县用；宁海县教谕王锡祺，请俟俸满后以知县升用；庆元县训导吴有伦，请在任以教谕遇缺尽先选用。以上七员，实系最为出力，并无冒滥。此外，尚有前任江苏按察使应宝时①、翰林院庶吉士陈受颐、童祥照等三员，提纲挈领，众情推服，颇著勤劳，虽据声明不敢仰邀议叙，臣亦不敢壅[2]于上闻，应否量予给奖之处，伏候圣裁。

　　所有劝办海防捐输尤为出力之绅士量予奖叙缘由，理合附片陈请，伏乞圣鉴，训示。谨奏。

　　光绪十二年五月初九日，军机大臣奉旨：应宝时等三员均着交部议叙，余着吏部议奏。钦此。[3]

---

　　①　应宝时（1821—1890），浙江永康县人，附生。道光二十四年（1844），中式举人。咸丰二年（1852），拣选知县。三年（1853），考取国子监学正。八年（1858），补江苏直隶州州同。九年（1859），加知州衔。十年（1860），保直隶州知州，赏戴花翎。同治二年（1863），保升知府，帮同上海道筹办洋务。三年（1864），代理江苏苏松太道。四年（1865），迁江苏苏松太道。五年（1866），晋按察使衔。七年（1868），加布政使衔。八年（1869），擢江苏按察使。同年，署江苏布政使。光绪十六年（1890），卒。著有《直省释奠礼乐记》《射雕词》等行世。

【案】此奏原件查无下落,录副现藏于中国第一历史档案馆①,兹据校正。再,此折具文时间刊本仅作"光绪十二年四月",未确。录副署为"光绪十二年四月二十八日",确。兹据校正。

1.【张善仿】刊本作"张善防",兹据录副校正。

2.【壅】刊本误作"拥",兹据校正。

3.【光绪十二年五月初九日,军机大臣奉旨:应宝时等三员均着交部议叙,余着吏部议奏。钦此。】此奉旨日期与内容,据录副校补。

奏勘明海盐县境坍塌石塘等工先行择要估修疏
光绪十二年五月初十日(1886年6月11日)

头品顶戴浙江巡抚臣刘秉璋跪[1]奏,为勘明海盐县境坍塌石塘等工,先行择要估修,以御潮汐而卫民生,恭折仰祈圣鉴事。

窃臣蒙恩简授是缺,莅任之初,咨访地方重要事件,即据绅士佥言,海盐塘工年久失修,势甚岌岌,必得赶筹修复,以免后患。维时即拟设法办理,乃值海防吃紧,费无所出,不得不暂置缓图。两年以来,潮汐冲刷,坍塌愈甚。目前海防事定,正在筹议间,即据该县绅民呈请建复石塘,以资捍卫,情词甚为迫切,当饬塘工总局行据会办局务杭州府知府吴世荣、提调候补知府童光泽等确切查勘去后。

兹据复称:自绕城裳自号十八丈起至羌字号十五丈止鱼鳞大石塘六百十三丈,及迤北之添字号二十丈起至翔字号五丈止中条石塘一千三百六十五丈,现均完整。其鱼鳞塘之北裳字号二丈起至中条石塘之南翔字号十五丈止,原建大石塘三百十七丈,率多泼损,完整者不过十分之一。自绕城之南羌字号五丈起至空字号五丈止,原建大石塘一千八百七十丈,间段泼损,完整者不过十分之二。自空字号十五丈起自傅字号五丈止,原建新条石塘四十丈,亦多坍损,完整者不及十分之一。自傅字号十五丈起至习字号十五丈止,原建高矮石塘七十丈,均已坍卸至底。又自习字号五丈起至秦驻山脚壁字号十五丈止,原建低矮石塘一百八十丈,均已坍没无存。其秦驻山迤南自青山脚非字号二十丈起至长墙山脚日字号十八丈五尺止,原建小块石塘二百十八丈五尺,亦皆坍卸至底。综计应行修建石塘二千余丈,若一律兴办,工大费巨,势难举行,自应择要估办,以纾财力。悉心筹度,审查情形,内

自短字号二十丈起至傅字号五丈止，大石塘七百二十五丈，新条石塘四十丈，或泼损数层，或坍卸至底。该处地势弯环，秦驻山当其右，承受两北风顶冲，外逼大海，内靠北洋河，仅倚一线土堤为固，每届秋潮盛涨，风大浪高，居民异常惊恐，系属刻不容缓、亟应修复之工。按号勘估，其仅泼损散裂而桩脚未动者五百丈，拟请仍用原石理砌完整。内有底矮段落，并请分别酌量加高一二层，以资抵御。其坍卸至底桩朽不堪承受者二百六十五丈，拟请一律补桩，添用新石，拆底修砌完固。惟原建大石塘旧石宽一丈六尺、厚一尺五寸，今若照样采办，工本既重，运脚亦巨，拟请仿照三防鱼鳞塘石样宽一尺二寸、厚一尺者，采购添用，以节经费。其傅字号十五丈起至习字号十五丈止，坍卸高矮石塘七十丈，现存旧石约有二成可以抵用；又习字号五丈起至善字号二十丈止，坍没低矮石塘一百二十五丈，片石无存，仅有基址。据土人云，当时建筑因节省工料，坚固不如大石塘，以致不能经久。今若照原建复，不足以资捍御。若仿大石塘做法，需费未免过巨，拟请将前两段石塘一百九十五丈仿照三防十八层鱼鳞石塘办法，一律改建，以期巩固。以上共请修复石塘九百六十丈，并将塘后附土一律挑筑培护，统计约估工料银十九万九千九百余两。并据声明此次所估工段、做法、银数，均就现在情形，撙节核实确估，将来或有审时度势、酌量增减之处[2]，随时另行核办等情，由总局司道核明转详请奏前来。

臣查海盐县滨临大海，全仗石塘保卫，原建四千六百余丈，节年坍损过半，经各前抚臣陆续修建鱼鳞大石塘[3]二百二十余丈，中条石塘三百四十余丈。其余应修各工，奏明俟续筹有款，再行勘办。近年秋潮旺盛，奇险迭生，仅存一线土塘，万不足恃，脱有不虞，何堪设想？下游嘉、湖、苏、松各郡皆农桑财赋[4]之区，尤关紧要，不仅海盐一邑然也。现虽财力不支，而事不能已，惟有择要兴办，以重要工。

此次估修之工，理砌者五百丈，建复者四百六十丈，共计九百六十丈，需银十九万九千九百余两，尚属核实。臣以经费艰难，节益求节，准以约略八折发银十六万余两。工料定以程式，不准偷减。一面择日开工，克期竣事，以省浮费。此项并无专款，厘金收不敷支，无可指拨。惟查前因筹办海防，两浙商人自愿按引捐输，以备急需。截至上年年底止，随课缴存银八万两。此系零星凑集，并不请奖，似可以公济公，移作此项工程之用。其余不敷银十万两，拟于藩库提银一万五千两，运库提银一万五千两，粮道库提银三万两，厘捐局提银二万两，分作两年，陆续解赴塘工局支发应用，庶几众擎易举，以成厥事。

除饬赶紧委员购料集夫兴办、工竣照例造报请销外，合将勘明海盐县境坍塌石塘等工先行择要估修缘由恭折具奏,伏乞皇太后、皇上圣鉴,训示。谨奏。五月初十日[5]。

光绪十二年六月十一日,军机大臣奉旨:该部知道。钦此。[6]

【案】此奏原件查无下落,录副现藏于中国第一历史档案馆①,兹据校正。再,此折具文时间刊本作"光绪十二年五月初四日",录副署为"光绪十二年五月初十日",兹据录副校正。

1.【头品顶戴浙江巡抚臣刘秉璋跪】刊本无此前衔,兹据录副校补。

2.【之处】刊本夺"之",兹据录副补。

3.【大石塘】刊本夺"石",兹据校补。

4.【财赋】刊本夺"财",兹据补。

5.【五月初十日】刊本无此具奏日期,兹据录副校补。

6.【光绪十二年六月十一日,军机大臣奉旨:该部知道。钦此。】此奉旨日期与内容,据录副校补。

请给洋巡捕宝星片
光绪十二年五月初十日(1886 年 6 月 11 日)

再,据宁绍台道薛福成详称:宁郡江北岸为通商码头,华洋杂处,巡防弹压,交涉事繁。自光绪六年间整顿章程,改派洋人华生为巡捕房督捕,迄今年久,遇事禀承,于办理华洋缉捕、巡逻诸务均能妥协,并无贻误。上年海防吃紧,谕令督带巡捕,于江北岸周历梭巡,不间昼夜,得以匪徒敛迹,人心乂安,商民信服。他如帮设电线、保护教民各事,尤能始终勤奋,小心认真,不无微劳足录,详请附案奏请给予四等宝星,以昭激劝等情前来。经臣咨准总理衙门核与成案相符,相应仰恳天恩俯准将宁波口巡捕房总巡捕英国人华生给予四等宝星一面,准其佩带,以示鼓励。

除分咨查照外,谨会同南洋大臣两江总督臣曾国荃,合词附片具陈,伏乞圣鉴,训示。谨奏。

光绪十二年六月十一日,军机大臣奉旨:着照所请,该衙门知道。钦此。[1]

---

① 中国第一历史档案馆藏:《军机录副》,档案编号:03-9599-001。

【案】此奏原件、录副均查无下落,兹据《随手档》校补。再,此奏具文时间刊本作"光绪十二年三月三十日",疑误。随查《随手档·刘秉璋折》①,据同批折件可断,此片具奏日期当以"光绪十二年五月初十日"为宜。兹据校正。

1.【光绪十二年六月十一日,军机大臣奉旨:着照所请,该衙门知道。钦此。】此奉旨日期与内容,据《随手档》校补。

奏保吴世荣片

光绪十二年五月二十二日(1886年6月23日)

再,前准吏部咨开:内阁抄出光绪十一年十二月十九日奉上谕:刘秉璋奏,考核吏才,据实保荐一折。杭州府知府吴世荣着交军机处存记等因。钦此。钦遵在案。

窃思官场习气,乐于见好,难于[1]任怨。此次浙省豁免案内追缴滥款,实已到库者二十二万余两,将来认真接追,并查提存库,为数当亦不少,州县因此儆戒,后来不敢再事侵挪,裨益库储,良非浅鲜,仰蒙恩旨奖励有加。然臣不过主持督率,其任劳任怨,皆该局提调吴世荣一身当之,臣不敢掠人之美以为己长。

当此库款支绌,理财为要,亟宜奖拔勤能,以资鼓励。该员系在任候补道,该员年力强健,正堪驱策。兹以卓异俸满并案给咨送部引见,可否仰恳天恩破格录用之处,伏候圣裁。

臣为励人才起见,不揣冒昧,附片具陈,伏乞圣鉴。谨奏。

光绪十二年六月初二日,原片归箍。[2]

【案】此奏原件查无下落,录副现藏于中国第一历史档案馆②,兹据校正。再,此折具文时间刊本作"光绪十二年五月十七日",录副仅署为"光绪十二年",未确。查光绪十二年六月初二日《随手档·刘秉璋折》③,则署有"报四百里、五月二十二日发"等字样。据此,此奏具文日期当以"光绪十二年五月二十二日"为宜。兹据校正。

1.【难于】刊本夺"于",兹据录副校补。

---

①　中国第一历史档案馆藏:《军机处随手登记档》,档案编号:03-0250-2-1212-154。

②　中国第一历史档案馆藏:《军机录副》,档案编号:03-5217-017。

③　中国第一历史档案馆藏:《军机处随手登记档》,档案编号:03-0250-2-1212-145。

2.【光绪十二年六月初二日,原片归籖。】此奉旨日期与内容,据录《随手档》校补。

奏镇海口添建炮台增设炮位疏
光绪十二年五月三十日(1886 年 7 月 1 日)

头品顶戴浙江巡抚臣刘秉璋跪[1]奏,为筹办镇海口善后事宜,添建、改建炮台、增设炮位、兴工日期,恭折奏报,仰祈圣鉴事。

窃维防海之要,首在建筑炮台,购置大炮,可以扼据形势,四面轰击,使敌人不敢近岸,然后辅之以兵轮,阻之以巨桩,护之以水陆劲旅,则虽大敌当前,而不为所撼。

查镇海南北两岸大小炮台共十余处,洋、土各炮共七十余尊,布置尚称周密。然炮力皆难及远,惟招宝山威远炮台内安设德国博洪厂后膛螺丝钢炮一尊,弹重二百四十磅,弹路远及八里,可以洞穿铁甲。其次则仅有英国瓦瓦斯前膛钢炮一尊,弹重八十磅,以御铁甲,力已嫌小。臣于去年海口解严之后筹办镇海善后,饬据宁绍台道薛福成督同候补知府杜冠英,勘得金鸡山前麓海有石矶一座,名小金鸡山,与招宝山下安远炮台旁之石矶相对,江面最狭,拟于二石矶之上安置二十一生的克鹿卜钢炮各一尊。其炮洞须开前后炮门,以便攻前击后。

又招宝山从前建筑威远炮台,兼顾三面,仅置博洪炮一尊,余皆光膛生铁炮,不能及远,拟于下层靠北山脚添置二十一生的克鹿卜钢炮两尊。该处地势过低,必须用石礅砌,倘嫌稍窄,即将下层小炮洞拆去一间,便可敷用。其上层原有二百磅炮一尊,前因兼顾三面,故炮门宽一丈一尺。今既添置两炮,则此一门宜加镶铁板门框,改小一半。营房炮洞三合土亦宜加高,以臻完密。

又小港口为南岸最易登陆之区,旧建镇远炮台并无大炮。该台东北半里之笠山顶有前明御倭小炮台旧址,尚嫌窄狭,拟稍凿之使平,展之使宽,筑一坚实阔整之大炮台,以二十四生的克鹿卜钢炮两尊,二十一生的克鹿卜钢炮一尊安置其上。其由小港口至金鸡山地形散漫,拟于北面一带堆筑宽六丈、高三丈土堤一道,南面临河一带堆筑宽三丈、高一丈六尺土堤一道。如此则南岸四周无隙,巩如磐石。

总计定购炮位、炮架、子弹[2]、运脚、保险等项,约需规银二十万二千余两,其余筑台等项亦需二十万两,为数过巨,筹画非易。而事关久远,亦难因噎废食,自应一面购炮,一面筑台,次第兴办,以纾财力。当经饬委候补知府杜冠英赴沪,与洋行订定炮位价值、运华限期,即由省局委员赍银前往,陆续付给;一面责成杜冠英专司建筑炮台事宜,候补知府张濬万会同办理,仍由宁绍台道薛福成就近督率,力求撙节。据报于本年四月初七日开工。

除³饬防军支应局将各项价目分别核明,详细开单,另行奏咨立案外,合将筹办镇海口善后事宜,添建、改建炮台,增设炮位、兴工日期,恭折奏报,伏乞皇太后、皇上圣鉴,敕部查照施行。谨奏。五月三十日⁴。

光绪十二年六月初十日,军机大臣奉旨:该部知道。钦此。⁵

【案】此奏原件查无下落,录副现藏于中国第一历史档案馆①,兹据校正。再,此折具文时间刊本仅作"光绪十二年五月"未确。而录副署为"光绪十二年五月三十日",确。兹据校正。

1.【头品顶戴浙江巡抚臣刘秉璋跪】刊本无此前衔,兹据录副校补。

2.【子弹】刊本误作"子线",兹据校正。

3.【除】刊本夺"除",兹据补。

4.【五月三十日】刊本无此具奏日期,兹据录副校补。

5.【光绪十二年六月初十日,军机大臣奉旨:该部知道。钦此。】此奉旨日期与内容,据录副校补。

谢授四川总督疏

光绪十二年六月初二日(1886年7月3日)

头品顶戴新授四川总督臣刘秉璋跪¹奏,为恭谢天恩,仰祈圣鉴事。

窃臣于本年五月二十九日²接准吏部咨开:内阁抄出光绪十二年五月初七日奉上谕:四川总督着刘秉璋补授,即赴新任,毋庸来京请训。未到任以前,着游智开②暂行护理。钦此。当即恭设香案,望阙叩头,祗谢天恩。

---

① 中国第一历史档案馆藏:《军机录副》,档案编号:03-9391-055。

② 游智开(1816—1900),字子代,一字子岱,湖南省新化县(今湖南省新化县)人。咸丰元年(1851),中式举人。三年(1853),保以知县用。同治元年(1862),办理三河尖及河南固始县厘务。同年,保以知州留于安徽补用。四年(1865),署理安徽和州直隶州知州。五年(1866),调署庐州府无为州知州。七年(1868),署理泗州直隶州知州。八年(1869),调署河北深州直隶州知州。九年(1870),补滦州知州。十一年(1872),升永平府知府。光绪六年(1880),迁永定河道。七年(1881),加按察使衔。八年(1882),加二品衔。十一年(1885),补授四川按察使。同年,署理布政使。十二年(1886),护理四川总督。十四年(1888),补授广东布政使。十五年(1889),署理广东巡抚。二十一年(1895),调补广西布政使。二十六年(1900),以老乞休。同年,卒于籍。著有《藏园诗钞》等存世。

伏念臣一介庸材,三年抚浙。鲸波乍起,愧无殄寇之才;鹤俸虚糜,未著化民之效。涓埃莫报,兢惕滋深。兹复仰荷殊恩,总制全蜀。自天锡命,伏地悚惶。臣惟有星驰就道,迅速抵蜀,恪供职守,以冀仰答高厚鸿慈于万一。

除交卸、起程各日期另行恭折奏报外,所有微臣感激下忱,理合恭折叩谢天恩,伏乞皇太后、皇上圣鉴。谨奏。六月初二日[3]。

光绪十二年六月二十三日,军机大臣奉旨:知道了。钦此。[4]

【案】此奏原件查无下落,录副现藏于中国第一历史档案馆①,兹据校正。再,此折具文时间刊本仅作"光绪十二年五月三十日",而录副则署为"光绪十二年六月初二日",兹据校正。

1.【头品顶戴新授四川总督臣刘秉璋跪】刊本无此前衔,兹据录副校补。

2.【五月二十九日】刊本作"五月十九日",兹据录副校正。

3.【六月初二日】刊本无此具奏日期,兹据录副校补。

4.【光绪十二年六月二十三日,军机大臣奉旨:知道了。钦此。】此奉旨日期与内容,据录副校补。

奏酌带将领随同赴川疏

光绪十二年六月初六日(1886年7月7日)

头品顶戴新授四川总督臣刘秉璋跪[1]奏,为酌带得力将领随同赴川,以资驱策,恭折具奏,仰祈圣鉴事。

窃维四川地属岩疆,幅员辽阔。臣于该省情形素未熟悉,现在有无留防营勇,亦未深知。惟目前虽无军务,而幅匪、哥匪时虞蠢动,况界连西藏,防范宜严,拟请酌带得力将领数员,随同前往,以备不虞。浙江海防大定,添募之勇次第裁撤,管带亦随之而减,以有用之才置诸闲散,未免可惜。

查记名提督江西抚标右营游击钱玉兴,前于镇海打仗尤为出力案内奉旨以提督记名简放。钦此。又于保举人材案内奉旨着交军机处存记。钦此。又补用副将周士盛,前于镇海打仗尤为出力案内奉旨着俟补副将后以总兵记名,遇缺题奏。钦此。又记名总兵马朝选,前以海防吃紧经臣于光绪十年八月奏奉谕旨,饬令来浙差委,派充乍、澉营务处。又江西补用直隶州候补知县徐春荣,前于镇海打仗尤为出力案内奉旨着俟补缺后,以直隶州知

① 中国第一历史档案馆藏:《军机录副》,档案编号:03-5210-116。

州仍留原省补用。钦此²。以上皆臣旧部,缓急可恃。所带勇营均已裁撤,改委并无经手未完事件。合无仰恳天恩俯准将钱玉兴、周士盛、马朝选、徐春荣等四员³随带赴川,以资驱策,并准每员月给公费银一百两;共带亲兵四十名,由浙给发三个月公费口粮,以免枵腹,在于军需项下作正开销,以昭核实。

所有选带将领随同赴川缘由,理合恭折陈请,伏乞皇太后、皇上圣鉴,训示施行。谨奏。六月初六日⁴。

光绪十二年六月十六日,军机大臣奉旨:着照所请,该部知道。钦此。⁵

【案】此奏原件查无下落,录副现藏于中国第一历史档案馆①,兹据校正。再,此折具文时间刊本作"光绪十二年五月二十四日",而录副则署为"光绪十二年六月初六日"。查光绪十二年六月十六日《随手档·刘秉璋折》②,则署有"报四百里、六月初六日、浙江省城发"等字样。据此,此奏具文日期当以"光绪十二年六月初六日"为宜。兹据校正。

1.【头品顶戴新授四川总督臣刘秉璋跪】刊本无此前衔,兹据录副校补。

2.【又江西补用直隶州候补知县徐春荣,前于镇海打仗尤为出力案内奉旨着俟补缺后,以直隶州知州仍留原省补用。钦此。】此部分刊本缺,兹据录副校补。

3.【徐春荣等四员】刊本夺"徐春荣等四员",兹据校补。

4.【六月初六日】刊本无此具奏日期,兹据录副校补。

5.【光绪十二年六月十六日,军机大臣奉旨:着照所请,该部知道。钦此。】此奉旨日期与内容,据录副校补。

奏浙江留防勇营派员统率片

光绪十二年六月初六日(1886年7月7日)

再,记名提督江南狼山镇总兵杨岐珍于光绪九年春奏调来浙办理台州剿匪事宜。旋值海防吃紧,调往镇海,亲临大敌,卓著战功。迨海口解严,仍回台防。三年以来,栉风沐雨,劳瘁不辞,而于剿办土匪尤能计擒首要,不蔓

---

① 中国第一历史档案馆藏:《军机录副》,档案编号:03-5841-075。
② 中国第一历史档案馆藏:《军机处随手登记档》,档案编号:03-0250-2-1212-159。

不滋,绅民信服,丑类畏威。上年五月蒙恩补授实缺,经臣奏请暂缓赴任,仍留浙省办防,奉旨允准。迄今又届一年,地方渐就安谧,该总兵系实缺人员,自应即赴本任,以重职守。

惟温、台两府素多土匪,根株究难净尽,现留防军六营共计三千人,不可无大员统率,该镇¹似应仍留台防,俟调任抚臣卫荣光到任后,察看情形,派员接统,以便杨岐珍交卸履任。又镇海防勇尚有一营四旗共计千五百人,原统之记名提督钱玉兴现经臣另折奏请随带赴川,改派开复提督衔万重暄统率操练,以靖地方。

所有留防勇营派员统率缘由,理合附片陈明,伏乞圣鉴。谨奏。

光绪十二年六月十六日,军机大臣奉旨:知道了。钦此。²

【案】此奏原件查无下落,录副现藏于中国第一历史档案馆①,兹据校正。再,此折具文时间刊本作"光绪十二年五月二十五日";而录副则以奉旨日期为之,未确。查光绪十二年六月十六日《随手档·刘秉璋折》②,则署有"报四百里、六月初六日、浙江省城发"等字样。据此,此奏具文日期当以"光绪十二年六月初六日"为宜。兹据校正。

1.【该镇】刊本作"静镇",兹据录副校正。

2.【光绪十二年六月十六日,军机大臣奉旨:知道了。钦此。】此奉旨日期与内容,据录副校补。

奏顺道回籍省墓片
光绪十二年六月初六日(1886年7月7日)

再,臣于上年八月间偶染时症,寒热交作,不意缠绵至数月之久始就痊愈。而两腿无力,步履迄未照常。此次由浙赴川,拟由苏州、镇江内河出口,溯江而上,至湖北宜昌登陆前进。原籍安徽庐江县地处滨江,为此行经由之路。臣已离家数年,到川后,去乡益远,遥望松楸,时萦依恋,拟顺道回籍省墓,为时不过旬日,藉以稍遂乌私。

理合附片陈明,伏乞圣鉴。谨奏。

光绪十二年六月十六日,军机大臣奉旨:昨据李鸿章电报,重庆民教滋

---

① 中国第一历史档案馆藏:《军机录副》,档案编号:03-5841-076。

② 中国第一历史档案馆藏:《军机处随手登记档》,档案编号:03-0250-2-1212-159。

事,已由六百里谕知该督速赴新任,着即懔遵前旨,兼程赴川,将此案妥为查办,毋稍迟延。钦此。[1]

【案】此奏原件查无下落,录副现藏于中国第一历史档案馆①,兹据校正。再,此片具文时间刊本作"光绪十二年六月初六日"。而录副则以奉旨日期为之,未确。查光绪十二年六月十六日《随手档·刘秉璋折》②,则署有"报四百里、六月初六日、浙江省城发"等字样。据此,此奏具文日期当以"光绪十二年六月初六日"为宜。兹据校正。

1.【光绪十二年六月十六日,军机大臣奉旨:昨据李鸿章电报,重庆民教滋事,已由六百里谕知该督速赴新任,着即懔遵前旨,兼程赴川,将此案妥为查办,毋稍迟延。钦此。】此奉旨日期与内容,据录副校补。

奏抵川接篆日期疏
光绪十二年十月初九日(1886年11月4日)

头品顶戴四川总督臣刘秉璋跪[1]奏,为恭报微臣抵川接篆任事日期,叩谢天恩,仰祈圣鉴事。

窃臣于浙江巡抚任内接准部咨:光绪十二年五月初七日奉上谕:四川总督着刘秉璋补授,即赴新任,毋庸来京请训。未到任以前,着游智开暂行护理。钦此等因,当将交卸抚篆、起程赴川各日期奏报在案,一面束装就道,于本年九月二十八日行抵四川成都省城,准护督臣游智开于十月初一日将四川总督管巡抚事关防一颗暨王命旗牌、文卷委员赍交前来。臣当即恭设香案,望阙叩头谢恩,祗领任事。游智开即于是日交卸。

伏查川省地处边陲,总督职兼巡抚,政务殷繁,治理不易。且值西藏有通商之议,重庆教案未结,在在关系紧要。如臣梼昧,惧弗克胜重任,惟有竭尽血诚,力图振奋,正己以率属,戢暴以安良,讲武以防边,理财以利用[2]。举凡吏治、民风,军需、营任,随时督率司道、镇将实力讲求,斟酌缓急,次第办理,以期上答高厚生成于万一。

所有微臣抵川接篆任事日期,除恭疏题报外,谨恭折叩谢天恩,伏乞皇

---

① 中国第一历史档案馆藏:《军机录副》,档案编号:03-5210-066。
② 中国第一历史档案馆藏:《军机处随手登记档》,档案编号:03-0250-2-1212-159。

太后、皇上圣鉴,训示。再,臣经过地方,秋收丰稔,民情安静,堪以仰慰宸厪,合并声明。谨奏。三月初九日[3]。

光绪十二年十一月初五日,军机大臣奉旨:知道了。钦此。[4]

【案】此奏原件查无下落,录副现藏于中国第一历史档案馆①,兹据校正。再,此折具文时间刊本作"光绪十二年十月初九日"。而录副则以奉旨日期为之,未确。查光绪十二年十一月初五日《随手档·刘秉璋折》②,亦未确。据此,此折应以"光绪十二年十月初九日"为是。兹据校正。

1.【头品顶戴四川总督臣刘秉璋跪】刊本无此前衔,兹据录副校补。

2.【利用】刊本作"制用",兹据录副校正。

3.【十月初九日】刊本无此具奏日期,兹据刊本补。

4.【光绪十二年十一月初五日,军机大臣奉旨:知道了。钦此。】此奉旨日期与内容,据录副校补。

奏会同筹议胪款复陈疏
光绪十二年十月十四日(1886 年 11 月 9 日)

头品顶戴四川总督臣刘秉璋、驻藏大臣臣文硕跪[1]奏,为会同筹议,胪款复陈,恭折仰祈圣鉴事。

窃臣等先后承准军机大臣字寄:七月二十二日奉上谕:游智开、文硕③奏,会同举办边防并声明酌增兵数缘由各折片[2]。览奏,均悉。前据丁宝桢④奏,

---

① 中国第一历史档案馆藏:《军机录副》,档案编号:03-5215-023。
② 中国第一历史档案馆藏:《军机处随手登记档》,档案编号:03-0250-4-1212-289。
③ 文硕,字俶南,生卒年不详,满洲正蓝旗人,费莫氏。咸丰六年(1856),选户部员外郎。十年(1860),升内阁学士兼礼部侍郎。同治三年(1864),授鸿胪寺少卿。八年(1869),补授布伦托海办事大臣。光绪七年(1881),迁内阁侍读学士,旋加副都统衔。十年(1884),补光禄寺少卿。同年,授内阁学士。十一年(1885),调补驻藏办事大臣。十三年(1887),抵藏。十四年(1888),褫职。
④ 丁宝桢(1820—1885),字稚璜,贵州平远州人。道光二十三年(1843),中举。咸丰三年(1853),中式进士,选庶吉士。六年(1856),授翰林院编修。十年(1860),放湖南岳州府知府。同治元年(1862),调补长沙府知府。同年,调署陕西按察使。二年(1863),升授山东按察使。同年,迁山东布政使。五年(1866),署山东巡抚。六年(1867),擢山东巡抚,兼理盐政。七年(1868),加太子少保。光绪二年(1876),补授四川总督。十一年(1885),卒于官。赠太子太保,谥文诚。有《丁文诚奏议》《四川盐法志》等行世。

拟于巴、里二塘驻师三千余人,当经谕令不动声色,妥为布置。兹据该护督等会奏,拟于丁宝桢原议三千之外再添兵一千名,并称文硕到任后,恐即有必应调拨之需等语。英人入藏游历一事,现经总理各国事务衙门与英使订立新约,允即停止,惟须在藏印边界议办通商,应由中国体察情形,设法劝导,如果开办有成,即可永不入藏,是目前紧要关键,仍以开导番众于边界通商为主。前因印藏交界之独脊领地方藏番早有与英人互相贸易之事,已谕色楞额①等密查具奏。着文硕于到任后确切查明,如果实有其事,正可因势利导,切实劝谕,将来开办,自无阻阂。至所称募勇四千名举办边防之处,现在并无战事,防勇本不必多。文硕所称调勇入藏,尤宜慎重,恐番众疑惧,别滋事端。丁宝桢前奏驻防三千人,有所费不赀、酌量情形办理之语。巴、里二塘究应驻师若干名,四川财力能否供应,吴奇忠②统领多营能否得力,刘秉璋计将到任,着即会同筹商,奏明请旨办理。文硕身膺边寄,所有一切事宜务当妥慎筹画,加意抚绥,切勿稍涉张皇,致生枝节,是为至要。将此由六百里各谕令知之。钦此。③

仰见圣谟广运,训诲周详。时臣文硕已将原奏折、片各稿并摘要卷宗先期照录,专弁函致臣秉璋行次阅看。臣秉璋现既抵任,与臣文硕面相商酌,谨依训谕事理,揆度时宜,分别缓急,筹拟办法,胪款复陈如左。

一、开导通商一节。臣等查《烟台条约》议定十年,英人进藏游历,屡被番众阻格。今该国既已自作转圜,无论情伪叵测何如,就事论事,在我先须迎机利导。无如藏番性情愚拗,始而固执,既而怀疑,竟敢拦挡委员,讥讽大吏,玩视之情,公然形之禀牍。去冬四川遵旨派往委员,竟至迹滞中途,不能

---

① 色楞额(?—1890),字石友,满洲正白旗人,六品荫生。咸丰六年(1856),充蓝翎侍卫。九年(1859),随叔父荆州将军都兴阿出兵江南,升三等侍卫。十一年(1861),加二等侍卫。同治三年(1864),随都兴阿出兵甘肃,晋头等侍卫。四年(1865),加副都统衔。七年(1868),赏戴花翎。光绪元年(1875),署兴京副都统。二年(1876),实授兴京副都统。三年(1877),调成都副都统。五年(1879),调补驻藏帮办大臣,旋授驻藏办事大臣。九年(1883),补库伦掌印办事大臣。十二年(1886),擢伊犁将军。十六年(1890),卒于任。

② 吴奇忠(1835—1898),贵州平越直隶州人,行伍出身。同治五年(1866),以功保蓝翎千总。六年(1867),保都司,赏换花翎。八年(1869),保游将,加副将衔、健勇巴图鲁名号。九年(1870),保副将,留滇补用,晋总兵衔,赏三代一品封典。同年,借补云南镇雄营参将。十年(1871),保记名总兵。十一年(1872),保提督记名简放。十二年(1873),借补云南督标中军副将,赏穿黄马褂。十三年(1874),改讷奇欣巴图鲁名号。同年,请假回旗修墓。光绪四年(1878),奉调入川,办理川边夷务,署四川茂功协副将。六年(1880),经丁宝桢奏留四川差委。十年(1884),署四川松潘镇总兵。十六年(1890),署四川重庆镇总兵。十八年(1892),署四川松潘镇总兵。二十年(1894),署四川马边协副将。同年,署四川建昌镇总兵。二十二年(1896),署四川川北镇总兵。二十四年(1898),卒于军。

③ 此谕旨见于《清德宗实录》卷230,光绪十二年七月,中华书局1987年版,第107-108页。

前进一步。即此看来,若仍徒恃口舌之诤而不别筹转关之法,无论委员劝之,难收实效。即臣文硕亲往开释,而甫经莅任,恩信未孚,威望未著,亦恐急切弗能化诲。臣等再四筹思,殆非姑缓一步设法行权不可。行权者若何? 不外以僧化僧之术,是以臣文硕前有拟调棍噶札拉参呼图克图①、嘉穆巴图多普协同开导之请,奉旨留中。钦此。兹臣等复加参酌,计殆无出其右者。不揣冒昧,合词恳恩仍准饬下理藩院传令该呼图克图迅速进藏,相助为理。如蒙俞允,此时航海难行,由驿转恐迟滞,仍恳天恩赏给川资,令其取道陆路来川,以利遄行而免沿途供应。其由川入藏,仍请准其驰驿前往。

一、查办藏番有无与英人在独脊领私相贸易一节。臣文硕抵川以来,凡关藏务番情,莫不虚衷延访,闻得此节,实有其事。而首先作俑,则是内地奸蠹,而非起自藏番,容臣文硕到任后,遵旨确切查明酌办,据实复奏。

一、新约议在印藏交界之独脊领地方开办通商一节。臣等查原任大学士前驻藏大臣工部尚书松筠³所纂《西招图略》,内绘藏地边外为廓尔喀、哲孟雄、布鲁克巴诸部。自此而外,至东甲喝尔即阿咱喇、噶里噶达等处方,为印度交界。其独脊领地名,原图略而未详,当传曾经赴藏番务较熟之候补知县嵇志文、秀荫二员,面加考订。据称独脊领在哲孟雄部,地势险要,为印度入藏门户,内距帕克里三四日程,外去印度甚远,详细里数无考,往昔行人皆需二十余宿。近自英人开修铁路,由噶哩噶达火车往来,是整一昼夜十二时辰乃到。据此计之,约在三千里上下等语。是英人铁路先已修在独脊领,而新约又称议在印藏交界地方,意存朦混,已可概见。臣等恭读游智开奉到六月初六日廷寄,即有"虽此事在边界办理,将来有无窒碍,未能悬揣"之谕。仰服圣明万里,洞烛几先,何胜钦佩之至。臣等商酌,将来如果开办通商,详细约章内须声明议在哲孟雄部之独脊领地方作为通商埠口,以此为断,不得再向内移。其新约"印藏交界地方"六字,应为删除更正,请交总理各国事务衙门立案存记,以杜朦混、隐占之弊。

---

① 棍噶札拉参(1835—1895),又译棍噶札勒参,藏语意为"皆喜胜幢",又名嘉穆巴图多普,法号察罕恪根,转世喇嘛,甘肃巩昌府洮州厅卓尼杨氏土司所辖曲布华相(又译齐白西、车巴沟、垂弼胜)相康村人。自幼披剃为僧,性多智慧。同治元年(1862),应新疆库尔喀拉乌苏乌讷恩素珠克图等延请出关,在库尔喀喇乌苏、塔尔巴哈台等处传授经典。四年(1865),以塔尔巴哈台回族、哈萨克族起事,率卫拉特兵剿办,赏加呼图克图名号。七年(1868),受命统辖流移于阿尔泰山之索伦营、塔城厄鲁特兵众,妥办安插事宜。八年(1869),赴阿勒泰创修千佛庙,赐名"承化寺"。十一年(1872),率所部索伦、厄鲁特兵驻塔城,加强塔尔巴哈台防务。光绪二年(1876),率众迎击沙俄波塔宁骑兵,将其逐出。七年(1881),离开新疆,前往西藏熬茶布施。十三年(1887),进京陛见。二十年(1894),由八音沟赴临洮诵经。二十一年(1895),圆寂。清廷赏银五百两,准其转世为八音沟承化寺呼图克图,并于塔尔巴哈台建祠致祭。

一、预备边防一节。臣等查此案先是前督丁宝桢钦奉上年十一月二十九日寄谕,以李鸿章[4]接据法国教士说帖,备陈英人积虑窥滇情形,饬令岑毓英①、张凯嵩[5]暨丁宝桢一体筹备边防等因。遵拟于巴、里二塘驻师三千,藉防三岩野番为名,以作先事不虞之备,奏蒙俞允,钦遵在案。嗣臣文硕抵蜀,以藏地经制,换防兵额本少,近年营伍废弛,且每有兵缺,因去原营过远,例外变通,就地募补,虽为权宜简便,而积久流弊甚深,故拟于到任后检核军实,认真操练,汰除老弱,额缺即以口外防军拨补。惟恐调拨之后防军或有单弱之虞,故有添调一千名之请。兹蒙垂问口外究应驻师若干名、四川财力能否供应、吴奇忠统领多营能否得力各节。臣秉璋查[6]现在并无战事,诚如圣谕防勇本不必多。况里塘去巴塘六站,巴塘去察木多十四站,察木多至前藏二十五站,即使巴塘、里塘驻兵,与西藏似无大益,而川省财力久绌,实难供支,谅蒙洞鉴。臣甫经视事,不敢率尔操觚。且届隆冬,亦非行军出口时会,恳恩容臣随时体察斟酌,奏明办理。其吴奇忠才略短长,亦请留省试用察看。查此项防军既经议缓,臣文硕前请拨勇补兵,系为整顿营伍、剔除积弊起见。查有本年三月丁宝桢札饬吴奇忠调到滇、黔旧部官弁勇丁约百员名,为数无多,筹款尚易,应即作为亲随,以备到藏训练教习之用;仍令该管带副将即补用参将周宗林管带约束,以专责成。到藏后,遇有弁兵缺额,随时酌补。未补以前口粮、盐菜等项,由臣饬交筹饷局司道议给[7]。将次补完之时,由驻藏大臣咨会川督,再于绿营防营拣选得力兵勇二三十名,派往听差。其就地募补章程流弊太甚,应即停止。

以上四则,臣等谨遵圣谕垂询事理,胪款复陈。此后一切事宜,臣等随时筹办。总之,川藏相距虽远,固须联为一气,犹之台湾之资福建、甘肃之顾新疆[8],事同一体,畛域难分。现如抚绥番众,劝导通商,臣文硕自应恪遵训谕,加意为之,以期仰纾宸廑。

惟英人性成阴鸷,其专意通商之说,目下虽难觉可信,将来有无叵测诡谲,臣等不敢预必。且俄人之窥藏,亦复匪一朝夕,将来边务设有变迁,臣文硕身膺阃寄,固属责无旁贷;而筹饷筹兵,向来倚重四川,臣秉璋亦必力任仔

---

① 岑毓英(1829—1889),字彦卿,号匡国,广西西林人。早年投太平军,后从清。咸丰九年(1859),以功赏知州衔,加勉勇巴图鲁名号。十年(1860),加运同衔。同年,兼署澄江府知府。同治元年(1862),升按察使衔。四年(1865),晋布政使衔。五年(1866),升云南迤南道。是年,署云南布政使。六年(1867),迁云南布政使。七年(1868),擢云南巡抚。十二年(1873),封骑都尉、一等轻车都尉,加太子少保。同年,兼署云贵总督。光绪五年(1879),补授贵州巡抚。七年(1881),调补福建巡抚。九年(1883),权云贵总督。十一年(1885),封云骑尉世职。十五年(1889),卒于任。赠太子太保、太子太傅,谥襄勤。著有《岑襄勤公遗集》《岑襄勤公年谱》等行世。

肩,断不敢稍存漠视,致负委任鸿慈[9]。

所有臣等遵议缘由,理合循例会同护理成都将军臣托克湍[10],合词由五百里恭折复奏。是否有当?伏乞皇太后、皇上圣鉴,训示。再,臣文硕拜折后,赶将赴任以前应办事宜迅速料理,即便起程西进。此折系臣文硕主稿,谨奏。十月十四日[11]。

光绪十二年十月二十七日,军机大臣奉旨:该衙门议奏。钦此。[12]

【案】此奏原件、录副均查无下落,而抄件存于《清季外交史料》①,兹据校正。

1.【四川总督臣刘秉璋、驻藏大臣文硕跪】刊本无此前衔,兹据《清季外交史料》校补。

2.【案】光绪十二年七月初九日,护理四川总督游智开、文硕等奏报筹议川省边防酌拟大纲缘由,曰:

臣游智开、文硕跪奏,为遵案会议边防,仍宜及时举办,谨将酌拟大纲先行由驿驰陈,仰祈圣鉴事。

窃照川省边防,臣文硕先准总理各国事务衙门抄咨奏稿,议令赴任,便道会商该督酌办等因,于本年正月初六日奉旨:依议。钦此。钦遵知照前来。兹既行次成都,自应会同臣游智开商酌筹办,当将卷宗移送到臣文硕,细心检阅。查得二月初十日前任总督丁宝桢于复奏钦奉寄谕饬办边防案内,议藉弹压三岩野人为名,于巴、里二塘地方驻师三千,以固边围等因。奉旨:览奏,已悉。该督拟于巴、里二塘驻扎勇丁,藉防三岩野番为名,以示慎固边疆之意,所筹尚妥。惟英国现在并无衅端,一切布置毋得稍涉张皇,致令有所藉口等因。钦此。遵即选将抽丁,运筹军火。正在密图布置,而丁宝桢病势日沉,以致事未就绪,遽尔出缺。今臣文硕会同臣游智开等再四筹商,虚衷延访,窃见川藏必应联络,边防要贵及时,谨将详细情形并酌拟布置大纲,请为皇太后、皇上缕陈之。

臣等伏查卫藏一隅之地,虽曰僻处西南,而以今日形势言之,横亘缅甸、印度之间,实为新疆、川滇通衢。四川尤为接壤屏翰,如或疏虞,则英人便得连成一气。彼以铁路随行,不旬日可以抵我内地。假使边防无备,川省致有震动,水陆上游不为我有,大局攸关,

① 王彦威、王亮辑编;李育民、刘利民、李传斌、伍成泉点校整理:《清季外交史料》,湖南师范大学出版社 2015 年版,第 1436—1437 页。

何堪设想！在昔春秋之世，犹有唇亡齿寒之戒，况我朝天下一家，谁敢稍分畛域？比者色楞额等驰报藏地危迫情形，因有川滇会防之请，洵为切时要论，初非惶惑游谈。此就形胜言之，川藏边防不容不备者也。

夫所谓藏地颇关紧要者，是专指我之疆域形势而言也。若论物产，则自金银矿外，别无奇货，迥非海口埠头繁富可比。藏番日用所需，大宗首推茶叶。此为华商生计所关，似未便任听洋人侵夺。此外所资洋货无多，向皆廓尔喀往来贸贩，从中渔利谋生。今若洋人径行通商，则廓夷必有失业之虞，久将贻我后患。洋人在藏通商，其势难图厚利，彼亦非不知之。乃英人蓄志既久，俄人又复生心，以一隅之地，两国争窥，即此察其注意之隐衷，迥非仅为通商而已也。形迹可疑，亦无怪藏番之坚持力拒，盖为护持黄教正宗、保全山川云气起见，本非毫无情理，似亦未可尽斥而非之。

俄人踪迹若何，藏中久无消息。英人游历之说，现虽自作转圜，然而彼族性情阴狠，实难推诚见信。或者带兵自卫之说，初本虚声恐吓，迨见藏众心齐，未敢挺身深入，亦非不虑酿祸遭殃，因而姑作转圜，以为后图地步，故于总理各国事务衙门未经诘难之先，麻克雷已自先有改期缓进之意。即此察之，其情可见。否则又或该国别有事端，一时不暇兼顾，莫若乘势转圜，明示人情，默图展手，藉可影射养威，以我向之所以驭彼者，反而愚弄于我，亦未可定。近接打箭炉同知六月来禀，探得五月间藏内传闻现在彼国有与英国构兵之说。以此察之，则欧格讷慨然设计之言，未始无因而作。然究竟是否实情，抑或布散流言，故露绪端，以为多方误我之计，犹难确度。总之，兵连祸结，衅端我固不可先开，而后时失机，覆辙亦宜炯戒。又况一隅藏地，英俄交争，彼或妒忌兴兵，我亦宜防池鱼之累。此就外侮言之，川藏边防不容不备者也。

从来控驭番夷，不外恩威并济。然必法立而后知恩，威行乃能化洽，否则纲纪凌夷，势成积弱，匪特不知怀畏，甚至玩视要挟。此高宗纯皇帝控制宜严之训，为千古不易之经也。即以藏番而论，其力拒洋人，护持地脉，原未可以迳斥为非。第川藏委员络绎，无论能否听从开导，总应从容延入，据理指陈，何得不分何项委员，一概目为洋党，中途遏抑，避讳防闲，是其恭顺之心已不得为无逾。然而犹可原其言语不通，以致情有未洽。至若廓尔喀通商已久，又何得以小忿私嫌,乘机劫抢。该番官等事前既无约束,事后尚复袒护;提犯则庇匿不交,查办则习难掣肘,迫至无可如何,乃以赔偿完案。款目尚系官为设措,首要各犯竟自未能依律惩创。此外私相械斗,弱肉强食,不听约束,不服公断,聚众哄堂,轻侮官长之事,闻得琐琐,不一而足。是其跋扈之风,显然日渐日炽。推其致病之源,盖自乾隆末年三次底定之后,额设防兵本少,承平百年之久,营务早已废弛。厥后中原多事,势更不暇及远。该番窥知底蕴,因而渐生尝试之心。兼之历任驻藏大臣贤愚不等,劣者或清操有忝,或信任私人,见轻取侮,固有由来。即其贤者,亦因势成积重,骤难挽回,间有渐图振作之人,转至损威失体,遂益相率因循,聊图敷衍,积之愈久,纲纪凌夷。

近见丁宝桢、色楞额等奏议中每陈梗概,是其尾大不掉情形,谅已久邀圣明洞鉴。此时力固不暇及此,势亦不能骤治。顾不设法潜移,略加整顿,以期弊去其太甚,权总其大纲,则政令不行,是非颠倒,害钟于善类,利垄于奸徒,何以上维国体,下系人心?况英人通商一事,如果办理就绪,日久交涉必多。彼既明认主权,能无照约关会,倘遇斗殴劫抢之案,其曲实在藏番,我若持平听断,藏番必不心服,小则诿卸支吾,仍萌前办巴勒布案之故智,甚且敢斥命官为洋党,显肆猖狂。夫以我之属人不听我之约束,岂不贻人之笑、予人以词?彼必谓我无能,竟自亲来料理,于是乘机构衅,依旧祸结兵连。因思所以俯准英人之通商者,原非得已,不过取其消弥边衅耳。然而颓风陋习若不先时厘正转移,岂非以所弥衅之图维,转为肇衅之厉阶?此就内治言之,川藏边防,不容不备。

且内呼外应,声援不可不联络一体者也。然则为今之计,势固不能通筹大举,而紧要巡防,必应此时即办。缘川藏路途最宜八九十月之间,早则大雨时行,山水无定;迟则隆冬雪大,路险奇滑。丁宝桢虽有奏准边防成案,第仅酌拨兵勇名数,拟定屯扎地方。至于统领大员,则未及指名出奏。此为第一关键。若不先行派定,则一切漫无责成,事难就绪。新任总督刘秉璋至快约须月杪月初抵省,若必候其到任再议,则往复奏咨,纡回展转,瞬息之间,又恐致蹈后时之悔。臣文硕再四斟酌,实有未可引避拘泥之势,谨将酌拟布置大纲先行会奏,恭候命下遵行。

查留川各营练勇,自成军以来,大率由现署提督李培荣经理居多。其人肝胆颇壮,第有署任责成,节制镇协,策应全省军务。督臣甫经莅任,提臣未便再易生手。此外,查有前督臣丁宝桢调省候委之记名提督讷钦额巴图鲁吴奇忠,前署松潘镇事,曾任云贵督标中军副将,历次出师,久经军务,晓畅戎机,其旧部多预越南战事。所有此次川藏防军,拟请仍循丁宝桢成案,责成该员统领,并请刊给木质关防,其文曰"统领巡防川藏地方奠安军营关防",以昭信守。所有上下文移以及一切体制,均视各镇总兵成例行,除听四川总督节制外,并请仿照西宁成例,仍听驻藏大臣兼辖。所有该营一切甄别、举劾、调遣、赏罚,缓则公商会办,急则径办后咨,以期无误事机,藉资呼应联络,而于权宜利用之中仍寓内外相维之意。此外粮台、塘站应否拣派监司大员总理提调,以及调派差委文武员弁,并选验勇丁、核定口分、整饬台站、筹运军需各事宜,臣等此折拜发后,拟即先行饬知该统领,会同所司各该司道中军将官等赶及拟议,听候核明,奏咨办理。其请给关防,应俟奉到谕旨,再发开用。所有选定勇丁,饬即束装,自八月起分起进发,统限十月内一律到防。

抑查丁宝桢原议防军仅只酌定三千名者,盖为路途迢远,筹粮不易,不得已先设门户之防,以为治标之策,是以声明如须再加兵勇,俟复再办。今以藏中时势核之,恐臣文硕到任后即有必应调拨之需,若于原数之内随时抽调,则防军益觉单弱,因之遂请多添,臣等亦复不敢。再四酌核,三千之外,再请添调备用兵勇一千名。此数似难再少,吁恳天恩俯准,俾得指臂有资,无虞掣肘,边疆幸甚。其驻扎处所,丁宝桢业早已奏定。惟兵无定形,难以拘执。臣等愚以为此项防军,无事则应扼要屯扎,有事则应迎机策应,并拟于训练之余,不拘时日,不论多寡,令该统领抽派勇丁,于巴塘察木多一带往来逡巡,明示巡防野番之意,实以联络声势之资,或一道也。应由臣等查看情形,临时调度。

至恐彼族藉为口实一节,事固不可不虑。而以理度之,我为弹压野番,肃清边境,彼亦似难过问,问我亦非无词。且如南北洋开办海防已久,西人从未过问。东三省办理边防,专是防备俄人之用。俄罗斯虽多取闹,并未挑剔防边。以此类推,英人之构衅,当不启自我设巡防也。

所有臣等遵议边防,先拟布置大纲,谨会同护理成都将军臣托克湍,由五百里合词驰奏,是否有当?伏乞圣鉴,训示。谨奏。七月初九日。

光绪十二年七月二十二日,军机大臣奉旨:另有旨。钦此。①

【案】同日,护理川督游智开等又附片奏请酌添兵勇整饬军戎缘由,曰:

再,方今治藏要图,莫如挽回风气;挽回枢纽,莫先整饬军戎。行之边徼,尤为要领。此臣文硕前在科布多曾有明验者,以是知古人论国大政,戎居其一,实可以小试之则小效,大试之则大效也。但须名实相符耳。习闻藏中营务废弛已久,兵多老弱、缺额。兹拟到任后,即便检核军实,汰除老弱,务令一律如额。拣员训练,必使技艺精熟。但换防之兵距其原营太远,遇有缺出,向系就地募补。所募之人大率贫困流民,寄居藏地,游手无赖,始肯入伍食粮。此辈窜入营中,匪特虚糜粮饷,转多有损无益,故拟变通办理,此后缺额均由奠安军中拨补。今昔情形不同,或有常额之外必应酌增兵数乃敷差操、调遣之处,亦由该军抽调。此臣等所以吁请酌添备用兵勇一千名之本旨也。合并附片陈明,伏乞圣鉴。谨奏。②

3.【松筠】刊本空名讳作"松□",即松筠③。兹校补。

---

① 中国第一历史档案馆藏:《军机录副》,档案编号:03-5842-047。
② 中国第一历史档案馆藏:《军机录副》,档案编号:03-6022-069。
③ 松筠(1754—1835),字湘浦,号百二老人,玛拉特氏,蒙古正蓝旗人,翻译生员。乾隆三十七年(1772),考取理藩院笔帖式。四十年(1775),充军机章京。四十二年(1747),选主事。四十三年(1748),升员外郎。四十四年(1749),任三座塔理事司员。四十五年(1750),转户部银库员外郎。四十八年(1753),迁内阁学士兼礼部侍郎衔。同年,授镶黄旗蒙古副都统。四十九年(1754)年,补正红旗满洲副都统。五十年(1755),授库伦办事大臣,五十一年(1756),调户部右侍郎。五十六年(1761),转工部左侍郎、正白旗满洲副都统。五十七年(1762),署刑部右侍郎,补户部左侍郎。同年,充蒙古翻译考试官。五十八年(1763),授崇文门副监督、御前侍卫、内务府大臣。同年,擢军机大臣,兼国史馆副总裁。五十九年(1764),署吉林将军,补工部尚书、镶白旗汉军都统。同年,授驻藏办事大臣。嘉庆四年(1799),补授户部尚书。同年,调补陕甘总督,加太子少保衔。五年(1800),授伊犁将军(未赴任),署湖广总督。同年,以忤旨降为副都统衔,充伊犁领队大臣。七年(1802),授伊犁将军,加头等侍卫。十三年(1808),以擅杀喀什噶尔参赞大臣。十四年(1809),调补两江总督。十五年(1810),署江南河道总督。十六年(1811),补授两广总督,擢协办大学士。同年,授吏部尚书。十七年(1812),授国史馆正总裁,管理武英殿、御书处、雍和宫、理藩院事务。十八年(1813),充御前大臣,升东阁大学士。同年,晋太子太保。十九年(1814),授武英殿大学士。二十一年(1816),任御前大臣上行走,总理诸达处,管理吏部事务。是年,补镶蓝旗满洲都统,授崇文门正监督,管理健锐营事务,兼署两江总督。二十二年(1817),补察哈尔八旗都统。二十三年(1818),调正白旗汉军都统,署绥远城将军、兵部尚书。同年,调补礼部尚书,管理乐部、太常寺、鸿胪寺事务。二十四年(1819),署理藩院尚书,授总理工程值年大臣,调补兵部尚书,总理行营事务。同年,补授盛京将军。二十五年(1820),以兵部遗失行印,降山海关副都统。复选降骁骑校。是年,补左副都御史,升左都御史,授热河都统。道光元年(1821),补授吏部尚书、会典馆副总裁、正黄旗汉军都统、镶黄旗蒙古都统、实录馆正总裁。二年(1822),充阅兵大臣,署直隶

4.【李鸿章】刊本空名讳作"李□□"，即李鸿章。兹据《清季外交史料》校补。

5.【张凯嵩】刊本空名讳作"张□□"，即张凯嵩①。兹据（清季外交史料）校补。

6.【臣秉璋查】《清季外交史料》作"臣秉璋窃思"。

7.【议给】《清季外交史料》作"筹给"。

8.【犹之台湾之资福建、甘肃之顾新疆】《清季外交史料》作"犹之台湾之于福建、甘肃之于新疆"。

9.【致负委任鸿慈】《清季外交史料》作"致负鸿慈"。

10.【托克湍】刊本空名讳作"托□□"，兹据校补。

11.【十月十四日】此具奏日期据刊本补。

12.【光绪十二年十月二十七日，军机大臣奉旨：该衙门议奏。钦此。】此奉旨日期与内容，据《清季外交史料》《随手档》②校补。

奏明西藏粮员刘均撤令回省片

光绪十二年十月十四日（1886 年 11 月 9 日）

再，臣文硕入川以来，访闻西藏粮员候补知县刘均在藏数年之久，自恃

总督。同年，被劾，降六部员外郎，寻授光禄寺卿，迁左都御史。三年（1823），补盛京将军，署正红旗蒙古都统。四年（1824），署镶红旗蒙古都统，五年（1825），署兵部尚书。同年，补授乌里雅苏台将军。六年（1826），署正蓝旗满洲都统、镶黄旗汉军都统。同年，授礼部尚书，署左都御史。七年（1827），补经筵讲官，充玉牒馆副总裁，署镶白旗汉军都统。八年（1828），署热河都统。九年（1829），署吏部尚书。十年（1830），署正黄旗满洲都统。十一年（1831），署镶白旗蒙古都统。同年，补镶白旗汉军都统。旋因案罢职。十二年（1832），复头品顶戴，署正黄旗汉军副都统。同年，授理藩院侍郎。十三年（1833），晋正黄旗蒙古都统。十四年（1834），以都统衔休致。十五年（1835），卒。赠太子太保，谥文清。著述有《新疆识略》《西陲总统事略》《绥服纪略》《台规》等行世。

① 张凯嵩（1820—1886），字云卿、粤卿，号复园，湖北江夏（今湖北省武汉）人。道光二十五年（1845），中式进士，选广西知县。三十年（1850），补宣化县知县。咸丰元年（1851），调怀集县知县，同年，保知州。二年（1852），补授临桂县知县。四年（1854），升同知直隶州知州。五年（1855），补授郁林直隶州知州。同年，迁庆远府知府。七年（1857），晋广西左江道，署右江道。九年（1859），署理广西按察使。同年，实授斯缺。十年（1860），升广西布政使。同治元年（1862），擢广西巡抚。六年（1867），授云贵总督，嗣称病请罢，坐规避撤职。光绪六年（1880），以五品京堂起用，补通政使司参议，充内阁侍读学士。七年（1881），署理顺天府尹。同年，补授四川按察使。九年（1883），补四川布政使。同年，补授贵州巡抚。十年（1884），调补云南巡抚。十一年（1885），办理中越勘界事宜。十二年（1886），卒于任。著有《奏疏》《退庐文牍诗存》等行世。

② 中国第一历史档案馆藏：《军机处随手登记档》，档案编号：03-0250-4-1212-281。

小有才华,把持公事,声名狼藉,不洽舆情,挟制上司,意图盘踞,前督丁宝桢亦有所闻。上年夏间,本欲撤省查看,适值该粮员将届年满,是以先期委员往代,旋准前任驻藏大臣咨留一班。丁宝桢以该委员刘均即经年满,委代之员业已在途,未便复令折回等情咨复。去年十二月,色楞额¹等仍有将该员刘均改为藏中委员、按月筹给薪水百金之请,已蒙俞允在案²。而派往接替之候补通判黄绍勋到藏三月之久,未能接印任事。此又稽之案牍有据者也。兹臣等公商,该员既有不洽舆情一节,若不先行撤参,恐致有碍抚绥。除其劣迹各款仍俟臣文硕到任查明另行核办外,合将该员先行撤令回省,听候查办。因系奏留人员,理合奏明参撤。

谨附片具陈,伏乞圣鉴。谨奏。

光绪十二年十月二十七日,军机大臣奉旨:知道了。钦此。³

【案】此奏原件查无下落,录副藏于中国第一历史档案馆①,兹据校正。再,此奏具文时间刊本仅作"光绪十二年十月",未确。查光绪十二年十月二十七日《随手档·刘秉璋、文硕折》②,则署有"报五百里、四月十四日月四川省城发"等字样。据此,此片具文时间当以"光绪十二年十月十四日"为宜。兹据校正。

1.【色楞额】刊本空名讳作"色□□",兹据录副校补。

2.【案】光绪十二年正月二十四日,驻藏大臣色楞额等请将刘钧破格录用,曰:

奴才色楞额、奴才崇纲跪奏,为办理唐廓交涉重案异常出力人员奖叙,复经部臣议驳,吁恳破格恩施,以昭懋赏,恭折具陈,仰祈圣鉴事。

窃奴才等前因办理唐廓交涉重案异常出力人员奖叙,经吏部议驳,奏请特沛恩施,允将西藏粮员五品衔四川候补班补用知县刘钧赏戴花翎,并赏加四品顶戴;驻藏委员四川试用通判赵咸中仍请免补本班,以知州仍留原省归候补班遇缺前先补用;候选从九品王琢章改请免选本班,以布政司照磨留川补用。光绪十一年十一月十九日奉到批回,军机大臣奉旨:刘钧、赵咸中均着照原保奖励,王琢章着照所请免选本班,以布政司照磨留川补用,吏部知道。钦此。钦遵恭录行知在案。

① 中国第一历史档案馆藏:《军机录副》,档案编号:03-5214-075。
② 中国第一历史档案馆藏:《军机处随手登记档》,档案编号:03-0250-4-1212-281。

兹准吏部咨称,以赵咸中所请官阶班次核与异常劳绩相符,钦奉谕旨允准,应即钦遵注册。惟刘钧所请花翎,查非军营打仗劳绩,该员现官知县,所请四品顶戴,有逾加衔限制,请旨将刘钧花翎、四品顶戴,饬令另核奏明请奖。光绪十一年十一月初五日具奏,奉旨:依议。钦此。钦遵咨行前来。

奴才等自应遵照办理,何敢请渎频仍?惟上年廓尔喀之役,该员刘钧不避艰险,忘身图功,前经胪列上呈,早在圣明洞鉴。是其殊功伟绩,超越常伦,实无异于效命行间,身临前敌也。奴才等原拟越级保升,则恐限于成例。若循例以应升之直隶州知州等官保奏,则功浮于赏,殊不足以示鼓励。且该员由军功迭保知县归候补班补用人员,班资已优,补署均易。一经保升,则人多缺隘,反致沉沦,是以奏请赏戴花翎,并赏加四品顶戴,以示优异,仰蒙特旨允准,钦遵饬知在案。

今赵咸中一员,业经部臣钦遵谕旨注册,该员仍复奏请另奖。在部臣之意,原为慎重名器、严核保奖起见。窃谓惜名器所以待有功也。有非常之功,必受非常之赏,似未可拘于成例,限以阶资。方当边境多事之秋,在在用人之际。该员卓著勋勤,如竟听其淹没,何以资观感而励人才?复查该员刘钧,胆识兼优,才堪任使,可否仰恳天恩,破格录用,用昭激劝;抑或仍遵前旨,赏戴花翎,并赏加四品顶戴,以示优异,饬部遵照注册,以后不得援以为例之处,出自逾格鸿慈。

所有办理唐廓交涉重案异常出力人员奖叙,复经部臣议驳,吁恳破格恩施,以昭懋赏缘由,理合恭折具陈,伏乞皇太后、皇上圣鉴,训示。再,奴才崇纲现在因病请假,合并随折声明。谨奏。正月二十四日。

光绪十二年三月十六日,军机大臣奉旨:刘钧着照原保赏戴花翎,并赏加四品顶戴。该部知道。钦此。①

【案】奏光绪十二年五月二十四日,驻藏大臣色楞额等请将刘钧留藏当差,曰:

再,调管西藏粮员四川候补知县刘钧现在班满,经四川督臣派委候补通判黄绍勋来藏更代,本应给咨回川销差。惟查该员刘钧持躬谨慎,办事真诚,在藏七年之久,历办边内、边外夷务,不辞劳

---

① 中国第一历史档案馆藏:《军机录副》,档案编号:03-5207-058。

瘁,卓著勋勤。方当藏地多事之秋,急需贤才以济。该员虽已更替,未便遽令回川,自应暂行留藏当差,俾收指臂之效。第藏中米珠薪桂,日用之需,倍蓰于内地。该员既经交卸,未可令其枵腹从公,拟按月筹给薪水银一百两,自该员卸管粮务之日起,即由藏库动支,以资津贴。一俟藏中事务稍松,即行住止薪水,给咨回川。

奴才等为办事需才起见,谨附片具奏,伏乞皇太后、皇上圣鉴,训示。谨奏。

军机大臣奉旨:着照所请,该部知道。钦此。①

【案】光绪十二年八月初四日,驻藏大臣色楞额等请将刘钧破格奖叙缘由,曰:

奴才色楞额、奴才崇纲跪奏,为前任粮员功绩昭著,据实胪陈,吁恩破格恩施,恭折仰祈圣鉴事。

窃光绪九年春间,西藏攒招期内匪徒滋事,抢劫廓商财物,致酿巨端,已成边衅。奴才等奏委前任西藏粮员五品衔四川候补班补用知县刘钧驰赴藏廓边界,相机排解,以遏兵端,并办理巡防事宜。该员不避艰险,深入廓巢,筹办了息,经奴才等奏请赏戴花翎,并赏加四品顶戴,以示鼓励,蒙恩允准。嗣准吏部咨称,以该员所请花翎非军营打仗劳绩,所请四品顶戴有逾加衔限制,奏请更正。后经奴才等声明,该员胆识兼优,才堪任用,此次功绩非常,无异效命行间,奏请破格录用,以昭激劝。抑或仍遵前旨给奖,以后不得援以为例之处,出自逾格鸿慈。光绪十二年五月初十日奉到批回,军机大臣奉旨:刘钧着照原保,赏戴花翎,并赏加四品顶戴,该部知道。钦此。钦遵恭录行知在案。

兹准吏部咨称:查奏定章程,保奏折内毋许声请"此外不得援以为例"字样,以杜冒滥。如该员累年劳绩异常出力,只准据实陈明,奏请破格恩施。如奉特旨嗣后不得援以为例,再行钦遵办理。此次所请均核与奏定章程不符,仍奏明请旨,饬令奴才等另核请奖等因,光绪十二年五月初二日具奏,奉旨:依议。钦此。钦遵咨行前来。

在部臣衡量天下人才,立法稽勋,其难其慎,故必严加考核,绳以奏定之明章。而奴才等谬领边圻,时当多事,解纷御侮,在在需人。朝廷名器,以为鼓舞人材之资。况廓番一役,事起非常,安危

---

① 中国第一历史档案馆藏:《朱批原件》,档案编号:04-01-12-0534-027。

所系，该员刘钧弭患垂成，厥功甚伟，累年劳绩，迥异寻常，谨为我皇太后、皇上据实陈之。

查廓尔喀为边外强国，贪诈乃其常情。前于乾隆、咸丰年间偶因小事忿争，遂致大事侵犯。朝廷不惜币金，广征军旅，大申挞伐，始就羁縻，然糜饷劳师，不知凡几。此次攒招期间，内巴勒布商民倏遭抢掠，衅自藏开，召祸之速，不待智者而后知也。当该员星驰赴边之日，正廓番拥兵压境之时，人皆恐惧，听令而前。该员自为孤注，力任其艰，入不测之厉庭，弭非常之边患。虽未执殳前驱，实则深临大敌，揆厥勋劳，良非浅鲜。且该员在藏八年之久，实心任事，无役不从。历瘴海冰天之苦，而劳瘁不辞；处艰难险阻之中，而志节弥定，洵属秉性忠良，才堪应变。奴才等奏请奖以翎枝、顶戴，无非假虚名以旌伟绩，其实赏不酬勋，转令人材淹没。

窃维圣主用人，不拘常格；计功行赏，不限阶资。今该员刘钧所请奖叙，两奉特旨允准，再经部臣议驳，惟有仰恳天恩伏念该员功绩非常，才堪任使，特予隆施，破格录用，以昭懋赏而策将来之处，出自逾格鸿慈，奴才等不胜感激待命之至。

所有前任粮员功绩昭著，据实胪陈，吁恳破格恩施缘由，谨恭折具奏，伏乞皇太后、皇上圣鉴，训示。再，奴才崇纲现在因病奏请开缺，合并声明。谨奏。八月初四日。光绪十二年九月二十七日，军机大臣奉旨：刘钧着赏给四品顶戴，并赏戴花翎。该部知道。钦此。①

3.【光绪十二年十月二十七日，军机大臣奉旨：知道了。钦此。】此奉旨日期与内容，据录副校补。

奏川省应行整顿各情形疏
光绪十二年十月二十五日（1886年11月20日）

头品顶戴四川总督臣刘秉璋跪[1]奏，为川省文武官民应行整顿各情形，恭折沥陈，仰祈圣鉴事。

窃臣于到任后随事留心考核，其亟宜整顿者已有数端：

一、部章委署州县之缺定有三班，实缺调署别缺不得过一成，久经通行在案。川省委署人员太多，又不遵照部章办理，另立章程，按名递署。其实

---

① 中国第一历史档案馆藏：《军机录副》，档案编号：03-5213-082。

缺调署更逾一成之数，办理实属纷歧。臣现已檄饬署藩司游智开将州县委署章程遵照吏部奏定颁发之式，三班轮递酌委，仍限十日内将调署人员逐加考核，择其实在人地相需酌留十员，以符部定一成之数。其应回本任者，檄回本任。其才具不胜本任者，调省察看。如果实在不胜本任之缺，自当随时奏请开缺，决不使滥竽贻误，以肃官常。

一、川省勇营积习太深。臣于到任时沿途探访，难保无虚额之事。现将寿字六营改委记名提督钱玉兴统领节制，长胜武字四营改委记名总兵马朝选统领节制，安定巡盐五营改委总兵衔江西补用副将周士盛统领巡缉，务使各营精壮足额，训练纯熟，以冀通省勇营转移风气。至绿营积习尤甚于勇营，容臣逐渐察看，次第整饬，固不敢邻于操切，亦不敢涉于因循，总期兵皆受练，饷不虚糜，方足以昭核实。

一、川省幅员三千余里，疆宇寥廓。惟边地尽属硗瘠，不能播种谷麦。至于内地，则又人稠地逼，民间开垦除平地外，栽及山顶，游民甚众，米价日昂，民生因之日蹙。地丁、津贴、捐输关系正供，又为甘、滇、黔三省军饷所出，当此需饷孔殷，万难议减，而小民穷蹙，尤当加意体恤，惟有严饬各属牧令不准浮收勒折，一面明查暗访，如有不肖州县敢于脧削小民脂膏者，立予参劾，决不姑容；仍由臣督率僚属，躬行节俭，力挽奢华之习，庶几以俭助廉，俾穷困蒸黎得以渐臻苏息也。

一、川省盗风向来炽盛，人心浮动，伏莽甚多。年来劫狱、焚衙之案层见迭出，实为他省所罕见。绿营既缓急难恃，勇营又分布难周。臣现已檄饬藩、臬两司仿照前人保甲之法，撰拟简明章程，通饬各属谕令绅耆认真举办，富者出资，贫者出力，不得虚应故事。地方官领其大纲，不准胥役从中牵制，使各乡各绅就地稽查，务期讦发匪迹；编联户口，获匪者赏，匿匪者惩，庶可以戢盗风而清盗源。

一、州县经收正、杂各款，关系库储，交卸后必须扫数解清。近经户部奏颁章程，至详且备，实为理财第一要务。兹查川省未尽遵行，往往有交代未清又委署他缺者，已檄藩司督饬交代局，凡未清交代，限一个月扫数解清，如有逾延，即分别奏参、撤任、停委，以示惩儆而重库款。

除再由臣随时随事严加考核，务期悉行遵办外，所有四川省文武官民应行整顿各情形，谨[2]恭折沥陈，伏乞皇太后、皇上圣鉴，训示。谨奏。十月二十五日[3]。

光绪十二年十一月十八日，军机大臣奉旨：览奏，已悉。所筹各节尚属切实，即着该督认真整顿，以期吏治、民生、库储、营伍日有起色。钦此。[4]

【案】此奏原件查无下落,录副现藏于中国第一历史档案馆①,兹据校正。再,此折具文时间刊本作"光绪十二年十月二十一日",而录副则署为"光绪十二年十月二十五日"。两相比较,应以录副为是。兹据校正。

1.【头品顶戴四川总督臣刘秉璋跪】刊本无此前衔,兹据录副校补。

2.【谨】刊本作"理合",兹据录副校补。

3.【十月二十五日】刊本无此具奏日期,兹据录副校补。

4.【光绪十二年十一月十八日,军机大臣奉旨:览奏,已悉。所筹各节尚属切实,即着该督认真整顿,以期吏治、民生、库储、营伍日有起色。钦此。】此奉旨日期与内容,据录副校补。

请旨饬内务府照旧由京采办藏香片
光绪十二年十月二十五日(1886年11月20日)

再,查前准内务府咨,援案请饬川省就近采办藏香,迅速交进一折,于光绪十二年六月十五日奉旨依议。钦此。钦遵知照¹前来,当经行司饬办在案。

兹据署布政使沈守廉详:遵查川省地方向无藏香售卖,无从购觅。前同治十二年,准内务府咨,令川省采办藏香,当经咨请颁发式样,由藏饬令台员办运。嗣准户部咨:嗣后奉到别衙门奏拨案据而户部尚无核复之件,不得遽行²拨给等因,复经前督臣吴棠奏请此后每年应办藏香,仍由内务府就近采购,毋庸由川拨价³,奉旨:著照所请,该衙门知道。钦此。钦遵在案。查此次内务府饬办铁杆藏香五百束,虽不及前次之多,第未准户部咨川有案,且系前奉谕旨免其采办之件,未便再行采办,致与前奏不符。况川省近来库储竭蹶,筹拨维艰,自应详请奏明,请饬内务府照旧由京采办,免其由川办运,以符原奏等情,详请奏咨前来。

臣复查无异,除分咨查照外,理合附片具陈,伏乞圣鉴。谨奏。

光绪十二年十一月十八日,军机大臣奉旨:着照所请,该衙门知道。钦此。⁴

【案】此奏原件查无下落,录副现藏于中国第一历史档案馆②,

---

① 中国第一历史档案馆藏:《军机录副》,档案编号:03-5215-063。
② 中国第一历史档案馆藏:《军机录副》,档案编号:03-5215-068。

兹据校正。再,此奏具文时间刊本仅作"光绪十二年十月",未确。而录副则以奉旨日期为之,亦未确。兹查光绪十二年十一月十八日《随手档·刘秉璋折》①,据同批折件可断,其具文时间当以"光绪十二年十月二十五日"为是。兹据校正。

1.【知照】刊本误作"知造"。

2.【遵行】刊本误作"据行"。

3.【拨价】刊本作"发价"。兹据录副校改。

4.【光绪十二年十一月十八日,军机大臣奉旨:着照所请,该衙门知道。钦此。】此奉旨日期与内容,据录副校补。

奏江防海防加收川盐厘金请立限停止疏
光绪十二年十一月十五日(1886 年 12 月 10 日)

头品顶戴四川总督臣刘秉璋跪[1]奏,为江防、海防加收川盐厘金一案,应请立限停止,以纾商力而顾饷源,恭折仰祈圣鉴事。

窃据署盐茶道沈守廉②、总办官运局候补道夏旹③会详:江防、海防加抽川盐厘金一案,久经遵行。现据富顺县楚商李大生等具禀,以现在防务平靖,吁恳将江防、海防等厘金蠲除,以纾商力等情。

伏查江、楚两省,前以江防、海防加收川盐厘金,曾将川盐行楚成本甚重、亏折益多,且楚北八州县本系川省计岸,与川盐行销楚省情形迥异,详请奏免。旋准两江总督臣曾国荃奏奉上谕,着准其于万户沱设卡,遴员试办,倘川盐停阻,奏明撤局等因,钦遵各在案[2]。今据楚商李大生等禀称:自江楚

---

① 中国第一历史档案馆藏:《军机处随手登记档》,档案编号:03-0250-4-1212-300。

② 沈守廉,生卒年未详,字洁斋,浙江省海盐县人,监生。同治元年(1862),选主事。二年(1863),丁母忧,回籍终制。四年(1865),签分刑部行走。十三年(1874),补工部屯田司主事。光绪元年(1875),保员外郎。五年(1879),保郎中,赏戴花翎,署工部宝源局监督。同年,授工部虞衡司郎中。七年(1881),授工部木仓监督。同年,保道员,加按察使衔。九年(1883),放四川永宁道。十二年(1886),署四川盐茶道。十六年(1890),补河南分巡河陕汝道。二十四年(1898),补授山东兖沂曹济道。同年,调补广东惠潮嘉道。二十七年(1901),开缺回籍修墓。三十三年(1907),经湖广总督赵尔巽奏赴湖北差委。宣统元年(1909),坐补广东惠潮嘉道。

③ 夏旹(1837—1906),字佑简,又字命,号菽轩,湖南桂阳人。咸丰十一年(1861),中式举人。同治四年(1865),选知县,改主事签分工部,嗣以道员分发四川候补,委机器总办。十二年(1873),加五品衔。光绪九年(1883),办理川滇黔边盐务。十二年(1886),署理川东兵备道。十五年(1889),署理永宁道。二十五年(1899),再署川东道。二十六年(1900),署四川按察使。二十七年(1901),迁陕西布政使。二十九年(1903),调署江西巡抚。三十年(1904),擢陕西巡抚。三十一年(1905),告病回湘。三十二年(1906),卒于籍。

增厘后,济楚引数骤行减少。本年自正月至九月,所行之引尚未及全年之半。似此江河日下,势将不支。且川盐行楚,认帮准课,照纳楚厘,为数极巨,利息本已甚微,复加以江、海防厘,商力益困,行引日少,收厘日绌,何以纾商困而顾[3]饷源?惟有据情详请奏免等情前来。

臣查川省加厘早已奏停,湖北岁抽川盐厘金约得百万两。两江地大物博,似不必专恃此厘。况滇、黔饷需以川省为大宗,除藩库筹解不计外,专就盐局而论,岁解滇、黔军饷至六十余万两之多。现该商等以盐厘太重,济楚之引骤形短绌,若不及时停止,不独川省益行窘迫,更恐贻误滇、黔饷需。且厘以江防、海防为名,今江、海撤防,犹然加厘不止,既无以取信于商人,而此后引滞煎停,商灶交困,于饷款、民生大有窒碍。

伏思两江督臣曾国荃、湖广督臣裕禄,公忠素著,必能统筹大局,酌剂盈虚,蠲此日之征收,裕将来之挹注。臣为体恤商艰、顾全边饷起见,如蒙俞允,即以光绪十三年正月初一日为始,一律停止。

除分咨户部及两江、湖广各总督暨湖北巡抚查照外,所有江防、海防加收川盐厘金,应请立限停止,以纾商力而顾饷源缘由,理合恭折具奏,伏乞皇太后、皇上圣鉴,训示,谨奏。十一月十五日[4]。

光绪十二年十一月二十八日,军机大臣奉旨:户部议奏。钦此。[5]

【案】此奏原件查无下落,录副现藏于中国第一历史档案馆①,兹据校正。再,此折具文时间刊本作"光绪十二年十一月十三日",而录副则署为"光绪十二年十一月十五日"。两相比较,应以录副为是。兹据校正。

1.【头品顶戴四川总督臣刘秉璋跪】刊本无此前衔,兹据录副校补。

2.【案】光绪十一年二月初三日,两江总督曾国荃奏报试办抽收川盐厘金情形,曰:

再,江南奏请加抽川盐厘金,委系出于必不得已,钦奉谕旨,妥为试办等因。臣派委江苏候补道黄祖络、候补知府陈钟蕃驰赴万户沱履勘形势。该处水激滩险,于停泊盐艘不甚相宜,祇可设立分局查验,议定总局设在宜昌,另行分设上、下哨查验卡。一切办法仿照鄂章,不使川贩有留难之虞、需索之累,于上年十一月初一日开办。两月以来,两江诸从宽大,毫无与川为难之心,川贩已尽周

① 中国第一历史档案馆藏:《军机录副》,档案编号:03-6461-055。

知,川盐船只源源而来,计已收钱二万八千七百余串,不但商民相安,即鄂省所收川厘,去岁亦较前有增无减。臣批令以后即循此成法,妥为办理,总以恤商为主,以裕饷为急,以三省和衷,收同舟共济之效,堪以仰慰慈厪。合将试办大概情形,先行附片陈明,伏乞圣鉴,敕部查照。谨奏。

光绪十一年二月初三日,军机大臣奉旨:户部知道。钦此。①

3.【顾】刊本误作"雇",兹据校正。

4.【十一月十五日】刊本无此具奏日期,兹据录副校补。

5.【光绪十二年十一月二十八日,军机大臣奉旨:户部议奏。钦此。】此奉旨日期与内容,据录副校补。

奏教民罗元义匪徒石汇各拟斩枭片
光绪十二年十二月初三日(1886 年 12 月 27 日)

再,此案关系实与寻常人命不同。罗元义平日恃教欺民,仇怨益深,渝民初次打毁洋房教堂,虽因鹅项颈等处有碍方向,实由罗元义积怨所酿而成。斯时罗元义若不雇众械斗,杀伤多命,渝民亦不至益加忿恨、集团四出打教。是洋房教堂之被毁,百姓之被杀,教民房屋之被拆,皆罗元义恃符逞横之所致,拟以械斗为首之例,尚觉情浮于法。至石汇因罗元义恃符逞横,随同民团在乡滋事,乃以营勇弹压之故,辄敢伤毙杨什长一名,纵火烧房,不服弹压,实属匪徒,罪应从重。兹两犯均从比例,各拟斩、枭,所以示持平也,既足以戢教民之势,亦足以慑平民之心。

臣等为维持民教起见,伏乞饬下刑部查明此案民教不和根由,速即议奏,咨复办理,以免稽诛而杜后衅,实于地方有裨。

除王明堂一犯未经供认,饬缉朱姓石开阳等获审办外,谨会同成都将军臣岐元,附片具陈,伏乞圣鉴。谨奏。

光绪十二年十二月十六日,军机大臣奉旨:览。钦此。[1]

【案】此奏原件、录副均查无下落,兹据《随手档》校补。再,此奏具文时间刊本仅作"光绪十二年十二月",未确。查光绪十二年十二月十六日《随手档·刘秉璋折》②,署有"报五百里、十二月初

---

① 中国第一历史档案馆藏:《军机录副》,档案编号:03-6460-038。

② 中国第一历史档案馆藏:《军机处随手登记档》,档案编号:03-0250-4-1212-327。

三日发"等字样。据此,此奏具文日期当以"光绪十二年十二月初
三日"为宜。兹据校正。

　　1.【光绪十二年十二月十六日,军机大臣奉旨:览。钦此。】此
奉旨日期与内容,据《随手档》校补。

奏宝川局铜铅短绌应分别变通办理疏
光绪十二年十二月十五日(1887年1月8日)

　　头品顶戴四川总督臣刘秉璋跪[1]奏,为宝川局铜斤短额,缺卯愈多,现发
省标旗、绿各营钱文,应请变通办理情形,恭折仰祈圣鉴事。

　　窃据藩司游智开详称:案查宝川局原定章程,每鼓铸十二卯,嗣添铸四
卯共十六卯,需用红铜八十六万四千斤、白铅六十八万四千斤、黑铅五万二
千斤。除炉匠、工料、官役月费,实铸钱十六万七千二百余铷。咸丰年间,宁
远铜斤硐老山空,采办无多,每年鼓铸即未足额。同治、光绪以来,广觅子
厂,迄无成效,欠卯益多,甚至每年仅铸三数卯。统计二十余年,共欠二百四
十余卯,无铜铸足。此川省铜斤短绌、鼓铸缺额之情形也。

　　宝川局鼓铸钱文,历于武营养廉、兵饷及文职养廉、役食内分成搭放,每
搭钱一铷,扣回银一两,按年造报[2]。自鼓铸缺额,钱不敷发,凡应搭放之款,
均系先扣银两,发给钱票,饬俟局铸有钱,照数补发。讵二十年来,欠卯愈
多,欠发愈巨,通盘核算,已积欠二百五十六万铷,无钱支发。此又乏铜鼓
铸、积欠钱文之实情也。

　　文职各员应领钱文,无钱支给,遇有交代亏款,即以所领钱票暂请存司
作抵。既系司库所发钱票,势不能不准其报销[3],而局中鼓铸又复日形短绌,
以抵存司库钱票竟无以钱易银归结,因而交款、库项均属虚悬。此又积欠钱
票作抵、交款久悬莫结之情形也。

　　又省标旗、绿各营兵饷钱文,因省垣食物昂贵,各兵藉口日用不足,不允
拖欠分文。其时局中既无钱发,不得已详经前督臣丁宝桢议定旗营每月借
银一千两,绿营每季借银三千八百一十一两,即于应发各营兵饷银内暂挪支
领,一俟局铸有钱,按季补发,扣还清款。不料铜斤日短,欠发日多,连年借
领银两,除陆续发钱扣回外,尚欠制钱六千余万铷,现未扣回银四十余万两,
以致现发兵饷银两均系挪前盖后。此又欠发兵饷钱文、暂行挪借银两支发
之实情也。

　　又宝川局每年添铸四卯,钱文历于文职养廉、役食内以九九钱一千易回
银一两,除还工本外,所获息银一万七八百两,作为供支武职养廉、屯弁养瞻

银一万三千余两之用。只以获息少而支款多，截至光绪戊寅年止，报部核销案内已亏短银十三万余两，且有咸、同、光绪年间欠铸额卯并铸大钱少获息银二十万零，合之以前亏项不下三十余万两。值此库储万分支绌，实属无款设法挹注，然亦不能不极力设法，以为筹补之计。此又历年亏挪报部有案、即应筹补之情形也。

复查库储丝毫为重，岂容拖欠挪移。现计二十年来，宝川局共欠额铸二百四十余卯，欠发文武廉、饷钱文二百五六十万钏，以致文职各员以钱票抵交款者，竟无钱易银分别归补。旗、绿各营因无钱支发，挪借银两，共借至四十余万两，无从扣还，皆由宁铜短绌、不敷鼓铸所致。历前司于觅厂办铜等事或发本招商，或加发价脚，或剔除积弊，或委员督办，已属不遗余力。无如硐老山空，采办无多，以致鼓铸缺卯，欠发愈多，若不上紧设法变通，伊于胡底？而即以变通刻不容缓者，尤以省标旗、绿各营从前借领银两一款为第一紧要，盖旗、绿各营从前借领银两[4]，原为应领兵饷钱文、局中无钱支发起见，现拟停止借支银两，仍照旧章支发钱文，在旗、绿各营兵丁自必乐从，每年共需兵饷钱四万一千四百余钏，应请于光绪十三年正月起，由厘金总局在于嘉定、资州、金堂等厘局每年共提官板厘钱四万二千钏，饬令按月解司交纳，以为支发旗营及省标绿营兵饷钱文之用。其所提各局厘钱仍由司库按鼓铸工本，拨归各局厘金造报，庶期各清各款。惟拨发鼓铸工本，应动杂税盈余。近年夔关杂税多已拨供京饷，实属无款可拨，并请即于按粮津贴银内按年拨用，造册报销等情，详请具奏前来。

臣复加稽核，均系实情。钱欠益多，借数亦巨，若再因循，积重难返，殊非清厘库款、慎重饷需之道。且查川省市价，每银一两可易钱一千六百文有奇。即以借款易钱核之，应发局钱之数所增无几，不至格外多费，自应如详办理。

除批饬遵办并咨明户部立案外，理合会同成都将军臣宗室岐元①、署提督臣李培荣[5]，恭折具陈，伏乞皇太后、皇上圣鉴。再，省外各营应领钱文并省标从前借银作抵欠项暨铜厂局铸事宜，应俟逐一查明，饬司妥议办理，合并陈明。谨奏。十二月十五日[6]。

---

① 岐元（1829—1891）字子惠，别称宗室岐元，爱新觉罗氏，正红旗包衣。道光二十六年（1846），充宗人府笔帖式。二十九年（1849），补七品笔帖式。咸丰五年（1855），署理主事。同治元年（1862），任副理事官。四年（1865），升理事官。同年，补授颜料库郎中。五年（1866），补银库郎中。九年（1870），迁内阁侍读学士。十一年（1872），升鸿胪寺卿。于阗年，授通政使司副使。十二年（1873），调补光禄寺卿，转太常寺卿。十三年（1874），补授内阁学士兼礼部侍郎衔。光绪元年（1875），调补京户部侍郎。同年，署理奉天府府尹。二年（1876），署理盛京将军。四年（1878），署理盛京刑部事务。同年，擢盛京将军。七年（1881），调补成都将军。十七年（1891），卒于任。

光绪十二年十二月三十日,军机大臣奉旨:户部知道。钦此。[7]

【案】此奏原件查无下落,录副现藏于中国第一历史档案馆①,兹据校正。

1.【头品顶戴四川总督臣刘秉璋跪】刊本无此前衔,兹据录副校补。

2.【造报】刊本误作"照报"。

3.【报销】刊本作"抵交"。

4.【一款为第一紧要,盖旗、绿各营从前借领银两】此部分刊本缺,兹据录副校补。

5.【李培荣】刊本误作"李培滢"。

6.【十二月十五日】刊本无此具奏日期,兹据录副校补。

7.【光绪十二年十二月三十日,军机大臣奉旨:户部知道。钦此。】此奉旨日期与内容,据录副校补。

奏明督署公费片

光绪十二年十二月十五日(1887 年 1 月 8 日)

再,前护督臣游智开以督署公费不足,奏请在于盐局平余项下援照将军、副都统成案,提拨办公经费一片[1],奉旨:户部知道。钦此。钦遵到臣。旋据盐局会同司道详称:前督臣丁宝桢任内随时札提局银岁约二万余两,现请每年以二万两作臣署办公之费等语。

臣查督署公用,实属不敷。先年裁革陋规,议给津贴各署之时,未定督署公费数目,而前督臣岁提银数亦未奏明。现在司道等请以二万两为率,自系仿照原数具详立案,免致将来漫无限制。

臣向来度撙节,不敢妄费,批饬盐局再减四千两,岁以一万六千两为限。惟护督臣原奏仅称提拨成数,并未明定数目,究恐涉于含混,于心未安,理合据实附片陈明,伏乞圣鉴,训示。谨奏。

光绪十二年十二月三十日,军机大臣奉旨:户部知道。钦此。[2]

【案】此奏原件查无下落,录副现藏于中国第一历史档案馆②,

---

① 中国第一历史档案馆藏:《军机录副》,档案编号:03-9642-054。
② 中国第一历史档案馆藏:《军机录副》,档案编号:03-6615-121。

兹据校正。

1.【案】光绪十二年十一月初五日,护理川督游智开奏请酌拨总督衙门公费,曰:

再,查光绪四年十一月二十三日前督臣丁宝桢奏裁革道府节寿规礼、筹给公费一案,附片以成都将军有兼辖松建地方之责,办公之费除廉俸外,一无所出;副都统廉俸无多,办公更属为难,曾于盐局扣收平余提拨道府公费项下匀拨成数,作为将军、副都统衙门公费,按季备领,藉资津贴,历经遵办在案。

今司道等公同商酌,以总督衙门统辖全省,较将军、副都统公事更繁,即因公动用之款亦更巨。自裁革陋规以来,办公更属拮据,为司道等所共见共闻,拟请查照将军、副都统公费旧章,亦于盐局平余提拨道府公费项下匀拨成数,作为总督衙门每年办公之费,以资津贴而免拮据,实于公事有裨。似此情形,臣不敢以交卸在即稍涉避嫌,谨据情附片具陈,伏乞圣鉴。谨奏。光绪十二年十一月初五日,军机大臣奉旨:户部知道。钦此。①

2.【光绪十二年十二月三十日,军机大臣奉旨:户部知道。钦此。】此奉旨日期与内容,据录副校补。

---

① 中国第一历史档案馆藏:《军机录副》,档案编号:03-6615-058。

卷五

奏调提督杨岐珍片

光绪十三年正月十六日（1887年2月8日）

再，臣前在浙江巡抚任内曾奏调记名提督杨岐珍赴浙剿办台州土匪。嗣因该提督奉旨补授狼山镇总兵，又复奏留在案。迨臣蒙恩简放四川总督，其时即拟奏调该镇到川，因新任抚臣卫荣光尚未到任，不敢遽行奏调。现在抚臣卫荣光履任已及半年，必能物色将才接办台防。而川省毗连藏卫，外接番夷，内多伏莽，非有得力提镇整顿营武、筹备边防，不足以资控制，惟有仰恳天恩垂念边隅要地，俯准即饬狼山镇总兵杨岐珍来川，归臣委遣，实于边防、营务大有裨益。

谨附片具陈，伏乞圣鉴，训示。谨奏。

（朱批）：另有旨。[1]

光绪十三年二月十一日，奉朱批：另有旨。钦此。[2]

【案】此奏原件①、录副②现藏于中国第一历史档案馆，兹据校正。再，此奏具文时间刊本作"光绪十三年正月初六日"。而朱批仅署"光绪十三年"，未确；录副则以朱批日期为之，亦未确。兹查光绪十三年二月十二日《随手档·刘秉璋折》③，据同批折件可断，其具文时间当以"光绪十三年正月十六日"为宜。兹据校正。

1.【另有旨】此朱批据原件补。

2.【光绪十三年二月十二日，奉朱批：另有旨。钦此。】此朱批日期与内容，据录副校补。

【案】此奏旋于是年二月十二日得旨，《上谕档》载曰：

光绪十三年二月十二日，内阁奉上谕：刘秉璋奏，请调狼山镇总兵杨岐珍赴川差委等语。杨岐珍前经该督奏调留浙，现复请调

---

① 中国第一历史档案馆藏：《朱批原件》，档案编号：04-01-17-0159-056。
② 中国第一历史档案馆藏：《军机录副》，档案编号：03-5847-064。
③ 中国第一历史档案馆藏：《军机处随手登记档》，档案编号：03-0253-1-1213-037。

赴川,虽据称为营务择人起见。惟杨岐珍系实缺人员,现经留办台防,四川又无军务,所请调赴川省差委之处,着不准行。实缺提镇系武职大员,体制较崇,各有整饬戎行、镇抚地方之责。乃近来狃于积习,各督抚因其曾膺保荐,往往奏调差委,视同部曲。而该提镇亦遂甘听指麾,仅顾私恩,罔知大体,既失朝廷建立专阃之意,又开夤缘依附之门。此风断不可长,嗣后各督抚于实缺提镇概不准率行奏调,以符定制而肃官方。将此通谕知之。钦此。①

奏川省州县交代未清请设局清查疏

光绪十三年正月二十三日(1887年2月15日)

头品顶戴四川总督臣刘秉璋跪¹奏,为川省州县交代延积渐多,拟仍设局清查,恭折具陈,仰祈圣鉴事。

窃查州县交代,向有定限。臣于去年十月到任后,查明延积之案极多,当即檄饬藩司勒限清厘,并于整顿文武官民各项事宜折内将清厘交案情形奏陈在案。

兹据布政使崧蕃②详称:川省州县交案,自前督臣丁宝桢奏请以光绪三年四月以前为旧案,以后为新案,设局派员清查,先后参劾多员,新旧各案追缴清结者固不乏人,而欠缴未清者仍复不少。嗣因撤局,除旧案尘积外,新案又复渐多,计截至光绪十二年止,前后未清新案共又积有数十余起。良以川省州县有一百数十属之多,遇有交代未清,上司力顾正供,无不严札催解,故亏空正项者甚少,拖欠摊捐杂款者为多。然摊捐杂款本省岁有专支,既未交解,即属交代未清。此川省新旧交代迟延不结之实情也。

该司拟请设局派员,予限三个月,将光绪十二年以前新旧各交案一律清查完竣,查明一起,如亏系正项,勒限一月缴清,逾即详请参革,查抄监追。若系捐杂等项,亦勒限两个月缴清,逾则分别轻重,参革严追。倘系参故人

---

① 《光绪宣统两朝上谕档》第3册(光绪十三年),广西师范大学出版社1996年版,第69页。又《清德宗实录》卷239,光绪十三年二月,中华书局1987年版,第220—221页。

② 崧蕃(1837—1905),字锡侯,满洲镶蓝旗人,廪生。咸丰五年(1855),中式举人。同治四年(1865),捐吏部候补员外郎。十年(1871),充吏部验封司员外郎。十三年(1874),兼内务府银库员外郎。光绪四年(1878),升吏部考功司郎中。五年(1879),简放四川盐茶道。六年(1880),署四川按察使。十一年(1885),调补湖南按察使。十二年(1886),迁四川布政使。十七年(1891),擢贵州巡抚。二十年(1894),署理云贵总督兼云南巡抚。二十一年(1895),补授云贵总督,兼署云南巡抚。二十六年(1900),调补陕甘总督。三十一年(1905),补授闽浙总督,未及赴任,卒。追赠太子少保。有《贵州巡抚奏稿存簿》存世。

员,无可着追,亦随时详请照例办理,并通饬各属自十三年起遇有交代,均须按照例限交清结报,逾即随时专案详参,免再流为积案。似此分别办理,庶有廓清之日。惟查部定交代造册新章极严,川省光绪十二年以前新旧未清交案早逾例限,倘清查时能完缴清楚,而造册详咨仍议以逾限革职,使与丝毫无缴者同一处分,虽咎由自取,究有一线可原,应请凡自光绪十二年以前交代册结到部,宽其既往,准予仍照旧章扣展,以资观感。自光绪十三年起交代造册,即照新章办理,以示区别而期策励,详请奏咨前来。

臣查川省²州县交代延积,非设局派员勒限清查,不足以专责成。除批饬遵办并咨部查照外,其有限内完缴如仍议以逾限革职,即与抗缴无完者无所区别,似不足以示劝惩,合无仰恳天恩俯准光绪十二年以前交代册结到部,仍照旧章扣展,俾资观感,出自逾格鸿慈。

所有川省州县交代延积渐多,拟仍设局清查缘由,理合恭折具陈,伏乞皇太后、皇上圣鉴,训示。谨奏。光绪十三年正月二十三日³。

(朱批):着照所请,户部知道。⁴

光绪十三年二月初六日,奉朱批:着照所请,户部知道。钦此。⁵

【案】此奏原件①、录副②现藏于中国第一历史档案馆,兹据校正。再,此奏具文时间刊本作"光绪十三年正月二十日"。而朱批、录副均作"光绪十三年正月二十三日",确。兹据校正。

1.【头品顶戴四川总督臣刘秉璋跪】刊本无此前衔,兹据校补。

2.【川省】刊本夺"省",兹据校补。

3.【光绪十三年正月二十三日】刊本无此具奏日期,兹据原件校补。

4.【着照所请,户部知道】此朱批据原件补。

5.【光绪十三年二月初六日,奉朱批:着照所请,户部知道。钦此。】此朱批日期与内容,据录副校补。

谢赐福字疏

光绪十三年三月初八日(1887年4月1日)

头品顶戴四川总督臣刘秉璋跪¹奏,为恭折天恩,仰祈圣鉴事。

---

① 中国第一历史档案馆藏:《朱批原件》,档案编号:04-01-35-0830-044。

② 中国第一历史档案馆藏:《军机录副》,档案编号:03-5219-023。

窃臣赍折差弁回省,奉到御赐福字一方,当即恭设香案,望阙叩头谢恩祇领。钦惟我皇上向用访畴,自求歌雅。奉慈宫而出治,庆衍珠囊;开寿寓以同仁,和调玉烛。中原着定,鹰扬而盈月捷三;上日书元,凤律则协风从八。

臣西川忝寄,北陆回暄。星明瞻井络之辉,授时巨典;日近志泰阶之瑞,锡福殊荣。彩焕毫丹,恩铭心赤。臣惟有宣扬德意,先夏屋以胪欢;勉励靖共,惕春冰而图报。

所有感激下忱,理合恭折叩谢天恩,伏乞皇太后、皇上圣鉴。谨奏。光绪十三年三月初八日[2]。

(朱批):知道了。[3]

光绪十三年四月初九日,奉朱批:知道了。钦此。[4]

【案】此奏原件①、录副②现藏于中国第一历史档案馆,兹据校正。再,此奏具文时间刊本作“光绪十三年二月初二日”。而朱批、录副均作“光绪十三年三月初八日”,确。兹据校正。

1.【头品顶戴四川总督臣刘秉璋跪】刊本无此前衔,兹据校补。

2.【光绪十三年三月初八日】刊本无此具奏日期,兹据原件校补。

3.【知道了】此朱批据原件补。

4.【光绪十三年四月初九日,奉朱批:知道了。钦此。】此朱批日期与内容,据录副校补。

奏浙绅劝捐巨款请奖因部驳复陈疏
光绪十三年三月初八日(1887 年 4 月 1 日)

头品顶戴四川总督臣刘秉璋跪[1]奏,为前在浙抚任内请奖诸绅经部议驳,谨将诸绅出力情形恭折再陈,叩恳天恩俯准给奖,以昭激劝,仰祈圣鉴事。

窃查光绪十一年臣在浙江巡抚任内办理镇海防务正形吃紧,当即委绅应宝时等分道劝捐,集成巨款,接济饷需,许以事后奖励。嗣因防务大定,经臣具折奏奖,钦奉谕旨:应宝时等均着交部议叙,余着吏部议奏。钦此。旋

---

① 中国第一历史档案馆藏:《朱批原件》,档案编号:04-01-12-0537-042。

② 中国第一历史档案馆藏:《军机录副》,档案编号:03-5221-039。

经部议，以承办局务各员不准援照军务保案请奖，致滋冒滥，奏请更正撤销，奉旨：依议。钦此。各在案。

伏查部臣前议不准给奖者，系专指劝捐各局委员而言。委员系候补官吏，责以劝捐，事所应办，又有薪水可领，劳绩可酬，且所办捐务亦非在敌船封口、万分危迫之时。至于该绅等平日本无筹捐之责，一旦委以劝办，既未设局虚糜公项，且各自备资斧，任怨任劳，实与捐局委员出力情事不同。

臣查上年镇海告警之时，库储早已空匮，无款可筹，既不敢轻借洋债，又不敢吁请部拨，将士枕戈待旦，非裕备饷需，无以激发士气，危急之秋，计无所出，幸赖诸绅深明大义，努力劝捐，集成巨款。当敌弹如雨之时，陆续运至镇海营次，不辞劳，并不避险，用能击退敌船，弹毙孤拔，转危为安，保全大局，该绅等厥功甚伟。回忆光绪十一年，数月之间，捐至六七十万。迨十二年分，捐局仍设，而捐数寥寥，户部有案可稽，足见前此之踊跃输将，皆该绅等竭诚善导，有以致之。

臣素性愚谨，自带勇服官以来，未敢以朝廷名器见好于人。镇海之役获胜，谨遵谕旨，凡筹饷运械各员并未保奖一人，惟此诸绅，其出力迥异于寻常，其处地亦异于局员，似不得以局员之例格及诸绅。浙省海疆重地，有警必资群力，若竟遵照部议勿予奖叙，恐不足以昭激劝而励将来。臣不敢以现已调任泯其前劳，盖不予奖而诸绅向隅，不过一时屈抑；不予奖而诸绅惰气，难免异时观望也。合无叩恳天恩俯准给奖，敕部查照各绅原保官阶，分别议叙，不胜惶悚待命之至。

谨恭折再陈，伏乞皇太后、皇上圣鉴，训示。谨奏。光绪十三年三月初八日[2]。

（朱批）：吏部议奏。[3]

光绪十三年四月初九日，奉朱批：吏部议奏。钦此。[4]

【案】此奏原件①、录副②现藏于中国第一历史档案馆，兹据校正。再，此奏具文时间刊本仅作"光绪十三年正月"，未确。而朱批、录副均作"光绪十三年三月初八日"，确。兹据校正。

1.【头品顶戴四川总督臣刘秉璋跪】刊本无此前衔，兹据校补。

2.【光绪十三年三月初八日】刊本无此具奏日期，兹据原件校补。

①　中国第一历史档案馆藏：《朱批原件》，档案编号：04-01-01-0958-077。
②　中国第一历史档案馆藏：《军机录副》，档案编号：03-5848-077。

3.【吏部议奏】此朱批据原件补。

4.【光绪十三年四月初九日,奉朱批:吏部议奏。钦此。】此朱批日期与内容,据录副校补。

奏审办霆营军饷报销不实一案疏
光绪十三年八月初二日(1887年9月18日)

头品顶戴四川总督臣刘秉璋跪[1]奏,为遵旨审办霆营军饷报销不实一案,谨照革员何应钟折开提用银数追缴,恭折具陈,仰祈圣鉴事。

窃查光绪十二年十二月初七日军机大臣字寄:奉上谕:户部奏,接据提督鲍超①咨报用饷实数,抄录原咨呈览,并查明应缴、应扣各折片。览奏,殊堪诧异。鲍超于七月初一日发递遗折,有粮饷支发系何应钟办理,并恳恩准实用实销等语。今户部所接咨文系填写六月二十九日出咨,乃迟至十一月十六日始行到部,所报用饷实数与上年咨部清册不符二十万两之多。且历述何应钟等朋比侵蚀,情节较重,与遗折之语如出两人。又称,令伊子鲍祖龄缴出银十万余两,亦未声明呈缴何处,种种疑窦,情弊显然。事关朋吞巨饷,亟应彻底根究。湖北候补道何应钟、许世福,候补同知鲍祖馨、营官罗天德、吴荣贵、哨官温德炳、周泰、随员丁堷、刘长松、陈宗器、傅少严、许世祺,均着暂行革职,交刘秉璋提案严讯,务将支发款目研究得实,毋仍稍涉弊混。何应钟等果有浮冒侵吞情弊,从严参办,勿稍姑容。至片内所称鲍祖龄缴出银十万八千两及扣湘平银两,并着确查办理。户部折片及鲍超咨文,着抄给阅看。鲍超遗折一并摘抄给阅。将此由五百里谕令知之。钦此[2]。钦遵到臣。

遵查此案,臣于去年十月到任后,亦接有鲍超咨文。正在饬查间,即据革员何应钟来省求见,面递鲍超提用饷银各款清折。核其所提银数,计十九万两有奇。询据该革员声称,此系实情,并无含混等语。旋奉谕旨饬审,当

---

① 鲍超(1828—1886),字春霆,号春亭,四川奉节县人。咸丰初,投效军营。四年(1854),充水师哨长,赏戴蓝翎。是年,以军功保千总、守备、都司,赏换花翎。五年(1855),加壮勇巴图鲁勇号,晋游击衔。六年(1856),保升参将,加副将衔。七年(1857),保副将。同年,补陕西博通君营参将,升总兵衔。八年(1858),授湖南绥靖镇总兵,迁提督衔。十年(1860),加苏博通额巴图鲁名号。同治元年(1862),擢浙江提督,授云骑尉。同年,丁母忧,仍署浙江提督。三年(1864),授一等轻车都尉,赏双眼花翎,封一等子爵。同年,乞假归葬。四年(1865),加一云骑尉。五年(1866),回浙江提督本任。六年(1867),调补湖南提督。光绪十年(1884),会办云南军务。十二年(1886),卒,赠太子少保,谥忠壮。

橄藩、臬两司提审去后。兹据成都府知府黄毓恩①等审明解司，据布政使崧蕃、按察使游智开解勘前来。

臣亲提复鞫，缘光绪十年法人构衅，前湖南提督鲍超奉旨募勇赴滇会办越南军务，派何应钟总理营务，许世福、许世祺办理粮台，鲍祖馨稽查各营，罗天德、温德炳、周泰分充营官、哨官，丁堉、刘长松、陈宗器分充文案、字识等差，于光绪十年九月三十日成军南征。鲍超谕令何应钟将饷项撙节支用，每月酌提银两，先后共提银十九万一千九百五十五两三钱。旋因和议已成奉旨撤军，鲍超令何应钟将截至十一年九月十五遣散之日止军需用款造册报销。何应钟查照霆军章程，共销银一百二万四千三百七十八两五钱三分八厘六毫。除收过军饷银九十九万九千九百九十一两六钱九分八厘六毫，不敷银二万四千三百八十六两八钱四分，请由川省补拨，清还商号同庆丰借款。鲍超回籍后，旋于十二年七月初二日病故。

十月间，臣署接有鲍超咨文，内称何应钟等朋吞军饷等情，札饬查办，即据何应钟至臣衙门面呈清折，内开鲍照提银共十九万一千九百五十五两三钱。正查办间，钦奉谕旨革审，委提人证到省，发局饬呈销案核对。又据奉节县禀报，拿获捏造前项咨文之鲍昌寿，并起获私雕关防等情。经臣揆度案情，咨文虽假，而提用银数之清折系[3]何应钟面呈，确凿可据。案关军饷巨款，应照折开数目遵旨究追，当饬局员谕令何应钟将原递[4]清折银数，照销册逐一指出何款提用若干，以昭核实。

据何应钟供指，报销银一百二万四千三百七十八两五钱三分八厘六毫之内，鲍超提去总统薪、夫小口粮银一万六千六百九十八两六钱六分，又在各营大小员弁薪水项下提去银一万五千二百六两，又将步队二十营勇粮先提一成，后提二成，共提银五万九千五百四十四两。又在马队饷干项下提去

①　黄毓恩（1835—1897），字泽臣，湖北钟祥县人。同治元年（1862），由廪生中举。四年（1865），中式进士，改庶吉士，充武英殿协修，补武英殿纂修。七年（1868），授翰林院编修，充国史馆协修。八年（1869），加侍读衔。九年（1870），充乡试磨勘官。同年，补授右春坊右赞善，充文渊阁校理。十年（1871），充会试同考官，转补左春坊左赞善。同年，升司经局洗马。十一年（1872），迁翰林院侍讲，充日讲起居注官。十二年（1873），充翰林院撰文。十三年（1874），充会试同考官、功臣馆纂修、咸安宫总裁。同年，奏补武英殿总纂，转补翰林院侍读。光绪元年（1875），授起居注协办，补武英殿提调。同年，充山东乡试副考官。二年（1876），授甘肃乡试正考官。同年，京察一等，以记名道府用。三年（1877），补国史馆纂修，充会试磨勘官。同年，补授四川夔州府知府。八年（1882），调署成都府知府。九年（1883），大计保荐卓异。十一年（1885），兼署成绵龙茂道篆。十二年（1886），补授成都府知府，加捐花翎。十三年（1887），升补建昌道。十六年（1890），署理四川按察使。十七年（1891），加头品顶戴。同年，调补浙江按察使。十八年（1892），署理浙江布政使。十九年（1893），擢福建布政使。二十三年（1897），以纵容门丁诈索，被参革职。同年，卒于籍。辑有《淑老轩经验方》等存世。

银七千八百二十四两,又在军装项下提去银八千一百两,又提去造换帐棚银二万六千四十六两八钱一分五厘二毫七丝七忽二微,又提去胜副五营川资银一千七百四十八两八钱一分七厘九毫,又提去各营筹备公费银二万六百七十七两二钱七分一厘二毫,又提去随时支发余剩尾数并多提平银共一千四百二十五两四钱三分五厘六毫二忽八微,又提去库平升出湘平银三万四千六百八十四两三钱。以上共提银十九万一千九百五十五两三钱,由鲍超随时交令许世福等,或兑解至夔,或买洋枪,或作营中公用,何应钟均未经手。及办理报销,何应钟将提去各款银并入薪、夫口粮、薪水、勇粮、饷干、军装、帐棚、川资项下,作为足数,造册报销。

质之许世福等,供亦无异。诘据鲍祖龄指出,伊父鲍超提银用帐内有派弁至上海购买洋枪、现存两江一款,当由臣电查两江督臣曾国荃电复,鲍超交存洋枪计价银一万九千两,由鲍军付给属实。至某款用帐系提何款之银支发,鲍祖龄在外读书,不管家事,又未随侍在营,不知底蕴,伊父生前亦无令伊缴银十万八千两之事。究诘至再,各供如前。

此案已故提督鲍超提用军饷,皆系销册内浮冒之银。计其报销银一百二万四千三百七十八两五钱三分八厘六毫,除去何应钟折开提用各款共库平十五万七千二百七十一两,实用库平银八十六万七千一百七两五钱三分九厘五毫,按照部文应升湘平银三万四千六百八十四两三钱,核与何应钟折开所提湘平银数相符。查湘平银三万余,照章折合库平银三万三千二百九十六两九钱二分八厘,连所提库平银十五万七千二百七十一两,共行追缴库平银十九万五百六十七两九钱二分八厘。鲍祖龄请将销册内借欠同庆丰商号库平银二万四千三百八十六两八钱四分由伊自行清还。检查前督臣丁宝桢奏准鲍超请将饷银由同庆丰商号汇滇,该商既在滇具认有案,将来设有他故,应由该营自行清理,以免翳轕等语。此次商号借款应准其自行清还,以符案据。

又鲍超所提薪、夫等项银一万六千六百九十八两六钱六分系鲍超应支之项,似应扣除免缴。又采买解存两江之洋枪价银库平一万九千两,抵作缴款。又鲍超次子鲍祖恩去年捐解山东赈款库平银一万两,尚未请奖,应请免奖,抵作缴款,以归简易。以上四款,共抵除库平银七万八十五两五钱,尚应缴银十二万四百八十二两四钱二分八厘。随据鲍祖龄遵缴银五万两,鲍祖恩等遵缴银五万两,共缴到库平银十万两。余银二万四百八十二两四钱二分八厘,鲍祖龄等恳请从缓措缴。再,鲍祖龄到案时曾递数折,胪列伊父生前用帐,大半皆鲍超声叙自行付给、免请发帑之款。且该世职鲍祖龄供未随营,不知底蕴,难保非任意开列,不足为据,应请存卷,毋庸呈送等情,详解到臣,随即亲提人证复讯,据供前情无异。

查军需用款理宜核实报销,若销非所用,即属浮冒。此案革员何应钟系霆军总理营务粮饷报销之员,其所呈清折内开鲍超提用各款,自系确凿可凭,现经鲍祖龄等照数认缴,除已缴银十万两外,其余二万余两现恳从缓措缴。查鲍祖龄向未随侍在营,不知底蕴,现既遵缴,应请免议。已革湖北候补道何应钟,讯无朋吞情事,亦非擅自挪移。惟总理营务,独任报销,为鲍超亲信之人,仍任听鲍超提用,至办理销册,又不实用实销,以致报销不实。虽于事后据实递折,已属巧诈无良,业经奉旨革职,应请永不叙用。至霆军销案曾经鲍超奏明系何应钟办理,此外销案内无论准驳,仍惟何应钟是问,与鲍祖龄等无涉。已革湖北候补道许世福、已革副将罗天德,均讯无朋吞等弊。惟其或管粮台,或充营官,乃于鲍超发交银两不分公私,辄为兑解,实属不合,业已革职,应请不准开复。已革同知衔候补知县鲍祖馨及游击许世祺、都司温德炳、守备周泰、湖北候补布经历丁埂、从九职衔刘长松、增生陈宗器等,或充帮办,或充哨官,或充文案、字识,均讯无朋吞情事。惟与提传未到之傅少岩声名均属平常,业均斥革,应与病故之吴荣贵,均无庸议。

至此案报销不实,系据何应钟清折讯办。所有鲍超前次咨文,据奉节县禀报,系鲍昌寿捏造。查核咨文,意在倾轧。所叙成军日期及各营公夫、药铅夫名较销册尤浮,确系捏造。鲍昌寿尚有⁵私雕关防、招摇不法之事,尤须研讯,应由另案拟办。是否有当?谨缮何应钟原来清折,恭呈御览。

所有审办霆营军饷报销不实查照何应钟折开提用银数追缴缘由,除将供招咨送户部查核外,理合恭折具陈,伏乞皇太后、皇上圣鉴,训示。谨奏。光绪十三年八月初二日⁶。

(朱批):览奏,均悉。鲍超提用饷银,报销不实,本有应得之咎,姑念该提督生前战功卓著,加恩免其置议。所提银两据奏已缴银十万两,其余欠缴之二万余两,并加恩免其追缴,赏作建祠之用。何应钟着永不叙用。余依议,该部知道,单并发。⁷

光绪十三年八月十八日,奉朱批:览奏,均悉。……单并发。钦此。⁸

【案】此奏原件①、录副②现藏于中国第一历史档案馆,兹据校正。再,此奏具文时间刊本仅作"光绪十三年七月二十七日",而朱批、录副均作"光绪十三年八月初二日",确。兹据校正。

① 中国第一历史档案馆藏:《朱批原件》,档案编号:04-01-16-0221-102。
② 中国第一历史档案馆藏:《军机录副》,档案编号:03-6107-070。

1.【头品顶戴四川总督臣刘秉璋跪】刊本无此前衔,兹据校补。

2.参见光绪十二年七月初一日湖南提督鲍超具报病危遗一折①及光绪十二年八月初十日护理川督游智开代呈湖南提督鲍超遗折。②

【案】光绪十二年十月二十三日,阎敬铭等奏报鲍超军营候补道何应钟等员浮报粮饷,请旨革职讯办,曰:

大学士管理户部事务臣阎敬铭等跪奏,为据咨密陈,声明请旨事。

前因滇、越军务平定,前湖南提督鲍超一军奉旨遣撤,所有收支粮饷例应报部核销,于本年八月二十七日经该提督将收支饷数清册咨送到部。臣等查该提督自光绪十年九月三十日由夔府招募成军起,至光绪十一年九月十五日在云南沾益州一律遣撤止,共请销薪粮等项银壹百零贰万肆千叁百柒拾捌两伍钱叁分捌厘陆毫。臣部正在核办间,忽于本年十一月十六日接准该提督于本年六月二十九日出咨,据称该提督会办云南军务,派委湖北候补道何应钟总办营务,经理霆字全军。迨至和议已成,全军凯撤,该道不思报效,渐次私串后路粮台湖北候补道许世福,行奸作弊,乘间侵蚀,浮报瓜分。查霆字全军支发饷项,自成军之日起至凯撤之日止,总共统用银捌拾贰万零叁百柒拾两,其余均系浮报。又制造锅帐、旗帜等项浮报支银伍万余两。又据何应钟报称:十年九月招募时,该提督曾在夔城拨用银叁万两。又凯撤后于十一年十月,霆正左营官罗天德、正右营官吴荣贵在重庆天顺祥兑拨银柒万捌千两,差哨官温德炳、周泰护解至夔。该提督甚为惶悚,当即令该提督之子鲍祖龄照数缴出下余之饷,应着总理营务事何应钟、兼办营务处许世福、帮办营务处候补知县鲍祖馨等,查算归款,免致虚糜。复查办理文案丁埘、刘长松、陈宗器、傅少岩、随员许世祺,从中分肥,表里为奸。该提督未敢听其朦混,逐一咨明,请烦查照等情。

臣部接阅之下,不胜骇异。查该提督于七月初二日病故,此文系六月二十九日出咨。其遗折与咨文既在同时,何不于遗折内声明?此次所报共用饷数捌拾贰万零叁百柒拾两,与上年十一月初七日出咨送册请销饷数壹百零贰万肆千叁百余两,数目大相悬殊。

① 中国第一历史档案馆藏:《军机录副》,档案编号:03-5842-002。
② 中国第一历史档案馆藏:《军机录副》,档案编号:03-5843-069。

且文内历述该营员等作弊营私，侵吞浮冒，种种弊窦，不一而足。是前次咨送请销各册均未足凭，拟将应销各册暂为停办，俟彻底查清，再行核销。惟帑项攸关，兹据咨称，该营员等侵吞浮冒贰拾万两之多，情节甚重，急应确切根究，相应请旨将该营员湖北候补道何应钟，湖北候补道许世福，候补知县鲍祖馨，营官罗天德、吴荣贵，哨官温德炳、周泰，文案随员丁堉、刘长松、陈宗器、傅少岩、许世祺等均暂行革职，饬交四川总督刘秉璋就近提讯审办，确切查明，据实陈奏，务期水落石出，不得稍有含混。是否有当？伏候圣裁。并抄录该提督递到咨文，恭呈御览。

谨将霆军报销不实，据咨请旨查办缘由，恭折密陈，伏乞皇太后、皇上圣鉴，训示遵行。谨奏请旨。光绪拾贰年拾壹月贰拾叁日。大学士管理户部事务臣阎敬铭、协办大学士户部尚书臣宗室福锟、户部尚书臣翁同龢、户部左侍郎臣嵩申、户部左侍郎臣孙诒经、户部右侍郎臣景善、户部右侍郎臣孙家鼐。①

【案】光绪十二年十一月二十四日，户部为营员候补道何应钟伙同虚报侵吞军饷一案抄录前湖南提督鲍超原咨致军机处，曰：

谨抄录前湖南提督鲍超原咨，恭呈御览。

为咨明事。窃照敞爵军门于光绪拾年秋奉命会办云南军务，进规越南，力图恢复，随即咨调各省旧部入川，分别委用，就地招募，遵照向章，霆字壹军拣派管带营官壹员，每月薪水银贰百两外，字识银柒两。哨官陆员，每员每月银贰拾两，共银壹百贰拾两。勇丁陆百名，每名每月银肆两，共银贰仟肆佰两；内什长陆拾名，每名每月加银壹两，共银陆拾两。公夫捌拾名，每名每月银叁两，共银贰百肆拾两。棚夫壹百捌拾名，每名每月银叁两，共银伍百肆拾两。火药、铅弹夫肆拾名，每名每月银叁两，共银壹百贰拾两。炮夫捌名，每名每月银叁两，共银贰拾肆两。以上合计壹营每月总共银叁千柒百壹拾壹两。

验得湖北候补道何应钟，前在广东嘉应州办理霆军开报勇丁截旷所，堪以委用总理营务处任事，经理霆字全军领支饷款。维时该道办公敏捷，迨至光绪拾壹年肆月，大军行抵黔省属之广南府地方扎营。兹因和议已成，全军凯撤，该道不思报效，渐次私串后路粮台兼办营务处事湖北候补道许世福，行奸作弊，乘间侵蚀，浮报

---

①　中国第一历史档案馆藏：《军机录副》，档案编号：03-5215-104。

瓜分。敝爵军门焦灼万分，深受国恩，涓埃未报，当即设法沿途督师，毋许逗遛。敝爵军门已于光绪拾壹年拾壹月回籍，叠次札催总理营务处何道应钟速将成军起领收国帑若干、支发数目若干，逐一造明实收实用细数报销，以凭察核。咨报该道藉故迟延，以催札为具文，延不造报。惟查霆字全军现在夔州府城，已成拾伍营，实只招募霆字正伍营、霆字副伍营、霆正亲兵壹营，计拾壹营，浮报肆营，就近在夔州府城已截扣壹月之饷，共银壹万肆仟捌百肆拾肆两，于光绪拾年玖月初贰日成军之日起至凯撤之日止，共发给拾个月之饷，总共银肆拾万零捌千贰百壹拾两。又霆字新伍营、霆胜正伍营计拾营，分部在四川泸州、贵州毕节县城一带招募，以成军之日起至凯撤之日止，共支发玖个半月饷项，总共银叁拾伍万贰千伍百肆拾伍两。再，敝爵军门委派管带营官壹员，每营当领银贰千两，贰拾壹营共领银肆万贰千两。每营造办锣锅、帐房、旗帜、号衣、刀矛等件，连招募勇丁每日小口粮钱伍拾文，一并在贰千两之数外，发每营采办鞍马银贰百两，仍在正饷内扣还。各营应需马匹，均系自备。以上贰拾壹营，共用银柒拾陆万零柒百伍拾伍两。

又添敝爵军门每月办公银捌百两，随带字识拾陆名，每名每月银拾贰两，共银壹百玖拾贰两；又添营务处每月办公银肆百两，又添分统管带官肆员，每员每月加银壹百两，共银肆百两。以上均给拾个月饷银，内霆新、霆胜分统贰员，只给玖个半月，应截扣饷银共叁百两。以上官兵总共统用银捌拾贰万零叁百柒拾两，其余均系浮报。

又制造锅、帐、旗帜、号衣、刀矛等项，前称用过银玖万余两，核定浮报支银伍万余两。正值清办间，旋据何道应钟报称：前因光绪十年九月招募时，敝爵军门曾在夔城拨用银叁万两，又凯撤后于光绪拾壹年拾月内，霆正左营营官罗天德、正右营官吴荣贵等在重庆天顺祥兑拨银柒万捌千两，差正左营哨官温德炳、副哨官周泰护解至夔，实胜惶悚，已令敝爵军门之子鲍祖龄缴出下余存之饷，应着总理营务处何应钟、兼办营务处许世福、帮办营务处候补知县鲍祖馨等查算归款，免致虚糜。

复查办理文案丁埙、刘长松、陈宗器、傅少岩、随员许世祺，从中分肥，表里为奸。敝爵军门身受国恩，未敢听其朦混。兹因病入膏肓，拟合逐一咨明大部，请烦查照，会同军机大臣具题施行。①

① 中国第一历史档案馆藏：《军机录副》，档案编号：03-5846-056。

【案】同日,户部呈革员何应钟开呈鲍超所提各项银两清单:

谨将革员何应钟开呈鲍超所提各项银两清折照缮,恭呈御览。

一、提总统薪夫小口粮库平银一万六千六百九十八两六钱六分。

一、提各营大小员弁薪水库平营一万五千二百零六两。

一、提步队二十营勇粮,先提一成,后提二成,共提库平银五万九千五百四十四两。

一、提马队饷干库平银七千八百二十四两。

一、提军装库平银八千一百两。

一、提造换帐篷库平银二万六千零四十六两八钱一分五厘二毫七丝七忽二微。

一、提胜副五营川资库平银一千七百四十八两八钱一分七厘九毫。

一、提各营筹备公费库平银二万零六百七十七两二钱七分一厘二毫。

一、提随时支发余剩尾数并多提平余库平银一千四百二十五两四钱三分五厘六毫二丝二忽八微。

一、提库平升出湘平银三万四千六百八十四两三钱。

以上总共提银十九万一千九百五十五两三千,理合登明。

(朱批):览。①

3.【系】刊本夺"系",兹据校补。

4.【递】刊本误作"追",兹据原件校正。

5.【尚有】刊本作"尚无",显误。兹据原件校正。

6.【光绪十三年八月初二日】刊本无此具奏日期,兹据原件校补。

7.【案】此朱批据原件校补。

8.【光绪十三年八月十八日,奉朱批:览奏,均悉。……单并发。钦此】此朱批日期与内容,据录副校补。

【案】光绪二十四年三月初四日,九门提督荣禄为湖北候补道何应钟被诬革职一案据情代奏,曰:

奴才荣禄等谨奏,为据情代奏,恭折仰祈圣鉴事。

窃据已革二品顶戴湖北候补道何应钟取具同乡官印结,遣抱

---

① 中国第一历史档案馆藏:《清单》,档案编号:03-6103-075。

刘升,以承办军饷报销被参屈抑,存殁含冤,具呈禀诉前来。

奴才等详阅原呈内称:光绪十年间,跟随已故提督鲍超在云南军营支发军火,饬办枪炮以及薪粮夫价等项,嗣因销册不符,以致被参,系因局员暗改供折,朦详之故,实属冤诬等情。案关军火报销,该员呈诉各节是否果有屈抑,奴才等未敢壅于上闻。谨抄录原呈,恭呈御览,伏乞皇上圣鉴,训示。谨奏。光绪二十四年三月初四日。①

【案】光绪二十四年三月初四日,九门提督荣禄具呈湖北候补道何应钟承办军饷被诬参革职请求注销诬参开复原官之呈文:

具呈:前总霆军营务处革职二品顶戴盐运使衔军机处存记湖北候补道随带加三级叶普铿额巴图鲁何应钟,现年六十三岁,四川资州人,遣抱家丁刘升,为案关军饷,显违部议,暗改供折,存殁含冤,呈恳查明案册,据实转奏,以雪冤诬事。

窃革道历充霆军营务处。光绪十年,爵提督鲍超会办云南军务,奏奉谕旨:所有月饷等项,均照乐亭海防销册旧章办理等因。钦此。其时川饷支绌,开招之银鲍提督谕将柴草、军火各公用均由营捐提办公,免销正帑;成军即由营捐银二万余两,委解两江总督,请饬办快枪,添买毛瑟、格林枪炮,仍由军中分年捐还,免请库帑,先后片奏在案。撤后将全军薪粮夫价遵照旧章造册报销,各公用与遣撤路费未报分厘。十年十二月,奉裁五营,饷项不敷,按日给发饭资,未照饷章算发,据实报部有案,亦省饷之一端。十一年正月,在滇乏食,革道借商银十万两,六月奉撤。其时川饷未到,诚恐迟延日久,积欠愈多,革道乃借银先遣,共借商银三十四万两,历奏在案,当时在滇司道共见。除由川督丁付还外,尚欠本银二万四千余两。川督刘到任,奏借款应自行清还。滇督岑谂知冤诬,代还本银,革道垫还息银,卖宅完事。十一月,将换帐棚、买柴草、养余勇、减薪资省饷各情,附片缕奏在案。另录黏呈。

十二年七月,鲍提督病故,革将鲍昌寿挟参革之嫌,伪刻关防,捏造鲍提督咨文,分投部院,经户部奏奉上谕:户部奏,接据提督鲍超咨报用饷实数,抄录原咨呈览,并查明应缴、应扣等款各折片。览奏,殊堪诧异。鲍超于七月初一日发递遗折,有粮饷支发,系何应钟办理,并恳恩准实用实销等语。今户部所接咨文,系填写六月

① 中国第一历史档案馆藏:《军机录副》,档案编号:03-5357-019。

二十九日出咨，乃迟至一月十六日始行到部，所报用饷实数，与上年咨部清册不符二十万两之多。且历述何应钟等朋比侵蚀情节较重，与遗折之语如出两人。又称令伊子鲍祖龄缴出银十万余两，亦未声明呈缴何处，种种疑窦情弊，显然事关朋吞巨饷，亟应彻底根究，湖北候补道何应钟等均着暂行革职，交四川督臣刘秉璋严行审讯，务将支发款目研究得实，毋任稍涉弊混。何应钟等果有浮冒侵吞情弊，即行从严参办等因。钦此。革道自持无弊，先赴成都府谳局投到，将捐提办公各款开折黏递亲供折目，书明谨将奉提采办枪炮、军火、公用各账开呈。鲍提督之子祖龄亦将遗存公用账单呈案，历审无弊。适奉节县详称，起获革将鲍昌寿伪刻鲍昌关防，讯供挟参革之嫌，捏造假咨，投部倾陷不讳等情，益钦佩恭奉上谕内种种疑窦情弊显然之圣鉴。

今果捏诬全露，乃谳局委员将革道所递折目"谨将奉提采办枪炮、军火、公用"等字改为"谨将何应钟开呈鲍超所提各项银两清折照缮"等字，又将鲍祖龄所呈账单谓为难保非任意胪列，毋庸送呈，使捐提各款公私不明，有入无出，遂以捐提办公之款并奏明咨销帐棚等项一并作为浮冒之款，朦混具详。川督刘据详奏参，何应钟讯无朋吞分肥情事，亦非擅自挪移。惟总理营务任听鲍超提用，以致报销不实。虽事后据实递折，已属巧诈无良，业经革职，应请永不叙用。革道既无朋吞、挪移，无弊已明，据实递折，何为巧诈？显以矛盾之词罗织诬参。夔州府竟将鲍提督拾余万银两之产契查追，牌示招买，贱卖银十万两缴案。

窃此案因假咨而起，既经奉节县查获鲍昌寿伪刻关防，供认捏造咨文不讳，则假咨各款皆虚，其冤诬业已全明，殊又遭局员改折朦详之害。况鲍提督捐提办公，实因省帑，历经奏明，且事前奉准照乐亭销册旧章办理在案。查乐亭销册，正饷外另销柴草、军火各公用银二十三万余两，遣撤路费银二十万两零。云南军务，凡柴草、军火、路费等项，鲍提督均已自行由营捐提之银十二万余两，撙节应用。故云南销册正饷外，并未另销分厘。此可为鲍提督捐提办公之实据。云南销册较乐亭销册，实少销银四十余万两之多，宪部与户、工部案册可查，更可为实非浮冒之确凭，故经户部议复，川参云按册核算，均与霆军并该提督奏准营制银数原案相符，应准开销等因。倘有例不应销之款，部议必驳，何能应准开销？

兹户部议奏甚明，革道无辜已白。惟因川谳局委员贪功图缺，暗将革道所递清折目录改换，并将祖龄公用账单匿不上呈，又不查销册深文周内，故以浮冒入人罪，致鲍提督受查追之罚，狐兔同悲；复抑扬含混，文致无辜，谓革道业经革职，应请永不叙用。诸员均经革职，均无庸议。并未指明劣迹，即请永废，含冤何甘？昔岳武穆冤沉莫须有，鲍忠壮诬陷难保非，恐成千古冤狱。定案后，刘总督在任，卷无从查，致冤埋十年，未敢上诉；去任后，始查明谳局印卷内革道原递清折目录犹存，备悉改换折目，朦详冤诬，审办局员当虽委缺两年病殁，被参诸员气毙亦多，文员独革道仅存，乃因借银省帑，冤遭罢废，若不呈明，不但功臣与革道等复盆莫揭，且恐后来任事者以省帑为车鉴，是以来都冒昧遣丁，据实渎呈，伏乞于宪部档案内饬查霆军光绪七年乐亭海防、十一年云南军务两案销册，两相比较。如云南销册比乐亭销册少销枪炮、军火、柴草、路费等项属实，则鲍提督实非浮冒自明，革道等无辜受屈自见。伏乞将查明案册少销省帑各情据实奏呈，恩恩昭雪，注销诬参原案，开复原官衔翎，俾得明勋臣之冤，即以励将士之气。再行查川省，饬将谳局印卷内所存革道原递清折目录"谨将奉提采办枪炮、军火、公用各账"等字照实录详咨复，与原参折目比较，则局员改目朦详之冤全现。虽局员业经早故，而功臣可白沉冤，则殁存均感，将士同歌，叩恩赏准施行。①

【案】此案以川督刘秉璋奉旨去职回籍，经护理总督文光审明拟议，于光绪二十四年五月具奏被参已革湖北道员何应钟尚无冤抑缘由，曰：

再，查前兼署督臣恭寿任内准户部咨：奏复军机处交出步军统领衙门奏，已革道员何应钟呈诉惩办报销被参缘由一折、单一分，于光绪二十四年四月初七日具奏，军机大臣面奉谕旨，着户部咨行四川总督查明办理。钦此。钦遵抄录原奏、清单，咨行到川，当经恭寿行司转饬查复去后。兹据署布政使赖鹤年、署按察使安成转据成都府知府刘心源详：遵即督同委员候补通判武文源、大挑知县陈庆增检查清单，内开户部原奏四川总督臣刘秉璋审办霆营报销不实一案，提省发局，饬核何应钟面呈清折银数。何应钟照销册指出鲍超提银一十九万一千两零，查军需用款理宜核实，若销非所用，即为浮冒。何应钟总理营务，独任报销，为鲍超亲信之人，乃任

① 中国第一历史档案馆藏：《军机录副》，档案编号：03-5357-018。

听提用,办理册籍又不实用实销,以致报销不实。虽于事后据实递折,已属巧诈无良,业经革职,应请永不叙用,奏奉谕旨照准完结在案。今据该革道呈称局员改换折目,并刘秉璋复奏折内声称何应钟讯无朋吞情事,亦非擅自挪移,何以又目为巧诈等语。有无冤抑,臣部无从查悉,应请饬下四川总督调查谳局印卷,详悉根究等因。

遵查霆营军饷报销原案,因报销不实,讯明追缴,经前任府黄毓恩讯详到司,并未将何应钟所递清折随详呈送。而前升藩司崧藩、前升臬司游智开以何应钟既经递折,即应开呈,当照详文所叙,何应钟供指鲍超提款照开清折转呈,核与款项银数相符,据实开报,并无有心更换折目之事。何应钟之被参,因其为鲍超亲信之人,乃于提用饷项时并不随时匡正,迨至办理销册,又不实用实销,以致报销不实,实属朦混取巧,故请永不叙用,并非为折目声叙不同始请参处,则开呈折目,并与此案毫无出入,何应钟之被参亦无冤抑。原案具在,不能借折目为词冀翻前案等情,详请奏咨前来。

臣复核无异,除咨部查核外,谨附片具陈,伏乞圣鉴。谨奏。①

奏鲍祖龄等欠缴银两请特加恩赏片
光绪十三年八月初二日(1887年9月18日)

再,霆军销案不符,实由鲍超将例不准销之款融入销册,致蹈浮冒之愆。惟查该故提督鲍超在咸丰、同治年间,当逆焰滔天之势,转战湖北、江西、安徽、广东等省,所向皆捷,发逆畏之如虎,往往城邑被围之际,援军冒为鲍字旗帜,贼见之辄披靡,解围而去,至今绅民述其战状,犹觉眉飞色舞,论剿平发逆之功,一时提镇中鲍超实居其首。厥后剿捻、防海,亦复无役不从。此次自滇遣撤回里,该军专管营务、粮饷之委员革道何应钟承办报销,多所浮冒,适鲍超伤病举发,垂死昏迷,不及觉察。迨奉谕旨交臣查办,臣即钦遵传案,讯实饬追,已据鲍超之子鲍祖龄等缴银十万两。欠缴二万余两,现据鲍祖龄恳请从缓措缴,倘蒙垂念鼓鼙之良将,广施帱覆之宏恩,曲予矜全,免鲍超以处分,并将欠缴之二万余两于例外特加恩赏,作为鲍超各处建祠之用,出自逾格天恩,非臣所敢擅请。

附片沥陈,伏乞圣鉴,谨奏。

---

① 中国第一历史档案馆藏:《朱批原件》,档案编号:04-01-16-0255-037。

光绪十三年九月初七日奉到朱批：览奏，均悉。鲍超提用饷银报销不实，本有应得之咎，姑念该提督生前战功卓著，加恩免其置议。所提银两据禀已缴银十万两，其余欠交之二万余两，并加恩免其追缴，赏作建祠之用。何应钟着永不叙用。余依议，该部知道，单并发。钦此。

光绪十三年八月十八日，本日见面带上带下，原片归籀。[1]

【案】此奏原件查无下落，录副现藏于中国第一历史档案馆①，兹据校正。再，此折具文时间刊本作"光绪十三年七月二十七日"，而录副则署为"光绪十三年八月初二日"，但有存疑标记。查光绪十三年八月十八日《随手档·刘秉璋折》②，署有"报四百里、八月初二日发"等字样。据此，此奏具文日期当以"光绪十三年八月初二日"为宜。兹据校正。

1.【光绪十三年八月十八日，本日见面带上带下，原片归籀。】此日期与内容据《随手档》校补。

奏川省机器局暂行停铸疏
光绪十三年十二月初五日（1888 年 1 月 17 日）

头品顶戴四川总督臣刘秉璋跪[1]奏，为查明此川省机器局机器未全，制造未精，拟请[2]暂行停铸各项洋枪，并在上海购买外洋枪弹各件，以节局费而利军械，恭折仰祈圣鉴事。

窃查川省幅员辽阔，纵横皆三千余里[3]，外接番戎，西连藏卫，内多啯匪、会匪，欲安疆宇，必先整武备；欲整武备，尤当先求利器。当此外洋各国皆枪炮雄视一时，督臣丁宝桢于光绪三年升任来川，揆度时宜，创立机器局，选雇工匠，仿照外洋办法，制造枪炮、药弹、铜帽、洋火药等件。观其规画宏远，用意深长，洵足为整军经武之用。惟其立志务在自强，是以仿用西法，不用西人，局中所用司事、工匠皆中国之人，不雇洋匠，以致铸造各项究未得其真诀。又因机器不全，间用手器，所铸之枪，其大小厚薄不能无毫厘之差。

臣查上海、天津、金陵三厂为中国机器局之大观，然皆未铸后膛洋枪，而川省机器局竟公然铸之。臣于去年冬间初到川时，诧为神异，心窃喜之，将

---

① 中国第一历史档案馆藏：《军机录副》，档案编号：03-6107-071。
② 中国第一历史档案馆藏：《军机处随手登记档》，档案编号：03-0254-1-1213-242。

铸成后膛各枪深为珍惜,留待有事之用,不肯轻发各营。迨至夏间,统领寿字、泰安等营署提督臣钱玉兴等谆求发给演试,始各酌发数十杆,以资操习。旋经各营演放多次,佥称所发各枪枪筒大小不能划一,后门枪弹多有走火,又或不能合膛。臣始为惊诧,立派署提督臣钱玉兴会同营务处候补知县徐春荣、筹饷报销局委员候补知府唐承烈,将局中铸存后膛各枪日赴教场,逐一试放,果是枪筒、枪弹均不一律,若以御敌,必致误事。

臣核计局中铸枪工料,其用费已昂于外洋买价,如果所铸各枪精良合用,犹可不惜小费以图自强。无如所铸之枪,臣逐加考验,其子路之及远与准头之取中,比较外洋所购,实已远逊。以更贵之价铸无用之枪,殊不合算。臣现已饬局将各项洋枪暂停铸造,裁减局中司事、工匠。计自本年十一月起,每年约可节省局费银二万余两之谱,以所省局费购备外洋枪弹,庶饷不虚糜,器皆利用。当此中外多事之际,军械不可不预为筹备,现已电致上海地亚士洋行,购定后膛毛瑟枪一千五百杆,每杆配子五百出;又购买前膛来复枪五千杆,并电购哈乞克司枪五百杆,每杆配弹八百出。以上[4]需用枪价、弹价,约计裁减局费两年所省,即可敷用。其局中前已铸成之枪,并由臣饬局设法修整匀配,留为次等之用。

至于现在留局司事、工匠人等,当即饬令经管局员逐加挑选,认真妥办。至后膛炮弹一项,现始饬局试行添铸。其原铸后膛枪子,因杂用手器,亦颇不甚得法,幸前督臣丁宝桢去年派员赴上海添购机器,现已陆续解运到川,将来机器安置停妥,饬令该局专铸铜帽后门枪弹、炮弹及赴造洋火药,较有把握。

除现购外洋枪弹各项一俟购运到川,再将价脚专折奏报并咨部查照外,所有现在饬令机器局暂行停铸各项洋枪并上海购买枪、弹各缘由,理合恭折具奏,伏乞皇太后、皇上圣鉴,训示。谨奏。光绪十三年十二月初五日[5]。

(朱批):该衙门知道。[6]

光绪十三年十二月二十日,奉朱批:该衙门知道。钦此。[7]

【案】此奏原件①、录副②现藏于中国第一历史档案馆,兹据校正。再,此奏具文时间刊本仅作"光绪十三年十一月十三日",而朱批、录副均作"光绪十三年十二月初五日",确。兹据校正。

---

① 中国第一历史档案馆藏:《朱批原件》,档案编号:04-01-01-0959-065。
② 中国第一历史档案馆藏:《军机录副》,档案编号:03-9409-037。

1.【头品顶戴四川总督臣刘秉璋跪】刊本无此前衔,兹据校补。

2.【拟请】刊本夺"请",兹据校补。

3.【纵横皆三千余里】刊本作"纵横皆有三千余里"。

4.【以上】刊本夺"上",兹据校补。

5.【光绪十三年十二月初五日】刊本无此具奏日期,兹据原件校补。

6.【该衙门知道】此朱批据原件补。

7.【光绪十三年十二月二十日,奉朱批:该衙门知道。钦此。】此朱批日期与内容,据录副校补。

奏筹济河工赈需疏

光绪十三年十二月初五日(1888 年 1 月 17 日)

头品顶戴四川总督臣刘秉璋跪[1]奏,为筹议河工用款,体察地方情形,分别办理,以济赈需,恭折仰祈圣鉴事。

窃臣准户部议咨,裁撤防营长夫暨盐商捐输、当商汇号交银三条,饬令川省一体遵照办理等因,遵即督饬该司道等会议去后。

兹据布政使崧蕃、按察使游智开、盐茶道延煜、成绵龙茂道承厚、滇黔盐务局夏旹详称:查上年法人拘难,到处用兵,户部筹画饷糈,颁行开源节流二十四条,行令各省照办,即有裁撤防营长夫暨劝谕盐商捐输、汇兑商号捐银各条。其时经前督臣丁宝桢督同司道悉心筹画,凡有可以裨益军饷者,几于无利不搜。而于此数条斟酌再四,实属格碍难行,详细胪陈请免,曾奉谕旨照办在案。现在川省情形与前不甚悬殊,惟河工决口,黄流无归,浩大工程,需款甚巨,敢不于无可设法之处竭力筹措,上纾朝廷宵旰之忧?随经该司道等与臣再四筹商,只得于盐务、当商竭力劝办。现议于官运局经征之计、岸各商,按引凑捐银二万两。又查前次海防筹款,各计商业已输将,因边商成本太重,并未报效。此次河工赈务如仍仅令计商筹办,为数无多,难成巨款,拟由官运局派令滇黔边岸、楚岸一律劝办,每水引一张,捐银二两,计亦可捐银四万两。此外由盐茶道经征之各计、岸商人,按引凑捐银二万余两。又川省当商本少利微,常多歇业,势难概令预纳二十年课银,因为设法变通,督饬府县传谕省城各当商,劝令每当捐河工银一百两,照例请奖。如不愿奖,准其移奖他人,该当商等均已允从,容俟通饬各属一体劝办,如均照纳,计可得银一万数千两。合计盐务、当商通共可得银十万两之谱。又督饬府县传谕汇兑商号,遵照捐银,免其领帖。金称伊等均系帮工伙计,向遇公事,均有山西总号及京师坐号筹办,号规极严,欲本号捐银,无论多寡,伊等不敢擅专,恳请咨部行文山西、顺天,劝谕老号捐助,以归一律等语。访查系属实情,应请准予照办。至防营长夫,曾经前督臣丁宝桢以川省路远山多,防军时有调遣,全赖长夫运负军装、辎重,且姓名、住址按籍可稽,日仅口粮八分。若裁长夫,临时另募,非特民价过贵,欲节转费,且恐委弃偷窃,通贼内应,所关尤重,请予免裁在案。近年川省生齿日繁,伏莽甚众,腹地则大邑蒲江被匪突入城内,焚署劫狱之案,层见叠出,诛不胜诛。现值冬令,尤须防军到处巡缉。各边则猓夷种落出扰无常,全赖防军四出雕剿。云贵、湖北交界各属,道阻且长,游勇、散练,时复蠢动,尤赖防军星驰策应。防军开拔,跬步皆山,粮饷军装,专恃长夫负运,名为防军,实非坐守不动者可比。况现在印藏通商迄无定议,正当厉兵秣马,以备不虞,长途负重,夫实难裁,应请仍循其旧等情,详请奏咨前来。

伏查河工用款,固所必需,而因地制宜,尤应酌办。臣与该司道再四筹商,所有饬捐、免裁各款均系实在情形,除据详咨部查核外,理合恭折具陈,伏乞皇太后、皇上圣鉴,训示。谨奏。光绪十三年十二月初五日[2]。

(朱批):户部知道。[3]

光绪十三年十二月二十日,奉朱批:户部知道。钦此。[4]

【案】此奏原件①、录副②现藏于中国第一历史档案馆,兹据校正。

1.【头品顶戴四川总督臣刘秉璋跪】刊本无此前衔,兹据校补。

2.【光绪十三年十二月初五日】刊本无此具奏日期,兹据原件校补。

3.【户部知道】此朱批据原件补。

4.【光绪十三年十二月二十日,奉朱批:户部知道。钦此。】此朱批日期与内容,据录副校补。

奏拨还屯饷乃复边备原额并停放麦粮以免烦扰疏
光绪十四年二月初五日(1888 年 3 月 17 日)

头品顶戴四川总督臣刘秉璋跪[1]奏,为拨还屯饷,仍复边备原额,并停放

---

① 中国第一历史档案馆藏:《朱批原件》,档案编号:04-01-01-0957-042。
② 中国第一历史档案馆藏:《军机录副》,档案编号:03-6618-108。

麦粮,以免烦扰,恭折仰祈圣鉴事。

窃据布政使崧蕃详称:案查川省屯防经费,定例每三年请领二次,每次拨银一万两,积三次后拨银一万五千两,仍以地当边要,请款不能时至,又预拨储边备银一万两,以备不虞。咸丰年间,前管理懋功厅同知渠县知县沈崧曾因办理团防,挪用例拨屯饷银一万四百九十两,经前署督臣崇实²奏请参追,恭逢咸丰十一年恩诏,由部开单具奏豁免,于同治元年九月初十日奉旨:依议。钦此。钦遵在案³。查前项豁免挪用屯饷,系年例应发要款,历任厅员屡以筹拨为请,迄未由司详奏,致将边备银两移发积欠屯饷,每值新旧交替,款目缪辖,积欠愈甚。现在整饬屯务,自应各归各款,以期永清交案。且屯防关系綦重,一有事故,动虞掣肘,预拨边备一项,洵为必不可少之需,应请奏拨货厘银一万四百九十两归还准免前项,以四百九十两发给屯饷欠款,以一万两填补厅库边备,用复原额。至五屯存储麦粮,例应按年借给兵、民、番、练籽种,春放秋还,每石加耗一升归仓,原为新疆地处边僻,民生维艰,是以借放麦粮,用资接济。年来五屯生齿日繁,山地渐辟,汉番谋生浸广,颇能自食其力。举凡种植自安者,多以诣仓路远,领缴旷时,不愿承借。而官吏拘于例文,勉令练兵借领,无业之民亦复搀杂其间,以故收缴甚难⁴,册报动稽岁月,节经前任藩司督饬厅屯清理,缓之不免拖延,急之又涉烦扰,几令济民良法转为厉民苛政。从前各属社仓流弊滋多,嗣后停止借放,始免民欠追呼之累,拟请将各屯麦粮以光绪十四年为始一律停放,如遇欠岁,即由厅屯各员查照存七粜三之例,随时禀办筹填。如此则荒歉有备,民不烦扰,变通尽利,莫善于是,详请奏咨等情前来。

臣复查该藩司所详,实系备边便民善法,合无仰恳天恩俯准拨还屯饷,仍复边备原额,停放麦粮,以免扰民。

除咨部查核外,理合恭折具陈,伏乞皇太后、皇上圣鉴,训示。谨奏。光绪十四年二月初五日⁵。

(朱批):着照所请,户部知道。⁶

光绪十四年二月二十三日,奉朱批:着照所请,户部知道。钦此。⁷

【案】此奏原件①、录副②现藏于中国第一历史档案馆,兹据校正。

1.【头品顶戴四川总督臣刘秉璋跪】刊本无此前衔,兹据校补。

---

① 中国第一历史档案馆藏:《朱批原件》,档案编号:04-01-35-0993-010。
② 中国第一历史档案馆藏:《军机录副》,档案编号:03-6675-032。

2.【崇实】刊本空名讳作"崇□",即崇实①,兹据原件校正。

3.【案】咸丰十年十二月初五日,署理四川总督驻藏大臣崇实具折特参渠县知县沈崧曾亏短屯防银两,请旨革职拿问,查抄究办,曰:

署理四川总督驻藏大臣奴才崇实跪奏,为亏短屯防银两之已参知县请旨革职拿问,查抄究办,恭折奏祈圣鉴事。

窃照屯防各官均有经管屯粮之责,遇有交卸,应与内地州县一律,依限清交,以杜亏挪。兹查前管懋功厅同知渠县知县沈崧曾,任内应交屯防正、杂各款银一万四百九十两,经后任屡催无交,禀由该管道揭据藩、臬两司具详请奏前来。奴才查屯防银两系供支屯员及塘士、兵丁口粮等项要需,不容稍有短缺。乃该员沈崧曾于交卸之后,延不交清,实属玩视公项。查沈崧曾已于咸丰十年补行九年大计案内经前署督臣曾望颜以不及纠参例应降二级调用,相应请旨将该参员沈崧曾即行革职拿问,由司提同经手丁胥人等严审,是侵是挪,按律治罪;一面将该员寓所资材严密查封,檄查历过任所有无隐匿寄顿,并飞咨浙江巡抚转饬该员原籍乌程县,将财产一并查抄备抵,以重款项。

是否有当?理合恭折具奏,伏乞皇上圣鉴,训示。谨奏。十年十二月初五日。

咸丰十一年正月初十日,奉朱批:另有旨。钦此。②

【案】此奏旋于咸丰十一年正月初十日得旨照准,《上谕档》载曰:

咸丰十一年正月初十日,内阁奉上谕:崇实奏,请将亏短屯防银两之已参知县革职拿问一折。降调四川渠县知县沈崧曾,于前

---

① 崇实(1820—1876),字子华,号朴山,又号惕盦,满洲镶黄旗人。道光二十二年(1842),乡试中举。三十年(1850),中式进士,改翰林院庶吉士。咸丰二年(1852),授编修,补左赞善,充文渊阁校理,转翰林院侍讲,兼满洲办事翰林官。三年(1853),升侍讲学士,兼日讲起居注官。同年,授通政使司通政使,加詹事衔。四年(1854),迁内阁学士兼礼部侍郎衔。同年,补授镶蓝旗蒙古副都统,署户部左侍郎。五年(1855),调补工部右侍郎,兼管钱法堂事务。八年(1858),授太仆寺少卿。九年(1859),补詹事府詹事。同年,补授驻藏办事大臣。十年(1860),调镶黄旗汉军副都统。同年,署四川总督。十一年(1861),擢成都将军。同治十年(1871),调补镶白旗蒙古都统。是年,充兼稽察坛庙大臣、武会试监射大臣。十二年(1873),署热河都统。同年,晋刑部尚书、经筵讲官。十三年(1874),兼充会试副考官。光绪元年(1875),署盛京将军,兼盛京户部侍郎、奉天府尹。二年(1876),卒于任。赠太子少保,谥文勤。著有《适斋诗集》《惕庵自叙年谱》《完颜文勤公集》等行世。
② 中国第一历史档案馆藏:《军机录副》,档案编号:03-4158-059。

管懋功同知任内应交屯防正、杂各款银一万四百九十两,延不交清,殊属胆玩,沈崧曾着即革职拿问,交崇实提同经手丁胥人等,严行审讯,如有侵挪情弊,即按律治罪。所有该员寓所资材,即着严密查封,毋任隐匿寄顿,并着浙江巡抚将该员原籍财产一并查抄备抵,以重款项。钦此。①

4.【收缴甚难】刊本作"收缴甚艰",兹据原件校正。

5.【光绪十四年二月初五日】刊本无此具奏日期,兹据原件校补。

6.【着照所请,户部知道】此朱批据原件补。

7.【光绪十四年二月二十三日,奉朱批:着照所请,户部知道。钦此。】此朱批日期与内容,据录副校补。

奏川省请加广一次文武乡试中额疏
光绪十四年三月十三日(1888 年 4 月 23 日)

头品顶戴四川总督臣刘秉璋跪[1]奏,为川省绅民历年已收津贴、捐输,协济京外要饷,并计银数,恳恩加广一次文武乡试中额,以昭激劝,恭折仰祈圣鉴事。

窃查前准户部咨:加广一次文武乡试中额,改为捐银三十万两者,准广一次文武乡试中额各一名等因。兹据布政使崧藩、按察使游智开会详:川省岁收钱粮向不敷年例供支,年来京外协饷全赖津贴、捐输两项以资接济。绅民频年输将,实属不遗余力。查光绪五年以前津贴、捐输征收银数,业已奏请加广文武乡试中额,奉旨准行次第取中在案。今自光绪六年起至九年止,共收过通省津贴银二百三十七万八千七两八钱九分二厘,又收过通省捐输银三百六十三万六百七十两七钱七分一厘。总计津贴、捐输两项共收银六百万八千六百七十八两六钱六分三厘,皆系零星捐助、不敷议叙之款,亦未广过学额,自应汇计加广中额。遵照定章银数,以三十万两加广文武乡试中额各一名,共应加文武中额各二十名,核计银数,有盈无绌,汇造已收津贴、捐输银数清单,详请奏咨前来。

臣查该司等报收光绪六年起至九年止所收津贴、捐输银数及请加广乡试中额名数,核与部定新章相符。现值奉拨京外各处要饷,待用孔殷,所藉以接济者,惟以津、捐两项为大宗,自应如详办理,以顺舆情而昭激劝。合无

---

① 《咸丰同治两朝上谕档》第 11 册(咸丰十一年),广西师范大学出版社 1998 年版,第 15 页。

仰恳天恩敕部核议,准以历年未经请奖广额之津贴、捐输银六百万八千六百七十八两六钱六分三厘汇案并计,加广本年戊子科川省乡试一次文武中额各二十名。其长余银八千六百余两,照章作为有盈不归下届并计。如蒙俞允,则士林悉沐恩膏,而闾阎益殷报效,实于国家理财、育贤之道均有裨益。

除清单咨部外,谨会同学政臣高赓恩,合词恭折具奏,伏乞皇太后、皇上圣鉴,训示。谨奏。光绪十四年三月十三日[2]。

(朱批):该部议奏。[3]

光绪十四年四月十五日,奉朱批:该部议奏。钦此。[4]

【案】此奏原件①、录副②现藏于中国第一历史档案馆,兹据校正。

1.【头品顶戴四川总督臣刘秉璋跪】刊本无此前衔,兹据校补。

2.【光绪十四年三月十三日】刊本无此具奏日期,兹据原件校补。

3.【该部议奏】此朱批据原件补。

4.【光绪十四年四月十五日,奉朱批:该部议奏。钦此。】此朱批日期与内容,据录副校补。

奏西藏俸缎请仍归江浙织造承办疏
光绪十四年三月十八日(1888年4月28日)

头品顶戴四川总督臣刘秉璋跪[1]奏,为西藏俸缎川省无从采买,应请仍归江浙织造承办,恭折仰祈圣鉴事。

窃查前准户部咨:奏复理清西藏番官积年欠领俸缎,参酌道光二十年理藩院原奏,稍微变通,请旨饬下四川即自光绪十四年起,将前藏应领俸缎三十九匹改由川省藩库筹款,按照缎匹名色、数目,就近采买,解交驻藏大臣,如数发给,以归简易。奉旨:依议。钦此。钦遵到,臣遵即转行去后。

兹据布政使崧蕃详称:查西藏番官应领年例俸缎三十九匹,向由江南苏、杭各织造筹款分办。自道光二十一年起至咸丰二年,系各织造运甘转解西宁道库,收存备放。咸丰三年以后,因织造停机,西藏供差又因回匪道梗,改由川省行走,以致积欠频年,无从承领。兹经驻藏大臣以改复旧例为请,

① 中国第一历史档案馆藏:《朱批原件》,档案编号:04-01-38-0168-003。
② 中国第一历史档案馆藏:《军机录副》,档案编号:03-6536-027。

户部议令,改由川库筹款采买,解藏给发,如果川中机织合宜,或能采买,自当遵照办理。乃查核由藏开来清单,内载有莽缎、蓝素衣、素彭缎纱料等项名色,川中从无此等机张,亦无此项织工,蓝素衣、素彭缎无人见过,莽缎与纱间有由江浙远贩来川者,因关税、厘金、水脚过重,价值高于江浙倍蓰,若照例价采办,势必窒碍难行。且名色仍不能齐,倘依市价报销,又恐有违成法。伏读户部原奏,谓同治年间南省荡平,渐复织务,俸缎一项亦只能办解现年之款等因。是青海俸缎既能办解,则西藏俸缎亦可复旧等情,详请奏咨前来。

臣复加查核,西藏喇嘛现虽未走西宁原路,惟此项俸缎名色,川省实在无从采办,相应请旨饬下江浙织造,自光绪十四年起照旧承办,解交户部,一俟有便员解饷到京,即交令带回川省,转解西藏,比之采买,运办较易,而名色亦能备齐。

是否有当?除咨户部查照外,理合恭折具陈,伏乞皇太后、皇上圣鉴,训示,谨奏。光绪十四年三月十八日[2]。

(朱批):户部知道。[3]

光绪十四年四月十六日,奉朱批:户部知道。钦此。[4]

【案】此奏原件①、录副②现藏于中国第一历史档案馆,兹据校正。再,此奏具文时间刊本仅作"光绪十四年三月",未确。而朱批、录副均作"光绪十四年三月十八日",确。兹据校正。

1.【头品顶戴四川总督臣刘秉璋跪】刊本无此前衔,兹据校补。

2.【光绪十四年三月十八日】刊本无此具奏日期,兹据原件校补。

3.【户部知道】此朱批据原件补。

4.【光绪十四年四月十六日,奉朱批:户部知道。钦此。】此朱批日期与内容,据录副校补。

奏派勇剿办马边厅猓夷疏

光绪十四年四月初四日(1888 年 5 月 14 日)

四川成都将军臣宗室岐元、头品顶戴四川总督臣刘秉璋跪[1]奏,为马边

① 中国第一历史档案馆藏:《朱批原件》,档案编号:04-01-36-0018-019。

② 中国第一历史档案馆藏:《军机录副》,档案编号:03-7118-103。

厅等处猓夷勾结凉山野番，出巢捆掳滋事，伤毙弁兵，当即由省派勇驰往助剿，叠获擒斩，谨将办理情形恭折具陈，仰祈圣鉴事。

窃查川省马边、雷波、屏山等厅县均与凉山猓夷连界，山深林密，路径纷歧，夷疆处处可通。该猓夷于同治初年、光绪元、二、三等年屡次出巢滋扰，均经派勇剿办。去年秋间，探闻马边、屏山等处附近夷地岁收歉薄，恐其出巢滋事，当即札饬各厅县时加防范，并酌调营勇，分往各处，择要驻扎。该猓夷果于本年正月初间勾结凉山野番出巢，屡扰屏山县属撕栗岗、石角营等处，均经驻扎屏山之管带达字左营留浙补用副将茆孔善率队驰往奋击，轰毙夷匪多名。该猓夷退入老林，因见屏山地面防军布置周密，复在夷巢麇聚数千人，由老林绕至马边厅属，分股出扰油榨坪、烟峰汛等处，经驻防烟峰汛千总余清江率兵出城迎击，因夷众兵单，该千总余清江被夷匪枪伤殒命，同时伤毙兵丁三名，带伤五名。适驻扎厅属之管带达字副前营蒋继荣、达字右营唐珊峰闻信，率队驰往应援，杀夷多名。该猓夷始行退去，现尚潜伏老林。因厅属幅员辽阔，原驻防军不敷分布，恳请添拨营勇前往助剿。先后据马边协副将张祖云①、马边厅同知花映均禀报前来。

臣等查夷性犬羊，但知畏威，不知怀德。此次猓夷辄敢勾结凉山野番，分股出巢肆扰，伤毙弁兵，实非剿办不可，当即由省调派管带长胜中营徐中聘、长胜右营姚振邦两军，并令练熟炮队之帮带泰安亲兵卫队尽先都司钱春榜、寿字副前营哨官孔继昌等，各带后膛枪炮，分赴马边、屏山一带助剿，一面饬令统领达字全军记名总兵马朝选会同马边协副将张祖云，妥为调度剿办去后。

兹据该统领马朝选等先后禀报：就近调集驻扎夷疆之达字前、右、副前三营，会同由省调往之长胜中、右两营，并就近招募熟习夷地路径土人作为向导，探知老鸦营、十二坝等处为夷匪麇聚之所，于三月初间派队分路进剿。该处约有夷匪二千余人，各持枪械，负险抗拒。我军分两路各用洋炮轰击，伤毙夷匪数十名，焚毁蛮棚百余间，夺获蛮杆、毡衫多件。该猓夷势不能支，纷纷奔溃老林。连日又在大绷坎、雷公坪等处遇夷接仗，先后枪毙夷匪多

---

① 张祖云（1834—1898），湖南麻阳人，初由湖南镇标兵丁出师江南、安徽等省，积功保守备，并戴花翎，拔补宿州营把总，旋保以都司尽先补用。嗣因剿办捻军暨解宿州城围出力，保游击，并加达勇巴图鲁名号。同治元年（1862），擒获捻首何中元，保参将。旋于攻克长城、肃清海州等处案内保副将，加总兵衔。六年（1867），经四川总督吴棠奏调赴川，因防剿滇回出力汇保，记名总兵。十二年（1873），借补永宁营参将。光绪元年（1875），攻克兴文县九丝寨，保升副将，旋补马边协副将，历署川北、重庆等镇总兵，并护理提督篆务。二十二年（1896），经川督鹿传霖奏请，开去马边协副将底缺，仍以提镇交军机处记存，留川升用。二十三年（1897），卒于军营。

名,擒获汉奸一名,焚毁蛮棚三百余间。十二日,探得附近运道之毛竹埂山林内有夷匪潜伏,当即派令达字前营郝锦富率队驰往搜捕,枪毙夷匪数名,该夷各自退去。嗣又探得二坝、三坝、下雷公坪等处复有夷匪麇聚,即派队前往分头剿捕,枪毙夷匪数十名,夺获矛杆、毯衫数十件,烧毁蛮棚五百余间。又探知板桥沟、铁脚卡两处夷巢最多,分队直捣。该巢夷匪迎敌,我军枪炮齐发,轰毙夷匪数十名,复毁蛮棚四百余间。夷匪见我军奋勇,三面围攻,势难抵拒,仍分窜老林潜伏。现在各营进扎走马坪、油榨坪等处夷地,节节堵截,相机攻击。此近日进剿夷匪之大概情形也。

臣等伏查夷情贪狡异常,此次猓夷大股出巢,捆掳滋扰,势颇猖獗,若不慑之以威,势必复出为患。除饬该统领等督队进剿,并设法诱令出巢,大加惩创,以寒夷胆,俾使畏威就抚,以靖夷疆外,再烟峰汛千总余清江被匪戕害,应请恩旨敕部照阵亡例议恤,以慰忠魂。

所有派勇剿办缘由,是否有当?谨合词恭折具陈,伏乞皇太后、皇上圣鉴,训示。谨奏。光绪十四年四月初四日[2]。

光绪十四年四月二十二日,奉朱批:览奏,均悉。该猓夷出巢滋扰,亟应大加惩创。岐元、刘秉璋务当督饬派出员弁迅即相机攻击,剿抚兼施,毋任猖獗为患。余清江着交部,照阵亡例议恤。钦此。[3]

【案】此奏原件、录副均查无下落,兹据《随手档》校补。再,此奏之具文时间,刊本仅署"光绪十四年四月与成都将军岐元合奏",未确。查光绪十四年四月二十二日《随手档·朱批岐元、刘秉璋折》①,则署有"报三百里、四月初四日发"等字样。据此,其具奏日期当以"光绪十四年四月初四日"为宜。兹据校正。

1.【四川成都将军臣宗室岐元、头品顶戴四川总督臣刘秉璋跪】刊本无此前衔,兹据《随手档》及前后折件校补。

2.【光绪十四年四月初四日】刊本无此具奏日期,兹据《随手档》校补。

3.【光绪十四年四月二十二日,奉朱批:览奏,均悉。该猓夷出巢滋扰,亟应大加惩创。岐元、刘秉璋务当督饬派出员弁迅即相机攻击,剿抚兼施,毋任猖獗为患。余清江着交部,照阵亡例议恤。钦此。】此朱批日期与内容,据《随手档》校补。

---

① 中国第一历史档案馆藏:《军机处随手登记档》,档案编号:03-0257-2-1214-105。

奏马边猓夷出巢滋扰添募营勇助剿疏

光绪十四年四月二十四日（1888年6月3日）

　　四川成都将军臣宗室岐元、头品顶戴四川总督臣刘秉璋跪[1]奏，为马边猓夷出巢滋扰，派勇助剿，因各处防军不敷调遣，现已招募先锋左、右二营，以资剿办，恭折仰祈圣鉴事。

　　窃照马边、屏山等处猓夷勾结凉山野番，出巢滋扰，捆掳民人，劫掠财物，拒毙弁兵，经臣等派队前往助剿，曾将此案情形恭折会奏在案。近据统领达字全军马朝选等陆续禀报：该夷近因迭被官兵击退，先后毁其夷巢二千余间，不敢公然对垒，然伏于老林，时出时没，既不肯散，复不就抚，其心叵测。夷疆道路纷歧，营勇势单，不能兼顾等情。

　　据此，伏查川省幅员纵横三千余里，前因军务肃清，屡将营勇裁撤，现在通省防军仅二十余营，或分扎夷疆，或保护盐岸。且啯匪、会匪伏莽时虞，扼要分防，未便顾此失彼。此次马边夷务经臣等调派达字各营及长胜中、右两营前往剿办，该夷竟敢蠢动不散，若非添兵助剿，势必养痈成患。而营勇不敷分布，不得不添募以资调派。臣等现已会商在省城及马边附近一带，挑选曾经战阵精锐勇丁，添募先锋左、右两营，以期节节分布，相机进剿，一俟猓夷就抚，边境乂安，即行裁遣，以节饷需。

　　除将营中一切薪水、口粮均照前定东勇章程办理，并将成军日期另行咨部查考外，所有添募营勇缘由，谨合词具陈，伏乞皇太后、皇上圣鉴，训示。谨奏。光绪十四年四月二十四日[2]。

　　光绪十四年五月初九日，奉朱批：该部知道。钦此。[3]

　　【案】此奏原件、录副均查无下落，兹据《随手档》校补。再，此奏之具文时间，刊本仅署"光绪十四年四月与成都将军岐元合奏"，未确。查光绪十四年五月初九日《随手档·朱批岐元、刘秉璋折》①，据同批折件可知，其具奏日期当以"光绪十四年四月二十四日"为宜。兹据校正。

　　1.【四川成都将军臣宗室岐元、头品顶戴四川总督臣刘秉璋跪】刊本无此前衔，兹据《随手档》及前后折件校补。

　　2.【光绪十四年四月二十四日】刊本无此具奏日期，兹据《随手档》校补。

――――――――――

　　①　中国第一历史档案馆藏：《军机处随手登记档》，档案编号：03-0257-2-1214-122。

3.【光绪十四年五月初九日,奉朱批:该部知道。钦此。】此朱批日期与内容,据《随手档》校补。

预筹边防片

光绪十四年四月二十四日(1888 年 6 月 3 日)

再,近准北洋大臣李鸿章电开:准总理衙门电:本月十四日黎明时,藏番约有三千,出攻印兵营卡,战至十点钟,藏番败退。现在情形如何? 由川省督转咨驻藏大臣等因。

伏查藏卫为四川门户,前督臣丁宝桢曾经奏请以防三岩野番为名,募勇三千,驻扎巴塘、里塘,奉旨:饬令不动声色,妥为布置。钦此。嗣臣秉璋到任后,与驻藏大臣文硕面商,以其时尚无战事,筹饷维艰,奏请缓办亦在案。

此次藏番出兵,自作不靖,英人势将藉此启衅。川藏唇齿相依,防范不可不预。然招募勇丁必须训练两三月,方可派遣。且由省赴巴、里二塘,亦须一两月,方能抵防。臣等窃维军情缓急之机判于俄顷,库款盈虚之数积自锱铢,万不敢先事张皇,虚糜饷款,亦不敢后时怠玩,贻误事机。现在藏印已将决裂,此后藏事能作转圜,实所甚幸。若印兵必欲入藏,则英人狇焉思逞,防不胜防。臣等现已会商,届时察看情形,如须派营驻防边界,则惟有查照前督臣丁宝桢奏咨原议,先行募勇三千名,训练出关,驻扎巴塘、里塘,以固疆圉。

所有预筹边防情形,谨附片会陈,伏乞圣鉴,训示。谨奏。

光绪十四年五月初九日,奉朱批:览奏,已悉。该将军等随时侦探确情,妥慎办理不得稍涉张皇。钦此。[1]

【案】此奏原件、录副均查无下落,兹据《随手档》校补。

1.【光绪十四年五月初九日,奉朱批:览奏,已悉。该将军等随时侦探确情,妥慎办理不得稍涉张皇。钦此。】此朱批日期与内容,据《随手档》①校补。

保奏夏峕片

光绪十四年六月二十五日(1888 年 8 月 2 日)

再,溯查川省盐局,当前督臣丁宝桢创办之处,一切章程系现办云南矿

---

① 中国第一历史档案馆藏:《军机处随手登记档》,档案编号:03-0257-2-1214-122。

务唐炯①经理，即以试用道夏旹襄办其事。自光绪八年唐炯升授滇藩，夏旹接办局务，精明老练，兴利除弊，屈计接办以来，迄今又历七年，盐务每年收款接济滇、黔，并添济甘饷，为数甚巨，勤劳卓著。惟该道系试用人员，补缺无期，可否仰邀鸿慈敕交军机处存记擢用，出自逾格天恩。

谨附片再陈，伏乞圣鉴。谨奏。

光绪十四年七月二十九日，堂谕封存。次日见面，带上带下，原片归箍。¹

【案】此奏原件查无下落，录副现藏于中国第一历史档案馆②，兹据校正。再，此奏具文时间刊本作"光绪十四年六月二十二日"，而录副作"光绪十四年六月二十五日"。查光绪十四年七月二十九日《随手档·朱批刘秉璋折》③，据同批折件可断，录副具文日期确。兹据校正。

1.【光绪十四年七月二十九日，堂谕封存。次日见面，带上带下，原片归箍。】此日期与内容据《随手档》校补。

奏马边夷匪就抚一律肃清疏
光绪十四年十一月二十二日（1888 年 12 月 24 日）

四川成都将军臣宗室岐元、头品顶戴四川总督臣刘秉璋跪¹奏，为剿办马边等处夷匪，屡获胜仗，歼除悍逆，夷众畏威慑服，现已一律就抚，边境肃清，恭折驰陈仰祈圣鉴事。

窃臣等前因马边、屏山等处猓夷勾结凉山野番，出巢肆扰，伤毙弁兵，由省派勇往剿，当将迭获擒斩及添勇助剿情形先后奏报在案。旋因屏山与马边夷疆逼近，深恐猓夷乘虚回窜，檄饬统领达字营马朝选率领卫队亲兵及达字副前营驰往屏山，择要扼扎，以为犄角之势；一面檄调总理营务处统领长

---

① 唐炯（1829—1909），贵州遵义人，字鄂生，晚号成山老人。道光二十九年（1849），中式举人。咸丰四年（1854），在家乡举办团练，报捐知县，分发四川。六年（1856），署南溪县知县。同治元年（1862），统安定营，御太平军石达开部。六年（1867），奉川督崇实之命，率军入黔，经其保奏，擢升道员，旋为川督吴棠所劾，还川。光绪八年（1882），迁云南布政使。九年（1883），擢云南巡抚，率滇军与中法战争，以擅自逃回云南，革职拿问，拟斩监候，经左宗棠解救获释，戍云南。十三年（1887），督办云南矿务。三十二年（1906），褫职。宣统元年（1909），卒于籍。著有《成山庐稿》《成山老人年谱》《援黔录》《成山庐诗录》《成山堂公牍》《丁文诚公年谱》《四川官运盐案类编》《续云南通志稿》等行世。
② 中国第一历史档案馆藏：《军机录副》，档案编号：03-5237-175。
③ 中国第一历史档案馆藏：《军机处随手登记档》，档案编号：03-0257-3-1214-196。

胜、武字等营徐春荣前往马边剿办。复据提督衔前记名总兵万重暄奉调来川，臣等以该员熟悉夷情，亦即派令前往会剿。

随据马朝选、徐春荣、万重暄、马边协副将张祖云、署马边厅同知花映均等陆续禀报：五月初八日，探得该猓夷复在大凉山纠集三千余众，由铜礦子、九个包老林出巢，分股窜扰莜坝乡、玛瑙厂一带。维时，马朝选尚未移扎屏山，即率达字各营会同张祖云，挑选兵团，分路截击。徐春荣分率长胜、先锋各营，徐中聘、唐珊峰等一由观善场出三溪口以遏贼左，一由官帽洲出中山以遏贼右。并因玛瑙场与屏山接壤，复飞饬长胜右营茆孔善、泰安炮队钱春榜等会合兜剿。各军奋勇齐进。该夷自水平溪、邓家蒨、三岔溪等处合三股拒敌，势甚凶悍。我军枪炮齐施，轰毙夷匪多名，悍夷自沱左目中枪，犹复率众很（狠）斗。我军悉力猛扑，擒斩自沱于阵，夷众分奔。我军合围环击，枪如雨发，即将夷目达渣轰毙，伤毙黑白夷匪七十余名，余众夺尸回奔。其时徐春荣亲率两路队勇从白菓坪一带迎截，该夷猝不及防，中枪落涧者不计其数，夺获蛮矛五十二根、蛮弓二十五把、毡衫多件。夷目黑娃率其败夷潜逸至核桃坪晒谷坝，复经我军追至生擒之，并斩黑白夷首级多颗。各夷纷纷由九个包原路翻山避入老林，我军赶杀二十余里，因小路崎岖，未敢穷追，收队回营。

是月二十五日，我军复会约三路进攻。徐春荣亲率长胜、先锋各营，与已革提督刘玉田捐资自募土勇一百名为乡导，由白水口衔枚疾走，直袭小凉山夷支水落家收所，夺隘而进，至白家湾，为巴射、六特等支夷众聚居之处，地险而逼，蛮棚稠密，滚木礌石，层布拒守。我军以短刀居前，洋枪继后，奋身直进，力破坚巢。该夷奔逃，中枪被斩及坠岩落涧者无算。我军乘胜追入老林十余里，又擒斩悍夷五名，夺获旗、械多件，一路蛮棚悉数焚毁。马朝选驻屏山后，亦饬所领各营及开花炮队，以军功杨先章带向导五十名，同日由油榨坪渡河，抄出麦子坪，直攻献牛坪。该处猓夷皆牙纳、了花、小木干等支分住，凭高据险。我军开花炮对轰，夷匪退伏，一拥登寨，擒斩、轰毙悍夷多名，并毁蛮棚数百间。张祖云亲率制兵并镇边等营，以军功叶青山带向导五十名由鱼儿坝、出头坝进攻十二坝。恶莪、比根、庚儿、阿六等支夷人率众抵拒。我军奋勇攻击，夷势披靡，遂分两路包抄，至大院子夷窟，夹攻而入，枪炮齐施。该夷力不能支，落荒乱窜，阵斩及生擒甚多，并毁蛮棚四百余间，夺获器械多件，当各收队，即在白家湾、献牛坪、大院子三处驻扎，为节节进剿之势。

此一役也，共擒斩夷匪四百余名，焚毁蛮棚一千五百余间，夺获蛮矛、弓弩、毡衫共六百二十余件。我军亦阵亡勇丁十八名，带伤五十七名，分别优给恤赏;出力弁勇,按功存记。一面确探路径,再议深入。旋据探报,小凉山各支夷匪经此次痛剿,莫不心怵胆裂,议将归顺等情。随据牙纳家千户牛纳、六特家百户毛林率众来营,环跪乞抚,并称小凉山各支夷众均已悔惧,情愿投诚,恳免剿洗。报经臣等以马边右路夷人十九支,居小凉山者三分有二,现既被创乞抚,应即照准,以凭调集兵力,专剿大凉山,当即檄饬议抚。

旋据牛纳、林毛两夷酋回巢,邀同牙纳、巴射、庚儿、阿六、六特、恶莪、了花、木干、比根、水落、乌曲、捏扭等十二支夷众来营,准其投诚,一面分率各营队伍于七月十九日分路进剿大凉山。万重暄一军由铜厂埂进至大风岭,该夷已用木石塞断隘口,拒守甚固。我军分兵一半向前攻击,以一半由小路攀藤附葛而上,抄出隘后掩袭。该夷腹背受敌,力不能支。我军夺隘齐登,奋力攻击,伤毙夷匪一百八十余名,夺获器械多件,蛮棚悉数焚毁,夷众四散奔逃。徐春荣一军率同徐忠聘、唐珊峰等由洒水坝攻入,行至半途,先分六成队伍暗伏两旁深林之内,以四成队勇向前。该夷扼守于细橄沙对垒,鏖战良久,我军渐退,夷匪胆敢穷追,我军反鼓回旗,以枪炮连环轰击,两旁伏兵齐出,三面夹攻,该夷大败,击斩悍夷数百,我军乘胜据险,悉毁蛮棚,拾获器械无算,当各就地驻扎,连日派队四处搜剿,将附近夷巢一律平毁。

正筹议深入间,旋据阿支家千户格初率同大凉山各支夷酋诣营乞抚。该统领等责以此次出巢焚掳,戕官毁汛,情罪重大,不允收降。该夷酋等惶恐,伏地哀鸣,佥称烟峰汛千总余清江实系凶夷自沱戕毙,该凶夷自沱已在水平溪被官军阵斩伏法,伊等被剿悔惧,情愿缴掳去难民,赔修烟峰汛房屋,以赎前愆,以后永不敢再行滋事等语。该统领等见其情词肫挚,带同该夷酋拔队回营,责令清缴难民,赔修汛房,一面禀由臣等酌定批准,择期于十月十九日整齐队伍,会同厅属文武,在于厅城外校场受降。是日,大凉山阿支、阿侯、捏莪、捏特、素干、吼卜、捏别等七支与小凉山夷人十二支共十九支,集齐黑白夷众三百余人,均各饮酒歃血,誓不复反。当已优加赏犒,晓以大义,并令各支得力黑夷照章留营当差,责保路口,以示羁縻,现已陆续缴出难民九十余丁口,马屏全境一律肃清等情,先后会禀前来。

臣等伏查马、屏一带,猓夷支数繁多,夷情犷悍,同治初年及光绪元、二、三等年屡次出巢滋扰,派勇剿办,久烦兵力,惟始以剿者必终以抚,诚如圣谕,剿抚兼施。本年,出巢毁汛戕官,势尤猖獗,小凉山之战胜极为得势,是以大凉山一战而服。此皆仰赖天威,将士用命,未及一载,勘定边隅,办理尚称妥速。臣等当即饬令将领等会同厅县文武将善后事宜悉心筹画,妥为布置,各营弁勇暂行留驻,以期有备无患,用副圣主轸念边陲之至意。此次在事出力将领、文武员弁、绅团亲冒矢石,深入烟瘴夷巢,大小十余战,皆能杀敌致果,用告厥成,较之用兵内地,劳苦尤著,相应吁恳天恩俯准择尤保奖,以昭激劝。

除另折开单续请外,所有剿办马边等处猓夷,现已一律就抚,全境肃清缘由,谨合词恭折由驿驰陈,伏乞皇太后、皇上圣鉴,训示。谨奏。光绪十四年十一月二十二日²。

光绪十四年十二月初八日,奉朱批:另有旨。钦此。³

【案】此奏原件、录副均查无下落,兹据《随手档》校补。再,此奏之具文时间,刊本仅署"光绪十四年十一月与成都将军岐元合奏",未确。查光绪十四年十二月初八日《随手档·朱批岐元、刘秉璋折》①,则署有"报四百里、十一月二十二日发"等字样。据此,其具奏日期当以"光绪十四年十一月二十二日"为宜。兹据校正。

1.【四川成都将军臣宗室岐元、头品顶戴四川总督臣刘秉璋跪】刊本无此前衔,兹《随手档》及前后折件校补。

2.【光绪十四年十一月二十二日】刊本无此具奏日期,兹据《随手档》校补。

3.【光绪十四年十二月初八日,奉朱批:另有旨。钦此。】此朱批日期与内容,据《随手档》校补。

【案】此奏旋于是年十二月初八日得旨允行,《上谕档》载曰:

光绪十四年十二月初八日,内阁奉上谕:岐元、刘秉璋奏,剿办马边等处夷匪,歼除悍逆,余众一律就抚,边境肃清一折。四川马边、屏山等处猓夷勾结凉山野番,出巢肆扰,经岐元、刘秉璋派出各营兵勇,分路进剿,迭获胜仗,擒斩悍逆夷目,歼毙夷匪甚多,并焚毁蛮棚、夷巢多处,所有大凉山、小凉山各支夷众畏慑兵威,输诚受抚,马边、屏山全境一律肃清,办理尚属妥速。即着该将军等饬令各该将领会同厅县文武,将善后事宜悉心筹画,妥为布置,以期永靖边陲。此次在事出力文武员弁,着准其择尤保奖,毋稍冒滥。该部知道。钦此。②

① 中国第一历史档案馆藏:《军机处随手登记档》,档案编号:03-0257-4-1214-316。

② 《光绪宣统两朝上谕档》,广西师范大学出版社1996年版,第448页。又《清德宗实录》卷262,光绪十四年十二月,中华书局1987年版,第521页。

陈明故员李惺范泰衡事实恳恩宣付史馆疏

光绪十四年十二月二十二日（1889年1月23日）

头品顶戴四川总督臣刘秉璋跪[1]奏,为陈明已故詹事府左春坊左赞善李惺及五品衔以知县用万县训导范泰衡事实,恳恩宣付史馆,恭折仰祈圣鉴事。

窃查已故詹事府左春坊左赞善李惺,于同治四年九月初六日经前督臣骆秉章①具题入祀乡贤祠一疏②,于是年十二月十九日奉旨:该部议奏。钦此。嗣于同治五年十二月二十五日经礼部复奏,奉旨:知道了。钦此。行知川省遵照入祀在案。

兹据在籍翰林院编修伍肇龄、侍读衔编修徐昌绪、编修廖坤培、检讨刘青照、编修记名御史刘桂文协同各绅民等查明,已故詹事府左春坊左赞善李惺,四川垫江县人,嘉庆戊辰科举人,丁丑进士,官翰林院检讨,洊升赞善,以丁父忧回籍,主讲锦江书院,前后四十余年。该故员纯孝性成,友于兄弟,耄年好学不倦,著书立说,有裨世道人心。所刻《冰言》《药言》《冰言补》[2]《药言补》等书,皆足砭愚针顽,发明正学。在籍办理团练,力劝修寨筑堡,多设探卒,川东、川西一带不遭蹂躏。平居则廉隅自饬,一介不苟。至亲戚匮乏,寒竣困苦,不惜倾囊仈助,其励学为善有如此。又已故五品衔以知县用万县训导范泰衡,四川隆昌县人,由府学廪膳生中式道光十四年甲午科举人。二十四年,大挑二等,以教职用。咸丰元年,选授万县训导。同治元年,以军功保加五品衔,以知县用,三年,告病归里,主讲隆昌书院。该故员素性孝友,翕和兄弟,好学不倦,其著书立说均能发明正学,实于世道人心大有裨益。其居官也,为置租田数百石,以作季考诸生奖资,并设宾兴以恤寒士。当粤

---

① 骆秉章(1793—1867),原名俊,字吁门,号儒斋,祖籍广东花县,后迁佛山。嘉庆十七年(1812),入县学。二十四年(1819),中举。道光十二年(1832),中式进士,改庶吉士。十三年(1833),授编修。十五年(1835),任国史馆协修。十八年(1838),补江南道监察御史。十九年(1839),任掌江南道监察御史。二十年(1840),充会试同考官,掌四川道监察御史。二十一年(1841),补工科给事中。二十二年(1842),补鸿胪寺少卿、奉天府府丞,兼奉天学政。二十四年(1844),补左庶子、日讲起居注官。二十五年(1845),丁母忧,回籍守制。二十八年(1848),改右庶子,升侍讲学士,调补湖北按察使。二十九年(1849),迁贵州布政使,再调云南布政使。三十年(1850),升授湖南巡抚。咸丰二年(1852),署湖北巡抚。三年(1853),补授湖南巡抚。十一年(1862),调补四川总督。同治元年(1862),加太子少保,二年(1863),晋太子太保。三年(1864),封一等轻车都尉。六年(1867),擢协办大学士,卒于任。追赠太子太傅,谥文忠。著有《骆文忠公奏稿》存世。
② 详见中国第一历史档案馆藏《吏科题本》,档案编号:02-01-006-005306-0025。

匪窃据金陵,采办川米,又能集齐邑绅,激发大义,不期月而得米二千石,运皖交纳。洎夫滇匪寇蜀,石逆窜川,该故员率团守御,悉合机宜。其致仕也,克绍其先人范仲淹义庄成法,除置祭田祀先外,以每岁所入赡恤族亲,其居官、致仕之实行有如此。今据在籍各绅协同各属绅民以该故员等实行昭著,以永垂信史,先后合词呈请转奏前来。

臣复加访查无异,合无仰恳天恩敕将该故员李惺、范泰衡等事实宣付史馆,以彰至行之处,出自鸿施。

除将事实清册咨部查核外,理合会同学政臣高赓恩①,恭折具奏,伏乞皇太后、皇上圣鉴,训示。谨奏。光绪十四年十二月二十二日³。

(朱批):着照所请,该衙门知道。⁴

光绪十五年正月二十二日,奉朱批:着照所请,该衙门知道。钦此。⁵

【案】此奏原件②、录副③现藏于中国第一历史档案馆,兹据校正。再,此奏具文时间刊本仅作"光绪十四年十二月",未确。朱批、录副均作"光绪十四年十二月二十二日",确。兹据校正。

1.【头品顶戴四川总督臣刘秉璋跪】刊本无此前衔,兹据校补。

2.【案】刊本夺"《药言》《冰言补》",兹据原件校补。

3.【光绪十四年十二月二十二日】刊本无此具奏日期,兹据原件校补。

4.【着照所请,该衙门知道】此朱批据原件补。

5.【光绪十五年正月二十二日,奉朱批:着照所请,该衙门知道。钦此。】此朱批日期与内容,据录副校补。

---

①　高赓恩(1841—1917),字曦亭,直隶北塘(今天津)人。光绪二年(1876),中式进士,改庶起士。四年(1878),授翰林院编修,嗣充国史馆协修,入值上书房。十三年(1887),放四川学政。十五年(1889),充河南乡试正考官。二十二年(1896),补授詹事府右春坊右赞善。二十四年(1898),补授陕西陕安道。二十六年(1900),赏四品京堂,补内阁侍读学士,入值弘德殿。民国六年(1917),卒于里。

②　中国第一历史档案馆藏:《朱批原件》,档案编号:04-01-12-0544-049。

③　中国第一历史档案馆藏:《军机录副》,档案编号:03-5550-018。

卷六

谢赏福字疏

光绪十五年二月二十八日（1889 年 3 月 29 日）

头品顶戴四川总督臣刘秉璋跪[1]奏，为恭谢天恩，仰祈圣鉴事。

窃臣于十五年正月赍折差弁回川，奉到御书福字一方，当即恭设香案，望阙叩头谢恩祗领。钦惟我皇上道凝鼎命，德握乾符。化布枫宸[2]，染翰乘万几之暇；恩周疆宇，迎祥寓一字之中。

臣忝寄西川[3]，自惭驽质[4]，回暄北陆，仰荷鸿施。星明瞻井络之辉，授时巨典；日近志泰阶之瑞，锡福殊荣。彩焕毫丹，恩铭心赤。臣惟有[5]宣扬德意，合夏屋以胪欢；勉励靖共，惕春冰而图报。

所有感激下忱，理合恭折叩谢天恩，伏乞皇上圣鉴。谨奏。光绪十五年二月二十八日[6]。

（朱批）：知道了。[7]

光绪十五年四月初三日，奉朱批：知道了。钦此。[8]

【案】此奏原件①、录副②现藏于中国第一历史档案馆，兹据校正。

1.【头品顶戴四川总督臣刘秉璋跪】刊本无此前衔，兹据校补。

2.【化布枫宸】刊本作"化布寰区"。

3.【忝寄西川】刊本作"忝督西川"。

4.【驽质】刊本作"驽钝"。

5.【惟有】刊本夺"有"，兹据原件校补。

6.【光绪十五年二月二十八日】刊本无此具奏日期，兹据原件校补。

7.【知道了】此朱批据原件补。

---

① 中国第一历史档案馆藏：《朱批原件》，档案编号：04-01-12-0545-167。
② 中国第一历史档案馆藏：《军机录副》，档案编号：03-5248-007。

8.【光绪十五年四月初三日,奉朱批:知道了。钦此。】此朱批
日期与内容,据录副校补。

奏剿办马边等处夷务肃清保奖文武员弁疏
光绪十五年三月初二日(1889 年 4 月 1 日)

四川成都将军臣宗室岐元、头品顶戴四川总督臣刘秉璋跪[1]奏,为剿办马边等处夷务一律肃清,遵将在事出力文武员弁、绅团择尤保奖,开呈清单,恭折仰祈圣鉴事。

窃照上年屏山、马边一带猓夷出扰,戕官焚汛,掳掠边民,势极猖獗,当经臣等派拨弁勇往剿,先后进攻小、大凉山,擒斩首逆,击毙多酋。该夷势穷力蹙,倾心投诚,边境一律肃清。臣等复将先后剿抚各情形奏报,钦奉上谕:四川马边、屏山等处猓夷勾结凉山野番,出巢肆扰,经岐元、刘秉璋派出各营兵勇,分路进剿,迭获胜仗,擒斩悍逆夷目,歼毙夷匪甚多,并焚毁蛮棚夷巢多处,所有大凉山、小凉山各夷众畏威,输诚受抚,马边、屏山全境一律肃清,办理尚属妥速,即着该将军等饬令[2]各该将领会同厅县文武,将善后事宜悉心筹画,妥为布置,以期永靖边陲。此次在事出力文武员弁等,准其择尤保奖,毋稍冒滥。钦此。谨即恭录转行去后,随据各营陆续开折汇保前来。

伏思此次屏山、马边一带猓夷扰边,恃大、小凉山为巢穴,林深路险,剿办为难,经各营将领徐春荣、马朝选、万重暄等督军悉力会攻,次第歼灭,未及一载,剿抚告成。去年十二月间,该将领等续报,除夷种十九支概行投诚外,现在复有大凉山历未投诚之悍夷一支名捏子、小凉山向未投诚之悍夷一支名阿图者,近亦率众来营乞抚[3],当即优加赏犒,选其酋目,分守隘口当差等情。据此,则与前次就抚之十九支共成二十一支,蛮夷之倾心向化,已可概见。

是役也,将领、士卒等出师蛮瘴之乡,深入不毛之地,或夺险攻坚,荡平碉堡;或擒斩首要,力挫凶锋。而地方文武、士绅集团助阵,筹办转运,得以军食无缺,及早蒇事,均属著有微劳。臣等尤恐稍涉冒滥,现复从严核减,谨缮清单①,恭呈御览,吁恳天恩俯准,俾作士气而励戎行。

除拟保千总以下各弁另册咨部核奖外,所有遵旨汇保剿办马边等处夷务出力员弁、绅团,择尤开单保奖缘由,理合恭折具陈,伏乞皇上圣鉴,训示。谨奏。三月初二日[4]。

---

① 此清单查无下落,待考。

光绪十五年四月初四日,奉朱批:该部议奏,单一件、片二件并发。钦此。⁵

【案】此奏原件查无下落,录副①现藏于中国第一历史档案馆,兹据校正。

1.【四川成都将军臣宗室岐元、头品顶戴四川总督臣刘秉璋跪】刊本无此前衔,兹据录副校补。

2.【饬令】刊本误作"处令",兹据校正。

3.【率众来营乞抚】刊本作"率众夷乞抚",兹据录副校正。

4.【三月初二日】刊本无此具奏日期,兹据录副校补。

5.【光绪十五年四月初四日,奉朱批:该部议奏,单一件、片二件并发。钦此。】此朱批日期与内容,据录副校补。

奏参将吴杰前办海防有功才具可用疏
光绪十五年六月初九日(1889 年 7 月 6 日)

头品顶戴四川总督臣刘秉璋跪¹奏,为浙江候补参将吴杰前办海防功绩最著,平日办事可靠,才具可用,遵旨缕陈,恭折仰祈圣鉴事。

案准军机大臣字寄:光绪十五年五月十五日奉上谕:前据卞宝第②奏参管带镇海炮台候补参将吴杰,居心险诈,不遵调度,并有侵用工料情事,请将该参将革职²。当经照所请行。兹有人奏,吴杰熟谙西法,廉朴耐劳,从前法舰犯口,两次开炮获胜,声望甚好。此次误被参劾,实由于标营排挤等语³。朝廷遴选将才,首在辨别是非。刘秉璋、卫荣光前在浙江巡抚任内办理海口各事宜,所部将领之贤否,自必知之详审。究竟吴杰才具如何? 平日办事是否可靠? 从前防守镇海口门有无功绩? 着即据实复奏。将此各谕令知之。钦此。遵旨寄信前来。

臣伏查吴杰系尽先参将实任镇海营守备,管理镇口招宝山炮台,已历多

---

① 中国第一历史档案馆藏:《军机录副》,档案编号:03-5869-006。

② 卞宝第(1824—1893),字颂臣,江苏仪征人。咸丰元年(1851),中式举人。五年(1855),充刑部江西司主事。六年(1856),选实录馆校对。八年(1858),补刑部陕西司员外郎。九年(1859),升刑部直隶司郎中。十一年(1861),授浙江道监察御史。同年,署湖南道监察御史。同治元年(1862),补礼科给事中。同年,补授顺天府府丞。二年(1863),升顺天府府尹。五年(1866),迁河南布政使。六年(1867),擢福建巡抚。光绪八年(1882),调补湖南巡抚。九年(1883),署理湖广总督。十四年(1888),补授闽浙总督。同年,署理福州将军。十六年(1890),兼管福建船政,兼署福建陆路提督。十八年(1892),因病开缺。十九年(1893),卒于籍。著有《卞制军奏议》等行世。

年。臣前在浙江巡抚任内因筹办海防,亲往查看,见其队伍整齐,炮具精洁,演放灵便,颇近西法。访诸舆论,平日抚驭炮兵,威惠兼施,能得其死力,心窃器之。光绪十一年正月,法舰将犯镇口,所有南洋援闽之三轮避入镇口,人心惶惧。浙江提督欧阳利见怔怯无谋,仓皇失措,倡为徙炮拆台退守之议,将欲徙招宝后膛大炮,经吴杰极言不可,流涕力争。欧阳利见志在必行,谓违则即行正法。臣闻此信,严电饬止,乃定守口之计。及法船多只来攻,招宝炮台数百磅长弹,纷落如雨。镇海、宁波一带人民迁徙一空,前镇海营参将郑鸿章所部兵丁竟有翻穿号衣潜逃者。吴杰手开巨炮,与南洋退回之轮船彼此齐发,各中两炮,洞穿法船两只,敌始败退。越日,又来猛攻,复击退之。法船尚于我炮不及之处。攻打旬余,实赖吴杰稳守招宝一台,扼其咽喉,使不得逞。上海洋人登诸画报,中外传为美谈。事平之后,法提督李士卑士固求登台履看,讶其布守之坚固。欧阳利见因羞成怒,实阴仇之。

臣会同调任闽浙督臣杨昌濬,将郑鸿章奏参降补,即委吴杰署理镇海营参将。查郑鸿章贪庸怔怯,欧阳利见所与沆瀣一气者也。劾其所爱,用其所憎,欧阳利见益痛恨之。大抵义烈之士敢于赴汤蹈火,不惯营私献媚,声望愈美,怨毒愈深。加以标营将弁侵饷,是其故智,欲去吴杰而夺其炮台差使,自便私图,亦以浸润之谮迎合欧阳利见之意,于是乘闽浙总督卞宝第到任未久,不知底蕴,朦请参革,浙东官绅士庶多抱不平。臣阅邸抄,正深诧叹,顷奉谕旨,钦感交并,乃知公道尚在人心,是非难逃圣鉴。

窃思海防为目前第一要务,似此忠勇有功之良将,遭贪庸提督之进谗,误被参劾,深恐内寒将士之心,外为洋人所笑。夫以专阃提督吹毛求疵于一守备,欲加之罪,何患无辞? 以远隔二千里到任未久之总督,据提督来函参一守备,亦只是循例办理,臣何能越俎为之昭雪? 惟钦奉谕旨垂询三端,臣在浙有年,闻见较确,吴杰才具实足备干城之选,平日办事实属可靠。至击退法船之功,尤赫赫在人耳目,应如何旌别淑慝之处,出自圣裁,非臣所敢擅拟。

所有吴杰前办海防功绩最著、平日办事可靠、才具可用缘由,理合遵旨据实复奏,伏乞皇上圣鉴,训示。谨奏。光绪十五年六月初九日[4]。

光绪十五年七月十二日奉旨:已革浙江候补参将吴杰,着崧骏[①]饬令来

---

① 崧骏(1832—1893),字雪帆,号振青,满洲镶蓝旗官学生,瓜尔佳氏。咸丰七年(1857),捐兵部九品笔帖式。九年(1859),中式举人,充兵部七品笔帖式。同治二年(1863),补兵部主事。三年(1864),升兵部员外郎。五年(1866),兼理茶库员外郎。六年(1867),晋兵部郎中。同年,放广东高州府知府。九年(1870),调补山东济南府知府。十年(1871),补授山东沂州府知府。光绪元年(1875),迁山东督粮道,加盐运使衔。五年(1879),补授广西按察使。七年(1881),升补直隶布政使。十一年(1885),擢漕运总督。十二年(1886),补授江苏巡抚。十四年(1888),调补浙江巡抚。十五年(1889),兼署浙江提督。十九年(1893),卒于任。

京，带领引见。钦此。

光绪十五年六月二十九日，堂谕封存。⁵

【案】此奏原件查无下落，录副①现藏于中国第一历史档案馆，兹据校正。

1.【头品顶戴四川总督臣刘秉璋跪】刊本无此前衔，兹据录副校补。

2.【案】光绪十五年正月十九日，闽浙总督卞宝第特参参将吴杰侵用镇海炮台抗延不交，请旨革职，曰：

再，管带浙江镇海招宝山炮台炮兵候补参将吴杰，居心险诈，任性妄为，近在镇海县城内起造住宅，当炮台工程紧要之时，各营勇丁并日赶做。该参将将炮兵调赴城内，供其起屋之用，并有侵用炮台木料、石灰情事。先是镇海南北两岸炮台五座，均归该参将管带，现在南岸新添三台，北岸新添两台，提臣欧阳利见咨商前抚臣卫荣光，以南北两岸中隔大江，往来未便，遇有紧要，势难兼顾，经卫荣光添派副将陈胜文管带南岸炮台，转饬该参将将炮位、军装、军火、原设炮兵点交陈副将接管。讵该参将奉札之后多日，抗延不交，肆口谩詈，不遵提督调度，似此跋扈鸱张，实属有妨戎政。据浙江提督欧阳利见函请奏参前来。

除查明吴杰侵用工料严行追缴外，相应请旨将候补参将吴杰即行革职，以肃军令。谨会同浙江提督臣欧阳利见，附片具奏，伏乞圣鉴，训示。谨奏。

光绪十五年二月十五日，奉朱批：着照所请，该部知道。钦此。

3.【案】光绪十五年，浙江巡抚崧骏奏报吴杰被参亦无实据恳请更正参案缘由，曰：

再，督臣卞宝第奏参吴杰各节，事先奴才实无所闻。即提臣欧阳利见来省，亦未提及。三月间，接准督臣咨会，以据提臣函称吴杰任性妄为，侵用炮台木料，参革追缴等因。兹奉谕旨饬查，访诸舆论，佥谓提臣欲劾去吴杰已非一日。十一年，吴杰坚守镇海口岸，击退法船，实属有功，历任抚臣咸倚任之，其不受提臣约束亦有所不免，核与原奏大略相同。督臣远在福建，上年九月甫经到任，浙省情形或未周知。提臣在浙有年，武员优劣，当必深悉。是其据

①　中国第一历史档案馆藏：《军机录副》，档案编号：03-5862-101。

函参劾,似无别项情节。其所参侵用炮台木料一节,亦经提臣自行派员,并径行宁绍台道派委文员会同确查,毫无实据,业准知会前来,应由督臣会同提臣核办。此吴杰被参各节之实在情形也。至吴杰自同治初年投效安武军,光绪三年委管镇海招宝山等处炮台,历保至参将留浙尽先补用。上年冬间,镇海南北两岸炮台工程将次完竣,前抚臣卫荣光派委吴杰一员管带,提臣欧阳利见以镇口地势中隔大江,兼管两岸,照顾难周,拟添派副将陈胜文分带,酌商未定,旋值交卸。奴才接印后,即照升任宁绍台道薛福成原议,札派吴杰、陈胜文并带南北两岸炮台,尚未交接,吴杰被参,当即另委副将王立堂管理南岸,副将陈胜文管理北岸,各专责成,现已据报接管在案。

查吴杰任事勇往,于后膛枪炮尤能悉心讲求,动合机窍。惟秉性率直,不善趋承,奴才在苏时即有所闻,今正接见,嘉其颇有血性,当勖以事上之道。该革员深知感悟,现在年力正强,弃置可惜,前守镇海,著有微劳;此次被参,亦无实据,可否仰恳天恩俯准更正参案之处,出自逾格鸿慈。奴才未敢擅便,谨据实陈明,伏乞圣鉴。谨奏。①

【案】同年,出使大臣薛福成密陈吴杰堪胜要职缘由,曰:

再,查定例:提督专辖通省标营及各汛所有旧式炮台。近来武备日精,讲求西法,如此北洋之大沽、北塘、旅顺、威海卫等处,南洋之吴淞口及长江一带,暨福州、台湾、广东各要隘均已建筑新式炮台,莫不挑选勇营,或另募炮兵,遴派得力将弁管带驻守,未有专用标营者,诚以标营积习太深,无从整顿,昔胡林翼、曾国藩等已详言之。若辈图得一差,即视为利薮,偷减侵蚀,必误大局。浙东招宝山之建炮台,始于升任抚臣杨昌濬遴派杜冠英、吴杰经理其事,历任抚臣相继委任,所需经费皆由抚臣设法筹给,故一切用人立法亦由抚臣主持,与标营绝不相干。当升任抚臣刘秉璋在浙时,提臣欧阳利见听镇海参将郑鸿章之言,屡求撤去吴杰。刘秉璋坚拒不从,未及数月,敌舰犯口,吴杰两次开炮获胜。是时吴杰声望实出欧阳利见之上,至今浙东士民皆能道之,郑鸿章旋经刘秉璋劾罢有案。迨刘秉璋升任以去,标营每思乘间揽管台务,臣尝以吴杰之当留为新任抚臣详晰言之。抚臣卫荣光、崧骏皆告臣,以在江苏时即闻吴

① 中国第一历史档案馆藏:《军机录副》,档案编号:03-5866-055。

杰之名。去年卫荣光以将才保荐吴杰,而标营嫉之滋甚。此次标营乘新旧督抚臣交替之际设法拨弄,而吴杰竟被参劾。

臣窃惟多事之秋人才难得。方今创办海军,整理防务,苟稍有可用之才,必当延揽而激励之,培养而护持之。如吴杰者,临财廉,任事勇,操练勤,威望素著,一省之中,实不多得,乃竟终于颠蹶,从此志士寒心,宵人增气,为营将者知守法奉公之不能自全,将就以侵克饷项为献媚取容之计,恐于风气大有妨碍。臣是以不惮烦琐,据实密陈,伏乞圣鉴。谨奏。①

【案】光绪十五年六月初十日山西巡抚卫荣光奏陈参将吴杰前办海防出力未可遽置闲散缘由,曰:

头品顶戴调补山西巡抚臣卫荣光跪奏,为遵旨据实复陈,恭折仰祈圣鉴事。

窃臣承准军机大臣字寄:光绪十五年五月十五日奉上谕:前据卞宝第奏参管带镇海炮台候补参将吴杰,居心险诈,不遵调度,并有侵用工料情事,请将该参将革职,当经照所请行。兹有人奏:吴杰熟谙西法,廉朴耐劳。从前法舰犯口,两次开炮获胜,声望甚好。此次误被参劾,实由标营将士排挤等语。朝廷遴选将才,首在辨别是非。刘秉璋、卫荣光前在浙江巡抚任内办理海口各事宜,所部将领之贤否,自必知之详审,究竟吴杰才具何如?平日办事是否可靠?从前防守镇海口门有无功绩?着即据实复奏。将此各谕令知之。钦此。臣查吴杰防守炮台,均系升任浙江抚臣刘秉璋任内之事,臣在江苏巡抚任内即耳闻其名。及臣到浙时细加访问,佥云其防守炮台战功卓著。迨海防解严后,派令修筑炮台,不辞劳瘁,动合机宜。臣于十三年春间巡阅到镇,见其安置外洋巨炮,配用零件,尤能悉合机窍,转动灵捷,实系海防中不可多得之员,曾于十四年夏间保荐有案。若因同僚排挤,遽置闲散,不惟人才可惜,且无以激励将士之心。谨就见闻所及,据实直陈,并非敢因保荐在先稍涉回护。

所有遵旨复陈缘由,谨恭折具奏,伏乞皇上圣鉴。再,此折系借用河南巡抚关防,合并声明。谨奏。光绪十五年六月初十日。②

【案】光绪十五年六月十七日,闽浙总督卞宝第奏报查明已革

---

① 中国第一历史档案馆藏:《军机录副》,档案编号:03-5866-004。
② 中国第一历史档案馆藏:《军机录副》,档案编号:03-5863-002。

参将吴杰侵用木料尚无实据请免再议缘由,曰:

再,臣正月十九日会同浙江提督臣欧阳利见奏参候补参将吴杰不遵调度,并侵用炮台木料,请革职查办一案,奉到朱批:着照所请,该部知道。钦此。钦遵咨照浙江巡抚、提督委查去后。兹据宁绍台道吴引孙禀称:准巡抚、提督札咨查办,当委候补通判叶元芳会同参将韩进文前赴镇海,详加密查,侵用木料一节,尚无实据。惟该将身为炮台管带,正值起造安设之际,辄于防次相近造屋,兴工运料,亦难保无乘兵闲暇,偶然差遣,均属不知远嫌。提督商同巡抚添派副将陈胜文接管南岸炮台,令该将交替,系十二月十二日奉札。十六日,前宁绍台道薛福成给该将文称:由道禀请不必分岸管理,究奉本管提督札饬在前,理应遵即照行。乃拘泥前道薛福成来文,遂不交卸,实属咎无可辞等语。该道复查无异,禀复前来。

臣查已革参将吴杰于起造炮台之际,辄于防次相近造屋,虽查无侵用木料实据,究属不知远嫌。提督驻扎海疆,防务是其专责,管带炮台将弁,奉文不遵,转凭道员薛福成来文,延不交卸,抗违本管上司军令,诚如提督欧阳利见来函,相率效由,将来营务从何整顿?臣愚亦以为戎政大有关系也。惟该革将吴杰前随欧阳利见防守镇海,开炮击伤法船,尚有微功足录,业经革职,应请免再置议。

除将欧阳利见抄送咨文、札文二件咨送军机处备查外,所有复查缘由,谨附片具陈,伏乞圣鉴,训示。谨奏。

光绪十五年七月初五日,奉朱批:知道了。钦此。①

4.【光绪十五年六月初九日】刊本无此具奏日期,兹据录副校补。

5.【光绪十五年六月二十九日,堂谕封存。】此日期与内容,据《随手档》②校补。

再陈吴杰折内未尽情形片

光绪十五年六月初九日(1889 年 7 月 6 日)

再,臣与卞宝第系儿女姻亲。此次误参,自未悉吴杰立功之底蕴。查海防获胜,系臣在浙江巡抚任内之事,见闻最真。吴杰之才,卫荣光必知其可

---

① 中国第一历史档案馆藏:03-5863-004。
② 中国第一历史档案馆藏:《军机处随手登记档》,档案编号:03-0258-2-1215-174。

用,而吴杰镇口之功或不如臣亲见之详。事关海防,现奉特旨着即据实复奏,臣具有天良,何敢引嫌避怨,姑负天恩?理应披沥直陈,固无庸为卞宝第迥护,尤不敢为欧阳利见曲徇也。

谨附片再陈,伏乞圣鉴。谨奏。

光绪十五年六月二十九日,堂谕封存。[1]

【案】此奏原件查无下落,录副①现藏于中国第一历史档案馆,兹据校正。

1.【光绪十五年六月二十九日,堂谕封存。】此日期与内容,据《随手档》②校补。

奏请给假一月疏

光绪十六年二月十二日(1890年3月2日)

头品顶戴四川总督臣刘秉璋跪[1]奏,为微臣患病,积久未痊,陈恳天恩,给假一月,恭折仰祈圣鉴事。

窃臣向来体质不甚强固,去年夏秋之交,先患便血,血止变痢,痢止又复便血,缠绵两月。时值办理文闱监临,带病入闱,带病出闱,颇形困顿。因接办武闱,例应由臣主试,未敢冒昧请假。入冬以后,时发时愈,尚复强勉支持。素有肝气之证,交春易发。本年正月,不独肝气作痛,兼发便血旧疾,缠绵又已匝月,精神益形疲惫,合无吁恳天恩赏假一个月,俾得抽闲调治。所有日行一切事件,臣仍力疾核办。

所有微臣患病,积久未痊,请假一月缘由,理合恭折具奏,伏乞皇上圣鉴,训示。谨奏。光绪十六年二月十二日[2]。

(朱批):赏假一个月。[3]

光绪十六年闰二月初三日,奉朱批:赏假一个月。钦此。[4]

【案】此奏原件③、录副④现藏于中国第一历史档案馆,兹据校正。

1.【头品顶戴四川总督臣刘秉璋跪】刊本无此前衔,兹据校补。

---

① 中国第一历史档案馆藏:《军机录副》,档案编号:03-5259-003。
② 中国第一历史档案馆藏:《军机处随手登记档》,档案编号:03-0258-2-1215-174。
③ 中国第一历史档案馆藏:《朱批原件》,档案编号:04-01-12-0547-048。
④ 中国第一历史档案馆藏:《军机录副》,档案编号:03-5262-021。

2.【光绪十六年二月十二日】刊本无此具奏日期,兹据原件

校补。

3.【赏假一个月】此朱批据原件补。

4.【光绪十六年闰二月初三日,奉朱批:赏假一个月。钦此。】

此朱批日期与内容,据录副校补。

奏瞻对番民叛藏现在派员出示开导疏

光绪十六年二月十六日(1890 年 3 月 6 日)

四川成都将军臣宗室岐元、头品顶戴四川总督臣刘秉璋跪[1]奏,为瞻对

番民叛藏,遵将现在派员出示开导情形恭折会陈,仰祈圣鉴事。

光绪十六年正月十一日,臣秉璋接准军机大臣字寄:奉上谕:升泰①奏,

瞻对番民变乱查办情形一折②。据称瞻对吴鲁玛地方番民,因番官苛敛,勾

结野番,谋叛西藏,并焚掠官寨,杀毙藏番,现经升泰札饬第穆呼图克图派员

招抚,并请将办理不善之戴璋革职查办等语。瞻对密迩川疆,该番拘衅滋

事,亟应迅速筹办。升泰现驻仁进冈,距该处较远,恐难兼顾。长庚③已将

抵藏,即着该大臣严饬商上,遴派妥员前往,解散胁从,设法抚辑,并着刘秉

① 升泰(1838—1892),字竹珊,卓特氏,蒙古正黄旗人。咸丰十一年(1861),捐纳户部四川
司员外郎。同治元年(1862),执掌井田科印钥,充南档房帮办、实录馆校对官。二年
(1863),掌湖广司印钥,充内仓监督,加四品衔。同年,转掌陕西司印钥,兼军需局总办、则
例馆提调。三年(1864),任捐纳房总办,晋三品衔。五年(1866),授南档房领办、俸饷处
总办。六年(1867),放山西汾州府知府。十年(1871),补山西太原府知府。同年,升山西
河东道。十三年(1874),晋布政使衔。光绪二年(1876),迁浙江按察使。四年(1878),署
浙江布政使。同年,调补云南布政使。七年(1881),加副都统衔,授伊犁参赞大臣。八年
(1882),迁内阁学士兼礼部侍郎衔。同年,署乌鲁木齐都统。十一年(1885),授驻藏帮办
大臣。十五年(1889),擢驻藏办事大臣。十八年(1892),卒于任。谥恭勤。

② 此奏查无下落,待考。

③ 长庚(1844—1914),字少白,伊尔根觉罗氏,满洲正黄旗崇其佐领下人,监生。同治三年
(1864),入乌鲁木齐都统平瑞幕。六年(1867),捐县丞指分山西,旋保见县。九年
(1870),管解拨偿俄国银两,加知州衔。十年(1871),经伊犁将军荣全奏调,充文案翼长。
同年,保山西知县,赏戴花翎。十三年(1874),调金顺军营,总理营务。光绪元年(1875),
经乌鲁木齐都统景廉奏调,赴新疆军营。二年(1876),保山西直隶州知州,晋知府衔。同
年,保山西候补知府,升盐运使衔。四年(1878),署伊犁巴彦岱领队大臣。六年(1880),
保升陕西题奏道员,加二品顶戴。七年(1881),补伊犁巴彦岱领队大臣,加副都统衔。八
年(1882),丁母忧,扶柩回旗安葬。十二年(1886),授伊犁副都统。十四年(1888),调补
驻藏办事大臣。十六年(1890),擢伊犁将军。二十二年(1896),补镶蓝旗汉军都统。二
十三年(1897),调成都将军。二十八年(1902),前往阿尔泰山,查勘科、塔两城借地。三
十年(1904),迁兵部尚书。三十一年(1905),考验改编三镇新军。宣统元年(1909),补授
陕甘总督,兼会办陕政大臣。民国三年(1914),卒,谥恭厚。著有《温故录》行世。

璋酌派防营,驻扎打箭炉,相机镇抚,以壮声威;一面严防沿边各土司,杜其勾结,总期妥速竣事,毋任日久蔓延后藏。戴琫青饶策批平日抚驭无方,致生事变,着先行革职,听候查办。至该番从前屡抚屡叛,总由藏官办理不善之故,着刘秉璋会商长庚等详查边界番情,俟此案办竣后,将善后事宜妥筹良法,以期永远相安。将此[2]由五百里各谕令知之。钦此[3]。臣岐元复于正月十八日准军机大臣字寄:奉上谕:前据升泰奏,瞻对番民勾结野番叛藏,围困官寨,肆行焚掠等情,当谕令刘秉璋等派兵镇抚,设法解散,并将办理不善之戴琫革职查办。兹据长庚奏报瞻番滋事情形,与升泰前奏大略相同。该番酋得登工布等胆敢纠众煽乱,亟应查明为首各犯,擒拿惩治。着岐元、刘秉璋会同长庚,督饬派出员弁相机妥办;并着仍遵前旨,严饬商上遴派妥员前往,解散胁从,设法抚辑。其番目人等不在滋事之列者,俱令各安职业,毋得妄行附和,自干罪戾。此案总期妥速办竣,毋任蔓延勾结,贻误边疆。所有该番官旧行苛虐之政,悉予裁革,以苏民困。其徭赋章程应如何核减之处,着长庚、升泰体察情形,妥筹办理。原折着抄给岐元、刘秉璋、升泰阅看[4]。将此由五百里各谕令知之。[5]钦此。先后寄信前来。

臣等伏查瞻对番部,自同治初年归藏管辖后,迄今历二十余年。去年接准驻藏大臣长庚咨,瞻番叛藏,纠众围寨,扼守隘口等情,当经臣等严饬里塘文武前往开导弹压,复派署阜和协副将徐联魁酌带弁兵出关,会同藏中委员王延龄等前往瞻境麻惹查办在案。臣秉璋钦奉谕旨,立即出示晓谕瞻民,令其将为首滋事之人解交委员审办,并将守隘之兵撤散,静候查办。臣等复会同札饬委员等悉心开导,并商请驻藏大臣即将瞻番徭赋章程核减厘定,以期相安而就范围,亦在案。

查《西藏图考》,四川省城至打箭炉十一站,计程一千二十里;自打箭炉至里塘八站,计程六百八十里。而参诸图经,瞻对又在里塘之北,中隔番部。其西界且南直巴塘炉厅距瞻界尚远,驻兵炉厅,难期威慑。且臣等前接该番夷禀,陈诉藏官种种贪虐,不愿隶藏之意,尚无悖谬之词。其派兵守隘,亦在瞻境,并未扰及邻界。迭据粮员胡治安及藏中委员王延龄等先后来禀,均请勿先用兵。复准驻藏大臣来咨,亦称会同臣等派员先行开导,以期就范等因。

查此次瞻番只因藏官贪虐起衅,别无亦志,似未便遽示兵威,致绝其向化之路,现经文武委员等多方开导,该番能否感悟遵从,及此后有无滋扰邻界情事,容俟委员等禀复,臣等随时咨商驻藏大臣,会同妥筹酌办,以副圣主绥靖边隅之至意。

除将示稿并委员来禀抄送军机处查核外,所有瞻番叛藏现在派员出示开导情形,理合会同恭折具陈,伏乞皇上圣鉴,训示。谨奏。光绪十六年二月十六日[6]。

光绪十六年闰二月初一日,奉朱批:知道了。钦此。[7]

【案】此奏原件、录副均查无下落,待考。兹据《随手档》《清实录》校证。

1.【四川成都将军臣宗室岐元、头品顶戴四川总督臣刘秉璋跪】刊本无此前衔,兹据《随手档》及前后折件校补。

2.【将此】刊本夺"将此",兹据《上谕档》校补。

3.【案】此廷寄于光绪十五年十二月二十七日颁布,《上谕档》载曰:

军机大臣字寄:驻藏大臣长、帮办大臣升:光绪十五年十二月二十七日奉上谕:升泰奏……将此由五百里各谕令知之。钦此。遵旨寄信前来。①

4.【案】刊本夺"原折着抄给岐元、刘秉璋、升泰阅看",兹据《上谕档》校补。

5.【案】此廷寄于光绪十六年正月初五日颁布,《上谕档》载曰:

军机大臣字寄:成都将军七、四川总督刘、驻藏大臣长、帮办大臣升:光绪十六年正月初五日奉上谕:前据升泰奏……将此由五百里各谕令知之。钦此。遵旨寄信前来。②

6.【光绪十六年二月十六日】此具奏日期据刊本及《随手档》③校补。

7.【光绪十六年闰二月初一日,奉朱批:知道了。钦此。】此朱批日期与内容,据《随手档》校补。

奏请续假一月疏
光绪十六年闰二月二十八日(1890年4月17日)

头品顶戴四川总督臣刘秉璋跪[1]奏,为微臣假期已满,病仍未痊,续恳天

---

① 《光绪宣统两朝上谕档》第15册(光绪十五年),广西师范大学出版社1996年版,第465—466页。又《清德宗实录》卷279,光绪十五年十二月,中华书局1987年版,第726—727页。
② 《光绪宣统两朝上谕档》第16册(光绪十六年),广西师范大学出版社1996年版,第13页。又《清德宗实录》卷280,光绪十六年正月,中华书局1987年版,第732—733页。
③ 中国第一历史档案馆藏:《军机处随手登记档》,档案编号:03-0261-1-1216-058。

恩再予给假一月,恭折仰祈圣鉴事。

窃臣前因便血缠绵,交春复发肝疾,精力疲惫,恳请赏假一月,当经奏陈在案。自二月至今,延医调治,便血未能全除,肝气仍然作痛。又因下血过多,血不养心,水不涵木,以致近来夜不成眠,胸前郁闷。前次请假届满,又逾一旬,而病势较增,形神益惫,再四筹思,惟有吁恳天恩,再准给假一个月,俾得赶紧医调,不胜惶悚待命之至。

所有微臣假期已满,病仍未痊,恳再给假一月缘由,理合恭折具奏,伏乞皇上圣鉴,训示。谨奏。光绪十六年闰二月二十八日[2]。

(朱批):着再赏假一个月。[3]

光绪十六年三月二十八日,奉朱批:着再赏假一个月。钦此。[4]

【案】此奏原件①、录副②现藏于中国第一历史档案馆,兹据校正。再,此奏具文时间刊本作"光绪十六年二月二十八日",而朱批、录副均作"光绪十六年闰二月二十八日",当以原件为是。兹据校正。

1.【头品顶戴四川总督臣刘秉璋跪】刊本无此前衔,兹据校补。

2.【光绪十六年闰二月二十八日】刊本无此具奏日期,兹据原件校补。

3.【着再赏假一个月】此朱批据原件补。

4.【光绪十六年闰二月初三日,奉朱批:着再赏假一个月。钦此。】此朱批日期与内容,据录副校补。

查办瞻对夷务擒斩首要各逆疏
光绪十六年三月十二日(1890年4月30日)

四川成都将军臣宗室岐元、头品顶戴四川总督臣刘秉璋跪[1]奏,为查办瞻对夷务,现据副将徐联魁等解散胁从、攻克官寨、擒斩首要各逆、瞻乱敉定缘由,恭折会陈,仰祈圣鉴事。

窃惟瞻对番民叛藏,臣等会同驻藏大臣查办情形,业经奏陈在案。兹于三月初九日据委员署阜和协副将徐联魁、知县王延龄、张炳华、都司李登山等禀报:瞻日纠众滋事,本系撒拉雍珠为首,而起衅根由实系巴宗喇嘛往来

---

① 中国第一历史档案馆藏:《朱批原件》,档案编号:04-01-116-0230-077。

② 中国第一历史档案馆藏:《军机录副》,档案编号:03-5263-119。

俄洛、勾结野番、诈称得登工布奉旨仍复旧业所致。该委员等商派员弁，密带兵勇，由章谷取道，进扎俄洛交界处所，以扼得登工布来路；一面札调明正、巴里、崇喜、曲登、章谷、朱窝、孔赛、麻孜沿边一带土司，各率土兵，严堵要隘，以壮声威。张炳华、李登山轻骑入瞻，督同业已归诚之撒拉阿噶等共相开导，于是先释众惑，解散胁从，瞻日势孤无助。徐联魁亦带兵到瞻，围拿撒拉雍珠。该逆番知惧，于二月二十五日出寨，一行四骑，意欲逃逸，经张炳华等往拿，撒拉雍珠持刀拒捕，经撒拉阿噶放枪格毙，三骑乞降。巴宗喇嘛闻风，紧闭官寨。张炳华添调归诚之首人，率众密围官寨。闰二月初四日，徐联魁查着官寨外墙数仞，围房数层，中有大碉，高插空际。巴宗率众持枪，寨外四角有小碉，迥环相应，死拒人不能进，又恐旷日持久，设有外援，难期得手，遂于初五日夜，议分三路围攻，以期速破官寨，罪人斯得。徐联魁督队攻正门，李登山攻小东门，王延龄督同撒拉阿噶及归诚之首人并新募义勇攻小南门，命精锐勇丁各项方板直逼墙脚，开挖地道，又用柴薪堆塞寨门。正欲举火，逆番见势难支，开门接仗，意在冲逃。委员等各兵兜截，生擒要逆巴宗喇嘛一名并仁青、阿苏二名，阵斩乌金、洛布群丕二名，收复官寨。查点兵勇，阵亡二人，受伤十余人。提讯巴宗喇嘛，供认勾结野番、诈称诏书不讳。并追缴得登工布所给印花夷札二纸，惟仁青阿苏供系胁从。跟究工布确卭、色乌机等，已由乱军逃窜，当派弁勇跟踪追拿，旋将工布确卭追获，放枪轰毙，并杀毙胁从一名。除将巴宗喇嘛解送里塘粮务收管外，至撒拉雍珠等三名及工布确卭等二名首级，拟示众数日，即行解藏等情，具禀前来。

臣等伏查，瞻番素来顽梗。同治初年，该番背叛，用兵数载，糜饷老师，始归藏辖。去年又复叛藏，经臣等会同驻藏大臣商办，以副将徐联魁熟悉夷情，谋勇兼备，令其酌带弁兵，会同委员王延龄等前往查办。时甫数旬，即能破寨擒渠，办理尚属妥速。除会商驻藏大臣将巴宗喇嘛从严审办，核定轻减赋役章程，并布置瞻地善后事宜，次第妥筹办理外，此次最为得力之记名提督署阜和协副将徐联魁，可否仰邀天恩准其遇有川省副将缺出，不论班次先尽借补？其余出力员弁并由臣等会同驻藏大臣查明，择尤保奖，以示鼓励之处，出自鸿慈逾格。

所有查办瞻对夷务已据副将徐联魁等解散胁从、攻克官寨、擒斩首要各逆缘由，理合恭折具陈，伏乞皇上圣鉴，训示遵行。谨奏。光绪十六年三月十二日[2]。

光绪十六年三月二十六日，奉朱批：另有旨。钦此。[3]

【案】此奏原件、录副均查无下落，待考。兹据《随手档》《清实录》校证。

　　1.【四川成都将军臣宗室岐元、头品顶戴四川总督臣刘秉璋跪】刊本无此前衔，兹据《随手档》及前后折件校补。

　　2.【光绪十六年三月十二日】此具奏日期据刊本及《随手档》①校补。

　　3.【光绪十六年三月二十六日，奉朱批：另有旨。钦此。】此朱批日期与内容，据《随手档》校补。

　　【案】此奏旋于是年三月二十六日得旨，《上谕档》载曰：

　　光绪十六年三月二十六日，内阁奉上谕：岐元、刘秉璋奏，查办瞻对番务，破寨擒渠，边境敉定一折。瞻对番目撒拉雍珠与巴宗喇嘛勾结野番，纠众滋事，经岐元等饬派署阜和协副将徐联魁等密带兵勇，驰往查办，歼毙首犯撒拉雍珠，解散胁从；复督队围攻官寨，生擒巴宗喇嘛，阵斩匪党数名，当将官寨收复，办理尚为妥速。即着岐元、刘秉璋会商长庚、升泰，将巴宗喇嘛从严审办，并核定轻减赋役章程，妥筹善后，以靖边疆。所有尤为出力之记名提督署阜和协副将徐联魁，着遇有四川副将缺出，不论班次，先尽借补。其余出力各员弁，着准其择尤保奖，毋许冒滥。该部知道。钦此。②

奏请开缺疏
光绪十六年四月十二日（1890年5月30日）

　　头品顶戴四川总督臣刘秉璋跪¹奏，为微臣续假又满，病势更增，叩恳天恩俯准开缺回籍调理，恭折仰祈圣鉴事。

　　窃臣前因假满病仍未痊，续恩赏假一月，奏陈在案。乃假满又已逾旬，而便血转复增剧，并牵动肝气、怔忡旧证，同时间作，胸闷神疲，饮食锐减，气血两亏。据医家云，壮岁劳动过甚，暮年诸疾丛生，非静心调养，难期痊复。臣自顾樗庸，谬膺疆寄，涓埃未报，蒲柳先衰，感愧交并，不胜悚惕。因念川省地方辽阔，政务殷繁，勉强支持，必致贻误，因循持禄，负疚尤深。再四筹思，惟有仰恳天恩俯准开缺回籍调理。

　　臣今年六十五岁，未足称老，倘蒙恩庇，回籍后静养调摄，得以日渐就

　　①　中国第一历史档案馆藏：《军机处随手登记档》，档案编号：03-0264-1-1216-111。
　　②　《光绪宣统两朝上谕档》第16册（光绪十六年），广西师范大学出版社1996年版，第103页。又《清德宗实录》卷283，光绪十六年三月，中华书局1987年版，第777—778页。

痊，即当趋叩阙廷，求赏差使，决不敢稍耽安逸、自外生成。现在日行事件，臣仍力疾办理。

所有微臣病势更增，沥恳开缺回籍调养缘由，理合恭折具陈，伏乞皇上圣鉴，训示。谨奏。光绪十六年四月十二日[2]。

光绪十六年六月十六日，奉到朱批：着再赏假两个月，毋庸开缺。钦此。（朱批）：着再赏假两个月，毋庸开缺。[3]

光绪十六年五月初九日，奉到朱批：着再赏假两个月，毋庸开缺。钦此。[4]

【案】此奏原件①、录副②现藏于中国第一历史档案馆，兹据校正。

1.【头品顶戴四川总督臣刘秉璋跪】刊本无此前衔，兹据校补。

2.【光绪十六年四月十二日】刊本无此具奏日期，兹据原件校补。

3.【着再赏假两个月，毋庸开缺】此朱批据原件补。

4.【光绪十六年五月初九日，奉到朱批：着再赏假两个月，毋庸开缺。钦此。】此朱批日期与内容，据录副校补。

奏四川津贴捐输势难遽停疏
光绪十六年五月十六日（1890 年 7 月 2 日）

头品顶戴四川总督臣刘秉璋跪[1]奏，为四川津贴捐输势难遽停，仍请加广中额，以顺人心而裕饷源，恭折仰祈圣鉴事。

窃臣准礼部议复御史徐家鼎请停捐输加广中额一折[2]。嗣后无论何项捐输，概不准援照军务章程再请加广乡试中额等因，于光绪十六年二月初三日奉旨：依议。钦此。钦遵到臣，遵即转行去后。

兹据布政使崧蕃详称：四川向系留协省分，岁入留支，不敷应用，故由部拨给别省之款以协济川。咸丰初年，军事繁兴，值协饷不至，始则勉自支撑，继反协济邻省，于是每年除边瘠偏灾州县之外，奏请办理按粮津贴一次，所入约数十万。嗣因京、协各饷岁有加增，于是每年又奏请劝办按粮捐输一次，所入约百数十万或百余万不等。数目多寡，视年岁之丰歉，并无定数。

---

① 中国第一历史档案馆藏：《朱批原件》，档案编号：04-01-12-0548-095。

② 中国第一历史档案馆藏：《军机录副》，档案编号：03-5265-027。

又以祖宗定制不准加赋，故必按年按款，奏请举行一次。奉旨后通行晓谕，以示暂累吾民之圣意，且以加广中额之皇恩，故津贴捐输虽较额赋加至数倍，而民间犹黾勉以供者，固我国家深仁厚泽之所致，亦恃此科举之荣以歆动而鼓舞之也。迨军务肃清以来，通省绅耆时以恳停津贴捐输为请，当告以川省每年应解京饷、固本兵饷、东北边防经费、甘肃新疆要饷，各省协饷二百余万两，大半取给于津捐，较诸捐备军饷尤为重大，一经停止，饷即无出，尔民食毛践土，何忍贻君父之忧。况川民不遗余力以输将，朝廷自有破格之旷典，津捐广额，独川省有此殊荣，他省无闻焉。士为四民之首，分应竭力报效，以为之倡。该绅等始允遵办。是加广中额者劝办津贴、捐输之所由藉手也。况川省边远，不能仕进之举人不知凡几，虽沐广额，实与顶戴荣身无殊。若并此虚荣，而亦靳之。转瞬即须详请奏办来年津捐，该绅等因奉文不准加广，即有用一缓二之请，事机窒碍，实难照办。至御史所称江浙赋税甲于天下，四川额赋本轻，即津贴、捐输亦不能出江浙正供之上。不知赋则定自列祖列宗，非臣下所可轻议。川省额赋虽轻，外加津贴、捐输，亦类竭泽之鱼。既系按年奏请劝办，即不得与正供相提并论。况川省非特地丁正供年清年款，即津捐亦从无拖欠，其先公后私，恐甲于天下之江浙未必如斯踊跃，实收实解，成效昭然。其以津捐三十万两照章请广乡试中额一名，积至三年，名数虽多，仍酌量分科请广。通计近科川省乡试取中名数，以去岁己丑科一百一十名为最多，内原额六十名，加广定额二十名，恭逢恩科广额二十名，故津贴、捐输只请广十名，仍留有余，不敢较原额六十名之数加至一倍。是于奖励之中仍复示以限制，并无冒滥。且以去岁中额论之，犹少于浙江。不致如该御史所云，较直隶、江浙加多。总之，律设大法，礼顺人情。川省之津贴、捐输既为他省所无，则加广一次中额，宜为川省所独有。草野自尽奉上之忧，国家岁收饷需之实多，士皆有振兴之气，朝廷不居加赋之名，关系甚大，流弊毫无。现据该绅士翰林院检讨刘青照等四十余员联名呈恳，由司抄录原词，详请据情奏咨前来。

臣伏查该御史所奏，似未深悉川省筹办津捐加广中额之本意，且似系指已请奖叙之捐而言。若未经请奖之捐，自应仍以广额为奖叙。川省向办请广中额之案，均以³三年以前之津捐合算，除业已请奖扣除不计外，其未请奖之银数，则综计以广中额。年来，川省应解京、协各饷为数甚巨，全赖津捐接济，断难议免。川民踊跃输将，迄今垂二十余年。其所以乐输报效，固由二百余年圣泽涵濡，亦由朝廷嘉惠士林之所致。现在该司转据该绅等呈词，详请奏陈，合无仰恳天恩俯准仍照旧章加广中额办理，用以激发士气，筹备度支。

所有川省津贴、捐输势难遽停，仍请加广中额，以顺人心而裕饷源缘由，理合据情恭折具奏，伏乞皇上圣鉴，训示遵行。再该绅刘青照等亦在臣衙门呈恳，核与司详所录原词相同。除将词、批照录分咨军机处、户、礼两部查核外，合并陈明。谨奏。光绪十六年五月十六日[4]。

（朱批）：着照所请，该部知道。[5]

光绪十六年六月二十日，奉朱批：着照所请，该部知道。钦此。[6]

【案】此奏原件①、录副②现藏于中国第一历史档案馆，兹据校正。

1.【头品顶戴四川总督臣刘秉璋跪】刊本无此前衔，兹据原件校补。

2.【案】光绪十五年十二月十七日，御史徐家鼎奏请将捐输广额之案停止缘由，曰：

花翎即选道山西道监察御史臣徐家鼎跪奏，为科举太滥，弊窦滋多，请将捐输广额之案概行停止，以端士气而作人才，恭折具陈，仰祈圣鉴事。

窃维国家取士，宽其途以宏造就，仍严其格，以示范围。臣前任礼部司员，纂修科场条例，详查各省乡试原定中额，惟直隶、江南两省在百名以上，而江南自上下两江分额取中，每省仅得数十名。此外如浙江、江西、福建、湖广数大省均不过八九十名。而湖南、北分闱后，每省亦仅四十余名。始知科场立法定额少，则取中难；取中难，则幸心绝；幸心绝，则弊窦清；弊窦清，则真才出。此文风所以蒸蒸日上也。自咸丰初年军事孔亟，始以捐输助饷，议加乡试中额，有分次暂广者，有永广定额者。其捐银最多之省暂广、永广各名数，视原额每至倍增，应试者既侥幸希荣，主试者亦迁就足额，遂至枪冒顶替，百弊丛生，而鱼目混珠，鉴衡易爽，实于文风、士习关系匪轻。

伏查咸丰三年会议原奏内有军务告竣、即行停止之语，而请广永远定额至多不得过十名。是于鼓励之中仍寓限制之意。嗣于同治十三年议准停止永加定额，而捐银至三十万两者，仍准广一次中额一名。近年军务肃清，各省捐输广额之案渐少，惟四川一省于同

---

① 中国第一历史档案馆藏：《朱批原件》，档案编号：04-01-38-0170-008。
② 中国第一历史档案馆藏：《军机录副》，档案编号：03-6536-054。

治五年经署督臣崇实等以按粮津贴复举办捐输，奏请再加文武乡试永远中额各十名，此后津贴捐输仍照案随时加广等因，钦奉特旨允准。自是以后，该省所广一次中额，每科多至二十名。自同治五年至今已在百名之上。而该省津贴捐输每年皆有定数，则每科中额皆得援案请加，名为暂广，实同永广。且查该省原定中额系六十名，自咸丰五年、八年两次奏准加广永远定额已足十名之限。至同治五年，复荷特恩再加定额十名，计历科中额几与江浙大省相等。江浙赋税甲于天下，四川额赋本轻，即津贴捐输亦不能出江浙正供之上，如中额有加无已，将跻诸直隶百名之数，而视江浙定额加多，殊觉未为允协。现在军务肃清已久，所有各省捐输请广乡试中额之案，自应查照咸丰三年原议一律停止，相应请旨饬下礼部通行各省督抚，嗣后无论何项捐输，概不得援照办理军务章程再请加广乡试中额，以符定制而杜冒滥。至各省乡试人数之众，由于学额之宽。查捐输加广学额，前于光绪元年经礼部奏准，凡业经广过数次及一次者，概行停止加广；如未经请广者，准照案加广一次等因。原以普皇仁而资鼓舞，今乡试中额既请停止加广，则各府州县捐输无论已、未广过学额，亦不得再行援请，俾昭画一。

　　臣为慎重科举起见，是否有当？伏乞皇上圣鉴。谨奏。光绪十五年十二月十七日。①

　　【案】同日，御史徐家鼎又附奏将四川等四省中额仍照向例取中缘，曰：

　　再，查顺天乡试南皿、北皿中额各三十六名，中皿每二十名取中一名。自光绪二年中皿人数多至一千三百余名，始经礼部议定中额，如人数不多，仍照向例每二十卷取中一名；如人数过多，亦不得过南皿、北皿定额三十六名之数。嗣后各科中皿试卷有增无减，广东一省总过千人，中式约在三十名上下。此外惟四川人数稍多，每科尚分占数名之额。其广西、云南、贵州三省，则闲科始得一二人，非广东文风优于此数省也，缘该省素号富饶，航海又便，间有一人冒捐贡监数名，雇枪入场代考，如数名皆能幸中，除己名顶充外，余则卖与同姓之人。往往本人在上海嬉游，而姓名已登高榜。近日御史余联沅等所陈枪替诸弊，实广东士子为最多，若不设法防闲，则作奸犯科者群邀入彀；而守真抱朴者反患遗珠，奚以励人才

①　中国第一历史档案馆藏：《军机录副》，档案编号：03-7193-143。

而端士习？

伏查各省乡试定额，南皿五省约近五百名，北皿五省约近四百名，而中皿五省则仅二百数十名。是各该省原额以中皿五省为最少，何得于顺天乡试竟与南北皿中额一律加多？且广东本省乡试士子自雍正、乾隆年间已多至一万二千余人，该省督抚请照福建中额加增，曾经礼部议驳有案，可见中额之多寡，视乎文风，并非以应试人多率准增额。但将中皿额数概行议减，恐广东枪替之风依旧，而四川等省益觉向隅，拟请量为变通，将四川、广西、云南、贵州四省统编中皿，仍照向例每二十名取中一名。

其广东一省另行编号，即照中省科举定例，每六十名取中一名，人数虽多，仍不得过十名，则宽以恤寒儒，而严以杜幸进，于定例似两不相妨，可否饬下礼部核复施行之处，伏候圣裁，谨附片具奏。①

【案】光绪十六年二月初三日，礼部尚书奎润等奏报议复御史徐家鼎奏请停止捐输广额一案缘由，曰：

礼部尚书臣宗室奎润等跪奏，为遵旨议奏事。

内阁抄出奉上谕：御史徐家鼎奏，科举太滥，弊窦丛生，请停捐输广额，并顺天乡试，广东人数甲于中皿各省，枪冒顶充之弊最多，请饬将中皿编号量为变通，以杜幸进各折片。着礼部议奏。钦此。钦遵到部。

查原奏内称：各省乡试原定中额，惟直隶、江南两省在百名以上，而江南自上下两江分额取中，每省仅数十名。此外浙江、江西、福建、湖广数大省均不过八九十名。湖南、北分闱后，每省亦仅四十余名。自咸丰初年，军事孔亟，始以捐输助饷，议加乡试中额。有分次暂广者，有永广定额者，其捐银最多之省，视原额每至倍增，应试者既侥幸希荣，主试者亦迁就足额，遂至枪冒顶替，百弊丛生，实于文风、士习关系匪轻。伏查咸丰三年会议原奏，内有军务告竣即行停止之语。嗣于同治十三年议准停止永加定额，而捐银至三十万两者，仍准广一次中额一名。近年军务肃清，各省捐输广额之案渐少，惟四川一省于同治五年经署督臣崇实等以按粮津贴复举办捐输，奏请再加文武乡试永远中额各十名，此后津贴捐输仍照随时加广等因，钦奉特旨允准。自是以后，该省所广一次中额，每科

①　中国第一历史档案馆藏：《军机录副》，档案编号：03-7193-144。

多至二十名,自同治五年至今已在百名以上。而该省津贴捐输每年皆有定数,则每科中额皆得援案请加,名为暂广,实同永广。且查该省原定中额系六十名,自咸丰五年、八年两次奏准加广,永远定额已足十名之限。至同治五年,复荷特恩,再加定额十名,计历科中额,几与江浙大省相等。江浙赋税甲于天下,四川额赋本轻,即津贴捐输亦不能出江浙正供之上,如中额有加无已,将跻诸直隶百名之数,而视江浙定额加多,殊觉未为允协,自应查照咸丰三年原议一律停止,相应请旨饬下礼部通行各省督抚,嗣后无论何项捐输,概不得援照办理《军务章程》再请加广乡试中额,以符定制。至各省乡试人数之众,由于学额之宽。查捐输加广学额,前于光绪元年经礼部奏准,凡业经广过数次及一次者,概行停止加广;如未经请广者,准照案加广一次。今乡试中额既请停止加广,则各府州县捐输无论已、未广过学额,亦概不得再行援请等语。臣等查各省乡试,例有定额。咸丰三年,因办理军务,绅民捐备饷需,钦奉谕旨将捐银较多之省酌加中额,当经议准各省捐银至十万两者,加乡试中额一名;捐银三十万两者,加乡试永远定额一名。军务告竣,即行停止。嗣于同治十三年复议准各省捐输,只准请加一次乡试中额,不准加永远中额。其加广一次乡试中额,改为一省捐输至三十万两者,准广一名等因各在案。是捐输广额原系一时权宜之举,故军务甫定,即将加广永远中额先行议停。近年以来,各省军务久平,其捐输请广一次中额之案亦已渐少,间有援案声请者,率系报效从前欠饷。惟四川一省同治五年据前署督臣崇实等以按粮津贴复举办捐输,奏准再加永远中额十名,并声明此后津贴捐输仍照案随时加广。自是以后,历科多有加广自数名至二十名不等。诚如该御史所奏,名为暂广,实同永广。伏查津贴捐输等款,究与捐备军饷不同。现在各省军务早经告竣,而捐输加广中额尚未停止,不惟与当日奏定原案不符,且中额过宽,尤与士习、文风大有关系。臣等公同商酌,拟请饬下各该督抚,嗣后无论何项捐输,概不得援照办理《军务章程》奏请加广乡试一次中额,以杜冒滥。至各省学额,前于咸丰三年议准捐输加广中额案内奏明分别加广,旋于同治十年议准外省捐输各案只准请加一次学额,概不准请加永远学额。光绪元年复议准,凡业经奏准广过数次或一次学额者,概行停止加广各等因,亦在案。今各省捐输加广一次乡试中额,既已停止,则各省府厅州县学额无论已、未广过,亦拟概不准援案奏请加广,俾昭画一。

又原片内称,顺天乡试南皿、北皿中额各三十六名,中皿每二十名取中一名。自光绪二年,中皿人数多至一千三百余名,始经礼部议定中额,如人数不多,仍照向例每二十卷取中一名;如人数过多,亦不得过南皿、北皿定额三十六名之数。嗣后各科中皿试卷有增无减,广东一省总过一千,中式或约在三十名上下。此外惟四川人数稍多,每科当分占数名之额。其广西、云南、贵州三省,则向科始得一二人,非广东文风优于数省,缘该省素号富饶,航海又便,间有一人冒捐贡监数名,雇枪入场代考,如数名皆能幸中,除已名顶充外,余则卖与同姓之人。近日御史余联沅等所陈枪替诸弊窦,广东士子为最多,若不设法防闲,奚以励人才而端士习?伏查各省乡试定额,南皿等省约近五百名,北皿等省约近四百名,而中皿五省则仅二百数十名。是各该省原额以中皿五省为最少,何得于顺天乡试竟与南北皿中额一律加多?且广东本省乡试士子自雍正、乾隆年间已至一万二千余人,该省督抚请照福建中额加增,曾经礼部议驳有案,可见中额之多寡,视乎文风,并非以应试人多率准增额。但将中皿额数概行议减,恐广东枪替之风依旧,而四川等省益觉向隅,拟请量为变通,将四川、广西、云南、贵州四省统编中皿,仍照向例每二十名取中一名。其广东一省另以编号,改照中省科举定例,每六十名取中一名,人数虽多,仍不过十名等语。

查科场条例内开:顺天乡试,南皿江南、浙江、江西、福建、湖南、湖北取中三十六名,北皿奉天、直隶、山东、山西、河南、陕西、甘肃取中三十六名,中皿四川、广东、广西、云南、贵州无定额,每二十名取中一名等语。良以四川、广东、广西、云南、贵州等省皆处边隅,道途遥远,应试人数不能如南、北皿之多,故就地取才,从宽定以每二十人取中一名,以溥皇仁而恤官峻,历科取中皆不过十余名至二十余名。迨光绪二年,中皿士子多至一千三百余名,若按二十名取中一名,应取中六十余名,较南、北皿中额加倍。当经臣部奏准,中皿试卷除广额年分照例加广三名外,如人数不多,仍照向例取中;如人数过多,亦不得过南、北皿三十六名之数等因在案。自是以后,中皿每科人数加增中额均至三十六名,竟与南、北皿额数相等。今据该御史奏称各科中皿试卷,广东一省总过一千,中式约在三十名上下。此外惟四川分占数名。广西、云南、贵州三省向科始得一二名,非文风优于数省,实一人冒捐贡监数名,雇枪代考为多,请将四川、广西、云南、贵州四省统编中皿,仍照向例,每二十名取中一名。广东一省另以编号,照中省科举例,每六十名取中一名,人数虽多,仍不得过十名等因,自系为严杜弊端起见。臣等详加查核顺天乡试中皿额数,光绪二年以后,广东一省每中至二十余名及三十余名,是以五省统中之额成为一省所占,实与当初立法体恤边隅士子之意不符。惟该御史所请将广东一省另行编号,每六十名取中一名之处,虽系照中省科案定额计算,而各省应试人数随时多寡本无一定,若专指一省另编字号,亦不足以昭平允。查南皿江苏、安徽、浙江、福建、江西、湖南、湖北,其本省中额共四百八十余名。北皿奉天、直隶、山东、山西、河南、陕西、甘肃,其本省中额共三百八十余名。中皿四川、广东、广西、云南、贵州中额共二百八十余名,仅及江苏等省十分之六,奉天等省十分之七。即顺天乡试恩诏广额,南、北皿各加十名,而中皿亦仅加三名。诚以中皿止有五省与南北皿之皆系七省者多寡不同,其中额亦不能与南北皿相等。光绪二年议复中皿中额不得过三十六名之数,系因是科人数骤多,从权酌拟,并非着为定额。近科顺天乡试广东一省每中至二十余名至三十名,亦为各省所无,且额数既宽,幸中较易,而弊端遂较他省为多。若非量为变通,酌予限制,难以持平。

臣等再四筹商,拟请嗣后顺天乡试中皿中额定为三十名,除官卷照旧办理外,所有该五省试卷于统编中皿字号之外另加本省字号,四川即加编川字,广东即加编东字,广西即加编西字,云南即加编云字,贵州即加编贵字,由考官秉公校阅,破除成见,凭文取中,庶不致有偏重之弊。至科场防弊之法,臣部于议复御史余联沅折内业经详晰缕陈,惟在实力奉行,毋庸徒事更张。

所有臣等遵议缘由,是否有当? 伏乞皇上训示。谨奏。光绪十六年二月初三日。

光绪十六年二月初三日,军机大臣奉旨:依议。钦此。①

又【案】光绪十六年三月二十三日,西宁府为礼部议复御史徐家鼎奏请停捐输广额一折致循化分长关文,曰:

钦赐花翎西宁府正堂随带加一级记录二十四次倭,为移知事。

署西宁兵备道宪徐排开:本年三月初十日,准署布政司裕移:案蒙陕甘总督部堂杨札开:光绪十六年闰二月十六日,准礼部咨

① 中国第一历史档案馆藏:《军机录副》,档案编号:03-6536-051。

开:所有本部议复御史徐家鼎奏请停止捐输广额一折,于光绪十六年二月初三日具奏,本日奉旨:依议。钦此。相应抄录原奏咨照陕甘总督一体遵照可也等因,到本督部堂。准此,合就行知。为此札仰该司即便饬属一体遵照,切切毋违等因到司,移道行府。蒙此,拟合就移。为此合关贵厅,烦照部文、奉旨及粘单内事理,希即一体遵照施行。须至关者。计粘单一纸。右关循化分府长。光绪十六年三月二十三日,移前事。①

3.【均以】刊本误作"均已",兹据原件校正。

4.【光绪十六年五月十六日】刊本无此具奏日期,兹据原件校补。

5.【着照所请,该部知道】此朱批据原件补。

6.【光绪十六年六月二十日,奉朱批:着照所请,该部知道。钦此。】此朱批日期与内容,据录副校补。

密陈津捐关系匪轻仍请加广中额片
光绪十六年五月十六日(1890年7月2日)

再,查近年海防新例,川省每月收捐多或四五千两,少仅一二千两,约计岁收不过四五万两,民力拮据,已可概见。而津贴、捐输岁纳一百数十万,拨济京、协各饷,为捐款一大宗,实由各属绅士踊跃以为之倡。且津捐名目系听民乐输,不便抑勒,今若停止加广,无以激发其报效之心,势必观望拖延。地方官但能守劝办之义,不敢违例追呼,而饷需待拨孔殷,又不能稍延时日,届时收数益短,筹解益难,关系实非浅鲜。年来川省款难周转,迭次奏请改拨、减拨,未蒙部臣议准。今该御史所奏,即专为科举计,比之苏、浙已欠平允,更于饷需全不顾虑。臣辗转筹思,实多窒碍。若含糊于今日,必致贻误于将来,不得已惟有吁恳特旨加恩,饬部仍照历来加广中额旧章办理,免再更张,以昭激劝而裕度支。臣不胜惶恐企幸之至。

谨附片密陈,伏乞圣鉴。谨奏。

光绪十六年六月二十日,奉朱批:知道了。钦此。[1]

【案】此奏原件查无下落,录副现藏于中国第一历史档案馆②,

① 中国第一历史档案馆藏:《关文》,档案编号:463001-07-111-4-6。
② 中国第一历史档案馆藏:《军机录副》,档案编号:03-6119-018。

兹据校正。再，此奏具文时间刊本作"光绪十六年五月十六日"，录副则以朱批日期为之，未确。查光绪十六年六月二十日《随手档·朱批刘秉璋折》①，据同批主折可断，此奏具文时间当以刊本为是。

1.【光绪十六年六月二十日，奉朱批：知道了。钦此。】此朱批日期与内容，据录副校补。

奏雷波厅属夷匪出巢肆扰调营堵击获胜疏
光绪十六年七月十一日（1890 年 8 月 25 日）

四川成都将军臣宗室岐元、头品顶戴四川总督臣刘秉璋跪¹奏，为雷波厅属夷匪出巢肆扰，谨将调营堵击获胜并现在拟办情形恭折会陈，仰祈圣鉴事。

光绪十六年三月间，据雷波厅通判施毓龄、参将谢金诰、统领达字全军马朝选禀称：闰二间，雷波所属小沟补即夷支风簸、渔姑等勾结西昌生番二千余人，大股出巢，扑扰该厅之牛吃水、天姑密等场，焚烧房屋，抢掠牲畜，捆缚民人，经该厅将并达字营暨普安右营等分守隘口，次第击退，但该夷仍伏附近老林，此地隘多兵少，不敷分布等情。臣等当即调派达字左营唐珊峰前往驻扎牛场，并调长胜右营姚振邦前往驻扎黄螂。该夷匪复经扑扰牛吃水及黄螂附近各场，经唐珊峰等奋力出击，轰毙夷匪百余名，生擒黑白夷数名，立即正法。

五月二十三日，该夷又复勾结吴奇支阿车等，各率夷众，四出攻掠，复经唐珊峰、姚振邦等分路出击，于莲花石地方接仗，大施枪炮，轰毙夷匪无算，生擒夷匪十二名，即于阵前正法。我军弁兵亦有受伤，当已分别记功给赏在案。近据²该厅、营转据夷差探报，叛夷各支因此次伤亡太多，俟六月翦割羊毛之后，定即倾巢内犯报仇等语。臣等又调派先锋右营刘玉田督队，多带洋枪助剿。

伏查上年马边各夷滋扰，其时雷波厅属夷支颇称静谧，是以未经剿及。今该夷匪辄敢勾结西昌生番出巢，迭经我军击退，仍复潜匿老林，狡焉思逞，倘蒙天威藉此数营助剿，一战而服，即可蒇事。若仍肆扰不退，不能不量予进剿。

查川省营勇分防各处，均有专责，确难再事抽调。而雷波隘口分歧，防

①　中国第一历史档案馆藏：《军机处随手登记档》，档案编号：03-0264-2-1216-192。

此窜彼,各营弁勇已觉疲于奔命。与其旷日持久,使吾民扰害时虞,自须分队进攻,使该夷畏威就抚。此后如实不敷分布,尚须添勇,即照上年马边添勇章程办理。查马边添勇二营,于事定后当已裁撤,均经奏报在案。此次如须添勇,亦止暂募二营,自成军之日起咨报户、兵二部,照章给饷,仍于事定后裁撤,以节糜费。

所有雷波厅属夷匪出巢肆扰,调营堵击获胜,并现在拟办情形,是否有当?理合恭折会陈,伏乞皇上圣鉴,训示。谨奏。七月十一日[3]。

光绪十六年七月二十六日,奉朱批:着即饬令派出各军严行防剿,毋稍疏懈。钦此。[4]

【案】此奏原件查无下落,录副现藏于中国第一历史档案馆①,兹据校正。

1.【四川成都将军臣宗室岐元、头品顶戴四川总督臣刘秉璋跪】刊本无此前衔,兹据录副校补。

2.【近据】刊本误作"近遽",兹据校正。

3.【七月十一日】刊本无此具奏日期,兹据录副校补。

4.【光绪十六年七月二十六日,奉朱批:着即饬令派出各军严行防剿,毋稍疏懈。钦此。】此朱批日期与内容,据录副校补。

奏病未全愈力疾销假疏
光绪十六年八月十三日(1890 年 9 月 26 日)

头品顶戴四川总督臣刘秉璋跪[1]奏,为微臣假期届满,病未全愈,力疾销假,叩谢天恩,恭折仰祈圣鉴事。

窃臣前因续假已满,病仍未痊,奏恩赏准开缺回籍调理。旋于六月十二日差弁赍折回川,钦奉朱批:着再赏假两个月,毋庸开缺。钦此。跪聆之下,感激涕零。以臣樗庸衰朽之材,迭蒙赏假,至再至三,自顾何人,渥承优眷?两月以来,赶紧医调,肝气、怔忡稍见减退,而眠、食尚未如常,精力究难复旧,总因便血缠绵、迄今未愈所致。

伏惟臣忝膺疆寄,未效涓埃,犬马报效之忱,每与时而俱积。仰荷圣恩宽予假限,臣又何敢再事渎请?惟有勉力支持,冀答高厚生成于万一。兹已于八月十三日照常视事。

---

① 中国第一历史档案馆藏:《军机录副》,档案编号:03-6026-041。

所有微臣假期已满,病未全愈,力疾销假缘由,理合恭折叩谢天恩,伏乞皇上圣鉴。谨奏。光绪十六年八月十三日[2]。

(朱批):知道了。[3]

光绪十六年九月二十八日,奉朱批:知道了。钦此。[4]

【案】此奏原件①、录副②现藏于中国第一历史档案馆,兹据校正。

1.【头品顶戴四川总督臣刘秉璋跪】刊本无此前衔,兹据原件校补。

2.【光绪十六年八月十三日】刊本无此具奏日期,兹据原件校补。

3.【知道了】此朱批据原件补。

4.【光绪十六年九月二十八日,奉朱批:知道了。钦此。】此朱批日期与内容,据录副校补。

奏查川东道厘捐收数片

光绪十六年九月初三日(1890年10月16日)

再,查川东道经管渝厘,有开报者,有不报者。开报之款,考其收数,逐年递短;不报之款,查其支数,浮滥实多。姑就该道现禀数款而论,如每年养勇三百名,岁支饷一万五六千两。查重庆腹地,承平已久,镇道同城,驻有额兵,何须多勇?且并未有奏准有案[1],亟应裁减七八成,酌留二三成。又如保甲、洋务各局委员薪水,岁支至一万余两[2]之多,明系浮冒,应即大加裁汰。又津贴水师炮船一款,岁支银一千七八百两,尤属有名无实,应即删除。又如巴县公费一款,岁支银四千两。查该县本属优缺,路非孔道,无藏差、贡差、试差供亿之费。臣上年巡阅川东一带营伍,到重庆自雇扛夫,自租寓屋,并无供应一尖一宿之费,皆该道所亲见,何得任意滥支,以为该道需索供应之地?应即追还。又闻府考棚费支银二千五百两,查棚费向章,摊之各属,何得于厘金库款项下支销?如系实支,由府缴还。如系捏报,由道缴还。该道禀内匿未列报此款,则此外浮冒滥支谅必不少,侵蚀相沿,以正款为陋规,

---

① 中国第一历史档案馆藏:《朱批原件》,档案编号:04-01-13-0367-017。
② 中国第一历史档案馆藏:《军机录副》,档案编号:03-5269-102。

若不及早清厘,转相效尤,日甚一日,浮冒伊于胡底? 现已札饬接署道张华奎①于到任后整顿厘务,破除情面,彻底清查,分别应裁、应减、应追,列单具禀,由臣核定奏咨立案。所裁减追缴之款悉解省厘局充饷,仍归并厘金报销,以昭核实。伊勒通阿俟查明有无入己情弊,分别核办。

至光绪十一年以前历任川东道、重庆府、巴县均有应处、应追之咎,事阅二十年,官历数任,多有已革、已故之员。且在恩赦以前吁恳天恩,免³其根究。经此次清查之后,涓滴归公,断不致再有浮冒。

理合附片缕陈,伏乞圣鉴。谨奏。

光绪十六年九月二十八日,奉朱批:着照所请,户部知道。钦此。⁴

【案】此奏原件查无下落,录副现藏于中国第一历史档案馆②,兹据校正。再,此奏具文时间刊本作"光绪十六年九月二十四日",而录副则以朱批日期为之,未确。查光绪十六年九月二十八日《随手档·朱批刘秉璋折》③,据同批主折可断,此奏具文时间当以"光绪十六年九月初三日"为是。兹据校正。

1.【有案】刊本作"立案",兹据录副校正。

2.【一万余两】刊本作"一万两"。

3.【免其根究】刊本误作"勉其根究",兹据校正。

4.【光绪十六年九月二十八日,奉朱批:着照所请,户部知道。钦此。】此朱批日期与内容,据录副校补。

奏重庆开关请留支洋税以供京协各饷疏
光绪十六年九月二十四日(1890 年 11 月 6 日)

头品顶戴四川总督臣刘秉璋跪¹奏,为川省重庆开关拟请留支洋税,以供京、协各饷,恭折仰祈圣鉴事。

案据布政使崧蕃详称:窃查海关所收洋税,均以四成归南、北两洋,六成归于户部。此次开办重庆海关,如照此章办理,则川库度支必致异常短绌。

---

① 张华奎(? —1896),字蔼青,安徽省合肥县(今安徽省合肥市)人,附生。光绪八年(1882),由员外郎应顺天乡试,中式举人。十三年(1887),加捐道员,分发四川。十五年(1889),中式进士。十六年(1890),署理四川川东道篆。十七年(1891),署理建昌道篆。十八年(1892),回川东道署任,兼充重庆关监督。十九年(1893),调署四川按察使。同年,署成绵龙茂道。二十一年(1895),回建昌道署任。二十二年(1896),卒于任。

② 中国第一历史档案馆藏:《军机录副》,档案编号:03-6626-122。

③ 中国第一历史档案馆藏:《军机处随手登记档》,档案编号:03-0265-2-1216-283。

缘四川向系边省,民赋最轻,于道光以前凡兵饷、台费多赖他省协济。军兴以后,不惟他省未经协川,川省转协他省,京、协各饷亦复逐次加增。其筹办京、协各饷之法,津贴、捐输而外,专恃税厘。自光绪六年洋票到夔,划拨税银,本省供支渐形掣肘,此后按年逐渐加增,积至光绪十五年止,十余年来,共划拨税银八十万两之谱,合之免抽厘银,几至一百六七十万两。其税银由下江海关代征,照章归于南、北两洋及户部存储,从未解还川省。查夔关划拨洋票,多系上水,下水间亦有之。今开办重庆海关,则上水、下水洋税应从前加增,若[2]仍照各处海关章程收解,则川省库储必因洋税益形短绌。况商贩一有洋票,即不纳厘。川省厘务惟恃夔关为大宗,其完厘与纳税相等。即以近年论,各海关每年代征税银将及十万两,夔局复免征[3]厘银十万两,统计每岁少收银在二十万两上下。各处厘局一见洋票,即予免抽,商贩趋利,咸以洋票为便,而京、协各饷暨解各杂款有增无减,其将何以为继?最可虑者,近年筹解甘饷为数太巨,几至无从设法,原拟详请将洋票到夔税、厘均短情形咨请部示,兹奉开办重庆海关明文,事当创始,亟应通盘筹算[4],因查川省历征厘税向系全数留支,近因厘税收数短绌,正在为难,今重庆设关在即,如仍照各省海关收归南、北两洋暨户部备用,是川省无端少此数十万入款,何以应度支而资周转?筹思至再,惟有据实恳请陈明将重庆海关税银仍照历年川省夔税尽数留支,庶几京、协各饷免致贻误等情,详请奏咨前来。

臣复查川省岁入之款,每不敷岁出之用。今重庆开关收税,若不尽数留支,则短绌益巨,必无以应度支而资周转。合无仰恳天恩准将重庆海关税银仍照川省夔关税银,尽数留支,免误京、协各饷,俾全大局。

除分咨总理衙门暨户部核复外,理合恭折具奏,伏乞皇上圣鉴,训示。谨奏。光绪十六年九月二十四日[5]。

(朱批):该衙门知道。[6]

光绪十六年十月二十四日,奉朱批:该衙门议奏。钦此。[7]

【案】此奏原件①、录副②现藏于中国第一历史档案馆,兹据校正。

1.【头品顶戴四川总督臣刘秉璋跪】刊本无此前衔,兹据原件校补。

2.【若】刊本误作"各",兹据校正。

---

① 中国第一历史档案馆藏:《朱批原件》,档案编号:04-01-35-0404-057。
② 中国第一历史档案馆藏:《军机录副》,档案编号:03-6627-018。

3.【免征】刊本误作"免正",兹据校正。

4.【通盘筹算】刊本作"通盘筹计"。

5.【光绪十六年九月二十四日】刊本无此具奏日期,兹据原件校补。

6.【该衙门议奏】此朱批据原件补。

7.【光绪十六年十月二十四日,奉朱批:该衙门议奏。钦此。】此朱批日期与内容,据录副校补。

奏夔州府知府汪鉴开修夔巫两峡工竣疏

光绪十六年九月二十四日(1890年11月6日)

头品顶戴四川总督臣刘秉璋跪[1]奏,为夔州府知府汪鉴开修夔、巫两峡纤路、轿路、桥道事竣,谨将工程经费立案缘由恭折具陈,仰祈圣鉴事。

窃查川江险滩栉比以百数,不可枚举。其最奇险者为三峡,夔峡起奉节白盐山,为三峡之首,即古瞿塘峡。当峡口者,曰滟滪堆,冬则出水二十余丈,夏则没入水中,水高涨二三十丈,势险溜急,人力难施。巫峡在巫山县东,《水经注》云:是杜宇开凿,以通江水。沿峡一百六十里,峰峦峭削,所谓巫山十二峰也。在湖北宜昌归州境者,曰巴峡,即古之西陵峡。凡此三峡,峭壁插天,悬崖千仞,并无山径可通,蜀道之难,于斯为最[2]。中惟一线川江,急湍奔流,上下行船,绝无纤路。每当夏季水涨,舟行辄覆,每岁遭覆溺毙者不下数百千人。

光绪十四年九月间,夔州府汪鉴立志捐廉,禀请开修,经臣批准,先后从夔峡开工,自白帝城起,下至大溪对面之状元堆止,曲折纡回,约三十里。施工之始,工匠无所凭藉,乃对壁凿孔,层累而上,每开一大窦,实以火药燃引线而炸之,旋炸旋凿,使千仞峭壁之腰嵌成五六尺宽平坦路,纤、轿可以并行。其中分造沟涧平桥十九道,自状元堆至[3]巫山县城九十里,中造平桥二道、拱桥[4]四道,并创开土石,山麓亦成宽平坦路。夔峡于去夏工竣,迄今两年,当盛涨封[5]峡之时,行人往来山路,肩挑背负络绎称便。而舟行有纤路,亦少覆溺之虞。巫峡于十五年十月开工,自巫山对岸起,下至川楚交界之编鱼溪、青莲溪止,计七十五里,地段较长,经费较巨,计造大拱桥四道,迤逦开凿,变险巇为康庄,今已一律告成。本拟接修楚境巴峡,惟力是视,经臣电商湖北督抚臣,接其回电,由楚筹修,是以修竟川界而止。

是役也,该府汪鉴捐银一万两,臣筹拨闲、捐款银[6]二万八千余两,渝、夔两属官、商乐捐银二万二千余两,又钱二万余串。除支用一切经费及设石桩、铁链等用外,存银一万两发商生息,以作两峡纤路、轿路、桥道岁修之资。兹据该府汪鉴造册禀请立案前来。

臣复查蜀山万点赴众壑者夔门,川水支流障奔涛者巫岭,径路既绝,攀蹑难登,舟遭覆没之伤,人鲜救援之术,数千年来未能经营开凿者,诚以工艰而费巨也。该府汪鉴有志竟成,竭一己之诚,胜五丁之力,免行人于胥溺,庆王道之荡平,厥功实非浅鲜。其平日居官,亦复精勤廉洁,培植士林,合无仰恳天恩准将[7]夔州府知府汪鉴降旨嘉奖,以为好善勤民者劝,出自圣慈。

所有开修夔、巫两峡纤路、轿路、桥道事竣,谨将工程经费立案缘由恭折具陈,伏乞皇上圣鉴,训示。谨奏。光绪十六年九月二十四日[8]。

光绪十六年十二月初一日,奉到朱批:览奏,已悉。汪鉴好善勤民,着刘秉璋传旨嘉奖,该部知道。钦此。

（朱批）:览奏,已悉。汪鉴好善勤民,着刘秉璋传旨嘉奖,该部知道。[9]

光绪十六年十月二十四日,奉朱批:览奏,已悉。汪鉴好善勤民,着刘秉璋传旨嘉奖,该部知道。钦此。[10]

【案】此奏原件①、录副②现藏于中国第一历史档案馆,兹据校正。

1.【头品顶戴四川总督臣刘秉璋跪】刊本无此前衔,兹据原件校补。

2.【于斯为最】刊本作"于斯为极",兹据校正。

3.【至】刊本误作"自",兹据校正。

4.【拱桥】刊本误作"供桥"。兹据原件校正。

5.【封】刊本误作"对",兹据原件校正。

6.【筹拨闲、捐款银】刊本作"筹拨闲款、捐银"。

7.【准将】刊本作"俯将",兹据录副校正。

8.【光绪十六年九月二十四日】刊本无此具奏日期,兹据原件校补。

9.【引内容同前】此朱批据原件补。

10.【光绪十六年十月二十四日,奉朱批:览奏,已悉。汪鉴好善勤民,着刘秉璋传旨嘉奖,该部知道。钦此。】此朱批日期与内

① 中国第一历史档案馆藏:《朱批原件》,档案编号:04-01-37-0156-018。
② 中国第一历史档案馆藏:《军机录副》,档案编号:03-9604-042。

容,据录副校补。

奏川省土药碍难加征税厘疏

光绪十六年十月初四日(1890年11月15日)

头品顶戴四川总督臣刘秉璋跪[1]奏,为川省土药碍难加征税厘,恭折具陈,仰祈圣鉴事。

前准总理衙门咨开:会同户部具奏土药出产日盛,请饬各省详细查复,妥议办法一折,于光绪十六年四月十五日奉朱批:另有旨。钦此。并由[2]军机处交出钦奉上谕一道,抄录原奏暨总税务司原呈二件,咨行钦遵办理等因[3],遵即转行去后。

兹据厘金总局司道等会详:遵查川省抽收洋药厘金,自咸丰九年奉文开办起,每百斤水路抽银三十两,陆路抽银二十两。嗣以户部提用甚巨,所收不敷动拨,遂于咸丰十年改章另办。又以各州县间有按粮摊厘之处,至同治十一年,御史吴镇①奏请禁止摊粮[4],因而一概停办者六七年。此从前专抽洋药大略情形也。其实川省距海较远,并无洋药到境,所抽皆属土药。夫就地种土,必谙物性之宜,而因土抽厘,应协民情之好。查成都为四川省会,虽称沃野千里,然皆水田,性独宜稻,与罂粟不甚相合。即间阎亦不肯以膏腴之区率行种烟,推之通省皆然。其产自省外者,每系山地,凡山地石土相杂,高下偏坡,横斜不一,硗砺居其大半,栽种最为零星[5],加以人工粪草,一亩所出之土药,确不及印度之多。每年新土登市,每两药值钱七八文不等,合[6]终岁之营谋,殚全家之心力,乃能得此衣食之资。然民自有余药者,盖各谋其生,并无督迫勒索之苦也。使于此甫经种植,即设一土药关,按人而报之,计亩而登之,未经种烟者又随处而禁之,全为抽收落地税起见。立法虽严,州县万不履亩而稽,吏胥从中弊混勒索,小民疑惧,势必异常惊扰。况川民性本浮动,如遇好事奸徒从旁煽惑,登时可成巨案,其害不可胜言。是于出产土药之处就地征税,实属窒碍难行。采诸舆论,细心酌量,实不敢率请奏办。惟此次钦奉谕旨于贩过境严查走漏一层,亟应钦遵办理。查川省自光绪三

---

① 吴镇(1816—1899),字少岷,四川达县人。道光十五年(1835),以监生应顺天乡试,挑取国史馆誊录,议叙盐大使。咸丰五年(1855),中顺天乡试举人,嗣补户部河南司员外郎。十年(1860),中式进士,选翰林院庶吉士。散馆授检讨。同治九年(1870),补授浙江道监察御史。光绪元年(1875),授掌广西道监察御史。四年(1878),升刑科给事中,旋迁工科掌印给事中。七年(1881),充会试同考官,赏戴花翎。九年(1883),简放陕西盐法道。十二年(1886),开缺回籍修墓。二十三年(1897),称病辞归。二十四年(1898),病卒于籍,有《心一斋文集》,修甘肃《狄道州志》等存世。

年前督臣丁宝桢莅任，以土药本系川省所产，亦间有来自云南者，直名之曰土货，别其并非洋药也。规复旧案，重行设局，征收厘税。其专抽土药局则涪州、酆都、梁、垫、叙永、巫山等六处，兼抽土厘则叙州、宁远、越巂、汉州、金堂、广元、资州、嘉定、万县、泸州、渝城等十一处，前后次第开办。其抽收章程定以每百斤抽银三两，嗣于光绪四年九月间每百斤加抽银一两八钱，百斤土药计重一千六百两，共抽四两八钱，历经遵办，又于光绪七年七月间复照前大学士臣左宗棠原折复奏，亦在案[7]。查原折内称：洋药每箱百斤，前售银七百余两，近减至五百余两，系指进口时洋药成本而言。若川省土药味薄价轻，以成本推算，并访查市廛所卖价值，每百斤上等合银七八十两、次等合银五六十两之谱。又查洋药税厘并征新章，自光绪十三年正月为始，洋药进口每箱百斤共抽银一百一十两，按卖价成本五百两计之，见十抽银二两二钱；以土药每百斤抽银四两八钱，按卖价上等八十两计之，见十抽银六钱，似较洋药税厘为轻，不知洋药一到通商口岸，完过税厘，粘有纸据，以后经过之区并不再抽分文。而土药则不然，在川业经抽收，无论行抵何处，依然遇关纳税，逢卡抽厘，虽各处收数不一，大抵行愈远而税愈重。通盘合计，已隐寓[8]税厘并征之意，似与洋药办法暗相吻合。查商贩过境，以赴湖北者最多。川省崇山峻岭，路径分歧，土贩绕越厘金，每从小路潜行，不避险恶，兼程前进。少设巡卡，常恐防闲难密；多设巡卡，又恐经费不资。现在惟有通饬各厘局一体钦遵谕旨，实力整顿，凡有扼要处所，加意严查偷漏，严驭丁役人等暗中卖放讹索等弊，并令各委员体察各该局情形，广为招徕，于土贩结帮而行，又须善为驾驭，毋令滋事，庶几宽严并济，以期涓滴归公。至每年所收银数，总在十万以内。即连年云南土货不旺，亦尚无大减色。凡土厘银两尽数移解成绵道库验收存储，以备本省机器局支用。一切款目向由成绵道、机器局分别报销等情，详请奏咨前来。

臣复查川省栽种罂粟，皆山谷硗确之地，穷民得片土以种罂粟，图博微利，若抽收过重，工本不敷，必至歇业。一经歇业，即属废地，而成游民，殊为可虑。该司道所议自系实情，伏惟圣慈宏覆，念切民依，惟有仰恳天恩俯准不予加抽，仍由臣严饬各局员加意整顿，力除诸弊，以期涓滴归公，用副朝廷整饬厘金之至意。

所有川省土药碍难加征税厘缘由，除咨总理衙门并户部外，理合恭折沥陈，伏乞皇上圣鉴，训示。谨奏。光绪十六年十月初四日[9]。

（朱批）：该衙门议奏。[10]

光绪十六年十月十九日，奉朱批：该衙门议奏。钦此。[11]

【案】此奏原件①、录副②现藏于中国第一历史档案馆,兹据校正。再,此奏具文时间刊本作"光绪十六年九月初四日",而原件、录副均作"光绪十六年十月初四日"。查光绪十六年十月十九日《随手档·朱批岐元、刘秉璋折》③,署有"报四百里、十月初四日发"等字样。据此可断,原件、录副具文日期确。兹据校正。

1.【头品顶戴四川总督臣刘秉璋跪】刊本无此前衔,兹据原件校补。

2.【并由】刊本误作"并有",兹据原件校正。

3.【案】光绪十六年四月十五日,总理衙门会同户部具奏土药出产日盛,请饬各省详细查复,妥筹办法,以裕饷源,曰:

总理各国事务多罗庆郡王臣奕劻等跪奏,为内地土药出产日盛,拟饬各省详细查复,妥筹办法,以裕饷源而除积弊,恭折仰祈圣鉴事。

窃维各省所产土药骎骎日甚,其势不可复遏。光绪十二年,总理各国事务衙门会同户部具奏开办洋药税厘并征折内声明土药为中国所产,请饬下各直省督抚体察情形,应如何加税之处分晰复奏,再由臣等会同酌核开办,诚欲藉以征为禁之法,杜偷漏侵蚀之私,下不至扰民,而上可以裕课也。乃各省复奏多以窒碍为辞,数年之久,迄无切实办法。夫民间栽种罂粟,售之市廛,贩之邻省,原系小民生计攸关,说者谓与真任洋药充斥,为中国一大漏卮,不如听土药畅销,即使税不加多,而闾阎衣食所资,实非浅鲜。惟是种收土药获利较厚,因地制宜,酌征税项,尚不至于病民,苟能设法稽征,杜绝走私之弊,所收税项涓滴归公,不为官吏所侵匿,约略统计,实为土货大宗,未始非挹注饷源之一助。上年臣等于接见总税务司赫德时,饬令各关税务司将土药各种出产地方并行销各路、价值、完纳税厘一切情形查明声复,以备参酌。嗣经该总税司将查明各节及筹办情形先后申复前来。

臣等阅其所开销路之远近,出产之多寡,价值之高下,厘税之重轻,缕晰条分,尚称详悉。特以各省情形难于遥度,骤议加税,恐滋纷扰,故未敢奏催各省立法施行。乃近来风闻吉林、黑龙江、呼兰、热河及四川、云南、江南淮、徐等处地方出产土药甚多,各省局

① 中国第一历史档案馆藏:《朱批原件》,档案编号:04-01-35-0567-044。
② 中国第一历史档案馆藏:《军机录副》,档案编号:03-6502-053。
③ 中国第一历史档案馆藏:《军机处随手登记档》,档案编号:03-0265-1-1216-300。

卡久已征收税项,间有收数较多之处,官吏隐匿入己,为数甚巨,弊端百出,尽饱私囊。在各疆臣从前疏请缓征,容或未悉其中隐蔽,而历时既久,当不至觉察毫无,际此筹款维艰,无可设法,乃以巨万之资暗归蠹吏,任其搜刮,穷檐分肥,宜橐上官,意存宽厚,多不致尽发其隐,以致民间输纳照旧,种植愈繁,而于国课毫无裨补,若不及时整顿,非特利归中饱,且于洋药并征办法大有关碍,税数必将日短,尤为可惜。至于振兴税务,各省情势不同,臣等未便指定办法,应请饬下各省督抚及东三省将军、府尹、热河都统,审度情形,破除情面,详细筹度,或于出产之处就地征收,或于贩运过境严查走漏,或即就其现在私收之项,令其和盘托出,悉数归公,从前匿报之咎免予参处,并将某处出产若干,某处日销若干,某处征收若干,详查具复,按季开报,不得于百货厘金内笼统声叙,以免弊混。

此次奉旨三个月后,各将原定、新定各办法迅速复奏,再由臣等详加复核,请旨遵办,并由臣等将赫德申呈各件咨行各省,以备参考。现当帑藏支绌,如此事办理得法,岁获巨款,于时局不无裨益。事在必行,不得仍以空言敷衍了事。该将军、都统、督抚受恩深重,自必尽心筹画,不致畏难诿卸也。

所有臣等筹办土药税厘各缘由,是否有当? 谨合词缮折具陈,伏乞皇上圣鉴,训示。再,此折系总理各国事务衙门主稿,会同户部办理,合并声明。谨奏。四月十五日。总理各国事务多罗庆郡王臣奕劻、协办大学士户部尚书臣宗室福锟、军机大臣兵部尚书臣许庚身、军机大臣刑部尚书臣孙毓汶、户部左侍郎臣续昌、户部右侍郎署刑部右侍郎臣徐用仪、礼部右侍郎署兵部左侍郎臣廖寿恒(感冒)、大仆寺卿臣张荫桓、大学士管理户部事务臣张之万、户部尚书臣翁同龢、户部左侍郎臣孙诒经、户部右侍郎臣崇礼。光绪十六年四月十五日,奉朱批:另有旨。钦此。①

【案】此奏旋于光绪十六年四月十五日得旨允行,《上谕档》载曰:

军机大臣字寄:盛京、吉林、黑龙江各将军,各直省督抚,热河都统,奉天府府尹:光绪十六年四月十五日奉上谕:总理各国事务衙门、户部奏,整顿土药税厘,请饬详查妥办一折。内地栽种土药,为中国出产大宗,前据该衙门会奏,请饬各省体察情形,酌量加税,

① 中国第一历史档案馆藏:《军机录副》,档案编号:03-6501-029。

当依议行。诚以洋药充斥,久为中国漏卮。近年以来,民间栽种日多,获利甚重,驺驺有不可复遏之势,果能设法稽征,认真办理,既可裨益饷需,且亦收回利权之一助,并可以征为禁,隐寓崇本抑末之意。乃各省先后复奏,多以窒碍为词,数年之久,迄无切实办法。近闻吉林、黑龙江、呼兰、热河及四川、云南、江南、淮徐等处土药出产日繁,各该省局卡征收税项,官吏隐匿入己,为数甚巨,弊端百出,尽饱私囊,以致征多报少,于国课毫无裨补,含混欺饰,实堪痛恨,若不及时整顿,于洋药并征办法大有关碍,税数必将日绌,何以昭核实而裕饷源?着盛京、吉林、黑龙江将军,各直省督抚、热河都统、奉天府府尹,详察各该省地方情形,或于出产之处就地征收,或于贩运过境严查走漏,或即就现在私收之项和盘托出,悉数归公,均由该将军督抚等秉公严查,详悉筹议。其从前匿报之员咎有应得,朝廷姑从宽典,不追既往,着一并免其参处。经此次严谕之后,各疆臣务当破除情面,实力稽核,即将各该处出产、营销及私征各实数详查声复,按季专款开报,不得于百货厘金内笼统声叙,以免牵混。此事期在必行,着勒限三个月,各将原定、新定各办法迅速复奏,不准空言塞责,仍前含混,致干重咎。该衙门前饬总税务司赫德查开各处出产、销路暨价值、厘税数目,即着咨行该将军、督抚等,以备参考。将此各谕令知之。钦此。遵旨寄信前来。①

4.【案】同治十年八月十九日,御史臣吴镇具奏严禁私种罂粟等缘由,曰:

浙江道监察御史臣吴镇跪奏,为请禁摊征,以齐政令,恭折仰祈圣鉴事。

窃惟政令贵一,一则民信而易从,否则民疑而易沮。年来叠奉谕旨,禁民间不得栽种罂粟,地方官有不认真查办者,即据实严参等因。钦此。诚重农之本计,经世之远猷也。乃训诫屡颁,栽种依然。细询其由,则因有洋药税之设,民间得以藉口,故查洋药立税,原不过一时权宜,如谓中外交涉,为款甚巨,似止可行之于海口、关津,即谓内地民人贩运颇多,亦止可行之于各省商贾,断未有以征商之事而科派农民者。臣籍隶四川,访闻各州县不惟不查禁私种,并将洋药税一项按粮摊征,以为其额易足,其征亦最便也。不知商

① 《光绪宣统两朝上谕档》第16册(光绪十六年),广西师范大学出版社1996年版,第117—118页。又《清德宗实录》卷284,光绪十六年四月,中华书局1987年版,第783—784页。

贩转得遗漏,农民徒增苦累,殊失重农抑商之意,于现奉禁种罂粟之谕亦觉未合。盖官既以此项摊之农,则不能不明知故纵;农既以此项纳之官,亦遂敢公然栽种。此政令所以不行也。相应请旨饬下督臣严饬所属,此项税务只宜设法稽查商贩,不准按粮摊征,致累农民,俾民间晓然于农之可贵。倘再有贪利忘害、违禁私种者,责令地方官严查,治以应得之罪。至地方官任意摊征,并许农民控告,亦治以应得之罪。如此官民交警,庶几知劝知惩,法立令行矣。

　　臣愚昧之见,是否有当? 伏乞皇太后、皇上圣鉴。谨奏。同治十年八月十九日。①

　　5.【栽种最为零星】刊本作"栽种亦不甚旺"。

　　6.【合】刊本作"或"。

　　7.【案】早于同治二年,闽浙总督左宗棠即奏请将洋药等税银留浙充饷,曰:

　　再,浙江宁波新关征收洋税等款,臣因军饷支绌,前经附片奏明截留充饷在案。兹经户部会同总理各国事务衙门议奏,浙省需饷孔殷,所有浙海新关征收洋税正款,应请准其暂行动用。其洋药税、子口半税、土货并关照船等税银两,如该省军需实系无从筹措,再由该抚酌量情形,奏明动用等因,奉旨:依议。钦此。伏查浙省用兵,需饷浩繁,各省协项报解寥寥,兵增饷缺,竭蹶时形,一切军火米粮多由宁波采办,不能不将洋税及洋药等税截留,臣前于奏明后即饬该关道陆续提用。现在杭州虽已克复,湖州踞逆未除,各处分兵防剿,饷糈支绌异常,得此固属不敷,失此更虞饥溃。察看情形,此后仍须吁恳天恩俯准动用。所有以前奏明截留业已充饷实数,饬据该关道史致谔查明,自开关起截至第十四结止,共收洋药税银四万八百八十两二钱一分二厘,子口半税银十三万七千三百五十六两九厘,土货复进口半税银六万四千一百八十三两八钱九分六厘,关照船税银七千八百十八两四钱八分九厘,四共收银二十五万二百三十八两六钱六厘。除支销、折耗等款并洋药税银应交英法两国四成扣款外,余悉汇同洋税正款,解营充饷,详请具奏等情前来。

　　臣复核无异,合将前次奏明后已用洋药等税银两确数及十四结以后仍须动用缘由,遵照部议,据实奏明。再,浙海关征收常税,

　　①　台北故宫博物院藏:《军机及宫中档》,文献编号:109057。

另准部文,听部核实酌拨等因。查浙海关每年额征常税正银三万五千九百八两二钱三分,盈余银四万四千两,系合宁绍、温台、乍浦大小各口并计。现在乍浦初复,头、围二口尚未能设关启征。其温州、瑞平二口及宁、绍、台各口每月征银无多,应请一并留浙,以济饷需,统俟浙西肃清,饷源稍裕,即当分别解京,听部酌拨。理合附片具奏,伏乞圣鉴,训示。谨奏。议政王、军机大臣奉旨:该衙门知道。钦此。①

【案】光绪七年五月初五日,左宗棠具奏严禁吸食鸦片先增洋药、土烟税捐,曰:

臣左宗棠跪奏,为严禁吸食鸦片本为坊民正俗要图,请先增洋药土烟税捐,以课实效,恭折仰祈圣鉴事。

窃维鸦片产自泰西印度地方,由英国商人转贩而来,流毒中国,名为洋药。其患先中于市廛、衙署,凡中人温饱之家,佚游燕僻子弟,聚处而嬉,用以遣日,比吸食有癖,积渐成瘾,瘾重而形神交瘁,于是资倾家破,而身命随之。内地罢民抛宜谷、宜蔬、宜瓜果腴地,以种罂粟,劀果取浆,名为土药。其患先中于镇集、乡村,凡食贫力作之人,游手无聊之辈,久且视为寻常日用所需,不知禁令为何事,于是吸食者多,更成积重之势。华民之吸烟者多,洋药之销路亦日益畅。从前各海口每岁进洋药三万余箱,嗣渐增至五万余箱,近闻且增至七万余箱矣。而洋药之价,前时每箱百斤售银七百余两,近闻已减至五百余两。是销路之畅由于货价之减可知也。而洋人心计之工亦可知。于此而严吸食、兴贩之禁,法轻则易犯,令峻又难行,若奉行不得其人,非徒无益也。臣前督陕甘,先以禁种罂粟为务,饬各属随时查拔,以清其源。遇有洋药入境,则标识封存行栈,勒由原路折回,不准在地销售。其故违者,察出焚之通衢,已著微效。惟此法行之一方为宜,若统筹全局,则令其由原路折回,滞于此者或销于彼,仍为不了之局。详察事宜,断非加洋药、土烟税捐不可。税捐加,则洋药、土药之价必贵;价贵则瘾轻者必戒,瘾重者必减,由减吸以至断瘾,尚有可期。若徒恃空文禁制,则丁役之弊索,官吏之欺隐,由此而生,案牍纷繁,讼狱纠绕,特恐政令不行,而闾里骚然,未睹严禁鸦片之效,而先受其弊也。自古整齐世宙,不能无藉乎政刑。政刑之用穷,不能不济之以罚。周课田

---

① 中国第一历史档案馆藏:《朱批原件》,档案编号:04-011-13-0301-052。

功有里布夫家之罚,汉重酒禁有误酎免侯之罚,其明征也。近如海国土产出口,辄按其成本而倍征之。英人于嗜好之物更加征两倍,亦与赎刑遗意相近。况加征洋药、土烟税捐,意在加价减瘾,以期坊民正俗,复厥本初,多取亦不为虐。且议加者中国吸食之价,非取之出产之地、外国兴贩之徒,权自我操,谁能过问?稽经诹律,理有同然。而措正施行,又无烦再计决也。臣奉命与闻各国事务,责无可辞,曾于接晤英使威妥玛时论及鸦片宜加征税厘,冀可减瘾,威妥玛亦无以难之。适李鸿章至,臣偕赴总署,与威妥玛会商一次。李鸿章又独与威妥玛晤商两次。威妥玛意见不同,语多反复,而于加价一节尤断断然,若重有所惜者。臣等如从其后议以每箱八十两为定,则加数甚微,不但瘾无由减,适足为兴贩洋药者广其销路,而内地种罂粟、贩土烟者得以藉口,并加征捐厘亦多窒碍,是与拟增税捐期收实效本谋大相刺谬,而其事且有所难行。兹拟总口原征洋药进口每百斤税银三十两,仍由总口征收,毋庸置议外,其总口厘捐由中国自办,于总口附近地方设立总局,遴委廉干大员,总司洋药厘捐。凡洋药进口,完纳税银后,听洋商分销各口,或留存趸船,或起存行栈,税务司查明箱数,报知总局复验,登簿盖印,设立三联票,一存总局,为票根;一填发税务司,为备核验票;一给洋商,为运销各口验票。三联骑缝钤印,编列号数,彼此执存,轮流互核。遇有偷漏及土烟夹杂诸弊,无难一览而知。似此销路一清,讥禁可得而施;市价相若,税厘可得其实。以言增加税厘,期收禁烟实效,庶有当焉。

至于加税增厘捐办法,各有攸殊。或议于总口征洋商之税,即并内地应捐之厘而加征之,是为合办;或议于总口照税加厘外,于内地分销各口加征华商之厘,是为分办。两者衷诸一是,朝廷执中有权,推之而准,与洋人毫无干涉。按照现行厘章,于两起两验中寓周代儆惰农、汉世严酒禁遗意。每洋药百斤,统税厘合计,征实银一百五十两,理法均得其平。虽较之洋法土产货物出口照本征税其嗜好之物进口征加两倍轻减为多,而以古昔省刑薄敛之义论之,固考之不谬,而质之无疑者也。若内地私种罂粟所造土烟,行销浸广,应即照洋药税则加捐示罚。惟土烟味淡气薄,吸者弗尚,其价值亦较洋药为轻,税厘之加,未宜与洋药一律。如按其斤重、价值,准洋药推算议加,乃与罚捐之意允协,而贫难之民因惜费而减瘾,其实效亦复相同。

区区之愚,窃谓严禁吸食鸦片,本坊民正俗要图。近因市价日减,吸者日多,为患亦愈积而愈甚。于此而思禁制之方,实非加洋药、土烟税捐不可。其所以议加税捐者,非仅为聚敛丰财起见。古者取民有制,征敛固宜从其轻。而由今之道,思变今之俗,道在禁民为非,则税捐示罚有不得不从其重者。迨疵俗涤除,民无天札,弊尽而利自生,其效将有可睹,奚取于富强之术、功利之谋也。伏恳皇太后、皇上下臣此疏,饬王大臣、六部、九卿公同集议,择别是否,缕陈具奏;并请饬下各督抚、将军、监督,将所属洋药销数、原定税则、捐厘款目,现因偷漏减收情形,及罂粟土膏销数,两起两验章程,逐加稽察,与夫议加税厘办法,据实复陈,统限奉旨一月后复奏,务期齐心振作,以收正俗坊民实效,天下幸甚。

是否有当?伏祈皇太后、皇上圣鉴,训示施行。谨奏。光绪七年五月初五日。[①]

【案】光绪七年八月二十七日,左宗棠具折复陈征收洋药税厘一案缘由,曰:

臣左宗棠跪奏,为遵旨复陈,谨将饬发各省关将军、督抚、监督臣折件恭缴,并节录原折,附以案语,咨送总理衙门,以备复核,奏请钦定颁行,一律遵照办理,恭折仰祈圣鉴事。

窃臣于闰七月二十五日续假期内钦奉谕旨:前据左宗棠奏请增收洋药、土烟税厘,当谕令南北洋大臣、福州将军、各直省督抚、粤海关监督详细妥议。兹据该大臣等先后复奏各折,着左宗棠悉心酌核具奏。钦此。敬仰圣明洞鉴、执两用中至意,谨就各省关所陈各折,详加披阅,觉其就地设筹,于中外情形、商民生计均系据实指陈,堪资采择。惟区域攸分,于征收之多寡、关局分卡之疏密,势难合计通筹,斟酌损益,以归画一而持其平。此不能无待于综核者也。窃维各省形势,东南近海,洋药进口,贩售最多,而本境所产土烟及外来土烟亦间见错出,不能因其数少而置之不论。至西陲与西北一带地方,距海口甚遥,所产土烟最多,外来土烟亦复不少,商贩并有将洋药开箱拆包,混杂百货,运销内地,且以土烟假充洋药,出售射利者,非核实稽征,则挂漏堪虞,而奸商趋避之情由兹而起,应加综核而通行遵办者一也。洋药进口,本系整箱,大土每箱一百二十斤,小土每箱一百斤,查其箱数,即知其斤数,无从诡混。迨华

---

① 中国第一历史档案馆藏:《军机录副》,档案编号:03-6490-026。

商卖运分销,则开箱拆包,难于检验,仅据件数征收,别无稽核,何从合散为总知其确数? 而偷漏之根即伏于此,应于华洋交易之际,由局员会商税务司,禁止商贩开箱私售。凡分销各省者,俟贩运进口,呈验钤票后,如需就地零销,由局卡委员于票内注明数目,每件粘贴印花,以凭复验,庶稽察易周,而偷漏之源可绝。其洋行之藉名配药,提行私销者,应由总税务司切实禁止,以昭平允。此应加综核而通行遵办者二也。洋药由印度海道而来,过苏门答腊东向,即可闽、可浙、可苏,以抵北洋,不必定由香港。而洋药之汇萃香港者,由洋药为英商贸易大宗,香港久已划为英埠,故停泊于此,以便分销。然徒于香港稽查偷漏,犹未能尽得其实,非由沿海各省进口实力稽征不可。而就华洋贸易册观之,近年运到香港者共十万数千箱,而分销有税者仅八万数千箱,漏税者已十分之二,为数甚巨,应由广东将军、督抚臣遴委妥绅,前赴香港,会税务司,共查入口、出口实数,而于所设之新香六厂设局复验,征收税厘,方有把握。此应加综核通行遵办者三也。于总口征收洋税,每百斤税银三十两,由税务司征收。兹拟于总口附近设立总局,地属南洋,应由南洋大臣奏委大员总司局务。凡洋药进口,税务司查明箱数,报知总局复验,照税征厘,填发钤印列号三联票,以便运销各省。是为总口之厘。其分销各省者,由各省于进口时复查,有总口税厘并征钤印验票,征银九十两,听其贩运分销各属。如无钤印验票,责令补完总口税厘。无论一处总收与各处分收,总以每百斤统征银一百五十两为率,外不加征,庶税由洋办,厘由华办,眉目了然,可免繆辖,致滋误会。此应加综核通行遵办者四也。厘捐既由华办,已于总口照税并征。各省之无关税款目者,应补征关税银三十两,于厘捐一百二十两项下划收抵税。应改税为厘,合成一百五十两总数,不复存关税名色,免因款目繆辖致有误会。此应加综核通行遵办者五也。土烟厘捐,拟于各省就地征收,无论本地所产与外来烟土,总以每百斤征银五十两为率。或于出产之地按亩征收,或于运销过境征收,或于行销落地征收,由各省督抚核定,饬属遵照办理,以归一律。此应综核通行照办者六也。

微臣钦遵谕旨,悉心酌核,大略如此。至应办事宜详细情形,委曲繁重,未便详细缕陈,上烦省览,已节抄各省关折件,附录按语,别为一编,咨送总理衙门,以凭核酌。应请饬下总理衙门详加复核,奏请钦定颁行,遵照办理,以期周妥。征收亦应定期开办,约计程途远近,十月内均可举行,并请于谕旨内明定一期,庶免纷歧,而归一律。此外如新疆地方,近有外来洋药销售。臣前督办军务时,据印委员弁查报,即勒令由原路折回,禁止在地销售。现在中俄通商,准于吐鲁番、肃州设领事,如遇有洋药入境,应由新疆将军、大臣、陕甘总督照各省关章程,分饬委员征收税厘银一百五十两。其本地栽种土烟,及华商贩运土烟,亦照各省章程征收税厘银五十两,以归一律。又西陲土司、西北藩部,及北口之内、外蒙古,遇有洋药入境,亦照内地一律征收。应由总理衙门咨行理藩院,新疆将军、大臣,及云贵总督,通行遵照办理,以免侵销内地,庶事体一律,上符朝廷正俗坊民德意,而于时局大有裨补。

谨陈愚悃,伏乞皇太后、皇上圣鉴,训示施行。谨奏。光绪七年八月二十七日。①

【案】光绪十年十二月初九日,左宗棠会衔闽浙总督杨昌濬、福建巡抚张兆栋奏请议加洋药税厘以资军饷缘由,曰:

钦差大臣督办福建军务太子太保军机大臣大学士二等恪靖侯臣左宗棠、帮办军务头品顶戴闽浙总督臣杨昌濬、革职暂缓交卸福建巡抚臣张兆栋跪奏,为议加洋药税厘,以资军饷,恭折仰祈圣鉴事。

窃边关省营内,防军厚集,需饷浩繁,库藏空虚,舍抽厘、办捐之外,别无善法。营湾现经部议准捐实官,例价较昂,恐难踊跃。商贾贩运百货,皆关民生日用所需,抽厘已久,欲减未能,何可再议加抽?惟洋药一项,现时兴贩之盛,销路之广,较之百货,奚啻数倍。光绪七年间经臣宗棠奏奉谕旨敕议,曾经复奏加重厘金,奉旨留中,未经举办。值此时艰饷绌,财源无可再开,拟请将局征华商洋药税厘量予加重,于筹济军饷之中并寓补救时弊之意。查闽省洋药进口,每百斤完洋税银三十两,由闽海关征收造报。洋税著有条约,未便议加,应请照旧办理。至进口以后华商贩运行销,每百斤征华税银三十两,票税银十五两,厘金银十六两,军饷银五两,共征银六十六两。今拟请加增华税银二十两,应收耗、余各款,照章随正加缴。其厦门系滨海之区,最易偷漏,洋药税厘向归包征,省口既加,自应责令按箱核数加缴。惟闽省洋药华税议加,江、浙、粤东各省,壤地相接,若不一律加收,私贩避就冲销,于闽局大有窒

① 中国第一历史档案馆藏:《军机录副》,档案编号:03-6491-041。

碍。合无仰恳天恩俯准敕下江西、浙江、广东各省督抚,一律加重征收,共维大局。据福建税厘局司道会同藩司沈保靖详请具奏前来。

除咨部查照外,臣等谨恭折具陈,伏乞皇太后、皇上圣鉴,训示。谨奏。十二月初九日。

光绪十年十二月二十七日,军机大臣奉旨:该衙门议奏。钦此。①

【案】光绪十一年二月十五日,总理各国事务王臣奕劻等奏报议复左宗棠等议加洋药税厘一案,曰:

总理各国事务多罗庆郡王臣奕劻等跪奏,为遵旨议奏,恭折复陈,仰祈圣鉴事。

光绪十年十二月二十七日,准军机处交出左宗棠等议加洋药税厘,以济军饷,抄折一件,奉旨:该衙门议奏。钦此。查原奏内开:值此时艰饷绌,财源无可再开,拟请将局征华商洋药税厘量予加重,闽省洋药进口,每百斤完洋税银三十两,照旧办理。至进口后,华商贩运行销,每百斤征华税银三十两,票税银十五两,厘金银十六两,军饷银五两,共征银六十六两。今拟请加增华税银二十两,应收耗、余各款,照章随正加缴。厦门向归包征,责令核数加缴。惟江、浙、粤东各省若不一律议加,私贩避就冲销,有碍大局,仰恳饬下江西、浙江、广东各省督抚,一律加重征取等语。

臣等窃维洋药一项流毒已深,一时禁绝未能,则加重税厘,正可藉资补救。第恐抽厘愈重,走私愈多,必须设法严查,方不至有名无实。光绪七年间,左宗棠奏请增收洋药税厘,原奏内有香港偷漏过巨,应由广东督抚臣遴委妥绅赴港,会同税务司,共查出入口实数等语。是年九月初五日,经总理衙门会同李鸿章以香港久划为英埠,为中国政令所不及,加厘不加税,虽中国所能自主,而以加厘之故,须在港查其出入口实数,则仍不能不与英官商办等因,复奏在案。续由总理衙门与英国使臣威妥玛商办洋药税厘并征,在香港设局征收,每百斤进口时,征税银三十两,带征内地厘金银八十两,共征税厘银一百一十两,如未能办到,可免飞洒偷漏之虞。乃威妥玛有意推延,始终以咨回本国为委卸,复经总理衙门于九年正月间奏奉谕旨饬曾纪泽与英外部商办,以专责成而免延宕。去

①　中国第一历史档案馆藏:《军机录副》,档案编号:03-6494-031。

年腊月接曾纪泽电称:洋药税厘,现争到一百一十两,刻将议约等语。惟香港设局一节,最为紧要,未经提及,一切详细章程,亦未妥议,经总理衙门电嘱妥慎办理去后,至今未接该大臣复音。是此事能否定议,尚未可知。即能定义,亦非一时所能开办。左宗棠等以时艰饷绌,财源无可再开,请将局征华商洋药厘税加重,自系实在情形,拟请旨先行照办,以济要需。原奏又称闽省洋药华税议加,江、浙、粤东各省壤地相接,若不一律加收,私贩避就冲销等语。此亦势所必然,所虑甚是,应请饬下江西、浙江、广东各省督抚,一律加重征收,以杜奸商而维全局。再,江南为南洋总汇,上海尤为商船所聚,拟请一并饬下两江督臣、江苏抚臣,将洋药厘金酌量加重,以归画一。至严防偷漏,设法稽查,是在各省将军、督抚委任得人,认真办理,庶私贩可绝,而实效可期矣。

所有臣等遵旨议奏缘由,理合恭折复陈,伏乞皇太后、皇上圣鉴。再,此折系总理各国事务衙门主稿,合并陈明。谨奏。光绪十一年二月十五日。

(朱批):此件系初办洋药厘税并征之议也。今归赫德总办,颇有成效。然利权操自洋人,终非长策。尔等其甚选替人,密防流弊,勿图目前之小利,以为委任得人也。①

8【隐寓】刊本作"隐合"。

9.【光绪十六年十月初四日】刊本无此具奏日期,兹据原件校补。

10.【该衙门议奏】此朱批据原件补。

11.【光绪十六年十月十九日,奉朱批:该衙门议奏。钦此。】此朱批日期与内容,据录副校补。

奏土药捐厘未尽事宜片

光绪十六年十月初四日(1890 年 11 月 15 日)

再,接据¹司道现详,正缮办间,适准湖北督抚臣张之洞②等会咨:川土

---

① 中国第一历史档案馆藏:《朱批原件》,档案编号:04-01-35-0398-040。

② 张之洞(1837—1909),字孝达,号香涛,又号香岩、壹公,晚年自号抱冰,直隶南皮(今河北南皮人)人。道光十七年(1837),生于贵州。二十九年(1849),考中秀才。咸丰二年(1852),中顺天府解元。同治二年(1863),中式进士(探花),授翰林院编修。六年(1867),充浙江乡试主考官,提督湖北学政。十一年(1872),加侍读衔。十二年(1873),授

下楚,遵照从前部议,每百斤抽收实银三十两,随征耗银四两七钱,令川中先为出示晓谕等因。臣伏查洋土百斤海关征银一百一十两,此后虽遍行各省,并不再完税厘。访诸舆论,川土味淡气薄,吸食者其力不敌洋土五成之二,故价值亦仅及洋土五成之一。川省土厘,向章每百斤抽银四两八钱,鄂省近年亦仅抽银数两。今楚省骤加征银三十四两七钱,若川省亦仿楚加抽,于四两八钱之外加抽三十四两,计自川至楚共须抽银三十九两五钱,若由楚省运往别省,又须完纳税厘,行愈远,厘愈重,其数几与洋税相埒。而川土之力微,不敌洋土远甚,货低本重,不能行消,商贩势必裹足,而吸食者亦必舍华土而竞食洋土,以其价相若,而力倍厚也。

查洋土税厘,英人业已包认,岁有定数,多销洋土,税厘无增;少销华土,税厘日绌。通筹合计,利转归于外洋,似不可不妥筹办法,以维大局。臣再四思维,倘蒙天恩准将华土照旧抽收,川民幸甚。如部议必欲加抽,亦须统筹全局,酌定出产省分每百斤抽收若干,粘以厘局及驻省巡道合璧印花,所过第一省再抽若干,亦粘贴印花,名曰加厘,以后再过之省应抽应免,议定划一章程,免致各省任意自为,既有碍于民生,转无裨于国计。抑或效仿洋土办法,径由出产省分全数抽收一次,粘贴印花,此后所过省分不再抽收,若无印花,全货充公,庶几官民易于遵守,商贩必不敢以无印花之土自取充公,而厘局亦可凭所发印花之数向各卡查收厘金,不致侵蚀中饱。

管窥之见,是否有当?并祈敕下部会同总理衙门核议,咨川施行。谨附片再陈,伏乞圣鉴。谨奏。

光绪十六年十月十九日,奉朱批:该衙门知道。钦此。[2]

【案】此奏原件查无下落,录副现藏于中国第一历史档案馆①,

四川学政。同年,充四川乡试主考官。光绪二年(1876),补文渊阁校理,兼国子监司业。五年(1879),改詹事府左春坊左中允、司经局洗马。六年(1880),升翰林院侍讲,历充侍读、詹事府左春坊右庶子、日讲起居注官。七年(1881),补翰林院侍讲学士,擢内阁学士兼礼部侍郎衔。同年,补授山西巡抚。十年(1884),升调两广总督,起用退休老将冯子材,于广西边境击败法军,设广东水陆师学堂,立广雅书院。十二年(1886),兼署广东巡抚。十五年(1889),调补湖广总督。十六年(1890),创建两湖书院。十九年(1893),兼署湖北巡抚,创办自强学堂(武汉大学前身)。二十年(1894),署两江总督。二十二年(1896),调湖广总督,仿德国制式改湖北旧军为新式陆军,并创办湖北武备学堂。二十六年(1900),兼署湖北提督。二十七年(1901),加太子少保衔。二十八年(1902),授督办商务大臣。二十九年(1903),充经济特科阅卷大臣。三十三年(1907),补湖广总督。同年,擢协办大学士,拜体仁阁大学士,兼管学部。三十四年(1908),授督办粤汉铁路大臣,晋太子太保。宣统元年(1909),充实录馆总裁官。同年,卒于任。追谥文襄。著有《张文襄公全集》等行世。

① 中国第一历史档案馆藏:《军机录副》,档案编号:03-6502-053。

兹据校正。

1.【接据】刊本作"查据",兹据校正。

2.【光绪十六年十月十九日,奉朱批:该衙门知道。钦此。】此
朱批日期与内容,据录副校补。

奏剿办雷波夷匪迭次获胜疏

光绪十六年十月初四日(1890年11月15日)

四川成都将军臣宗室岐元、头品顶戴四川总督臣刘秉璋跪[1]奏,为各营
剿办雷波夷匪,谨将迭次获胜情形恭折会陈,仰祈圣鉴事。

窃本年春间,雷波厅属小沟补即夷支风簸、渔姑等勾结西昌县生番二千
余人,滋扰边境,焚场劫财掳人,经臣等调派各营前往,迭于牛吃水、莲花石
等处接仗击退,曾将获胜缘由奏陈在案。

七月二十七日,大院子恩礼黑夷普子纠夷五百余人,窜出海瑙坝、徐家
崖一带,经哨弁赵孟谦、都司吴以忠合攻,轰毙夷匪四十余名。赵孟谦奋勇
直前,将黑夷普子生擒过阵,余众奔溃。统领达字营马朝选即于次日率弁分
路由徐家崖进剿曹家埂,轰毙夷匪百余名。长胜左营弁勇擒获白夷数名,各
夺获刀矛、毯衫百余件,并毁蛮棚七十余间。各营日出搜山,夜守要隘。该
夷潜侵暗扰,均经营勇擒斩多名,随时击退。

马朝选探得夷匪集有二千余众,盘踞距三棱冈三十里之田家湾,因密与
各营将备商定,调守备戴炳勋、千总徐铖所部营勇并参将谢金诰之乡导勇二
百名及先锋营刘玉田,合为一队,进攻田家湾;调雷波厅施毓龄带勇百名、团
练二百名为一队,进攻田家湾左路。该统领自派管带唐删峰并卫队及中哨
队伍为一队,进攻田家湾右路;复派长胜右营姚振邦、安阜营吴以忠先期潜
赴三棱冈,于九月初七日夜陆续会齐。三路同时并进,夷匪惊觉,大股出敌。
我军各用洋枪,连环围打,一面放火先将寨外蛮棚焚毁。乡导、先锋等营先
进,各营相继而进,接战良久,夷众抵敌不住,四散奔逃,坠岩落涧者无算。
乘胜将田家湾、秦家梁子夷巢数百间悉行焚毁。天曙,追杀十余里,轰砍致
毙夷匪百余名,斩首二十余颗,生擒黑白夷三千余名。是役也,我军带伤亦
二十余名,当即照章分别轻重给赏。

随密探该败夷散踞葱子坪、双土地、白岩湾等处夷巢,马朝选与各营将
备商定进攻,于初九夜仍分三队,谢金诰、刘玉田督勇衔枚疾走,至老街子,
解衣渡河,直上该坪,阵斩十余名,生擒督队夷酋百户达曲一名、黑白夷二十
余名。施毓龄等进攻双土地,姚振邦等进攻白岩湾,同时扑击,各有斩获,轰

毙逆夷无算，余众退败。三路弁勇会齐，于初十日午后收队，沿途共毁夷巢千余间，毁平夷卡三十余座，各营献俘献馘，当经该统领分别记赏，一面将擒获百户达曲等斩枭。

败夷退入母猪坡坚守。刘玉田探得有黑夷慈噶者，为此次另召夷匪指挥出扰之人，遂与谢金诰密派熟识慈噶之乡导勇，于十五夜潜伏该坡。夷匪侦知，山顶檑石如雨而下。待至四更，檑石不继，我军突上山寨，火弹齐发，火光中乡导勇罗廷荃瞥见逆酋慈噶仓皇冲突，鏖战两时，伤其左腿，始就擒获，夷众又复散败。我军振旅而还。臣等因其先后告捷，檄令各勇仍前严密防范，相机进剿，俾该夷势穷力竭，自必倾心归诚。

所有各营剿办雷波夷匪迭次战胜缘由，理合恭折具陈。再，此次各营将士极为奋勇，颇称得手，将来敉定后可否择尤保奖以示鼓励，恭候圣裁，伏乞皇上圣鉴，训示。谨奏。光绪十六年十月初四日[2]。

光绪十六年十月十九日，奉朱批：着俟事定后择尤保奖，毋许冒滥。钦此。[3]

【案】此奏原件、录副均查无下落，兹据《随手档》①校正。

1.【四川成都将军臣宗室岐元、头品顶戴四川总督臣刘秉璋跪】刊本无此前衔，兹据《随手档》及前后折件校补。

2.【光绪十六年十月初四日】此具奏日期据刊本补。

3.【光绪十六年十月十九日，奉朱批：着俟事定后择尤保奖，毋许冒滥。钦此。】此朱批日期与内容，据《随手档》校补。

奏添募营勇防边片
光绪十六年十月初四日（1890 年 11 月 15 日）

再，雷波一役，前因隘多勇少，不敷分布，已檄令参将谢金诰暂募乡导勇三百名[1]。屏山防营前因调派唐删峰督勇赴雷波助剿，该处空虚，檄令该营官茆孔善添募新勇一百名。又据建昌镇刘士奇禀报：云南披砂厅属夷人叛逆，经滇省分调官兵进剿，披砂与川界紧连，恐其窜入为患。该镇所辖制兵不敷守御，亦批檄该镇暂募土勇二百名，藉以分防边隘。均自成军之日起，查照川省勇营各哨章程，支给口粮。实因三边同时有警，若各募一营，不免糜饷，是以从权酌令分募一二三哨，以节饷需，一俟事定，即令裁撤。

① 中国第一历史档案馆藏：《军机处随手登记档》，档案编号：03-0265-1-1216-300。

理合附片陈明,伏乞圣鉴。谨奏。

(朱批):该部知道。[2]

光绪十六年十月十九日,奉朱批:该部知道。钦此。[3]

【案】此奏原件①、录副②现藏于中国第一历史档案馆,兹据校正。

1.【三百名】刊本作"二百名",兹据原件校正。

2.【该部知道】此朱批据原件补。

3.【光绪十六年十月十九日,奉朱批:该部知道。钦此。】此朱批日期与内容,据录副校补。

奏剿办峨边夷匪获胜片
光绪十六年十一月初九日（1890 年 12 月 20 日）

再,据峨边厅通判耿斯立、署峨边参将定长禀称:峨边所辖赤夷十三支,内有雅札一支为最强,屡抚屡叛,时思蠢动。本年八月二十四日以后,迭扰边境,焚场掳人,查系雅札、勿哒、华达及白夷勿嗞为首,当经该厅将在于镇远营挑选精锐,泰安营派拨哨队,合之厅勇、土练,于九月二十九日分三路进兵。左营派哨长撒仕寿等率所部由暖子包而进,以中军守备钱春榜为接应。右路派千总王良恩率所部由热水而进,以外委黄文学等为接应。中路派管带李飞龙率所部由化林坪而进,以泰安营向文赞等率枪队为接应。该参将定长自率制兵、土练由中路而进。该夷侦知,先放檑石,继以弩箭。李飞龙、黄文学奋勇当先,各枪毙凶酋数名。王良恩督队攻击,夷不能支,我军齐上山顶,焚巢追杀,枪毙、杀毙及滚岩落涧者无数。计共毁蛮棚四十二家,夺获器械七十余件,救出难民二十余名。我军带伤者九名,阵亡者一名,当经分别恤赏。查悉勿哒、华达均经枪毙,该夷畏威,陆续缴出难民二十二名口,并称愿送黑夷上班当差,不敢复反等情前来。

除由臣饬令将善后事宜[1]办理外,理合会同成都将军臣宗室岐元,合词具陈,伏乞圣鉴。谨奏。

光绪十六年十一月二十七日,奉朱批:知道了。钦此。[2]

---

① 中国第一历史档案馆藏:《朱批原件》,档案编号:04-01-03-0011-011。

② 中国第一历史档案馆藏:《军机录副》,档案编号:03-6502-055。

【案】此奏原件、录副均查无下落，待考。兹据《清实录》《随手档》校补。

1.【速】刊本"速"前疑夺"妥"字，待考。

2.【光绪十六年十一月二十七日，奉朱批：知道了。钦此。】此朱批日期与内容，据《随手档》①校补。

【案】此奏于是年十一月二十七下部闻，《清实录》载曰：

四川总督刘秉璋奏，峨边所辖赤夷十三支，内有雅札一支为最强，屡抚屡叛，迭扰边境。该厅于九月二十九日分三路进兵，将该夷勿哒华达枪毙。该夷畏威，缴出难民二十二名口，并称愿送黑夷上班当差，不敢复反。报闻。②

奏留游击吴杰带勇片
光绪十六年十一月十二日（1890 年 12 月 23 日）

再，本年雷波夷支小沟、风簸、渔姑等蠢动，秋后峨边夷支雅札又复骚扰边境。正值需用将才之际，适江苏候补游击吴杰措资来川，臣稔知该游击秉性忠勇，办事认真，因饬峨边带队，以期剿抚得力。

理合附片具奏¹，伏乞圣鉴。谨奏。

光绪十六年十二月十五日，奉朱批：知道了。钦此。²

【案】此奏原件查无下落，录副现藏于中国第一历史档案馆③，兹据校正。

1.【具奏】刊本作"陈明"，兹据录副校正。

2.【光绪十六年十二月十五日，奉朱批：知道了。钦此。】此朱批日期与内容，据录副校补。

奏巴州进士余焕文学行交修疏
光绪十六年十一月二十八日（1891 年 1 月 8 日）

头品顶戴四川总督臣刘秉璋跪¹奏，为巴州进士余焕文学行交修，恳恩

---

① 中国第一历史档案馆藏：《军机处随手登记档》，档案编号：03-0265-1-1216-300。
② 《清德宗实录》卷 291，光绪十六年十一月，中华书局 1987 年版，第 882 页。
③ 中国第一历史档案馆藏：《军机录副》，档案编号：03-5874-050。

给奖,以资观感,恭折仰祈圣鉴事。

案据布政使崧蕃转据署巴州知州张兰准儒学萧开端、训导周允森牒:据进士分省候补知县李含菁等禀称:州属载粮民藉余焕文,现年六十六岁,中式咸丰十年庚申科进士,签分礼部主事,是年告假回籍。同治三年,从陕西抚臣刘蓉①,襄办陕西军务,因助剿黄泥堡获胜案内出力,保奏礼部员外郎。旋因母老养亲。母殁,庐墓三年,终制。起复,延掌该州书院,生徒云从,造就甚多,讲求实行,德望素著。凡地方一切善举,无不竭力维持,阖邑士民奉为楷模。访查确实,造具事实册结,禀学牒州,加具印结,详送到司。

该藩司复核无异,申详到臣。核看得该员外郎余焕文,持身清介,处世和平,学术深沉,孝行卓著。凡此德行交修,委属名实相符。既协舆情,宜邀旷典,合无仰恳天恩俯准将礼部员外郎巴州进士余焕文敕部核议给奖,以资观感。

除将事实册结送部外,臣谨会同学政臣朱善祥,合词恭折具陈,伏乞皇上圣鉴,训示。谨奏。光绪十六年十一月二十八日²。

(朱批):该部议奏。³

光绪十六年十二月二十七日,奉朱批:该部议奏。钦此。⁴

【案】此奏原件②、录副③现藏于中国第一历史档案馆,兹据校正。再,此奏具文时间刊本仅作"光绪十六年十一月",未确。而原件、录副均作"光绪十六年十一月二十八日",确。兹据校正。

1.【头品顶戴四川总督臣刘秉璋跪】刊本无此前衔,兹据原件校补。

2.【光绪十六年十一月二十八日】刊本无此具奏日期,兹据原件校补。

3.【该部议奏】此朱批据原件补。

4.【光绪十六年十二月二十七日,奉朱批:该部议奏。钦此。】此朱批日期与内容,据录副校补。

① 刘蓉(1816—1873),又名刘容,字孟容,一字孟蓉,号霞仙,湖南湘乡县人。道光三十年(1850),取生员。咸丰四年(1854),选训导。五年(1855),拔知县,赏戴花翎。同年,充罗泽南湘军左营管带,加同知衔。十年(1860),赴四川办理营务。十一年(1861),加三品顶戴,署四川布政使。同治元年(1862),迁四川布政使。二年(1863),擢陕西巡抚,后夺职回籍。十二年(1873),卒于里。著有《刘中丞奏议》《养晦堂诗文集》《思辨录疑义》等行世。
② 中国第一历史档案馆藏:《朱批原件》,档案编号:04-01-13-0367-031。
③ 中国第一历史档案馆藏:《军机录副》,档案编号:03-5272-146。

卷七

奏剿办雷波夷匪复获大捷边境肃清疏
光绪十七年正月初十日（1891年2月18日）

四川成都将军臣宗室岐元、头品顶戴四川总督臣刘秉璋跪[1]奏，为剿办雷波夷匪复获大捷，该各夷支倾心就抚，边境肃清，恭折具陈，仰祈圣鉴事。

窃查上年春间雷波夷匪小沟补即夷支风簸、渔姑等勾结生番出巢，滋扰边境。臣等调营往剿，曾将迭次获胜情形奏陈。嗣于田家湾等处复获胜仗，奏奉朱批：着俟事定后，择尤保奖，毋许冒滥。钦此。当即转行在案。

嗣据达字营统领马朝选等陆续禀报，以各支夷人皆有投诚之意，惟小沟、鱼姑二支始终怙恶，恃其夷巢险峻，二百余年从无官军深入，且有二千余人匪党，相为勾结，不肯乞降。迭遣土舍熟夷前往开导，迄无转机，自非直捣其巢，不能慑服。营务处候选道徐春荣定议，以进攻不可再迟，庶免旷日持久；获俘不必尽杀，庶使怀德投诚，遂于十月十六、七等日会同尽先参将谢金诰、记名提督刘玉田、唐珊峰、都司衔姚振榜等，各带所部，连营进扎，于二十日夜各营齐发。维时霜雪凝寒，路途冻裂，将备弁勇一鼓作气，攀藤附葛，衔枚疾走，直捣小沟夷巢，连破二坪子、仰天窝等处，摧坚陷锐，所向无前，阵斩逆酋黑夷百余名，生擒二十余名，轰毙黑白凶夷二百余名，追杀至二十一日晌午，始各收队。探知风簸身受重伤，鱼姑只身[2]潜遁。其兄弟子侄琐簸哇、初必模等及二支夷酋随各带同哇子数百名来诣各管带营前，乞恩免剿，自限三日内将所掳难民百余人全数缴出，倾心投诚，誓不复叛。通计雷夷二十六支，所有各支土千、百户及黑夷目一百五十二名，各支长标子白夷三百二十名，均于十一月二十六日齐集到厅。各营队伍亦均拔队回城，经署该厅谭酉庆、署参将谢金诰谕以兵威，陈以利害，责其纠众出反之罪，宣示朝廷宽大之恩。各支夷酋均各感激悚惶，叩首谢罪，认保隘口，伏地求怜。仍[3]定期十二月初七日齐集较场，大设军威，查照夷例，阄皮饮血，誓不复反。当即赏给布匹、银牌、哔叽花线、盐、酒。该夷等欢欣鼓舞而退。并令琐簸、呼曲二酋在城当差，余均分遣回巢，边境肃清等情前来。

臣等会同商酌，除饬各营分别回防外，拟暂留唐珊峰一营驻扎雷波边隘,以期有备无患,并饬该文武等将善后一切事宜妥为布置,用副圣主绥靖边陲之至意。

此次雷波夷务综计大小数十战,生擒及阵斩、轰毙共千余名,攻克坚巢七十余座,夺获刀矛、毡衫千余件,焚烧蛮棚二千余间。小沟素称强悍,现既慑服,则各支必益帖然。各将备弁勇奔驰于冰雪之中,转战于瘴烟之外,不无微劳足录,合无仰恳天恩准将尤为出力之记名总兵马朝选赏加提督衔,已革头品顶戴花翎记名提督刘玉田赏还原衔翎顶,记名提督唐珊峰赏给头品顶戴,总兵衔补用副将四川尽先参将谢金诰准其免补参将以副将尽先补用,统领长胜、先锋等营二品衔双月选用道徐春荣以道员不论双单月尽先选用,都司衔姚振榜以都司尽先补用,以示鼓励而作士气,出自圣慈逾格。此外各营出力将士、员弁、兵团及伤亡勇目,容臣等核实查明,择尤分别保奖、请恤,另行奏咨办理。

所有剿办雷波夷匪复获大捷,各该夷支倾心就抚,边境肃清缘由,理合恭折具陈,伏乞皇上圣鉴,训示。谨奏。正月初十日[4]。

光绪十七年正月二十八日,奉朱批:另有旨。钦此。[5]

【案】此奏原件查无下落,录副现藏于中国第一历史档案馆①,兹据校正。再,此奏具文时间刊本作"光绪十六年十二月",未确。而录副作"光绪十七年正月初十日"。查光绪十七年正月二十八日《随手档·朱批岐元、刘秉璋折》②,署有"报马递、正月初十日发"等字样。据此可断录副具文日期确。兹据校正。

1.【四川成都将军臣宗室岐元、头品顶戴四川总督臣刘秉璋跪】刊本无此前衔,兹据录副校补。

2.【只身】刊本作"直身",兹据录副校正。

3.【仍】刊本作"乃"。

4.【正月初十】刊本无此具奏日期,兹据录副校补。

5.【光绪十七年正月二十八日,奉朱批:另有旨。钦此。】此朱批日期与内容,据录副校补。

【案】此奏旋于是年正月二十八日得旨,《上谕档》载曰:

光绪十七年正月二十八日,内阁奉上谕:岐元、刘秉璋奏,剿办雷波夷匪获胜,边境肃清一折。雷波夷匪滋扰四川边境,叠经岐元

① 中国第一历史档案馆藏:《军机录副》,档案编号:03-6027-007。
② 中国第一历史档案馆藏:《军机处随手登记档》,档案编号:03-0268-1-1217-027。

等调营往剿,该小沟、鱼姑二支夷匪始终怙恶。道员徐春荣会同参将谢金诰等于上年十一月间督军进捣小沟夷巢,大小数十战,连破二坪子等处,擒斩、轰毙千余名,攻克坚巢七十余座,夺获刀矛千余件,焚毁蛮棚二千余间。该夷酋等及二支夷酋乞恩就抚,边境肃清,办理尚为迅速。所有尤为出力之总兵马朝选着赏加提督衔,已革提督刘玉田着赏还原衔翎顶,提督唐珊峰着赏给头品顶戴,参将谢金诰着免补参将以副将尽先补用,道员徐春荣着以道员不论双单月尽先选用,都司衔姚振榜着以都司尽先补用,以示鼓励。其余出力员弁及伤亡勇丁,着查明分别奏咨奖恤。该部知道。钦此。①

奏重庆开办通商疏

光绪十七年二月初四日(1891 年 3 月 13 日)

头品顶戴四川总督臣刘秉璋跪[1]奏,为重庆开办通商,谨将筹办情形、开关日期并支发经费缮具清单,恭折仰祈圣鉴事。

窃查重庆开办通商,停止轮船上驶一案,前经臣将筹办情形并请铸发监督关防奏奉朱批,著照所请,该衙门知道,钦此。转行遵照在案。嗣据税务司好博逊来川,经署理川东道张华奎体察川江情形,仿照宜昌关一切章程,并按总税务司议章二十条量为删改,禀经臣按款稽核,由该道抄录先后章程,分赍南、北洋大臣,复经臣将该道先后议章咨请总理各国事务衙门核复,亦在案。

兹据署川东道张华奎具详:现定于光绪十七年正月二十一日开关,所有监督关防尚未到川,请暂用川东道关防,一俟监督关防到川,再行定期开用。此次新关创始,亟应分派委员,调选书吏,招募各项差役、丁壮,分拨关署、大关及子口等卡,各司其事。凡员役应发之薪水、工食,大关应修之[2]码头、跳板船暨巡哨炮船、查河划船、渡江红船并三卡办公之所,修整房间,置备器具,皆系必不可少之件,即有必不能省之需,自宜酌定月支经费,以资举办。查重庆商务大致与宜昌关相符,应用款目即与宜昌关相同。惟[3]川东民情浮动,华洋之情扦格已久,办理尤属繁难,若过于撙节,恐多贻误。兹照宜昌关原定支款,除税务司经费外,计每月共支银二千五百余两,计之宜昌关有绌无盈,仍照宜昌成案,分别应支、缓支。其缓支各款,每月计银三百九十二两,应俟关务畅旺,再请照支。此外制造炮、巡、哨、座等船,购买炮位、军械

① 《光绪宣统两朝上谕档》第 17 册(光绪十七年),广西师范大学出版社 1996 年版,第 22 页。

并开关杂支各款,统俟修购齐全,另行造报;仍于试办一年后察看情形,如有应行增减之处,再当酌办。所有应支、缓支各数目,造册详请奏咨前来。

臣查重庆商务大致与宜昌相埒,应用款目即与宜昌关相同。该道参酌宜昌关成案,所定月支经费较之宜昌关实属有减无增,合无仰恳天恩敕下总理各国事务衙门会同户部核复饬遵。再,查宜昌关开办伊始,一切经费先在盐局提用。此次重庆关开支经费,亦请在于重庆盐局暂行提拨,俟一年后税收畅旺,即于关税项下开支,并将提拨盐局之款照数归还,各清各款,以免牵混。是否有当? 谨将应支、缓支各款照缮清单,恭呈御览。

所有重庆开办通商筹办情形、开关日期并支发经费各缘由,理合会同成都将军臣宗室岐元,恭折具陈,伏乞皇上圣鉴,训示。谨奏。光绪十七年二月初四日[4]。

(朱批):该衙门议奏,单四件、片一件并发。[5]

光绪十七年二月二十二日,奉朱批:该衙门议奏,单四件[6]、片一件并发。钦此。[7]

【案】此奏原件①,录副②现藏于中国第一历史档案馆,兹据校正。

1.【头品顶戴四川总督臣刘秉璋跪】刊本无此前衔,兹据录副校补。

2.【之】刊本夺"之",兹据原件校补。

3.【惟】刊本夺"惟",兹据校补。

4.【光绪十七年二月初四日】刊本无此具奏日期,兹据原件校补。

5.【该衙门议奏,单四件、片一件并发。】此朱批据原件补。

6.【单四件】同日,川督刘秉璋随折附呈清单四件:

※呈重庆新关经费比照宜昌关酌定每月应支各款清单:

谨将重庆新关经费比照宜昌关章程酌拟每月应支各款,开具清单,恭呈御览。

计开:

一、监督办公经费。查宜昌关每月领银二百四十两,今重庆关监督应否准照宜昌关章程按月支给办公之处,听候部议。

① 中国第一历史档案馆藏:《朱批原件》,档案编号:04-01-35-1006-016。
② 中国第一历史档案馆藏:《军机录副》,档案编号:03-9379-029。

一、大关正办委员一员,拟照宜昌关章程,月支薪水银五十两。

一、大关帮办委员一员,拟照宜昌关章程,月支薪水银三十两。

一、关署文案委员一员,拟照宜昌关章程,月支薪水银四十两。

一、监督通事一员,拟照宜昌关章程,月支薪水银四十两。

一、查夜委员一员,宜昌关月支薪水银十六两。重庆关华船通商,稽查繁难,今拟月支薪水银二十两。

一、查河委员一员,宜昌关月支薪水银二十两。重庆华船通商,稽查繁难,今拟月支薪水银三十两。

一、宜昌关查票委员一员,查宜昌关章程,汉口查票委员每月给薪水、盘费、舟资并带差役一并每月支银一百两。今酌给宜昌关查票委员薪水银三十两,盘费、舟资、差役工食银七十两。除盘费、舟资、差役工食照宜昌关开办章程列入缓之项下外,实支薪水银三十两。

一、关署幕友一人,拟照宜昌关章程,月支修金银二十两。

一、督署幕友一人、稽查委员二人,拟照宜昌关章程,月支薪水银一百两。

一、监督署书吏,拟照宜昌关设总书一名,月给银二十两;散书一名,月给银十六两,每月共给银三十六两。

一、查验房,拟照宜昌关设经书一名,散书四名,每月共给银五十两。

一、文案房,拟照宜昌关设经书一名,稿书一名,清书三名,共五名,每月共给银五十六两。

一、册报房,拟照宜昌关设经书一名,清书三名,共四名,每月共给银四十两。

一、税则房,拟照宜昌关设经书一名,核算二名,填簿写各单照二名,核对一名,共六名,每月共给银六十四两。

一、督署书吏,拟照宜昌关章程,每月津贴饭食银八十两。

一、军署书吏,拟照宜昌关津贴抚署书吏章程,每月津贴银三十两。

一、大关茶号各一名,关署茶号共三名,拟照宜昌关章程,每名月给银六两,共给银三十两。

一、大关关署差役,拟照宜昌关各设四名,每名月给银六两,共给银四十八两。

一、大关听事,拟照宜昌关募设二名,关署听事拟照宜昌关募设四名,每名月给银三两,共给银十八两。

一、押送洋商雇用自备华船并照护洋人差役,宜昌关向设十名。重庆关华船通商,不敷差遣,拟设二十名,照宜昌关章程,每名运盘费月给银三两五钱,共给银七十两。

一、护关壮丁,拟照宜昌关募设三十名,每名月给口粮银三两二钱,共给银九十六两。

一、修理船只、蓬篙、旗帜、船帐、绳索,购备火药、关署两处器具,应用舆皂役食、犒赏各杂目,拟照宜昌关每月支银一百八十两,并照宜昌关开办成案,除提银六十两归入缓支项下外,暂支银一百二十两。

一、关署油烛、心红、纸张、照票、单薄等项,拟照宜昌关章程,每月支银八十两。

一、管带炮船武弁一员。查宜昌关章程月支银十六两,今拟仍月支银十六两。

一、重庆至夔州沿途巡查并防护大关、弹压地方炮船二号,每号哨长一名,水手六名,勇丁四名;哨船四只,每只哨长一名,勇丁二名,水手四名。

一、重庆关查河哨船六只,每只哨长一名,勇丁二名,水手四名。

一、监督坐船一号,船头一名,水手八名。

一、过江红船一号,水手六名。

一、查货划船四只,共水手十二名。

一、大关做码头大跳板船一只,水手四名。

以上哨长、船头,按照宜昌关章程,每名每月给口粮银六两;共十三名,共给银七十八两。勇丁每名给口粮银三两二钱,共二十八名,共给银八十九两六钱。水手每名月给口粮银三两,共八十二名,共支银二百四十六两。

香国寺子口总卡稽查华洋商人运货入内地,并洋商由内地运土货入口等事,一切经费比照宜昌关平善坝子口总卡支给。

一、委员一员,月支薪水银二十六两。

一、书吏一名,月给辛工银十两。

一、差役二名,每名月给饭食银六两,共给银十二两。

一、房租每月银六两。

一、炮船一只,哨长一名,月给口粮银六两;炮勇四名,月给口粮银三两二钱；水手六名，每名月给口粮银三两，共支银三十六两八钱。

一、巡船二只，共水手八名，每名月给口粮银三两，共支银二十四两。

回龙石子口总卡稽查商船起卸货物并上下江洋、土各船呈单复查，以杜中途私自起卸货物，所有一切经费比照宜昌关沙市总卡酌减发给。

一、委员一员，月给薪水银二十六两。

一、书吏一名，月给辛工银十两。

一、差役二名，每名月给饭食银六两，共给银十二两。

一、炮船一只，哨长一名，月给银六两；炮勇四名，每名月给银三两二钱；水手六名，每名口粮银三两，共支银三十六两八钱。

一、哨船一只，哨长一名，月给口粮银六两；勇丁二名，每名月给口粮银三两二钱；水手四名，每名月给口粮银三两，共支银二十四两四钱。

一、房租每月银六两。各卡房屋现在租赁民房暂住，俟一年后察看情形，于建造大关时一并估买地基，建造房屋，理合登明。

总卡稽查上下江领有关旗、执照各商，以杜中途私自起卸、抽换等弊，一切经费比照宜昌关沙市总卡酌量支给。

一、委员一员，月给薪水银三十两。

一、书吏一名，月给辛工银十两。

一、差役二名，每名月给饭食银六两，共给银十二两。

一、房租每月银六两。

一、炮船一只，哨长一名，月给银六两；炮勇四名，每名月给口粮银三两二钱；水手六名，每名月给口粮银三两，共支银三十六两八钱。

一、哨船一只，哨长一名，月给口粮银六两；勇丁二名，每名月给口粮银三两二钱；水手四名，每名月给口粮银三两，共支银二十四两四钱。

以上各款均应以开关之日起，按月支给。总共重庆关现在每月应支经费银二千一百九十六两八钱，理合登明。

（朱批）：览。①

----

① 中国第一历史档案馆藏：《清单》，档案编号：03-9379-030。

呈重庆大关及迥龙石等卡安设制备器具并各项经费清单：

谨将重庆大关及迥龙石、香国寺、万县三卡安设桅台、旗帜，制备器具并各项杂支经费，缮具清单，恭呈御览。

计开：

一、大关及三处卡房门首安设桅台、悬挂大旗、修制栅栏等项，实用银一百三十两。

一、关署大关并三卡休整房间，共用银一百三十六两。

一、关署大关并三卡制备桌椅、床榻及常用器具等件，共用银七十二两。

一、禀调宜昌关熟习税务书吏来渝盘费并带运宜关代造关秤工价、运脚，共用银一百两。

一、由江苏延订谙练洋务、关税员友来渝办理开关一切事宜往返盘费，共用银二百三十两。

一、添造关秤，校铸关平，共用银五十两。

以上各款杂支银六百九十一两，均系实用实报，由该道自行筹款支发，不另动款请销，理合登明。

（朱批）：览。①

呈重庆新关经费比照宜昌关章程酌拟每月应缓各款清单：

谨将重庆新关经费比照宜昌关章程酌拟每月应缓各款，开具清单，恭呈御览。

计开：

一、弹压、稽查重庆府厅州县佐杂等官，拟照宜昌关章程，每月津贴银七十两。

一、重庆武弁及营兵巡查街道，弹压水手，查夜油烛，拟照宜昌关章程，每月津贴银六十两。

一、宜昌关查票委员盘费舟资、差役饭食，拟照宜昌关章程，每月支银七十两。

一、藩署书吏及库书、库丁，拟照宜昌关章程，每月津贴银三十两。

一、关署库丁，拟照宜昌关章程设立二名，每名月给银四两，共支银八两。

一、大关拟照宜昌关章程添做跳板船一只，红船一只，每只水

① 中国第一历史档案馆藏：《清单》，档案编号：03-9379-031。

手三名,每名月给口粮银三两,共支银十八两。

一、回龙石总卡跳板大船一只,水手三名,每名月给口粮银三两,共支银九两。

一、香国寺总卡跳板大船一只,水手三名,每名月给口粮银三两,共支银九两。

一、员役来往杂支,拟照宜昌关、沙市章程,每月支银二十两。

一、听差拟照宜昌关、沙市章程设立二名,每名月给饭食银三两,共支银六两。

一、拟照宜昌关、沙市章程设立通事一名,每月支薪工银十六两。

一、回龙石、香国寺卡,拟照宜昌关平善坝章程设立听事各二名,每名月给饭食银四两,共支银十六两。

一、修理船只等项杂用,拟照宜昌关章程提归缓支项下,每月六十两,总共重庆关每月缓支经费银三百九十二两,理合登明。

(朱批):览。①

呈重庆关制造炮巡哨座等船并置备炮位各项实销经费清单:

谨将重庆关制造炮、巡、哨、座等船并置备炮位各项实销经费,照缮清单,恭呈御览。

计开:

一、制造长龙炮船一只,实销银二百六十五两。

一、制造舢板炮船四只,连风雨蓬、篙、环、绳索、缆、锚链等项,每只实销银一百三十六两五钱,共支销银五百四十六两。

一、制造巡船二只,连油绳、锚链、篙、环等项,每只实销银八十六两,共支销银一百七十二两。

一、制造哨船十二只,连油绳、锚链、篙、环等项,每只实销银六十两,共支销银七百二十两。

一、监督座船一只,连风蓬、篙、环、绳索、缠缆、锚链等项,实支销银三百五十两。

一、制造划船四只,连油绳、锚链、篙、环等项,每只实销银三十一两五钱,共支销银一百二十六两。

一、制造渡江小红船一只,实销银一百九十五两。

一、制造大跳板船一只,实销银三百三十四两。

---

① 中国第一历史档案馆藏:《清单》,档案编号:03-9379-032。

一、巡船、炮船置备枪炮、旗帜、号衣,实销银二百九十两。

以上各款共实销银二千九百九十八两,俱系按照宜昌关造船章程实用实销,并无丝毫浮开,理合登明。

(朱批):览。①

7.【光绪十七年二月二十二日,奉朱批:该衙门议奏,单四件、片一件并发。钦此。】此朱批日期与内容,据录副校补。

奏楚省议咨川土加增税厘碍难照行疏

光绪十七年二月二十五日(1891年4月3日)

四川成都将军臣宗室岐元、头品顶戴四川总督臣刘秉璋跪[1]奏,为楚省议咨川土加增税厘数目碍难照行,谨将征收利弊及办法缘由,恭折沥陈,仰祈圣鉴事。

窃查川土行鄂,向章川省每百斤抽银四两八钱,行至鄂省亦抽四两七钱。光绪十六年因总税务司赫德建议加抽土厘,在赫德之意无非重征内地土厘,使内地种烟无利,则洋土畅行,名为利华,实则利洋。湖广总督张之洞不察其中利病,骤加川土厘金,每百斤征银三十四两七钱,并于川楚交界各隘口募勇堵截。臣于去年议复川省土厘折内附片沥陈其弊,请敕下总理衙门、户部会议划一章程,免致各省任意横征,病华利洋,为害益烈,并条陈办法,以备采择。奉朱批:该衙门知道,钦此。数月以来,未准该衙门定议咨川。正在悬盼间,现复准张之洞咨,以重庆开关,虑商贩请领子口税单运土赴鄂,又复重议其税,每川土百斤,照洋土入内地,勒征银一百三十两,比洋土尚多征银二十两,咨川饬办。

臣等窃查关卡抽收税厘,视货物之贵贱,定收数之多寡。川土之价仅抵洋土十成之三,勒令与洋土一律完纳,已属万不能行,况复比洋土税厘加增二十两,事太离奇,川民骇愕。窃揣张之洞建议加厘,无非阻其子口运行之路,乃可垄断,以收陆路之厘。其计似密,而实甚疏。臣等受恩深重,若犹复隐忍不言,上无以对君父,下亦无颜以对川民。

伏查川省地狭人满,无田可垦,且地丁外加派津贴、捐输,每年一百数十万,扫数完纳,民力万分拮据。辛苦垫隘,于崎岖山谷间开种罂粟,浇灌收割,其费用十倍于农田,厘税太重,难以行销,成本不敷,势必歇业,不为饿殍,即为盗贼,无穷隐患,所不忍言。朝廷轸念苍黎,无微不至。张之洞未悉

---

① 中国第一历史档案馆藏:《清单》,档案编号:03-9379-033。

民隐,志在取盈,用意毋乃稍左。川土日少则税厘亦少,洋土销多而税厘仍不加多,有害于民生,无裨于国计,更大有利于西洋。溯自通商以来,漏洋之银,洋土为巨。川土之价,川民得之,仍在中国;洋土之价,洋人得之,尽归外洋。孰损孰益,关紧尤大。张之洞素以经济自许,其操术似为失当。如虑川土冒充洋土,则川土质如濡酱,迥异洋土,万难冒充。如谓川土入洋栈后改制为洋土,则在栈制配,非可猝办,各税务司尽可查获充公。如谓川土漏入外洋,则江海关查验截留,尽可充公究办。以上三层,张之洞似可无须过虑。

谨拟办法两条:一则照章只征子口正半税。以川土、洋土价值衡之,已不为少。如果洋商运出外洋,可由江海关查明禁止。此一说也。前接准各省咨抄议复土厘折稿,虽征收未能划一,绝无似鄂省之多者。直隶办法只在本省分征三次,共银二十四两,此外不复再征,与臣去年片奏之数略相仿佛。拟请敕下总理衙门、户部查照臣去年片奏,先将川鄂陆路土厘定一确数,稍苏民困,藉广招徕,则口子税单不禁自止。此又一说也。事关民生国计,吁恳天恩俯准敕议,分咨川、鄂两省遵办。

所有楚省议咨川土加增税厘数目碍难照行,谨将征收利弊及办法缘由,缕晰沥陈,不胜战慄屏营之至。再,川省洋务紧要事件向系军、督署会商办理,谨合词恭折具奏,伏乞皇上圣鉴,训示。谨奏。二月二十五日[2]。

光绪十七年三月二十七日,奉朱批:该部议奏。钦此。[3]

【案】此奏原件查无下落,录副现藏于中国第一历史档案馆①,兹据校正。再,此奏具文时间刊本作"光绪十七年二月与成都将军岐元合奏",未确。而录副作"光绪十七年三月二十五日",与朱批日期相差悬殊。兹据奉旨日期查光绪十七年三月二十七日《随手档·朱批岐元、刘秉璋折》②,据刘秉璋同批折件可断,其具文日期当以"光绪十七年二月二十五日"为是。兹据校正。

1.【四川成都将军臣宗室岐元、头品顶戴四川总督臣刘秉璋跪】刊本无此前衔,兹据录副校补。

2.【二月二十五日】刊本无此具奏日期,兹据《随手档》校补。

3.【光绪十七年三月二十七日,奉朱批:该部议奏。钦此。】此朱批日期与内容,据录副校补。

---

① 中国第一历史档案馆藏:《军机录副》,档案编号:03-6503-024。
② 中国第一历史档案馆藏:《军机处随手登记档》,档案编号:03-0268-1-1217-084。

奏滇匪为乱添募营勇防边片

光绪十七年二月二十五日（1891 年 4 月 3 日）

再，臣于本年二月十八日接据建昌镇刘士奇、宁远府唐承烈会禀：正月杪，传闻云南元谋县知县傅炳埠被匪戕毙及禄劝县知县周祖庚之眷属全行遇害，当派弁勇往探。旋据署会理州知州文芳具禀：探得禄劝、元谋两县会匪为乱，盘踞山上，抢杀掳捉。该两县处处与州接壤，仅隔金沙一江，深恐窜川为患。复据弁勇探回，核与州禀无异。查该匪等戕官纠党，逼近会理，一经滇省剿办，万一抢渡窜川，勾结边夷，肆扰势必蔓延，请调两营赴建，以资防御等情。

臣查川中防营分布各处均关紧要，无可抽调，且距建昌窎远，缓不济事，当即批令该镇等暂行募勇一营，协同兵团，分驻要隘，毋令窜入；并檄行司局筹拨饷银、军械，解赴建昌道收储，俾得随时就近支领应用，一俟滇匪荡平，所募之营即令遣散，以节饷需。

是否有当？除咨明户、兵二部外，理合附片具陈，伏乞圣鉴，训示。谨奏。

光绪十七年三月二十七日，奉朱批：此案前经王文韶等奏报，已谕令搜拿逆匪，即着迅速搜捕，毋留余孽。钦此。[1]

【案】此奏原件、录副均查无下落，兹据《随手档》①校补。

1.【光绪十七年三月二十七日，奉朱批：此案前经王文韶等奏报，已谕令搜拿逆匪，即着迅速搜捕，毋留余孽。钦此。】此朱批日期与内容，据《随手档》校补。

奏江楚两省加抽川盐厘钱请立限停止疏

光绪十七年三月二十四日（1891 年 5 月 2 日）

头品顶戴四川总督臣刘秉璋跪[1]奏，为江、楚两省加抽川盐江防、海防厘钱，恳请立限停止，以纾商力而顾饷源，恭折仰祈圣鉴事。

案据茶道延煜、滇黔盐务总局候补道夏峕、张华奎会详：窃查江、楚两省加抽川盐江防、海防厘金，虽经户部议奉谕旨允准，自光绪十三年正月为始

---

①　中国第一历史档案馆藏：《军机处随手登记档》，档案编号：03-0268-1-1217-084。

一律停收,旋准两湖督抚臣来咨,以鄂省加抽川盐厘金一款尚难骤停,复请展限数月,仍与淮厘照常加收,俟按年应还一期洋款之数待收十万余两,即将川、淮两项盐厘加价一律奏明停止。又准两江督臣来咨,以鄂省停止川厘业经奏准暂缓期限,所有淮南加收川厘亦请展缓数月,与鄂省加收淮厘同时并停各等因,咨川遵照在案。近据富顺县楚商李大生厚等呈称:川盐行楚,获利本微。近年厂价增昂,复加[2]江、海两防厘金,亏折益巨,以致歇业日多,惟有仰恳转详请奏,俾纾商困等情。该道等卷查运楚引盐,早年或行水引一万五六千张不等。迨至光绪六年,因江省规复淮岸,咨商川省核减楚引,每年尚能行引八千张。自江、楚加厘而后,遂至递年短销。至十六年分,仅将额引四千余张勉销完竣,疲滞已极。推原其故,实缘加厘太重,遂致商情裹足。夫商人惟利是图,纵不能多所盈余,亦思稍有沾润。若必取尽锱铢,则商人势将停运。盐运一停,厘即中止。伏思川省岁解京、协各饷,全赖厘捐拨济,而厘金以盐为重,尤以济楚为大宗。济楚盐厘之衰旺,实关川饷之盈绌。当此行盐益少,收厘益绌,诚恐江河日下,势将不支,不但滇、黔饷需恐有贻误,即紧要如京饷暨东北边防经费岁共拨银四十万两,亦将无所筹解。前奉部议停止折内谓此项加价不停,在江、楚两省抽收无几,而川盐成本日重,设一旦引滞销疲,则川省岁解各饷不能无虑等语。诚为切要之论。况查江、楚陈请暂缓展期原只数月,今已展缓四年,若再不停,既无以取信于商人,而此后引滞销疲,商灶交困,尤于饷款、民生大有窒碍。思维再四,惟有恳请仍将江、楚两省加抽川盐江防、海防厘钱奏请立限停止,以纾商力而顾饷源等情,会详请奏前来。

臣复查该道等所详,委系实在情形。况江海久已撤防,前所加抽理应停止。合无仰恳天恩俯准将江、楚两省加抽川盐江防、海防厘金立予停止,以纾商力而顾饷源。

除分咨查照外,理合恭折具陈,伏乞皇上圣鉴,训示。谨奏。光绪十七年三月二十四日[3]。

(朱批):户部议奏。[4]

光绪十七年五月初二日,奉朱批:户部议奏。钦此。[5]

【案】此奏原件①、录副②现藏于中国第一历史档案馆,兹据校正。再,此奏具文时间刊本仅署"光绪十七年三月",未确。而原

①　中国第一历史档案馆藏:《朱批原件》,档案编号:04-01-25-0527-044。
②　中国第一历史档案馆藏:《军机录副》,档案编号:03-6466-008。

件、录副作"光绪十七年三月二十四日",确。兹据校正。

1.【头品顶戴四川总督臣刘秉璋跪】刊本无此前衔,兹据原件、录副校补。

2.【复加】刊本误作"复查",兹据原件校正。

3.【光绪十七年三月二十四日】刊本无此具奏日期,兹据原件校补。

4.【户部议奏】此朱批据原件补。

5.【光绪十七年五月初二日,奉朱批:户部议奏。钦此。】此朱批日期与内容,据录副校补。

奏请蜀汉顺平侯赵云列入祀典疏
光绪十七年五月二十六日(1891年7月2日)

头品顶戴四川总督臣刘秉璋跪[1]奏,为援案恳请列入祀典,由地方官春秋致祭,以彰崇报而顺舆情,恭折仰祈圣鉴事。

案据署理布政使德寿①转据大邑县知县蔡承云详:据文举傅守中等呈称:县城东三里地名银屏山有蜀汉镇东将军追谥顺平侯赵云字子龙墓,忠扶汉室,勇慑强邻,伟烈丰功,焜耀汉史,瘗骨兹山几二千载。咸丰十一年六月,滇匪何逆围攻县城,经前提督臣胡中和②率湘果营勇由崇庆州来援,路遇乡兵一队,旗书赵字,导其前驱,遂获大胜,城围立解。又称每遇水旱偏

---

① 德寿(1837—1903)字静山,满洲镶黄旗人,翻译生员,景山官学满洲教习。咸丰六年(1856),捐笔帖式。十一年(1861),充内务府笔帖式。同治元年(1862),委署主事。三年(1864),委署理主事。四年(1865),任堂主事,加员外郎衔。五年(1866),补慎刑司员外郎,加道衔。七年(1868),任广储司员外郎,调补苏州织造。十二年(1873),补都虞司员外郎,同年,调补广西浔州府知府。光绪三年(1877),补金陵关监督。五年(1879),升江南盐巡道。六年(1880),兼署江安督粮道。十年(1884),补两淮盐运使。十二年(1886),调补浙江盐运使。十五年(1889),授四川按察使。十六年(1890),兼署四川布政使。十八年(1892),迁安徽布政使。二十年(1894),署理安徽巡抚。同年,擢贵州巡抚。二十一年(1895),调补湖南巡抚,转江西巡抚。二十四年(1898),补授江苏巡抚。二十五年(1899),转广东巡抚。同年,署两广总督。二十九年(1903),升授漕运总督。是年,卒于任。

② 胡中和(1834—1883),字元廷,湖南湘乡县人,武童,伊德克勒巴图鲁。咸丰五年(1855),以军功保把总。七年(1857),保都司。八年(1858),升湖南补用游击。同年,保参将。九年(1859),保副将,加总兵衔。是年,以总兵记名,统领湘果左军。同年,补四川建昌镇总兵。十年(1860),晋提督衔。同年,以提督记名简放。同治元年(1862),擢云南提督。二年(1863),调补四川提督。十三年(1874),补授云南提督。光绪七年(1881),丁忧开缺。九年(1883),卒。

灾,祈祷辄应,士民感悚,历久弥深。伏查嘉庆二十年前督臣常明①以蜀汉桓侯张飞祠墓在阆中县灵迹素著,题请列入该处祀典,经部议准在案。今蜀汉顺平侯赵云灵应昭著,与准入祀典之蜀汉桓侯张飞事同一律,呈请援案列入祀典,由地方官春秋致祭等情,详恳奏咨前来。

合无仰恳天恩准将大邑县属银屏山蜀汉顺平侯赵云之墓敕部核议,由该地方官春秋致祭,以彰崇报而顺舆情,出自圣慈。

除咨部查核外,理合恭折具陈,伏乞皇上圣鉴,训示。谨奏。光绪十七年五月二十六日[2]。

(朱批):礼部议奏。[3]

光绪十七年七月初四日,奉朱批:礼部议奏。钦此。[4]

【案】此奏原件②、录副③现藏于中国第一历史档案馆,兹据校正。再,此奏具文时间刊本仅作"光绪十七年五月",未确。而原件、录副均作"光绪十七年五月二十六日",确。兹据校正。

1.【头品顶戴四川总督臣刘秉璋跪】刊本无此前衔,兹据原件校补。

2.【光绪十七年五月二十六日】刊本无此具奏日期,兹据原件校补。

3.【礼部议奏】此朱批据原件补。

4.【光绪十七年七月初四日,奉朱批:礼部议奏。钦此。】此朱批日期与内容,据录副校补。

奏宁远府属通安厂铜斤请照原奏川滇分买疏
光绪十七年七月二十七日(1891 年 8 月 31 日)

头品顶戴四川总督臣刘秉璋跪[1]奏,为宁远府属通安厂铜斤,遵照原奏

---

① 常明(?—1817),佟佳氏,满洲镶红旗人。乾隆四十九年(1784),充步军统领衙门笔帖式。五十二年(1887),选步军统领衙门主事。五十四年(1789),放湖南桂阳州知州。五十六年(1791),升云南曲靖府知府。六十年(1795),迁贵州贵东道,赏戴花翎。同年,擢按察使,加智勇巴图鲁勇号。嘉庆元年(1796),丁母忧,留署贵州按察使。二年(1797),升授贵州布政使。三年(1798),署理贵州巡抚,晋二品顶戴。六年(1801),擢贵州巡抚。八年(1803),调补伊犁领队大臣。九年(1804),授库车办事大臣。十年(1805),补湖北盐法道。十一年(1806),授山西按察使。同年,调补陕西布政使。十三年(1808),补授湖北巡抚。十五年(1810),补授四川总督。十八年(1813),署理成都将军。二十二年(1817),卒于任。赠太子少保,谥襄恪。

② 中国第一历史档案馆藏:《朱批原件》,档案编号:04-01-14-0087-067。

③ 中国第一历史档案馆藏:《军机录副》,档案编号:03-5554-094。

川买四成官铜,滇买六成商铜,此外川省别厂之铜滇局不得并买,各子厂亦不得越占,划清界限,俾供京运而敷川铸,恭折具陈,仰祈圣鉴事。

案准户部咨开:督办云南矿务唐炯[2]奏,查得四川会理州铜厂,皆在通安各土司地。该厂铜斤向以六成通商,点化白铜,行销各省。近年外洋收买制钱,销毁成铜,转售民间,致该厂白铜不能行销,厂民歇业,四川铜课因而短绌,现委员踩觅会理州属将军石一带地方矿脉丰旺,已饬公司于将军石开办铜厂,兼收民铜,凑供京运,数年之后如能大效,不独京运加增,亦与四川鼓铸有裨等情一片,奉朱批:著照所请,户部知道,钦此。钦遵转行在案[3]。

兹据署布政使德寿详:据宁远府知府唐承烈等禀:奉督办云南矿务大臣专札,抄发折片,并委游击赵廷选赍银来川,闻照商价发给炉户,采买铜斤,禀报前来。该司查川省报部各厂均已挖空,另开子厂,若见功效,则以子厂所产作正厂之铜造报,盖以所开子厂之铜矿,其有无、久暂,毫无把握,常须另开,未便年年更换厂名故也。如西昌县之乌坡厂无铜,另开回龙为子厂;盐源县之甲子夸、豹子沟无铜,另开金成、宝树二处为子厂;会理州之迤北、金狮、黎溪三厂无铜,另开鹿厂、通安二处为子厂。此外尚有紫骡、白鹿、玛旺、涌泉、阜成、水官、箐同、厂坪等处子厂,为时已久,均未见功。各正厂惟黎溪一处专炼白铜,须点化后始抽白铜大课、炉墩小课。因白铜非制钱所需,故该厂之铜照例就厂变价缴银。早年该厂白铜盛行各省,近因洋铜充斥,白铜不销,厂民歇业,唐大臣所奏确系实在情形。惟查光绪十年奉准部咨,议复前滇抚臣唐奏折内称官价每铜百斤给银六七八两不等,承平时官价、商价相去不远,军兴后每铜百斤商价加至十八九两,官价仍循旧例,虽迭次请增,尚不及商价之半,炉户畏交官铜,弊端百出等语。是办理官铜之掣肘,唐大臣早已深知。川省官铜例价每百斤给银十两,扣二两平,又扣六分平,又搭三成官票,计只发实银七两九钱。虽由外设法筹添,亦不及商价之半,炉户弊端百出,情形与滇省正复相同。今滇省以矿务局极贵之商价买通安厂六成之铜斤,同系一厂所产,川滇价值悬殊,商人惟利是趋,孰肯舍多就少? 现虽札饬宁远府督率厂员,示谕炉户,嗣后通安厂煎获铜斤,应由川、滇委员会同过秤,川买四成官铜,滇买六成商铜,按照原奏划清界限,彼此不相侵占。但商人就多避少,厂地散漫,稽察为难,日引月长,难免透漏,恐川省四成官铜徒有其名,久将无铜可买,致宝川局不能开铸,每年应发旗、绿各营饷钱数万钏无项给发,而积年所欠饷钱百余万钏,势必群起索讨,实属哗噪堪虞。事关京运川铸,亟应并顾兼筹。但值此时艰,不敢请加铜价,惟有详乞奏明川铜例价与滇局商价悬殊,偏枯太甚,准免扣平搭票,俾炉户得少赔累,不至将四成官铜私售重价,宝川局得以买铜开铸,则搭放制钱万钏,即可为国家收回银万两，出少存多，于饷款实有裨益。至原奏指明收买通安厂之六成商铜，则川省别厂之铜滇局不得添价并买。又指明在将军石地方开矿，则川省所开已成、未成各子厂，滇局不得越占，以符京运川铸兼顾之原议等情，详请具奏前来。

臣伏查川铜例价为数太微，从前以四成归官、六成归商，原以体恤商情。今通安厂六成商铜归滇局，以商价购供京运，则川省之四成官铜势必有透漏之虞。宝川局铸钱关系兵饷，断难停铸，再四筹思，合无仰恳天恩俯准敕部免予扣平搭票，俾炉、商得少赔累，庶免私受之弊。川省兵饷，向章以钱一钏作银一两，出少存多，于饷款实有裨益。又积欠饷钱百余万，一旦停铸，势必纷纷索欠，无辞以对，甚属可虞。

至唐炯原奏指明收买通安厂六成商铜，并指明在将军石开矿，是川省别厂之铜，滇局不得添价并买。川省所开已成、未成各子厂，滇局不得迤逦侵占，划清界限，各照奏定章程办理，则有裨京运，无损川铸，实为并顾兼筹之道。

是否有当？除咨部查核外，理合恭折具陈，伏乞皇上圣鉴，训示。遵行。谨奏。七月二十七日[4]。

（朱批）：户部议奏。[5]

光绪十七年八月十六日，奉朱批：户部议奏。钦此。[6]

【案】此奏原件①、录副②现藏于中国第一历史档案馆，兹据校正。再，此奏具文时间刊本仅作"光绪十七年七月"，未确。而原件、录副均作"光绪十七年七月二十七日"，确。兹据校正。

1.【头品顶戴四川总督臣刘秉璋跪】刊本无此前衔，兹据原件校补。

2.【唐炯】刊本空名讳"炯"，兹据校补。

3.【案】光绪十七年正月二十七日，云南矿务大臣唐炯奏报开办会理州属将军石地方铜厂请暂免课耗缘由，曰：

再，臣于上年接准户部咨催办滇铜内称：渐推渐广，由滇而黔而蜀，虽夷猓之乡，土司之地，必使山川日辟，庶矿务可以大兴。若仅规规于岁办之额，数厂之铜岂足以扩中原之美利，供京国之转输等因，钦奉谕旨允准，钦遵咨行到臣。当经遵照于贵州咸宁开办铜

厂，业已著有成效。兹查得四川会理州铜厂皆在通安各土司地，该厂铜斤向例六成通商，点化白铜行销江楚各省。近年来外洋收买顺治、康熙、雍正、乾隆制钱，销毁成铜，转售民间，打造器具，以致该厂白铜不能行销，厂民歇业，四川铜课亦因而短绌，亟应设法筹维。臣现委员踩觅会理州属将军石一带地方矿脉丰旺，与云南巧家接壤，臣已饬公司于将军石开办铜厂，兼收民铜，凑够京运，并接济厂民油米，使之踊跃开办。数年之后，如能大效，不独京运加增，亦于四川鼓铸有裨。惟开办之始成效未见，仰恳天恩暂免课耗二年，以恤商力而裕民生。

所有开办会理州属将军石地方铜厂缘由，理合附片具陈，伏乞圣鉴，训示。谨奏。

光绪十七年二月二十三日，奉朱批：着照所请，户部知道。钦此。①

4.【光绪十七年七月二十七日】刊本无此具奏日期，兹据原件校补。

5.【户部议奏。】此朱批据原件校补。

6.【光绪十七年八月十六日，奉朱批：户部议奏。钦此。】此朱批日期与内容，据录副校补。

奏派员查玉树番控德尔格土司案疏

光绪十七年七月二十七日（1891 年 8 月 31 日）

四川成都将军臣宗室岐元、头品顶戴四川总督臣刘秉璋跪¹奏，为西宁办事大臣具奏玉树番民迭控川属德尔格土司欺凌搕索一案②，遵旨派员查办，谨将办理情形恭折具陈，仰祈圣鉴事。

窃查青海办事大臣萨凌阿③具奏玉树番众迭控川属之德尔格土司欺凌搕索一案，钦奉谕旨敕下成都将军、四川总督、驻藏大臣遴选妥员，确切查明，分别惩治，以弭后患等因。钦此。臣等当即咨商青海大臣由川、甘两省

①　中国第一历史档案馆藏：《军机录副》，档案编号：03-9429-005。

②　此奏查无下落，待考。

③　萨凌阿，生卒年未详，吉林乌拉正蓝旗英春佐领下披甲，奇车博巴图鲁。同治十一年（1872），由委防御补吉林镶黄旗骁骑校。光绪四年（1878），简放乌鲁木齐副都统。五年（1879），署理乌鲁木齐都统。六年（1880），授乌鲁木齐领队大臣。后调补西宁办事大臣。十七年（1891），丁忧回旗守制。

各派妥员,约于德格、玉树适中之地带所辖番族,彼此质讯,以期迅速清结。伏查办理番案,须选熟悉番情之员,方克胜任。现署阜和协副将徐联魁,办理瞻对叛藏事件颇协机宜,因即会檄该副将于瞻案办毕,克即起程前往,会同甘员,提集两造,质讯究办。

兹据该副将徐联魁禀称:现在瞻对善后事宜,已据瞻民出具遵议切结,只须缮发断牌,刊碑勒示,即可完结。惟查办玉树德格之案,距打箭炉厅较远,其中十余站寂无人烟,须由各土司地界经过,所有应用赏需行粮应先筹备数月,跟随驼运,以供支用。且该处一带天气阴寒,时逾八月,冰雪坚凝,弁兵备带鸟枪,火药潮湿,不堪应用,请先发给银三千两,以备赏需、脚价、口食之用,并请照发洋枪五十杆、铜帽五千出,以期有备无患。再,查川属之被告德尔格土司,地处边荒,性悍势强。此次带同该土司前往质讯,诚恐恃横不遵,转虞束手,有失体制。而弁兵与番族言语不通,必难得力,若暂募瞻地番卒百名,通言语而耐劳苦,每日每名仅给口食银八分,亦可节省饷需,即以成军之日起支口粮,一俟案结,即行撤遣等情。

臣等查玉树德尔格相距窎远,中途须历七八土司地面,所有赏需、脚价、口食,自不可缺。暂募番族百名,藉资镇慑,亦属在所必需,当经臣等会商批示,准予先行筹拨银三千两,以资应用,并准暂募番卒百名,即以成军之日起支口粮,一俟案结,即行撤遣,俾免虚糜。

除咨部查照外,所有玉树番案遵旨派办情由,理合恭折具奏,伏乞皇上圣鉴,训示遵行。谨奏。七月二十七日[2]。

光绪十七年八月十六日,奉朱批:该部知道。钦此。[3]

【案】此奏原件查无下落、录副现藏于中国第一历史档案馆①,兹据校正。再,此奏具文时间刊本仅署"光绪十七年七月与成都将军岐元合奏",未确。而录副则作"光绪十七年七月二十七日",确。兹据校正。

1.【四川成都将军臣宗室岐元、头品顶戴四川总督臣刘秉璋跪】刊本无此前衔,兹据原件校补。

2.【七月二十七日】刊本无此具奏日期,兹据录副校补。

3.【光绪十七年八月十六日,奉朱批:该部知道。钦此。】此朱批日期与内容,据录副校补。

---

①　中国第一历史档案馆藏:《军机录副》,档案编号:03-7259-044。

奏平万县叛匪疏

光绪十七年九月十五日(1891 年 10 月 17 日)

四川成都将军臣宗室岐元、头品顶戴四川总督臣刘秉璋跪[1]奏,为万县匪徒崔英河等谋叛已行,经该县文武先期觉察,拿获首伙,讯明惩办,地方安静,恭折具陈,仰祈圣鉴事。

窃查川省地僻民稠,风俗强悍。川东夔州府属开、万等县与两湖交界,山深林密,最易藏奸,迭经饬属编连保甲,严密稽查。本年五月初间,署万县知县蒋履泰风闻有匪徒崔英河等在乡捏造谣言,煽惑民心,暗纠匪党,谋为不轨,经该县与典史鲍思预等会商梁万营都司唐承祥、汛弁马朝芳选派兵役往拿,一面电禀署川东道张华奎将访闻防捕情形转电到省。当即电示机宜。该县文武于初九日先后捕获逆匪张漾恩等,并起获伪示多张,讯明实系崔英河起意谋叛,张漾恩与刘云裳、徐占彪同谋内应,欲袭县城。

复据派出兵役协同电局巡勇禀报:距县城七十里之小舟溪地方,突于是夜四更后被匪多人将电杆砍断六根,砍坏二十余根。该兵役集团拿获执旗杆匪郑章惯等三名,拿获大小旗帜、刀矛二十余件,并追获匪首罗二憘,搜出伪示解案。该县会督厅汛提讯,据供均系听从崔英河谋反纠众,先破电杆,定于五月十一日寅时入城会合起事等供。维时县属百姓因首逆崔英河未获,人心惶恐,时起谣风。该县出示晓谕,解散胁从,一面禀由该道电省,请先择斩要匪,以安民心。

臣与两司接电后,当即电饬将张漾恩、刘云裳、徐占彪、罗二憘、郑章惯、崔新年、雷永贞七犯先行正法,分别枭首。川东道就近檄调管带方玉兴率领弁勇驰赴该县,弹压防捕。该县复邀请降补府经历张兴书带同兵役,于是月十四日跟踪追至开县长岭杠地方,将首逆崔英河拿获,飞报到省。

臣电饬川东道就近檄委夔州府诚瑞驰诣该县,督同文武,提讯崔英河,供认起意谋反并前获匪党罗正双、何得荃听从起事各不讳,当将各犯就地正法,崔英河枭示,以昭炯戒。其在逃崔太元等,仍饬严拿惩办,以绝根株而杜乱萌,地方现已一律安静。兹据该县录叙供招,详由藩、臬两司会详前来。

臣复核无异。此案崔英河起意纠约张漾恩等谋叛,编造悖逆伪示,制备旗帜、刀械,砍断电杆,定计袭取县城;张漾恩等均授伪职、名号,同谋起事,实属大逆不法,业经先后讯明,就地正法,分别枭示,应毋庸议。

除将全案供勘拟办缘由分咨军机处、刑部查核,并饬严缉有名逆匪务获另结外,所有在事出力各员不无微劳,谨缮清单,恭呈御览,合无仰恳天恩俯准优奖,以昭激劝,出自鸿慈逾格。

除将各员履历照章另行咨部外,理合会同成都将军臣宗室岐元,恭折具陈,伏乞皇上圣鉴,训示遵行。谨奏。光绪十七年九月十五日[2]。

光绪十七年十月初三日,奉朱批:蒋履泰等均着照所请奖励,余依议。该部知道,单并发。钦此。[3]

【案】此奏原件、录副均查无下落,兹据稿本①校补。

1.【四川成都将军臣宗室岐元、头品顶戴四川总督臣刘秉璋跪】刊本无此前衔,兹据《随手档》②及前后折件校补。

2.【光绪十七年九月十五日】此具奏日期据刊本、稿本校补。

3.【光绪十七年十月初三日,奉朱批:蒋履泰等均着照所请奖励,余依议。该部知道,单并发。钦此。】此朱批日期与内容,据《随手档》校补。

奏酌拟筹饷办法疏
光绪十七年十月二十日(1891年11月21日)

头品顶戴四川总督臣刘秉璋跪[1]奏,为部库支绌,酌拟筹饷办法一案,遵将应由外办四条悉心筹议,逐条沥陈,恭折仰祈圣鉴事。

案准军机大臣字寄:光绪十七年四月二十五日奉上谕:户部奏,库款支绌,亏短甚巨,酌拟筹饷办法,开单呈览一折[2]。朕详加披阅,所拟各条于筹补库储尚属切实,着依议行。惟筹饷一事,部臣虽悉心擘画,全赖各省疆臣认真督办,不避怨嫌,庶一切诿卸掩饰之弊可除,克臻实效。现当库存奇绌,各直省将军、督抚等受恩深重,必应顾全大局,共济时艰,无待谆谆详谕也。户部原折并单内应由外办四条,均着抄给阅看。将此各谕令知之。钦此。当即钦遵督同司道筹议。

兹据司道等会详:遵将四条归并,列为三条:一、南北洋暨各省购买外洋船、炮、机器,应令暂停二年,将所省价银解部充饷一条。

一、各省土药税厘,除去局用,尽数解部,不得藉词截留、移作别用一条。以上二条,前经该司道查明,川省奏设机器局时系规复早年停抽之土厘,专供机器局用,并不动支正款,故土药厘金委实不能专储候拨,详经臣奏咨。

---

① 台北故宫博物院藏:《奏议册》,文献编号:702002654-0-11。
② 中国第一历史档案馆藏:《军机处随手登记档》,档案编号:03-0269-1-1217-258。

旋准部复，谓川省机器局用费以盐货厘金为大宗，并非专恃土厘，仍令将土药税厘扫数解部。并谓川省机器局所造军械系专备操防，递年所造谅足敷用，即停一二年，亦不致误等因。又现在奉文奏定川省土药，每百斤在内地收落地税银四两八钱。到重庆出口，收出口税银二十两。俟到通商别口，再征复进口税银四十两。至云、贵等省土药经过川境，即照川土出口之数，每百斤收银二十两。今川省择定扼要处所，实力稽征，前已奏明委员前往界连之湘、鄂、陕等处，遇有未在重庆完税者一律征收在案。又查本年鄂省奏筹枪炮厂每年经费截留土药厘税二十万两，即援四川机器局支用土厘办法，并将加抽川盐江防厘银十万两一并留作枪炮厂常年经费，经部议准咨川遵照，又在案。伏查川省于光绪三年奏设机器局，因无经费，始添收[3]早年停收之土厘，每土药百斤先只收银三两，后加至四两八钱，将各卡土厘银两解交成绵道库，专供机器局造屋、购器、制造洋枪、药弹等用。五年闰三月撤局，六年四月遵旨复开，每年土药厘银收数大约七八万两之谱，量入为出，不动正款，仍将总数并入通省盐货厘金奏销册内汇报，未将收过土厘银若干于货厘之外另列一款，致部臣疑川省机器局经费系以盐货厘金为大宗，实则机器局费专用奏明添抽解存成绵道库之土厘，从未支及盐厘、货厘之正款也。自设局以来，并未买过外洋船炮，惟曾购买洋枪，并添置机器。近因土厘不旺，经费支绌，枪器俱已停买，专购钢、铁、铜、铅、药水等项，制造洋火药、铜帽及后门枪炮弹子，开销工资，勉敷应用。至前所造洋枪、铜帽等件，当越南不靖之时，迭经云南、广西两省专咨委员购往关外，作前敌之用。迨臣到任后，察知所铸洋枪工料价值倍蓰于外洋，遂停铸洋枪，专意精制洋药、铜帽、后门枪子、后门炮弹，甚为犀利。是川省所造洋式枪弹亦曾接济邻省，并非止为本省操防而论。川省三面夷巢，边隅绵亘七八千里[4]，蠢动时虞。乾隆年间攻剿大小金川，糜饷至二千万，成案可稽。近来加以西藏、重庆边腹通商，会匪、奸徒日思发难，故营勇全用洋枪，兼习后门枪炮，旗、绿制兵亦时有酌发洋枪之处，平日必须铜帽、药弹以资操演，期精熟而备不虞。一旦停制，不但无以供操，且经营十余年始备之机器停置不用，势将锈坏尽成废物，既失艰难缔造之初心，尤非力图自强之圣意。况湖北现在援照川省用土厘办机器局之案，创设枪炮厂，岁支土厘、盐厘至三十万之多，并须[5]筹足四十万，尚蒙曲原[6]议准。川省机器局本系旧有之局，年用土厘自臣节省后不及湖北四分之一，需款少而待用多，实在不宜废弃，亦无别款可筹，应请以本有之土厘每百斤收银四两八钱、现在更名落地税者，仍留本省机器之用。惟应于厘金报销册内将此项落地银数分款开列，不与别项货厘并算，以清眉目。如有盈余，亦即凑供军饷。至现在川东与各省交界处所扼要设卡，所收土税银两，遵照除去局用，仍专款存储报部，以裕饷需。

一、各省马、步勇营应令裁减一成，腾出饷项解部一条。该司道查蜀处边陲，不同他省。马、雷、峨、越尽属生番，松、理、叙、宁界连草地，幅员万里，夷性犬羊，嗦众出巢，无岁不有。近年马边、雷波屡费剿抚，加以内地人心浮动，伏莽潜滋，会、啯等匪乘间窃发。光绪十年、十一、十二等年，大邑、蒲江三次焚监劫狱，均经前任督臣调派营勇往扑，匪类伏诛。本年万县民崔英河谋为不轨，经地方文武先期觉察，会营拿办，得以安靖。制兵不敷调派，必须辅以营勇。早年养勇四五万，光绪三年以后大加裁撤，除安定营勇由官运局自行筹饷不计外，只留一万二千九百余名。七年钦奉上谕，又减一成，现仅存勇一万一千余名，防匪、防夷，东驰西驻，实在不敷调遣，故勇数不但求足，且求精壮，十二年开源节流案内，曾将地方紧要万难再裁情形奏陈在案。今若复加裁汰，一旦有事，仓猝招募，势难得力。大局所关，良非细故。该司道再四筹商，实以边隅辽阔，分布难周，现存勇数已形单弱，实难再议裁减，川省勇营应请照旧免予再减一成，川民幸甚。

一、各省盐商应令捐输一次解部充饷，所捐之银准照现行新海防事例，给予实职、虚衔、翎枝等项，并准移奖子弟一条。司道等查川省盐课税银，岁只十五万五千三百余两，仅比两淮十分之一。前因济楚盐斤添抽江、海防厘，销疲商困。加以海防、郑工输将已非一次，今再劝办，事本为难。然值库款空虚，应仍勉劝普捐一次。查川省盐务，引商而外[7]，尚有灶商、井商、笕商，煎汲获利，与引商名异实同，自应一体劝办。惟近年各省赈捐纷至沓来，凡商人之子弟皆捐有实职、虚衔，如仅准移奖子弟，难期踊跃，拟请凡遇商捐银款，准其移奖同宗疏属、异姓姻亲，庶招徕较易。如蒙圣恩俯允，即由藩司会同盐茶道、官运局委员前往，与地方官会商劝办，俟捐有成数，即照新海防例，核其捐数，应得何奖，填给实收，造册详咨换照。约略预计，当可得银十万两之谱。惟劝办有需时日，倘部中待用，俟奉文复准后，即由道局先行挪款垫解十万两，俟后收齐归款。以上会议各条，详请具奏等情。

臣伏思川省机器局自开办至今，费少功多，不宜废弃，应请将原支土厘仍归该局支用。其新抽土税，存储报部。营勇分布难周，裁无可裁，委系实在情形，应请照旧免予再减。至劝办商捐，应请推广移奖本宗、外姻，庶几招徕较易。合无仰恳天恩俯准照办，俾资周转而顾饷源。

所有部库支绌、酌拟筹饷办法一案，遵将应由外办四条悉心筹议、逐条沥陈缘由，理合恭折具奏，伏乞皇上圣鉴，训示遵行。谨奏。光绪十七年十月二十日[8]。

（朱批）：该衙门议奏。[9]

光绪十七年十一月初九日,奉朱批:该衙门议奏。钦此。[10]

【案】此奏原件①、录副②现藏于中国第一历史档案馆,兹据校正。再,此奏具文时间刊本作"光绪十七年十月十三日",而原件、录副均作"光绪十七年十月二十日"。兹据校正。

1.【头品顶戴四川总督臣刘秉璋跪】刊本无此前衔,兹据原件校补。

2.可参阅光绪十七年四月二十五日管理户部事务臣张之万具奏库款支绌现拟设法补救一折③及清单。④

3.【添收】刊本作"拨收",兹据原件校正。

4.【七八千里】刊本作"七千里",兹据原件校正。

5.【须】刊本夺"须",兹据校补。

6.【曲原】刊本误作"由原",兹据校正。

7.【引商而外】刊本作"引商名异",兹据原件校正。

8.【光绪十七年十月二十日】刊本无此具奏日期,兹据原件校补。

9.【该衙门议奏】此朱批据原件补。

10.【光绪十七年十一月初九日,奉朱批:该衙门议奏。钦此。】此朱批日期与内容,据录副校补。

奏雷波夷务肃清遵保出力员弁疏
光绪十七年十一月初四日(1891 年 12 月 4 日)

四川成都将军臣宗室岐元、头品顶戴四川总督臣刘秉璋跪[1]奏,为剿办雷波夷务肃清案内出力文武员弁遵旨择尤保奖,谨具清单,恭折仰祈圣鉴事。

案查上年剿办雷波夷匪案内奏奉朱批,着候事定后,择尤保奖,毋许冒滥。嗣于本年正月间臣等以雷波夷匪倾心就抚,边境肃清,随折请奖尤为出力之马朝选等六员,钦奉谕旨准行在案。兹据各营送到出力员弁履历各册,当经臣等大加核减,除千总以下咨部核奖外,共计应行奏奖者二百四十四

---

① 中国第一历史档案馆藏:《朱批原件》,档案编号:04-01-35-1009-005。

② 中国第一历史档案馆藏:《军机录副》,档案编号:03-6629-051。

③ 中国第一历史档案馆藏:《军机录副》,档案编号:03-9530-066。

④ 中国第一历史档案馆藏:《清单》,档案编号:03-9530-067。

员，均系在事出力，并无冒滥，谨具清单[2]，恭呈御览，合无仰恳天恩俯赐饬部核准复川，俾作士气而励戎行。

所有剿办雷波夷务肃清案内出力文武员弁遵旨择尤保奖缘由，除将履历清册咨部外，理合恭折具奏，伏乞皇上圣鉴，训示遵行。谨奏。十一月初四日[3]。

光绪十七年十二月十五日，奉朱批：该部议奏，单并发。钦此。[4]

　　【案】此奏原件查无下落，录副现藏于中国第一历史档案馆①，兹据校正。再，此奏具文时间刊本作"光绪十七年十一月与成都将军岐元合奏"，未确。而录副作"光绪十七年十一月初四日"，确。兹据校正。

　　1.【四川成都将军臣宗室岐元、头品顶戴四川总督臣刘秉璋跪】刊本无此前衔，兹据录副校补。

　　2.【案】同日，呈剿办雷波夷务肃清案内出力员弁等择优奖励各员名单，曰：

　　谨将剿办雷波夷务肃清案内出力员弁、绅团择尤拟奖各衔名，汇缮清单，恭呈御览。

　　记名总兵鲁育才，补缺后记名总兵宋兰桂，花翎升用参将尽先游击赖占灯、彭开亮、卞国昌，副将衔补用参将留黔补用游击李福田，花翎补用游击李希璜、金占魁，升用游击四川督中尽先都司张友胜。以上九员，前敌督队克垒，焚巢歼夷甚多，奋勇得力。鲁育才请加提督衔；宋兰桂请给三代一品封典；赖占灯请加副将衔；彭开亮请以参将尽先补用，并加副将衔；卞国昌请俟补参将后以副将尽先补用，先换顶戴；李福田请以参将留川补用；李希璜请以游击尽先补用；金占魁请以游击尽先补用，并加副将衔；张友胜请以游击留川尽先补用，并加副将衔。

　　记名总兵吴建昭，总兵衔两江补用副将罗昌和，留川补用副将丁鸿臣，协领隆辉，副将衔尽先参将徐锦堂，总兵衔补用副将穆德沛，补参将后加副将衔尽先参将向蕙，江苏候补游击吴杰，佐领桂昌、鹤寿、摆龄阿、河清。以上十二员，督军会剿，亲冒矢石，攻坚夺垒，卓著勤劳。吴建昭请加提督衔；罗昌和、丁鸿臣、穆德沛三员均请俟补副将后，以总兵记名简放；隆辉请加二品衔；徐锦堂请俟补参将后以副将尽先补用，并加总兵衔；向葱请先换副将衔顶戴；吴杰请加副将衔；桂昌、鹤寿二员均请以协领尽先补用；摆龄阿、河清二员，均请加三品衔。

留川补用副将赵孟琴、王志发，升用副将留川尽先参将吕继祥，副将用尽先参将赵宜达，副将衔尽先参将裴成全、李文光，副将衔留川补用游击孙绍发，副将衔尽先游击马元珍，花翎尽先选用参将李延鸿，尽先游击何建章、干琨、吴致中、白万镒，花翎升用游击曾佐贤，游击衔四川督标补用都司宗先钊。以上十五员，扼守要隘，擒斩悍逆，力挫夷锋。赵孟琴、王志发二员，均请俟补副将后以总兵记名简放；吕继祥、赵宜达、李文光三员，均请俟补参将后以副将尽先补用，并加总兵衔；裴成全请仍以参将留川尽先补用；孙绍发请俟补游击后以参将尽先补用；马元珍请以参将留川补用；李延鸿、何建章、干琨、吴致中、白万镒五员均请加副将衔；曾佐贤请以游击留川补用，并加副将衔；宗先钊请以游击仍留四川补用。

花翎补用游击马良玉，花翎游击衔尽先都司王逢圣，督中尽先都司马家驹，游击衔补用都司穆溶，补用都司李著献，花翎补用都司尽先守备李守正、杨德全，蓝翎补用都司尽先守备赵孟谦、滕绍扬，蓝翎都司用四川补用守备向华庭，都司用尽先守备姚长辅，四川督标尽先千总徐春台，五品顶戴留川补用千总孙绍骞，尽先千总费玉烛、马云飞、彭宗永、张清庭。以上十七员，攻克葱子坪、仰天窝等处坚巢，冒险冲锋，战功甚著。马良玉请俟补游击后以参将尽先补用，并加副将衔；王逢圣请俟补缺后以游击尽先补用，并加参将衔；马家驹请以游击仍留原省尽先补用；穆溶请俟补都司后以游击留川尽先补用，并加副将衔；李著献请免补都司，以游击仍留原省尽先补用，并加参将衔；李守正、赵孟谦、姚长辅三员，均请以都司尽先补用，并加游击衔；杨德全、滕绍扬、向华庭三员，均请以都司留川尽先补用，并加游击衔；徐春台、孙绍骞、费玉烛、马云飞四员，均请俟补千总后以守备留川尽先补用，并加都司衔；彭宗永、张清庭二员，均请以守备留川尽先补用，并加都司衔。

防御阿克达春、恩喜、文基、文锦，尽先都司吴以忠，蓝翎尽先守备莫有玉，普安左营守备金国柱，尽先守备平番营千总马嵩庆，尽先守备普安左营千总徐钱，尽先守备夔州右营千总苏元泰，四川城守右营千总樊绍先，蓝翎补用守备尽先千总刘胜得、袁吉军、王光来、周炳南、刘政高、杨桂和、聂国珍、唐松廷，守备衔尽先千总袁明贵,千总用尽先把总蒋亨福,五品军功尽先把总赵文宝、赵则普。以上二十三员,执锐披坚,擒斩悍首葱噶及夷匪多名,勇往出力。阿克达春、恩喜、文基、文锦四员,均请以佐领尽先补用;吴以忠请以游击尽先补用;莫有玉请加都司衔;全国柱请以都司尽先补用;马嵩庆请以都司仍留原省尽先补用,并换花翎;徐𨱏请以都司尽先补用,并加游击衔;苏元泰请俟补守备后以都司尽先补用,并加游击衔;樊绍先、刘胜得、袁吉军、王光来、周炳南、唐松廷六员,均请以守备尽先补用,并加都司衔;刘政高、杨桂和、聂国珍三员,均请以守备留川尽先补用,并加都司衔;袁明贵、蒋亨福二员,均请俟补千总后以守备尽先补用,并加都司衔;赵文宝、赵则普二员,均请以千总尽先补用,并加守备衔。

花翎游击衔尽先都司马开和,升用游击尽先都司马边右营守备刘玉龙,四川督中世袭骑都尉雷世高,尽先都司穆德隆,升用都司干家斌、张志麟,都司用尽先守备钱学成、曹怀甲,世袭云骑尉尽先守备舟瑞兴,尽先防御骁骑校文清,骁骑校景亮、长松、清平、万兴,云骑尉世职汪雨含,尽先守备陈文炳、费定邦,补用守备万兴初,蓝翎补用守备四川提中尽先千总胡万贵、舒殿元,普安右营千总李廷杰,蓝翎补用守备尽先千总洪长桢、车复胜,尽先千总万三钦,浙江期满武举范金榜。以上二十五员,身先士卒,杀敌致果,所向有功。马开和请以游击尽先补用;刘玉龙请加副将衔;雷世高请以本班都司留川尽先补用;穆德隆请仍留原省以游击尽先补用,并加副将衔;干家斌、张志麟二员,均请加游击衔;钱学成、曹怀甲二员,均请俟补都司后以游击尽先补用;舟瑞兴、陈文炳二员,均请俟补缺后以都司留川尽先补用,并加游击衔;文清请俟补缺后以佐领尽先补用;景亮、长松二员,均请以防御尽先补用;清平、万兴二员,均请俟补缺后以防御尽先补用;费定邦请给二代四品封典;汪雨含请以守备尽先补用,并加都司衔;万兴初请加都司衔,并给四品封典;胡万贵、舒殿元二员,均请以守备仍留原标尽先补用,并加都司衔;李廷杰、车复胜二员,均请以守备留川尽先补用;洪长桢请免补千总,以守备留川尽先补用,并加都司衔;万三钦请俟补千总后以守备尽先补用;范金榜请俟补千总后以守备仍留原标尽先补用。

督中尽先都司刘炳勋,尽先都司黄瀛洲、汪品有,蓝翎都司衔尽先守备刘炳坤,蓝翎尽先守备何镇清,尽先守备马中锡、韩荣春、冯宝田、张履和,都司衔尽先守备杨国栋,四川城守右营千总马敏德,松潘中营千总吴继宗、张洪泰,会川营千总王明义,马边存城千总马允福,太平营千总赖定超,蓝翎补用守备尽先千总李泰发、李朝升,守备衔尽先千总张辅舜,候补笔帖式清华,前锋葱善、鹏龄、戴瑞、文开、文全,蓝翎尽先千总夏世富、孙际埏、董尔书,四川督标尽先千总丁荣升,尽先千总牛春元、丁得胜、余为尚、熊开福、刘绍榜、王海寿、吴恩荣、马步云,五品蓝翎尽先千总李定国,尽先千总四川提标左营把总王懋德。以上三十九员,或力破碉堡,或擒斩夷首,均极出力。刘炳勋请以游击仍留原省尽先补用;黄瀛洲、汪品有二员,均请候补都司后以游击尽先补用;刘炳坤、何镇清、韩荣春三员,均请以都司尽先补用;马中锡请以都司留川尽先补用,并加游击衔;冯宝田、张履和、杨国栋三员,均请候补守备后以都司尽先补用;马敏德、吴继宗二员,均请以守备留川尽先补用;张洪泰请以守备尽先补用,并加都司衔;王明义、马允福、李朝升、李泰发四员,均请以守备尽先补用;清华、葱善、鹏龄、戴瑞、文开、文全六员,均请以骁骑校尽先补用;赖定超、孙际埏二员,均请以守备留川尽先补用,并加都司衔;张辅舜、夏世富二员,均请候补千总后以守备尽先补用,并加都司衔;董尔书、牛春元、丁得胜、余为尚、熊开福、马步云、李定国七员,均请以守备尽先补用;丁荣升、刘绍榜、王海寿、吴恩荣四员,均请候补千总后以守备尽先补用;王懋德请以守备留川尽先补用。

道员用四川叙州府知府王麟祥,试用知府李常霑,道员用候选知府杜俞,补用直隶州知州优贡知县李经叙,补用知府四川候补同知寒诜,知府用补用直隶州知州四川屏山县知县谭酉庆,候选郎中张鉴清,升用同知直隶州浙江补用知县沈朝宗,五品衔同知直隶州用候选知县周祖佑,候选知县孙增,六品顶戴补用知县四川试用府经历沈其康,补用知县四川试用县丞文禔、李宏年,候选教谕王万震,五品顶戴选用教谕周志正、任汝霖,候选训导程梅生、吴国琛。以上十八员,筹办剿抚,督军会攻,底定夷疆,勤劳卓著。王麟祥、杜俞、寒诜三员,均请加三品衔;李常霑请以本班仍留原省补用;谭酉庆请加四品顶戴;张鉴清请候选缺后以知府不论双单月尽先选用;李经叙请得直隶州知州后加知府衔;沈朝宗请加运同衔;周祖佑请仍以知县分省补用;孙增请候得缺后以同知直隶州分省补用,并加知府衔;沈其康、文禔二员,均请得知县后加同知衔;李宏年请仍以县丞尽先前补用;王万震请候选缺后以知县不论双单月遇缺在任选用;周志正请加六品衔;任汝霖请以本班教职不论双单月尽先选用;程梅生请以教谕不论双单月尽先选用;吴国琛请俟得缺后以州判补用。

同知衔刘兰馨,州同衔杨献章,同知直隶州用补用知县俞昌言,五品顶戴补用知县浙江试用县丞钱思忠,花翎五品衔江西试用县丞苏预信,四川试用县丞钱世恩、曹铭,指分四川县丞张汝霖、徐瑞康,候选府经历谢贤珍、陈保颐,指分四川府经历王棪,候选县丞丁树鋆,县丞衔徐积年、徐苓、穆浩、黄家勋,六品顶戴监生臧振远,五品军功候选从九品程文懋、班载,候选从九刘蓉镜,四川试用巡检郑秉礼,候选巡检杨宗铣,五品顶戴文童丁嵩焘、孙鹤洲、高尔镛。以上二十六员,身临前敌,督队进攻,屡克坚巢,果敢得力。刘兰馨请以同知双月选用;杨献章请以州同双月选用;俞昌言请得同知直隶州后加知府衔;钱思忠请俟补知县后以同知直隶州仍留原省补用;苏预信、钱世恩、曹铭、张汝霖、徐瑞康、王棪六员,均请俟补缺后以知县补用;谢贤珍、陈保颐、丁树鋆三员,均俟得缺后以知县补用;徐积年、徐苓、穆浩、黄家勋四员,均请以县丞不双单月选用;臧振远请换五品顶戴;程文懋、班载、刘蓉镜三员,均请俟得缺后以县主簿补用;郑秉礼请俟补缺后以府经历补用,并加六品衔;杨宗铣请仍以巡检分省补用,并加六品衔;丁嵩焘、孙鹤洲、高尔镛三员,均请以巡检不论双单月选用。

七品笔帖式清凯,试用直隶州州判周启任,指分湖北候补府经历谭奎翰,盐大使衔万兴邦,候选县丞徐廷弼、叶辰,县丞衔辛炜,候选巡检马嵩龄、陈鍋,蓝翎选用从九品刘鸿,候选从九罗春林、罗瑞龄、黄萃观,四川补用典史朱树恒,五品翎顶未入流衔监生周志忠,五品顶戴文童常之骅、吴邦科,六品顶戴文童尹景荣,文童钱元杰、王祖佑、马光文、杨镛经、杜芳蔚、龚鼎衢、刘维运、张葱化、鲍大鹏、洪寅。以上二十八员名,随营督勇,分队剿夷,擒斩甚多,奋勉出力。清凯、周启任、谭奎翰三员,均请俟补缺后以知县补用;万兴邦请以盐大使选用;徐廷弼、叶辰二员,均请俟得缺后以知县补用;辛炜请以县丞不论双单月选用;马嵩龄请戴蓝翎;陈鍋请加六品衔;刘鸿请以县丞选用;罗春林、罗瑞龄、黄萃观三员,均请俟得缺后以县主簿补用;朱树恒请加六品顶戴;周志忠、常之骅、吴邦科、尹景荣、马光文、杨镛经、龚鼎衢、刘维运、鲍大鹏九名,均请以巡检不论双单月尽先选用;钱元杰、王祖佑、洪寅三名,均请以典史不论双单月尽先选用;杜芳蘅、张蕊化二名,均请以从九不论双单月尽先选用。

候选直隶州州判傅承禧,候选县丞罗仁山,县丞衔胡道生,湖北试用巡检牛文光,候选巡检多良,候选从九徐彬、黄云鹍、徐维桢,主簿用四川试用从九沈寿修,廪生刘照蓼、侯万里,文生万年、恩荣,附生周延勋、唐正标、闵鸿第、高纯,五品顶戴文童吴恩佐,六品翎顶文童萧锡荣,文童朱章闰、年崔、文禔、朱绍鋆、殷德辉、叶仁廉,俊秀张之藻、孙定钧、杨廷锷、白承睿,字识何勋、何点、于宝书。以上三十二员名,或筹运军粮,或防堵要隘,协力剿办,颇著勤劳。傅承禧请以知县选用;罗仁山请俟得缺后以知县补用;胡道生请以县丞不论双单月选用;牛文光、多良二员,均请俟补选缺后以县丞补用;徐彬、黄云鹍、徐维桢三员,均请俟得缺后以县主簿补用;沈寿修请加六品顶戴;刘照蓼、侯万里二员,均请以训导不论双单月尽先选用;万年、恩荣、唐正标、闵鸿第、高纯、萧锡荣、叶仁廉七名,均请以巡检不论双单月尽先选用;周延勋、吴恩佐、朱章闰、年崔、文禔、朱绍鋆、殷德辉、张之藻、孙定钧、杨廷锷、白承睿、何勋、何点、于宝书十四名,均请以从九不论双单月选用。

（朱批）:览。①

3.【十一月初四日】刊本无此具奏日期,兹据录副校补。

4.【光绪十七年十二月十五日,奉朱批:该部议奏,单并发。钦此。】此朱批日期与内容,据录副校补。

奏平茂州土匪疏
光绪十七年十二月二十九日（1892年1月28日）

头品顶戴四川总督臣刘秉璋跪[1]奏,为茂州等处土匪何三木匠等纠众掳劫,踞聚谋逆,当即分派营勇剿办,现已一律肃清,恭折具陈,仰祈圣鉴事。

窃惟川省茂州、安县、石泉、绵竹等处地界毗连,山谷险阻,匪徒出没无常,往往此拿彼窜。于光绪十七年十一月初五日据石泉县禀报,首匪何三木匠等纠合数百人,突由茂州扰踞石泉、安县交界之千佛山,掳人劫物,拒敌差团,踞聚不散等情。旋据茂州、安县、绵竹先后禀同前由,当经臣檄饬统领泰安等营现署提督重庆镇总兵钱玉兴、营务处统领长胜等营候选道徐春荣,各

① 中国第一历史档案馆藏:《清单》,档案编号:03-5883-037。

派管带督队前往剿办。

查千佛山界连三属，地僻山深，何三木匠等踞以为巢，四出肆扰，先经茂州知州督带兵团、差役往捕，毙匪九名。该匪胆敢抗拒，差役陈友、王青被匪轰毙，受伤者七人；安县差团被伤数名，拒毙绵竹团丁王得才一名，当亦格杀何老七一名，势甚猖獗，民心惶惧。钱玉兴派令泰安卫队管带周胜得、寿字营帮带孙绍骞驰赴安县、绵竹一带，扼其西南；徐春荣选派长胜中营管带徐忠聘出茂州，捣其东；长胜右营管带姚振榜趋石泉，堵其北。各会同地方文武兵团，四路进剿。

该匪胆敢于茜沟、丝瓜架一带扼要扼守。徐忠聘攻入茜沟，平其隘垒，阵斩李新大耶、李老么二名，生擒伙匪向第才、张有才八名，轰毙匪党二十余名。余匪披靡，为茂州兵团截获三名。孙绍骞由睢水关攻破道士观贼卡，生擒匪首彭金受一名、伙匪彭世虎等三名，夺获枪炮、梭镖多件。安县兵团复于金溪地方截获伙匪刘有才等十二名，该匪倾巢出犯。姚振榜挥军深入，毁其坚巢，毙匪多名，遂会合各军，枪炮齐发。该匪狂奔，失其巢穴，窜入天池山及桅杆坡、大坝场等处，负隅抗拒。绵竹县知县李莲生先率团勇，商同周胜得，驰往堵截。

十一月十五日，四面围逼。该匪开炮迎击，轰伤营、县勇丁三名。各军悉力仰攻，匪等死拒，矢石如雨。李莲生、周胜得各率队勇扑上，鏖战两时，何三木匠身被轰伤，乘势擒获，阵斩首级七颗，生擒伙匪路老五等十余名，夺获旗帜多件。李莲生亦擒廖得舜等十一名，夺获抬枪二杆、鸟枪、刀矛十余件。各军齐到合击，毙匪无算。余匪奔散，复经团勇追截，于康家河白溪口将何三木匠之侄何老九格毙，并获逸匪马三大爷、熊老九等多名。团丁亦被拒伤二名，拒杀一名。

是役也，通共擒斩伙匪九十余名。连日，各军分道搜山，无复匪踪，地方一律肃清，居民如常安堵。何三木匠经营、县提讯，供认纠众掳劫、踞聚谋逆不讳，旋即因伤毙命。先后据各营、县禀报前来。

除由臣批饬仍将何三木匠枭首示众，其余生擒各犯亦饬提审究明为伙、为胁，分别正法、保释外，伏查该匪何三木匠等倚山为巢，纠众掳劫，拒敌官兵，叛踪已著，若剿办稍迟，裹胁日多，必至蔓延难制。今幸一鼓荡平，该管带周胜得等未逾月而巨匪歼除，实属谋勇兼优，异常出力。除统领泰安等营现署提督重庆镇总兵钱玉兴不敢邀恳议叙外，合无仰恳天恩俯准将[2]留川补用提督周胜得无论副、参题、推缺出，尽先酌补；补用游击四川督标尽先都司徐忠聘，请免补都司，以游击留川尽先补用；游击衔尽先都司姚振榜，请免补都司，以游击尽先补用；拟保都司衔守备尽先千总孙绍骞，请免补守备，以都司留川尽先补用。在任候补知州四川绵竹县知县李莲生,请以直隶州知州在任候补,用昭激劝,出自鸿慈。其余出力文武员弁、兵团,由臣酌给外奖,免烦案牍。

所有茂州等处土匪纠众掳劫,踞聚谋逆,派勇剿办,现已一律肃清缘由,除保奖履历分送吏、兵二部外,是否有当?理合恭折具奏,伏乞皇上圣鉴,训示遵行。谨奏。十七年十二月二十九日[3]。

光绪十八年正月十四日,奉朱批:周胜得等均着照所请奖励,该部知道。钦此。[4]

【案】此奏原件查无下落,录副现藏于中国第一历史档案馆①,兹据校正。

1.【头品顶戴四川总督臣刘秉璋跪】刊本无此前衔,兹据录副校补。

2.【将】刊本夺"将",兹据录副校补。

3.【十七年十二月二十九日】刊本无此具奏日期,兹据录副校补。

4.【光绪十八年正月十四日,奉朱批:周胜得等均着照所请奖励,该部知道。钦此。】此朱批日期与内容,据录副校补。

奏甘省拉布浪寺番僧越界焚掠疏
光绪十八年二月二十日(1892年3月18日)

头品顶戴四川总督臣刘秉璋跪[1]奏,为甘省拉布浪寺番僧迭次兴兵越界焚掠,逼占川番上阿坝等寨,谨将被占各部落名目开呈清单,恭折具陈,仰祈圣鉴事。

窃查松潘镇辖境与甘省毗连,川甘交界之区尽是番夷部落。上年,甘肃拉布浪寺窝匪捧周越界抢劫商民马炳南货物,缉拿无获。光绪十五年冬经臣附片奏请谕旨敕下陕甘督臣、西宁办事大臣严饬该寺将捧周解川审办[2],至今抗延未解。十七年八月,该寺香错黑窝折顿等拥众数千,至松潘所属之上阿坝,围攻色凹等寨,焚毁多家,并将折参巴寺院焚掠殆尽,杀毙七人,色凹六寨均被逼降,复将班佑十二部落之辖漫各寨五百余家及冷房、草场、篱栅概行烧毁,且围攻中阿坝等处。据该部落之土千户、百户等纷纷禀诉,经

该松潘镇夏毓秀①一再禀请调派兵勇数千前往剿办。本年正月，该镇亲身来省，又复谆谆吁恳，并开具川番迭被逼占各寨名目清单前来。

臣查松潘在川省西北边境，南至省城千余里，北至该寺又经草地千余里。该寺恃在边荒，故敢妄为，蠢尔番僧，似不足远劳师旅大动干戈。且该寺属地甘境，亦非川省所当越俎。然若竟任其肆扰，势必益无忌惮，后患伊于何底？合无仰恳天恩敕下陕甘总督、西宁办事大臣，即将该寺之滋事喇嘛提案究惩，勒令退还所占番寨，偿还焚掠各件，以遏乱萌而安边氓。是否有当？谨将松潘镇夏毓秀开呈该寺占去番部名目、次数照缮清单，恭呈御览。

所有甘省拉布浪寺番僧迭次兴兵越界焚掠、逼占川番部落缘由，理合会同护理成都将军臣雅尔坚②，恭折具奏，伏乞皇上圣鉴，训示。谨奏。光绪十八年二月二十日³。

光绪十八年三月初五日，奉朱批：另有旨。钦此。⁴

【案】此奏原件、录副均查无下落，兹据《上谕档》《清实录》及《随手档》校补。再，此奏具文时间刊本作"光绪十八年二月"，未确。查光绪十八年三月初五日《随手档·朱批刘秉璋折》③，则署有"报四百里、二月二十日发"等字样。据此，此奏具文时间当以"光绪十八年二月二十日"为宜。兹据校正。

---

① 夏毓秀（1838—1910），字琅溪，云南昆明人。少以义勇著，初以堡长从军，充选锋。咸丰七年（1857），充云南城守营额外外委。九年（1859），补城守营右哨头司把总。十年（1860），升守备。同治元年（1862），加都司衔。二年（1863），补授顺云协左军守备，署理城守营中军守备。同年，署理武定营参将。三年（1864），署抚标中军参将。同年，升署云南曲寻副将。四年（1865），署督标左营游击，晋副将衔。五年（1866），署督标中军副将。同年，补云南提标右营游击。九年（1870），升副将。十一年（1872），赏利勇巴图鲁名号，加提督衔。十二年（1873），署云南提标左营游击。光绪二年（1876），赴川统领省标十营。七年（1881），署四川松潘镇篆务。九年（1883），实授松潘镇总兵。十八年（1892），丁忧，回籍终制。二十年（1894），再莅松潘镇任。二十一年（1895），署理四川提督。二十六年（1900），加头品顶戴。同年，擢贵州提督。二十七年（1901），补授湖北提督。同年，调补广西提督。二十八年（1902），兼署广东陆路提督。同年，调补湖北提督。宣统二年（1910），病卒。谥勇恪。

② 雅尔坚（1823—?），字静山，蒙古镶黄旗人，乌朗罕吉勒们氏。初充印务笔帖式。道光二十九年（1849），补授骁骑校。咸丰元年（1851），加主事衔。四年（1854），升印务章京。七年（1857），补公中佐领，帮办本旗印务。同治元年（1862），迁副参领，嗣补参领。七年（1868），署理镶蓝旗汉军副都统、正蓝旗汉军副都统。八年（1869），充考验兵丁及世职官员军政官。十一年（1872），补授镶黄旗蒙古印务参领，兼本旗枪营营总。光绪十三年（1887），擢成都副都统。十七年（1891），护理成都将军。十八年（1892），署理成都将军。

③ 中国第一历史档案馆藏：《军机处随手登记档》，档案编号：03-0272-1-1218-016。

1.【头品顶戴四川总督臣刘秉璋跪】刊本无此前衔,兹据《随手档》校补。

2.【审办】刊本误作"省办",兹据校正。

3.【光绪十八年二月二十日】刊本无此具奏日期,兹据《随手档》校补。

4.【光绪十八年三月初五日,奉朱批:另有旨。钦此。】此朱批日期与内容,据《随手档》校补。

【案】光绪十八年三月初五日,清廷颁布廷寄,饬令杨昌濬、奎顺务将此案妥速办结,即行复奏,毋再迟延。《上谕档》载曰:

军机大臣字寄:陕甘总督杨,传谕署西宁办事大臣甘肃甘凉道奎顺:光绪十八年三月初五日奉上谕:刘秉璋奏,甘肃番僧叠次越界滋事情形,并将焚掠各案开单呈览一折。据称甘省所属之拉布浪寺窝匪棒周越界抢掠,曾经奏明饬令该寺将棒周交出审办,至今抗延未交。上年八月间,该寺香错黑窝折顿等拥众数千,至松潘所属之上阿坝,围攻色凹等寨,焚毁多家,并至折参巴寺院,肆行焚杀,色凹六寨均被逼降,复将班佑十二部落之辖漫各寨,概行烧毁,且围攻中阿坝等处,请饬查拿究办等语。此案首匪棒周纠众焚掠,曾经谕令刘秉璋咨行杨昌濬等将该犯解川审办,何以至今未据杨昌濬等复奏?现在该寺番僧,复行越界滋扰,亟应认真拿办,着杨昌濬、奎顺迅速严饬拉布浪寺将棒周交出,归案审办,并将滋事喇嘛提讯惩治;所占番寨勒令退还,并偿还焚掠各件,以遏乱萌而安边氓。该督等务将此案妥速办结,即行复奏,毋再迟延。原折、单均着抄给阅看。将此谕知杨昌濬,并传谕奎顺知之。钦此。遵旨寄信前来。①

奏黔省磺斤运川行销请复旧章疏
光绪十八年四月初七日(1892年5月3日)

头品顶戴四川总督臣刘秉璋跪¹奏,为黔省磺斤运川行销,遵复旧章,以杜流弊而遏乱萌,恭折缕陈,仰祈圣鉴事。

光绪十八年三月十六日,准军机大臣字寄:二月二十七日奉上谕:有人

① 《光绪宣统两朝上谕档》第18册(光绪十八年),广西师范大学出版社1996年版,第78页。又《清德宗实录》卷309,光绪十八年三月,中华书局1987年版,第23页。

奏,销售硝磺斤数增多、利小害大一折[2]。据称贵州委员赴川、滇等处设局销售硝磺,川省州县发给印票,一人一票,准购百斤,恐奸民贩运,贻害地方,请饬仍照旧章办理。硝磺每票准购百斤,有无流弊?着刘秉璋、王文韶[①]、谭钧培[②]体察情形,奏明办理。原折着抄给阅看。将此各谕令知之。钦此。遵旨寄信前来。

伏查光绪十二年六月准户部咨:贵州抚臣潘霨奏,采铜、铅、煤、铁、硝、磺各矿章程一折[3],奉旨准其开办,运往各省售卖等因。臣以硝磺例禁綦严咨黔,请其停止硝磺入川。旋准黔省咨复:薰磺系民间薰物之用,未便并禁。由前升司等议准薰磺一物运赴彭山县城,报官设店销售,商人购磺须由地方官查明,出给印票。若无印票者,不准私相买卖。近因黔省志在多销,冀扩利源,臣与司道筹议,万不得已[4]通融办理,每商只准领一票,每票不得过百斤。乃年来颇有私磺入川,如乐山县、彭山县、资州等处迭经查获磺斤,每起

①　王文韶(1830—1908),字夔石,号耕娱、退圃、退闇、诗娱,浙江杭州人。咸丰元年(1851),中举。二年(1852),中式进士。十一年(1861),选户部福建司主事,补四川司员外郎。同治二年(1863),升陕西司郎中。三年(1864),补湖北安襄郧荆道,兼盐运使衔。四年(1865),署汉黄德道。六年(1867),升湖北按察使。是年,兼署湖北布政使。八年(1869),署湖南布政使。同年,实授斯缺。十年(1871),署湖南巡抚。十一年(1872),实授湘抚。光绪四年(1878),充军机大臣上学习行走,补礼部左侍郎,兼署兵部左侍郎。同年,授总理各国事务衙门行走。五年(1879),充军机大臣上行走、户部左侍郎,兼署兵部左侍郎,兼管三库事务。六年(1880),充殿试读卷官。八年(1882),署户部尚书,兼署礼部右侍郎、吏部右侍郎。十四年(1888),调补湖南巡抚。十五年(1889),授云贵总督。二十年(1894),授帮办北洋事务大臣。二十一年(1895),补授直隶总督北洋大臣。二十四年(1898),任总理各国事务衙门行走、军机大臣上行走。同年,补授户部尚书。二十五年(1899),拜协办大学士、经筵讲官。二十六年(1900),授国史馆副总裁,晋体仁阁大学士,管理户部事务,加太子少保衔。二十七年(1901),授国史馆正总裁,兼外务部会办大臣。同年,议和全权大臣,授文渊阁大学士、政务处大臣,兼督办路矿大臣。二十九年(1903),拜武英殿大学士、文渊阁领阁事,兼署翰林院掌院学士,管理户部事务。三十年(1904),充殿试读卷官。三十四年(1908),加太子太保。同年,晋太保。是年,卒于任。谥文勤。著有《宣南奏议》《湘抚奏议》《滇督奏议》《直督奏议》《王文韶日记》,修《续云南通稿》《光绪续云南通志稿》等行世。

②　谭钧培(1829—1894),字寅宾,号序初,又号彦初,贵州镇远县人。道光二十四年(1844),补博士弟子。咸丰九年(1859),中举人。同治元年(1862),中式进士,选庶吉士。二年(1863),授翰林院编修,补国史馆协修。三年(1864),充顺天乡试同考官。七年(1868),充撰文,协办院事。八年(1869),升江西道监察御史。九年(1870),署户科掌印给事中。同年,补兵科给事中,转刑科给事中。十年(1871),充监试考试笔帖式。十二年(1873),放江苏常州府知府。光绪二年(1876),调补江苏苏州府知府。四年(1878),署理徐州道。同年,升安徽凤颖六泗道。五年(1879),升授山东按察使,调湖南按察使。同年,迁江苏布政使,护理江苏巡抚。六年(1880),署理漕运总督。七年(1881)兼署苏州织造。同年,护理江苏巡抚。九年(1883),再署漕运总督。十一年(1885),擢湖北巡抚。十二年(1886),调补广东巡抚。同年,补授云南巡抚。十五年(1889),兼署云贵总督。十六年(1890),兼署云南学政。二十年(1894),卒于任。

一二千斤、三四千斤不等。该委员辄藉官磺为词，出头扛护。臣与黔抚反复商论，从宽免罚。原冀宽既往以儆将来，乃奸商视官磺局为护符，运川动辄巨万[5]。月前[6]，泸州知州李玉宣[7]查获私磺三万两千余斤，禀报前来。以一票百斤计之，已合三百票为一票矣。实难保无济匪情事，当经批饬充公究办在案。

查黔员岂必经售于匪徒，然所贩之商辗转分售，势不至济匪不止。黔员借口薰磺为川民所必需，如果属实，则川省商人自可领票赴黔购置，何劳黔员运送来川？黔省松溉一局界连永川，拟请嗣后黔磺只准囤积于黔省适中之地，川商如有采买薰磺者，由官给与印票，注明十斤之限，听赴黔局采买。其彭山一局深入腹地，五方杂处，稽查难周，应即撤局，以昭慎重。

伏思硫磺、薰磺本无区别，皆可以资火器。川省人心浮动，伏莽堪虞，去年万县崔英河之谋逆、茂州何三木匠之聚众谋叛，皆用火器轰人，幸皆登时殄灭，此后流弊防不胜防。川省岁协黔饷数十万，黔省所收之磺利计亦甚微，黔磺害川，亦非黔省之利。兹奉前因，若不趁此规复旧章，流毒伊于何底？臣于此次奉旨后即檄两司通饬各属恪守旧例，仍以十斤为限。

除咨明贵州抚臣查照外，所有黔省磺斤运川行销，遵复旧章，以杜流弊而遏乱萌缘由，理合恭折缕陈，伏乞皇上圣鉴，训示遵行。再，查照通融现章，每票亦止百斤。此次一票至三万余斤之多，如系官磺，应请旨饬下贵州抚臣查取官磺局委员衔名，照私售硝磺例严加议处。如系私磺，除磺斤充公外，即由川省将该私贩照例治罪，合并陈明。谨奏。光绪十八年四月初七日[8]。

（朱批）：着照所请，该部知道。[9]

光绪十八年四月二十一日，奉朱批：着照所请，该部知道。钦此。[10]

【案】此奏原件①、录副②现藏于中国第一历史档案馆，兹据校正。再，此奏具文时间刊本作"光绪十八年四月"，未确。而原件、录副均作"光绪十八年四月初七日"，确。兹据校正。

1.【头品顶戴四川总督臣刘秉璋跪】刊本无此前衔，兹据原件校补。

2.【案】光绪十八年二月二十七日，刑科给事中唐椿森奏具奏川滇等地销售硝磺请饬仍按旧章办理缘由，曰：

① 中国第一历史档案馆藏：《朱批原件》，档案编号：04-01-36-0108-004。
② 中国第一历史档案馆藏：《军机录副》，档案编号：03-7124-034。

刑科给事中臣唐椿森跪奏,为销售硝磺斤数增多,利小害大,恭折仰祈圣鉴事。

窃查硝磺为军火必需,例禁私贩。定例银匠、药铺、染房需用每次不许过十斤,呈明地方官批,限买完缴销,原以杜奸民渔利、私济匪徒也。买者如此,则每票销售亦不许过十斤可知。又有别名熏磺,其制造火药,实与硝磺无异。今贵州委员赴川、滇等处设局,意在多销。风闻川省已从权饬各州县发给印票,一人一票,准购百斤。在该省通融办理,只定百斤之数,究恐奸民大本贩运,贻害地方。查川滇之交,匪徒甚伙,曾费兵力剿捕,所以尚易扑灭者,无硝磺以制造火药也。今每人准购百斤,计百斤硝磺,可制造火药加倍。倘有奸民使数十辈轮转领票,或赴两三县领票,则为祸不小,在黔获涓滴之利,而贻川、滇巨害,关系非轻,相应请旨饬下四川、云南督抚臣仍恪守旧章,不许过十斤之例,以遏患萌。

臣愚昧之见,是否有当?伏乞皇上圣鉴。谨奏。光绪十八年二月二十七日。①

3.【案】光绪十二年正月二十二日,署黔抚潘霨奏报筹议开采铜铅各矿章程,曰:

署贵州巡抚臣潘霨跪奏,为遵旨筹议开采铜、铅、煤、铁、硝、磺各矿章程,恭折条陈,仰祈圣鉴事。

窃臣于十一年十一月初一日附奏黔省矿产甚多,煤、铁尤盛,可否体察开办一片。钦奉谕旨:知道了。即着该署抚详细体察,认真开办,毋得徒托空言。钦此。仰见圣主轸念边疆、厚生利用之至意。遵查五行百产之精华,取之不尽,必须加意讲求,庶几愈用愈出。现当创立海军之始,需用尤殷,所谓地不爱宝,正其时也。况黔省尤系瘠区,每岁度支全赖各省协济。本省田少山多,出谷无几,惟水深土厚,向产五金。自雍正、乾隆年间,历有开矿成案,部册可稽。军兴以来,无力兴办。如果经理得宜,以天地自然之利,藉补饷项之穷,虽未敢侈说富强,而民间多一生计,即公家多一利源,以之拨供邻省海防之需,亦属彼此两利。臣钦遵谕旨,督同司道酌议简明章程六条,大要纠集股分,厂由商办,而官为督销,弹压稽查,代筹出路,而坐抽税课,以裕度支,较为简便。敬为皇太后、皇上缕晰陈之。

① 中国第一历史档案馆藏:《军机录副》,档案编号:03-6127-056。

一、镰、铅各矿宜规复旧制也。黔省方言黑铅曰镰,炼之可以得银,较白铅之利尤厚。从前办解京局岁额,白、黑铅共四百七十余万斤,兼供各省采办,所出甚多,由于所产甚旺。查威宁州属榨子黑铅银厂系雍正五年开采,嗣复开出清平县属凯里永兴寨黑铅各子厂。又威宁州属莲花妈姑白铅厂系雍正十三年开采,嗣后开出马衔,猓纳、黑泥、三家湾、羊角,新发、白岩等处子厂。又水城厅属福集白铅厂系乾隆十一年开采,大定府属水洞帕兴发白铅厂系乾隆四十二年开采,均归贵西道督理。百余年中,利益颇大。自近岁军兴,厂务遂废。然旧洞虽空,亦必有未开之矿;宝藏所蕴,当更有新长之苗。现如遵义之泮水,桐梓之铜鼓坳,仁怀之桑木垭、七湾架、丁山坝,普安厅属之南星仙冲、灯盏窝等处,或铜或铅,均据报有矿苗。其灯盏窝之铜矿,现经督臣岑毓英委员试办,矿苗甚旺,铜质亦佳。又普安厅属之粪箕湾、梭白沙、绿塘三处,近且报有银苗,应仍责成贵西道勘明开采,或就旧厂,或觅新矿,实力招办,以期渐复旧规。此外,如威宁州属陈家沟之铜厂,青溪县属南屯一带之铁厂,册亨州同所属玻坳之朱砂厂,板堵之雄黄厂,兴义府属之回龙湾、八寨厅属之羊五加河、修文县属之红白岩水银各厂,均自雍、乾间次第开采,至今早已荒废。其近年奏办之罗斛厅属宝丰厂、试办之铜仁府属万山厂,均产朱砂,而作辍无常,半由工本不继,应饬各该属一律勘明整饬,以尽地利。

一、煤、铁等项宜扩充开采也。查各省机器局及大小轮船,每岁所用煤、铁以亿万计。现又创立海军,制造铁船、铁路,在在需用,更属不赀,自应广为筹备。黔省跬步皆山,处处产煤产铁,特以物太粗重,山路难于致远,开采者但供炊爨、农具而止,货弃于地,殊可惜也。查镇远、思州两府,据沅江之上流,铜仁府通麻阳之舟楫,都匀、黎平与清江相首尾,遵义、思南距川江亦不甚远,设法挽运,均可下达长江,应饬各该府查明煤铁最旺之处,竭力招徕,商办官销,以济要需。

一、硝、磺二项宜变通办理也。查硝、磺例禁綦严,而黔省出产最旺,如仁怀、遵义、天柱等县有峒硝一种,水自石隙流出,名曰窑沟,取水煎之,即成牙硝,性甚猛烈。磺亦较他处为良。利之所在,人竞趋之,以故禁过愈严,私贩愈巧。从前私挖者共有八十余厂,窑沟八百余条,每日出磺一百三十余石,与其空悬禁令,似不若化私为官,转得操纵由我,拟择硝磺最旺之区招商集股,矿由商办,官为督销,严禁走私,设局抽厘助饷。如仁怀县属之二郎滩可以顺流入川,拟设正局;官渡口亦通川江,拟设分局。商人所运硝磺由局给票后,即由仁怀局收票验放出关,庶偷漏可杜,而军火利用有资。又查磺有两种:硫磺仅造火柴;熏磺一种,则皮货、药材、棉花、草帽、红花及麻布、纸张无不需此物熏蒸。仁怀县属二郎小溪、吼滩等里出产熏磺,养活穷民无算,未便一例封禁,应饬局查明,确系熏磺,准其给票出贩,以示区别而广利源。

一、开办之法宜先集股分也。铜、铅、煤、铁、硝、磺各项,采办俱需工本,黔库支绌,万难筹款,惟有集股之一法。本地股实无多,又须济以远道,招商之法,拟照滇省矿务章程,遴员赴沪集股,以百金为一股,外国洋人不令附股,惟勘办矿苗准其酌雇洋人,以资臂助。先就股分最多者推为总办,其余一人能集百股者作为帮办,俟股分集成,即于省城设立矿务招商局,总理诸务,按收股本日期,给周年一分官息。官息外获有余利,除开销局厂薪工外,按股分派。设遇亏折,亦如之。年终刊布账单,供附股者一律征信,庶闻风者接踵而来。

一、股分既集,宜预筹销路也。铜、铅为物较费,销售旧有成规。惟煤、铁质重而价轻,硝、磺又关例禁,应请饬下总理海军衙门、南北洋大臣,暨两湖、两广、川、滇各督抚臣,每省能认销每项若干,定价若干,先行咨复,以便分投运销。此为商办官销之法,但使销路能畅,则商贾自必争趋,而天地自然之利不致终闷矣。

一、销路既通,宜明定课票也。查威宁榨子铅厂,原定四六抽课,其余各厂定例抽课二成。现值招办之初,应请无论何项,每百斤只抽课二十斤,以示体恤。各照市价折银交纳,以归简便。其经过各省关卡,未便再予重征,应请援照滇例,饬下各省关局暂免厘税,以广招徕。又各项出境未可漫无稽考,拟照滇局刊刷四连串票,一商局存根,一藩司总核,一截缴出关验票,一通商各省呈盖院司印信;每一百斤截票一张,听其运赴各省销售,沿途关卡加盖验戳放行,所谓化私为官也。如此,庶在官有可稽察,在商量得畅行,黔省籍有起色矣。

以上六条,只就现在开办情形,提纲挈领,斟酌议行。其余一切厂规、税则及未尽事宜,应俟股分集成,总局设就,随时酌核,以求事在必成。是否有当?伏乞皇太后、皇上圣鉴,训示。谨奏。正月二十二日。

光绪十二年二月初九日,军机大臣奉旨:着照所请,该衙门知道。钦此。①

4.【万不得已】刊本作"万不能已",兹据原件校正。

5.【动辄巨万】刊本作"动辄巨万斤"。

6.【月前】刊本夺"月前",兹据原件校补。

7.【李玉宣】刊本误作"李玉书",兹据校正。

8.【光绪十八年四月初七日】刊本无此具奏日期,兹据原件校补。

9.【着照所请,该部知道】此朱批据原件补。

10.【光绪十八年四月二十一日,奉朱批:着照所请,该部知道。钦此。】此朱批日期与内容,据录副校补。

谢赏福字疏

光绪十八年五月初一日(1892 年 5 月 26 日)

头品顶戴四川总督臣刘秉璋跪¹奏,为微臣感激下忱,恭折叩谢天恩,仰祈圣鉴事。

窃本年三月十五日差弁赍折回川,奉到御书福字一方,当即恭设香案,望阙叩头谢恩祗领。钦惟我皇上调泰延洪,乘乾布泽。染翰乘万几之暇,共乐春台;迎祥寓一字之中,同游福宇。

臣自惭驽钝,忝督西川,渥荷鸿施,回暄北陆。颂一人之有庆,禹范平康;欣万福之攸同,蜀疆静谧。毫丹彩焕,心赤铭深。臣惟有勉矢慎勤,冀酬高厚。休征时若,合雨旸寒燠以迎和;福履绥将,并山阜升恒而戩谷。

所有微臣感激下忱,理合恭折叩谢天恩,伏乞皇上圣鉴。谨奏。光绪十八年五月初一日²。

(朱批):知道了。³

光绪十八年六月初六日,奉朱批:知道了。钦此。⁴

【案】此奏原件②、录副③现藏于中国第一历史档案馆,兹据校正。再,此奏具文时间刊本作"光绪十八年三月十七日",而原件、

① 中国第一历史档案馆藏:《军机录副》,档案编号:03-9427-022。
② 中国第一历史档案馆藏:《朱批原件》,档案编号:04-01-12-0554-031。
③ 中国第一历史档案馆藏:《军机录副》,档案编号:03-5293-013。

录副均作"光绪十八年五月初一日"，确。兹据校正。

　　1.【头品顶戴四川总督臣刘秉璋跪】刊本无此前衔，兹据原件校补。

　　2.【光绪十八年五月初一日】刊本无此具奏日期，兹据原件校补。

　　3.【知道了】此朱批据原件补。

　　4.【光绪十八年六月初六日，奉朱批：知道了。钦此。】此朱批日期与内容，据录副校补。

奏会理州黑夷叛逆伏诛片

光绪十八年五月初一日（1892 年 5 月 26 日）

　　再，本年三月间，据署会理州文芳禀称：州属猫猫沟地方汉夷杂处，内有黑夷刘二马头、刘立甫等，本系逆夷晋德昌余党，昔来受抚后，啸聚其中，恃险妄为，近更肆虐，去年左发才、任耀山等家均被抢杀，通报饬缉未获；本年二月，该州带团入沟查拿，刘二马头等辄敢纠集二十余支夷众，沿山扎营抗拒，形同叛逆等情。

　　臣批饬妥速拿办去后。嗣据文芳禀报：三月初三日，调团数千名，与该逆夷连日接仗获胜。初九日，复派团截击，毙夷五十余名。团丁亦有伤亡。十二日进攻，顺风纵火焚巢，即有胁从之夷五百余人前来投诚，刘二马头等率同悍夷遁去。该牧调团穷追至官顶大碑，团勇前后夹攻，枪炮齐发，毙贼无算。刘二马头、刘立甫悉皆擒获，当即讯明正法、枭示，余分别遣散、安置，现已一律肃清。此役也，查明团丁受伤五十四名，阵亡十九名，业已筹款恤赏。

　　臣查猫猫沟逆夷刘二马头等迭犯抢杀，经官往拿，辄敢纠众扎营抗拒，情同叛逆。此次该署牧文芳调团围捕，不旬日间，擒获首要正法，地方肃清，不无微劳足录。除出力各团由臣查明分别汇案请奖及酌给外奖外，合无仰恳天恩准将署会理州知州候补知县文芳于补缺后以同知直隶州补用，俾使鼓励之处，出自鸿慈逾格。

　　理合附片具陈，伏乞圣鉴，训示。谨奏。

　　光绪十八年六月初六日，奉朱批：着照所请，吏部知道。钦此。[1]

　　【案】此奏原件、录副均查无下落，兹据《清实录》《随手档》校补。再，此奏具文时间刊本作"光绪十八年四月"，未确。随据《清实录》①查光绪十八年六月初六日《随手档·朱批雅尔坚、刘秉璋、钱玉兴折》②,据此同批折件可断,其具文日期应以"光绪十八年五月初一日"为是。兹据校正。

1.【光绪十八年六月初六日,奉朱批:着照所请,吏部知道。钦此。】此朱批日期与内容,据《随手档》校补。

奏积疾未痊请假一月疏

光绪十八年五月初九日(1892 年 6 月 3 日)

头品顶戴四川总督臣刘秉璋跪[1]奏,为微臣积疾未痊,精力不支,叩恳天恩给假,恭折仰祈圣鉴事。

窃臣素有便血旧疾,光绪十四年因调治未痊,奏蒙赏假一月,续又渥蒙赏假两月。维时[2]假满,病未全除,不敢再事渎请,力疾销假,具折叩谢天恩各在案。自是以后,旧疾时发时愈,精神尚可勉支。迨去年冬季武闱揭晓后,患嗽数月。春来营弱卫虚,动辄感冒,而便血一症至今愈发愈重,神疲气促,诸病丛生,精力益觉难支。合无叩恳[3]天恩俯准给假一月,俾资调理。至日行一切事件,仍由臣力疾核办,不敢稍弛。

所有微臣积疾未痊、请假一月缘由,理合恭折具奏,伏乞皇上圣鉴,训示。谨奏。光绪十八年五月初五日[4]。

(朱批):着赏假一个月。[5]

光绪十八年六月初六日,奉朱批:着赏假一个月。钦此。[6]

【案】此奏原件③、录副④现藏于中国第一历史档案馆,兹据校正。

1.【头品顶戴四川总督臣刘秉璋跪】刊本无此前衔,兹据原件校补。

2.【维时】刊本夺"维",兹据原件校补。

3.【叩恳】刊本作"仰恳",兹据原件校正。

4.【光绪十八年五月初五日】此具奏日期据原件补。

5.【着赏假一个月】此朱批据原件补。

---

① 《清德宗实录》卷 312,光绪十八年六月,中华书局 1987 年版,第 56 页。
② 中国第一历史档案馆藏:《军机处随手登记档》,档案编号:03-0272-2-1218-146。
③ 中国第一历史档案馆藏:《朱批原件》,档案编号:04-01-112-0554-035。
④ 中国第一历史档案馆藏:《军机录副》,档案编号:03-5293-020。

6.【光绪十八年六月初六日,奉朱批:着赏假一个月。钦此。】
此奉旨日期与内容,据录副校补。

奏川北土匪陈坤山等伏诛疏

光绪十八年六月初六日(1892年6月29日)

头品顶戴四川总督臣刘秉璋跪[1]奏,为川北所属土匪陈坤山等纠众滋事、戕官,谨将拿办情形恭折具陈,祈圣鉴事。

窃查川北所属广元、昭化、巴州、南江各州县处处与陕省毗连,去年汉中一带秋收稍欠,每有饥民入川求乞,均经交界州县随时资遣回籍。本年四月初间,小麦未收,有匪徒陈坤山、苟管事、周蛮刀、张占靴等,勾结匪类,诱串饥民,藉求乞为名,勒食大户,趁机绺窃。各该地方官因系饥民,谨饬团保防范。四月十九日,该匪陈坤山等约聚百余人,带有枪械,突至南江县所属之禹门场。该南江汛把总陈仲溶带同兵丁前往拦截,该匪等辄敢放枪将陈仲溶轰毙,并轰毙目兵李寿山一名,各兵带伤者九名。据南江县并巴州、广元陆续禀报前来。

臣即批檄各属营、县督同兵团严行防范,一面檄派寿字后营管带孙绍发带队由南路进,长胜左营管带姚振榜带队由西路进,以期兜捕扑灭。乃该匪等复又扰及东乡,复经臣电饬驻扎万县之管带刘玉田就近带勇驰赴东乡,与该县会合,协同兵团围拿;又檄营务处候选道督队前往顺庆一带驻扎调度,以一号令,并咨明陕西抚臣会拿,免致窜越。近据巴州拿获陈坤山、刘玉元、罗莫耳子、王尚魁、岳尓尓、岳才喜子、谯大五、许老五,广元县拿获苟管事、罗老五、李子沅、左国松,通江县拿获黄廷暎、阆中泉、万汲三、陈宝山、夏子超,东乡县拿获陈大五、李大五、杨大五、文洪恩、徐五仪,陇县拿获许仕溃,阆中县拿获高久洪,先后禀报到臣,当经批示或委员复审,或解送保宁府提审,如系戕害汛官时在场助势者,立予正法。其实系胁从者,分别拘系,递籍管束,以期毋枉毋纵,各在案。

伏查川省人心浮动,伏莽堪虞,匪类、穷民往往勾结为患。此案陈坤山、苟管事等辄敢勾结匪党,诱串穷民,纠众横行,将南江汛官枪毙,情近叛逆,亟应从严拿办,以遏乱萌。

除分檄派出营勇暨营、县一律严拿,务将此案首、伙各匪悉数获办,以绝根株而安地方外,所有川北所属土匪陈坤山、苟管事等纠众滋事、戕官,现在拿办缘由,理合恭折具奏,伏乞皇上圣鉴,训示。再,南江汛把总陈仲溶带兵拦截,被匪戕害,实堪悯恻,合无仰恳天恩敕部将把总陈仲溶照阵亡例议恤,以慰忠魂而昭激劝,施行。谨奏。光绪十八年六月初六日[2]。

光绪十八年六月二十一日,奉朱批:知道了。即着严饬营县务将首伙各匪悉数拿办,毋任漏网。陈仲溶着照阵亡例议恤,该部知道。钦此。[3]

【案】此奏原件、录副均查无下落,兹据《清实录》《随手档》校补。再,此奏具文时间刊本作"光绪十八年六月",未确。随据《清实录》①查光绪十八年六月二十一日《随手档·朱批刘秉璋折》②,署有"报四百里、六月初六日发"等字样。据此,其具文日期应以"光绪十八年六月初六日"为是。兹据校正。

1.【头品顶戴四川总督臣刘秉璋跪】刊本无此前衔,兹据原件校补。

2.【光绪十八年六月初六日】此具奏日期据《随手档》校补。

3.【光绪十八年六月二十一日,奉朱批:知道了。即着严饬营县务将首伙各匪悉数拿办,毋任漏网。陈仲溶着照阵亡例议恤,该部知道。钦此。】此朱批日期与内容,据《随手档》校补。

奏请开缺回籍调理疏
光绪十八年六月初九日(1892年7月2日)

头品顶戴四川总督臣刘秉璋跪[1]奏,为微臣假期已满,病益增剧,叩恳天恩赏准开缺回籍调理,恭折具陈,仰祈圣鉴事。

窃臣近因病体难痊恳请赏假一月,于五月初九日拜折,屈计[2]假期现已届满,便血旧疾日益加重。每当批判公牍,便觉头晕目昏。遇有疑难事件,稍加思索,往往彻夜不寐,渐成怔忡,饮食因之日减,精力因之日颓。据医家云,早年思虑过度,劳碌太久,致暮年疾病纠缠,药饵实难得力,非静养数年,积疾难以痊复等语。伏思臣职膺疆寄,责重事繁,何敢以衰朽残躯勉强支撑,致多贻误,合无叩恳[3]天恩准予开缺回籍调理,早简贤员来川接办,以重职守。倘蒙恩庇,异日得以调养就痊,即当趋诣阙廷,求赏差使,决不敢长耽安逸,自外生成。

所有微臣假期已满、病益增剧、恳请开缺缘由,理合恭折具奏,伏乞皇上圣鉴,训示。谨奏。光绪十八年六月初九日[4]。

---

① 《清德宗实录》卷312,光绪十八年六月,中华书局1987年版,第61页。

② 中国第一历史档案馆藏:《军机处随手登记档》,档案编号:03-0272-2-1218-160。

(朱批):着赏假两个月,毋庸开缺。[5]

光绪十八年闰六月初六日,奉朱批:着赏假两个月,毋庸开缺。钦此。[6]

　　【案】此奏原件①、录副②现藏于中国第一历史档案馆,兹据校正。再,此奏具文时间刊本仅作"光绪十八年六月",未确。而原件、录副均作"光绪十八年六月初九日",确。兹据校正。

　　1.【头品顶戴四川总督臣刘秉璋跪】刊本无此前衔,兹据原件校补。

　　2.【屈计】刊本夺"屈",兹据原件校补。

　　3.【叩恳】刊本作"仰恳",兹据原件校正。

　　4.【光绪十八年六月初九日】此具奏日期据原件补。

　　5.【着赏假两个月,毋庸开缺】此朱批据原件补。

　　6.【光绪十八年闰六月初六日,奉朱批:着赏假两个月,毋庸开缺。钦此。】此朱批日期与内容,据录副校补。

奏川北土匪肃清疏
光绪十八年六月二十三日(1892 年 7 月 16 日)

　　头品顶戴四川总督臣刘秉璋跪[1]奏,为川北土匪滋事戕官,迭经兵团营勇堵剿,先后拿获首要,余匪散逃,地方一律肃清,恭折具陈,俯仰圣鉴事。

　　窃查川北土匪陈坤山、苟管事、周蛮刀等滋事戕官,臣当将拿办情由具折奏明在案。该匪由南江复窜东乡,沿途裹胁,集有三四百人,踞于东乡县属之樊哙殿一带地方,经前派出寿字营管带孙绍发、长胜营管带姚振榜、刘玉田陆续拔队取齐,与署东乡县知县张兰督团会合进攻。该匪胆敢拒敌接仗,我军奋勇扑击,枪炮如雨,鏖战逾时,毙三十余名,受伤者无算,匪不能支,穿山过林而逸。生擒郭得赔等五名,旋又陆续捕获伙匪熊五沉等二十余名,并搜出号、片各数十张。据供陈坤山与苟管事等先后合股谋为不轨,令伊等潜往各处,散给号、片,邀约匪党,齐集木头市起事等供。

　　是日,该匪向太平、城口一带奔窜。该各弁勇不分昼夜,跟踪追捕。该匪所过场、市,先经各属集团严防,不能扰入,一无所掠,仅由边界荒僻之路奔逃,经营勇追获,生擒王匪山等九名,伤毙谢匪子等二名,旋即窜入陕境。

---

①　中国第一历史档案馆藏:《朱批原件》,档案编号:04-01-12-0555-022。
②　中国第一历史档案馆藏:《军机录副》,档案编号:03-5294-012。

据城口厅蔡右年率团追击，枪毙伙匪八名，擒获六名；又经太平县杨汝偕追击，擒获五名。该匪窜至陕省紫阳、定远等县，早经臣咨明陕省会拿，是以陕境州县早已整备。该匪被陕军团勇截击，不能进窜，乃回窜太平之大竹汛、王家沟等处。正值孙绍发、刘玉田等督队入陕会剿，相遇之下，遂即围攻，轰毙匪徒冯机匠等二十余名，生擒杨华山等二十四名并首匪张占靴（即张疤子），夺获抬炮、鸟枪、刀矛二十余件。其时，余匪多由裹胁四散逃奔。连日搜捕，并无匪踪。

是役也，营勇役团先后受伤者亦各十余名。该营、县旋接陕省紫阳县知县杨调元函称，已将此案首要周蛮刀拿获，飞禀上司，先行正法；阵斩数名，生擒十余名等语，由营务处徐春荣汇报前来。

查此案首匪陈坤山、苟管事早经巴州、广元拿获，张占靴随亦拿获，周蛮刀又经陕省拿获。其余所获各匪经臣一并批饬讯供，分别正法、枭示；一面分檄孙绍发酌留一哨驻防巴州，一哨分驻保宁，刘玉田酌留一哨驻扎绥定。令各搜捕余匪，以期尽绝根株。余营分饬回防。

伏查广元、巴州、太平、城口紧与陕界毗连，尽系高山老林。嘉庆年间教匪于川陕地方滋事，先皆伏匿山林，不即扑灭，致贻巨患。此次臣分檄各勇营及营、县拿捕，严饬实力穷追搜捕，不准松懈。该营弁兵团颇知效命，未及匝月，阵毙多匪，捕获多名，胁从余匪尽已解散，蒇事颇速，尚属著有微劳，可否择尤酌保数员以昭激劝？恭候圣裁。至陕省员弁拿获邻境首要，臣已咨明陕西抚臣查明出力之人，酌予褒奖，合并陈明。

所有川北土匪滋事戕官，迭经兵团营勇堵剿，先后拿获首要，余匪散逃，地方一律肃清缘由，理合恭折具奏，伏乞皇上圣鉴，训示遵行。谨奏。光绪十八年六月二十三日[2]。

光绪十八年闰六月初八日，奉朱批：另有旨。钦此。[3]

【案】此奏原件、录副均查无下落，兹据稿本①《清实录》《随手档》校补。再，此奏具文时间刊本作"光绪十八年六月"，未确。随据《清实录》②查光绪十八年闰六月初八日《随手档·朱批刘秉璋折》③，署有"报四百里、六月二十三日发"等字样。据此，此奏具文日期应以"光绪十八年六月二十三日"为是。兹据校正。

1.【头品顶戴四川总督臣刘秉璋跪】刊本无此前衔，兹据《随

① 台北故宫博物院藏：《奏议册》，文献编号：702002654-0-11。
② 《清德宗实录》卷313，光绪十八年闰六月，中华书局1987年版，第67页。
③ 中国第一历史档案馆藏：《军机处随手登记档》，档案编号：03-0272-2-1218-173。

手档》《清实录》及前后折件校补。

2.【光绪十八年六月二十三日】此具奏日期据稿本校补。

3.【光绪十八年闰六月初八日,奉朱批:另有旨。钦此。】此朱批日期与内容,据《随手档》校补。

【案】此奏旋于是年闰六月初八日得旨,《上谕档》载曰:

光绪十八年闰六月初八日,内阁奉上谕:刘秉璋奏,剿办川北土匪,拿获首要各犯,地方肃清一折。四川川北土匪陈坤山等戕官滋事,经刘秉璋派令营县各官会同进剿,先后毙匪数十名,擒获郭得赔等多名。其窜入陕西境内各匪亦经陕军截击会剿,擒斩甚多,首匪陈坤山等均经拿获正法,办理尚为妥速。在事出力员弁,着准其择尤酌保,毋许冒滥。余着照所议办理,该部知道。钦此。①

奏请开缺疏
光绪十八年八月初六日(1892年9月26日)

头品顶戴四川总督臣刘秉璋跪[1]奏,为微臣假期又满,病日增剧,吁恳天恩俯准开缺回籍调理,恭折沥陈,仰祈圣鉴事。

窃臣前于请假一月后,复因病势加重,恭折叩恳赏准开缺,闰六月初六日奉朱批:着赏假两个月,无庸开缺。钦此。臣跪聆之下,感激涕零。屈计自奉批旨之日起,扣至八月初五日,两个月假期又满。近来病势有增无减,不特[2]便血次数稠密,而[3]怔忡已成,夜不成寐,血气大亏,因之旧伤时发,腿骨酸痛,扶杖跛履,艰于跪拜。又复神智渐昏,往往素熟之僚属,骤然忘其姓名。甫判之文移,不能忆其颠末。健忘、心悸,劣证贫增,胸腹气滞,饮食锐减,久病缠绵,颓唐已极,惶愧之余,更深悚惧。

伏思臣子职守义当致身,如果强勉支撑于事无误,何敢顾惜残躯,养疴自逸?无如封疆之任,责重事繁,思虑不周,处置动多舛谬,巨艰所系,贻误堪虞。若再持禄因循[4],势必上负朝廷,下惭黎庶,傍徨战栗,不得已吁恳鸿慈,赏准开缺调理,俾臣得卸仔肩,免丛咎戾,感荷天恩,死生衔结。临折不胜惶恐待命之至。

所有微臣假期又满,病日增剧,沥恳开缺缘由,理合恭折具奏,伏乞皇上圣鉴,训示。谨奏。光绪十八年八月初六日[5]。

---

① 《光绪宣统两朝上谕档》第18册(光绪十八年),广西师范大学出版社1996年版,第195—196页。又《清德宗实录》卷313,光绪十八年闰六月,中华书局1987年版,第67页。

(朱批):着再赏假两个月,毋庸开缺。[6]

光绪十八年九月初七日,奉朱批:着再赏假两个月,毋庸开缺。钦此。[7]

【案】此奏原件①、录副②现藏于中国第一历史档案馆,兹据校正。再,此奏具文时间刊本作"光绪十八年七月",未确。而原件、录副均作"光绪十八年八月初六日",确。兹据校正。

1.【头品顶戴四川总督臣刘秉璋跪】刊本无此前衔,兹据原件校补。

2.【不特】刊本作"不时",兹据原件校正。

3.【而】刊本夺"而",兹据校补。

4.【持禄因循】刊本作"因循持禄"。

5.【光绪十八年八月初六日】此具奏日期据原件补。

6.【着再赏假两个月,毋庸开缺】此朱批据原件补。

7.【光绪十八年九月初七日,奉朱批:着再赏假两个月,毋庸开缺。钦此。】此朱批日期与内容,据录副校补。

奏已革前江苏候补道赵继元才力堪用疏
光绪十八年九月初二日(1892 年 10 月 22 日)

头品顶戴四川总督臣刘秉璋跪[1]奏,为已革前江苏候补道赵继元才力堪用,遵旨陈明,恭折仰祈圣鉴事。

光绪十五年三月十六日,钦奉恩诏内开:自同治元年以来,曾经任用已革职官,除大计贪赃及居官不职以至失守城池各员外,若有事系冤枉被参、果有才力堪用者,在京听该衙门、在外听该督抚查明,详开缘由,奏明请旨等因。钦此。

臣查前江苏候补道赵继元,由翰林院庶吉士散馆改部捐纳道员,指分江苏。到省后,奉檄办理江南筹防局务,诸臻妥协。嗣因前兵部尚书彭玉麟谓江防应用之款该局员吝而不发,将赵继元附片奏参革职在案[2]。伏查各省局员支发防饷,总以奉到督抚批檄为凭。各省疆吏筹拨防饷,又总以斟酌库款之盈虚、事务之缓急为定。其多寡迟速,督抚主持,决非局员所得擅专,亦非局员所能阻抑。彭玉麟前以江南炮台用款不如所愿,乃迁怒于赵继元,未免

---

① 中国第一历史档案馆藏:《朱批原件》,档案编号:04-01-16-0238-024。
② 中国第一历史档案馆藏:《军机录副》,档案编号:03-5297-016。

稍有冤抑。且查原奏亦只空言,并不能指出丝毫实在劣迹。

臣素稔该员赵继元稳练安详,其参案情有可原,而才具亦堪任使,若遂终身废弃,未免可惜,可否恭援恩诏将该员开复原官之处,出自圣裁。如荷天恩俞允,应饬该员赵继元赴部,带领引见,以备录用。

所有已革前江苏候补道赵继元才力堪用缘由,理合恭折具陈,伏乞皇上圣鉴,训示遵行。谨奏。光绪十八年九月初二日³。

光绪十八年十一月十五日奉到朱批:赵继元着交吏部带领引见。钦此。(朱批):赵继元着交吏部带领引见。⁴

光绪十八年十月初十日,奉朱批:赵继元着交吏部带领引见。钦此。⁵

【案】此奏原件①、录副②现藏于中国第一历史档案馆,兹据校正。再,此奏具文时间刊本作"光绪十八年八月",未确。而原件、录副均作"光绪十八年九月初二日",确。兹据校正。

1.【头品顶戴四川总督臣刘秉璋跪】刊本无此前衔,兹据原件校补。

2.【案】光绪七年七月十六日,钦差巡阅长江兵部尚书彭玉麟奏参道员赵继元,曰:

再,密陈者:查两江军需总局,原系总督札委局员会同司道主持。自赵继元入局,恃以庶常散馆捐升道员出身,又系李鸿亭之妻兄,卖弄聪明,妄以知兵自许,由是局员、营员派往修筑者,皆惟赵继元之言是听。赵继元轻李宗羲为不知兵,忠厚和平,事多蔑视,甚至督臣有要务札饬总局。赵继元竟敢违抗不遵,直行己意。李宗羲旋以病告去,赵继元更大权独揽,目空一切。炮台坍塌,守台官屡请查看修补,皆为赵继元蒙蔽不行。臣恐刘坤一为其所误,力言其人不可用。刘坤以札调出局,改派总理营务,亦可谓优待之矣。而赵继元敢于公庭大众向该督臣力争,仍要帮理局务。本不知兵,亦无远识,嗜好复深,徒恃势揽权,妄自尊大,始则自炫其长,后则自护其短,专以节省经费为口实,惑众听而阻群言。其意以为夷务有事,不过终归于和;江防、海防不过粉饰外面,故一切敷衍,不求实济,其实妄费甚多,当用不用。大家皆瞻徇情面,以为局员熟手,军需、营务归其把持。将来海疆无事,则防务徒属虚文;一

① 中国第一历史档案馆藏:《朱批原件》,档案编号:04-01-12-0556-042。
② 中国第一历史档案馆藏:《军机录副》,档案编号:03-5298-018。

旦有事,急切难需,必至贻误大计,终无把握。夫黜陟之柄,操自朝廷;差委之权,归于总督。臣不敢擅便,惟既确有见闻,不忍瞻徇缄默,恐终掣实心办事者之肘,而无以警局员肆妄之心,谨附片陈明,伏乞圣鉴,训示。谨奏。

　　光绪七年七月二十八日,军机大臣奉旨:另有旨。钦此。①

　　3.【光绪十八年九月初二日】此具奏日期据原件补。

　　4.【赵继元着交吏部带领引见】此朱批据原件补。

　　5.【光绪十八年十月初十日,奉朱批:赵继元着交吏部带领引见。钦此。】此朱批日期与内容,据录副校补。

奏剿办大足教案逸匪疏

光绪十八年九月十八日（1892 年 11 月 7 日）

　　头品顶戴四川总督臣刘秉璋跪[1]奏,为大足教案逸匪纠众抢劫,经署令桂天培会营剿办,擒斩首、伙各匪,余匪散逃,地方安静,恭折具陈,仰祈圣鉴事。

　　窃查上年大足县匪徒[2]余蛮子、余翠坪等打毁龙水镇等处教堂并教民房屋,率众踞聚。臣派拨营勇击散后,迭经前蜀川东道张华奎与该主教逐层议明将案办结,经臣详细奏明在案。所有案内首匪余蛮子等,通饬查拿,未尽弋获。本年七月,该署令桂天培探悉余翠坪等诱胁山中炭丁多人,意欲抢劫教民黄壳,经臣酌拨长胜副中营哨官尽先把总商执中前往查拿。嗣据黄天培禀报:有铜梁匪徒刘义和勾串余翠坪,纠匪二百余名,在铜梁抢劫教民唐明兴家,旋复至大足瓮溪场抢劫教民桂应宗家。桂天培先已自募勇丁,督同员弁、绅团共百余人,跟踪拿捕。该匪等胆敢麾众出场,架列大炮、抬枪抵拒,情同叛逆。桂天培督勇奋力鏖战一时之久,匪势不支,外委王应贵等砍取首级三颗,余匪带伤狂奔,我军追击,生擒王树茵、巫苌生、李铜匠三名。臣即批檄将王树茵等三犯就地正法,又添调驻渝旗官尽先游击方玉兴前往会剿。

　　旋于八月初一又据桂天培禀报:先后调派之营勇管带商把总、方游击已抵县城,正会商拿办间,二十日,该匪余翠坪与余蛮子复纠二三百人,在于龙水镇盘踞。桂天培整顿队伍,与营弁商把总等分队合剿。该匪闻知官军追

①　中国第一历史档案馆藏:《军机录副》,档案编号:03-9386-030。又（清）彭玉麟著,梁绍辉等整理:《彭玉麟集（上）·奏稿·电稿》,岳麓书社 2003 年版,第 305—306 页。

至,改窜马跑场³,旋又退扎拾万场。二十一日,我军追至。该匪已将东西场口堆砌木石等物,以作壁垒。桂天培当将勇丁分为前哨、左哨,协同商把总等带勇由东场口进,自带中哨、右哨⁴并帮办营务之刘希亮、大竹汛弁秦鸣宾由西场口进,同时会攻。该匪开放枪炮,密如雨下。我军更番迭进,相持四时之久,彼此均有伤亡。桂天培右膀受炮子伤,犹复裹创督战,各弁勇舍命直前。右哨弁陈鸿勋将手执令旗之伪军司周西伯砍毙,两头弁勇鼓噪直入砍杀,匪始大败,当将余翠坪擒获,并阵斩十四人,生擒十五人。商把总擒获三人,阵斩四人,余匪受伤逃窜。夺获抬枪、大炮、器械无算。用间之李尚儒亦于中途邀截,斩取首级三颗,当将生擒之十五人于阵前正法。是役也,计共斩首四十名。我军员弁勇丁受伤者六十三人,阵亡者五人。提讯余翠坪,供认打教、抢劫、谋逆不讳。余蛮子已被炮伤逃逸。该令右膀炮子尚未取出等情,具禀前来。当经臣电饬将余翠坪斩决枭示,并通饬严缉余蛮子等,务获究报。

伏思大足教案迭兴,皆由民教不和,匪徒藉⁵打教为名,哄诱绅团与之联为一气,故从前办理殊多牵碍。自前署川东道张华奎剀切出示晓谕,绅团不使庇匪,现任黎庶昌①亦力主此议⁶。现署大足县准补资阳县桂天培到任以来,联络绅团,官民一气,故此次匪首纠众打教抢劫,绅团无一助逆者,平日驾驭极为得法。此次悍匪列阵死斗,若该署令顾惜身命,则势将燎原,川东匪徒必群起而与教堂为敌,其祸实有不可收拾者。该署令桂天培身受枪伤,犹能裹创督队,卒获大胜,不独文员中目所罕见,即久历戎行之提镇亦有未能如此⁷勇决者,自未便没其微劳。兹谨择其出力尤著者⁸请奖,并将阵亡之弁勇请恤,汇列清单⁹,恭呈御览,合无仰恳天恩准照所请奖励,用昭激劝而安民教。

除遵照新章将各该员履历分咨吏、兵二部外,理合会同护理成都将军副都统臣雅尔坚,恭折具陈,伏乞皇上圣鉴,训示遵行。再,正拜折间,接川东道黎庶昌电报,逸匪刘义和已经铜梁县弋获,一俟讯取确供,当即从严惩办,合并声明。谨奏。九月十八日¹⁰。

光绪十八年十月初四日,奉朱批:着照所请,该部知道,单并发。钦此。¹¹

① 黎庶昌(1837—1897),字莼斋,号鑪农山人,贵州遵义县(今贵州遵义市)人,廪贡生。同治年间,历官江苏吴江县、青浦县知县。光绪二年(1876),先后随郭嵩焘、曾纪泽、陈兰彬等出使欧洲,历任驻英吉利、德意志、法兰西、西班牙使馆二等参赞。七年(1881),升道员,赐二品顶戴。同年,充出使日本大臣。十一年(1885),丁母忧,回国守制。十三年(1887),授出使日本大臣。十七年(1891),简放四川川东兵备道。二十二年(1896),因病回籍调理,二十三年(1897),卒于家。著有《拙尊园丛稿》《丁亥入都记程》《西洋杂志》《黎氏文集》《孔诗》《续古文辞类纂》《古逸丛书》等行世。

【案】此奏原件查无下落,录副现藏于中国第一历史档案馆①,兹据校正。再,此奏具文时间刊本作"光绪十八年八月",未确。而录副作"光绪十八年九月十八日"。查光绪十八年十月初四日《随手档·朱批刘秉璋折》②,署有"报四百里、九月十八日发"等字样。据此,录副具文日期确。兹据校正。

1.【头品顶戴四川总督臣刘秉璋跪】刊本无此前衔,兹据录副校补。

2.【匪徒】刊本夺"徒",兹据录副校补。

3.【马跑场】刊本作"马跪场",兹据校正。

4.【协同商把总等带勇由东场口进,自带中哨、右哨】此部分文字刊本缺,兹据录副校补。

5.【藉打教为名】刊本作"即打教为名",兹据校正。

6.【力主此议】刊本作"立主此议",误。兹据校正。

7.【如此】刊本夺"如此",兹据校补。

8.【者】刊本夺"者",兹据补。

9.【案】同日,随折呈剿办大足县教案逸匪案内请奖请恤员绅清单,曰:

谨将剿办大足县教案逸匪案内擒斩多名之员弁请奖及阵亡之什长勇目请恤,汇列清单,恭呈御览。

请奖九员:

蓝翎五品衔署大足县知县准补资阳县知县桂天培,请在任以直隶州不论班次遇缺即补,并赏知府衔。

总兵衔升用参将尽先补用游击方玉兴,请免补游击、参将,以副将留川补用。

补用外委商执中,请免补外委以把总尽先补用,并赏戴蓝翎。

补用县丞吴廷璐,请免补本班以知县仍留原省补用。

指分四川试用府经历刘希亮,请免补本班以知县仍留原省补用。

府经历职衔桂汝霖,请以府经历不论双单月归部选用。

文童陆言昌,请以巡检不论双单月归部选用。

---

① 中国第一历史档案馆藏:《军机录副》,档案编号:03-5515-023。
② 中国第一历史档案馆藏:《军机处随手登记档》,档案编号:03-0273-2-1218-285。

文生陆秉宣,请以从九品不论双单月归部选用。

军功方美年,请以外委尽先补用。

请恤五名:

什长闵得胜、什长傅东山、勇目张宗裕、勇目王大兴、勇目宋金山。以上阵亡五名,请敕部照例议叙。

(朱批):览。①

10.【九月十八日】刊本无此具奏日期,兹据录副校补。

11.【光绪十八年十月初四日,奉朱批:着照所请,该部知道,单并发。钦此。】此朱批日期与内容,据录副校补。

奏开办土税设卡稽查派营勇常川驻扎疏
光绪十八年十月十二日(1892 年 11 月 30 日)

头品顶戴四川总督臣刘秉璋跪¹奏,为川省遵议开办土税,设卡稽查,原派营勇三营必须常川驻扎防护,以资弹压而裕榷征,恭折具陈,仰祈圣鉴事。

窃查前准部咨,行令川土出口每百斤抽收土税银二十两,护卡稽征等因。臣当即檄司选派准补保宁府知府唐翼祖督办土税,前往川东一带清查要隘。凡川土行销湘、鄂、陕、黔等省,道路分歧,扼要设卡,业将遵办设卡情形奏陈在案;一面由臣檄派长胜一营、寿字两营分护局卡。

兹据布政使龚照瑗②转据督办土税唐翼祖禀称:开办土税以来,该各营管带等各将所部营勇分派各局卡,随同委员稽查巡缉,极称得力。但该各营本系地方防军,一有事端,即须调动,如本年川北、大足各土匪先后滋事,节经抽调一二哨前往办理。斯时各税卡巡缉一松,该局收税顿形减色。盖川省土药销行湘、鄂、陕、黔等省,道途数千余里,局卡三十余处,大半孤立边荒处所,万山丛杂,路径分歧。且土贩人等结伴同行,向多犷悍,一见营勇他

---

① 中国第一历史档案馆藏:《清单》,档案编号:03-5515-024。

② 龚照瑗(1836—1897),字仰蘧安徽省合肥县(今安徽省合肥市)人,监生。同治四年(1865),以功保知县。八年(1869),调赴天津办理行营机器局务。光绪元年(1875),捐纳郎中。同年,调办金陵机器局务。三年(1877),兼管五龙山机器局务。六年(1880),兼办洋务局。七年(1881),委办金陵至镇江电线事宜,加按察使衔。九年(1883),会办长江电线局务。十年(1884),调赴台湾委办后路转运事宜。十一年(1885),留沪办理援台转运事宜,赏戴花翎。十三年(1887),补授山东登莱青道。同年,调补江苏苏松太道。十六年(1890),加浙江按察使。十七年(1891),迁四川布政使。十八年(1892),晋头品顶戴,加侍郎衔。十九年(1893),赴京以三品京堂候补。同年,授出使英、法、义、比国大臣。二十年(1894),补授光禄寺卿。二十一年(1895),调补太常寺卿。二十二年(1896),补授宗人府府丞。二十三年(1897),卒于任。

调,或恃众而肆意闯关,或伺隙而潜行偷漏,种种情弊,防不胜防,非有常川驻扎之勇营壮其声威,严其堵缉,断不足以收成效而裕榷征。查鄂省创办土税,亦必招募勇营[2],专司稽捕,开支口粮,拟请即将现派之长胜一营、寿字两营永远驻扎,分护局卡,不再抽调他处,以专堵截巡缉之责,庶免闯关偷漏之虞。至该三营应支月饷及制备军装、器械银两,请照[3]鄂省土卡招勇及本省先年创办官盐局招募安定五营之例,于所收土税项下开支口粮,仍照旧章,以示限制。惟川省外接蛮疆,绵亘数千里,内则咽匪、教匪时思蠢动。该各营既经永远护卡,地方时有事变,防军势必不敷调遣,应请另行招募,以顾地方。另募之勇饷,仍由筹饷局支给,以符旧案等情[4],详请奏咨前来。

臣伏查川土收税,事属创办,非派营勇护卡,不足以资弹压。该府请将三营常川驻扎,免其更调,以重税款,自系正办。但川省人心浮动,伏莽时虞,先年如大邑、蒲江匪类三次焚狱劫囚,去岁万县崔英河及茂州石泉何三木匠纠众谋逆,本年川北周蛮刀等啸聚戕官,大足土匪余蛮子等藉打教为名,胆与官军对垒,虽经随时斟酌抽调,而分防地面太多,顾此失彼,总属不敷分布。现在土税各卡既留三营常川驻护,他处不复调遣,饷项在于土税项下开支。此后臣惟有体察情形,酌量添募,俾敷调派而资捍卫,绝不敢因循疏漏,贻误地方。

所有川省开办土税,设卡稽查,原派三营必须常川驻扎防护,以资弹压而裕榷征缘由,理合恭折具奏,伏乞皇上圣鉴,训示遵行。谨奏。光绪十八年十月十二日[5]。

(朱批):该部知道。[6]

光绪十八年十月二十八日,奉朱批:该部知道。钦此。[7]

【案】此奏原件①、录副②现藏于中国第一历史档案馆,兹据校正。再,此奏具文时间刊本作"光绪十八年十月",未确。而原件、录副均作"光绪十八年十月十二日",确。兹据校正。

1.【头品顶戴四川总督臣刘秉璋跪】刊本无此前衔,兹据原件校补。

2.【勇营】刊本作"营勇",兹据原件校正。

3.【请照】刊本误作"请将",兹据校正。

4.【等情】刊本夺"等情",兹据校补。

① 中国第一历史档案馆藏:《朱批原件》,档案编号:04-01-35-0569-041。
② 中国第一历史档案馆藏:《军机录副》,档案编号:03-6028-078。

5.【光绪十八年十月十二日】此具奏日期据原件补。

6.【该部知道】此朱批据原件补。

7.【光绪十八年十月二十八日，奉朱批：该部知道。钦此。】此朱批日期与内容，据录副校补。

奏黔磺运川行销拟通融办法疏

光绪十八年十一月十二日（1893 年 12 月 30 日）

头品顶戴四川总督臣刘秉璋跪[1]奏，为黔磺运川行销，谨拟通融办法，以期利黔而免害川，恭折具陈，仰祈圣鉴事。

窃臣前奉上谕：有人奏，销售硝磺，斤数增多，利小害大一折，饬令臣等体察情形，奏明办理等因，当经臣以黔磺运川，川民受害，恭折缕陈，并请遵复旧章一票十斤，以杜流弊而遏乱萌。旋奉朱批：着照所请，该部知道。钦此。当又钦遵转行在案。兹准贵州抚臣崧蕃抄奏咨川，内云日本之磺由香港转贩，商民贪买，转付利柄于外洋等语。

臣窃查沪关滨海，容或有洋磺浸灌之患。自沪至川八千里，除沿途局卡数十处不计外，历镇江、芜湖、九江、汉口、宜昌、重庆六洋关，随在查验，及至起岸之关稽察尤严，何至六关虚设，六关道均同聋聩。且臣督川七载，崧蕃亦在川多年，屡有拿获黔省私磺之案，从无一起洋磺入川之案。盖磺质笨重而价值极微，远运必至折本。况包捆既重且大，尤易盘获，商贩有害无利，其愚亦必不至此，故洋磺入川为万分无一之事。崧蕃明知其必无，乃造作虚词，冀耸宸听，既非实事求是之道，亦殊失疆臣立言之旨。扭捏牵混，显而易见。

惟该抚谓黔民挖磺，恃为生计，必欲销售于川，且必欲设局于川，若无防弊之策，终不免利小害大。臣辗转筹思，曲为迁就，拟请嗣后黔磺运川姑仍于川黔接壤之州县酌留一局，不准分囤他处，庶几较易稽查，每批即以三万斤为准，不得时多时少，易致夹私。其运磺之先每批由黔抚照数填发护照，一面飞咨来川，由川督按照设局之处飞札该州县[2]会同黔员照数称收禀报，以杜来磺夹私之弊。至川民买磺，仍照向章，由川省地方官发给印票，每票十斤，赴局购买；每批黔磺三万斤，售完仍由该设局之州县会同黔员将印票悉数缴呈臣署备核，如果印票所注之数与黔磺运川之数相符，则可免售私济匪之患。如运数多、印票数少，是明明于印票之外浮滥出售，其为济匪无疑，应请黔局委员照私贩硝磺例严行惩处。如此办理，庶免黔收小利、川受大害。臣为两省兼顾之计，万不得已拟此通融办法，无非委曲求全。若如该抚之意,以贩卖硫磺为百姓生计[3],专徇一偏[4],罔顾全局,臣实不敢出此,应请敕部核议定章咨川,以凭遵办。

所有黔磺运川行销,谨拟通融办法,以期利黔而免害川缘由,理合恭折具陈,伏乞皇上圣鉴,训示。谨奏。光绪十八年十一月十二日[5]。

(朱批):该部议奏。[6]

光绪十八年十一月二十七日,奉朱批:该部议奏。钦此。[7]

【案】此奏原件①、录副②现藏于中国第一历史档案馆,兹据校正。再,此奏具文时间刊本仅作"光绪十八年十一月",未确。而原件、录副作"光绪十八年十一月十二日",确。兹据校正。

1.【头品顶戴四川总督臣刘秉璋跪】刊本无此前衔,兹据原件校补。

2.【该州县】刊本作"该县",兹据原件校补。

3.【为百姓生计】刊本夺"为",兹据原件校补。

4.【专徇一偏】刊本误作"专循一偏",兹据校正。

5.【光绪十八年十一月十二日】此具奏日期据原件补。

6.【该部议奏】此朱批据原件补。

7.【光绪十八年十一月二十七日,奉朱批:该部议奏。钦此。】此朱批日期与内容,据录副校补。

奏重庆开设自来火厂准用土磺疏
光绪十八年十一月二十一日(1893年1月8日)

头品顶戴四川总督臣刘秉璋跪[1]奏,为重庆开设自来火厂,专用川、黔土磺制造,不用洋磺,并由道、县分别出给印票,以昭慎重,恭折具陈,仰祈圣鉴事。

案据川东道黎庶昌转据巴县知县周兆庆详称:日本自来火厂本系川商卢干臣等在彼开设,嗣因日本专利不容华人贸易,经该商禀准在于重庆开设,仍用洋磺制造,咨明总理衙门有案。旋在重庆王家陀、大溪沟先后分设两厂,年来制造渐精,每厂用磺约六七万斤[2]。今春洋磺用竣,禀经该县准其就近采买川、黔土磺,和药试用,实与洋磺无异。该商以洋磺道远价昂,拟请

---

① 中国第一历史档案馆藏:《朱批原件》,档案编号:04-01-36-0108-010。

② 中国第一历史档案馆藏:《军机录副》,档案编号:03-9643-016。

专用土磺，以便近取而挽利源，每次每厂以五千斤为率，由县发给印票等情前来。

臣查川、黔土磺既与³洋磺无异，自应专用土磺，免至利源外溢。惟每票十斤本属定例，应准由县出票。至厂商每次需用五千斤，为数较多，应由川东道衙门出给印票，以昭慎重，当经批檄饬遵在案。伏思重庆自来火厂岁需磺斤甚巨，黔磺有此畅销之处，自不致借口磺无销路，酿成售私济匪之祸。臣系为两省兼筹起见，既杜川害，兼兴黔利，似属两省裨益。

除咨明总理衙门、户部立案外，理合恭折具奏，伏乞皇上圣鉴，训示。谨奏。光绪十八年十一月二十一日⁴。

（朱批）：该衙门知道。⁵

光绪十八年十二月初九日，奉朱批：该衙门知道。钦此。⁶

【案】此奏原件①、录副②现藏于中国第一历史档案馆，兹据校正。再，此奏具文时间刊本作"光绪十八年十一月"，未确。而原件、录副均作"光绪十八年十一月二十一日"，确。兹据校正。

1.【头品顶戴四川总督臣刘秉璋跪】刊本无此前衔，兹据原件校补。

2.【六七万斤】刊本误作"六七十万斤"，兹据原件、录副校正。

3.【既与】刊本仅作"与"，夺"既"无疑。兹据原件校补。

4.【光绪十八年十一月二十一日】此具奏日期据原件补。

5.【该衙门知道】此朱批据原件补。

6.【光绪十八年十二月初九日，奉朱批：该衙门知道。钦此。】此朱批日期与内容，据录副校补。

奏通融章程土磺每批三万斤片

光绪十八年十一月二十一日（1893 年 1 月 8 日）

再，黔磺运川，前准贵州抚臣崧蕃抄奏咨川，臣即拟通融办法，由驿恭折具陈。顷¹准部咨：抄录黔抚原奏²，光绪十八年十月二十一日奉朱批：所奏尚系实在情形，即着咨行刘秉璋妥筹办理。钦此。

伏查川省前获黔磺三万余斤，崧蕃既认系官磺，自可发还。惟局设彭

---

① 中国第一历史档案馆藏：《朱批原件》，档案编号：04-01-36-0117-052。
② 中国第一历史档案馆藏：《军机录副》，档案编号：03-9429-053。

山,深入腹地,沿途洒卖,实易济匪,应移局于川、黔接壤之州县,仍照臣所拟通融章程,每批三万斤,由黔抚飞咨来川,由川督飞檄设局之州县会同黔员照数点收禀报。川民买磺,仍由地方官发给印票,每票十斤,赴局购买。每批三万斤售竣,即由地方官会同黔员将印票悉数呈缴臣署备核。倘州县印票与黔磺运川数不相符,必系浮滥出售济匪无疑,应将黔局委员照私贩例从严惩处。凡此通融办法,臣已缕陈前折。所有前获之三万余斤,俟黔省移局既定,即行发还。至船户并非贩私,应即檄饬省释,合并声明。

理合附片具陈,伏乞圣鉴。谨奏。

光绪十八年十二月初九日,奉朱批:知道了。钦此。[3]

【案】此奏原件查无下落,录副现藏于中国第一历史档案馆①,兹据校正。再,此奏具文时间刊本仅作"光绪十八年十一月",未确。而录副则以朱批日期为之,亦未确。兹查光绪十八年十二月初九日《随手档·朱批刘秉璋折》②,署有"报四百里、十一月二十一日发"等字样。据此,其具文日期当以"光绪十八年十一月二十一日"为宜。兹据校正。

1.【顷】刊本夺"顷",兹据校补。

2.【案】光绪十八年九月二十八日,黔抚崧蕃具奏黔省行川磺斤查核办理情形,曰:

头品顶戴贵州巡抚奴才崧蕃跪奏,为黔省行川磺斤查核办理情形,恭折仰祈圣鉴事。

窃照光绪十八年六月二十一日准户部咨开:据四川总督刘秉璋奏请黔省磺斤运川行销,遵复旧章以杜流弊等因一折,奉朱批:着照所请,该部知道。钦此。并准四川督臣咨同前因。又准云贵督臣王文韶咨开:黔省硝磺并未行销滇省,黔硝亦未行川。惟熏磺为熏物所需,贵州之官局、四川之官票,正为防弊起见,复奏,奉朱批:知道了。钦此。先后到黔,当经奴才照行司局钦遵查照去后。

兹据矿务局司道王德榜等详称:遵查四川督臣复奏,黔省松溉一局,界连永川,拟请嗣后黔磺只准囤积于黔省适中之地,川省如有采买熏磺者,由官给予印票,注明十斤之限,听赴黔局采买。其彭山一局深入腹地,应即撤回,以昭慎重。硫磺、熏磺并无区别,皆

① 中国第一历史档案馆藏:《军机录副》,档案编号:03-7124-037。
② 中国第一历史档案馆藏:《军机处随手登记档》,档案编号:03-0273-2-1218-346。

足以资火器,流弊防不胜防各等因。该司道考查硫磺、薰磺,虽云无别,特无硝不能成火药,而商民熏物实所必需。光绪十二年,前抚臣潘霨奏请开办,亦虑硝磺配造火药,例禁綦严,故专销熏磺一项,在黔属之二郎滩官渡口设局收买,在川属之松溉场及彭山县设局运销,刊刷四连串票,盖用院司印信,由郎局给发,运赴松、彭两局,俾沿途验票,以杜私贩,详请咨川有案。此票系由黔给发,运往川局,原未限定斤数也。又十三年奉川咨熏磺一项,准运至彭山、松溉、重庆等处,报明地方官,设店销售。上年又准四川筹饷局移称:办磺委员候选知县彭延祐在彭山设局,禀奉督臣批示,准照旧章,凡民间买磺,由地方官发给印票,一人祇准一票,每票不准过百斤,并由川委员会办,出示晓谕各在案。此票系由川省地方官发给买磺之商,限定斤数也。两省定章均为便民防害起见,盖商民买磺熏物,每票百斤,原不为多,如转贩济匪,即不如十斤,亦应治罪。近年洋商在内地设埠通商,往往夹贩军火,奸民向购,既良且便,各省斗劫案件,多用洋枪火器者,其为害非关内地自制,盖诘奸防弊,全在各该地方官随时认真稽查,非必禁绝熏磺,始足遏乱萌也。又黔省自来瘠苦,专赖各省拨解,认解之款何必计此售磺微利?然岁获数十万,协济尚难供本省兵饷经费之需,何能济全省民生之用?且产磺地方五谷不殖,穷苦民苗向赖矿硐营生。前此违禁私熬,动肇衅端,近数年改经官办,商民称便,似无大害。所谓因民之利而利之,即富庶之省亦应亟亟讲求也。如所称黔磺只准囤于黔省适中之地,以待川商持十斤官票远来购买,姑无论领票需费,即往返脚资恐倍蓰于磺价。揆诸情理,断难销售。况贫民不能停挖代售,徒令委员设局坐耗薪资,有收无销,何能久持?又谓彭山一局深入腹地,饬令撤回,在川民熏物固不能不用磺,而黔民就地谋生,岂能一律封禁,以绝苗民生计?势必私挖、私贩,差弁受贿通融,土豪包庇,转运瞒关漏税,漫无稽考。是惟沽杜患之虚名,启营私之隐害。倘官禁务严,民用孔亟,更难保洋磺不乘隙入售。如日本之磺由香港转贩,商民贪买,转付利柄于外洋。统筹全局,认真兴利除害者必早见及此。至所称川省查获黔磺,每起一二斤或三四斤;泸州又查获私磺三万二千斤。即以一票一百斤,计已合三百余票为一票,如系官磺,应查取委员职名,照私售硝磺例议处一节。查川省之票系稽查购买之商,黔省之票系考核运往之数,势不能零星转运。但所运磺斤与票载相符,即不得议以私售,或盘查票报之员未深悉两省定章也。抑更有请者,查光绪十二年十月台湾抚臣刘铭传奏开樟脑硫磺之禁,归官收买出售,给照商运,以塞日本销路,奉旨允准,咨行江苏、安徽、山东、直隶、奉天五省委员在上海设局有案,亦谓磺为民间熏物之用。惟销售办法是否给照限数,未见明文。其顾全大局,不至私存畛域,以自利者害人,用意或与黔同。然则熏磺之行销不止黔之于川也。并请咨取台湾磺章,奏明照办,俾援成案而活穷黎各等情前来。

奴才复查熏磺关系黔民生计,又各省熏物所需,不经官办,断难禁绝私熬。绳以重法,失业者又难免聚而为非。且为中国塞利源,必为外洋畅销路。综核该司道所详,均属实在情形。奴才忝领疆符,自愧毫无建树,凡前抚臣为民兴利之举,查其有益者照行,冀为扩充;其无益者罢议,更无庸回护。黔磺行川数年来,两省俱益,并未闻有利小害大之说。此皆不便于私者,暗中阻挠要赖,各疆臣不分畛域,为之稽查维持也。现在彭山、松溉两局,可否暂缓撤回,容俟奴才咨取台湾定章,饬局查照酌办,似于国计民生均有裨益。至办磺委员冉焕章由松溉局派局丁押运熏磺赴彭山分局销售至泸州被阻缘由,奴才于查阅营伍回省后,当饬矿务局司道详查历年办理各定章,并将该委员撤省,发交贵阳府查讯。现据禀称,此次所运熏磺系照章填票运赴彭山分局销售,并非私贩。查核票载,与磺斤数目实属相符,亦无夹私,应请免查职名办理。奴才查所禀各情,均属实在。

除咨明四川督臣查照开释船丁,发还磺斤,以重官本外,所有黔磺行川实情并现拟议办缘由,是否有当?谨缮折具陈,伏乞皇上圣鉴,训示遵行。谨奏。光绪十八年九月二十八日。

光绪十八年十月二十一日,奉朱批:所奏尚系实在情形,即着咨行刘秉璋妥筹办理,该部知道。钦此。①

3.【光绪十八年十二月初九日,奉朱批:知道了。钦此。】此朱批日期与内容,据录副校补。

① 台北故宫博物院藏:《军机及宫中档》,文献编号:012833。又中国第一历史档案馆藏:《军机录副》,档案编号:03-9643-014。

卷八

奏筹边经费疏

光绪十八年十二月十二日（1893年1月29日）

头品顶戴四川总督臣刘秉璋跪[1]奏，为土税项下支拨三营勇饷，请将原支厘金留存司库，作为筹边经费，暂不募勇，以期节省而备缓急，恭折仰祈圣鉴事。

窃臣前以土税护卡勇丁不能他调，奏请长留三营以资弹压，即从土税项下开支月饷，另行添募，以足勇额。本年十一月十四日，准兵部火票递回原折，奉朱批：该部知道。钦此。

伏查川省伏莽甚多，稍纵即逝，自应立时添募防勇，俾资调派。惟川饷异常竭蹶，但能勉力支持，缓募一日，即省一日之饷。然边疆辽阔，纵横数千里尽是夷巢，时有反侧之虞。尤虑西连藏卫，番众倔强[2]，与印度接壤，易生衅隙，一有军务，动需万众，决非三五营所能支撑。仓促筹饷，势必无米为炊，贻误军事。臣再四筹思，于斟盈酌虚之中，作缓急足恃之计，因饬司局每年开支土税[3]三营勇饷。其原支厘金全存司库，暂不募勇，名曰筹边经费，专备边疆有事之需。遇有必须添募之事，一面奏报，一面招募，庶足应敌而赴事机。此项留存勇饷，无论何项急需，不准挪用，以照章支用之款暂为搏节，留备不虞，实于夷务、边防大有裨益，合无仰恳天恩敕部立案。此项存留勇饷于厘金报销案内每年开除筹边经费若干两，不入拨册，用昭核实[4]，合并声明。

所有土税项下支拨三营勇饷，请将原支厘金留存司库，暂不募勇，作为筹边经费，以期节省而备缓急缘由，理合恭折具陈，伏乞皇上圣鉴，训示遵行。谨奏。光绪十八年十二月十二日[5]。

（朱批）：户部知道。[6]

光绪十九年正月二十五日，奉朱批：户部知道。钦此。[7]

【案】此奏原件①、录副②现藏于中国第一历史档案馆，兹据校

---

① 中国第一历史档案馆藏：《朱批原件》，档案编号：04-01-35-1014-053。

② 中国第一历史档案馆藏：《军机录副》，档案编号：03-6632-029。

正。再,此奏具文时间刊本作"光绪十八年十二月",未确。而原件、录副均作"光绪十八年十二月十二日",确。兹据校正。

1.【头品顶戴四川总督臣刘秉璋跪】刊本无此前衔,兹据原件校补。

2.【倔强】刊本误作"崛强",兹据原件校正。

3.【土税】刊本夺"土税",兹据校补。

4.【用昭核实】刊本误作"同昭核实",兹据原件校正。

5.【光绪十八年十二月十二日】此具奏日期据原件补。

6.【户部知道】此朱批据原件补。

7.【光绪十九年正月二十五日,奉朱批:户部知道。钦此。】此朱批日期与内容,据录副校补。

请留川东土税银两买还仓谷疏
光绪十八年十二月十九日(1893 年 2 月 5 日)

头品顶戴四川总督臣刘秉璋跪[1]奏,为请留川东土税银两,买还动用常平、监仓谷石,以实储备而裕民生,恭折仰祈圣鉴事。

案据布政使龚照瑗、按察使文光①、盐茶道延煜、成绵龙茂道承厚会详:窃查川省额征地丁课税等项为数无几,不敷本省年例之用,向赖指拨他省解川协济,故名为留协省分。从前通省一百数十厅州县,积储常平仓与监仓谷二百九十数万石,川民恃以备荒。军兴以后,不特他省不能协川,且京、协各饷皆须取给于川,每年奏办按粮津贴捐输,且四处添设局卡,抽收厘金,岁入之数较道光以前不啻倍蓰,而每年尚不敷各饷拨济。此民困输将、库储空乏之实在情形也。常平、监仓谷二百九十数万石,道光年间奉文动粜六十四万四千余石。咸丰年间三次奉文碾运广西军米,并粜借军饷暨粜济京仓,共动用谷一百六十三万一千余石。川省军兴,又被逆匪焚掠数万石,现在通省存谷无几。以川省幅员辽阔,人数众多,民情犷悍,人心浮动,乃积储如此空虚,设遇大灾大祲,既无三月之粮,必至群起为盗。每一念及,实抱隐忧。伏

---

① 文光(1843—?),字镜堂,满洲镶蓝旗人。咸丰九年(1859),中举。同治元年(1862),选国子监助教。十年(1871),中式进士,充工部行走。光绪元年(1875),补工部主事。同年,授总理各国事务衙门章京。四年(1878),选工部员外郎。同年,升工部郎中。五年(1879),加盐运使衔。九年(1883),放陕西潼商道。十四年(1888),署陕西按察使、陕西布政使。同年,充陕西武闱乡试监临主考。十八年(1892),迁四川按察使。十九年(1893),署四川布政使。二十四年(1898),护理四川总督。二十五年(1899),调补湖南按察使。同年,擢甘肃新疆布政使。

思常平、监仓乃国本所系,民命攸关,无论如何为难,总宜筹还原额,俾得[2]稍有所恃。而川库空虚,无款可拨缺额,至今束手无策。伏查川省土药出口,奉文每百斤抽收土药税银二十两,于川省各边要设立局卡稽征,已蒙派勇三营分护巡缉,奏准将该三营勇饷、军械于所征土税内作正开支,其余报拨。因思土药乃川省土产,所收土税除照章开销一成公费并支销三营勇饷外,尽数由川截留,通饬各属分年挨次买还奉文提用之常平、监仓谷石,期复原额。此以应解之经费为国家买还借用之仓谷,仍以取诸川民者为川民作耕九余三之谋,上可纾九重西顾之忧,下可为百姓足食之望。一俟仓谷买填足额,仍将土税专款存储,听候指拨,否则请每年酌留土税一半,陆续买谷还仓,仍存一半候拨,实于国计民生均有裨益等情,会详请奏前来。

臣复查川省常平、监仓,民食攸关,所系甚重,昔因军需提用,至今尚未[3]买还,合无仰恳天恩俯准敕部将川东所收土税银两除开支三营勇饷外,全数截留川省买填动用常平、监仓谷石,抑或准予酌留一半买谷还仓,仍以一半候拨,出自圣裁。如蒙俞允,一俟奉文准行后,再由臣督同司道将如何分年分属挨次买还办法,妥拟章程,送部存案。

除分咨总理各国事务衙门暨户部查核外,是否有当?理合恭折具奏,伏乞皇上圣鉴,训示。谨奏。光绪十八年十二月十九日[4]。

(朱批):该衙门议奏。[5]

光绪十九年二月初五日,奉朱批:该衙门议奏。钦此。[6]

【案】此奏原件①、录副②现藏于中国第一历史档案馆,兹据校正。再,此奏具文时间刊本作"光绪十八年十二月",未确。而原件、录副均作"光绪十八年十二月十九日",确。兹据校正。

1.【头品顶戴四川总督臣刘秉璋跪】刊本无此前衔,兹据原件校补。

2.【俾得】刊本误作"裨得",兹据原件校正。

3.【尚未】刊本夺"尚",兹据校补。

4.【光绪十八年十二月十九日】此具奏日期据原件补。

5.【该衙门议奏】此朱批据原件补。

6.【光绪十九年二月初五日,奉朱批:该衙门议奏。钦此。】此朱批日期与内容,据录副校补。

① 中国第一历史档案馆藏:《朱批原件》,档案编号:04-01-30-0479-012。
② 中国第一历史档案馆藏:《军机录副》,档案编号:03-6505-016。

再请截留土税买还仓谷片

光绪十八年十二月十九日（1893 年 2 月 5 日）

　　再，查咸丰年间用兵以来，江浙减漕而四川加赋，地丁之外加以津贴，津贴之外继以捐输，通计于正额外已加三倍。初冀军务一平立即停止，乃户部视为定额，指拨各饷有增无减。历任督臣因饷无所出，年年援案劝办津贴、捐输。四十年来，多取于川民者五六千万。地方生财只有此数，入少出多，穷民日众。省城有施棺局[1]，掩埋附郭饿殍，岁必数千具，外府州县倒毙之多已可概见。良懦者忍饿而毙，枭桀者群起为盗[2]。前督臣丁宝桢任内，大邑、蒲江两年之间土匪三次入城劫狱，盗案之多，甲于天下。臣到任后，教养乏术，惟有整顿勇营，讲求缉捕盗案[3]，约减其半。然万县、石泉暨川北土匪先后窃发，谋逆之案，层见迭出，虽均立时扑灭，而匪风之炽实由民穷。

　　查土厘每百斤向只[4]收银四两八钱，总理衙门及户部循赫德之议，加抽土税。臣知川民早已力竭，再三疏恳，不获所请，不得已遵照部议，于川、楚、陕、黔交界处所张四面之网，设卡征收，约计除开支勇饷、局用外，岁可收银二十余万两。窃思栽种罂粟之地皆完过地丁津捐之地，是又于地丁津捐及关税厘金之外岁加此二三十万之税。商人各顾成本，所收厘税无非朘削于种地之穷民，民益穷，盗益多。川省遍处冈阜[5]，一遇旱荒，赤地数千里，虽奏恳恩施立蒙颁帑，而缓不济急，可为寒心。

　　昔年常平、监仓原皆出于民捐，乃因军需提用，至今未能筹款买补，猝有荒歉，无术补苴。环顾穷黎，隐忧时切，拟请饬下户部，如该司道等所议将[6]土税所收一款全数截留，悉以买还常平、监仓原额，否则以一半解部，以一半留川买谷。窃计土税所留一半之数，岁仅十万之谱。户部统筹全局，多此分外之十万不见有余；川省得留此十万，积至十余年，渐次填足常平、监谷后，所有土税仍即[7]全数解部，似属有益于川民，不至有损于部库。臣虽老病乞身，疏已三上，事关民生国计，万不敢恝然无言，是以披沥吁恳天恩俯准所请，俾得渐次买填常、监仓谷[8]，庶川民缓急有备，得以安分力农，长享国家太平之福，大局幸甚。临折不胜急切屏营之至。

　　理合附片沥陈，伏乞圣鉴，训示。谨奏。

　　（朱批）：该衙门议奏。[9]

　　光绪十九年二月初五日，奉朱批：该衙门议奏。钦此。[10]

【案】此奏原件①、录副②现藏于中国第一历史档案馆，兹据校正。再，此奏具文时间刊本作"光绪十八年十二月"，原件仅署"光绪十八年"均未确。而录副作"光绪十八年十二月十九日"。兹据朱批日期查光绪十九年二月初五日《随手档·朱批刘秉璋折》③，据同批主折可断，其具文日期当以"光绪十八年十二月十九日"为宜，录副确。兹据校正。

　1.【施棺局】刊本作"施材局"，兹据校正。

　2.【群起为盗】刊本作"群起而盗"，兹据校正。

　3.【讲求缉捕盗案】刊本作"讲求盗案"，夺"缉捕"。兹据补。

　4.【向只】刊本作"向系"，兹据录副校正。

　5.【冈阜】刊本作"罔阜"，兹据校正。

　6.【将】刊本夺"将"，兹据校补。

　7.【仍即】刊本作"仍令"，兹据校正。

　8.【买填常、监仓谷】刊本作"买填常平、监仓谷"，衍"平"无疑，兹据校正。

　9.【该衙门议奏】此朱批据原件补。

　10.【光绪十九年二月初五日，奉朱批：该衙门议奏。钦此。】此朱批日期与内容，据录副校补。

三次奏请开缺疏
光绪十八年十二月十九日（1893年2月5日）

头品顶戴四川总督臣刘秉璋跪[1]奏，为微臣病躯益惫，迄无转机，三恳天恩俯准开缺回籍调理，恭折渎陈，仰祈圣鉴事。

窃臣于本年五月因病体难支，恭折请假一月。届满后，因病情加重，折请开缺，蒙恩赏假两月。嗣假满病势增剧，复请开缺，于七月初八日差弁赍回原折，奉朱批：着再赏假两个月，无庸开缺。钦此。跪读之余，益深惶悚。

伏惟臣质虽驽钝，岂忘犬马图报之私？既未稍尽涓埃，何敢屡萌退志？乃两月以来，百方医调，迄无稍效，盖以年力就衰，决非药饵所能补救。屈指假期又已早逾，而便血、怔忡、健忘、足趷、减食诸病有增无减，且又百病丛

---

①　中国第一历史档案馆藏：《朱批原件》，档案编号：04-01-35-0569-068。

②　中国第一历史档案馆藏：《军机录副》，档案编号：03-6632-034。

③　中国第一历史档案馆藏：《军机处随手登记档》，档案编号：03-0276-1-1219-032。

生,不堪名状,前折业已缕陈大略,不敢琐琐复陈,尘渎圣听。

自维蒲柳之姿已同残废,此时幸尚有一线自知之明,是以再三乞恩,吁恳开缺。若再因循恋栈,气血日颓,神智亦日昏耄,巨艰事件必隳坏于悠忽之中,不自觉察,势将至于误国病民,罪戾及身而后止。臣之获咎固不遑恤,而辜负圣恩,万死莫赎。此臣每一念及,往往汗流心悸,彻夜不眠者也。万不获已,只得吁恳天恩俯准开缺回籍调理。所有四川总督一缺,早简贤员来川接办。臣病已经年,精力近益不支,日行事件现已檄委藩司代拆代行。遇有紧要军务、洋务、夷务及题奏事件,仍应勉强由臣暂行力疾办理,以重公事,合并声明。

所有微臣病躯益惫,迄无转机,三恳开缺回籍调理缘由,理合恭折渎陈,伏乞皇上圣鉴,训示。谨奏。光绪十八年十二月十九日[2]。

光绪十九年二月二十八日奉到朱批:着再赏假两个月,毋庸开缺。钦此。

(朱批):着再赏假两个月,毋庸开缺。[3]

光绪十九年二月初五日,奉朱批:着再赏假两个月,毋庸开缺。钦此。[4]

【案】此奏原件①、录副②现藏于中国第一历史档案馆,兹据校正。再,此奏具文时间刊本作"光绪十八年十二月",未确。而原件、录副均作"光绪十八年十二月十九日",确。兹据校正。

1.【头品顶戴四川总督臣刘秉璋跪】刊本无此前衔,兹据原件校补。

2.【光绪十八年十二月十九日】此具奏日期据原件补。

3.【着再赏假两个月,毋庸开缺。】此朱批据原件补。

4.【光绪十九年二月初五日,奉朱批:着再赏假两个月,毋庸开缺。钦此。】此朱批日期与内容,据录副校补。

奏保夏峕片

光绪十九年二月初十日(1893 年 3 月 27 日)

再,前准户部咨:议复陕甘督臣杨昌濬奏请将解清甘饷各员分别奖叙一折,清单内开四川试用道夏峕,原奏请遇有[1]本班缺出尽先题奏补用,以该员

① 中国第一历史档案馆藏:《朱批原件》,档案编号:04-01-12-0557-053。
② 中国第一历史档案馆藏:《军机录副》,档案编号:03-5303-013。

无管库责任，且报解时亦未咨报职名，所请应行议驳等因。

臣查该道夏旹自光绪八年前督臣丁宝桢奏委接办官运盐务，至今十有二年，历办奏销十纲，综计该局收解正、杂款项已有一千余万²之多。而每年拨解甘饷银两亦经臣随时奏报，均有户部销册可稽，与别处无管库之责及未咨报职名者实有区别。查该道历经前山东抚臣陈士杰奏保胆识兼优，为当今杰出；前云贵督臣岑毓英奏保才长识裕，器局宏通；前四川督臣丁宝桢奏保理财得法，由于用人得当。仰蒙天恩交军机处存记。臣到任后，随时考察，深知该道办事认真，始终一辙，复经奏乞恩施存记、擢用在案。是该道人才可用久在圣明洞鉴之中，究应如何擢用之处，恭候特简，非臣所敢渎请。惟该道系试用人员，实无补缺之期，未免人才可惜，可否仍照甘省原奖将该道夏旹准予遇有道员缺出尽先题奏补用，藉以酬其劳勚？出自鸿恩逾格。

理合附片具陈，伏乞圣鉴，训示遵行。谨奏。

光绪十九年四月初二日，奉朱批：户部议奏。钦此。³

【案】此奏原件查无下落，录副现藏于中国第一历史档案馆①，兹据校正。再，此奏具文时间刊本作“光绪十九年正月”，而录副则以朱批日期为之，均未确。兹据朱批日期查光绪十九年四月初二日《随手档·朱批刘秉璋折》②，据同批主折可断，其具文日期当以“光绪十九年十二月初十日”为宜。兹据校正。

1.【请遇有】刊本倒作“有遇请”，兹据校正。

2.【一千余万】刊本误作“一十余万”，兹据录副校正。

3.【光绪十九年四月初二日，奉朱批：户部议奏。钦此。】此朱批日期与内容，据录副校补。

奏四次假期又满力疾销假疏

光绪十九年四月初四日（1893 年 5 月 19 日）

头品顶戴四川总督臣刘秉璋跪¹奏，为微臣四次假期又满，不敢再事渎求，力疾销假，叩谢天恩，恭折仰祈圣鉴事。

窃臣去年五月因病未痊请假一月，嗣后两次折请开缺，均蒙赏假两月，届满病仍未愈。本年正月三次乞恩开缺，二月初六日奉朱批：着再赏假两个

---

① 中国第一历史档案馆藏：《军机录副》，档案编号：03-6929-003。

② 中国第一历史档案馆藏：《军机处随手登记档》，档案编号：03-0276-2-1219-085。

月,毋庸开缺。钦此。屈计假期现又届满,臣便血、怔忡、健忘诸症均未减退。惟渥荷天恩赏假,业经四次修养,几及一年。近来跛履稍觉生动,渐可放杖徐行。此亦春来天气融合所致,并非药饵之灵。

伏思本年恩榜宏开,臣职兼巡抚,例充监临,文武两闱,分当躬亲料理。现又秋审届期,倘再因病迁延,益深负疚,不得不力疾销假,黾勉办公,以期仰副圣主体恤孱躯至意。兹臣已于四月初三日照常视事。

所有微臣四次假期又满,不敢再事渎求,力疾销假缘由,理合恭折叩谢天恩,伏乞皇上圣鉴,训示。谨奏。光绪十九年四月初四日[2]。

(朱批):知道了。[3]

光绪十九年五月初三日,奉朱批:知道了。钦此。[4]

【案】此奏原件①、录副②现藏于中国第一历史档案馆,兹据校正。再,此奏具文时间刊本作"光绪十九年三月",未确。而原件、录副均作"光绪十九年四月初四日",确。兹据校正。

1.【头品顶戴四川总督臣刘秉璋跪】刊本无此前衔,兹据原件校补。

2.【光绪十九年四月初四日】此具奏日期据原件补。

3.【知道了】此朱批据原件补。

4.【光绪十九年五月初三日,奉朱批:知道了。钦此。】此朱批日期与内容,据录副校补。

奏川磺开采害累殊多疏

光绪十九年六月十五日(1893年7月27日)

头品顶戴四川总督臣刘秉璋跪[1]奏,为川磺开采害累殊多,谨将实在情形及预筹办法恭折缕陈,仰祈圣鉴事。

光绪十八年九月二十八日,准兵部火票递到军机大臣字寄:大学士直隶总督、四川总督:九月初九日奉上谕:御史吴光奎奏,四川雅州府属之大穴头山、宁远府属之麻哈母鸡沟等处五金并产,沙质呈露,光绪十六年间曾经主事郑宝琛集资拟办,禀由李鸿章咨川有案,请饬查勘等语[2]。所奏是否可行?即着李鸿章咨商刘秉璋,遴择熟习矿务之人前往该处,勘验矿苗情形如何,

① 中国第一历史档案馆藏:《朱批原件》,档案编号:04-01-12-0559-016。
② 中国第一历史档案馆藏:《军机录副》,档案编号:03-5306-021。

集资开采有无流弊,据实具奏。原折均抄给阅看。将此各谕令知之。钦此。十九年三月初一日,准兵部递到军机大臣字寄:二月十二日奉上谕:前据御史吴光奎奏,四川雅州、宁远两府属五金并产,请饬查勘开办,当谕令派员勘验,现尚未据奏复[3]。兹据给事中方汝绍奏称,宁远府属之盐源县等处铜质极佳,运道尤便,请饬开办等语①。着李鸿章、刘秉璋一并派员确查,迅速复奏。原折均着摘抄给与阅看。将此各谕令知之。钦此。经臣先后檄司委员转行雅州、宁远两府会同查勘,各在案。

伏查川省矿山固多,然其沙甚浅,仅浮露于山面,而根柢不深。先年开采皆因矿薄利微,不敷工用,旋即停止,屡有案据可查。近年进开矿之说者,借口西洋公司之法,凑股开挖,大抵一二奸商为首,哄诱众人入股,卒之亏折倒闭,入股之人股本无着,而为首之奸商大饱其私橐,各处矿场无不落此故套。此鲸吞之术乃骗局之大者也。又有一种志在攫取之流,知矿浮山面,易于薄采。惟山系管业有主之山,不能听其占采,乃稍集微资,朦请官示,一经批准,彼即采其浮面之矿,稍得微利,各自瓜分,旋即歇业,有扰于民,无济于公。无论所占民山、夷山,岂不啧有烦言?怨蠹之声归之于官,其实仍归之于国。此鼠窃之术乃骗局之小者也。骗局不同,同归于骗。据事理实在言之,似宜作为罢论,仍听凭管业之家,自行斟酌开采与否,以顺舆情。倘必欲试办以观其效,亦须预筹防范,以免害民病国之弊。

其说有三:山之有矿,犹山之有木,彼疆此界,各管各业,例不得占山斫木,自不得占山开矿;不准越界而挖他山之矿,亦如不准越界而斫他山之木。此事理之至浅近而易明者。有矿之山各有管业之人,万无官为把持一任他人采取者,应请凡有呈恳开矿者,令其呈缴所买该山之印契,按契之四至以立界限,不得越界强挖别姓之山,亦不得抑勒价值、强买他人之山。此弭衅之说一也。如呈请开采之首人自称凑成百万或数十万,应仿盐商验资之法,令其全数呈验,暂存藩库,或存建昌道库,俟开矿时听其取用,庶免空言欺哄,攫取微利,结怨于民。此杜骗之说二也。为首之人以十名为定,须各先报明家资各若干万,确指出田房典当、产业处所,饬地方官查实,以为真正殷实之据,将来亏折倒闭,即以其产赔偿,不致商股无着。此防骗之说三也。兼此三层,则开采矿山,庶免贻害。

至开矿必须聚众,矿枯则众散为匪。且夷地开挖,易启边衅。此等陈言,众所共知,无庸复渎。臣赋性愚戆,惟知实事求是。到川七载,于矿务随时留心考核,大抵来言矿利者尽是贪人。及与之剖析利病,莫不废然而止。

---

① 此奏查无下落,待考。

若辈知臣不受其欺,乃复腾播都门,耸动言路,闻者不察,信为实然,遂致上陈圣听。臣受恩深重,实不敢瞻徇浮议,贻累地方。现据委员会同雅州、宁远两府陆续将查勘情由禀复,又檄行藩司会同建昌道确实核议,与臣素所查考者大致略同。禀词繁琐,谨照抄司道详文咨送军机处、户部备查。

所有川矿开采害累殊多,谨将实在情形及预筹办法缘由,理合恭折缕陈,伏乞皇上圣鉴,训示遵行。谨奏。光绪十九年六月十五日[4]。

(朱批):户部知道。[5]

光绪十九年七月初三日,奉朱批:户部知道。钦此。[6]

【案】此奏原件现藏于中国第一历史档案馆①,兹据校正。再,此奏具文时间刊本作"光绪十九年六月",未确。而原件作"光绪十九年六月十五日",确。兹据校正。

1.【头品顶戴四川总督臣刘秉璋跪】刊本无此前衔,兹据原件校补。

2.【案】光绪十八年九月初九日,御史吴光奎奏报四川矿苗丰旺拟请开采缘由,曰:

督理街道掌湖广道监察御史臣吴光奎跪奏,为四川五金并产,矿苗丰旺,谨循例请旨饬办,以佐圜法,而裕饷糈,恭折仰祈圣鉴事。

窃维三币之重,莫若金、铜;九府所需,兼资铅、锡。《周官》卝人掌金玉锡石之地,守则厉其禁,取则授以图。昔禹汤之救灾,犹采金而铸币,诚以大地实藏取之不竭,百物财源阜之则通。我国家自咸丰、同治年间用兵以来,时势多艰,帑藏日绌,度支之数,既倍出于昔时;岁入之常,非增多于往日。朝廷励精图治,力求自强,创立海军,规模宏远,但需饷孔多,筹画非易。虽经随事撙节,捐例再开,而有限之输将何如无穷之挹注?况京局鼓铸,首在采铜,山矿所开,海航所市,岁以千百万计。现在各直省铜铅矿厂大半山空苗稀,即如云南旧有各厂,开采日久,矿沙渐少,铜价渐增,每岁额解京铜钱局,不敷鼓铸,不得不兼购洋铜,以资接济。

臣恭读咸丰三年三月上谕:朕闻四川等省向产有金、银矿,自雍正以后百余年来,未曾开采,地脉休养日久,所产自必畅旺。上年大学士等会议筹备军饷章程内请开采以裕军需,已依议行矣。

① 中国第一历史档案馆藏:《朱批原件》,档案编号:04-01-36-0108-023。

道光二十八年，王大臣会议开矿一条，曾通行各省督抚履勘查办，间有一二省分奏请开采，旋复藉口于洞老苗稀，辄请停止，或以聚众生事为词，畏难苟安，因循不办。朕思开采矿厂，以天地自然之利还之天下，较之一切权宜弊政，尚属无伤体制，有裨民生。惟在地方官经理得宜，自不致别滋流弊。即如现在各省旧有矿厂，按年开采抽课，官民日久相安，岂非明验等因。钦此。仰见圣明远烛，洞悉利弊，惟不弃货于地，乃可藏富于民，凡百臣工皆宜仰体朝廷实事求是之心，力图经国垂久之计。现在云南、广东、漠河、平度、开平金、银、铜、煤各矿，次第开办，叠著成效。四川矿苗丰旺，甲于他省。以臣所闻，如雅州府属之大穴头山、宁远府属之麻哈母鸡沟等处，广袤数百里，五金并产，沙质呈露，不独临卭铁冶、岩道铜山著名汉史已也。

溯查雍正年间金川用兵，仅开冕宁县马头山复兴洞一处，得金巨万，故迹犹存。盖蜀占井鬼分野位正西方，西方属金，金行生水。语云天下名川三千，其维首在陇蜀。《地理志》言：益州朱提山多出银。稽诸载籍，验其山川，蜀西矿产之旺，似较他省尤称最。臣恭阅《皇朝文献通考》，《坑冶》一门胪载各省矿厂事宜，至详且备。又查康熙十四年定开采铜铅之例，户部议准，凡各省产铜及白黑铅处，如有本地民人具呈愿采，该督抚即委监管采取。十八年，复定各省采得铜斤，以十分内二分纳官，八分听民发卖等情。又查《户部则例》，各省开采矿厂，令督抚遴委干员，会同地方官据实勘验，并无干碍民间田园庐墓者，准其题请开采等因。近年叠奉谕旨，整顿钱法，筹备饷需。部臣先后条奏，经画多方，有利皆兴，无用不节。惟四川矿务未议开采，弃货于地，诚为可惜。光绪十六年，臣同乡京官刑部主事郑宝琛曾经招集巨资，拟办四川金铜各矿，禀由北洋大臣李鸿章咨明四川总督核办有案。嗣因宝琛物故，未及举行，可否请旨饬下北洋大臣查照前案，就近遴择殷实绅商、熟习矿务之人前往勘验，一面咨会四川总督妥议章程，通行晓谕该省富户土人，有愿集资者，听其一同开办，必能踊跃从事，俟有成效，即行呈报，照例抽课，总期有裨钱法，力裕饷源，亦未始非利国便民之一端也。臣籍隶西蜀，确有见闻，当此筹饷孔亟之时，何敢隐情惜己，缄默不言？

所有四川矿苗丰旺，拟请开办缘由，愚昧之见，是否有当？谨恭折具陈，伏乞圣鉴，训示遵行。谨奏。光绪十八年九月初九日。①

　　3.【奏复】刊本夺"奏"，兹据校补。

　　4.【光绪十九年六月十五日】此具奏日期据原件补。

　　5.【户部知道】此朱批据原件补。

　　6.【光绪十九年七月初三日，奉朱批：户部知道。钦此。】此朱
批日期与内容，据《随手档》②校补。

奏建昌镇属夷匪出巢焚掠现在剿办情形疏
光绪十九年七月十四日（1893 年 8 月 25 日）

　　头品顶戴四川总督臣刘秉璋跪¹奏，为建昌镇属夷匪出巢焚掠，谨将剿办情形恭折具陈，仰祈圣鉴事。

　　窃查建昌地方绵亘二千余里，猓夷环绕，种类繁多。夷地向资洋芋、荞麦为生，一岁不收，立形饥馑。去春至夏，先旱后涝，洋芋、荞麦全坏，饥困迫切，河西夷民时出骚扰，经建昌镇总兵刘士奇、宁远府知府唐承烈会派兵役弹压抚绥，随即归巢安静。本年入夏后，夷地遍处饥荒，各夷四出抢粮，汉民受害。距郡城三十里之大兴场一带颇被焚掠，经该镇、府飞札土司带土练防御，而北山夷酋何甫沉等接踵纠抢，各支四应，势益披猖。据该镇、府禀报，以制兵各有分防之责，而省上勇营相距窎远，不得已先行募勇二百名，请发洋枪、药弹，以资应用等情，当经臣酌发后门洋枪一百杆、药弹二万颗，并批饬酌量情形，如勇力不敷，不妨多募，期速藏事，毋任蔓延。

　　旋据该镇、府会禀：北山夷酋何甫沉辄敢纠众焚掠附近郡城之村堡，甚至踞聚相距郡城五里之鸟归塘，日以抢粮为事，民心惊惶。该镇、府虑已募之勇不敷分布，随又添募勇丁，连前共成一营，于六月初六日夜分饬弁勇衔枚疾进，四面围攻，该夷猝不及防，遂将何甫沉及其弟兄、族戚等擒斩十二名，余匪散逃。近日，该各夷支仍复踞聚附近村堡，时出掠粮，不肯退散，复经该镇札调中、左两营兵丁分扎陈家堡等处要隘，该府亦饬建宁营勇两队分扎大坡、鸟归塘等处，以防窜扰而安民心。所有两营兵丁，请酌给行粮，与前募建宁营勇口粮均请作正开销等情前来。

　　臣伏查川省边夷支类纷繁，一支狷獗，众支起应，一逢荒歉，往往纠众出巢，苟不大加惩创，决不遽肯就抚，向来办理夷务所由必先剿而后抚也。至

---

　　① 中国第一历史档案馆藏：《军机录副》，档案编号：03-9429-043。
　　② 中国第一历史档案馆藏：《军机处随手登记档》，档案编号：03-0277-1-1219-170。

川省勇饷,去年因拨三营专设土卡,其饷即于土税项下开支。筹饷局停支之三营勇,按月解存藩库,作为筹边经费,亦经分析奏明在案。现在建昌夷务吃紧,添募一营,应仍查照东勇章程,于成军之日给发口粮,与兵丁加给行粮,均按月即在筹边经费项下拨支,以免另筹、支绌。倘添募一营仍不敷用,亦即檄令再募一二营,俾资调度。

除札饬该镇、府妥商剿办,并饬酌调土兵团练助剿,以期迅速藏事,勿稍虚縻外,所有建昌镇属夷匪出巢焚掠,现在剿办情形,理合恭折具陈,伏乞皇上圣鉴,训示。谨奏。光绪十九年七月十四日[2]。

光绪十九年七月二十九日,奉朱批:知道了。即着督饬该员弁等实力剿办,毋任蔓延滋扰。余依议,该部知道。钦此。[3]

【案】此奏原件、录副均查无下落,兹据《清实录》《随手档》校补。再,此奏具文时间刊本作"光绪十九年七月",未确。随据《清实录》[①]查光绪十九年七月二十九日《随手档·朱批刘秉璋折》[②],则署有"报四百里、七月十四日发"等字样。据此,其具文日期应以"光绪十九年七月十四日"为是。兹据校正。

1.【头品顶戴四川总督臣刘秉璋跪】刊本无此前衔,兹据《随手档》及前后折校补。

2.【光绪十九年七月十四日】此具奏日期据《随手档》校补。

3.【光绪十九年七月二十九日,奉朱批:知道了。即着督饬该员弁等实力剿办,毋任蔓延滋扰。余依议,该部知道。钦此。】此朱批日期与内容,据《随手档》校补。

【案】此奏之得旨《清实录》亦载曰:

己酉,四川总督刘秉璋奏,建昌所属夷匪出巢焚掠,已由该镇总兵刘士奇、宁远府知府唐承烈督饬弁勇剿办,并添募营勇,照章给发口粮。得旨:即着督饬该员弁等实力剿办,毋任蔓延滋扰。[③]

奏西藏番僧轻言用武不可信片

光绪十九年八月初五日(1893年9月14日)

再,西藏番僧轻言用武,而兵力实非英敌,谨守约章,仰赖朝廷德威,犹

---

① 《清德宗实录》卷326,光绪十九年七月,中华书局1987年版,第199页。

② 中国第一历史档案馆藏:《军机处随手登记档》,档案编号:03-0277-1-1219-196。

③ 《清德宗实录》卷326,光绪十九年七月,中华书局1987年版,第199页。

可相安无事。开关通商,本是言归于好,若征兵购械,徒縻费,不足慑敌,更易启衅,谅在圣明洞鉴之中。川藏唇齿,臣既略有所见,不敢缄默,谨附片密陈,伏乞圣鉴。谨奏。

光绪十九年八月二十三日,奉朱批:知道了。钦此。[1]

【案】此奏原件、录副均查无下落,兹据《随手档》校补。再,此奏具文时间刊本作"光绪十九年七月",未确。兹查光绪十九年八月二十三日《随手档·朱批刘秉璋折》①,署有"报马递、八月初五日发"等字样。据此,其具文日期应以"光绪十九年八月初五日"为是。兹据校正。

1.【光绪十九年八月二十三日,奉朱批:知道了。钦此。】此朱批日期与内容,据《随手档》校补。

谢赏加官衔疏

光绪二十年正月二十日(1894年2月25日)

太子少保头品顶戴四川总督臣刘秉璋跪[1]奏,为微臣感激下忱,叩谢天恩,恭折仰祈圣鉴事。

窃臣接阅邸抄,光绪二十年正月初一日奉上谕:钦奉慈禧端佑康颐昭豫庄诚寿恭钦献皇太后懿旨:予六旬庆辰,在廷臣工业经降旨加恩。因念各省文武大臣有久膺重寄、卓著勤劳者[2],允宜同膺懋赏。四川总督刘秉璋,着赏加太子少保衔。钦此[3]。

闻命自天,负惭无地。伏惟臣稍读儒书,叨陪词馆,戎行效命,疆寄浒膺,曾历两省之封圻,忝拥三巴之节钺。乃荷特颁异数,渥被殊荣。自维迁拙无才,涓埃鲜效,惟有寸衷衔结,夙夜靖共。遥伸三祝于尧门,慈晖永被;仰颂九如于舜陛,锡类覃敷。

所有微臣感激下忱,理合恭折叩谢天恩,伏乞皇上圣鉴。谨奏。光绪二十年正月二十日[4]。

(朱批):知道了。[5]

光绪二十年二月十二日,奉朱批:知道了。钦此。[6]

---

① 中国第一历史档案馆藏:《军机处随手登记档》,档案编号:03-0277-1-1219-218。

【案】此奏原件现藏于中国第一历史档案馆①，录副藏于台北故宫博物院②，兹据校正。再，此奏具文时间刊本作"光绪二十年正月初一日"，而原件、录副均作"光绪二十年正月二十日"，确。兹据校正。

1.【太子少保头品顶戴四川总督臣刘秉璋跪】刊本无此前衔，兹据原件校补。

2.【者】刊本、原件及录副均夺"者"，兹据《上谕档》校补。

3.此谕旨可参阅光绪二十年正月初一日《光绪宣统两朝上谕档》。③

4.【光绪二十年正月二十日】此具奏日期据原件补。

5.【知道了】此朱批据原件补。

6.【光绪二十年二月十二日，奉朱批：知道了。钦此。】此朱批日期与内容，据录副校补。

奏沥陈川省近事微臣苦衷疏
光绪二十年二月初三日（1894年3月3日）

太子少保头品顶戴四川总督臣刘秉璋跪[1]奏，为沥陈川省近事微臣苦衷，恭折仰祈圣鉴事。

窃川省民俗浮嚣，逐利忘害。自臣奉命督川以来，本地好事劣绅时有以开矿之说来相耸动。臣既察近时各省所办矿务成效卒鲜，又见川省众所指称矿产多在番夷境内，且自兵燹后腹地伏莽未净，会匪、啯匪时虞窃发。前督臣丁宝桢于光绪九、十两年间试办矿务，不独无利可取，且几外酿边衅，内炽匪氛，旋即停止，臣署均历历有案可稽，故有来陈矿务者，臣均力为斥驳。彼时即闻该绅等以臣不遂所愿，将谋煽惑言路，请旨饬办，迫臣以必行。臣始尚以为传闻之言不足为据[2]，乃未几果有御史吴光奎奏请开矿，奉谕旨饬臣切实查复。臣复博访周咨，凡地方有识官绅无不称害巨利微，断不可行。然窃闻若辈私议间关险阻，几费营谋，始得上达天听，臣复为力阻，惟有谋所以去臣，始可遂其必行之志。臣身膺疆寄，受恩深重，何敢听虚词恫喝，忘大局利害？故甘受若辈谤怨，不敢稍存瞻顾，仍据实剀切上陈，已蒙宸衷独断，

---

① 中国第一历史档案馆藏：《朱批原件》，档案编号：04-01-35-1014-053。

② 台北故宫博物院藏：《军机及宫中档》，文献编号：130574。

③ 《光绪宣统两朝上谕档》第20册（光绪二十年），广西师范大学出版社1996年版，第3—5页。又《清德宗实录》卷332，光绪二十年正月，中华书局1987年版，第263—266页。

作为罢论,臣方感激涕零,为全川士民庆幸。乃若辈竟敢入都,造言腾谤,颠倒黑白。近果复有湖北巡抚谭继洵奉旨来川查办之事,已于本年正月初四日到省。臣不知原折所参何事,惟就谭继洵来牍咨查各款,得其大概。

一、官运盐局款目也。查该局创办已十余年,一切规模章程皆前督臣丁宝桢所订,均经奏明在案。每年除额引全销外,尚带销积引五千余张,其有裨库款,早在圣明洞鉴之中。臣到任后,稔知前任创办艰难,率由旧章,从无一丝更改。惟局中有所谓副本名目,系由局内各项杂款余存之所积,当日未经奏明,盖因船运时有淹消,商号或有倒闭,积存此款,预为筹补之计。若幸而无事,则副本渐多,藉资周转。每年所入无定数,所用亦无定额,然总期涓滴归公,实事求是。臣任内防闲更密,凡局中所入分毫,各衙门均令立案,即遇有不肖贪夫,亦因有所牵制,不敢独自擅取。迄今所积之数,不独较丁宝桢任内丝毫无减,且更加多数十万两。惟因丁宝桢原议俟此项积至百万后并作正本,再行具奏,今尚未至百,故臣亦相因未即具奏。盖该局创办时正本原不敷用,时资借息。自副本之数积渐加多,该局借息始逐年减少。谭继洵已将每年簿据、案卷全数提省查考,其有无弊端,谅可一目了然,无待臣沾沾自表。所有该局副本原起底蕴与臣分檄各衙门立案之苦心,全卷详册批牍,词语烦琐[3],未敢径渎圣听,已分别抄咨军机处、户部查考,谨摘简要案据,另缮清单,恭呈御览。此官运盐局之实在情形也。

一、川省近年盗案、边防也。查川省盗劫之风,由来已久。《大清律例》中立川省啯匪专条,其他散见于乾隆年间陈宏谋及同治年间骆秉璋诸臣文集中。彼时即称其呼朋引类,散则为民,聚则为匪,足征川省盗风。自国初中叶以迄于今,均如一辙,实为风气使然。前督臣任内于光绪九、十两年间,大邑、蒲江三次入城,焚署劫狱,盗风尤盛。臣莅任后,察知其情,思欲力加整顿,一挽积习,严定州县赏罚,讲求营伍、缉捕。又于素号多盗各处分扎营勇,星罗棋布,与民间团练、保甲相互应援,是以茂州、川北匪徒窃发,无不旋就扑灭,虽未遽臻盗息民安之效,然近年来所出劫案较之臣初履任时已年减一年,较之前督臣任内所减不啻过半。谭继洵已提臬司近四年案卷,逐一稽查,当知臣言之非虚饰。至川边大都番夷境地,小小蠢动,事所时有。昔年马边、宁远用兵,动经数载,臣到任后,马、雷夷务,师不逾年。去岁夏秋间,西昌何甫沅一支夷匪不靖,当据建昌镇、宁远府禀请调兵募勇,臣一面批准,一面奏报,既而分路剿办,迭获胜仗。该镇、府禀报,群夷或抚或戮,境内一律肃清。臣已于去冬据实奏结,有何讳匿?不知言路如何诬捏,致烦查办。谭继洵调查全卷,谅可释然。此川省近年盗案、边防之实在情形也。

一、官员补署班次也。查川省负地大物博之名,实有民穷财匮之苦。各省人员徒羡其名,纷纷辐辏需次省垣者,自道、府以及佐、贰不下千数百人之多。每出一缺一差,能得者不过一人,欲得者不啻数十百辈。其应得而得者尚未必称心,其愿得未得者更妄生谤议。此虽一秉至公,亦何能尽如人意?臣历任藩、抚至今已二十年,凡到一省,补缺则恪守定例;署事则遵照吏部三班轮流酌委章程。至遇有酌补、酌委缺出,或按资劳,或择才具,从不参以私意。且每出一缺向只与藩司密商定议,立即悬牌,从不谋及局外人,更何至使局外之人妄参末议?此又微臣委补官员之实在情形也。

以上数事,彰明较著,尚不免为言者指摘,则此外更复何事何人不可妄事诬罔,应俟阅悉原参折稿,当再逐款据实复陈,不敢缄默。臣赋性愚戆,不能俯仰随时。到川七载,驱逐误公之藩幕,参劾不职之道、府、同、通、州、县数十人,加以矿务一案取怨劣绅,致生谤议。本不敢急于自辩,惟念宋臣苏轼有云"与其求解于他人,何如自投于君父"。

所有近办各事及委曲下忱,不得不据实直陈于圣主之前,伏乞皇上圣鉴,训示。再,微臣旧病增剧,心跳手颤,握管维艰,不得已披沥缕缕,毋任激切屏营之至。谨奏。二月初三日[4]。

光绪二十年二月十九日,奉朱批:另有旨。钦此。[5]

【案】此奏原件查无下落,录副现藏于台北故宫博物院①,兹据校正。再,此奏具文时间刊本作"光绪二十年二月初四日",而录副则作"光绪二十年二月初三日",当是。兹据校正。

1.【太子少保头品顶戴四川总督臣刘秉璋跪】刊本无此前衔,兹据录副校补。

2.【不足为据】刊本夺"为",兹据校补。

3.【词语烦琐】刊本误作"词语烦顿",兹据校正。

4.【二月初三日】此具奏日期据录副补。

5.【光绪二十年二月十九日,奉朱批:另有旨。钦此。】此朱批日期与内容,据录副及《随手档》②校补。

【案】此奏旋于是年二月十九日得旨申饬,《上谕档》载曰:

军机大臣字寄:四川总督刘:光绪二十年二月十九日奉上谕:刘秉璋奏,川省近事,沥陈苦衷一折。封疆大吏于地方应办事件果能公正无私,何虑言官弹劾?至既经被人参奏,特派大员前往查

① 台北故宫博物院藏:《军机及宫中档》,文献编号:130670。
② 中国第一历史档案馆藏:《军机处随手登记档》,档案编号:03-0280-1-1220-046。

办,自应静候查复,其曲直是非难逃朝廷洞鉴,何得于未经复奏之先率行具折剖辩?殊属非是!刘秉璋着传旨申饬,折单发还。将此谕令知之。钦此。遵旨寄信前来。①

谢恩革职留任疏

光绪二十年四月初四日(1894 年 5 月 8 日)

革职留任太子少保四川总督臣刘秉璋跪[1]奏,为微臣感激下忱,叩谢天恩,恭折仰祈圣鉴事。

光绪二十年三月二十三日,准吏部咨:光绪二十年三月初三日,奏奉上谕:吏部奏,遵议处分一折[2]。四川总督刘秉璋经部照溺职例议以革职,着加恩改为革职留任。朕念该督宣力有年,平日办事尚属认真,是以时从宽宥等因。钦此[3]。

跪聆之下,战栗莫名。窃惟臣赋性迂愚,愆尤丛集,曲蒙宽恕,感激涕零。承奖勉之温纶,悚惭无地;荷姘幪于恩帱,浩荡如天。衰朽孱躯,愧无撮壤涓流之报;侵寻没世,永矢衔环结草之思。

所有微臣感激下忱,理合专折叩谢天恩,伏乞皇上圣鉴。谨奏。光绪二十年四月初四日[4]。

(朱批):知道了。[5]

光绪二十年五月十六日,奉朱批:知道了。钦此。[6]

【案】此奏原件现藏于中国第一历史档案馆②,录副藏于台北故宫博物院③,兹据校正。再,此奏具文时间刊本作"光绪二十年三月二十三日",而原件、录副均作"光绪二十年四月初四日",确。兹据校正。

1.【革职留任太子少保四川总督臣刘秉璋跪】刊本无此前衔,兹据原件校补。

2.【案】光绪十九年十月二十日,监察御史钟德祥奏参四川总督刘秉璋缘由,曰:

江南道监察御史臣钟德祥跪奏,为四川吏治蠹蚀污浊,恳请及

① 《光绪宣统两朝上谕档》第 20 册(光绪二十年),广西师范大学出版社 1996 年版,第 94 页。又《清德宗实录》卷 335,光绪二十年二月,中华书局 1987 年版,第 299 页。
② 中国第一历史档案馆藏:《朱批原件》,档案编号:04-01-16-0242-008。
③ 台北故宫博物院藏:《军机及宫中档》,文献编号:132594。

时察办督臣,以儆贪黩,以服边琐,以苏民困,恭折仰祈圣鉴事。

臣窃惟全蜀富庶,古称天府之国,得廉公忠洁之臣出而抚绥,安全其民,则屹然为吾雄藩;鱼肉而扰之,亦反复易以生乱。今督臣刘秉璋治蜀最久,饕餮最甚,由其用人最私,是以侵牟百姓最酷。臣若不举发,恐未即有言之者矣。敢据所闻,列款纠参,恭候皇上宸断,以行大法。

一、查刘秉璋自巡抚江西时,即已遇事敷衍,并无实心为民之政,江西士民甚薄之。然尚未以贪著也。及升任四川总督,信用候选道徐春荣、署提督钱玉兴二人,托以心腹,假之事权,卖弄招摇,收受荐贿。始犹迹涉疑似,久之则奔走徐春荣、钱玉兴之门,关说差委,络绎如市,苞苴夜行,则牌札晨得。贪声流闻之初,当时两司中亦有心知其不可者,曾向刘秉璋微言中之,而刘秉璋犹饰词支拒其说,以谓飞语浮言,殊不可信。于是徐春荣、钱玉兴益无所顾忌,人遂疑刘秉璋亦爱钱矣。

一、徐春荣邪佞猥贱,庸鄙已极,惟能窥伺刘秉璋是一好谀喜佞而贪贿之人,遂以居间受金之术自荐。刘秉璋大好之,乃认徐春荣为干女婿,而交益密。钱玉兴系捻匪头目,当初降时以金帛数十巨驼投献刘秉璋,因缘保至江西总兵。钱玉兴以为币重酬薄,不满夙望,要求不已。刘秉璋亦愧焉。及移川督,挟以俱西,不得不为之奏署提督而听其所为,实亦即各饱所欲。吏道因之秽浊,刘秉璋遂甘以此身为溪壑,并无足将自止之时。

一、查刘秉璋年来凡题补、委署文武员缺,传闻多由徐春荣、钱玉兴贿说而行,量缺谐价,其应如响,省城遂有徐杏林堂、玉兴钱店包管开兑之谣。杏林者,春荣别号也。如撤任富顺县署成都县陈锡鬯之无端饬回本任,遂宁县之越补黄久钦、新都县之越补余云池暨骤委署理江津县之钱少松,蜀中口语藉藉,确指为徐杏林堂、玉兴钱店贿兑之验。其先后所得赃银,悉交蔚丰厚、协同庆等银号存记。此不能掩人耳目者也。钻营之徒既与徐春荣、钱玉兴狼狈交牙,以为奸利,于是陈锡鬯、黄久钦、高培谷、费秉寅、李玉宣、国璋等,或串昵奸商,伙开盐井,笼取揽灶,计岸生理;或置买田产,滥刑苛敛,有五虎十三彪名目,恶声狼藉,腾沸人口。刘秉璋何以亦毫无觉察,此不得诿为不知。

一、查四川官运盐局每年提存护本银六万两,十余年来计应存银六十余万两。该局委员历年皆阴蚀此项息银,刘秉璋觉之,将按其事。局员窘急,尽将此存银六十余万如数送交刘秉璋私橐,谓为寿礼。查此项银两本不报销,是以局外无从稽核,刘秉璋受之,亦以为暮夜无知之者,彼不料四川官吏知之,商民知之,并京师亦知之。臣今径揭之,则朝廷又知之,侵吞至大万数,非寻常贪婪之比,律以礼法,岂复可原?

至道员徐春荣身在督署,绅士叶毓荣掌教成都,并无殊功,皆以马边、雷波两厅剿夷等案滥保二品顶戴,则为欺罔。叶毓荣系安徽人,刘秉璋以乡里狎用之。至为官员请托受贿,不数年间,积资以十万计,则为纵容。诸如此类,殆难悉数矣。臣列参至此,或将疑其过于峭刻。然臣复闻之,四川州县所在设有羁禁民人私卡,名目繁多,凡词讼案件,未经审讯,悉先收卡,刑考勒索,至于瘐毙,不知其数。如陈锡邕在富顺县八九年间,死于卡禁者,相传至千数百名。黄久钦在遂宁县纵令子侄、丁役卖案索钱,当堂主断,甚至诬良为盗,号曰破案开花。此官吏之贪酷也。其各处防营弁勇与游民约盟纠党,勾结成风,暗通会匪,隐忧方大。该匪近年竟敢倚官恃营,劫掠妇孺,悍然勒赎,一闻接童子、抬观音诸口号,莫不怛然失色。今年四月,至有营官之子敢于省城纠匪杀人,官亦竟无过问,良懦震慄,不能聊生。此营匪之横暴也。尤有甚者,成都府州县属劫盗巨案层出,岁至数百而官不知也;崇庆州城内抢劫典铺,城外焚掠市镇;新津县贼众围城,至逾半月而官不报也;三边夷匪蹂躏场镇,围攻宁远,羽书告急,而大兵不赴剿也。

刘秉璋受皇上厚恩,为川蜀重臣,若果昧灭天良至此,我皇上将立敕法司行法,岂容幸免?顾臣尝纵观前史,其边节重帅囊橐侵冒,及至货赂如山,冤魂塞路,则大乱往往乘之而生,盖其所处心积虑,悉贪戾不平之气与祸患相愤盈,如刘秉璋者,即为四川留遗患气者也。然则刻剥酷虐,椎埋剽劫,侵轶贼害,于四川百姓,今不堪命矣。总督臣将安逃罪?

夫弹违纠愆,臣之职也;摘伏发奸,臣之志也。其必于力持是非者,奉朝廷之法也;其敢于掊击权强者,恃圣明之断也。是否有当?伏乞皇上圣鉴,训示施行。谨奏。光绪十九年十月二十日。①

【案】御史钟德祥之奏旋经清廷批旨,谕令湖北巡抚谭继洵赴川查办复奏。光绪二十年正月初六日,谭继洵即具报驰抵四川省

---

① 中国第一历史档案馆藏:《军机录副》,档案编号:03-5311-090。

城日期情形,曰:

钦差四川查办事件头品顶戴湖北巡抚臣谭继洵跪奏,为恭报微臣驰抵四川省城日期,仰祈圣鉴事。

窃臣前奉寄谕驰赴四川查办事件,当即钦遵将交卸抚篆起程日期恭折奏报在案。臣拜折后,于光绪十九年十一月十七日率同随带各员溯大江而至宜昌,复自宜昌入川江以达万县,改由陆路取道顺庆府城一带前进,现于光绪二十年正月初四日行抵四川省城,赶将奉旨饬查各事分别调核案卷,并委员密查。

除俟逐一查访明确再行据实具奏外,所有微臣驰抵川省日期,理合恭折由驿具陈,伏祈皇上圣鉴,谨奏。光绪二十年正月初六日。①

光绪二十年正月二十二日,奉朱批:知道了。钦此。②

【案】光绪二十年二月初四日,钦差谭继洵奏报确查川督刘秉璋被参缘由,曰:

钦差四川查办事件头品顶戴湖北巡抚臣谭继洵跪奏,为遵旨确查,据实复陈,恭折仰祈圣鉴事。

窃臣承准军机大臣字寄:光绪十九年十月二十日奉上谕:有人奏,四川吏治蠹蚀污浊,请饬查办一折。据称四川总督刘秉璋信用候选道徐春荣、署提督钱玉兴二人,招摇纳贿,知县陈锡邕等声名狼藉;官运局本,该委员侵蚀馈送。又所属州县设立私卡,痍毙民人;防营弁勇,暗通会匪,劫案叠出,列款纠参等语。着谭继洵驰驿前往四川,确切查办,据实具奏。原折着抄给阅看。将此谕令知之。钦此。臣遵将起程并抵四川省城日期先后恭折具报在案。连日督同随带各员认真查办,已得确情,谨逐款分晰,为我皇上陈之。

查原奏刘秉璋信用候选道徐春荣、署提督钱玉兴,卖弄招摇,收受荐贿,关说差委,络绎如市,苞苴夜行,则牌札晨得;徐春荣以居间受金之术自荐,刘秉璋大好之,乃认为干女婿;钱玉兴系捻匪头目,以金帛数十驼投献各节。查徐春荣旧随刘秉璋多年,及督川,调令来川,由候选直隶州捐升道员委办营务,并统带长胜、武字等营,迭保以道员交军机处存记,并分省补用。臣到川询据刘秉璋咨称,徐春荣已于十九年三月因母病请假回浙,至今尚未来省,所

① 台北故宫博物院藏:《军机及宫中档》,文献编号:408007825。又谭继洵撰;贾维,谭志宏编:《谭继洵集(上)》,岳麓书社2015年版,第176页。
② 台北故宫博物院藏:《军机及宫中档》,文献编号:130181。

统各营即以钱玉兴接统。钱玉兴系安徽人,亦旧随刘秉璋在江苏、江西、浙江等处,涉保记名提督。刘秉璋督川,又调来川,奏署四川提督,统带泰安、寿字等营,简授四川重庆镇总兵。该二员一为旧日密僚,一为乡里部曲,刘秉璋赋性伉直,平时接见僚属,不辄轻假词色。该二员外管戎行,内托肺腑,凡旁人所不能面陈者皆可参谒,卧内乘便婉达,踪迹过密,指摘所丛;徐春荣认拜干女婿,事属暧昧,无从考证确据。饬取钱玉兴履历并刘秉璋咨复,均谓系咸丰初年随大学士李鸿章军营得保把总。同治二年,刘秉璋在苏,该员始行到营,并未言及有为匪投诚之事。既未为匪投诚,则献金亦无凭证。惟该二员于刘秉璋过于不存形迹,刘秉璋遇事自为主裁,原未必尽由该员等之关说,但亲昵之言,巽而易入;帷幄之地,密而难窥,当局者自谓不受其欺,挟诈者早已阴售其技。臣一路博采舆论,佥谓该员等所部营伍驻扎州县,凡地方官一与之迕,则诃谴可以立至。是其气焰可畏系属实情,秽声之加殆由自取。

原奏凡题补委署文武员缺,多由徐春荣、钱玉兴贿说而行,有徐杏林堂、玉兴钱店包管开兑之谣。如富顺县陈锡鬯之回任,遂宁县黄允钦、新都县余云池之越补,署江津县钱少松之骤委,皆贿兑之验,先后得赃,悉交协同庆、蔚丰厚等银号存记一节。查陈锡鬯系光绪四年由江安县知县调补富顺县,十三年调署成都县,十五年饬回本任。黄允钦系举人大挑,于光绪十七年准补遂宁县知县。其余云池、钱少松,查无其人。惟有现补新都县知县余元煜系属余姓,及已故垫江县知县钱璋,号少松,原参当即指此二人。余元煜系劳绩保举,光绪十三年准补新都县,因前署别缺亏项过巨,虽经缴清,未赴本任,尚管懋功屯务。钱璋系光绪十三年曾署江津县,旋补垫江县,于十七年身故。臣饬藩司衙门查明各员补署章程,据称陈锡鬯之回任,系以实缺人员调署首县,饬回本任;黄允钦等之补署各缺,亦皆按照定章办理。窃维苞苴行于暮夜,本为人不及知,在与者必缄默不言,岂局外可旁搜而得? 今各该员回任、补署既系按章,自不能指出贿买之据。惟饬调蔚丰厚、协同庆两会号底簿及传问该号管事商人,查有徐大人即春荣,自光绪十六年起至十九年止先后存过银一万两,会过上海及转浙江银共四万七千余两;又查有钱大人即玉兴,先后存过银一万一千两,会过安庆等处银七千三百余两。据该商人供称,皆系钱、徐二人自行存会。又蔚丰厚底簿内列有余记一款,存银三万一千两,据称系刘秉璋署内自行存储，非徐春荣等经手。此外省城会号尚多，不便纷纷提讯。刘秉璋、钱玉兴廉俸较优，存款尚不甚多。其徐春荣并非实缺，以办理营务带队之员，但就两号存会之款而论，为数已如是之巨，纵不尽由请托而得，亦足为贪黩之征。又询据蔚丰厚声称，徐春荣会款内有一款系该员离川后钱玉兴为其代会，即非狼狈为奸，亦见结交之密，宜其物论沸腾。

原奏陈锡鬯、黄允钦、高培谷、费秉寅、李玉宣、国璋等伙开盐井，笼取揽灶，计岸生理，及置买田产，滥刑苛敛，有五虎十三彪名目，四川州县所在设立私卡，刑拷勒索，瘐毙甚多。陈锡鬯在富顺八九年间，死于卡禁者至千数百命；黄允钦在遂宁，纵令子侄、丁役卖案索钱，当堂主断，诬良为盗各节。查高培谷系资州直隶州知州，费秉寅系阆中县知县，李玉宣系泸州直隶州知州，国璋系宜宾县知县。臣饬调该四员来省，并同先饬撤任之富顺县知县陈锡鬯及在省未经回任之遂宁县知县黄允钦面加查讯，又质之官运局委员等互相印证，井商、岸商均有花名可查，不能掩人耳目。现在盐务生理商名内皆不能指出该员等之业，其置买田房，亦不能指出确据。川省盗贼最多，各州县设卡羁犯，有良卡、捕卡、外监、待质、自新、大炼、铁杆、站笼等项，名目繁多，间有非刑，历任相沿，并非今始。现委员明查暗访，如富顺等州县每处现存卡犯，少者数十人，多者百余人，其每年瘐毙者亦时有之，富顺县尚无八九年间致毙千余人之多。惟简州有猫笼犯六名，最为惨酷。其笼高仅二尺，围径二尺数寸，笼旁圆眼如枷，囚梏其中，头出笼外，手足蜷缩，转侧屈伸皆不可得，实为非刑。知州易家霖到任仅数日，据称均系前任之事，当经委员令其释放，另为看管。事非一任，未便深究，应请敕下四督臣通饬各属，凡属非刑，一体严禁。又五虎十三彪系恶少瘪徒绰号，尚非专指官场。臣复将诸员详加考察，陈锡鬯素性挥霍，善于钻营，久擅腴缺，自称仍有私累。兼管盐务，于政理近多废弛。黄允钦两耳重听，在遂宁时，子侄、家丁揽权用事。费秉寅以捐纳到川，在阆中结交滥绅，刑尚严酷。高培谷、李玉宣、国璋三员平日居官尚能循分，未闻有贪酷劣迹。屡经采访，众论相同。

原奏四川官运盐局每年提存护本银六万两，十余年计存六十余万两，该局委员历年阴蚀此项息银，刘秉璋觉之，将按其事，局员窘急，将此六十余万两送交刘秉璋私橐一节。调查官运局原卷，此项护本银两系该局前总办委员唐炯详定，每引摊银一两，以为盐船失事添买补配之用，每年约收银二万九千余两，曾经报部有案。嗣光绪九年该局接办委员候补道夏昌以护本不敷支用，又禀请每引加摊银一两，未据报部。此项连前后所摊之数，每年约收银五万数千两。查阅历年收支册内护本一项，因各岸盐船失事补配，开除殆尽。既系开除殆尽，岂复有委员阴蚀息银暨将本银送交刘秉璋私橐之事？可以不辩自明。惟查两淮运盐章程，凡盐船失事，责成地方官查验确实，具结申报，始准补配。今官运局仅凭分局委员开报某船失化若干，即行照数发价买补。据该局委员夏昌面称，系前经奏明川省盐船失事，毋庸地方官查明结报。似此漫无稽考，行之既久，难保不滋生弊端。又查光绪四年十二月前办委员唐炯详称：每引摊护本一两，自开运以来，偶有失化，均止数包、数十包至二三百包不等，从无整载沉溺之事。并称开办一年，各厂补配动用护本，尚有盈余拨补防边经费，嗣后每年盈余仿照办理等语。是开运之始，每引摊银一两，尚可有余，迨加摊一两之后，虽谓岸运较增，失事渐众，但收银加倍而存款寥寥，其中有无冒蚀，银已陆续发讫，无可查究，应请敕下四川督臣嗣后应如何设法稽查，或参仿两淮章程，盐船失事，仍由州县查验结报，抑或另筹整顿之法，总期力杜流弊以归核实，庶为经久之策。

原奏徐春荣身在督署，叶毓荣掌教成都，以马边、雷波剿夷等案滥保二品顶戴；并叶毓荣为官员请托受贿，不数年积资十万一节。查徐春荣系于光绪十五年马边剿夷案内保经部驳改奖二品衔，叶毓荣自同治五年主讲芙蓉书院，叠经前督臣札办团防，于剿匪案内历保知府补缺后道员，捐指直隶试用道。十五年复于马边剿夷案内保加二品衔。据称办理徐春荣文案，同在马边。查徐春荣系充当营务兼带勇营，叶毓荣为其办理文案，均曾在事。就本案而论，该二员人无足取，而保尚非滥邀。惟叶毓荣平昔与徐春荣缔交甚密，且以主讲宾师之位甘为徐春荣办理文案，得邀保奖，虽无窜名滥保及婪贿拥资确据，而其素习奔竞，已可概见。

原奏各处防营弁勇与游民约盟纠党，暗通会匪，该匪倚官恃营，劫掠妇孺勒赎，有接童子、抬观音诸口号，并有营官之子在省纠匪杀人、官不过问各节。查川省留防营勇，分扎省城及各府县市镇，昔年巡缉亦颇得力，近则日久怠生，地方官善与联络者尚可相安，否则动成水火。刘秉璋原未尽为袒护，而地方官为徐春荣、钱玉兴等积威所劫，大率相顾咨嗟，无敢明言营伍之失。此实川中近日切弊。虽无与游勇约盟纠党及暗通会匪实据，而与地方积不相能，则众所共悉。如新津县从前知县颜钟运因责罚营勇，致合营鼓噪起衅，百姓齐团相御，至有闭城三日之事，案虽办结，而勇丁之恣横尤可想见。当时闹事之勇即徐春荣所部，其营官闻即徐春荣之族人。又各哨弁驻扎之处往往将已获之匪作为眼线，名为以贼攻贼，通匪之说或由于此。其掳人勒赎，拉幼孩谓之接童子，拉妇女谓之抬观音，川省久有此风，近则益甚，民间畏匪加害，情愿认赎而不敢言，故有畏匪甚于畏官之谣。闻上年有华阳县绅刘姓之孙为匪掳去后，出帖催赎，称其出痘，及措银赎回，而其孩旋殇，闻者切齿。原参系属实情。其营官之子杀人一事，系现任督标中协副将况文榜之子况伏虎绰号况四老虎，于十九年三月间同邓金泉等因挟优与已革城守营兵曾家彬等忿争，在省城三官堂互殴，邓金泉与罗石滚等互将李炳森、吴中银等砍伤，况文榜将其子况伏虎交华阳县审办。因李炳森等伤均平复，该县将况伏虎等分别惩责结案，况伏虎事后病故，尚无杀人重情。

原奏成都府州县属劫盗巨案层出，岁至数百而官不知；崇庆州城内抢劫典铺，城外焚掠市镇；新津县贼众围城至逾半月而官不报；三边夷匪踩蹦场镇，围攻宁远，兵不赴剿各节。查成都府属民情强悍，盗案之多向甲通省，兵燹后愈益加甚，前督臣骆秉章竭数年之力大加惩办，赖以安堵，川民至今歌颂勿衰。近来营县时有龃龉，盗匪亦日见鸱张，虽尽法惩治，而肆行如故。卷查成都府各属自光绪十六年至十九年止，共报过劫案一百七十余起。访闻乡民畏贼寻仇，不报者尚多，即臬司衙门亦无从查核。良民自为身家，往往投名匪党以求保护，民之入匪者日众，匪之殃民者日深，原参非尽过当。崇庆州被劫之案，查有城外叶同兴烟店等处，其典铺亦系城外元通场张万朋之质铺，于光绪十八年冬间被匪何麻子等抢劫多赃，该前任知州派勇往捕，被匪枪毙勇丁一名，后经现署知州劳文琦会营将何麻子与行劫叶同兴等铺盗犯张大老么等一并拿获正法。其被劫皆系城外市镇，尚无抢劫城内典铺之事。又调现署新津县知县王树相来省，询以贼众围城之事。据称上年四月该县到任时，正值盗匪猖獗，禀请拨营协捕，获犯多名正法，盗风稍戢。当该匪抢掠时，几于路断行人，实无围城情事。王树相亦称，该前县颜钟运因责营勇鼓噪，闭城三日，实有其事，原参或即指此。三边夷酋何甫沉屡次纠党出巢抢掠附城村堡，系上年夏间之事。饬据署建昌道安成禀复并刘秉璋咨，该夷匪经宁远府知府唐承烈招募土勇，会同建昌镇总兵刘士奇调兵协剿，将何甫沉及其党扑灭，自无须省城再派兵赴剿，夷匪亦未围城，曾经刘秉璋奏报有案。原参自系传闻失实。

以上皆访查各款之实在情形也。臣按照原奏，稽考案牍，参酌见闻，不敢故事苛求，亦不敢稍涉徇隐，惟将省之利弊，小民之疾苦，白其可据者如此。候选道徐春荣久居权要，颇事招摇，贪庸卑鄙，不恤人言，应请旨即行革职，永不叙用。署四川提督重庆镇总兵钱玉兴，虽无通贿确据，而统军最多，毫无整顿，兵骄盗肆，贻误地方；直隶试用道叶毓荣，迹近夤缘，不知自重。该二员均请旨交部分别议处。请补涪州知州富顺县知县陈锡彀，习气太深，钻营最巧；遂宁县知县黄允钦，年老聋聩，信任亲丁；阆中县知县费秉寅，苛虐病民，声名最劣。该三员应均请并革职。资州直隶州知州高培谷、泸州直隶州知州李玉宣、宜宾县知县国璋，查无别项劣迹，应请由督臣随时察看，如不能胜任，即行据实具奏。四川总督刘秉璋早立战功，久膺疆寄，上年因请退未得，自念受恩深重，力疾从公，若目以舠法营私，该督臣尚不至此。惟坚定之性，信人过深，屡病之余，精神未到，以致措施失当，任用非人，物议滋纷，实非无自，应如何量予处分之处，恭候圣裁。

所有查办四川督臣被参各缘由，理合据实复陈，伏乞皇上圣鉴，训示。臣拜折后即日率同随带各员起程回鄂，合并声明，谨奏。光绪二十年二月初四日。①

光绪二十年二月二十一日，奉朱批：另有旨。钦此。②

【案】此案旋于光绪二十年二月二十一日得旨，《上谕档》载曰：

光绪二十年二月二十一日，内阁奉上谕：前因御史钟德祥奏，四川吏治蠹蚀污浊，列款纠参，当谕令谭继洵前往查办。兹据查明复奏，候选道徐春荣，经刘秉璋调赴四川，久居权要，颇事招摇，贪庸卑鄙，不恤人言，着革职永不叙用。署四川提督重庆镇总兵钱玉兴，虽无通贿确据，惟统军最多，毫无整顿，兵骄盗肆，贻误地方；直隶选用道叶毓荣，迹近夤缘，不知自重，均着交部严加议处。请补

①　台北故宫博物院藏：《军机及宫中档》，文献编号：408007826。又谭继洵撰；贾维，谭志宏编：《谭继洵集（上）》，岳麓书社 2015 年版，第 176—183 页。
②　台北故宫博物院藏：《军机及宫中档》，文献编号：130716。

涪州知州富顺县知县陈锡鬯,习气太深,钻营最巧;遂宁县知县黄允钦,年老聋聩,信任亲丁;阆中县知县费秉寅,苛虐病民,声名甚劣,均着即行革职。资州直隶州知州高培谷、泸州直隶州知州李玉宣、宜宾县知县国璋,既据查明尚无别项劣迹,即着该督随时察看,如不能胜任,即行据实参奏,毋稍迁就。四川总督刘秉璋,措置失当,任用非人,致招物议,着交部议处。该省设立非刑,名目繁多,该督当通饬各属严行禁止,如查有私刑毙命等事,即行据实参办。其官盐局护本银两,尤当核实支销,如有盐船失事,应须补配支应,设法稽查,不得仅凭委员含糊报销,致滋流弊。其余地方事宜,均着随时认真整顿,以挽积习。钦此。①

【案】光绪二十年三月初三日,吏部会同兵部具奏议复刘秉璋等处分缘由,曰:

吏部等部大学士管理吏部事务臣张之万等谨奏,为遵旨严议议处具奏事。

内阁抄出光绪二十年二月二十一日奉上谕:前因御史钟德祥奏,四川吏治蠹蚀污浊,列款纠参,当谕令谭继洵前往查办。兹据查明复奏,候选道徐春荣,经刘秉璋调赴四川,久居权要,颇事招摇,贪庸卑鄙,不恤人言,着革职永不叙用。署四川提督重庆镇总兵钱玉兴,虽无通贿确据,惟统军最多,毫无整顿,兵骄盗肆,贻误地方;直隶试用道叶毓荣,迹近夤缘,不知自重,均着交部严加议处。请补涪州知州富顺县知县陈锡鬯,习气太深,钻营取巧;遂宁县知县黄允钦,年老聋聩,信任亲丁;阆中县知县费秉寅,苛虐病民,声名最劣,均着即行革职。资州直隶州知州高培谷,泸州直隶州知州李玉宣,宜宾县知县国璋,既据查明尚无别项劣迹,即着该督随时察看,如不能胜任,即行据实参奏,毋稍迁就。四川总督刘秉璋,措施失当,任用非人,致招物议,着交部议处。该省设立非刑,名目颇多,该督当通饬各属严行禁止,如查有私刑毙命等事,即行据实参办。其官盐局护本银两,尤当核实支销,如有盐船失事,应须补配,亦应设法稽查,不得仅凭委员含糊报销,致滋流弊。其余地方事宜,均着随时认真整顿,以挽积习。钦此。钦遵到部。

除候选道徐春荣革职永不叙用,请补涪州知州富顺县知县陈

① 《光绪宣统两朝上谕档》第20册(光绪二十年),广西师范大学出版社1996年版,第98页。又《清德宗实录》卷335,光绪二十年二月,中华书局1987年版,第301页。又谭继洵撰;贾维,谭志宏编:《谭继洵集(上)》,岳麓书社2015年版,第176—183页。

锡邕、遂宁县知县黄允钦、阆中县知县费秉寅均即行革职之处,吏部另行办理、知照并恭录谕旨移咨该督钦遵办理外,臣等查定例:官员溺职者,革职私罪。又官员滥举匪人,降二级调用私罪各等语。

此案前因御史钟德祥以四川吏治蠹蚀污浊,列款纠参,经湖北巡抚谭继洵查明复奏,四川总督刘秉璋措施失当,任用非人,致招物议,钦奉谕旨着交部议处。署四川提督重庆总兵钱玉兴,虽无通贿确据,惟统军最多,毫无整顿,兵骄盗肆,贻误地方;直隶试用道叶毓荣,迹近夤缘,不知自重。钦奉谕旨,均着交部严加议处等因。臣等查官员滥举匪人,例应降二级调用。今刘秉璋措施失当,任用非人,致招物议,未便仅照滥举匪人例核议,自应照溺职例办理。叶毓荣迹近夤缘,不知自重,亦应照溺职例议处。应请将四川总督刘秉璋、直隶试用道叶毓荣均照"溺职革职私罪"例议以革职。至叶毓荣系严加议处,应行加等。惟处分例止革职,无可再加。兵部查官员溺职者革职私罪。此案钱玉兴统军最多,毫无整顿,兵骄盗肆,贻误地方,钦奉谕旨交部严加议处,应请将署四川提督重庆镇总兵钱玉兴照官员"溺职革职私罪"例议以革职。该员系奉旨严加议处,例应加等。惟处分例止革职,无可再加。

所有臣等遵旨严议议处缘由,理合恭折具奏,伏乞皇上圣鉴,训示遵行。再,此折系吏部主稿,会同兵部办理,合并声明。谨奏。光绪二十年三月初三日。

大学士管理吏部事务臣张之万、协办大学士吏部尚书臣宗室麟书(假)、协办大学士吏部尚书臣徐桐、吏部左侍郎臣宗室寿荫(住班)、吏部左侍郎臣徐用仪、降二级留任降一级留任吏部右侍郎臣崇光、吏部右侍郎臣廖寿恒;大学士管理兵部事务臣额勒和布、兵部尚书臣宗室敬信、兵部尚书臣孙毓汶(假)、降二级留任降一级留任兵部左侍郎臣巴克坦布、兵部左侍郎臣王文锦、兵部右侍郎臣荣惠、降二级留任兵部右侍郎臣徐树铭。①

3.【案】此谕旨多有节略,《上谕档》载曰:

光绪二十年三月初三日,内阁奉上谕:吏部等部会奏,遵议处分一折。四川总督刘秉璋经部照溺职例议以革职,着加恩改为革职留任。朕念该督宣力有年,平日办事尚属认真,是以特从宽宥,

---

① 台北故宫博物院藏:《军机及宫中档》,文献编号:131084。

嗣后务当振刷精神,于川省吏治、营伍实力整顿,不得稍涉懈弛,以副委任。署四川提督重庆镇总兵钱玉兴、直隶试用道叶毓荣,均着照部议,即行革职。钦此。①

4.【光绪二十年四月初四日】此具奏日期据原件校补。

5.【知道了】此朱批据原件补。

6.【光绪二十年五月十六日,奉朱批:知道了。钦此。】此朱批日期与内容,据录副校补。

奏办结玉树德格积案开单请奖疏
光绪二十年四月十九日(1894年5月23日)

四川成都将军臣恭寿、革职留任太子少保四川总督臣刘秉璋跪¹奏,为办结玉树德格积案,谨将川省出力员弁择尤请奖,恭折具陈,仰祈圣鉴事。

窃臣等前次会同陕甘督臣杨昌濬、西宁办事大臣奎顺②,将委员会办玉树德格各案一律清结缘由具奏,钦奉朱批:着准其择尤酌保,毋许冒滥。钦此。钦遵。当经臣等抄送拟保各员清折,咨由甘省汇案办理。嗣准陕甘督臣杨昌濬、西宁办事大臣奎顺咨称:查办玉德番案委员徐副将联魁系属尤为出力之员,若由甘省拟保,恐其阶级重复。送到请奖文武员弁,尚无履历,备文咨取,辗转不免稽迟,拟将甘省应保员弁即由本省保奖,所有川省请奖人员仍由川省径奏,以昭妥慎而资便捷等因。

臣等查玉德番案时逾多载未结,经该副将徐联魁会同甘省委员驰往适中之地,集齐两造,剀切开导,持平核断,革除积弊,议立章程,俾各遵守,从此安分住牧,两无猜嫌,以和番情而弭后患。在事各员弁等冲风冒雪,累月经年,仰赖朝廷威福,该两造悉已遵断结案,自应遵饬择尤酌保,所有记名提督卓和协副将徐联魁可否仰邀天恩赏给军功随带加二级。其余尤为出力之员弁、县丞刘文清等十名,汇开清单²,恭呈御览,并恳恩施准照所请奖叙,以

---

① 《光绪宣统两朝上谕档》第20册(光绪二十年),广西师范大学出版社1996年版,第128页。又《清德宗实录》卷336,光绪二十年三月,中华书局1987年版,第311页。

② 奎顺(1846—?),满洲正蓝旗人,监生,捐纳贡生。同治九年(1870),再捐笔帖式。十年(1871),保主事,选员外郎。十二年(1873),签分户部员外郎。光绪元年(1875),监修普祥峪工程。三年(1877),补户部员外郎,加四品衔。五年(1879),升补户部郎中。九年(1883),充捐纳房帮办。同年,调户部江南司郎中。十一年(1885),放甘肃甘凉道。十三年(1887),署西宁办事大臣。十八年(1892),迁西宁办事大臣,加副都统衔。二十五年(1899),授正黄旗汉军副都统。同年,补马兰镇总兵官兼总管内务府大臣。二十六年(1900),调镶白旗汉军副都统。同年,擢察哈尔都统。三十年(1904),调补乌里雅苏台将军。三十一年(1905),补授正蓝旗汉军都统。

昭激劝。

除将该员弁履历分咨吏、兵二部查照外，所有办结玉树德格积案，谨将川省出力员弁择尤请奖缘由，理合合词恭折具陈，伏乞皇上圣鉴，训示。谨奏。光绪二十年四月十九日[3]。

（朱批）：该部议奏，单并发。[4]

光绪二十年五月初七日，奉朱批：该部议奏，单并发。钦此。[5]

【案】此奏原件现藏于中国第一历史档案馆①，录副藏于台北故宫博物院②，兹据校正。再，此奏具文时间刊本作"光绪二十年三月十九日与成都将军恭寿合奏"，而原件、录副均作"光绪二十年四月十九日"，确。兹据校正。

1.【四川成都将军臣恭寿、革职留任太子少保四川总督臣刘秉璋跪】刊本无此前衔，兹据原件校补。

2.【案】同日，将军恭寿、总督刘秉璋随折呈递保奖清单，曰：

谨将办结玉树德格积案之出力文武员弁择尤保奖，开具清单，恭呈御览。

县丞用候选从九刘文清，请免选本班，以县丞不论双单月尽先前补用，并赏戴蓝翎。县丞用候选从九徐鼎、田翔龙，请免选本班以县丞不论双单月尽先前选用。廪生张其健，请以训导不论双单月尽先前选用。文童牛家彬，请以典史不论双单月归部尽先选用，并赏戴蓝翎。蓝翎补用把总杨汝钦，请免补把总，以千总尽先拔补，并赏加守备衔。蓝翎尽先把总李朝福，请免补把总，以千总尽先拔补，并赏加守备衔。六品军功尽先外委官志高，请免补外委，以把总尽先拔补，并赏戴蓝翎。六品军功孙福昌、甘玉堂，均请以把总尽先拔补。

（朱批）：览。③

3.【光绪二十年四月十九日】此具奏日期据原件补。

4.【该部议奏，单并发。】此朱批据原件补。

5.【光绪二十年五月初七日，奉朱批：该部议奏，单并发。钦此。】此朱批日期与内容，据录副校补。

---

① 中国第一历史档案馆藏：《朱批原件》，档案编号：04-01-12-0563-010。

② 台北故宫博物院藏：《军机及宫中档》，文献编号：132420。

③ 台北故宫博物院藏：《军机及宫中档》，文献编号：132420-0-A。

奏请密饬驻藏大臣防闲藏僧片

光绪二十年五月二十五日(1894 年 6 月 28 日)

再,驻藏大臣魁柄下移,官非一任。藏书顽梗,积习难返,迄今盖已数十年。臣考之案牍,加以询访,奎焕①性情、举动,稍近轻率,易为藏番所藐玩,久驻边疆,恐非所宜。

至藏僧愚蠢,势屈于印度,意欲结俄抗印,而俄人复从而诱之。此情理、事势所宜有者。询据秦宗藩、多福面禀通俄之说,颇有端倪,却非边觉夺吉一人之意。称志文控其通俄,深触所讳,是以阖藏群起而争。惟藏番既坚不承认,是尚有忌惮隐匿之心,似亦不必指明、授印度以口实,应请旨密饬接任之驻藏大臣,不动神色,暗中防闲,以弭边衅。

臣受恩深重,而藏卫又为川西屏障,事关切要,愚虑所及,不敢不据实密陈,伏乞圣鉴,训示。谨奏。

光绪二十年六月十四日,堂谕封存。¹

【案】此奏原件、录副均查无下落,兹据《随手档》校补。再,此奏具文时间刊本作"光绪二十年六月",未确。查光绪二十年六月十四日《随手档·朱批刘秉璋折》②,署有"报三百里、五月二十五日发"等字样。据此,其具文日期应以"光绪二十年五月二十五日"为是。兹据校正。

1.【光绪二十年六月十四日,堂谕封存。】此朱批日期与内容,据《随手档》校补。

---

① 奎焕(1850—?),字章甫,蒙古镶白旗人,同治五年(1866),以监生报捐笔帖式。六年(1867),承袭云骑尉世职。八年(1869),补吏部笔帖式。十三年(1874),办理菩陀峪万年吉地差使。同年,充神机营文案委员。光绪元年(1875),保主事。三年(1877),加四品衔。五年(1879),补授吏部主事。同年,保升员外郎。八年(1882),保升郎中。九年(1883),补吏部员外郎。十年(1884),升吏部郎中。十一年(1885),授内阁侍读学士。同年,充海军衙门帮办。十三年(1887),迁太仆寺少卿。十七年(1891),授驻藏帮办大臣,加副都统衔。十八年(1892),补授驻藏办事大臣。同年,授督办藏印边务大臣。二十五年(1899),调补乌里雅苏台参赞大臣。二十六年(1900),护理定边左副将军。三十一年(1905),署理定边左副将军。宣统元年(1909),补授镶蓝旗汉军副都统。二年(1910),调补成都副都统。

② 中国第一历史档案馆藏:《军机处随手登记档》,档案编号:03-0280-2-1220-159。

奏兼护成都将军印务一切得项概归前任片

光绪二十年七月十一日（1894 年 8 月 11 日）

再，臣前因久病吁恳开缺，奉朱批：该督现有交查事件，着俟查办完竣，再行请旨。钦此。当即恭折销假，声明俟两案查办俱竣，遵旨陈情在案[1]。现在，藏臣互揭之案臣已查明复奏。钦差查办事件两大臣于七月初一日到省，所查事件约计七八月间当可查明奏结。正拟届时吁申前请，得释重负，免罹罪愆，兹又蒙恩兼护成都将军印务[2]。恭寿于初八日奉到朱批，即于十一日送印，定于十三日起程北上[3]，匆遽之间，责无旁贷。

臣自知衰颓已甚，残喘苟延，万不得已勉策羸躯，支撑数月。惟该将军恭寿此次往返万里，膏秣需资，其眷属留川亦需用费。臣本任廉俸、公费足资办公，兼护将军任内所有军署一切得项，概归恭寿仍前支用，以昭平允。事关庆典，理合从宜，若寻常兼署之案不得援此为例，合并声明。

谨附片具陈，伏乞圣鉴。谨奏。

（朱批）：知道了。[4]

光绪二十年八月二十三日，奉朱批：知道了。钦此。[5]

【案】此奏原件现藏于中国第一历史档案馆①，录副藏于台北故宫博物院②，兹据校正。再，此奏具文时间刊本作"光绪二十年七月"，而原件作"光绪二十年九月十四日"，录副未署具奏时间，均未确。兹据朱批日期查光绪二十年八月二十三日《随手档·朱批刘秉璋折》③，据同批主折可断，其具奏日期当为"光绪二十年七月十一日"。兹据校正。

1.【案】光绪二十年五月初一日，四川总督刘秉璋奏报陈明病体未痊暂行力疾销假查办藏务缘由，曰：

革职留任太子少保四川总督臣刘秉璋跪奏，为微臣病体未痊，暂行力疾销假，查办藏务，并听候钦差查办，恭折具陈，仰祈圣鉴事。

窃臣于本年三月初一日因假期届满，专折奏陈病状，吁恳开缺回籍调理。嗣据差弁于四月二十五日赍回原折，奉朱批：该督现有

---

① 中国第一历史档案馆藏：《朱批原件》，档案编号：04-01-12-0564-097。
② 台北故宫博物院藏：《军机及宫中档》，文献编号：134793。
③ 中国第一历史档案馆藏：《军机处随手登记档》，档案编号：03-0281-1-1220-227。

交查事件，着俟查办完竣，再行请旨。钦此。

　　跪聆之下，感悚交并。伏查臣先于四月十二、十七等日先后承准军机大臣字寄三月二十五、二十八日两奉上谕，饬臣查办藏案。正在询访查考间，又恭阅邸抄，四月初七日奉上谕：着派裕德、廖寿恒驰驿前往四川查办事件，随带司员着一并驰驿前往等因。钦此。窃微臣年迫七旬，便血太久，肝气作痛，健忘、怔忡、跛履诸症，有加无减，难望痊可。惟既须查办藏事，又值钦差来川查办，凡所查事件必须随时检案送查，自不得以病躯延误。筹思至再，万不获已，祇得暂行力疾销假，一面遵查藏务，一面听候钦差查办，统俟两案查竣具奏后，当再遵旨陈情，合并声明。

　　所有微臣病体未痊，暂行力疾销假，查办藏务，并听候钦差查办各缘由，理合恭折具陈，伏乞皇上圣鉴，训示。谨奏。光绪二十年五月初一日。

　　光绪二十年五月二十八日，奉朱批：知道了。钦此。①

　　2.【正拟届时吁申前请，得释重负，免罹罪愆，兹又蒙恩兼护成都将军印务】刊本作“正拟届时吁申前请，蒙恩兼护成都将军印务”。兹据原件校补。

　　3.【案】光绪二十年七月十一日，成都将军恭寿奏报交卸印务、起程日期情形，曰：

　　成都将军兼署副都统事务奴才恭寿跪奏，为奴才遵旨赴京随同祝嘏，谨将交卸成都将军印务、起程日期，恭折具陈，仰祈圣鉴事。

　　窃奴才接准兵部咨开：内阁抄出光绪二十年正月十五日奉上谕：本年恭逢慈禧端佑康颐昭豫庄诚寿恭钦献皇太后六旬万寿，寰宇胪欢，薄海臣民，咸深庆忭，外省将军、督、抚、副都统、提、镇、藩、臬等官，自必情殷瞻觐，吁恩祝釐。朕钦奉懿旨，于各省将军、督、抚、副都统、提、镇、藩、臬内，每省酌派二三员并各酌带道、府、丞、倅、将、备二三人，随同班列。钦此。十八日复奉上谕：朕钦奉懿旨，四川着派成都将军恭寿、松潘镇总兵陈金鳌，均于十月初一日以前到京恭候，届期随同祝嘏等因。钦此。钦遵在案。

①　中国第一历史档案馆藏：《朱批原件》，档案编号：04-01-30-0064-014。又台北故宫博物院藏：《军机及宫中档》，文献编号：132931。

奴才旋以成都将军印信需人接护,当经专折奏请,于七月初八日接奉朱批,着刘秉璋暂行护理。钦此。遵于十一日派委印务协领塔斯杭阿、中军副将邓全胜将成都将军印信一颗暨敕书等件赍送督臣刘秉璋祗领护理,奴才即于十三日自成都起程赴京,并酌带成都府知府恩寿、绥定府知府增贵、普安营参将祥云一并赴京恭候,届期随同班列。

除将起程日期咨明总理庆典王大臣查照外,谨恭折具陈,伏乞皇上圣鉴。谨奏。光绪二十年七月十一日。①

4.【知道了】此朱批据原件补。

5.【光绪二十年八月二十三日,奉朱批:知道了。钦此。】此朱批日期与内容,据录副校补。

兼护成都将军印务谢恩疏

光绪二十年七月十一日(1894 年 8 月 11 日)

革职留任太子少保兼护成都将军四川总督臣刘秉璋跪[1]奏,为微臣暂行护理成都将军印务,恭折叩谢天恩,仰祈圣鉴事。

光绪二十年七月初八日,接准成都将军恭寿咨开:本将军钦奉谕旨派令赴京,随同祝嘏,因限期迫促,于五月十四日奏请成都将军印信可否暂委协领塔斯杭阿代拆代行一折,七月初八日折旋,奉到朱批:着刘秉璋暂行护理。钦此。钦遵咨行到臣。旋于十一日准恭寿饬委印房协领塔斯杭阿、中军副将邓全胜将钦颁乾字第五百七十六号成都将军印信一颗并敕书等件赍送前来。

臣当即恭设香案,望阙叩头谢恩,祗领护理。伏查臣衰庸之质,忝任疆圻,时切战兢,深虞陨越。兼摄军篆,任重难胜,所幸旗营事务均有定章,臣惟有责成该协领、佐领等各尽厥职,恪遵旧章,妥慎办理,期无贻误[2]。至洋务、教案,向系由臣衙门主办,今既兼护,凡有咨行事件,不复会衔,以归简易。

除照例恭疏题报外,所有着微臣暂行护理成都将军印务日期,理合恭折叩谢天恩,伏乞皇上圣鉴。谨奏。光绪二十年七月十一日[3]。

(朱批):知道了。[4]

光绪二十年八月二十三日,奉朱批:知道了。钦此。[5]

①　台北故宫博物院藏:《军机及宫中档》,文献编号:408011924。

【案】此奏原件现藏于中国第一历史档案馆①,录副藏于台北故宫博物院②,兹据校正。再,此奏具文时间刊本作"光绪二十年七月初八日",而原件、录副均作"光绪二十年七月十一日",确。兹据校正。

1.【革职留任太子少保兼护成都将军四川总督臣刘秉璋跪】刊本无此前衔,兹据原件校补。

2.【期无贻误】刊本误作"斯无贻误",兹据原件校正。

3.【光绪二十年八月二十三日】刊本无此具奏日期,兹据原件校补。

4.【知道了】此朱批据原件补。

5.【光绪二十年八月二十三日,奉朱批:知道了。钦此。】此朱批日期与内容,据录副校补。

奏参将吴杰前赴浙江片

光绪二十年八月初五日(1894年9月4日)

再,本年六月二十日钦奉电旨:参将吴杰着刘秉璋迅速饬令前往浙江,听候差遣,毋稍延误。钦此。伏查臣前在浙江巡抚任内,吴杰管理招宝山炮台,其时仅有克虏伯炮一尊,击中法船。事平之后,添筑三台,又添购克虏伯炮多尊,其大者能送四百磅长弹,皆吴杰所经理。该参将离浙后,臣知其为有用之才,不便令其闲散,檄饬来川管带泰安左营。今奉谕旨,当即檄委升用游击提标右营守备钱春榜前往该营接替。现据该员吴杰交卸营务,已于七月初四日由省起程,前赴浙江,听候差遣。

除当已电呈军机大臣[1]并飞咨浙江抚臣查照外,理合附片陈明,伏乞圣鉴。谨奏。

(朱批):知道了。[2]

光绪二十年八月二十二日,奉朱批:知道了。钦此。[3]

【案】此奏原件现藏于中国第一历史档案馆③,录副藏于台北

---

① 中国第一历史档案馆藏:《朱批原件》,档案编号:04-01-16-0242-064。

② 台北故宫博物院藏:《军机及宫中档》,文献编号:134792。

③ 中国第一历史档案馆藏:《朱批原件》,缩微号:672-2471。

故宫博物院①,兹据校正。再,此奏具文时间刊本作"光绪二十年七月",而原件作"光绪二十年九月十四日",录副未署具奏时间,均未确。兹据朱批日期查光绪二十年八月二十二日《随手档·朱批刘秉璋折》②,署有"报三百里、八月初五日发"等字样。据此,其具奏日期当以"光绪二十年八月初五日"为宜。兹据校正。

1.【案】光绪二十年六月二十五日,川督刘秉璋为吴杰调浙事致电军机处,曰:吴杰驻扎边防,亦是重地。奉旨电调赴浙,谅有要务,不敢请留,当即拣员替防,俾早成行。秉璋叩。径辰。

2.【知道了】此朱批据原件补。

3.【光绪二十年八月二十二日,奉朱批:知道了。钦此。】此朱批日期与内容,据录副校补。

五次吁请开缺疏

光绪二十年十月十二日(1894 年 11 月 9 日)

革职留任太子少保四川总督臣刘秉璋跪[1]奏,为微臣病势增遽,遵旨沥陈下悃,吁请开缺回籍调理,恭折仰祈圣鉴事。

窃臣于三月间因病奏请开缺,不意此折到京之前二日已有谕旨饬查藏案,是以钦奉朱批:该督现有交查事件,着俟查办完竣,再行请旨。钦此。及臣将藏案查明复奏,又有钦差来川查办事件,不得不力疾销假,听候查办。满拟查办完竣得申前请,适值成都将军恭寿进京祝嘏,遗缺蒙恩饬臣暂行护理。庆典攸关,责无旁贷,当即专折谢恩,并另片声明勉策孱躯,支撑数月各在案。

近因办理文闱监临,接充武闱主考,积劳稍久,便血、怔忡、健忘、跛履一切旧症并皆增剧,而怔忡为尤甚,夜则卧不成眠,昼则精神恍惚,批判公牍,掩卷茫然,稍一构思,汗流浃背,昏迷瞀乱,病情倍重于从前。总督任重事繁,筋力就衰,必至贻误。据医家云,水不润木,血不养心,亏损太深,非静养数年,苓术断难获效。况左腿渐成偏废,跪起必待人扶,缓步仍须拄杖,龙钟丑态,不独羞颜于僚吏,亦且负愧于影衾。若再恋栈希荣,势必负乘致寇,臣之获咎所不敢辞,而孤负天恩,何以自问?再四思维,万不得已吁恳鸿慈赏准开缺回籍调理。所有四川总督一缺,乞即特简贤员来川接办,免误要公,俾微

① 台北故宫博物院藏:《军机及宫中档》,文献编号:134758。
② 中国第一历史档案馆藏:《军机处随手登记档》,档案编号:03-0281-1-1220-227。

臣幸免罪戾,感荷矜全,永矢衔结。至现在兼护军篆,屈计此折进呈,钦奉俞允开缺,简放有人,其时成都将军恭寿亦必由京回任,两无旷误,合并声明。

所有微臣病势增剧吁恳开缺回籍调理缘由,理合恭折沥陈,伏乞皇上圣鉴,训示。谨奏。光绪二十年十月十二日²。

（朱批）：已有旨令汝开缺来京另候简用矣。³

光绪二十年十一月十一日,奉朱批：已有旨令汝开缺来京另候简用矣。钦此。⁴

　　【案】此奏原件①、录副②现藏于中国第一历史档案馆,兹据校正。

　　1.【革职留任太子少保四川总督臣刘秉璋跪】刊本无此前衔,兹据原件校补。

　　2.【光绪二十年十月十二日】此具奏日期据原件补。

　　3.【知道了】此朱批据原件补。

　　4.【光绪二十年十一月十一日,奉朱批：已有旨令汝开缺来京另候简用矣。钦此。】此朱批日期与内容,据录副校补。

奏遵饬办理盐斤加价疏
光绪二十年十月十八日（1894 年 11 月 15 日）

革职留任太子少保四川总督臣刘秉璋跪¹奏,为遵饬办理盐斤加价以佐军需,并请免预缴盐厘以恤商力,恭折具陈,仰乞圣鉴事。

案准户部咨：议复编修张百熙③奏请筹饷各条内开：有盐务各省,每斤

---

① 中国第一历史档案馆藏：《朱批原件》,档案编号：04-01-13-0380-002。
② 中国第一历史档案馆藏：《军机录副》,档案编号：03-5316-056。
③ 张百熙（1847—1907）,字诒孙,号冶秋,又号退思,湖南长沙人,监生。同治九年（1870）,中举。十三年（1874）,中式进士,改庶吉士。光绪二年（1876）,授翰林院编修。五年（1879）,充山东乡试副考官。七年（1881）,简山东学政。十二年（1886）,补国史馆协修官。十四年（1888）,授四川乡试正考官。十五年（1889）,入直南书房。十六年（1890）,选教习庶吉士。十七年（1891）,补会典馆总纂官。二十一年（1895）,充翰林院侍讲。二十二年（1896）,授翰林院侍读、日讲起居注官。同年,授国子监祭酒。二十三年（1897）,授江西乡试正考官。同年,授广东学政,升补内阁学士兼礼部侍郎衔。二十六年（1900）,迁礼部右侍郎。是年,擢都察院左都御史。二十七年（1901）,补授工部尚书,兼署都察院左都御史。同年,调补刑部尚书、吏部尚书,兼管学大臣、经筵讲官。二十九年（1903）,署礼部尚书。是年,补政务处大臣。三十年（1904）,授会试副考官。三十一年（1905）,调户部尚书,兼署顺天府府尹事务。三十二年（1906）,补授邮传部尚书。三十三年（1907）,卒于任。谥文达。著有《奏议》《退思轩诗集》等行世。

加钱二文,以佐军需,军务一平,即行停止,奉旨通行等因。当即转饬司道筹议。

兹据布政使王毓藻、署盐茶道殷李尧、官运局候补道夏峃、文天骏会详:遵查助饷以多筹为善,加厘以普遍而均。川省盐务有官运、商运、边岸、计岸、行引、行票之分,而总以在川加征一次为断。统计岁销额引水陆折合水引四万一千二百三十六张三则二色,道、局两处带销余引各数千张,约共销引五万张之谱,计应行盐四十千万斤,每斤加钱二文,约可加钱八十万串,以钱易银,约可征银五十万两之谱。今拟自光绪二十一年正月甲午纲为始,凡川省所产之盐,无论官运、商运、边岸、计案、行引、行票,每盐一斤加钱二文,由盐道经管者分别引票征收,由官运局经管者按斤核入成本,均以一纲为起讫,由该道、局分饬于常征税羡截厘之外另行提解,专供军饷。至川盐济楚,现准湖广督臣张之洞电商由鄂省征收。是川省产盐之处已加一次,鄂省行盐之处又加一次,未免重复。且征收愈多,行销愈难,必至商情疑畏,有碍全局。若分别川、楚征收,界限难明,徒滋纷扰,自以在产盐省分征收一次,不复在行盐省分征收为至当不易办法。又预缴盐厘一节,川商资本远逊两淮,今每斤既令加钱二文,复令仿照淮岸预缴厘银,商力实所不逮,恐多罗掘于先,必致竭蹷于后,办理殊多窒碍,应请邀免,以顺商情,详请奏咨前来。

除由臣刊发告示晓谕引商、票贩一体遵办外,伏查此次每斤加钱二文,自应在于产盐省分征收,以昭划一,不复在于行盐省分征收,俾免分歧。至川商资本远逊两淮,既令每斤加价,复令预缴盐厘,商力实所未逮,合无仰恳天恩俯准川商免其预缴盐厘,以顺商情而恤商力。

除咨部查核外,所有办理川盐加厘各缘由,理合恭折具陈,伏乞皇上圣鉴,训示遵行。谨奏。光绪二十年十月十八日[2]。

(朱批):户部议奏。[3]

光绪二十年十一月初八日,奉朱批:户部议奏。钦此。[4]

【案】此奏原件①、录副②现藏于中国第一历史档案馆,兹据校正。再,此奏具文时间刊本作"光绪二十年十月",未确。而原件、录副均作"光绪二十年十月十八日",确。兹据校正。

1.【革职留任太子少保四川总督臣刘秉璋跪】刊本无此前衔,兹据原件校补。

---

① 中国第一历史档案馆藏:《朱批原件》,档案编号:04-01-35-0529-061。
② 中国第一历史档案馆藏:《军机录副》,档案编号:03-6469-002。

2.【光绪二十年十月十八日】此具奏日期据原件补。

3.【户部议奏】此朱批据原件补。

4.【光绪二十年十一月初八日,奉朱批:户部议奏。钦此。】此朱批日期与内容,据录副校补。

奏请张桓侯庙列入祀典疏

光绪二十年十一月初二日(1894 年 11 月 28 日)

革职留任太子少保四川总督臣刘秉璋跪[1]奏,为神灵屡著,功德及民,恳恩列入祀典,恭折仰祈圣鉴事。

窃据布政使王毓藻转据夔州府云阳县知县戴锡麟详称:该县乐温山旧有张桓侯庙,夙著灵应。光绪十年,前督臣丁宝桢以运京铜铅及川盐过境各船诣庙虔祷,履险如夷,奏奉谕旨颁赐匾额,随奉朱笔圈出威显封号,钦此,转行钦遵悬挂在案[2]。凡兹敕谕加封,诚为国家崇德报功盛典。惟是庙貌严肃如新,春秋尚阙祀典,钦惟我朝崇祀关圣帝君,每岁春秋仲月诹吉及五月十三日圣诞均有致祭典礼,薄海遵行。谨按史册,桓侯与关圣帝君同为蜀汉功臣,其精忠报国、义勇行军事迹类多相若。桓侯入川后,镇守阆中,从征荆州,尽义捐躯,迄今千有余载,英灵之气,凛然如生。况保卫行舟,灵异夙著,早在圣明洞见之中。近十年来,解运各船络绎,经过该县之东洋、庙矶二险滩,必有顺风护送,一律化险为夷,愈昭灵佑。且遇有水旱,祈晴祷雨,辄即响应,转歉为丰,合邑均叨福庇。是桓侯护国佑民历久不爽,又与关胜帝君之威灵同为显应。伏思致祭关胜帝君典礼既已备极尊崇,桓侯应请列入祀典,祇荐馨香等情,据该县详经该府、道移由藩司转请具奏前来。

臣查庙祀正神,实能御灾捍患、有功于民者,核与应祀之礼相符。兹查云阳县威显张桓侯庙屡著英灵,默消灾沴,宸翰辉煌,既荷崇褒于曩日;舆情爱戴,宜伸报飨于来兹。合无仰恳天恩敕部将威显张桓侯庙列入该县祀典,每岁春秋由地方官致祭,以答神庥而彰崇报。至礼仪祝文,应附请钦定颁行,以昭郑重。

是否有当? 除咨部查核外,理合恭折具奏,伏乞皇上圣鉴,训示。谨奏。光绪二十年十一月初二日[3]。

(朱批):礼部议奏。[4]

光绪二十年十二月初七日,奉朱批:礼部议奏。钦此。[5]

【案】此奏原件①、录副②现藏于中国第一历史档案馆，兹据校正。再，此奏具文时间刊本作"光绪二十年十一月"，未确。而原件、录副均作"光绪二十年十一月初二日"，确。兹据校正。

1.【革职留任太子少保四川总督臣刘秉璋跪】刊本无此前衔，兹据原件校补。

2.【案】光绪十年十二月初二日，川督丁宝桢奏请将张桓侯庙敕加封号缘由，曰：

太子少保头品顶戴四川总督臣丁宝桢跪奏，为庙祀正神功德及民，恳恩敕赐封号、匾额，以答神庥，恭折具奏，仰祈圣鉴事。

窃查云阳县属旧有张桓侯庙，俯瞰大江，凡士官商船，来往瞻仰。溯侯本燕人，入川后镇守阆中，以忠勇称，从征荆州，尽义捐躯，迄今千有余载，英灵之气凛然如在。沿河数千里，险滩林立，自万县至巫山之东洋庙矶，瞿塘滟滪，滩高浪险，行旅视为危途，一经祈祷，无不转危为安。年来官运盐铅船只，亦迭邀呵护。尝考《云阳县志》载：侯之立庙，有宋人安刚中庙碑记足考，且河中上下船只，每日必有顺风三十里，历历不爽。是桓侯之灵应，非始自今日。本年春间解运京铜铅过境，及川盐下驶各船，诣庙虔祷，履险如夷，洵属灵应显著。据该县府道详由藩司转请具奏前来。

臣查庙祀正神实能御灾捍患，有功于民者，例得请加封号、匾额。兹查云阳县张桓侯庙，夙著灵异，保卫行舟，功尤显著，洵属有功于民，合无仰恳天恩敕加张桓侯封号，并颁赐匾额一方，由臣饬县敬谨悬挂，以答神庥。是否有当？理合恭折具奏，伏乞皇太后、皇上圣鉴，训示。谨奏。十二月初二日。③

【案】此奏旋于是年十二月二十九日得旨允行，《上谕档》载曰：

光绪十年十二月二十九日，内阁奉上谕：丁宝桢奏，神灵显应，请颁匾额并加封号一折。四川云阳县张桓侯庙，夙著灵异，本年春间解京铜铅过境，及川盐下驶各船诣庙虔祷，履险如夷，实深寅感，着南书房翰林恭书匾额一方，交丁宝桢敬领悬挂。所请敕加封号

---

① 中国第一历史档案馆藏：《朱批原件》，档案编号：04-01-15-0085-015。
② 中国第一历史档案馆藏：《军机录副》，档案编号：03-5559-043。
③ 中国第一历史档案馆藏：《军机录副》，档案编号：03-5540-087。

之处,着礼部议奏。钦此。①

　　3.【光绪二十年十一月初二日】此具奏日期据原件补。

　　4.【礼部议奏】此朱批据原件补。

　　5.【光绪二十年十二月初七日,奉朱批:礼部议奏。钦此。】此
朱批日期与内容,据录副校补。

奏越巂绅民请建已故提督周达武专祠疏
光绪二十年十一月初十日(1894年12月6日)

　　革职留任太子少保四川总督臣刘秉璋跪[1]奏,为已故提督前在川省地方
战绩卓著,有功于民,据情吁恳天恩俯准以原修夷塾改建专祠,以顺舆情,恭
折仰祈圣鉴事。

　　窃据署越巂营参将方成璧、署越巂厅同知劳衡芝转据绅民李仕斌、蒙国
选、刘国桢等禀称:窃维崇德报功,国家之典章炳在;而阐幽扬显,明禋之激
观攸彰。伏查已故前贵州提督臣周达武②,籍隶南湘,督师西蜀,前于发逆
猖獗之际,征战四方,殊勋迭著。自同治三年石逆窜过越西,夷匪乘机作乱,
杀掳盈途。周达武率虎旅以遄征,剿鸱张之逆焰,始则歼渠捣穴,继则就抚
投诚。因建夷塾,冀化蛮风,迄今数十年,余威尚在,怀畏勿忘。兹闻病故,
合厅绅民追思遗爱,请就原建夷塾为周达武专祠,稍尽报飨之忱等情,由厅、
营[2]转禀请奏前来。

　　臣查已故提督周达武,转战各省,迭著奇功,于川省戡定越巂夷乱,洵属
有功于民,至今绅民追感靡已。查周达武前经陕甘督臣奏请在于湖南、江
西、湖北、安徽、贵州、四川等省立功地方建立专祠,已蒙恩准。兹该绅等联
名祈吁,出于至诚,未敢壅于上闻,理合据情陈请,合无仰恳天恩准以已故贵
州提督周达武在于越巂厅城将原修夷塾由绅民改建专祠,岁由地方官春秋
致祭,以彰勋绩而顺舆情之处,出自恩施逾格。

----

①　《光绪宣统两朝上谕档》第10册(光绪十年),广西师范大学出版社1996年版,第474页。
②　周达武(1813—1894),字梦熊,号渭臣,湖南长沙府宁乡县人。咸丰四年(1854),以武童
　　从军,因功赏六品顶戴,拔补把总。五年(1855),升千总,赏戴蓝翎。六年(1856),迁守
　　备。七年(1857),补都司。八年(1858),授游击,换花翎。九年(1859),擢参将。十年
　　(1860),充营官,加总兵衔。同年,实授总兵。同治元年(1862),晋提督衔,赏质勇巴图鲁
　　名号。同年,调四川建昌镇总兵,署四川提督。二年(1863),代理四川提督。四年
　　(1865),调补贵州提督。七年(1868),加博奇巴图鲁勇号,赏穿黄马褂。十二年(1873),
　　封骑都尉。光绪元年(1875),因病回籍调理。三年(1877),补授甘肃提督。二十年
　　(1894),卒。赠尚书衔。

谨缮折具陈,伏乞皇上圣鉴,训示。谨奏。光绪二十年十一月初十日³。
(朱批):着照所请,礼部知道。⁴

光绪二十年十二月初八日,奉朱批:着照所请,礼部知道。钦此。⁵

【案】此奏原件①、录副②现藏于中国第一历史档案馆,兹据校正。再,此奏具文时间刊本作"光绪二十年十一月",未确。而原件、录副均作"光绪二十年十一月初十日",确。兹据校正。

1.【革职留任太子少保四川总督臣刘秉璋跪】刊本无此前衔,兹据原件校补。

2.【营】刊本夺"营",兹据原件校补。

3.【光绪二十年十一月初十日】此具奏日期据原件补。

4.【着照所请,礼部知道】此朱批据原件补。

5.【光绪二十年十二月初八日,奉朱批:着照所请,礼部知道。钦此。】此朱批日期与内容,据录副校补。

奏请以藩司护理督篆疏

光绪二十年十一月十七日(1894年12月13日)

开缺四川总督臣刘秉璋跪¹奏,为叩谢天恩,沥陈下悃,请旨遵行,恭折仰祈圣鉴事。

窃臣于十月十二日专折缕陈病状,遵旨吁请开缺回籍调理,约计十一月上旬当可进呈御览。顷间恭阅邸抄,先于十月二十二日²已奉有谕旨,着开缺来京,另候简用。谭钟麟着调补四川总督。钦此。

跪聆之下,悚感交并。窃臣衰病侵寻,实已不堪应务。年来四请开缺,未蒙俞允,愆尤丛集,寝馈难安。兹乃荷蒙圣恩高厚,曲赐矜全,免误岩疆,致干重咎。私衷感激,不觉涕零。惟川、闽相去几及万里,谭钟麟到川尚需时日,而臣孱躯衰惫,一切病状前已缕陈,不敢复渎。近因怔忡既久,变成惊悸,偶一合目,忽然惊醒,耳鸣心跳,不复成眠。次日早起,精神恍惚,窃恐旷日迁延,必更贻误公事。

届计庆典礼成,成都将军恭寿早已出都,拟俟其到川回任,臣交卸兼护

① 中国第一历史档案馆藏:《朱批原件》,档案编号:04-01-15-0085-032。
② 中国第一历史档案馆藏:《军机录副》,档案编号:03-5317-044。

军篆后,所有四川总督篆务亦拟请以王毓藻①暂行护理,俾臣得早卸仔肩,免增罪戾。案关护理督篆,未敢擅便,理合恭折附驿³先行陈明,伏乞皇上圣鉴,训示。谨奏。光绪二十年十一月十七日⁴。

光绪二十年十二月二十四日奉到朱批:着俟谭钟麟到任后,再行交卸。钦此。

（朱批）:着俟谭钟麟到任后,再行交卸。⁵

光绪二十年十二月初五日,奉朱批:着俟谭钟麟到任后,再行交卸。钦此。⁶

【案】此奏原件②、录副③现藏于中国第一历史档案馆,兹据校正。再,此奏具文时间刊本作"光绪二十年十一月",未确。而原件、录副均作"光绪二十年十一月十七日",确。兹据校正。

1.【开缺四川总督臣刘秉璋跪】刊本无此前衔,兹据原件校补。

2.【十月二十二日】刊本作"十一月二十二日",误。兹据原件校正。

3.【附驿】刊本误作"付驿",兹据原件校正。

4.【光绪二十年十一月十七日】此具奏日期据原件补。

5.【着俟谭钟麟到任后再行交卸。】此朱批据原件补。

6.【光绪二十年十二月初五日,奉朱批:着俟谭钟麟到任后,再行交卸。钦此。】此朱批日期与内容,据录副校补。

谢领庆典恩赏疏

光绪二十年十二月初四日（1894 年 12 月 30 日）

开缺四川总督臣刘秉璋跪¹奏,为微臣祇领庆典恩赏,叩谢天恩,恭折仰

---

① 王毓藻(1837—1900),字采其,号鲁芗,湖北省黄冈县(今湖北省黄冈市)人。同治元年(1862),以附生中式乡试举人。二年(1863),中式进士,充礼部祠祭司行走。光绪二年(1876),补授礼部主客司主事。同年,升礼部仪制司员外郎。三年(1877),迁礼部祠祭司郎中。五年(1879),简授江苏苏松粮储道。六年(1880),署理江苏按察使。八年(1882),加按察使衔。十一年(1885),升授广东盐运使。十二年(1886),补授广东按察使。十四年(1888),补授山东布政使。十六年(1890)丁母忧,回籍守制。十九年(1893),补授四川布政使。二十三年(1897),擢贵州巡抚。二十五年(1899),兼署贵州提督。二十六年(1900),卒于任。著有《资治通鉴纂要》《抗希堂黔中奏议》《宦海纪游》《抗希堂古文》等传世。

② 中国第一历史档案馆藏:《朱批原件》,档案编号:04-01-13-0381-016。

③ 中国第一历史档案馆藏:《军机录副》,档案编号:03-5317-022。

祈圣鉴事。

窃臣恭阅邸抄,光绪二十年九月二十六日奉上谕:朕钦奉慈禧端佑康颐昭豫庄诚寿恭钦献崇熙皇太后懿旨:本年予六旬庆辰,皇帝率天下臣民胪欢祝嘏,前经传旨内外王公、一二品文武大臣、将军、督抚、都统、副都统、提镇,照例应进食物、缎匹,均毋庸进献,以示体恤。兹当庆典届期,该王公、大臣等仍循旧例呈进贡物,系属出于至诚。若不允准,无以申臣下效敬之忱,转觉近于矫情,均着加恩赏收。所有此次呈进贡物之王大臣等,着各赏给福字一方、寿字一方、如意一柄、蟒蚼一件、尺头二匹,用示行庆示惠至意。钦此。复准部咨:内阁抄出光绪二十年十月初一日奉上谕:朕钦奉慈禧端佑康颐昭豫庄诚寿恭钦献崇熙皇太后懿旨:本年六旬庆辰,皇帝率天下臣民胪欢祝嘏,前经特沛恩纶,延釐中外。兹当庆典届期,着加恩赏赉。所有近支王公及王公、蒙古王公、御前行走、乾清门行走、御前侍卫、大学士、各部院尚书、左都御史、各省将军、都统、总督、巡抚、提督,着各赏大寿字一张、大缎二匹、帽纬一匣等因。钦此。钦遵到臣。

伏维万福骈臻,萃臣民而称祝;九垓欢洽,合中外而申釐。被芝緯²之丝纶,指挥如意;仰枫宸之翰墨,经纬咸宜。恩施荷稠叠之隆,鼓舞切饔轩之颂。

所有微臣祗领感激下忱,理合恭折叩谢天恩,伏乞皇上圣鉴。谨奏。十二月初四日³。

光绪二十一年正月二十二日,奉朱批:知道了。钦此。⁴

【案】此奏原件查无下落,录副①现藏于中国第一历史档案馆,兹据校正。再,此奏具文时间刊本作"光绪二十年十二月",未确。而录副作"光绪二十年十二月初四日",确。兹据校正。

1.【开缺四川总督臣刘秉璋跪】刊本无此前衔,兹据录副校补。

2.【芝緯】刊本作"芝陛",兹据录副校正。

3.【十二月初四日】此具奏日期据录副补。

4.【光绪二十一年正月二十二日,奉朱批:知道了。钦此。】此朱批日期与内容,据录副校补。

奏提督刘士奇病故请赐优恤疏

光绪二十年十二月初十日(1895 年 1 月 5 日)

开缺四川总督臣刘秉璋跪¹奏,为总兵因病出缺,吁恳天恩俯赐优恤,恭

---

① 中国第一历史档案馆藏:《军机录副》,档案编号:03-5320-073。

折仰祈圣鉴事。

　　窃四川建昌镇总兵刘士奇在署总兵任内因病出缺，经臣奏报并请简放以重职守[2]在案。伏查该故总兵刘士奇系湖南凤凰直隶厅人，于咸丰五年投效扬州胜勇营，保以六品蓝翎。七年十一月，进攻瓜州，赏换花翎。八年，克复来安、江浦等处，保以千总补用，并加守备衔。九月，攻克扬州、镇城解围，保以免补守备以都司尽先补用。十月，攻克汤岗，奏请题补湖南靖州协都司。复于镇城三次解围案内保以游击即补。十一年五月，奉调赴上海，派赴华漕应援。十二月，管带楚勇。

　　同治元年二月，调赴松江防剿。四月，攻克青浦，于松郡解围沪防肃清案内保以参将补用。九月，进扎四江口打仗，右耳被枪子伤，将贼击退，保以副将补用。二年，攻克太仓州城。四月，攻克昆山县城，奉上谕：刘士奇着赏给奋勇巴图鲁名号，并加总兵衔。六月，攻克苏州花泾港[3]之浃浦石垒。十三日，贼众围攻，该故员胸膛被枪子打穿。李鸿章保奏，七月初二日，内阁奉上谕：总兵衔副将刘士奇遇有总兵缺出，尽先题奏，并赏二品封典。十月，克复苏州省城。十一月初四日，内阁奉上谕：刘士奇着交军机处记名，遇有提督简放。钦此。统领奇字水陆各军[4]，攻克平望、九里桥、黎里等处。十二月初八日，内阁奉上谕：记名提督刘士奇遇有总兵缺出，先行请旨简放。三年，攻克嘉兴府城，内阁奉上谕：刘士奇着遇有提督缺出，尽先题奏。仍着军机处记名，遇有提督、总兵缺出，分别题奏。钦此。四月，攻克常州府城，内阁奉上谕：提督刘士奇着赏穿黄马褂。三年三月，内阁奉上谕：贵州古州镇总兵缺着刘士奇补授。五月，攻克长兴县城，内阁奉上谕：古州镇总兵刘士奇着交部从优议叙。嗣议给军功加一级。又克复湖州府城，内阁奉上谕：总兵刘士奇着赏给云骑尉世职。因在营受伤较重，奉旨着免骑射。又因历年防剿审捻出力，议给军功加一级。因伤复发，请假回籍。奉上谕：贵州古州镇总兵刘士奇请假回湘，毋庸回营，由湘赴任，与席宝田①共筹防剿。八年九月初一日，奉旨署理贵州提督[5]，办理军务，剿洗都匀一带贼匪。九年十一月，交卸提篆，仍带队进攻。初九日，克复都匀府城，奉旨赏换额腾依巴图鲁名号，仍交部从优议叙。嗣因伤发调痊赴黔，经抚臣奏署镇总兵。十三年六

　　①　席宝田（1829—1889），字研芗，湖南东安人，廪贡生。咸丰二年（1852），在籍办团。六年（1856），保训导选用。七年（1857），保教谕。八年（1858），保知县，加同知衔。九年（1859），保知州，戴蓝翎。十年（1860），升知府。十一年（1861），保升道员。同治元年（1862），加按察使衔。二年（1863），晋布政使衔，加业锉额巴图鲁名号。三年（1864），补授云南按察使。四年（1865），调补贵州按察使。六年（1867），赴黔剿办苗乱。九年（1859），赏戴花翎，加头品顶戴。后称病退职，离黔回湘，建孔庙，修县志，办书院。光绪十五年（1889），病卒。赠太子少保。

月,全黔肃清请奖叙案内奉上谕:刘士奇着赏给头品顶戴。嗣赴古州镇总兵本任,复经调署镇远镇总兵,旋即丁忧开缺。服阕后途次天津,经直隶督臣李鸿章奏留海防差遣[6]。

光绪六年八月十三日奉上谕:四川建昌镇总兵员缺,着刘士奇补授。钦此。七年十一月到建,接印任事[7],扣至十一年、十四年两届三年期满,均经奏准边防紧要,暂缓赴京[8],迭逢恩诏加级。十九年,剿办西昌夷匪何甫沉肃清,经臣保奏,奉上谕:建昌镇总兵刘士奇,着交部从优议叙。本年四月,经臣奏署四川提督[9],九月初八日到省接印。旋因在任患病,牵动旧伤复发,于十月十七日因病出缺,奏报在案。

伏维该故镇刘士奇,长于战阵,屡著勋劳,现在因病出缺,合无仰恳天恩俯准饬部照军营立功后在任病故例[10]从优议恤,以慰忠魂而昭激劝,出自鸿慈逾格。

除将履历咨部外,理合恭折具陈,伏乞皇上圣鉴,训示遵行。谨奏。光绪二十年十二月初十日[11]。

(朱批):另有旨。[12]

光绪二十一年正月二十三日,奉朱批:另有旨。钦此。[13]

【案】此奏原件①、录副②现藏于中国第一历史档案馆,兹据校正。再,此奏具文时间刊本作"光绪二十年十月",未确。而原件、录副均作"光绪二十年十二月初十日",确。兹据校正。

1.【开缺四川总督臣刘秉璋跪】刊本无此前衔,兹据原件校补。

2.【案】光绪二十年十一月初八日,川督刘秉璋奏报总兵刘士奇因病出缺缘由,曰:

革职留任太子少保四川总督臣刘秉璋跪奏,为署理四川提督建昌镇总兵因病出缺,谨将遴员接署提督篆务各缘由恭折具陈,仰祈圣鉴事。

案据署提标中军参将穆德沛呈报:奏署四川提督建昌镇总兵刘士奇感患泄泻之证,牵动旧疾,医治不愈,于本年十月初七日在署任因病出缺等由。据此,查提督统辖全省汉、土官兵,政务殷繁,不克一日乏员办理。臣查有现统安定营记名总兵万重暄,久经战阵,营务熟谙,堪以委令署理提督篆务。其未到任以前,委令督标

① 中国第一历史档案馆藏:《朱批原件》,档案编号:04-01-17-0153-049。
② 中国第一历史档案馆藏:《军机录副》,档案编号:03-5900-052。

中军副将况文榜暂行护理。所遗泰安、寿字等营,并委记名总兵吴建昭代统,俟万重暄接署提篆后,仍归万重暄统领。其安定一营,另委记名总兵左振绍接统,各专责成。除由臣檄饬遵照外,所有建昌镇总兵一缺相应请旨迅赐简放,以重职守。

理合恭折具陈,伏乞皇上圣鉴,训示遵行。谨奏。光绪二十年十一月初八日。①

光绪二十年十一月二十二日,奉朱批:另有旨。钦此。②

3.【花泾港】刊本作"北泾港",兹据原件校正。

4.【统领奇字水陆各军】刊本作"统领奇字、水字水陆各军",衍"水字"。

5.【案】同治九年正月初七日,刘士奇奏报接署提篆日期并谢恩,曰:

记名提督署贵州提督古州镇总兵云骑尉世职刘士奇跪奏,为陈报接署贵州提督篆务日期,恭折叩谢天恩,仰祈圣鉴事。

窃奴才于同治八年十月初三日准贵州抚臣曾璧光咨开:准军机大臣字寄:同治八年九月初三日奉上谕:曾璧光奏,拣员接署提篆并请饬催协饷一折等因,钦此。钦遵。闻命自天,感惶无地。旋于十月十七日准曾璧光将提督印信一颗交贵阳营游击傅必荣赍送前来。奴才遵即恭设香案,望阙叩头谢恩,祗领任事讫。

伏念奴才五箐庸材,三江末将,猥缘微绩,屡沐隆恩,赏换花翎,赏给奋勇巴图鲁名号并总兵衔,遇有总兵缺出尽先题奏;并给二品封典,遇有提督缺出尽先题奏;仍着军机处存记,遇有提督、总兵缺出,分别题奏;赏穿黄马褂,补授贵州古州镇总兵;赏给云骑尉世职。凡此鸿慈之迭沛,既已鏊戴以难忘。兹渥荷丝纶,命提节钺。筹兵筹饷,上烦庙算之精详;恤地恤民,更感皇仁之浩荡。奴才惟念提督办理军务,事有责成,黔省且当艰虞,势难自立。奴才梼昧,深惧弗胜,惟有遇事商之抚臣,力图报称。顽苗可格,其震詟乎天威;藩植自荣,永涵濡于帝泽。

所有奴才接署提篆日期,理合恭折具报,叩谢天恩,伏乞皇太后、皇上圣鉴。谨奏。同治九年正月初七日,军机大臣奉旨:知道了。钦此。③

①　中国第一历史档案馆藏:《朱批原件》,档案编号:04-01-17-0153-048。
②　中国第一历史档案馆藏:《军机录副》,档案编号:03-5316-099。
③　中国第一历史档案馆藏:《军机录副》,档案编号:03-4652-008。

6.【案】光绪六年五月十三日,直隶总督李鸿章奏请刘士奇留营差遣缘由,曰:

再,头品顶戴记名遇缺题奏提督前署贵州提督古州镇总兵刘士奇,自咸丰年间带勇在江南军营剿贼,历著战功。嗣臣督师至沪,调派该员随同提督程学启前敌攻剿,迭克苏、常、嘉、湖郡县各城,先后统领八营,所向克捷,屡蒙天恩,赏穿黄马褂,给云骑尉世职,简放总兵实缺。旋调赴东、豫,协剿捻逆,事竣饬赴贵州本任,带兵剿办苗匪,一律肃清。光绪三年八月丁母忧,开缺回湖南凤凰厅原籍,现届服阕,请咨赴京,路过天津。臣稔知其久当大敌,训练严明,忠勇可靠,正值筹办海防之际,拟请旨准其留营差遣,以资臂助。遇有各省提督、总兵缺出,仍照例由军机处请旨简放,俾励戎行。除将该提督赍呈湖南抚臣咨册咨部查照外,理合附片具陈,伏乞圣鉴,训示。谨奏。

光绪六年五月十六日,军机大臣奉旨:着照所请,兵部知道。钦此。①

7.【案】光绪六年九月初十日,直督李鸿章代奏刘士奇补授建昌镇总兵谢恩,曰:

大学士直隶总督一等伯臣李鸿章跪奏,为新授总兵叩谢天恩,据情恭折代陈,仰祈圣鉴事。

窃据遇缺题奏提督新授四川建昌镇总兵刘士奇呈称:士奇前在贵州古州镇任内丁母忧开缺,本年四月起复赴都,道出天津,正值筹办海防,蒙奏奉谕旨留营差遣,当即钦遵在案。兹奉行知,光绪六年八月十三日奉上谕:四川建昌镇总兵员缺着刘士奇补授。钦此。跪聆之下,感悚难名,当即恭设香案,望阙叩头谢恩。伏念士奇湘楚凡材,毫无知识,自咸丰五年从戎,管带兵勇,随同剿平发、捻,洊保以提督尽先题奏,蒙简放古州总兵,历署贵州提督、镇远镇总兵篆务,涓埃未报,兢惕方深。兹复渥荷恩纶,畀以建昌重任。查建昌地处极边,控制川、滇要隘。总兵职司专阃,兼辖汉、土官兵,自维梼昧,惧弗克胜,惟有俟天津防务少松,禀请给咨入都,趋叩阙廷,跪聆圣训,再行前赴新任,所有感激下忱,请代奏叩谢天恩等情前来。

理合据情恭折代陈,伏乞皇太后、皇上圣鉴。谨奏。九月初

① 中国第一历史档案馆藏:《军机录副》,档案编号:03-5809-027。

十日。

光绪六年九月十三日,军机大臣奉旨:知道了。钦此。①

【案】光绪七年二月二十八日,直督李鸿章奏报建昌镇总兵刘士奇交卸任情形,曰:

再,遇缺题奏提督新授四川建昌镇总兵刘士奇,久随臣营统带兵勇,剿办粤、捻,战功卓著。上年因海防吃紧,经臣奏奉旨准留津差遣,旋即派赴海口,会同各将领筹商布置,悉合机宜。现在防务稍松,各口营垒、炮台均已整饬就绪,刘士奇系边疆实缺,专阃重任,未便久旷职守,应令其交卸营务,趋叩阙廷,跪聆圣训,即行前赴新任。除分咨查照外,理合附片具陈,伏乞圣鉴。谨奏。②

8.【案】光绪十四年十二月十九日,川督刘秉璋奏报刘士奇暂缓赴京陛见缘由,曰:

再,查四川建昌镇总兵刘士奇,前因三年任满,经前督臣丁宝桢等以该镇紧接夷疆,界连藏卫,番夷出没无常,难以委员更代,曾于光绪十一年附请暂缓北上在案。兹又届满三年,据该镇刘士奇禀请循例陛见等情前来。伏查建昌镇属控治夷疆,毗连滇、藏,又兼马边夷务初平,抚绥、边防,最关紧要。该镇在彼多年,深资得力,仍难遽易生手,相应仰恳天恩俯念边疆吃重,准令该镇刘士奇暂缓赴京,实于边陲地方大有裨益。谨会同成都将军臣宗室岐元,合词附片具陈。伏乞圣鉴,训示。谨奏。③

光绪十五年正月二十一日,奉朱批:着照所请。钦此。④

9.【案】光绪二十年四月二十二日,川督刘秉璋奏委刘士奇等署理提镇情形,曰:

再,署理四川提督重庆镇总兵钱玉兴奉旨:着照部议革职。钦此。兹臣查有建昌镇总兵刘士奇堪以调署四川提督篆务,以记名提督现署马边协副将吴奇忠调署建昌镇总兵篆务,复以尽先副将现署城口营都司杨德周接署马边协副将篆务。所遗城口营都司,以前请借补之尽先游击傅照南前往署理,各专责成。刘士奇未到任以前所遗提篆,委督标中军副将况文榜暂行兼护。至钱玉兴原统勇营,俟刘士奇到任,再行商酌分统。除俟各该员具报到任日期另行咨部查考外,理合附陈,伏乞圣鉴。谨奏。①

　　光绪二十年五月十六日,奉朱批:兵部知道。钦此。②

　　10.【例】此处疑夺"例"字,兹据前后文校补。

　　11.【光绪二十年十二月初十日】此具奏日期据原件补。

　　12.【另有旨】此朱批据原件补。

　　13.【光绪二十一年正月二十三日,奉朱批:另有旨。钦此。】此朱批日期与内容,据录副校补。

　　【案】此奏旋于光绪二十一年正月二十三日得旨,《上谕档》载曰:

　　光绪二十一年正月二十三日,内阁奉上谕:刘秉璋奏,总兵因病出缺,恳恩优恤一折。四川建昌镇总兵刘士奇,于咸丰年间投效军营,在江苏、湖南、贵州等省叠著战功,洊膺专阃,上年因病出缺,着加恩照军营立功后在任病故例,从优议恤。该部知道。钦此。③

奏成都将军已回川交卸护篆疏

光绪二十一年正月二十日(1895年2月14日)

　　开缺四川总督臣刘秉璋跪¹奏,为成都将军恭寿业已回川,谨将交卸护篆日期恭折具陈,仰祈圣鉴事。

　　窃臣前准成都将军恭寿咨,成都将军印务,钦奉朱批,着臣暂行护理。钦此。臣当即具折叩谢天恩,并将护理日期奏报在案。兹成都将军恭寿已于光绪二十一年正月十六日进省,臣即于是日檄饬协领塔斯杭阿、中军邓全胜,谨将成都将军印信并敕书及钥匙等件赍送恭寿接收。

　　除成都将军接印日期由恭寿自行奏报外,所有微臣交卸护篆日期,理合恭折具奏,伏乞皇上圣鉴。谨奏。光绪二十一年正月二十日²。

　　(朱批):知道了。³

　　光绪二十一年二月十一日,奉朱批:知道了。钦此。⁴

①　中国第一历史档案馆藏:《朱批原件》,档案编号:04-01-17-0183-069。

②　台北故宫博物院藏:《军机及宫中档》,文献编号:132602。

③　《光绪宣统两朝上谕档》第21册(光绪二十一年),广西师范大学出版社1996年版,第19页。

【案】此奏原件①、录副②现藏于中国第一历史档案馆，兹据校正。再，此奏具文时间刊本作"光绪二十一年正月"，未确。而原件、录副均作"光绪二十一年正月二十日"，确。兹据校正。

1.【开缺四川总督臣刘秉璋跪】刊本无此前衔，兹据原件校补。

2.【光绪二十一年正月二十日】此具奏日期据原件补。

3.【知道了】此朱批据原件补。

4.【光绪二十一年二月十一日，奉朱批：知道了。钦此。】此朱批日期与内容，据录副校补。

奏息借民财不如改借典商疏

光绪二十一年二月二十一日（1895 年 3 月 17 日）

开缺四川总督臣刘秉璋跪[1]奏，为息借民财，易滋扰累，拟请一律改借典商，较易杜弊，恭折具陈，仰祈圣鉴事。

窃臣前准部咨，酌定七厘行息，借用民财等因，当即转行通饬各属照办。迄今并无富民赴司请领印票者，诚以愚民无知，不愿与官司交易。若用州县劝喻，即不经书役之手，亦不能不借重绅耆，辗转既多，必滋弊窦，种种扰累，势所难免。臣曾将滋弊情形切实电呈户部，迄未准户部电复。

惟现在大兵云集，待饷孔殷，窃念借之于平民，究不如借之于富商。盐商现已加价，典商亦可类推，因就两江督臣刘坤一议提典息一条略为变通，盖查提典息，稽核为难，不严则必多隐匿，过严又易滋纷扰。臣与司道公同商酌，拟请改借典商之款[2]。通省典铺大小一百四十余家，有案可稽，一律通借，无可趋避。惟各典等架本多少不同，则借数亦难划一，拟多少牵算，每典约借千金，共计可得十三四万之谱，仍照部议按月以七厘行息，每届取息之时，由该典备具图记、领状，向地方州县官领息。其有应完丁粮者，准以息银抵完丁粮，该州县即以原领送司，抵解正款。如有州县书吏藉索情事[3]，准该典赴司呈控，一经审实，即将该官吏一并照枉法赃科罪。一俟军务既定，分作两年还本。似此办理，虽为数无多，较易杜弊。

是否有当？除咨部查核外，理合恭折具陈，伏乞皇上圣鉴，敕部核复遵行。谨奏。光绪二十一年二月二十一日[4]。

---

① 中国第一历史档案馆藏：《朱批原件》，档案编号：04-01-16-0245-012。

② 中国第一历史档案馆藏：《军机录副》，档案编号：03-5901-028。

（朱批）：户部议奏。⁵

光绪二十一年三月初十日,奉朱批:户部议奏。钦此。⁶

【案】此奏原件①、录副②现藏于中国第一历史档案馆,兹据校正。再,此奏具文时间刊本作"光绪二十一年二月",未确。而原件、录副均作"光绪二十一年二月二十一日",确。兹据校正。

　　1.【开缺四川总督臣刘秉璋跪】刊本无此前衔,兹据原件校补。

　　2.【款】此处"款"后衍一"派"字,兹据原件删除。

　　3.【情事】刊本倒作"事情",兹据原件校正。

　　4.【光绪二十一年二月二十一日】此具奏日期据原件补。

　　5.【户部议奏】此朱批据原件补。

　　6.【光绪二十一年三月初十日,奉朱批:户部议奏。钦此。】此朱批日期与内容,据录副校补。

奏交卸督篆回籍就医疏

光绪二十一年闰五月十四日（1895 年 7 月 6 日）

开缺四川总督臣刘秉璋跪¹奏,为微臣交卸督篆日期,回籍就医,叩谢天恩,恭折仰祈圣鉴事。

窃臣年力衰颓,自知不堪任重,近年来叠将便血、怔忡、健忘、跛履诸病状具折沥陈在案。去年十月奉旨开缺,感悚交并,当即专折谢恩,并请以藩司护理督篆,钦奉朱批:着俟谭钟麟到任后再行交卸。钦此。钦遵。现在新简四川总督臣鹿传霖③业已自陕来川,臣当将关防等件委员赍送,即于闰年

---

①　中国第一历史档案馆藏:《朱批原件》,档案编号:04-01-35-1387-005。

②　中国第一历史档案馆藏:《军机录副》,档案编号:03-9531-029。

③　鹿传霖(1836—1910),字滋轩、芝轩,号迂叟,直隶省定兴县(今河北定兴县)人。咸丰八年(1858),中举。同治元年(1862),中式进士,选翰林院庶吉士。二年(1863),补广西兴安县知县。三年(1864),充甲子科乡试同考官。同年,调补临桂县知县,旋署桂平县知县,升太平府龙州同知。十一年(1872),迁广西桂林府知府。十二年(1873),调补广东廉州府知府。同年,补授广东潮州府知府,加盐运使衔。光绪六年(1880),授惠潮嘉道。同年,补授福建按察使。七年(1881),调四川按察使。同年,晋四川布政使。九年(1883),擢河南巡抚。十一年(1885),补授陕西巡抚。二十年(1894),兼署西安将军。二十一年(1895),补授四川总督。二十四年(1898),调广东巡抚。二十五年(1899),补授江苏巡抚。二十六年(1900),补授两广总督,旋授都察院左都御史、礼部尚书,署工部尚书。同年,再补户部尚书。三十年(1904),调工部尚书,转吏部尚书。三十三年(1907),拜军机大臣、协办大学士。宣统元年(1909),加太子少保,晋太子太保,授体仁阁大学士、东阁大学士。同年,兼实录馆总裁。二年(1910),卒于任。赠太保,谥文端。著有《筹瞻疏稿》等行世。

五月十四日交卸督篆。而一切病情增剧,未见痊可,因即束装,由水程东下,顺道回籍就医。倘得诸病稍痊,即当泥首宫门,求赏差使,决不敢稍耽安逸,自外生成。

除恭折疏题报外,所有微臣交卸督篆日期并回籍就医缘由,理合恭折叩谢天恩,伏乞皇上圣鉴。谨奏。光绪二十一年闰五月十四日[2]。

(朱批):知道了。[3]

光绪二十一年六月十六日,奉朱批:知道了。钦此。[4]

　　【案】此奏原件①、录副②现藏于中国第一历史档案馆,兹据校正。

　　1.【开缺四川总督臣刘秉璋跪】刊本无此前衔,兹据原件校补。

　　2.【光绪二十一年闰五月十四日】此具奏日期据原件补。

　　3.【知道了】此朱批据原件补。

　　4.【光绪二十一年六月十六日,奉朱批:知道了。钦此。】此朱批日期与内容,据录副校补。

---

　　① 中国第一历史档案馆藏:《朱批原件》,档案编号:04-01-12-0567-076。

　　② 中国第一历史档案馆藏:《军机录副》,档案编号:03-5326-069。

附　录

刘尚书别传
长洲朱孔彰撰

　　公讳秉章,字仲良,安徽庐江人也。弱年以孝行著闻,好学励志,读《春秋》而悟兵机,尝曰:"丈夫生世当为忠孝完人。"年二十,举咸丰元年顺天乡试,出参张文毅公莅①军事于皖南。时皖营兵单饷绌,为文毅谋画,无不效。徽郡屡濒于危而不破者,公之谋也。以劳叙知县。公知兵之名自此始。

　　十年,赴会试,成进士,选庶吉士,授编修。时洪寇据江宁,曾文正公②东征,开府安庆,幕下多奇才异能。见公,大器之,曰:"刘某气象峥嵘,志意沉着。"由是公名大噪。

　　同治元年,李文忠公③督师上海,奏调至营。是时创立淮军,公与讲求束伍之法,选将练兵,以勤苦耐劳为尚,以朴实勇敢为先。其后淮军立功数省,公实与创始之劳。

　　二年,督洋将戈登会同铭④、鼎⑤诸君攻克福山、海城,解常熟之围,遂

---

① 即张莅,时督办皖南军务。见前注。
② 即曾国藩,时任两江总督。见前注。
③ 即李鸿章,时任江苏巡抚。见前注。
④ 指刘铭传。刘铭传(1836—1896),字省三,安徽合肥人。咸丰四年(1854),在籍办团,后参军。九年(1859),充千总。十年(1860),加都司衔。同治元年(1862),升都司,加游击衔。同年,迁副将,加骠勇巴图鲁勇号。三年(1864),擢直隶提督。六年(1867),封三等轻车都尉。七年(1868),奉命督办陕西军务,封一等男。光绪十年(1884),督办台湾军务,加巡抚衔。十一年(1885),补授福建台湾巡抚。十五年(1889),加太子少保。十六年(1890),加兵部尚书衔,帮办海军事务,旋因病回籍。二十一年十一月二十八日(1896年1月12日),卒于籍。赠太子太保,谥壮肃。有《大潜山房诗集》《刘壮肃公奏议》行世。
⑤ 指杨鼎勋。杨鼎勋(?—1868),字少铭,四川华阳县人。咸丰二年(1852),从军,以功拔把总。八年(1858),补千总。十年(1860),戴花翎。十一年(1861),升游击。同治元年(1862),迁副将。二年(1863),擢总兵。三年(1864),保提督。四年(1865),授江苏苏松镇总兵。六年(1867),补授浙江提督,旋调湖南提督。七年(1868),卒于阵。授骑都尉世职,赠太子少保,谥忠勤。

驰往太仓督战，屡捷。戈登练成常胜军，勇悍不驯。公统驭有方，调和诸将，故常有功。自是李公知公才可大用，使别募一军，进图浙西，御援苏之贼。公提兵五千，转战而前，克枫泾西塘贼垒。得旨擢侍讲。进攻张泾汇，其地为松江、娄、平湖、嘉善四县之冲，贼以重兵扼守。公督军力攻，弹丸穿胯下，血渍绔踦，指挥将士，意气如常。明日裹创复进，卒攻拔之，嘉善遂降。复率师会潘鼎新①，受降平湖、乍浦、海盐贼众，进屯新丰、嘉兴。贼首廖荣发出犯，逆击，大破之。

三年，进破吴泾桥、东塔、大石垒，直抵嘉兴郡城下，连战皆捷。时总兵程学启②攻北门，受伤。公军自东门攻入，焚贼火药库，火光烛天，贼惊溃。诸军乘之，遂克嘉兴。进军吴溇、南浔、殷渎邨、杨溇、大钱口，攻破贼垒十余，追至湖州，贼弃城遁，江浙肃清，积前功，赏戴花翎，迁右庶子，转左庶子，升侍讲学士。

五年，曾文正公督师剿捻，奏请公襄办军务，兼为游击之师。文正议建四镇，安徽则在临淮，河南则在周家口，江苏则在徐州，山东则在济南。公与定谋，常往来驰击于济宁数镇，与贼追逐。是时，贼踪飘忽，一日夜奔窜数百里。公言于文正曰："捻匪已成流寇，诸将不苦于战而苦于奔走。"又谋圈制之策。逮文正病回两江总督任，李文忠公接统其众。贼势猖獗，公与驰逐于淮徐、齐鲁、楚豫之间，破贼丰、沛、宿迁，南追至仓家集，贼大溃；又破贼淮南，追至蒙城，贼西奔。捻酋张总愚与任柱、赖汶光分股，遂有东、西捻之号。西捻张总愚自中牟窜许州，逆击，破之。东捻赖汶光自楚北孝感小河溪窜至河口镇，骑数万，会杨鼎勋军追至小河溪，勋军前锋遇伏，总兵张遵道等战

①　潘鼎新（1831—1888），字琴轩，安徽省庐江县人。道光二十九年（1849），中式举人。三十年（1850），考取誊录。咸丰七年（1857），投效安徽军营，以功议叙知县。八年（1858），保同知。同治元年（1862），保知府留江苏补用，赏戴花翎。同年，保升道员。二年（1863），署理江苏常镇通海道，加按察使衔。三年（1864），晋布政使衔。四年（1865）补授常镇通海道。同年，升补山东按察使。六年（1867），迁山东布政使。七年（1868），封云骑尉、一等轻车都尉。九年（1870），丁母忧，回籍守制。十一年（1872），办理津沽冬防。十二年（1873），随办日本换约事宜。十三年（1874），补授云南布政使。光绪二年（1876），擢云南巡抚。十年（1884），调署湖南巡抚。同年，补授广西巡抚。十一年（1885），以镇南关失守解职。十四年（1888），卒于籍。

②　程学启（1829—1864），字方忠、方中，安徽省桐城县（今安徽省桐城市）人。咸丰初，隶太平军英王陈玉成部。十一年（1861），降清，投效曾国荃军营，以功历保郓司、参稘，赏戴花翎，加勃勇巴图鲁勇号。同年，保记名总兵。同治元年（1862），转投李鸿章淮军，以军功升副将，加提督衔。同年，补授江西南赣镇总兵。二年（1863），封云骑尉世职，赏穿黄马褂。三年（1864），克嘉兴，中弹负伤，卒于苏州。追赠太子太保衔、骑都尉世职、三等轻车都尉、三等男爵，谥忠烈。

殁。贼愈张不可遏。公帅部将吴长庆、王占魁、况文榜①等力拒,却之。

六年,东捻全数窜山东,又与李文忠谋蹙贼海隅之策,倒守运河,毋使西窜,扼胶、莱以断咽喉,冀圈贼东境,就地歼灭。七月,捻匪竟扑潍河,由东军汛地戴庙冲出。公又言于李公,仍宜坚持初议,与诸军从衡合击,无战不胜。追至寿光洰河,捻酋赖汶光落河未死,复纠合千余骑南窜,冲出六塘河浙军汛地,沿运河下,直扑清淮。公以穷寇致死,严阵以待,屡击破之,斩杀过半,又督队日夜不息,追及之淮城张桥,贼溃散,降老贼千余人,沿途追击,至扬州东北湾,捻酋赖汶光仅有十余骑,华字营兵擒以献,东捻平。

明年正月,西捻张总愚忽由山西渡河北窜,直逼畿辅。公令部将者贵等迅速北援,与诸军合击。七月,西捻平,由京秩蒙恩授江苏按察使,旋授山西布政使。皆在军,未之官。至捻匪平,以父年老告终养,旋丁父忧。

十一年,服阕,奉旨入觐,授江西布政使。

光绪元年,擢江西巡抚,其治官事以综核见长。阎文介公敬铭②殿论时事,以公为萧、刘之亚。在江西清厘军兴以来二十余年胶葛库款,又查各属交代数百起,追得积欠百余万,皆州县卸事后交代库款未清者。未几,复陈情养母终天年。

至九年,再起用浙江巡抚。时奉旨豁免钱粮,州县有已征未解、混入民欠者,又追出数十万。办海防,时就本省筹饷,不烦部拨巨款。精思所运,百废俱举。会法人侵,夺我越南属地,挟兵船掉入东南洋面,牵缀援军,旁挠虚喝,眩沮我谋。其时,若闽、若台、若滇、若两粤,皆别遣重臣、宿将,联翩持节

---

① 况文榜(1833—1906),贵州镇远县人,行伍出身。咸丰元年(1851),以攻打永安州出力,赏给六品顶戴。二年(1852),补外委,升把总。三年(1853),补千总,赏戴蓝翎。六年(1856),补授四川督标右营守备,加都司衔,并换花翎。七年(1857),保都司,升游击。八年(1858),保参将、晋副将。九年(1859),补四川阜和协副将。十年(1860),加锐勇巴图鲁名号。同年,保总兵。同治三年(1864),保以总兵记名简放,晋提督衔。五年(1866),请假随营就医。七年(1868),保提督记名简放。光绪十六年(1890),署理四川督标中军副将。二十年(1894),护理四川提督。二十二年(1896),署理四川松潘镇总兵。二十七年(1901),署理四川川北镇总兵。三十二年(1906),卒于四川军营。

② 阎敬铭(1817—1892),字丹初,号约盦,陕西朝邑县人。道光二十五年(1845),中式进士,改庶吉士。咸丰四年(1854),充贵州司主事。同年,丁生母忧,回籍终制。六年(1856),补四川司主事。十年(1860),授湖广司员外郎,总办湖北粮台,兼管营务。同年,升户部郎中,赏戴花翎。十一年(1861),以四品京堂候补。同年,迁湖北按察使。同治元年(1862),署湖北布政使,旋转山东盐运使,署山东巡抚,加二品顶戴。同年,丁生父忧。二年(1863),擢山东巡抚。六年(1867),以病休。八年(1869),补工部右侍郎兼管钱法堂事务。同年,因病乞休。光绪三年(1877),稽察山西赈务。八年(1882),拜户部尚书。九年(1883),兼署兵部尚书。十年(1884),充军机大臣上行走、总理衙门行走,晋协办大学士。十一年(1885),转东阁大学士,管理户部事务。十二年(1886),授会典馆正总裁。十三年(1887),四请致仕,得允。十八年,卒,赠太子少保,谥文介。

以往，度要驻扼，独浙无有，盖上以浙洋付公，深知公可倚也。公绸缪防务，部署精严，令镇海沿岸筑长墙，绵亘三十余里。山岗显露处设立疑营，购桩木，排钉海口，用海船数十艘，实以石排、沉桩，隙外安水雷百余，又于陆路伏地雷，防敌登岸。

十年正月，法舰驶入蛟门。我炮台、兵轮开炮，轰伤其二。越数日，复驶入虎蹲山北。我军然炮迎击，中其烟筒，再中船桅。法舰受创败退，自是不敢再进。招宝山口门犹放小舠，潜窥南岸。公令部将钱玉兴等选勇士伏清泉岭下，突击之。法船连受五炮，伤人颇多，旋即遁去，法将军迷禄伤亡。相持四月，他处胜负互见，惟浙全胜，浙垣人心赖以安。法事既平，部议旗兵加饷。公奏曰："今外洋环伺，迭启衅端，我所以隐忍议款者，以海军未立也。彼所以肆意要挟者，亦以我海军未立也。可否饬下户部将各省协解饷款通盘筹计，先竭一二十年之力，岁提银三四百万，专办海军，待海军就绪，再议旗兵加饷，计八旗丁口众盛，数十百年后繁衍生息，其数更倍于今，即兵饷复额，万无给足之理，请旨饬下王大臣从长计议疏通之法。"此时虽不能行其议，然公于国计民生谋虑至深远也。后甲午之役，果以海军不足而败。论者惜之。

十二年，晋四川总督。川境幅员辽阔，外接番夷，内多游匪，时有蠢动之虞。公恩威并济，不兴大众，旋即剿平。常曰："盗贼蛮夷，何代蔑有？莫患乎以重兵临之，幸而战胜，不为武；不幸而败，器械、粮糈皆为贼有，人民、牛马皆为贼用，是真不可为矣。"故督蜀八年，如万县之崔英河、茂州之何三木匠①、川北之陈坤山、秀山之姚复乾，皆随起扑灭。大小凉山、拉布浪、瞻对各夷越界犯顺，历任劳兵糜饷，迄不能禁其窃发。公檄马边、雷波、越嶲、屏山各营，用赵营平屯田策困之。以甬道运饷，刈其秚麦，数月之间，莫不俯首听命。

二十年，查办藏事，深得藏僧之隐，恐其结俄抗英，暗中防闲，边衅不开。

二十一年，恭逢慈禧皇太后六旬万寿，加太子少保衔，赏御书长寿字、宫袍各珍物。先是公鉴止足之义，屡请老，未蒙俞允。至是，再上疏乞骸骨。得优旨，令代至行。

明年，乃有教堂之案。公待外人，意主严峻，不令外人干预内政。莅蜀之年，重庆先有教案。公至，捕教民罗元义及乱党石汇等，立斩之。后大足教民争讼，公当平，教士滋不悦。临行时办毁教堂案二十余起，皆平断，不长教民欺凌之渐。教士忿甚，讧于京，朝廷不得已褫公职。公归数年，有诏征

---

① 何三木匠：刊本作"何三木匪"。兹据前文校正。

公,以老病不能上道。至三十一年七月,终于家,春秋八十。两江总督周馥①、安徽巡抚诚勋②奏闻。诏开复原官,宣付史馆立传。江苏、安徽、山东数省绅民皆请建祠祀之。

公幼贫,力学,弱冠与同邑潘公鼎新担簦赴都,行李萧索,几不得入宾馆。守馆者导见李侍御文安,侍御许之,舍馆遂定。侍御者,合肥李文忠公父也。由是知公贤。

明年,遂举顺天乡试。公初与潘公坐小车,兼步行北道。后车子夸言曰:"吾一手曾推两抚台。"盖言公与潘公也,世人传为美谈。

至入翰林之年,皖中寇乱饥馑,举家避地乡邑,不得公音问。公自徽防大营入都,张文毅公厚资助之,故返庐江时,尚有余金藏膝下斜幅中。公以道路多艰,策蹇与一仆南旋,访得家人居处,相见惊喜。家人言:"乏食奈何?"公曰:"勿忧,吾斜幅中尚有金也。"公酒酣时尝与余言之,其艰苦耐劳,类如此。公声若洪钟,与人谈往事,终日不倦,廓开大度,不苛细,廉正有威,知人善任。使推诚心,布公道,故贤愚乐为之用。公未莅浙时,台匪黄金满啸聚海滨,官兵追捕,则窜入重洋深岛中。兵去,复为民害。公至一年,金满服其威信,畏罪乞降,公许之,于是瓯海盗贼悉平。

参将吴杰任事勇敢,为提督所不喜,被参褫职,镇海之役,实坚守招宝山炮台,手开后膛大炮。公既督蜀,奏陈其事,且言:"似此忠勇有功之良将,遭贪庸提督之进谗,误被参劾,恐内寒将士之心,外为洋人所笑。"于是朝廷

---

① 周馥(1837—1921),字玉山,安徽建德(今安徽东至县)人,诸生。咸丰末年,避战乱,赴安庆。同治元年(1862),入李鸿章幕,办理文案,旋以军功累保至知府,留江苏补用。光绪三年(1877),署直隶永定河道。四年(1878),丁内艰,回籍守制。服满起复后,署直隶津海关道。九年(1883),兼署天津兵备道。同年,补直隶津海关道,兼署北洋行营翼长,办理天津营务处。十四年(1888),升直隶按察使。十六年(1890),加头品顶戴,寻署长芦盐运使,迁直隶布政使。二十年(1894),总理营务处。二十五年(1899),调补四川布政使。二十六年(1900),调补直隶布政使。二十七年(1901),护理直隶总督,兼北洋大臣。二十八年(1902),擢山东巡抚,加兵部尚书衔。三十年(1904),署两江总督,兼南洋大臣、两淮盐政。三十二年(1906),权闽浙总督。同年,调补两广总督。三十三年(1907),以年老多病,奏请回籍就医。民国十年(1921),卒于天津。谥慤慎。著有《易理汇参》《负暄闲语》《诗文集奏议》《通商约章》《教务纪略》《东征日记》《治河述要》《海军章程》等行世。

② 诚勋(1848—1915),字果泉,满洲正红旗人,伊尔根觉罗氏,一品荫生。同治三年(1864),充六部郎中分部学习行走。光绪二年(1876),补兵部郎中。八年(1882),授坐粮厅监督。十年(1884),丁祖母忧,继丁父忧,回籍终制。十二年(1886),简授山东督粮道,补授直隶大顺广道。十三年(1887),调补奉锦山海道,加按察使衔。同年,丁母忧,服满起复,补江西广饶九南道。二十六年(1900),授浙江宁绍台道。是年,升江苏按察使。二十七年(1901),调补浙江布政使。二十八年(1902),护理浙江巡抚,同年,擢安徽巡抚。三十二年(1906),授江宁将军。同年,调补广州将军。三十三年(1907),补察哈尔都统。宣统元年(1909),补授热河都统。三年(1911),拜弼德院顾问大臣。民国四年(1915),卒于籍。

复召用吴杰。又于克嘉兴时收降人钱玉兴,皆能得其死力,后官至四川提督。

初,吴武壮公长庆①为公裨将,洊保提督后,统兵驻朝鲜,平李昰应之乱,韩人德之,为立庙,皆公之所拔也。其在军久,益慎重,不驱众于危地以争功,而乘机进取,常在诸将之先,故永隆河之战,刘铭传丧其良将唐殿魁②;小河溪之战,杨鼎勋丧其前锋张遵道;白口之战,郭松林③几死,全军覆没;麒麟凹之战,彭毓橘身亡,军不复振。而公常遇奇险,敬慎不败。《孙子》曰:"善治兵者,无赫赫之功。"《左氏》引《军志》:"先人有夺人之心。"又曰:"允当则归。"其公之谓乎?

公自蜀归,家居十年,幅巾萧散,曳杖里门,世不知为达官贵人。以壮年驰驱戎马,困于簿书。至老,手不释卷,有卫武公耄年好学之风。所著有诗文集、奏议、书牍、笔记若干卷。家风俭约,待物必丰,倡为义举,所施与甚众。不独治军,时有余资,尽以散将士。凡故旧宾僚,莫不知其缓急而为之谋。一言相许,历久弗忘,故至今谈公侠事者,往往欷歔流涕。

子孙多守家法,有才而恭谨。子五人:体乾,二品荫生,江苏候补道。体仁,光绪丁酉科举人;体信,分省补用知府;体智、体道皆郎中。孙十人。

评曰:公之综核则为萧、刘之亚,公之经武则为刘、岳之俦。伟矣哉。中兴名臣,由翰林将兵,佐曾公、李公而扬大烈者,莫与比伦。况生平讲学出处之际,忠孝兼著,既明且哲,以荣寿终,非天挺人豪,曷克臻此。

此篇在孔彰所撰《中兴将帅别传》中,今附刊于此,俾读尚书奏议者知公生平勋绩昭著,得考见本末云。

---

① 即吴长庆,见前注。
② 唐殿魁(?—1867),字莰臣,安徽合肥人。咸丰十年(1860),奉巡抚翁同龢檄,率乡团解寿州城围,嗣克三河汛,解六安围,叙千总。同治元年(1862),从淮军援上海,克南汇、川沙、奉贤、金山卫、柘林五城,积功累擢都司,赏戴花翎。二年(1863),克江阴杨舍汛城,擢游击,赐振勇巴图鲁名号。同年,复江阴县城,擢参将,旋再克无锡,保总兵。三年(1864),克常州,保提督记名。四年(1865),从刘铭传渡淮剿捻。五年(1866),授浙江衢州镇总兵。六年(1867),调补广西右江镇总兵。同年,殁于阵。赠太子少保,予骑都尉兼云骑尉世职,谥忠壮。
③ 郭松林(1833—1880),字子美,湖南省湘乡人。咸丰六年(1856),随曾国荃剿办太平军,以军功充把总。九年(1859),拔守备。十年(1860),升游击。十一年(1861),加奋勇巴图鲁名号。同治三年(1864),补江苏福山镇总兵,并给云骑尉世职。同年,署理福建陆路提督。六年(1867),统领武毅军,赏骑都尉。七年(1868),加一等轻车都尉。八年(1869),擢湖北提督。光绪六年(1880),调补直隶提督。同年,卒于任。谥武壮。

《直介堂丛刻》

　　声木识卑学浅,孤陋寡闻,兹将历年纂录摘取八十余万言,编为《直介堂丛刻》初编十二种,虽郢书燕说,蠡测管窥,然离经叛道之词未敢阑入,用是排印成书,尚希赐教为幸。书名、本数附列于后:

　　《清芬录》二卷一本;

　　《桐城文学渊源考》十三卷、引用书目一卷、名氏目录一卷二本;

　　《铜城文学撰述考》四卷一本;

　　《续补汇刻书目》三十卷五本;

　　《续补寰宇访碑录》二十五卷六本;

　　《寰宇访碑录校勘记》十一卷三本;

　　《补寰宇访碑录校勘记》二卷;

　　《再续寰宇访碑录校勘记》一卷合上一本;

　　《苌楚斋随笔》十卷、《续笔》十卷、《三笔》十卷六本;

　　《望溪文集再续补遗》四卷一本。

　　《直介堂丛刻》目录庐江刘声木十枝撰

　　初编

　　《清芬录》二卷;

　　《先文庄公年谱》四卷嗣出;

　　《桐城文学渊源考》十三卷、引用书目一卷、名氏目录一卷;

　　《桐城文学撰述考》四卷;

　　《续补汇刻书目》三十卷;

　　《续补寰宇访碑录》廿五卷;

　　《寰宇访碑录校勘记》十一卷;

　　《补寰宇访碑录校勘记》二卷;

　　《再续寰宇访碑录校勘记》一卷;

　　《苌楚斋随笔》十卷、《续笔》十卷、《三笔》十卷;

　　《望溪文集再续补遗》四卷;

　　二编嗣出

　　《清芬续录》二卷;

　　《桐城文学渊源考补遗》四卷;

　　《桐城文学撰述考补遗》一卷;

　　《再续补汇刻书目》;

《藏书纪事诗补遗》四卷；

《国朝金石学录》四卷；

《苌楚斋三笔》十卷；

《老瓦盆斋杂钞》四卷；

《清芬录》

序

　　古人全集后多有附录一卷或数卷，收录传状、墓志及投赠诗文之属，虽名附录，实为全集中之枢纽。自宋以来，编刻他家、他人集者，无不郑重出之，广征博引，务盈卷帙。虽片旨单词，必加甄录，皆视此为不刊之典，洵属法良意美，旷百世而不可废者也。其编辑出于他家、他人者，则曰附录。若出自一家子姓，自我朝以来，则有名曰"清芬录"者，亦为人子孙显扬之一也。

　　声木不肖，不克负荷先文庄公德业，仅于故纸堆中搜辑先祖考光禄公等四人事迹，编为二卷，排印行世，或亦为读先公遗集者之一助云。己巳五月，庐江刘声木十枝（原名体信，字述之）自序。

卷一
庐江刘声林枝纂

敕封承德郎刘经畬先生七十寿序①
沈保靖（仲维），江阴

　　粤以同治元黓阉茂之岁，月规坤维，日次析木，为经畬先生年伯大人七秩初度之期。维时成鸠驯道之英，骎马宣纶之彦，摛采张帨，介撰腾觚，奉华冈之芷蘋、郦泉之水，将以庞鸿麋黎迓祥颐艾也。

　　溯夫系托炎刘，代传精白，心冰在壶，智珠潜耀。迈文季之志节，挺不可摇；衷万石之家德，诚乃无伪。幼涵珉瑜，长益岐嶷，诗重瓜绵之义，礼有为后之文，大承宗之庙祧，代旁支而式谷，诞生挚德，实惟象贤。乔松峻而晶絜，梓荫卑而委蛇。鹤阴画回，动新雏之和声；鸡鸣夜朝，佩衿缨之矩度。固

---

① 　刊本标题下双行小字注："代原注。声木谨按：□文□□□堂全集中杂文，宣统元年二月家刊本。"

已撰杖乐胥，搴帷融泄者矣。

无何帟帏体羸，饘膣不醰，先生乃挹饮上池，祇求神艾，针石加督，腠理未荣。卧王祥之冰，鱼飨弗给；号孟宗之竹，笋箨不春。疴瘵殆以连年，力劳倳于一日。树欲静兮风可哀，养不时兮子胡怙。瘁心砭骨，肆礼及禫，抚弱杖之一茎，痛戕心之九殒。繄维前志，克敦友于，薛孟常中分家资，廉于独取；赵长平临危免弟，卒以两全。属以倍长之年，亲提携而饵楳；敢隳师岩之义，发籯笈以传经。棣华既荣，庭校犹美。义方炳于鲤庭，析薪劳其负荷；访经师于北海，耽史传于扶风。遂使张堪圣童优入道域，孔奋高第郁为通儒，是固先生躬行之绪扬，亦教家之能轨已。

逮夫肝膈许人，古意攸笃。颓风动弃予之惕，苔岑馨臭味之联。剖叔牙之金，多饷管氏；辇仲伯之妇，躬是赵熹。每艰棘之共罹，恒崎岖而一节。吴会结客，托白圭之三复；湖海论交，重兼金于一诺。是用振誉雷动，人乐得直婴之归；力义自强，时复拜朱家之赐。盖推门内之至行，衍为出尘之交际也。

乃者潢池稔衅，蠡我邦家，江浦载灰，潜川继烬，局奔命于胝踵，几遭祸于焦额。先生乃携孥东趋，仓皇险难，介海复巢倾之日，身吴钩越剑之旁，出死入生，踏危成泰，全骨肉于荡析，措孙子于阜康。此又先生令德葆艾于无形者也。

且夫东海名卿，翚褕佐俭，吴中髦俊，冠帻相庄。自来相室之贤，尤重女君之选。德配年伯母胡安人，蛰褕俨景，鲽鳒同心，刘葛有诗，鸣环多节。妇德称于珈翟，女箴娴于中壸。金龙浴蚕，占秦桑于鹊喈；玉修稌穄，调颖羹于鸡鸣。方家室之平康，迫衰翁之遘疾，疴入肓臆，医进酪浆。安人乃捐夌筐以饭牛，拟蒙鹿皮而窃乳。弥留日笃，药不瞑眩，心如膏火，独夜自煎。痛无计以吁天，并刀刲股；冀镌情以默效，沥血杯羹。极手足以尽能，事姁嫜而思媚。乙夜乳姑，心忧鸟哺。霜晨汲井，感洽鲤翔。每侍夜于慈帷，见启明而退寝。或披钗而贳酒，乃絜瓶以奉觞，盖弱息之职亶无不增，而盛德之事，斯其大事者矣。

至其允谐娣姒，宣厚惠和，紫凤量于轻箱，衣襚解赠；揄屈贲其辉彩，冢介雍容。南宫敬叔之妻，礼仪中则；公甫文伯之母，典诰优储。子妇仰其姁恩，奴隶餍其微德，俪德之教盖亦休焉夫。是以宗祥大启，腆祚再修，冠裳荷纶绋之封，笋珥集中闺之庆。日月非昔，堂构用光；玉柯三株，中支特秀。跻绛衣之近侍，秩亚貂珰；迹青锁之峨班，职参鹓鹭。济美竞爽，分道联袿，或尉大邑，或隐鱼盐。譬九派之合流，乃承家而同轨。子舍银潢，伟为松栋之器；孙枝璆璞，赞成苇蕾之祥。而且毓璇闺之稚兰，有宪英之渊默。蔚谢家之珠颗，指宗嘏为丈夫。此余徽之所陶，亦洪纤之交范也。是知道不自封，啬己即兴家之要；理无不报，致孝为造福之尤。长河无源，流不千里；乔木亏本,颠不逾时。维其遐福之自求,益信吉人之有后矣。

兹者蕡荚放荣,珩璜俪祉。岭梅春绽,开宾筵以坐华;江蓉朝酣,暎霞觥而洗腼。金庚朗于紫极,天婺灿于朱离。袍祝在堂,竽笙在会,祝嘏者爇金莲而百拜,醉言者倾云浆以千殇。庭有真乐,鲰生敢有谀词?事集重厘,枚皋于焉载笔。扬言洗觯,殚举寿征。大乐惟博瑟歌钟声永五旬之奏,盛德在合木公金母成百岁之期①。

诰封荣禄大夫刘公传②

王靖涵(卢斋),舒城

公讳世家,字经畬,姓刘氏,庐江人,世居合肥三河镇,祖父以上皆俊雄。公生而沉毅,喜怒不形,言语不苟,卓然以先民为程,事亲孝竭情尽,慎生养葬,祭无失礼,宗族称之。好读书,敬礼贤士。延师教子,务知大者、远者。治家有道,内外严整,闺门之地肃如也。

三河为财货丛集之区,商贾辐辏,出责取息,公尝假商金数百。粤逆之乱,称贷者多逋亡,公独罄赀以偿,其忠信有如此者。

避乱东乡,室不容膝,又值岁旱,家人齑粥不饱,凡三年。公曰:"伊川有言'饿死事极小,失节事极大',吾与若守分以俟命耳,何戚之有哉?"嗟乎,士穷见节义。当逆贼陷城时,士大夫之寡廉鲜耻者,无所不至。公刚方耿介,穷且益坚。孔子云:"无求生以害仁",公非其人与?

嗣后,公子秉璋成进士,入翰林,出统帅,剿贼有功,历官侍讲学士、山西布政使,禄厚矣。公俭约如初,散其余于亲故,勖子为良吏以报国,亦可谓不变塞焉者。

公以子贵,诰封资政大夫,晋赠荣禄大夫,卒于同治己巳年八月,享年七十有五。夫人胡氏,性仁孝良,长公二岁,尚康强无恙。子三,长斌,诰封中宪大夫。季秉钧,运同衔江苏补用知县。秉璋,其中子也。

经畬公遗事③

公讳世家,字经畬,号艺圃,其行谊已详前传及县志人物、孝友门,其逸事有前传所未详者。自其高祖朝斗公徙居合肥三河镇,世有隐德。其祖父秀山公补博士弟子员,以儒兼商,为人豪迈,有雄直气。一门生内,率能守其

---

① 此句原文"盛德在木公金母合成百岁之期",兹据句意校改。
② 刊本标题下双行小字注:"声木谨按,此文见《养性轩杂著拾遗》,光绪戊子仲夏,蛟川官署刊本,又见家谱,字句微有不同。此从蛟川官署刊本。"
③ 刊本标题下注:"声木谨按,此文见家谱。"

家风,多磊落光明之概,曩时父老及士林犹时时称述之。

至于公益以读书为注重,善言论,每暇时辄聚其室人教诫之,与之言近时善恶成败之事。言毕,复自申其旨曰:"人之善可言也,人之恶不可言也。所以历历言之者,欲汝曹以为鉴戒也。"即此一端,则公之所以治家与律身行己之道,可想其大概矣。宜其福集厥躬,而泽延后嗣,迹其人,殆万石君之流亚欤。兹因志重修祠宇,各事附著之,以为族人法。

诰封一品太夫人刘太姻伯母胡太夫人八十寿序①
潘鼎新(琴轩),庐江

盖闻人伦大节莫重于孝慈,而得之闺阃为尤难。每读《列女传》,以为古人不可复作,乃今于刘太姻伯母胡太夫人见之。太夫人出自名门,生而婉淑,归赠荣禄公经畲。太姻伯家故贫也,主中馈奉甘旨以事翁姑,孝敬闻于乡里。翁病噎,医药罔效,惟食鸠羹,饮牛乳。太姻伯百计摒挡,买牝牛畜之,又募弋人射鸠,不以贫故缺。太夫人则未明即起,先为食,食弋人,令其早出。次以刍豆饭牛,跪取其乳。牛爱犊,或靳不与,乃以一手搔其痒,一手揽其乳,务求必得,以济所需。每日如是,无有间断。戚族见者,莫不咨嗟,至为流涕。久之,病益剧,窃割股肉,和药以进,至今四十余年,创瘢宛然,其诚孝有如此者。

粤逆之乱,家室流离,饘粥不饱,太夫人茹苦食淡,处之恬然。尝谓诸子曰:"吾闻书传中忠臣义士,心窃慕之,愿汝曹效之;其苟焉富贵者,不愿汝曹为之。"以故哲嗣仲良方伯科名显赫,勋业崇隆,其昆季亦皆谨身继志,盖得力于慈训良多。方伯藩晋时,援例推恩,封一品太夫人,而衣服、饮食务从俭约,如寒素时。此其养福致祥,宜乎臻上寿,享厚禄,子舍贤达,孙曾蕃衍,康强逢吉,无有津涯也。

夫刲股伤生,《礼经》不载,盖不责人以所难。太夫人乃能人所难能,其至性过人远矣。至于贵而不骄,鲁敬姜之训,文伯无以过之。是非孝与慈之卓卓可传者与? 若夫操井臼,勤女工,惠姻党,仁声义问,书不胜书,又其余事云尔。

鼎新幼与方伯为总角交,常共嬉戏于太夫人前。长而同仕,宦成同归,又同侨寓,数相过从。明年,太夫人八十正寿,而精神气象矍铄如曩时,积善余庆,明征不爽,故乐道其详,以为闺阃之极则焉。

---

① 刊本标题下双行小字注:"声木谨按,此文见家谱。"

刘母胡太夫人八十五岁寿序①
赵之谦(挥叔),会稽

今上御极之三年,天贶地瑞,嘉祥昭格,于是安徽巡抚裕禄公以大中丞刘公之太夫人未届百岁,五世同堂,上寿休征,恭疏入告故事,三品以上寿妇具题"五世同堂",既予旌表,复颁宸翰,以示褒宠,甚盛典也。皇上方以孝治天下,奉承贯行,薄海内外,载仰慈仁。大中丞翊赞圣谟,躬致善养,至教广被,政成民和,盖祥源福绪,推其有余,以庇斯世。士庶引领瞻望,巷歌而邑颂者,六年于兹。

今年太夫人春秋八秩晋五矣。山崇川增,纯常未艾,本枝百叶,既尊既安,世徒震于福禄繁祉,庆基无穷,以是为太夫人得天之厚,虽古贤母有膺显荣雍神休者,莫与比盛,而不知太夫人之康彊逢吉,克承天祐,而萃嘉符者,至孝垂为宗轨,修德洽于尧门,是以鸿厘大来,巍巍翼翼,光明盛昌,宪流后昆,古所称国,图日镜家,历天长皆由大顺之行格于上下,岂其管穴可尽万一。

昔徐伟长氏之论寿也,有三五福。一曰寿。王泽之寿也。《诗》称"其德不爽,寿考不忘"。声闻之寿也。孔子称"仁者寿"。行仁之寿也。稽之《孝经》,则孝者德之本也。管子有言曰:"孝者,仁之祖也。惟德与仁莫加于孝,孝又天之经、地之义也。天地之经,民自则之。"实王泽之原也。故以孝律身,斯德至纯;以孝正家,而仁弥大。太夫人受性渊懿,礼仪法度为世女师。尝侍姑疾,刲臂和药,吁天请代,至诚感神,不矜奇节,雍穆之化,肇于庭帏;翼子贻孙,引以无极。

我大中丞先意承志,敬爱致文,全德友恭,克施有政。曩岁,奉命入觐,道出皖疆,以太夫人时忆故乡言,旋家巷,安舆就道,敬侍晨昏,舟楫江湖,若忘行路。及陛辞之日,念母高年,陈情乞养。天子以腹心攸寄,倚界方资,手诏慰留,恩言隆渥,惟大臣推事亲以事君,克谐以孝;惟圣主知贤母有贤子,用作其忠。忠孝之至,通乎神明,遇合洽赉,朝野羡仰,伊尹之言"克享天心,咸有一德",盖于是焉。

在夫时俗颂祷之词,举言五福。汉桓君山以箕子陈范为未足也,而易其目,曰富,曰贵,曰寿、曰安乐,曰子孙众多,则以之数者,为人所难兼也。今太夫人既备得之矣。且世颂贤母者,恒道其子,若孙之丰功伟烈,令闻广誉,悉著于篇,为附于善,则称亲之旨。

窃以为观美也,而未足以阐德。若太夫人纯孝性生,修于身,教于家,以达于邦国。天祚明德,帝锡嘉福,灵曜光应,繁盛累积,载笔瑞史,信而有征者已。如此则此无穷之基根,于庸行、禄位、名寿备致丰美,固大德者所自有,尚何铺扬润泽为哉?

在十月二月,当太夫人设帨之辰,某某等将随大中丞后,群拜堂下,谨陈古义,以纪恩荣,以祝纯嘏,为太夫人晋爵侑斝,拟于《孝经》纬候援神之契焉。谨序。

送江抚刘公归养序①

董沛(孟如),鄞县

圣天子宣重光躬奉两宫皇太后垂帘听政,尊崇之礼,轶汉超唐,声教覃敷,通浃寰宙,率土臣民咸作兴于变,思颐养其亲心而娱乐之,以仰副朝廷教孝之至意。

乃者光绪四年七月辛亥,江西巡抚庐江刘公以太夫人年高,疏请归养。管内士大夫相与言曰:"公以词臣出典军事,转战数千里,功状显赫,受先帝知,开藩江右,不四五年,持节抚我民,国家之所以遇公者厚矣。江右十四郡,流离兵火之余,民无定所。比年遭水灾,益以凋敝。公休养生息,咸遂其性,宽商惠民,若家到而户艾之。社有仓,屯有军,蠲缓田租,持折漕尤力,陆隆熙熙,复睹承平,公之所以福我者至矣。夫不能忘国者公也,不能忘公者民也。天视自民视,天听自民听。观吾民之惓惓于公,而谓天子能俞公之请耶?"

董沛曰:"不然"。诸君之言,一邦之私言也,非公言也,非朝廷之所以教孝意也。夫孝者,始于事亲,终于事君,然亦相其时而已。若西南北交讧,黄巾大枪之属横扰于天下,公出而平越,平吴,平荆、豫,平青、冀,无役不从,间关戎马,国尔忘家,人臣之大谊也。今天下之平十余年矣,江州一道犹号完善之区,郡县即有偏灾,非若中州、河东之甚者。公系恋太夫人,殷殷然为归养计,人子之孝思也。天子方以孝治天下,将使薄海内外争自濯磨,以成烝乂之治,而况一二大吏有不从其请哉。祈父之士,北山之大,夫亹勉王事,而有不遑将母之叹时使然耳。若夫"鹿鸣"一什,当西周文王之时,南陔白华,雍容愉乐,士大夫生逢盛世,岂犹有不获养之亲乎?观于此,而知公陈情之表,必有以惬圣天子之心而全公之孝也已。

---

① 刊本标题下双行小字注:"声木谨按,此文见《正谊堂文集》,光绪辛丑六月自刻本。"

越月，命下，果如所请。于是江右士大夫望公之留而不能得也，相率乞一言为序，乃诠次前语，以阐朝廷教孝之意，垂示于无穷焉。

答伯兄书①
薛福成（叔耘），无锡

抚屏大哥大人尊前：

二月初八日马递一函，谅早收到。顷接十一日手书，具聆壹是。此间与法开仗情形大致已括于致傅相及王仲良两电之中。仲春以后，法船在金塘洋面呆泊，每日或竖红旗，以示欲战之意，或对岸开数炮而已。

此次防务得力，在法船初来之际，炮台、兵轮连击，坏其两船以后，遂不敢驶近炮台。远泊十余里外，仍思乘夜放鱼雷入口，又用舢板扑岸，皆为我军所觉，屡次击退、击沉。又以开花大炮对我炮台轰击，每一弹大至五百余斤，其弹或坠麦田，或坠海岸及内河，皆不开花。此中大有天意。间有一二打着炮台者，嵌入泥土，亦不开花。

盖自客岁，弟到任后，中丞委弟综理海防营务处，获与欧阳军门及杨、钱两统领讲求布置。而宗太守源瀚、杜司马冠英皆以通才，好谈时务，凡有陈说，弟无不酌择行之。军门、统领均老于军事，阅历甚深，其所以绸缪防务者不遗余力。沿海两岸修筑长墙，绵亘殆二三十里。冲要之口，埋伏地雷。每于山冈显露之处设立疑营，壁垒森罗，旗旛高竖。凡炮台皆换石为土，取以柔制刚之妙，换明为暗，务使虚实相间，敌不知吾炮吾兵之所在。

从前洋人拘衅中国，筹防未尽得诀，坚瑕虚实，一望了然。彼以千里镜注视吾兵民所居，军实所萃、货物所屯，以开花炮攻之，一弹所炸，鲜不糜烂，故当之者无完垒，撄之者无坚城。今经营半年而狡寇适至，彼但遥见一片长墙，既无以辨吾孰坚、孰瑕、孰虚、孰实，或对高处疑营开炮，则虚无一人，徒耗药弹。敌在海面，风潮颠簸，所放之炮往往不能取准，如欲闯入口门，既以水道不谙，恐困于险礁浅滩，又为炮台、兵轮、丛桩、水雷所阻。且法人涉数

---

① 刊本标题下双行小字注："乙酉原注，声木谨按：此文见《庸庵文别集》（卷六），光绪癸卯仲春石印衷珍本。光绪乙酉，中法开衅，各省与之交绥，多败少胜。败者固无可掩，胜者亦未必真，良以中法强弱迥除，即实力能胜，论者每疑其伪。先文庄公抚浙，适当中法失和之时，早知法舰必来镇海，未雨绸缪，煞费经营。未几，法舰果至，屡为击败而遁。先公奏报，据实直陈，毫无虚伪，当局及后人颇疑其伪，幸得薛叔耘副宪时备兵宁波，目击其事，编辑当时公牍，详述情形，辑为《浙东筹防录》五卷。书虽非先公所辑，不啻代先公辑也。别集中又有《致伯兄》一书，详述当时战守情形，甚为精实。先公当年调度之苦心，可以大白于天下矣。湘乡欧阳健飞军门利见亦编辑当时公牍、奏报，为《金鸡谈荟》十四卷，虽不如《浙东筹防录》之条理秩然，亦可资参考。两书皆有刊本，惜坊间不甚通行耳。"

万里远来，煤、米、药弹必不充足。彼一弹之价值数十金，若放炮而漫无把握，不啻以艰贵之物浪掷诸无垠之海岸。正欲其堕吾术中，亦恐法人觉而自止，弟早与军门、统领言之。今果不出所料，彼既不肯漫然放炮，即放炮亦毫无所中，盖炸弹一遇铁石立即开花，今皆遇水土，竟无一人损伤。我军亦置之不理，但欲伺其近岸而击之，彼终不敢驶近，自此遂不甚开战矣。至于迁去天主教士，以清间谍。客岁费两月心力，然后办到，今宁、镇、定海廓然，无内顾之忧，所以能放手办事。此层亦最得力。

又如海口百余丈之宽，钉桩、沉船，周密无间，系弟督同杜冠英始终经理，今敌舰果不能驶人，而南洋三轮入口后有所凭依，不致被轰于鱼雷者，桩、船力也。他若造宁镇电线以捷军报，豫以厚糈雇养善领港之洋人，以绝法船之向导；密耸英领事扬言保护定海，以杜法人之窥伺。由今思之，皆系必不可缓之要者。其他小事，随时相机措注，更难缕述。

弟自元宵以后，百务环集，寝馈为废，飞檄、发电，笔不停挥，手腕欲脱，今始稍觉清暇，鄙意所尤快者，如滇，如粤，如闽，如直隶，如奉天，如台湾，皆星使联翩会办络绎，宿将棋置，且由部拨大宗巨饷，然要不过胜负互见，甚者如马江之败绩，惟浙防无督办之大臣，亦未拨巨饷，仅由弟与健飞军门承乏，其间健瓮任战事，而筹划一切，则弟任之。位望最轻，用饷最省，而气势完固，有胜无败，非特中法开战后所仅见，实与洋人交涉后初次增光之事也。承询邸抄，未见弟名，盖因中丞匆匆叙战，偶尔遗漏，然正与弟意暗合。夫为其实而不居其名，最为上乘。凡人求见姓名于奏报者，盖为希冀奖叙起见。弟之本心，惟兢兢以不能尽职防海为惧，岂复稍计及于奖叙？

中丞平日倚弟筹防，始终言听计从，毫无掣肘。今或鉴及弟之不汲汲于表见，故不以其待诸将者待之。夫课其实用而缓其虚名，不可谓中丞非真知我也。虽然此事之梗概，请再为兄详陈之。大抵中丞叙战之疏，悉本军门、统领战报之文。军门、统领于此素不甚留意，一以属之营中之文案。近来营中文案大率贫穷糊口之士，本无识时务、知文墨者，不过掇拾浮词，潦草塞责而已。盖论海防报战之体，与剿粤、捻寇时情形迥异。剿寇之役，重在临阵决胜，故叙战宜详。海防之役，重在平时布置，故叙战宜略。

今镇海两次击败法舰，若核实甄叙，不过彼此各开几炮，法舰受伤，旋退。寥寥数语，足以括之。惟必将事前布置之曲折择要叙明，而所以致胜之由不言自喻。正文不过淡淡着笔，则愈简实而愈精神。彼营中办文案者，固不足以语此，于弟之布置各端既一字不及，即于军门、统领之布置各端亦一字不及，突叙炮台开炮一事，无以起发人意，使人阅之，转觉其敷衍无聊，疑非事实。然则浙省以卓然非常之绩而出以黯然无光之文，固属可惜。弟推本于营中文案之无好手,虽系实情,仍宜曲谅,以前敌倥偬之际,实不暇精心营度也。且务实不务名者,固不于此争得失。因来书殷殷询此,辄纵论及之。至当时弟不专具禀牍以备中丞采择者,嫌与诸将争功也。方今和议已成,或不致再有翻异,镜清砥平,可翘待矣。泐此缕复,敬请大安。二月二十七日。弟福成谨上。

此系递通州家信,因其指述防务情形颇为详悉,特附录以备查考。(自识原注)

刘仲良宫保七十生日序①

钱保塘(铁江),海宁

光绪二十年,庐江刘宫保督川之九年。天子念公久劳于外,温旨内用,将以备心膂之任,俟代未行。逾年,岁在鹑火,日月会于实沉之次,前十三日为公七十生辰,吾乡人宦于川者,以公行有日矣,先期邮属为侑觞之词。余念吾二人者,少相师友,长托肺腑,勠力行间,同甘苦者有年,知之为详,何敢固辞。

公幼颖悟,忼爽力学。道光二十八年,偕同里潘琴轩中丞,徒步走京师,读书古庙,锐志攻苦。咸丰元年,举京兆试。十年,成进士,入翰林。同治元年,江南军事方殷,余抚江苏,驻军上海,为攻取之计。知公沉毅敢任事,奏请以编修随军。余既捷泗、泾、洙、泾等处,公分军平枫泾、西塘、张汇泾诸贼垒,裹创力战,连夺要隘,声势大振。一二年间,会合诸军,复嘉兴、湖州府城,廓清苏、浙。曾文正公督师北行,奏请公襄办军务,统诸营由山东、河南、湖北转战而南,至黄安县小河口,见他营遇敌几溃,率军力救,出奇制胜,遂以破敌。

公善抚士卒,所至粮粮备具,赏赉无所惜,士乐用命,故多克捷,以前后功洊擢山西布政使。时北方肃清,念封翁光禄公多病,未及赴任,乞养归里。居数年,授江西布政使,旋授巡抚。念太夫人年老,光绪四年屡乞归养,章三上,得请。又数年,授浙江巡抚,擢四川总督。

公性耐艰苦,在军六年,驰驱南北,终岁不得息。官江西、浙江各四五年,皆承兵革之后,地方凋敝。公抚以安静,与民休息,以江浙财赋之区患在侵冒,严核名实,裁汰浮费,兵食有资,其它自不劳而理。去两省日,库款各积存一百七八十万。朝邑阎相国长户部时,每以萧、刘比之,叹其通达知要

---

① 刊本标题下双行小字注:"代合肥李相国。原注:声木谨按,此文见《清风室文钞》卷六,癸丑十月家刊本。"

务也。

川中土僻人稠，民负气好争。自用兵后，闾里团练四兴，家有戈矛，勇于私斗，地遂多盗。南北延袤三千余里，夷獠错处，伺隙抄掠，边民苦之。公整饬戎行，分屯要地：松潘、峨边、马边、雷波、越嶲、宁远之夷，数有蠢动，应时讨定。又于其间平南江、大足、新津、秀山土匪，防军四布，军食浩穰，川故瘠区，岁入至四五百万，岁济云南、贵州、甘肃、新疆、西藏军饷，合一百五六十万，常忧不继。

公近年创办川东洋关，土税征榷得宜，岁益百余万，民不疲劳，军用以裕。西南数千里外不复烦大司农仰屋之嗟，纾朝廷西顾之忧，杜与国窥边之衅，盖其措置，比江浙为难，其所补救为尤巨。上推诚委任，公益感激思效，知无不为，事苟利国，毅然为之，不恤人言也。

国家地大物博，民俗阜安，中外辑睦。今独海东岛夷跳梁入寇，朝为肝食，天子慨然，思得倜傥非常之才而用之，悉召咸、同年间文武大臣老于军旅者，当宸延见，授以机宜。公之被召，仰见圣意倚任至殷，内备帷幄之臣，外受专阃之寄，或沿海各省督师安边之任。赵充国、霍去病之功胥在，于是行见得行其志，扬海外万里之威，戡骄子方张之气。虽衰老如余者，犹将黾勉随其后焉，岂非尊主庇民，上慰圣天子忧厪之怀，足为吾党生色也哉。

公与余东西相望，契阔十年，简问常通，豪情壮气，无异三四十年前时。敢以斯言广公之意，敬进一觞，知必掀髯而起舞也。是为序。光绪二十一年。

四川总督刘仲良宫保七十寿序[①]

王树枏[②]（晋卿），新城

庐江仲良宫保刘公，总督四川且十年，以廉介勤俭倡，全蜀官吏禁绝馈

---

① 刊本标题下双行小字注："甲午原注：声木谨按，此文见《陶庐文集》，甲寅冬日自刻本。"

② 王树楠（1851—1936），又名王树枏，字晋卿，号陶庐，直隶新城县（今河北高碑店）人，优贡生。光绪二年（1876），中举。十二年（1886），中式进士，充户部广西司行走。同年，报捐知县。十三年（1887），补四川青神县知县。十四年（1888），充四川乡试同考官。同年，兼理眉州直隶州知州。十五年（1889），署四川彭山县知县。十六年（1890），署资阳县知县。十九年（1893），署新津县知县，调署富顺县知县。二十年（1894），调补铜梁县知县。同年，因案革职。二十一年（1895），调两江委办防务洋务文案。二十三年（1897），开复原官，留甘肃补用。二十五年（1899），保直隶州知州。同年，补授中卫县知县。二十九年（1903），保甘肃即补道员，并交军机处存记。三十年（1904），升补甘肃平庆泾固化道。同年，署巩秦阶道。三十一年（1905），署理兰州道。三十二年（1906），迁甘肃新疆布政使。期间，修纂《新疆图志》，参撰《清史稿》。民国二十二年（1933），卒。精通经史，著述宏富，内容涉及训诂、算数、地舆等方面。

献节寿一切世俗相沿之礼,故终其任,无敢以生日祝庆为公言者。今年凡再疏乞休,卒得天子命,且南归矣。同寅官吏皇皇焉若有所失遗,而明年某月为公七十初度之辰,争欲上一言以为公寿,且以道其依恋爱慕不已之忧。盖冀公之复来,而又不能强公之不去者也。

尝闻孔子之论君子也,曰"易事而难悦,难进而易退"。公自为诸生,以至于登甲科,官翰林清贵之职,自由内职出提军旅,积功至于极品,建旄秉钺,膺封疆之任。凡将帅、兵卒在公之军者,皆曰公持法严以明,而待人厚以恕。有功者虽小必以录,有过者虽微必以惩也。凡文武官吏隶公之属者,皆曰吾苟尽吾职,公必知之,而未尝苛以求吾。苟负吾职,公必知之,而未尝宽以贷也。此非所谓君子易事而难悦者乎?天将畀人以艰巨烦重之寄,必先予以淡泊之性、贞固之操,而后能卓然有以自持,不汲汲于众人之所悦慕奔骛以撼夺其所志。

公督师转战于吴越、燕鲁之郊,枕戈衽金,身试锋镝者凡七年,一不得旦夕居息。及大难敉平,奉特授山西布政使之命,而公以封翁偶抱微疾,即陈请终养以归,服阕始再出;荐升至江西巡抚,而公又以太夫人春秋高,又疏请终养以归,服阕始再出;荐升至四川总督,而公又念居高之危,亢龙之悔,连疏于朝,乞休归里。其视功名富贵藐然若浮云聚散于太虚寥廓之区,盖兢兢乎难进易退之旨终其身,以君子为归者,是非有淡泊之志、贞固之操,其孰能与于此哉?

窃独以为国家自中兴以来,中外机变日百出,不可朝夕亿逆,而一时老成宿将善战之臣寥如晨星之在天,萧条灭没,其幸而存者,可以指数也。

方今日本以弹丸蕞尔之众盗拈我属国,益复纵其蛇豕贪昧之性,僄狡锋犀,窥我上都。天子痛倭人之不共,赫然震怒,整齐六师,长驱东征,以致天下之诛,因遍召中兴以来貔虎桓桓之徒,授之斧钺,虽即当日偏裨劣知名不甚赫著者亦得膺专阃与边鄙重事。公在中兴之时,号为知兵,战绩烂然,灼人耳目,而又善于节制财赋,凡所治行省,库储常赢旧额数倍,有至数十倍者。此二事皆国家今日所急务要需。

公受累朝特达之知,忠勇廉能,又为上所深信罔贰,则推朝廷侧席之心,及公所以酬,知之具其不能久居林下,优游偃蹇,以坐享一家一人之乐,可知也。

蜀之官吏将于某月称觞以为公寿。夫世俗之祝人者,率以富贵康强、子孙逢吉之辞,相为谀贡,此皆无待为公祝。若公负文武大略,其战功政绩之卓卓者,又皆纪于国典及私家之书,亦不待殚述。窃私撮公出处之大凡,述其既往以券其将来者,为世之知言者告焉。

原任四川总督刘秉璋碑文

朕惟绥疆建绩,朝廷资经纬之才;驭众安民,岳牧重抚循之术。简册既昭夫阀阅,旗常宜著夫勋名,茂典爰颁,贞珉是纪。

尔原任四川总督刘秉璋,学识宏深,襟期恢绰。早年通籍,遂翔步于凤池;壮岁从戎,复研精于豹略。荐剡而推为国器,乘时而郁为宝臣。初领偏师,勘定魏塘之境;进规大郡,廓清苕水之尘。勇号优加,华资洊陟。胥台陈臬,仍提诸御之兵;右辅旬宣,未度井陉之塞。拊髀而久劳磨盾,乞骸而暂许抽簪。既而巽命重申,藩条再绾。恩施逾渥,疆寄攸隆。章贡同源,吏治方其澄澈;匡庐表峻,威棱比其严凝。会以养志循陔,衔恩归里,誓墓而祥琴既阕,趋朝而秉钺载膺,俾镇岩疆,言瞻浙水。靖萑苻之渊薮,率众输诚;扼岛屿之要冲,整军经武。乃者盟渝西旅,衅启南方。挫敌焰于艨艟,蛟门是守;巩秋防于锁钥,鲸海无波。洎乎移节全川,运筹边圉。岷峨千里,巍然人望之归;卬莋诸夷,颙若兵屯之法。虽襫带偶因于一眚,而温纶终逮于九原。兹以舆论交孚,复命礼官考典,征其行谊,谥曰文庄。

于戏,眷念劳臣,骠骑之声施犹在;永垂惇史,螭文之铭渤常存。校此丰碑,钦哉休命!

国史馆列传

刘秉璋,安徽庐江人。咸丰十年进士,改翰林院庶吉士。同治元年散馆,授编修。时洪逆犹据江宁,贼势张甚。秉璋先以举人从钦差大臣张芾军于皖南,常资赞画。故大学士曾国藩、李鸿章皆深器之。至是鸿章新被江苏巡抚之命,移军上海,遂具疏奉调,得旨发往江苏,酌量委用。

上海为通商大埠,旧有洋将戈登所练常胜军,颇骄悍。淮军初至,粮、械缺乏,军服敝陋,洋弁或笑侮之。秉璋辄诫军士,曰:“此不足病也,愿吾曹能战否耳。”与鸿章深谋密议,搜讨军实,多崇朴勇,洋弁心折,卒为我用。

二年,贼陷福山,围常熟,甚急。秉璋会同铭鼎诸军攻福山以救之,并约洋弁以大炮轰贼垒。贼惊溃,常熟围解。旋复会攻太仓,躬冒矢石,累战拔之。时浙西各郡犹为寇据,与苏省犬牙相接。鸿章令秉璋自募一军,进图嘉善。嘉善东曰枫泾,其北曰西塘,两镇皆水陆冲要。贼以悍党数万,筑石为垒,设守甚严。秉璋率六千人,以吴长庆、况文榜、王占魁等为将逼贼垒,而营贼悉众来扑,败之,乘势攻拔枫泾、嘉兴。平湖、乍浦各贼来援者数万,秉璋督军逆破之,悉败去,因拔西塘,平坚垒二十余座,获逆首伪王宗廖姓、伪罗天安施得柱、伪敬天福汪敬之、伪登天侯曹盛勇等,擒斩数千。捷入,得旨以侍讲遇缺题奏。贼虽屡败,仍踞嘉善,别以悍党扼张泾汇,以拒官军。张泾汇者,当嘉善东滨江冲要地也。秉璋策取嘉善,当先下张泾汇,于是约太湖师船,水陆夹攻,军士凫濠直进。方相持间,嘉善援贼大至。秉璋凭河督战,腿受枪伤,不稍却,遂克张泾汇,擒斩及溺水死者不可胜计,嘉善及平湖、乍浦、海盐之贼皆穷蹙乞降。秉璋遂进屯新丰,规取嘉兴。伪荣王廖发受悉锐来犯,秉璋迎击,大破之。

三年三月,补侍讲。七月,秉璋会总兵程学启军攻嘉兴,尽毁城外贼垒。秉璋、学启均肉薄以登。学启中炮,亡,官军益愤,昼夜仰攻,掷火焚城中药库,贼众溃乱,遂克嘉兴,斩廖发受及伪挺王刘得功。得旨赏戴花翎。进规湖州,攻吴溇、南浔,连战皆捷。遂令浙军复湖州,浙西肃清。奉旨:翰林院侍讲刘秉璋,躬冒矢石,治军严整,着赏给振勇巴图鲁名号,遇有应升之缺,开列在前。十月,补右春坊右庶子,旋转左庶子。

四年二月,晋侍讲学士。时捻寇大炽,上命曾国藩为钦差大臣,督办捻匪。

五年春,曾国藩奏调秉璋。奉上谕:刘秉璋统带淮军素称得力,着迅赴曾国藩军营,襄办军务。四月,授江苏按察使,仍统军驻徐州。捻患流窜无定,曾国藩、李鸿章皆主驱贼一隅聚而歼之之计,众议其迁,秉璋独深赞之。五月,贼扰宿迁埠子镇洋河集,径扑运河。秉璋遣其将吴长庆、王占魁夜捣贼巢,循旧堤追击至仓家集,贼大溃。时各路军皆捷,捻酋任柱、赖文光与张总愚相失,复折而南,渡浍、涡两河,入怀远、凤台境。秉璋率军追至蒙城,会盛军击之,捻弃辎重西窜。八月,任、赖两逆复与张逆合于河南石固镇,将犯山东。秉璋率军至禹城寨,以马队进击,大破贼众,擒斩无算。贼弃寨走,追、败之湾店,又败之吕桥。会铭、鼎各军踵至,贼连败,不可复合。张逆西窜,是为西捻。任、赖两逆东窜,是为东捻。曾国藩以西捻委总兵刘松山,令秉璋与提督杨鼎勋等豫西,以图东捻。十二月,东捻窜入鄂,秉璋追,败之德安。

六年二月,授山西布政使,仍未之任。时援师大集,捻折而入皖英霍、太湖间,士民大震。秉璋日夜疾驰,至宿松,迎击,败之。贼还走鄂,自孝感小河溪窜河口镇。秉璋会勋军追之。勋军先至,遇伏,总兵张遵道等皆死。贼挟溃卒、辎重而下,势不可遏。秉璋率军横截,吴长庆、况文榜等各殊死战,斩其贼目,始溃走豫。时李鸿章已奉命代曾国藩督师,自归德移驻济宁,始议扼运,蹙贼海隅,檄秉璋随赴济宁,布置运防。六月,秉璋率所部屯运西,合东、皖、豫三省兵,并力蹙贼,贼窜地渐狭。七月,捻败山东军于潍河,自安丘、临朐南走,将由沂、莒窥江淮。李鸿章虑贼自下流逸出,急檄秉璋由台庄渡河赴桃源,会浙军,防清江。自八月至十一月,提督刘铭传、郭松林等军叠获大捷。捻首任柱死,赖文光率残骑千余,南走清江。十二月,秉璋与道员李昭庆追及于淮城,大破之。赖逆窜高宝水乡,遇华字营统将吴毓兰,生俘以献。东捻平,东、苏、皖、豫、鄂五省一律肃清。得旨赏给白玉、翎管等件。东捻既平,秉璋亟议息兵,筹善后。

七年,遂乞假归。

八年,丁父忧。

十一年,服阕,入都,诏授江西布政使。江西自军兴以来二十余年,库款纠葛。秉璋厘查各属交代,追官逋数百万。

光绪元年,擢江西巡抚。

二年,入觐。赏《穆庙御制诗文集》及"平定粤匪、剿平捻匪方略"。旋以母胡氏年逾八旬,乞终养。温旨慰留。

四年,再表陈情,得旨俞允。

五年,以母胡氏春秋高称庆于家,赏御书匾额并他珍物。

六年,诏征之,谕曰:"现在时事艰难,该前抚向来办事实心,朝廷正资任使,得旨后,着即起行,毋稍拘泥。"秉璋疏辞,略曰:"自维愚直,何补时艰? 倘以宠利为心,藉口宏济天下安用有是子,即朝廷何贵有此臣?"是岁,新疆南北肃清。以秉璋前在江西抚、藩任内筹解甘饷,赏头品顶戴。旋丁母忧。

八年,服阕,授浙江巡抚。时台匪黄金满啸聚海滨,官兵追捕,则窜入重洋,兵去复出,为民害。秉璋至,侦知内地多间谍,故兵机悉漏,乃檄府县严办保甲。黄金满穷蹙就抚。

十年,法越事起,秉璋躬巡海口,沿岸筑长墙,绵亘数十里。置地雷,封海口。悉所有兵轮五艘,辅以红单师船,据险设防。

十一年二月,法舰突入蛟门,炮台守将守备吴杰手发巨炮,伤法船二,遂退泊金塘山。越数日,复入虎蹲山北。官军迎轰之,中其烟筒。再发,中后艄,法将迷禄中炮死,自是不敢再犯招宝山口。时放小轮,潜窥南岸。守将总兵钱玉兴选敢死士,潜伏清泉岭下,突起击之,法兵纷纷落水死,遂遁去。事平,秉璋复议扩充海防,以备不虞。时部议筹办海军经费及旗兵复饷二事,夷璋密疏,请并力海防,先其所急。

十二年,擢四川总督。川省幅员廖阔,外接番夷,内多奸盗。秉璋先后历平万县崔英河、茂州何三木匠、川北陈坤山、秀山姚复乾、大足余蛮子诸盗,皆不动大众,旋起即扑灭之。大小凉山、拉布浪、瞻对各夷叛服无常,秉璋行屯田之策,夷皆请服。

十六年，税务司赫德议加抽土厘。秉璋以内地种烟无利，则洋土益将畅销，今洋药既不能加税，但重抽土厘，于国计民生两俱有损，累疏持之，川土得免加厘。

二十年，恭逢孝钦显皇后六旬万寿。正月，奉懿旨赏加太子少保衔，并御书长寿字、福寿字、如意、蟒袍等件。先是秉璋奏调试用道叶毓荣、总兵钱玉兴等至蜀，颇见信任，为御史钟德祥所劾。诏湖北巡抚谭继洵驰往按验，颇有状。复奏入，部议照滥举非人例，议以革职留任。上以秉璋措施失当，任用非人，致遭物议，应照溺职例办理。及部议革职，卒蒙恩诏，改为革职留任。十月，奉旨开缺来京，另候简用。秉璋疏乞骸骨，允之。仍命俟新督到任，再行交卸。

逾年而教案起，秉璋乃去官。先是秉璋甫至蜀，值重庆民教相哄，互有杀伤。秉璋至，捕乱民石汇等置之法，并戮教绅罗元义以泄民愤。至是，省城民教拘衅，各属继起，旬日间，教堂被毁者数十处。奉上谕：各国设立教堂，迭经谕令各省督抚严饬地方官加意保护，以期民教相安。本年五月间，四川省城匪徒滋事，打毁东校场教堂，省外各处旋又屡出教案，皆由地方官平日不知劝谕百姓，致酿事端。迨闹事后又不赶紧惩办，该督刘秉璋督率无方，厥咎甚重。据御史吴光奎奏参，省城滋事之始，刘秉璋坚置不理，并未派兵弹压，无业游民愈聚愈多，以致省外教案层见叠出。该督任意废弛，有负委任，着即革职，永不叙用，以示惩儆。其余办理不善之道府等官，着鹿传霖确切查明，分别参办。

二十五年，诏再征之。以疾不能赴。

三十一年，卒于家。两江总督周馥奏曰：故督臣刘秉璋，结发从戎，身先士卒。考其生平战绩，与程学启、刘铭传等相埒。而任事勇直，持躬廉介，则尤过之。历官江、浙、四川督抚，遗爱所留，绅民至今称道。程学启诸臣故后，奉旨加衔、予谥、建祠、立传，恩赉有加，该故督臣勋绩相等，四十年来中兴将帅凋零殆尽，仅存刘秉璋一人，今闻病殁，远近军民同声感悼，应如何加恩赐恤之处，伏乞圣明裁酌。

谕曰：前四川总督刘秉璋，学问优长，老成练达，由翰林随同前大学士曾国藩、李鸿章剿平发、捻各匪，叠克名城，战功卓著，擢任两司，洊陟封圻，任事勇直，持躬廉介。嗣因案革职，兹据周馥胪陈战功事迹，宿将凋零，殊深悯惜。前四川总督刘秉璋，着加恩开复革职处分，照总督例赐恤。任内一切处分悉予开复；应得恤典，该衙门察例具奏，并将生平功绩宣付国史馆立传，以示笃念勋臣至意。寻赐祭葬。

明年，苏绅前工部侍郎恽彦彬等以秉璋前在江苏统兵，叠克名城，治军整肃,吴民爱戴,呈恳建立专祠,巡抚陆元鼎以闻。奉旨:着照所请。

子体乾,江苏补用道,袭二品荫生;体仁,举人,分省补用知府;体信,分省补用知府;体智,度支部郎中;体道,分部行走郎中。

奏前四川总督刘秉璋病故胪陈功绩折

光绪三十一年八月初十日(1905 年 9 月 8 日)

头品顶戴兵部尚书衔署理两江总督山东巡抚臣周馥、头品顶戴安徽巡抚臣诚勋跪[①]奏,为勋臣在籍病故,胪陈功绩,恭折仰祈圣鉴事。

窃于光绪三十一年七月据在籍前四川总督刘秉璋家人呈报:家主年届八旬,强健犹昔。今秋七月望后,偶患腹疾,渐成痢症,延医罔效,二十三日病故等情。

查已故督臣刘秉璋,咸丰十年进士,授翰林院编修,为故大学士曾国藩所深器。同治元年,大学士李鸿章督师上海,奏调至军,统带淮勇,会同洋将戈登常胜军、铭、鼎、庆、树等军,克复福山、海城。旋即别募一军,规图浙西,积功蒙恩擢升侍讲。督军力战中炮,血渍重衣,裹创复战,遂降嘉善,克嘉兴,江、浙肃清,迁右庶子,转左庶子,升翰林院侍讲学士。嗣曾国藩、李鸿章先后督师剿捻,率总兵吴长庆等驰逐于淮、徐、燕、齐、晋、豫之间,屡战皆捷,奉旨襄办军务,擢授江苏按察使,迁山西布政使。东捻平,转江西布政使,清厘军兴以来库款,廉能称最。光绪元年,升江西巡抚,以侍母疾开缺。九年,授浙江巡抚。十年,法越事起,绸缪防务。法船驶入,中炮退走。十二年,晋四川总督。二十一年,加太子少保衔,以老病乞骸骨,优诏慰留。明年,土匪焚烧教堂,被议革职。二十五年,奉旨来京陛见,以老病不出,家居闭门读书,以官俸所余屡捐善举,诫子孙不得请奖。临终犹以时事艰难、历受厚恩、未能图报为憾。

查该故督臣结发从戎,身先将士。考其生平战功,与程学启、刘铭传等相埒。而任事勇直,持躬廉介,则尤过之。历官江、浙、四川各省督抚,遗爱所留,绅民至今称道。程学启诸臣故后奉旨加衔、予谥、建祠、立传,恩赏有加。该故督臣勋绩相等。四十年来中兴将帅凋零殆尽,仅存刘秉璋一人。今闻病殁,远近军民追念遗徽,同声感悼,应如何加恩赐恤之处,非臣等所敢擅请,伏乞圣明裁酌。

该故督现有子五人:体乾,江苏补用道;体仁,举人,分省补用知府;体信,分省补用知府;体智,户部郎中;体道,候选郎中。孙八人。合并陈明。

---

① 刊本无此前衔,兹据原件(档案编号:04-01-12-0645-070)校补。

所有勋臣病故胪陈功绩缘由，谨合词恭折具陈，伏乞皇太后、皇上圣鉴，训示。谨奏。光绪三十一年八月初十日①。

光绪三十一年八月二十三日，奉朱批：另有旨。钦此。②

江苏巡抚陆元鼎奏请建立专祠折

光绪三十一年十二月二十二日（1906年1月16日）

头品顶戴江苏巡抚臣陆元鼎跪③奏，为故督统兵苏境，卓著战功，吁恳建立专祠，据情代陈，恭折仰祈圣鉴事。

窃据江苏在籍绅士前工部侍郎恽彦彬、前浙江巡抚任道镕、前奉天府府丞朱以增、通政司副使庞鸿文、四品衔翰林院编修缪荃孙、翰林院编修汪洵、户部郎中廉泉、分部郎中曹元弼、内阁中书孙道毅、直隶候补道任之骅、分省补用知府潘祖谦、徐州府教授王亦曾等呈称：窃查故太子少保原任四川总督臣刘秉璋，于同治元年由翰林院编修奉命赴江苏大营。时全省沦陷，仅存上海一隅，随故大学士江苏巡抚李鸿章，督洋将戈登，会同诸军，攻克福山，击破常熟援贼，旋驰太仓督战，亲冒矢石，屡获大捷。总兵程学启遂得进攻苏州，无后顾之虑。李鸿章知其才可大用，令增募淮勇五千人，进图浙西，击援苏之贼，克枫泾、西塘贼垒，进攻张泾汇。贼以重兵扼守，故督臣督军力攻，弹中胯下，血渍衣胯，裹创复进，卒拔之。嘉善、平湖、乍浦、海盐各城隘，贼众皆降。进屯新丰，复进，破吴泾桥、东塔、大石垒，直抵嘉兴，连战皆捷。既克嘉兴，进军吴溇、南浔、殷渎村、杨溇、大钱口，攻破贼垒十余，追至湖州，贼弃城，遁苏常，由是平定浙省，遂报肃清。嗣领开花炮队驻苏州省城，保根本之地，人心益安。

五年，故大学士两江总督臣曾国藩督师剿捻，奏请帮办军务，兼为游击之师。故督臣与捻贼驰逐于淮、徐、齐、鲁、楚、豫之间，破贼于丰、沛、宿迁，南追至仓家集，贼大溃。又破贼于淮南，追至蒙城，贼至中牟，窜许州，复自楚北孝感小河溪窜至河口镇，均克之。其后贼沿运河直扑清淮。遣步将率马步三营追及淮安张桥，贼溃散，降数千人，沿途追及至扬州东北湾，东北由是遂平。此皆故督臣征剿发、捻两匪之战绩也。

伏思故督臣服官廿余载，勤劳罔懈，廉公有威，如江西之肃吏治，清交代，浙江之严海防，挫法舰。在四川，内殄伏莽，外剿番夷，将士用命，恩威并济。其事迹均由该省绅民上陈，职等无庸赘述。惟故督臣自同治元年在江苏带兵,迭克名城,至贼平后,镇守苏州,驻军五年,治军严肃,兵民杂处,不扰秋毫,又以时振抚灾黎,运粟往哺,吴民得庆更生之乐。遗爱在人,至今称之。职等伏读《礼经》"以劳定国则祀之,能捍大患则祀之"。而故督臣同时淮军统将之功者,如程学启、张校(树)声、刘铭传、周盛波、周盛传,部将如吴长庆等,皆已蒙恩准建专祠。况故督臣刘秉璋以翰林将兵,勋望过之,为此合词恳请据情具奏,在苏州省城建立专祠,以慰舆情等情。前来。

臣查故四川总督臣刘秉璋,以词臣从戎,转战数省,而于苏松、浙西一带功绩尤伟。溯当淮军初兴之际,李鸿章悬兵海上,深入为忧。腹地则群盗如毛,洋将则猜嫌难驭,卒能力勘大乱。迭奏肤勋,外以助金陵克复之机,内以完苏省财赋之旧。此虽李鸿章综持其才,而赞画至计,躬历戎行,实故督臣有以左右也。其后虽于川督任内因案镌秩,旋蒙起用,以旧伤复发,未克赴阕,遽尔溘逝,蒙恩开复原官,并准史馆立传。仰见圣主笃念荩臣策勋、没齿酬庸之厚,戴德难名。兹据该绅士等援"有功则祀之",又轸受赐到今之念,胪陈故绩,请建专祠,系属出于至诚,亦尚符于定例。合无仰恳天恩俯准将已故太子少保原任四川总督臣刘秉璋,在苏州省城立功地方建立专祠,由地方官春秋致祭,以彰荩绩而顺舆情,出自逾格鸿施。

除咨部查照外,理合会同署理两江总督臣周馥,恭折陈请,伏乞皇太后、皇上圣鉴,训示。谨奏。十二月二十二日①。

光绪三十二年正月十五日,奉朱批,着照所请,该部知道。钦此。②

拟山东绅士请建刘公祠公呈③

朱孔彰(仲我),长洲

为统兵大员剿捻东省,功德在民,吁请奏建专祠事。

窃闻斧�著绩,东山劳姬旦之师;筹笔驻军,西蜀立武侯之庙。报功本隆于古,祀典尤著于今。伏思太子少保故四川总督刘秉璋以翰林起家,于同治初年从故大学士李鸿章创练淮军,平定发匪于江苏。五年,从故大学士曾国藩剿捻匪于山东。曾国藩深知故总督谋勇兼优,公忠爱国,奏请襄办军务,兼为游击之师。故大学士曾国藩建四镇之策,安徽以临淮为老营,河南以周家口为老营,江苏以徐州为老营,山东以济宁为老营。故总督与谋议定

① 刊本无具奏日期,兹据录副校补。

② 此朱批日期与内容,据录副校补。

③ 刊本标题下双行小字注:"声木谨按:呈文拟就,未及上呈,旋遭辛亥之变,遂至中止。兹依桐城吴挚甫京卿汝纶《拟建李文忠公专祠各省节略》编入文集之内,又抽印单行本名《李文忠公事略之例》编入录中。《朱仲我广文孔彰文集》,无刊本。"

策,常往来驰击于济宁一带,与贼追逐,枕戈待旦,栉风沐雨,艰苦备尝。是时贼踪飘忽,一日夜窜数百里,故总督与曾国藩言曰:"捻匪已成流寇,诸将不苦于战,而苦于奔。"又谋圈制之策。逮故大学士曾国藩回两江本任,故大学士李鸿章接统其众。

六年,捻匪全数窜山东。又与李鸿章谋蹙贼海隅之策,例守运河,毋使西窜,扼胶莱以断咽喉。且言不必追之过紧,画地过狭,使贼窥破机关,势必急图出窜,稍纵即逝,全局又非。七月,捻匪竟扑潍河,由东军汛地戴庙冲出。故总督言与李鸿章,仍宜坚持初议,与诸军纵横合击,无战不胜。追至寿光弥河,捻首赖汶光落河未死,复纠合千余骑南窜,冲出六塘河浙军汛地,沿山东运河而下,直扑清淮。故总督以穷寇致死,严阵以待,屡击破之,斩杀过半。又督队日夜不息,追及之淮城张桥,贼大溃,降老贼千余人。沿途追击,至扬州东北湾,逆首赖汶光仅随十余人,华字营兵擒以献,东捻平。明年正月,西捻张总愚忽由山西渡河北窜,直逼畿辅。故总督令部将者贵等迅速北援,与诸军合击。七月,捻平。故总督由京秩蒙恩授江苏按察使、山西布政使。

光绪元年,由江西布政使擢江西巡抚。九年,授浙江巡抚。十二年,晋四川总督。二十一年,恭逢庆典,加太子少保衔。明年,教堂案起,遂褫职。屡蒙恩旨召来京,因疾未能就道。三十一年,终于家,春秋八十。事闻,诏开复原官,生平事迹宣付史馆立传。

综计故总督服官、治军数十年,其在他省如淮徐之战绩、楚豫之戎功,皆所以创捻贼,卫东省。又如江西整肃吏治,清厘交代;浙江之防守宁波,炮伤法舰;四川之剪除伏莽,剿抚番夷,皆由该省绅士上陈,职等无庸赘述。

惟思故总督谋防运河之策、剿平捻匪之劳、保全东省之绩,至今东人称之不去口。其驻军之所,兵民杂居,樵汲往来,秋毫无犯。尝接见地方绅耆,优礼贤士。问山川形势,询民疾苦,救灾黎而镇抚之,故三十年来,齐兖父老过其故垒遗址,犹欷歔流涕。是故总督虽未官于东省,其救民于水火之中,登诸衽席之上,与官斯土恩德深入民心者同也。东人思其遗爱,故没世不忘。

职等伏读《礼经·祭法》曰:"以劳定国则祀之。"我朝中兴将帅有功东省,均各建专祠。故总督刘秉璋同功一体,膺兹巨典,洵无愧色,职等敢援斯例,合词吁请大公祖大人专折具奏,请于东省建立故总督专祠,以彰丕绩而慰民情,实为公便。谨禀。

卷二

《清史稿·列传》①

　　刘秉璋,字仲良,安徽庐江人,参钦差张荐军,叙知县。咸丰十年,成进士,选庶吉士,授编修。同治元年,李鸿章治兵上海,调赴营。洋将戈登所练常胜军故驻沪滋骄,淮军初至,服陋械绌,西弁或侮笑之。秉璋语众曰:"此不足病也。顾吾曹能战否耳?"

　　明年,从克常熟、太仓。鸿章使别募一军,图嘉善,分寇势,遂提兵五千赴难。克枫泾、西塘,迁侍讲。进攻张泾汇,约水师夹击,弹丸贯胯下,不少却,卒克之。规平湖,其酋陈殿选降,于是乍浦、海盐、澉浦皆反正。

　　又明年,与程学启攻嘉兴。秉璋入东门,燔药库,寇骇乱,众军乘之,城拔。进取湖州,攻吴溇、南浔,所向摧靡,浙西平。赐号振勇巴图鲁,历迁侍讲学士。

　　四年,授江苏按察使,从曾国藩讨捻。时捻骑飙疾,国藩与鸿章皆主圈制策,秉璋力赞之,破捻丰、沛、宿迁,南追至仓家集,捻大溃。又败之淮南,长驱蒙城,捻西走,自此捻分东西。国藩令秉璋军豫西,专剿东捻,与提督刘鼎勋俱其东追入鄂。

　　六年,除山西布政使,未上。捻自孝感小河溪窜河口镇,与鼎勋军追之。勋军前锋遇伏,总兵张遵道战死,势益炽。秉璋横截之,始奔豫。

　　七年,鸿章代国藩督师,议扼运,蹙捻海隅。秉璋驻运,西捻扑潍河,将自沂、莒,窥江淮。秉璋亟渡河,诣桃源,会浙军,扼清江。亡何赖酋率残骑数千至,追破之。淮城事宁,被赏赉。父忧,归,服阕,起江西布政使。

　　光绪元年,擢巡抚,以母老再乞终养。

　　六年,遭丧。至九年,再起抚浙,会法越构衅,缘海戒严。秉璋躬履镇海,令缘岸筑长墙,置地雷,悉所有兵轮五艘,辅以红单师船,据险设防。

　　十一年,法舰入蛟门,令守备吴杰轰拒之,伤其三艘。越数日,复入虎蹲山北,再败之,法将迷禄中炮死。然犹浮小舟,潜窥南岸。复令总兵钱玉兴隐卒清泉岭下,突击之,敌兵多赴水死。

　　逾岁,擢四川总督。川境夐远,外接番夷,内丛奸宄。秉璋曰:"盗贼、蛮夷,何代蔑有?以重兵临之,幸而胜不为武,不幸而不胜,饷械转资寇,是真不可为矣。"故督蜀八年,历平万县、茂州、川北、秀山土寇。其大小凉山、拉布浪、瞻对各夷,畔服靡恒,则用赵营平屯田法,数月间皆慑伏。加太子少

　　① 刊本标题下注:"见原书卷二百三十四。"

保。御史钟德祥劾提督钱玉兴及道员叶毓荣不职状事，下湖北巡抚谭继洵廉得实。秉璋坐滥举罪，罢。

初，丁宝桢督蜀，称弊绝风清。秉璋承其后，难为继，故世多病之。未受代而民教相哄。重庆先有教案，秉璋初至，捕教民罗元义、乱民石汇等，置之法。至是各属继起，教堂被毁者数十。教士忿牒总署，指名夺秉璋职。朝廷不获已，许之。秉璋遂归。

三十一年，卒。总督周馥及苏绅恽彦彬等先后上其功。复官，予优恤，建祠。

《咸丰以来中兴将帅别传续编·刘尚书别传》①

朱孔彰（仲我），长洲

公讳秉璋，字仲良，安徽庐江人也。弱年以孝行著闻，好学励志，读《春秋》而悟兵机。尝曰："丈夫生世，当为忠孝完人。"年二十，举咸丰元年顺天乡试，出参张文毅公带军事于皖南。时皖营兵单饷绌，为文毅谋画，无不效。徽郡屡濒于危而不破者，公之谋也。以劳叙知县。公知兵之名自此始。

十年，赴会试，成进士，选庶吉士，授编修。时洪寇据江宁，曾文正公东征，开府安庆，幕下多奇才异能，见公，大器之。曰："刘某气象峥嵘，志意沉着。"由是公名大噪。

同治元年，李文忠公督师上海，奏调至营。是时创立淮军，公与讲求束伍之法，选将练兵，以勤苦耐劳为尚，以朴实勇敢为先。其后淮军立功数省，公实与创始之劳。

二年，督洋将戈登会同铭、鼎诸军，攻克福山、海城，解常熟之围，遂驰往太仓，督战屡捷。戈登所练常胜军勇悍不驯，公统御有方，调和诸将，故常有功。自是李公知公才可大用，使别募一军，进图浙西，御援苏之贼。公提兵五千，转战而前，克枫泾、西塘贼垒。得旨，擢侍讲。进攻张泾汇，其地为松江、娄、平湖、嘉善四县之冲，贼以重兵扼守。公督军力攻，弹丸穿胯下，血溃绔踦，指挥将士，意气如常。明日，裹创复进，卒攻拔之，嘉善遂降。复率师会潘鼎新，受降平湖、乍浦、海盐贼众，进屯新丰、嘉兴。贼首廖荣发出犯，逆击，大破之。

三年，进破吴泾桥东塔、大石垒，直抵嘉兴郡城下，连战皆捷。时总兵程学启攻北门，受伤。公军自东门攻入，焚贼火药库，火光烛天，贼惊溃。诸军乘之，遂克嘉兴。进军吴溇、南浔、殷渎村、杨溇、大钱口，攻破贼垒十余，追

---

① 刊本标题下注："见原书卷二。"

至湖州,贼弃城遁,江浙肃清,积前功,赏戴花翎,迁右庶子,转左庶子,升侍讲学士。

五年,曾文正公督师剿捻,奏议请公襄办军务,兼为游击之师。文正议建四镇:安徽则在临淮,河南则在周家口,江苏则在徐州,山东则在济南。公与定谋,常往来驰击于济宁数镇,与贼追逐。是时,贼踪飘忽,一日夜奔窜数百里。公言于文正曰:"捻匪已成流寇,诸将不苦于战,而苦于奔走。"又谋圈制之策。逮文正病回两江总督任,李文忠公接统其众,贼势猖獗,公与驰逐于淮、徐、齐、鲁、楚、豫之间,破贼丰、沛、宿迁,南追至仓家集,贼大溃。又破贼淮南,追至蒙城,贼西奔。捻酋张总愚与任柱、赖汶光分股,遂有东、西捻之号。西捻张总愚自中牟窜许州。逆击,破之。东捻赖汶光自楚北孝感小河溪窜至河口镇,骑数万。会杨鼎勋军追至小河溪,勋军前锋遇伏,总兵张遵道等战殁,贼愈张,不可遏。公率部将吴长庆、王占魁、况文榜等力拒,却之。

六年,东捻全数窜山东。又与李文忠谋蹙贼海隅之策,倒守运河,毋使西窜,扼胶、莱以断咽喉,冀圈贼东境,就地歼灭。七月,捻匪竟扑潍河,由东军汛地戴庙冲出。公又言于李公,仍宜坚持初议,与诸军纵横合击,无战不胜。追至寿光、弥河,捻酋赖汶光落河未死,复纠合千余骑南窜,冲出六塘河浙军汛地,沿运河下,直扑清淮。公以穷寇致死,严阵以待,屡击破之,斩杀过半。又督队日夜不息,追之淮城张桥,贼溃散,降老贼千余人。沿途追击,至扬州东北湾,捻酋赖汶光仅有十余骑,华字营兵擒以献。东捻平。

明年正月,西捻张总愚忽由山西渡河北窜,直逼畿辅。公令部将者贵等迅速北援,与诸军合击。七月,西捻平,由京秩蒙恩授江苏按察使,旋授山西布政使,皆在军,未之官。至捻匪平,以父年老告终养,旋丁父忧。

十一年,服阕,奉旨入觐,授江西布政使。

光绪元年,擢江西巡抚。其治官事,以综核见长。阎文介公敬铭殿论时事,以公为萧、刘之亚。在江西清釐军兴以来二十余年胶葛库款,又查各属交代数百起,追得积欠百余万,皆州县卸事后交代库款未清者。未几,复陈情养母,终天年。

至九年,再起用浙江巡抚,时奉旨豁免钱粮州县,有已征未解混入民欠者,又追出数十万。办海防,时就本省筹饷,不烦部拨巨款,精思所运,百废俱举。会法人侵夺我越南属地,挟兵船掉入东南洋面,牵缀援军,旁扰虚喝,眩沮我谋。其时,若闽、若台、若滇、若两粤,皆别遣重臣宿将,联翩持节以往,度要驻扼,独浙无有,盖以上浙洋付公,深知公可倚也。公绸缪防务,部署精严,令镇海沿岸筑长墙,绵亘三十余里,山岗显露处设立疑营,购桩木排钉海口，用海船数十艘，实以石排、沉桩，隙外安水雷百余，又于陆路伏地雷，防敌登岸。

十年正月，法舰驶入蛟门。我炮台、兵轮开炮，轰伤其二。越数日，复驶入虎蹲山北。我军然炮迎击，中其烟筒，再中船桅，法舰受创败退，自是不敢再进招宝山口门，犹放小舠，潜窥南岸。公令部将钱玉兴等选勇士伏清泉岭下，突击之。法船连受五炮，伤人颇多，旋即遁去，法将军迷禄伤亡。相持四月，他处胜负互见，惟浙全胜，浙垣人心赖以安。

法事既平，部议旗兵加饷。公奏曰："今外洋环伺，迭起衅端，我所以隐忍议款者，以海军未立也。彼所以肆意要挟者，亦以我海军未立也。可否饬下户部将各省协解饷款通盘筹计，先竭一二十年之力，岁提银三四百，专办海军，待海军就绪，再议旗兵加饷。计八旗丁口众盛，数十百年后蕃衍生息，即数更倍于今，即兵饷复额，万无给足之理，请旨饬下王大臣从长计议疏通之法。"此时虽不能行其议，然公于国计民生谋虑至深远也。后甲午之役，果以海军不足而败，论者惜之。

十二年，晋四川总督。川境幅员辽阔，外接番夷，内多游匪，时有蠢动之虞。公恩威并济，不兴大众，旋即剿平。常曰："盗贼蛮夷，何代蔑有？莫患乎以重兵临之，幸而战胜，不为武；不幸而败，器械、粮糈皆为贼有，人民、牛马皆为贼用。是真不可为矣。"故督蜀八年，如万县之崔英河、茂州之何三木匪、川北之陈坤山、秀山之姚复乾，皆随起扑灭。大小凉山、拉布浪、瞻对各夷越界犯顺，历任劳兵糜饷，迄不能禁其窃发。公檄马边、雷波、越巂，屏山各营，用赵营平屯田策，因之以甬道运饷，刈其秋麦，数月之间，莫不俯首听命。

二十年，查办藏事，深得藏僧之隐，恐其结俄抗英，暗中防闲，边衅不开。

二十一年，恭逢慈禧皇太后六旬万寿，加太子少保衔，赏御书长寿字、宫袍各珍物。先是公鉴知止之义，屡请老，未蒙俞允。至是再上疏，乞骸骨，得优旨，令代至行。

明年，乃有教堂之案。公待外人意主严峻，不令外人干预内政。莅蜀之年，重庆先有教案，公至，捕教民罗元义及乱党石汇等，立斩之。后大足教民争讼，公当平，教士兹不悦。临行时，办毁教堂案二十余起，皆平断，不长教民欺凌之渐。教士忿甚，讦于京。朝廷不得已，褫公职。数年有诏征，公以老病不能上道。至三十一年七月，终于家，春秋八十。两江总督周馥、安徽巡抚诚勋奏闻。诏开复原官，宣付史馆立传。江苏、安徽、山东数省绅民皆请建祠祀之。

公幼贫力学，与同邑潘公鼎新担簦赴都，行李萧索，几不得入宾馆。守馆者导见李侍御文安,侍御许之舍馆,遂定。侍御者,合肥李文忠公父也。由是知公贤。明年,遂举顺天乡试。

公初与潘公坐小车兼步,行北道。后车子夸言曰:"吾一手曾推两抚台。"盖言公与潘公也。世人传为美谈。至入翰林之年,皖中寇乱、饥馑,举家避地乡邑,不得公音问。公自徽防大营入都,张文毅公厚资助之,故返庐□□尚有余金藏膝下邪幅中。公以道路多艰策蹇,与一仆南旋,访得家人居处,相见惊喜。家人言:"乏食奈何?"公曰:"勿忧,吾斜幅中尚有金也。"公酒酣时,尝与余言之。其艰苦耐劳类如此。

公声如洪钟,与人谈往事,终日不倦,廓开大度,不苛细,廉正有威,知人善任,使推诚心,布公道,故贤愚乐为之用。

公未莅浙时,台匪黄金满啸聚海滨。官兵追捕,则窜入重洋深岛中。兵去,复为民害。公至一年,金满服其威信,畏罪乞降。公许之,于是瓯海盗贼悉平。

参将吴杰任事勇敢,为提督所不喜,被参褫职。镇海之役,实坚守招宝山炮台,手开后膛大炮。公既督蜀,奏陈其事,且言似此忠勇有功之良将,遭贪庸提督之进谗,误被参劾,恐内寒将士之心,外为洋人所笑。于是朝廷复召用吴杰。又于克嘉兴时收降人钱玉兴,皆能得其死力,后官至四川提督。

初,吴武壮公长庆为公裨将,洊保提督,后统兵驻朝鲜,平李昰应之乱,韩人得之,为立庙,皆公之所拔也。其在军久,益慎重,不驱众于危地以争功,而乘机进取,常在诸将之先,故永隆河之战刘铭传丧其良将唐殿魁,小河溪之战杨鼎勋丧其前锋张遵道,臼口之战郭松林几死,全军复没;麒麟凹之战彭毓橘身亡,军不复振。而公常遇奇险,敬慎不败。孔子曰:"善治兵者,亦赫赫之功。"左氏引《军志》:"先人有夺人之心。"又曰:"允当则归。"其公之谓乎。

公自蜀归,家居十年,幅巾萧散,曳杖里门,世不知为达官贵人,以壮年驰驱戎马,困于簿书,至老手不释卷,有卫武公耄年好学之风。所著有诗文集、奏议、书牍、笔记若干卷。家风简约,待物必丰,倡为义举,所施与甚众。不独治军时有余资尽以散将士,凡故旧宾僚莫不知其缓急而为之谋。一言相许,历久不忘,故至今谈公佚事者,往往歔欷流涕。子孙多守家法,有才而恭谨。子五人,体乾,二品阴生,江苏候补道。体仁,光绪丁酉科举人。体信,分省补用知府。体智、体道,皆郎中。孙十人。

评曰:公之综核,则为萧、刘之亚;公之经武,则为刘、岳之俦。伟矣哉。中兴明名,由翰林将兵佐曾公、李公而扬大烈者,莫与比伦。况生平讲学出处之际,忠孝兼著,既明且哲,以荣寿终,非天挺人豪,曷克臻此?

刘秉璋小传①

刘秉璋,字仲良,安徽庐江人,由翰林累官至四川总督,无徭役,无文告,以宽大镇静为主。又时和年丰,人以福星颂之。都江大工颓坏,时庄裕筦经营于下,秉璋主持于上,补苴振理,仍用竹笼古法,堤赖以安。岁乙未,以教案去官,绅民罗拜车前,拥塞不通者四十余里。

皇授光禄大夫太子少保四川总督兼巡抚刘公碑铭并序
王闿运(壬秋),湘潭

公讳秉璋,字仲良,庐江人也。自赣来迁,十世敦庞。曾祖光祖,县学生员。祖大彩。父讳世家,出后伯父大德,并封一品阶官。公岐嶷颖异,生有至性。年六岁,袯行内寝。父见,呵之。则对曰:"王父寝疾,恐履声惊寐家人。"悚然知其远器。母躬家事,辄先起汛扫。及长读书,不屑章句。试府县,辄出,乃徒步入京,即中式顺天乡举,年二十六。东南兵起,还,从军防徽,保叙知县。

庚申进士,选庶吉士,授编修。于时夷寇交侵,东南瓦解,重臣宿将,相随僵仆。曾军特起,纯用文儒,李鸿章治军上海,故曾门弟子。公前从李受经,继入翰林,同荐公材,奏以佐李。淮将分铭、鼎二军,英人戈登将常胜军,同授常熟。遣公策应,进兵福山,寇解围走,遂克太仓。寇悉踞浙西,以联苏、杭。公别募新军六千,入浙境,克嘉善枫泾镇。援寇数万,逆战破之,克西塘镇。寇退守张泾汇。公会太湖水师,力战大捷。我壮寇蹙,望风乞降,嘉善、平湖、海盐爰及乍浦皆为王土。诏擢侍讲,益进兵,克嘉兴、湖州府城,赏花翎、巴图鲁号曰振武,补右庶子,转左。江南底平,补翰林侍讲学士。军中开坊,时无其比。

曾侯征捻,奏调徐州,改江苏按察使。李公代统,六传纷驰。寇亦腾突,分东捻、西捻。公常游击驰骋淮、徐、豫、鄂间。寇乘虚入皖,百里争利,抄出宿松,追至孝感,大战河口,复还军济宁,卒擒渠魁,迁山西布政使。以凯撤告养,父丧服除,特召授江西布政使。巡抚刘公慑公盛名,侧席待之。乃综核库储,清理官欠,积饷银数百万,授江西巡抚。母老请养,再疏得归。以五世同堂,御书旌美。又召陛见,固辞,留侍母。服除,授浙江巡抚,仍核官欠,

<hr />

① 刊本标题下双行小字注:"声木谨按:此文见《历代都江堰功小传书》二卷,护理四川总督王人文监修,宣统三年六月成都刊本,先公传在卷下末一人。"

仿江西之政,得库款数十万。廷议善其理财,以比萧、刘。法越构兵,沿海戒严,独浙防军再击敌船,伤其大将。在任五年,迁督四川。

乃疏节阔目,崇威养望。屏斥华士,镇遏浮嚣。边夷内盗,不轻黩武。在镇八年,吏民畏服。蜀俗倾危,颇构飞语。言官论列,再烦诏使,爰以捕斩教士,致之吏议。六疏乞休,卒乃罢归。

家居四年,有诏特征,以伤发不赴。光绪三十有一年,年八十,薨于里第。遗疏上闻,诏开复原官,依总督例恤,功绩宣付国史馆立传。江苏巡抚以士民爱戴奏立专祠,有诏听许,于是故吏、门人以赐碑褒美,别树玄石,述公志行。

公学在经世,尤长舆地,所过山川,悉图险要,故见知李公,许为名将。行军持重,应机乃发。为政宽简,尤耻言利。榷烟采矿,皆疏陈其弊。执志高亮,未尝降屈。师事李公,兼为举将,每见严敬,无所依回,颇忤于时,亦以自喜。深疾浮华,而敬爱文学。训迪诸子,被服廉俭。部曲列校,皆有儒风,可谓贫不陨获、贵不充诎者已。英俊沦亡,时代迁改,虽陵谷之未异,悲风雨之如晦,乃为铭曰:

湘淮立军,训士以文。湘开胡、李,淮则刘、潘。佩刀开府,解甲乘轩。猗与尚书,始临章贡。民安其政,舆人有诵。禄不易养,母舆亲奉。再起抚浙,东海扬波。蛟门虎蹲,罴卧貛过。鸣炮如霆,千里清和。蜀土荒远,教民奸宄。扇我良懦,激为蛇虺。往捕其魁,获嘉有喜。爰初发轫,已屈戈登。矧兹持节,而畏冯陵。不调众口,翻为盗憎。返我初服,怡余暮齿。多寿多男,亦文亦史。翰院既堕,褰裳遂起。荣名有尽,风概难忘。惟帝思艰,慨念凋丧。功存大树,宠视连冈。

原任四川总督刘公碑铭

俞樾(荫甫),德清

光绪三十二年秋七月壬戌,故四川总督刘公薨于家。两江总督、安徽巡抚合词以闻。天子悯焉,以公学问优长,战功卓著,任事勇直,持躬廉介,命复公故官,视总督例赐恤。生平功绩宣付史馆。呜呼。公以罢归林下之人饰终恩礼,优渥至此。其所以上契圣心者,必有在矣。余固不足以知公,然故部民也,又以同馆之谊相交者三十余年,于其葬也,诸子具状请铭,余奚辞焉。

公讳秉璋,字仲良,刘氏。明初自江西迁安徽庐江,遂为庐江人。明季又避寇乱,迁居三河镇。曾祖光祖,大德本生。祖大彩,父世家,并以公贵,赠如其官。公自少即潜究古今盛衰治乱之原。弱冠,徒步游京师,所过山川形势、津梁险易，皆心识之。李文忠父侍御君见而叹曰："命世才也。"文忠亦深交于公。

咸丰元年，中式顺天恩科举人，出参张文毅军，论功议叙知县。十年，成进士，改庶吉士，散馆授编修。时曾文正开府安庆，一见公，大器之，识其名于《求阙斋日记》。李文忠将之沪，创设淮军，公实赞成之。

同治元年，文忠至沪，奏调公来军。疏言："刘某沉毅敏决，器识宏深，与臣为道义交，请饬赴臣军。"报可。时文忠用洋将戈登治常胜军，而洋将剽悍不可制，公善驭之，故所至辄有功，攻克福山，解常熟围，进驻太仓，于是大军无后顾忧，专注苏州。苏平，规浙，公募六千人，自为一军，转战而前，大破贼于嘉善。贼来援者数万，又大破之。进攻张泾汇，其地为要冲，贼守甚严。公督战，炮子中股，裹创力战，卒毁其垒，他处守贼皆不战而降。乃会同程忠烈之兵，直薄嘉兴城。公率所部登东门，焚其火药库，诸军乘之，遂克嘉兴。有诏赏戴花翎。公先由编修迁侍讲，至是累迁至侍讲学士。当时以词臣从事戎行，李文忠外，公一人而已。

东南肃清，曾文正、李文忠先后奉旨剿捻，公皆从焉。捻流窜无定，公先倡扼河而守之议。及贼渡河，又倡反守运河之议，贼势遂日以蹙。然数年间，与贼驰逐于邹、鲁、皖、豫、淮、徐、湘、楚间，大小凡数十战。捻首任柱、赖文洸、张总愚，会于豫之石固寨。公败之禹城，败之湾店，败之吕城，贼不得复合，张走秦，是为西捻；任及赖回走山东，是为东捻。两捻驿骚者数载，而东捻卒减于公。当东捻之走皖也，皖境空虚，公疾驰百数十里，绕出贼前，扼之宿松，捻患不及皖者，公之力也。贼自潍河复入山东，公追击之于肥城。败，沿运河南下，犯清淮。公追击之于张桥，又及之于扬州之东北湾，擒赖文洸。时任柱已前死，而东捻平矣。公在军累授江苏按察使、山西布政使，皆未赴。及捻平，丁外艰。

十一年，服阕入觐，授江西布政使。

光绪元年，升江西巡抚，以母年高请终养。不允。

四年，再请。从之。以母胡太夫人五世同堂，赐御书匾额。

六年，上欲破例用公，诏陛见，有"时事艰难，毋稍拘泥"之谕。公力辞不起，其疏稿天下传诵焉。是岁，叙江西筹办甘饷功，赏头品顶戴。

八年，养亲事毕，拜浙江巡抚之命。

十年，法人入寇。公于海岸筑长墙，绵亘二三十里，时张旗鼓，以为疑兵。于海口钉桩木，又买海船数十，载石沉之，以弥其隙。其外则置水雷，濒海口岸亦埋地雷。及法船入门，守将吴杰发巨炮，击沉其二船。又驶入虎蹲山，一炮中其烟筒，一炮中其桅。又以小船潜犯南岸，连击之，所伤甚多，遂败去,不复至。后闻谍侦知,法大将孤拔、将军迷禄皆死于是役云。当是时,各行省皆戒严,如奉天,如直隶,如闽,如粤,如滇,如台湾,并有督办之重臣、部拨之巨饷。浙江无之,而守御完固,敌不能乘。论者谓中外交涉以来所未有也。及事平,部议加八旗兵饷。公疏言:"今海患方殷,而海军未立,宜竭天下之力,先治海军,以御外侮。俟海军既立,然后徐图八旗生计,应如何安插疏通,请饬王大臣从长计议。"疏入,未及行。及中日之战,海船不足于用。论者皆服公先见焉。

十二年,升四川总督。川境辽廓,内多乱党,外接番夷,素称难治。公督蜀八年,不轻发大众,如万县,如茂州,如秀山,皆有叛者,厥势甚张。公处置得宜,不劳而定;如大小凉山,如拉布浪,如瞻对各夷,越界来犯。公檄诸镇,以赵营平屯田法困之,皆俯首听命。

十一年,恭逢皇太后六旬万寿,加太子少保衔,赐御书"长寿"字及如意、蟒袍等件。上意眷注良厚,而公以老病,已六疏乞休,至是又申前请,上知其诚,允之。未受代,教案起,公治外事,皆务守经。先是重庆有教民罗元义,杀毙平民十余人,公捕得,立斩之。英国商轮船欲入川江。公曰:"如民船撞损何执?"不许。税务司赫德欲加抽土。公曰:"厘重价昂,民皆食洋烟矣。"又不许。蜀人嗾洋商请开矿。公曰:"山有矿,犹山有木,不得占山采木,岂得越山开矿。"又不许。外人衔公久矣。是岁,成都省城民教大哄,焚毁教堂十余所。有司逮问,则皆极口诋毁教堂教士,请削去之。公曰:"事虚实诚未可知,复讯则可,改供则不可。"及保甲局道员周某出示安民,语又侵教士。教士益愤,执以达其国,公使欲甘心于公。朝廷知公守正不阿,重开边衅,遂罢公官。或劝公诿罪于周。公不可,曰:"如国体何?"

公既罢归,不事生产,惟嗜读书,手不释卷,暇则与友人歌咏为乐。所著自奏议、尺牍、诗文集各若干卷外,尤长于方舆之学,举平时所经历者,证以古事,笔之于书。又以庐江乱后学务荒废,与同志创建三乐堂,以兴起后进。家居十余年,孜孜于此,几自忘其身经戎马、位至封疆矣。然朝廷念公不衰。

二十七年,有诏起公,以旧伤发不能赴。盖自张家汇受伤后,时剧时差,又以历膺艰巨,心力交困,已非一日,幸善自调摄,故未为害。今年四月十八日为公八十生辰,犹宴饮如常。俄患脾泄,变而成痢,医药罔效,遂至不起。呜呼。方今内忧外患犹未敉平,天子方听鼓鼙而思将帅,而旧臣宿将凋零殆尽,宜朝廷之眷念勋臣有加无已也。

最公一生治兵,不欲驱吾兵临危地,故无赫赫功,而乘机进取,恒在诸将先。公居官以安民为主,不便于民者,虽内违廷议,外患敌怒,不为也。尝谓:"欲利国,必无损民。"在江西追出积欠百余万,皆州县交代未清者,非取于民也。在浙江廉得州县因豁免恩旨,将征而未解者混入民欠项内,稽核得数十万,亦非取于民也。浙中防务急,不能不筹饷。事平,则一切权宜之法立罢。川省有因江防、海防而增加盐厘者,亦议停止。即部民倡息借民财之策,公亦疏言其不可。又因蜀人开矿事,详陈矿弊,严定矿律,所言虽不尽用,老成之见覓乎远矣。其所识拔者,如吴杰、钱玉兴,后皆知名。吴武壮长庆尤其著者。在四川,参革道员何应钟。后应钟入都,见李文忠,极言公治蜀之善。文忠比之夺骈邑,无怨言,非公之盛德能如是乎?

公娶程氏,封一品夫人;侧室黄,以子贵,赠一品夫人。初无子,以弟之子为子,曰贻孙,同治十二年拔贡生,后举大夫。子五,体乾,记名江苏补用道;体仁,光绪二十三年举人,分省补用知府;体信,亦分省补用知府;体智,户部郎中;体道,分部行走郎中,出为公叔父讳友家者后。女子子二,合肥李经方、嘉定徐迪祥其婿也。孙十,寅生、润生、济生、滋生、樾生、灏生、宝生、俊生、宸生、汉生。孙女十有四。某年月日甲子,诸子奉公之丧,葬于某原,铭曰:

起家词苑,投笔从戎。李文忠外,惟公与同。东南大定,战事未终。皖、豫、湘、楚,屡奏肤功。始抚豫章,继临浙水。军府甫开,海氛斯起。环顾邻疆,波荡未已。吾浙晏然,惟公是猗。由浙而蜀,雄镇三巴。微卢彭濮,至于流沙。抚绥雕虱,荡涤回邪。民之父母,国之爪牙。中朝有人,外人所忌。簪绂抛荣,林泉怡志。疆事是非,付之公议。帝眷公忠,始终勿替。电波已谢,雨露仍浓。玺书褒美,恤典优崇。大命有止,令名无穷。刻铭示后,用励匪躬。

祭刘文庄公文

朱孔彰(仲我),长洲

维光绪三十有一年岁次乙巳秋九月,六品衔候选教谕壬午科举人长洲朱孔彰谨以清酌之奠敬祭于太子少保故四川总督庐江刘公之灵。

呜呼我公,中兴名臣,宜膺天保,胡不百年,永存国老。溯同治初,莅我吴邦。五千君子,平浙平江。实佐肃毅,整此淮旅。继从曾侯,驰驱齐楚。于晋于豫,于徐于扬,旌旆至止,箪食壶浆。歼厥渠魁,号曰东捻。既奏肤公,释我橐鞬。惟忠惟孝,惟公克全。两疏请养,终亲天年。词臣将兵,如曾如李。于公而三,望亦鼎峙。文正褒公,气象峥嵘,志意沉着,大噪其名。文忠知荐,器可大受。为栋为梁,有猷有守。文介综核,实是同侪。谓公所长,才亚萧、刘。于蕃江右,俄尹开府。移抚浙江,抉剔蟊腐。文牍混淆,公明而察。追偿兆亿,惩贪诘猾。会防越海,法犯宁波。部署精密,无伪无讹。挫其铁舰,殪其戎首。迷禄以亡,敌骇而走。不震不动,民志不摇。长城是倚,我歌且谣。议立海军,思强中国。老臣远谟,小心翼翼。残丛俶优,民教相仇。帝曰咨汝,汝往益州。刘罗与石,百姓说喜。外人畏威,欺凌遂止。督蜀八载,民富邦绥。内殄伏莽,外剿番夷。端蒙之岁,衅起袄庙。抑教伸民,神父叫嚣。公之罢蜀,夷教诉之。公之去蜀,蜀人惜之。星躔于亥,寝疾在里。有诏来召,公不能起。大星遽陨,天惨云寒。帝念荩臣,使复其官。饰终优渥,崇此仪型。黎民嗟叹,宿将凋零。春秋八十,恸于朝野。矧在知遇,有陨如泻。

人悼于公,我泣其私。公乎薨世,人孰我知。公在武林,目我经义。赏之爱之,聘书是寄。公子英敏,属从我游。迎我至敬,礼我至优。自别越山,同舟而渡。夕发西泠,朝吟北固。大江上沂,易坐兵轮。酣歌对酒,若忘主宾。隶公西征,奔至夏口。暂假南旋,公先我后。适因母病,不复远从。国士之遇,今也难逢。人生几何? 我年六四。见公无期,沟壑将弃。拟为公传,垂范方来。斯人不作,莫挽波颓。徐北思陶,荆南哭祜。古之遗爱,涕零如雨。灵辂眴启,秋风凄其。我公永归,云何勿思? 呜呼哀哉。尚飨。

公祭刘母程夫人文①

钱保塘(铁江),海宁

呜呼,月掩井芒,云迷淮甸。人丧慈仪,天夺贤媛。里巷辍歌,廛市陈奠。况托姘嵝,益钦懿善。猗欤夫人,实维礼宗。媘躘秀毓,江水灵钟。生而婉娩,长更温恭。令仪令色,善心善容。作嫔彭城,允谐良匹。敬事尊章,静调琴瑟。兰蕙俪姿,珩璜审律。塞渊陈妫,绸直尹吉。运逢百六,烽烛江边。长淮千里,荡为飞烟。骨肉颠踬,荼毒万千。兵荒相继,偕离仅全。用相夫君,为时柱石。文经武纬,秉节靖逆。划荼数圻,诛茅故宅。辎䡞载驱,周旋扬益。夫人处此,抑抑恂恂。奉荣为约,居贵能贫。鸡鸣同警,象服如宾。夷险一致,曰惠曰仁。其惠维何,樛然者木。逮下有恩,进贤不黩。其仁维何,内外雍睦。解佩彻簪,济及姻族。鸤鸠在桑,鸳鸯在梁。子孙众盛,福履齐长。优游暮景,欣欣乐康。顾念早岁,荣悴何常。

维昔之屯,流离颠沛。维今之亨,处尊履泰。门祚方隆,禄祉未艾。谓天佑善,母仪攸赖。如何奄忽,遽捐琪环。虽膺后福,未偿前艰。永逝文苦,大耋缘悭。览迹眷旧,有泪潜潜。呜呼哀哉,坤维告沴。望舒潜匿,哀动巴

渝，悲缠乡国，日月有食。卜归维食，安舻舒舒。素旗翼翼，日中星鸟。和风
煦春，夔巫三峡，吴蜀通津。哀猿号夕，杜宇啼晨。灵輀东下，凄绝江滨。夙
仰贤声，又忝姻旧。丧之归里，祖奠敢后。王事有程，羁于职守。敬陈芜辞，
一樽是侑。呜呼哀哉。尚飨。光绪十七年二月。

刘文庄公致潘琴轩中丞尺牍遗墨跋①
李经羲（仲轩），合肥

　　乡先达琴轩中丞与其执友刘文庄公生同里闬，年才劬学相若，清寒拔俗
亦相若，盖自弱冠时已以志同道合，订管、鲍真交矣。犹记经羲髫年，过庭侍
侧。先府君诏及旧事谓："先大父光禄公奉职刑曹，一日自外归，欣欣有喜
色，谕诸子曰：'顷见家乡潘、刘两秀才，徒步从庐江来，风尘满面，而神采非
常，不能掩抑，器度如此，他年干国材也，尔辈当善交之。'"经羲谨志斯言。

　　嗣后服官川南，适值文庄总制全蜀，初事参谒，吐气如虹，发声如钟，颇
以纨绔戒斥，辞色略不假借。不数月察事，试功奖誉，乃至过情，大为僚寀忌
嫉，可见文庄心直口快，刚正不屈。而观其行政批牍，则又条理精密，议识明
透，信乎可与君子为朋，易为小人所中。历数古昔名臣，阳刚阴柔，每不相
容，情势使然，良可慨叹。其犹能以功名终，是非白于身后，则固蹇谔正人不
幸中之至幸也。

　　两公为布衣昆季之交，忧乐贫贱无所易。展诵册中往来书牍，诚言直
道，不啻家人。其论事磊落切至处，可想见生平风骨，足与人言相证。誉文
庄者，辄以课吏勤、理财密称最，实则老成典型，非止此一二端。大约文庄毕
生得力，在整齐严重而真性未失之刻。琴帅英爽阔大，独以才胜，而细小不
嫌疏略，两贤各有所守，任事坚忍则同。至于出处遭际，皆膺重寄，而一则境
地丰亨，一则边荒艰瘏，晚遇尤乖。虽为良友，命运不齐，殆有天焉，勿论可
耳。经羲②谨识。

---

①　刊本标题下双行小字注："声木谨按：此文见《先文庄公遗墨》后，现藏中丞从子振太守永
龄家。"

②　李经羲（1860—1925），字仲山、仲仙、仲宣，号悔庵。安徽合肥人，李鹤章之第三子，优贡
生。光绪五年（1879），捐道员。十三年（1887），补授四川永宁道。十九年（1893），调补湖
南盐粮道。二十年（1894），署湖南按察使。二十三年（1897），补授湖南按察使。二十四
年（1898），迁福建布政使。同年，调补云南布政使。光绪二十七年（1901），擢广西巡抚，
调云南巡抚。二十八年（1902），署贵州巡抚。二十九年（1903），兼署贵州提督。三十年
（1904），调广西巡抚。三十一年（1905），充安徽铁路矿务总理。三十三年（1907），以病免
职。宣统元年（1909），授云贵总督。民国二年（1913），充政治会议长。三年（1914），任
参政员资政、审计院院长。五年（1916），充财政总长。六年（1917），任国务总理。十四年
（1925），卒于沪。

文庄公逸事①

公讳秉璋,号仲良,经畬公之仲子也。其学术、政治丰功伟烈,已具详《国史列传》及行述、墓志、神道碑铭诸鸿篇。兹特举其力学、治家之浅近易知、为族人素所见闻者附著之。

公生平一以勤学为宗旨,好引掖后进,每喜现身说法,其早年之力学无论矣。同治初,以襄办军务毕,诏授山西藩司,辞不赴任,归与其兄半霞封公、弟介如观察,侍奉太封翁、太夫人之养。及光绪年,复因太夫人年老有病,由赣抚请假终养,先后家居十余载,问安侍膳之余,无日不以温经读史为业。

当时中兴诸将帅之归田者,类皆以亭台池沼大兴土木,抑或寄情丝竹以自娱。公独于诗书之外无他好,即由川督解组之日,年跻耄耋,犹好学不倦如曩时,有卫武之遗风。而且掌兵权,任疆圻者数十年,囊橐萧然,其哲嗣诸君恒以布衣出门,见者咸惊讶,称其朴素不可及,而不知其固素处叔向忧贫之境也。则公之俭德可风,而其谆谆然以加惠族人为念者,其厚谊益不可忘矣。

怀 人 诗②

张鸣珂(公东),嘉兴

翰林将一军,号令严而肃。
请业桴鼓间,挥豪频削牍。
帅蜀旋弃官,谁造苍生福?③

困 学④

沈保靖(仲维),江阴

湘乡文正曾公尝语:“刘仲良制军云,人不读书,总觉得自己好不过。”益阳文忠胡公云:“凡督抚以下至州县官,皆当出重聘延请严正通经术之人,日与相处,规过劝善,使此心有所严惮,匪辟之心自无由生,自是非人之见亦不敢不改。虽公务烦迫,奔赴不遑,亦必腾出三四刻工夫与之论议,以

---

① 刊本标题下双行小字注:“声木谨按:此文见家谱。”
② 刊本标题下双行小字注:“六十首,光绪申辰春正月二日,德兴作。原注声木谨按:此见《寒松阁怀人感旧诗中录》第一首。”
③ 诗尾注:“庐江刘仲良,制军秉璋原注。”
④ 刊本标题下双行小字注:“声木谨按:此文见《怡云堂全集》中《戊子集录》第二节。”

资教戒。"

师惠《全夷斋笔记》一则《论曾国藩观人》①
忧患余生生

清李少荃文忠公鸿章,在曾涤生文正公国藩幕时,乞假归省。文正属其物色才俊,携以偕来。厥后文忠假满还营,文正问:"曾得人否?"文忠对曰:"门生已带三人来此,一刘仲良秉璋,一刘省三铭传,一吴筱轩长庆也。乞师相俯赐一见,以察其是否可用。"文正乃到客厅见之,三人均垂手侍立。文正亦不就座,每人略询数语,即不复絮问。惟绕行室内,时以目注视三人,亦不命退,如是者将三句钟,值家人来请用饭乃已。

文忠本与文正同食,席间问曰:"刘、吴三人,师相已经赏见,究竟其人如何?"文正曰:"刘秉璋,封疆之器,吾观其植立数句钟之久,其一种静穆之气令人挹之不尽,足当'骨重神寒四字。'此封疆之器也。吴长庆,专阃之才,服从命令,纯任自然,精力过人,到底不懈。此专阃之才也。至刘铭传,能用则用之,不能用则杀之,侍立稍久,跋扈不平之气即流露。于不知弛之才,深虑其不能就范,然有气敢任,则较彼二人为优。苟能驾驭得宜,亦庶几一代名将也。吾故令伊等久立,窥其志趣于不言之中。兹将考察所得为弟述之,弟谓然否?"文忠大服。后三人亦果如所言。

声木谨案:先文庄公初见曾文正公国藩于安庆省城时,已入词馆。《求阙斋日记类钞》云:"刘仲良庶常秉璋,李少荃门生,气象峥嵘,意志沉着,美才也云云,并无三人同见之事。且先文庄公当时已入词馆,更非随人为俯仰者,撰述本可各明一义,笔记尤闻见不一,不必尽出于的确。"忧患余生生所述亦颇有近似之处,当为曾文正公平日所言,不妨各尊所闻也。

挽刘文庄公联语②

诰授光禄大夫仲良世伯亲家大人千古:
诸葛功德在入西蜀,烝尝流涕,犹闻遗老祭;
谢傅高卧不出东山,啸咏清名,留待史臣书。
　　　　　　　　　　　　　　——姻世愚侄周馥顿首拜挽

仲良年姻伯大人灵鉴:

---

① 刊本标题下注:"见庚午月日天津。"
② 刊本标题下注:"以收到先后为次。"

天语笃前勋,恩礼饰终,公论千秋昭信史;
邮书成故迹,怆怀感旧,人生万事等浮云。
——年姻愚侄瞿鸿礼敬挽

诰授光禄大夫仲良二兄亲家年大人灵右:
儒臣而有折卫御侮之才,功在江南,名垂西蜀;
宦途不以避怨引嫌为念,忠惟天鉴,诚感民心。
——年姻愚弟孙家鼐顿首拜挽

仲良老前辈亲家宫保仙逝:
朝廷轸念公忠,一纸诏书来北阙;
亿兆感怀德泽,百年遗爱遍西川。
——姻侍生徐郙顿首拜挽

诰授光禄大夫仲良大公祖仁兄大人千古:
两川抛玉节,拂袖归来,疆事艰难,且领取十年林下乐;
八秩醉琼筵,投杯仙去,邮筒迟滞,犹寄来四月案头书。
——馆治愚弟俞樾顿首拜谨挽

诰授光禄大夫宫保刘公灵麾:
战功在吴越齐楚之间,明公遗迹;
勋业与曾胡左李为比,光我圣清。
——长洲举人朱孔彭顿首拜挽

宫保仲帅制府大人千古:
拥旄建浙海奇勋,砥柱中流,青史应书元老绩;
解组留川江遗爱,疾风劲草,丹心早荷九重知。
——姻世愚侄吴学廉顿首再挽

诰授光禄大夫外舅宫保大人千古:
公真诸葛后身,早年勋业烂然,不仅追踪韦节度;
我比羊昙尤痛,自憾音容未接,莫能亲见马西平。
——甥徐迪祥谨叩挽

诰授光禄大夫宫保太夫子大人灵右：

持节镇巴中，遗爱常留，丞相祠堂堪并峙；

骑箕返天上，大名不朽，董狐直笔定能传。

　　　　　　　　　　　　——小门生王宝骅、王宝驹顿首拜挽

诰授光禄大夫宫保姑父大人灵鉴：

若论肤功政绩，早著盛名，岂知幽独之中，立志愿闻圣道；

倘云任族恤姻，真其小节，然即一端而论，不才尤感恩知。

　　　　　　　　　　　　　　——内侄程懋恒百叩谨挽

诰授光禄大夫建威将军仲良宫保大人灵右：

中兴名将四词臣，曾文正及胡李文忠，与世流传同不朽；

治蜀前贤多惠政，韦节使暨诸葛丞相，得公为继适成三。

　　　　　　　　　　　　——受业姻愚侄徐联芳顿首拜挽

诰授光禄大夫宫保二叔祖大人灵次：

两世荷垂青，知己感恩，谊隆睦族敦宗外；

千秋崇建白，为民请命，功在衢歌舆颂中。

　　　　　　　　　　　　　　——侄孙兆藩顿首拜挽

诰授光禄大夫仲帅尚书大人冥鉴：

词林起家，出与中兴诸将论功可分一席；

疆圻重望，而有考槃在涧之乐殆逾十年。

　　　　　　　　　　——三品衔江苏补用道林贺峒顿首拜挽

诰授光禄大夫宫保年伯大人千古：

宇内震勋名，功比汾阳，政通渤海；

巴中亲矩范，公真严武，我愧少陵。

　　　　　　　　　　　　　　——年家子汪放顿首拜挽

诰授光禄大夫刘宫保恩宪大人灵右：

伟略佐中兴，精忠有口同称，是九重股肱名臣，政绩战功垂不朽；

饰终颁旷典，灵爽在天无憾，惟十载骈嶸小子，深仁厚泽刻难忘。

　　　　　　——花翎升用知府浙江补用同知直隶州沈朝宗叩挽

诰授光禄大夫宫保大人千古：
南平吴越，北定燕齐，捍海奇勋，尤在蛟门一役；
内拒奸民，外撄强敌，留川遗爱，尚随锦水长流。
　　　　　　　　　　　　——愚侄李家驹顿首拜挽

诰授光禄大夫宫保夫子大人千古：
戡乱佐中兴，收半壁河山，汾阳王勋名最著；
平蛮奠西蜀，飨千秋俎豆，武乡侯遗爱常存。
　　　——门生常必森、陈嘉谟，小门生翟灿章、张合宗顿首拜挽

诰授光禄大夫宫保夫子大人灵鉴：
公与中兴诸老相颉颃，更番杖钺拥旄，行部至今怀膏雨；
我以道德文章蒙造就，太息山颓木坏，升堂无复坐春风。
　　　　　　　　　　　　——受业姻愚侄霍翔谨奠

诰授光禄大夫宫保宪台大人灵鉴：
官居八座，节拥双旌，望重勋高，真见大名垂宇宙；
早建肤功，懋昭惠政，安人济世，应教上寿比如来。
　　　　　　　　　　　——四川丰都县知县俞昌言叩挽

诰授光禄大夫宫保太世伯大人千古：
公与中兴诸帅共勋名，若湘乡之守经，合肥之应变，湘阴之使才，均为一身所兼，而清廉尤著；
我以西蜀前贤相比拟，谓谋国如诸葛，平寇如韦皋，御侮如吴玠，皆与古人媲美，惟遭际独艰。
　　　　　　　　　　　　——世再侄徐汝修顿首拜挽

诰授光禄大夫仲良宫保大公祖大人千古：
从政得人心，应驾中兴诸将上；
弃官纾国难，弥增西蜀部民悲。
　　　　　　　　　　　——成都举人陈观浔顿首拜挽

宫保夫子大人千古：
五十年力任艰辛，维公卓著勋劳，治军治吏治民，历数封疆能有几；

一二语感深知己,许我不凡志趣,于身于家于国,毫无建树涕尤多。

——受业时庆莱顿首百叩撰书

诰授光禄大夫宫保太岳父大人灵鉴:
鼎裀侍养,杖履追随,方期南极寿星,天与康强酬令德;
子克象贤,孙承燕翼,遽报西山夕日,云飞惨淡隐慈晖。

——门下孙婿程更森顿首叩挽

诰授光禄大夫宫保姻伯大人灵鉴:
父执痛无多,溯中兴耆硕,寥若晨星,沧海横流,畴挽狂澜作砥柱;
老成悲遽谢,忆首夏清和,亲承榘范,斗山安仰,徒匪私谊哭葭莩。

——姻世愚侄张华斗顿首拜挽

宫保姻伯大人千古:
天步艰难,四海方欣元老在;
淮流呜咽,九秋遽报大星沉。

——侄张华斗顿首拜挽

诰授光禄大人仲良仁兄宫保大人灵右:
黄发世同瞻,十年迹隐山林,晚节功名偏偃蹇;
丹心天久鉴,一夕神归箕尾,恩纶褒恤备哀荣。

——如弟长庚顿首拜挽

诰授光禄大夫太子少保仲良仁兄大人灵右:
把椠起淮浉,节钺频膺,何期仆射归来,濯锦江头传遗爱;
分镳趋兖豫,泽袍同赋,堪叹令公老去,稻孙楼上泣悲风。

——愚弟程文炳顿首拜挽

诰授光禄大夫宫保太夫子大人灵右:
时局正多艰,中国未能相司马;
部僚同一哭,元戎何处觅汾阳。

——沐恩小门生黄家珩顿首拜挽

仲良宫保老伯大人灵右:

身退值功成,只应一德君臣,旋降玺书敦再起;
时艰谁干济,为底中兴柱石,又骑箕尾遽归真。
　　　　　　　　　　　　　　　　——愚侄王鉴顿首拜挽

诰授光禄大夫仲良宫保姻叔夫子大人灵右:
数十年望我何肫,恨未能破浪乘风万里飞腾效宗悫;
八秩寿为公致祝,岂遽意泰山良木两楹梦奠继文宣。
　　　　　　　　　　　　　　　　——受业姻侄倪钊顿首拜挽

诰授光禄大夫刘公宫保大人千古:
以书生立功,直与湘乡合肥辉映一代;
为百姓受过,终有紫阳涑水论定千秋。
　　　　　　　　　　　　　　　　——举人金城顿首拜挽

诰授光禄大夫建威将军太子少保仲良老伯大人灵右:
教授继乡贤,更大简叟兵,赫张天井雄图,未许番夷窥雪岭;
典型亲父执,数中兴元老,顿尽江淮间气,且看者辈议云台。
　　　　　　　　　　　　——年世愚侄祥周家谦顿首拜挽

诰授光禄大夫宫保夫子大人千古:
郭汾阳寿考,谢太傅清高,一代名臣光史籍;
周都帅平吴,汉武侯治蜀,千秋遗像表烝尝。
　　　　　　　　　　　　　　　　——门生张炳枢顿首叩挽

诰授光禄大夫宫保大人千古:
恩怨胥忘海内外,
讴思何止蜀东西。
　　　　　　　　　　　　　　　　——族裔孙等顿首泣挽

诰授光禄大夫仲良二哥世大人灵右:
总角订交游,卅年中把晤常稀,自解组归来,方期姻娅相扶,洛下耆英推
潞国;
知音渐零落,两月内频萦恶感,问仙踪何往,胜有典型在望,皖江秋夜咽寒潮。
　　　　　　　　　　　　　　　　——如弟期朱兆淇顿首拜挽

诰授光禄大夫建威将军宫保大人千古：
文标翰苑，武克名城，应运佐中兴，曾左李胡同一辙；
外化番民，内平游匪，遗爱在西蜀，馨香俎豆足千秋。

——无为州附生金殿藩顿首叩挽

诰授光禄大夫宫保大人仙驭：
拔帜属忠臣，卅余载济国济民，两浙沾恩，四川戴德；
修文召大老，一霎时避人避世，百僚含泪，万姓伤怀。

——小门生夏佐垣顿首叩挽

诰授光禄大夫宫保大人千古：
数番杀敌，两次陈情，立志报君亲，允矣忠孝兼尽；
百禄荷休，八旬好学，有谷贻孙子，伟哉福寿全归。

——乡晚瞿体信顿首拜挽

诰授光禄大夫仲良宫保大人千古：
综名儒名将名臣备于一身，宠诏荷龙章，岂惟枌榆生色；
有立德立功立言足以千古，贻谋深燕翼，定教兰桂腾芳。

——乡再晚翟大谟顿首拜挽

诰授光禄大夫刘宫保大人灵右：
经济文章，群推国老；
富贵寿考，咸仰是翁。

——沐恩候选巡检孙鹤丹顿首拜挽

诰授光禄大夫宫保大人千古：
公能振东阁风骚，实一代名臣，坚卓耐劳，只手自堪持国运；
我犹是西宾面目，忆三年承乏，殷勤延誉，他生还望吐车茵。

——乡晚生杨庆长顿首拜挽

诰授光禄大夫宫保夫子大人千古：
与曾文正李文忠，扫穴犁庭，力战东南五千重；
为益州督越州抚，筹边捍海，名垂中外亿万年。

——门生常作舟顿首叩挽

　　诰授光禄大夫宫保刘老大人千古：

　　社稷臣功烈犹存，数百战戎务勤劳，探虎穴，捣狼巢，收回来半幅河山，与本朝曾文正、李文忠，直作中兴元老；

　　将相才韬略俱备，八十年急流勇退，结鸥盟，联鹤侣，著完了一生事业，追前代留侯良、邶侯泌，同为上界神仙。

　　　　　　　　　　　　　　　——无为州附生刘尧阶顿首叩挽

　　诰授光禄大夫建威将军宫保刘老大人千古：

　　报国极精忠，平淮徐匪，灭吴越寇，格巴蜀蛮，烈烈奇勋，宜乎名垂竹帛；

　　保身诚明哲，娱田园乐，悦耕钓情，味诗书趣，昭昭介节，惜哉星陨芝城。

　　　　　　　　　　　　　　——无为廪生张合烺顿首叩挽

　　诰授光禄大夫宫保大人千古：

　　伟人事业无恒蹊，徐淮平乱，巴蜀遗恩，当年谨守官箴，洵属中流砥柱；

　　晚岁林泉有至乐，簪笏传家，诗书裕后，此日长辞尘世，应为上界神仙。

　　　　　　　　　　　　　　——无为增生邢修仁顿首拜挽

　　诰授光禄大夫刘公宫保大人千古：

　　以昌黎北斗重名，养太傅东山雅望，沉几观变，老谋益精，世局亟需才，定倾扶危，方冀我公再起；

　　胡潞国文翁风度，寒洛阳司马星芒，遗耇勋臣，怆怀殆尽，苍生同一哭，抚时感事，愈伤大厦难支。

　　　　　　　　　　　　　　——巢县廪生李文潮顿首叩挽

　　诰授光禄大夫刘公宫保大人千古：

　　数千里岩疆坐镇，为南淮保障，为西蜀屏藩，鸟尽弓藏，得失忘怀微雅望；

　　五十载王事驰驱，媲文正勤劳，媲文忠措画，月暝星陨，黔黎怆戚溯遗勋。

　　　　　　　　　　　　　　——门生叶宝三叩首拜挽

　　诰授光禄大夫建威将军宫保刘老大人千古：

　　蓄道德，能文章，著有传书，才不在欧阳子之下；

大富贵,亦寿考,行无遗憾,名直与郭令公相齐。

——无为文生朱芾顿首拜挽

宫保大人千古:

同元老手植中兴,曾胡器识,左李经纶,星陨鹓行,八秩勋臣留硕果;

为苍生身当疆御,功永岷峨,泽长滟滪,风传鹤跨,两川黎庶哭甘棠。

——江苏候补知县钟尚俊顿首叩挽

诰授光禄大夫宫保叔曾祖大人千古:

为天子黔黎捍患,瓜梦无冤,当恶焰飞扬,拼将煮鹤焚琴,惠雨施民齐感泣;

许先君道谊论心,葛藟得庇,忽大星报陨,迴念啼鸟攀柏,凄风触我倍伤怀。

——侄曾孙暎连顿首泣挽

诰授光禄大夫宫保叔祖大人千古:

久为杖钺大臣,历数省疆圻,不杀人以媚人,衢巷同歌,是能体天地好生德;

旧作问经童子,溯卅年咕哔,愧今我犹故我,斗山安仰,只空伤文字感恩心。

——侄孙震顿首泣挽

诰授光禄大夫刘宫保老大人千古:

伟绩著江淮,战既克,守犹坚,半壁锋销,东晋时谢公文靖;

全才治巴蜀,内云安,外已失,一躬瘁尽,南阳士诸葛武侯。

——无为增生马明扬顿首拜挽

诰授光禄大夫宫保夫子大人千古:

功业震寰区,溯发捻披猖,或同曾湘乡运筹,或共李合肥画策,收回半壁河山,使化宇重新,中兴来应列勋臣第一;

文章惊海甸,忆渊源遥接,能启欧阳公扃钥,能登昌黎伯堂坳羽翼千秋文学,俾狂澜再挽,名教内直与往哲为三。

——门生王尚炯顿首拜挽

参 考 文 献

中国第一历史档案馆藏:《朱批奏折》《朱批奏片》《录副奏折》《录副奏片》《谕旨》《咨文》《清单》《呈文》《六科题本》《呈状》《禀文》等。

台北故宫博物院藏:《宫中档朱批折件》《军机处录副折件》《清单》《廷寄》等。

台北"中研院"近代史研究所档案馆藏:《外交档案》。

中国第一历史档案馆编:《乾隆朝上谕档》,广西师范大学出版社1999年版。

中国第一历史档案馆编:《嘉庆道光两朝上谕档》,广西师范大学出版社1999年版。

中国第一历史档案馆编:《咸丰同治两朝上谕档》,广西师范大学出版社1998年版。

中国第一历史档案馆编:《光绪宣统两朝上谕档》,广西师范大学出版社1996年版。

《清仁宗实录》,中华书局1986年版。

《清宣宗实录》,中华书局1986年版。

《清文宗实录》,中华书局1986年版。

《清穆宗实录》,中华书局1987年版。

《清德宗实录》,中华书局1987年版。

中国第一历史档案馆编:《光绪朝朱批原件》,中华书局1995年版。

台北故宫博物院编:《宫中档光绪朝奏折》,台北东亚制本所1973—1975年版。

台湾史料集成编辑委员会编:《明清台湾档案汇编》,远流出版事业股份有限公司2009年版。

中国第一历史档案馆编:《清代军机处电报档》,中国人民大学出版社2005年版。

中国第一历史档案馆编:《清代军机处随手登记档》,国家图书馆出版社2013年版。

秦国经主编:《清代官员履历档案全编》,华东师范大学出版社2008年版。

中国第一历史档案馆、福建师范大学历史系:《清末教案》,中华书局1996年版。

台北"中研院"近代史研究所编:《教务教案档》,台北"中研院"近代史研究所1974年版。

中国第一历史档案馆编:《清代军机处电报档汇编》,中国人民大学出版社2005年版。

左宗棠:《左文襄公全集》,上海书店出版社1986年版。

沈云龙主编,曾国荃著:《曾惠敏公(劼刚)遗集》,文海出版社1966年版。

沈云龙主编,萧荣爵编:《曾忠襄公(国荃)奏议》,文海出版社1966年版。

沈云龙主编,岑毓英著:《岑襄勤公遗集》,文海出版社1966年版。

沈云龙主编,黎成礼编:《黎文肃公(培敬)遗书》,文海出版社1966年版。

沈云龙主编,蔡冠洛编:《清代七百名人传》,文海出版社1971年版。

沈云龙主编,何嗣焜编:《张靖达公(树声)奏议》,文海出版社1966年版。

沈云龙主编,汪兆镛编:《碑传集三编》,文海出版社1980年版。

沈云龙主编,窦宗一著:《李鸿章年谱》,文海出版社 1977 年版。

沈云龙主编,欧阳辅之编:《刘忠诚公(坤一)遗集》,文海出版社 1968 年版。

沈云龙主编,金梁著:《近世人物志》,文海出版社 1977 年版。

沈云龙主编,沈桐生著:《光绪政要》,文海出版社 1971 年版。

章伯锋、顾亚:《近代稗海》,四川人民出版社 1989 年版。

赵尔巽等撰:《清史稿》,中华书局 1976 年版。

王锺翰点校:《清史列传》,中华书局 1987 年版。

中国社科院近代史研究所编:《曾国藩未刊往来函稿》,岳麓书社 1986 年版。

王彦威、王亮、王敬立编:《清季外交史料》,书目文献出版社 1987 年版。

左宗棠著,刘泱泱点校:《左宗棠全集》,岳麓书社 2014 年版。

顾廷龙、戴逸主编:《李鸿章全集》,安徽出版集团 2008 年版。

朱寿朋编:《光绪朝东华录》,中华书局 1958 年版。

蒋良骐编:《东华录》,中华书局 1980 年版。

戚其章、王如绘编:《晚清教案纪事》,东方出版社 1990 年版。

后　　记

本书自 2020 年开始收集材料并进行整理与研究，2023 年基本完成，同年获批国家社科基金后期资助重点项目。

在整理与研究过程中，山东大学讲席教授杜泽逊先生、北京大学历史学系教授朱玉麒先生，时加策励，鼎力赞襄；人民出版社编辑詹夺女史，克尽厥职，往复函商，补苴良多；聊城大学运河学研究院周广骞教授，研究生李静、田昭煜、江惠诸君，或参撰绪、例，或输入列印，辛劳不辞，不遑暇顾；拙荆张从华，排比理董，昕夕不辍，鞍前马后，助克葳功，谨此一并致谢。

由于本人才智浅陋，庸愚驽钝，舛讹之处，实所难免，尚祈海内外方家赐正，是所企望。

杜宏春